墨香财经学术文库
"十二五"辽宁省重点图书出版规划项目

The Effect of the Pilot Implementation and Optimization of the Long-term Care Insurance System

长期护理保险制度试点实施效果及优化研究

李 佳 ◎著

东北财经大学出版社
Dongbei University of Finance & Economics Press
大连

图书在版编目（CIP）数据

长期护理保险制度试点实施效果及优化研究 / 李佳著. —大连：东北财经大学出版社，2021.12

（墨香财经学术文库）

ISBN 978-7-5654-4011-3

Ⅰ. 长…　Ⅱ. 李…　Ⅲ. 护理-保险制度-研究-中国　Ⅳ. F842.625

中国版本图书馆CIP数据核字（2020）第204749号

东北财经大学出版社出版发行

大连市黑石礁尖山街217号　邮政编码　116025

网　址：http://www.dufep.cn

读者信箱：dufep @ dufe.edu.cn

大连永盛印业有限公司印刷

幅面尺寸：170mm×240mm　字数：230千字　印张：16　插页：1

2021年12月第1版　　2021年12月第1次印刷

责任编辑：李　彬　王芃南　　责任校对：珉　琪

封面设计：张智波　　版式设计：钟福建

定价：58.00元

教学支持　售后服务　联系电话：（0411）84710309

如有印装质量问题，请联系营销部：（0411）84710711

本书系国家社科基金青年项目“长期护理保险制度试点实施效果及优化研究”(17CRK011)的阶段性成果。

“东北财经大学‘双一流’建设项目高水平学术专著出版资助计划”资助出版。

前言

探索建立长期护理保险制度，是应对人口老龄化、促进社会经济发展的战略举措。2016年7月，《人力资源社会保障部办公厅关于开展长期护理保险制度试点的指导意见》发布，明确规定包括青岛、安庆、南通、长春、宁波、上海等在内的15个城市为试点地区，这意味着我国长期护理保险制度正式进入全国试点阶段。长期护理保险制度的试点为构建我国长期照护体系提供了重要支撑。长期护理保险制度经过多年试点，各地区的探索为我国长期护理保险制度的建设提供了宝贵经验。从现行试点城市的制度实践中总结经验、找出适合在全国推广的长期护理保险制度模式具有重要意义。本书将在总结试点地区实施效果的基础上，提出长期护理保险制度优化对策，从而为长期护理保险制度在全国推广提供政策参考。

基于以上目的，本书综合运用制度实施效果评价及改进理论，按照"文献梳理→政策实施效果综合分析框架构建→实证检验→制度优化"的研究范式，结合数据实证评价制度实施效果，最后提出优化路径。本书共分为9章，其中第1章为问题的提出，第2章为试点地区长期护理保险制度实施综合分析框架构建，第3章为实施现状的比较分析，第4章、第5章和第6章分别为制度实施效果评价的实证分析，第7章为国际经验借鉴及启示，第8章提出路径优化方案，第9章为本书总结。

本书的主要研究内容如下：

第1章为引言。主要介绍研究背景及意义、国内外研究综述、研究内容及研究框架、研究方法、创新点与不足等内容，为课题研究构建整体分析框架。

第2章为长期护理保险制度实施综合分析框架构建。通过对重要基本概念的界定以及相关理论的阐述，构建长期护理保险制度实施综合分析框架，具体分析长期护理保险制度设计、制度运行以及制度环境三个方面综合提升长期护理保险制度实施效果的逻辑思路，并在理论分析基础上提出本研究的分析框架，为课题构建坚实的理论和研究基础。

第3章为长期护理保险制度试点实施现状分析。通过对17个试点地区长期护理保险制度设计、制度运行、制度环境的综合比较，在此基础上进行总结性归纳评价，客观地全方位评价长期护理保险制度试点的实施现状。

第4章为长期护理保险制度对医疗费用支出的影响。利用中国健康与养老追踪调查（CHARLS）数据，运用最小二乘法（OLS）模型分析了长期护理保险制度对医疗费用支出的影响，并运用倾向得分匹配（Propensity Score Matching，PSM）解决样本选择偏差问题。

第5章为长期护理保险制度试点实施效果综合评价——以长春市为例。通过层次分析法（AHP）建立长期护理保险制度试点实施效果的评价指标体系。指标选取紧密围绕制度设计、制度运行、制度环境3个一级指标。依据AHP赋予各项指标权重，并将各项权重转化为百分制的比重，取得长春市实施效果的得分权重表，然后依据权重表对长春市的实施效果进行综合评价。

第6章为长期护理保险制度试点可持续性分析。主要通过财政负担、人力资源、物力资源3个方面对长期护理保险制度的可持续性进行分析。

第7章为长期护理保险制度优化国际经验借鉴及启示。在国际经验借鉴方面，重点选取德国、日本、韩国等国家，依次从制度公平性、运行效率性、环境可持续性3个方面进行国别对比分析，概括各个国家在实现公平性、效率性、可持续性方面的经验，并提出借鉴与启示。

第8章为长期护理保险制度试点优化分析。首先从参保范围、保障对象、待遇支付以及权利与义务四个方面进行制度优化分析，其次提出优化的基本理念，最后构建和设计优化的路径。

第9章为研究结论及未来展望。

本书的主要结论有以下几点：

① 试点地区的基本特征如下：一是参保范围优先保障职工群体，摆脱中国社会保障制度城乡二元制的分层属性、实现社会保险全覆盖是长期护理保险制度的首要突破点；二是保障范围以失能群体为重点，无限扩大和无限缩小受益范围都将威胁到制度发挥效益，当前制度应当扩大受益面以减轻广大失能者家庭的经济和照护负担；三是多元筹资渠道基本形成，既为参保群体的护理服务提供资金支持，也为形成服务供给体系提供购买力支持；四是构建基本护理形式，形成以机构护理、社区护理、居家护理为体系的护理形式，通过提高机构护理门槛及增加居家激励措施鼓励居家护理；五是形成保基本的支付标准，以医疗保险基本待遇报销比例70%为长期护理保险制度的基本比例；六是形成商业保险经办服务体系，激发市场参与的积极性，提高服务经办效率，为全书的分析提供现实基础和政策依据。

② 通过聚类分析对试点城市进行分类可将试点城市分为3类，青岛、上海、成都、长春为各项制度设计较为良好的试点城市代表；宁波、安庆、齐齐哈尔、重庆、承德、乌鲁木齐、广州多为依照指导意见进行试点，处于制度发展初期；石河子、南通、苏州、上饶、荆门、北京市石景山区处于中间状态，根据指导意见进行制度建设并逐渐扩展制度，处于制度发展期。

③ 长期护理保险制度对医疗费用支出呈现显著的负向影响，通过倾向得分匹配解决自选择带来的选择偏误后，研究结论依旧成立。为了研究不同群体长期护理保险制度对医疗费用支出的影响，进行异质性分析，发现长期护理保险制度对医疗费用支出的负向影响主要存在于60

岁及以上、小学文化及以下、自评健康状况一般及中部地区的受访者之中。

④ 根据长春市实地调研获得的调查问卷数据，结合评价指标体系及相关权重，利用最大隶属原则分析得到长春市长期护理保险总体上取得一定成效，其中制度设计层面效果较好，制度运行层面效果不理想，制度环境层面效果一般。

⑤ 通过模拟预测发现，在财政负担方面，我国2000—2050年上海方案的缴费率最高，预测值为1.90%～3.852%，南通方案财政补贴率最高，预测值为0.228%～0.826%，综合而言，17种方案中除上海缴费率过高外其他方案都具备财政负担能力的可持续性。在人力资源方面，如果以护理人员低标准配比进行测算，我国到2045年基本实现护理人员供需平衡，而按照高标准配比进行测算，我国2020—2050年护理人员缺口将从80万人增长至113万人。在物力资源方面，以目前养老机构护理型床位占比50%测算，我国2020—2050年将面临160万～230万张的护理型床位缺口。如果护理型床位供需平衡，那么最佳比例范围应该在60%～65%。在我国已经采取相关积极措施的背景下，我国试点方案下的长期护理保险制度具有可持续性，但也存在一定挑战。

⑥ 研究发现窄覆盖方案的社会缴费率对参保范围变动更敏感；保障对象的敏感性高于参保范围的敏感性，扩大保障对象对非全民参保试点方案的财务负担有较大冲击；支付标准是众多因素中最为敏感的因素，必须审慎提高长期护理保险制度待遇支付标准。试点方案的权利与义务主要表现在长期护理保险制度的待遇支付和费用征缴上，针对不同的试点方案，需采取不同的优化路径来实现权利与义务的统一，进一步实现高质量的长期护理保险制度。

⑦ 主要从3个方面提出优化路径：一是提出统一性、普遍性、公平性、适度性及多重性的优化基本理念；二是分别针对制度试点期及制度统一期提出试点方案优化路径，制度试点期进行制度构建以提高制度自信，制度统一期将进行制度扩面以提高制度有效性；三是提出试点方案优化路径具体设计，分别为制度定位从依附医疗保险到独立保险，筹资渠道从单一依附到多元独立，参保对象从保重点到全覆盖，保障对象从

消极保障到积极预防，待遇支付从保障偏颇到适度保障，并实现长期护理保险制度各重要参数的自平衡，试点方案应科学设计与规划长期护理保险制度，先扩大参保范围再增加保障对象，再考虑提高长期护理保险制度的支付标准。

本书的创新点主要有：一是构建了长期护理保险制度实施效果综合分析框架，深化了长期护理保险制度理论研究。本书从理论视角，通过制度设计、制度运行、制度环境3个方面探讨了其对实施效果的影响，进而为构建长期护理保险制度实施效果综合分析框架提供了理论依据；二是通过对长期护理保险制度实施效果多角度的评价，深化长期护理保险制度评价体系。采用AHP进行综合评价，运用定量分析将长期护理保险制度对医疗费用支出的影响效应进行分析，用总体仿真模型测算制度的可持续性，这些都为长期护理保险制度的实施与推广提供了数据支撑及参考依据；三是以中共中央构建社会保障体系的理念为基础，从3个方面创新性地提出试点地区长期护理保险制度的优化路径。

本书的不足之处主要是长期护理保险制度实施效果评价体系仍有待完善。长期护理保险制度试点地区的多样化实践增加了评价长期护理保险制度实施效果的难度，不能简单认为哪个地区的实践优于其他地区，这需要全方位的综合评价。鉴于数据的可得性，虽然本书在指标评价时尽可能做到公正客观，但仍会面临某些缺憾和不足，有待以后进一步完善。此外，针对长期护理保险制度实施效果的个案研究、主观评价研究还需要进一步深化。

李　佳

2021年10月

目录

1 引言

1.1 研究背景及意义

1.1.1 研究背景

随着我国人口老龄化进程的加快以及居民预期寿命的不断延长，失能和半失能人员数量增加迅猛，导致长期照护服务需求面临前所未有挑战。同时我国还面临少子化现象加重、家庭结构日益小型化、女性就业参与率提高等社会问题，更加重了失能人员照护压力。沉重的照护压力不仅对照顾者产生沉重的身体负担和心理负担，也对被照顾者的生活质量产生了不可忽视的影响。基于以上因素，2016年7月，《人力资源社会保障部办公厅关于开展长期护理保险制度试点的指导意见》（以下简称《指导意见》）发布，以期通过建立长期护理保险制度满足居民的长期照护服务需求。《指导意见》明确规定青岛、安庆、南通、长春、宁波、上海等15个城市为试点地区，这意味着我国长期护理保险制度正式进入全国试点阶段。《指导意见》设定试点的目标是利用1～2年时间试点，积累经验，力争在“十三五”期间，基本形成适应我国社会主义市场经济体制的长期护理保险制度政策框架。为了进一步积累经验，2020年9月又确定了14个地区为新增试点城市，目前试点工作正在稳步推进。

国家医疗保障局表示，截至2019年6月底，青岛等15个试点城市和吉林、山东2个重点联系省的参保人数达8 854万人，享受待遇人数达42.6万人，年人均基金支付9 200余元。实践中，在符合规定的长期护理费用中，长期护理保险制度支付水平总体控制在70%左右，个人负担30%左右。从目前各地区的试点整体情况看，主要成效体现在以下几个方面：

第一，参保对象逐步向广覆盖过渡。大多数试点城市均将城镇职工纳入长期护理保险制度保障范围，长期护理保险制度在试行阶段主要覆盖城镇职工基本医疗保险参保人。由于各个试点城市的经济发展水平差异显著，而且多个地区的养老服务体系缺乏一定的完善性，所以从城镇职工基本医疗保险开始探索，可以有效减少制度运行的风险。从试点地区的制度实践状况来看，各个试点城市根据地区经济发展水平的差异以及基本医疗保险的发展现状，保障对象主要包含3种类型：第1种是覆盖城镇职工基本医疗保险参保人员，包括安庆、广州、宁波、齐齐哈尔、承德、重庆、乌鲁木齐7个试点城市；第2种是覆盖城镇职工基本医疗保险和城镇居民基本医疗保险的参保人，试点城市为长春；第3种是覆盖城镇职工基本医疗保险和城乡居民基本医疗保险的参保人，包含荆门、南通、上海、苏州、上饶、石河子、青岛、成都、北京市石景山区（以下简称石景山）。整体而言，长期护理保险在试点阶段按照基本公共服务均等化的要求，借鉴基本医疗保险的制度运行方式，将参加基本医疗保险的参保人员自动纳入长期护理保险制度，这种思路有利于加快形成覆盖全民、统筹城乡、均等参保、保障适度的长期护理保险制度体系（关博和朱小玉，2019），对于积极应对人口老龄化所带来的高龄、失能、失智人员增多等方面的问题具有明显的积极意义。

第二，建立起多渠道筹资机制。《指导意见》中指出“试点地区可通过优化职工医保统账结构、划拨职工医保统筹基金结余、调剂职工医保费率等途径筹集资金，并逐步建立起互助共济、责任共担的长期护理保险制度多渠道筹资机制”。从我国长期护理保险制度的实践现状来看，17个试点城市基本上都建立起了多元化的筹资机制。长期护理保险制度的资金来源主要包含4个部分：基本医疗保险基金划拨、单位缴费、个人缴费与政府财政补贴。在将基本医疗保险基金划拨作为主要筹资来源的基础上，又强调政府财政补贴与个人的缴费义务，并且在此基础上挖掘出福彩公益金等社会流动资金的筹资潜力。在筹资方式上，承德、上海、荆门3个城市采取比例筹资方式，成都、青岛、长春3个城市采取混合筹资的方式，其他试点城市根据当地经济发展水平、财政负担能力以及个人承受能力等因素选择了定额筹资的办法，筹资额度为24～180元不等。

第三，构建了多元参与的护理服务供给体系。从试点地区的实践状况来看，护理服务的形式主要有医疗机构护理、养老机构护理、社区巡护以及居家护理等。在长期护理服务的供给方面，各个试点地区参考了医疗保险定点服务机构的模式，通过对符合护理资格的非营利机构或者民营机构进行认定，由定点医疗或者养老机构供给长期护理服务，而且各级政府均采取措施鼓励民营机构申请成为长期护理保险制度定点服务机构，以最大限度借助市场力量扩大公共产品的供给。成都、广州、荆门、南通等地还将乡镇卫生所、社区卫生服务中心等基层医疗机构纳入服务供给方，充分发挥基层医疗卫生机构相关资源的效力，壮大长期护理服务供给的力量（卢婷，2019）。长期护理保险制度服务供给需要多元参与，也需要进一步发挥政府和市场的双重影响，促进医院、养老机构、护理机构、社区卫生服务中心、基层卫生诊所等多个主体协同发挥效用，以保障长期护理服务供给的质量和效率，满足高龄、失能、失智等相关人员的多样化和多层次的长期护理需求。

第四，显著减轻家庭与个人的长期护理负担。目前长期护理保险制度的试点实施在普遍意义上减轻了家庭与个人的长期护理负担，减负效果总体来说可以从两个方面进行阐述：一方面，报销比例较为合理，对于失能家庭尤其是重度失能家庭减负效果显著。从各个试点地区的政策来看，在护理政策保障范围内的医疗护理费用和日常照护费用的整体报销比例已经达到70%，而且部分经济发达地区已经达到了90%，报销比例趋于上升，极大地减轻了参保人员因为高龄、失能、失智等产生的长期护理费用自行给付的负担。此外，从试点地区的待遇给付标准进行分析，发现定点护理机构平均每个月的保障水平已经达到900元，鉴于城镇地区的护理床位购买成本基本在5 000元左右，将退休人员养老金收入，社会保险给予参保职工发生重度失能后的费用补偿加入之后，最终得出新增的自行给付成本下降了20%左右，个人付费部分也已控制在家庭或者个体可以接受的范围内。另一方面，长期护理保险制度试点启动以来，有效地抑制了过度医疗，抑制了家庭医疗支出的增长。在建立长期护理保险制度之后，长期住院的一些患者转而通过护理机构接受专门的长期护理服务，在医院占床位所发生的药品、重复性检查等过度的医疗消费被抑制，进而减少医保基金的支出以及个人承担的医保费用的开支，并且能够在一定程度上缓解重度失能家庭的灾难性医疗费用支出和“因病致贫”与“因病返贫”的高危风险。

第五，推动了养老产业的快速发展。随着人口老龄化的形势日益严峻，高龄与失能老人将会不断增加，在给社会带来巨大压力的同时，也在一定程度上促进了长期护理需求的释放。因此，长期护理保险制度在制度实施的过程中，应积极鼓励不同性质、不同功能的护理服务机构的发展壮大，以扩大长期护理服务供给，满足被保险人日益增长且多样化的长期护理需要。就长期护理保险制度试行现状而言，开展长期护理保险制度试点的15个城市，均在积极探索政府、社会、企业等多主体参与的护理服务供给模式，促进医疗、养老以及医养结合的各类相关机构的蓬勃发展（蒋曼等，2019），而且目前已经初步形成了“医疗机构照护、养老机构照护、居家照护”的多层次服务体系：服务主体多元，服务内容多样，服务形式灵活。该服务体系在一定程度上促进了养老、医护产业以及家政服务业的发展，进而拉动了经济增长，由此可见，长期护理保险制度的正外部性正在逐步显现（杨菊华等，2018）。目前青岛市具备医疗护理资质的定点机构已发展到500多家，中老年护理院或具备医护资质的养老机构增加到50多家，由医院开设的医疗专护机构增加到15家（乔彬，2016）。

经过几年的地区试点，虽然取得了一定的成效，但由于各试点地区具体的制度设计、制度运行、制度环境不同，导致从全国来看各试点地区效果存在差异，这在为构建统一的长期护理保险制度提供经验的同时，也提出了严峻的挑战。因此，为提出可复制、可推广的长期护理保险制度，提高长期护理保险制度的公平性、效率性及可持续性，有必要对各试点地区的长期护理保险制度试点实践进行评估，有效识别制度试点的效果，基于此，本书将力争系统总结试点地区实践，初步评估试点地区实施效果，为优化我国长期护理保险制度提供政策参考。

1.1.2 研究意义

长期护理保险制度是应对人口老龄化，解决长期护理服务需求的重要制度安排。由于国内外长期护理保险制度属于不同发展阶段，导致研究重点有所不同，国外研究以微观视角的制度优化为主，而国内研究以宏观视角的理论探讨为主。自《指导意见》实施以来，试点城市大体经历了将近4年的试点阶段，就目前而言，仍未在全国进行全面铺开，为进一步扩大试点范围，第二批试点工作启动。因此，及时评价第一批长期护理保险制度试点实施效果，提出可复制的制度优化安排，对第二批试点工作以及未来全国范围内长期护理保险制度顺利推广，提升失能人员生活福祉意义重大。本书的理论意义和实践意义如下：

本书的理论意义在于进一步深化长期护理保险制度理论研究。第一，通过理论梳理，有效识别长期护理保险制度实施的影响因素，为提高长期护理保险制度实施效果提供理论依据。第二，构建长期护理保险制度实施效果综合评价指标体系，为有效评估长期护理保险制度试点状况提供理论分析框架。

本书的实践意义在于系统梳理各试点地区具体政策，给出长期护理保险制度优化合理建议。在理论研究基础上，加深对长期护理保险制度实施效果规律理解，完善长期护理保险制度实施效果综合评价指标体系，推动我国长期护理保险制度健康发展，满足失能人员长期护理需求，提升失能人员福祉。

1.2 国内外研究综述

1.2.1 国内外研究现状

（1）长期护理保险制度基本理论研究

学者关于长期护理保险制度基本理论的研究主要集中在长期护理保险制度的概念、各国长期护理保险制度的比较以及我国长期护理保险制度运作模式的选择。

第一，关于长期护理保险制度的概念，不同的学者侧重点不相同。国外较为权威的是美国医疗保险协会（HIAA），其认为长期护理保险制度是在一个较长的时期内，持续地为患有慢性疾病的人提供的护理服务，也有国外学者认为非营利组织在长期护理系统中的角色是一个变化的过程（Larry 和 Lumarie，2020）。国内不同学者从不同的角度定义长期护理保险制度（梁发芾，2020；荆涛，2015；戴卫东，2015），但最终会有一个共同的落脚点，即长期护理保险制度普遍被认为是逐步降低最终达到破解被照护对象照护风险的有效制度设计。长期护理保险制度的照护从无到有，从兜底逐渐聚焦到失能失智的老人，其最初雏形是“五保”制度中规定的对“五保”老人中生活不能自理者进行照料。结合现阶段中国的国情和长期护理保险制度的发展状况，大多数学者认为应整合国家、社会与家庭三方主体力量，共同承担长期护理保险制度的责任（宋全成和孙敬华，2020；马晴等，2019；黄如意等，2019）。长期护理保险制度的照护对象主要是提供生活护理、医疗服务和长期护理费用保障给因身体机能退化失能的老年人（朱震宇，2019；孙敬华，2019）。

第二，很多学者对各国的长期护理保险制度进行研究以期为我国的长期护理保险制度建立和发展提供经验。李天俊（2020）和胡宏伟等（2015）侧重于研究美国建立长期护理保险制度的过程和经验；高振峰（2020）和季佳林（2020）等主要研究最早建立长期护理保险制度的荷兰的整个制度框架、发展及改革历程；刘俊萍等（2020）论述了美国、德国、日本、韩国4国长期护理保险制度模式特点与运营机制、资金筹集方式、给付方式与服务提供等方面；张文娟和李念（2020）分析了主要的经济合作与发展组织（OECD）国家的给付模式实施过程；陈诚诚（2020）结合德日韩三国长期护理保险制度筹资机制的经验，评析我国试点地区实施效果；李运华和姜腊（2020）阐释日本长期护理保险制度框架和改革历程；菊澤佐江子和澤井勝（2020）主要分析了日本长期护理保险制度提供者的综合数据，有学者研究了德国的长期护理保险制度改革（苏健，2019；许敏敏和段娜，2019等），很多学者对比了德国和日本的长期护理保险制度（闻雨琪，2020），也有学者将德国和美国的制度进行比较（马宇娇，2019；靳红梅，2017；雎党臣和张婷，2016）；还有很多学者通过对比多国长期护理保险制度的优缺点为我国提供经验（吕学静和许东黎，2017；戴卫东，2011）。

第三，关于适用于我国的长期护理保险制度运作模式的选择不同学者表现出不同的看法。其中很多学者认为结合中国的国情，率先全面发展商业长期护理保险制度的条件不具备，应优先建立社会化长期护理保险制度，辅之以商业保险，两者互为补充（姬鹏程和王皓田，2020；庞世之，2020；陆蒙华等，2020；秦杨杨，2020；戴卫东，2019；曹信邦和张小凤，2018；杨燕绥等，2017等）；也有学者认为通过对国内外长期护理保险制度的对比分析，明确双支柱、依附和混合3种模式的发展背景，由试点期长期护理保险制度依附于医疗保险的模式逐渐发展为长期护理保险制度作为独立保险的模式，从而减少医疗资源浪费，缓解医疗保险负担（许宏等，2019）；许娴（2020）基于新加坡和德国新冠肺炎抗疫模式的研究，认为其凸显商业保险人文关怀优势，强化其与社会保险的互动；还有少部分学者认为应当利用商业保险公司的地位，以及其经办长期护理保险制度的独特优势，由商业保险公司负责经办工作，建立数据库以及稳定长效的内部管理机制，并借势发展独立的商业护理保险产品作为补充（郑秉文，2019；荆涛和杨舒，2016等）；另外还有很多学者建议采取从商业保险逐渐过渡到社会保险的模式（姜向群，2013；荆涛，2010等）。但是随着长期护理保险制度试点的实践与发展，第一种模式逐渐成为更加适合我国国情的选择。

（2）长期护理保险制度供给和需求研究

①对长期护理保险制度供给的研究。国际上对长期护理保险制度供给的研究主要集中在长期护理保险制度服务的提供上。Johannes和Thorben（2015）指出德国的长期护理保险制度服务供给分为正规家庭护理服务和现金福利两种方式；Tomoyuki（2019）和Matsuda（2001）在其文章中指出随着老龄化的日益严重，日本实行长期护理保险制度的机构设施建设已经不堪重负，因而提高了入住标准。韩国在长期护理保险制度供给上，正在探索由长期护理机构向综合社区护理系统项目横向延伸的整合项目（Hyuk，2020）；Kim等（2020）在构建绩效评估框架、综合取舍方法、多元协调基础上评估长期护理保险制度运行效果。Johannes（2020）将德国和日本的长期护理保险制度的供给即资金支出进行比较分析，为我国提供了经验。国内对长期护理保险制度供给的研究主要集中在供给中存在的问题和影响供给的因素。第一，供给中存在的问题主要集中在以下几个方面：长期护理保险制度服务保障政策、长期护理保险制度照护机构建设状况、长期护理服务人员队伍建设状况和长期护理保险制度服务供给体系（徐载娟，2020；Mehta，2021；倪锦文等，2019；李小青等，2019；谭唯阳，2018等）；长期照护家庭成分活力注入、企业与个人共济整合、覆盖范围和救护程度（贾丰竹，2020）；长期护理保险制度筹资机制设计、受益公平性、财务可持续性（关博，2020；海龙和尹海燕等，2020；李丹青，2020；吕园园，2020；张盈华，2020；田勇，2020；文太林等，2020）；长期护理对象中失智

群体的人文关怀和开发在线教育项目（Kim，2019等）。第二，影响供给的因素主要有：海龙和尹海燕（2020）指出影响商业护理保险发展的因素有养老保险、医疗保险基金支出、居民收入、利率、通货膨胀程度；马超等（2019）通过实证分析指出通货膨胀率、医疗机构数量、社会医疗水平对长期护理保险制度供给影响显著；Liang等（2020）基于数据分析，指出中国台湾地区针对不同长期护理对象在照护能力与质量方面加强政策引导；蒋曼等（2019）、荆涛和金缦（2016）指出失能老人的支付能力、长期护理保险制度的管理技术体系以及医疗护理配套体系是影响长期护理保险制度供给的重要因素。

②对长期护理保险制度需求的研究主要集中在长期护理保险制度建立的必要性和影响长期护理保险制度需求的因素。第一，关于长期护理保险制度建立的必要性。为落实习近平总书记“人民健康优先发展”的战略部署，深化探索长期护理保险制度与护理需求衔接（刘妍，2019）；一些学者认为长期护理保险制度是释放老年人口红利、助力老龄友好型社会、实施健康中国战略、应对老龄社会公共治理新形势的时代诉求（张乐川，2020；刘洪波，2020；陆杰华和刘芹，2020；Caitlin，2020等），新冠肺炎疫情的社会风险带给被隔离的长期护理老人的心理健康风险，亟须强化疫情后护理服务的弹性；很多学者认为长期护理保险制度的建设能够有效解决老龄化带来的经济和社会稳定问题（翟振武和刘雯莉，2019；靳红梅，2017）；还有学者认为当前我国家庭结构小型化、妇女就业率提升等现实国情需要建立长期护理保险制度（何乐，2020；陈蓉，2020；曹信邦，2018；赵斌和陈曼莉，2017；孙东雅，2017；张洁，2017；郑功成，2016等）。第二，影响长期护理保险制度需求的因素主要有：李鑫等（2018）研究发现老年人的身体状况、家庭经济状况和是否有照料者是影响长期护理保险制度需求的重要因素；陈凯和赵娜（2018）发现人际关系、风险感知和情感反应等因素也会对长期护理保险制度参与意愿产生影响；杜霞和周志凯（2016）通过实证研究发现政府的财政补贴力度对居民的需求产生重要影响；对长期

护理保险制度的认知程度也是一个重要影响因素（凌文豪和董玉青，2019；张奇林和韩瑞峰，2016）；Xu等（2020）采用Andersen行为模型探讨新冠肺炎疫情暴发对长期护理保险制度购买意愿和重要性感知的影响；胡蕊（2020）从需求方视野论述长期护理保险制度宣传与目标群体的知晓程度对实施效果的影响；张文娟和付敏（2020）以数据为基础提出自理预期寿命和失能程度与长期照料需求时间的相关性；姚虹（2020）、肖瑛琦和蒋晓莲（2020）通过对长期护理保险制度各试点方案的比较分析，提出聚焦失能失智群体、保障对象向农村延伸。

（3）长期护理保险制度综合治理机制研究

第一，供需双方费用治理机制研究（Schwarzkopf等，2012）。我国目前试点城市长期护理保险制度中的筹资及支付机制主要采用依托基本医疗保险的做法，其稳定性、持续性、准确性及可行性将直接影响城镇职工医保基金的可持续性（荆涛等，2020；鲁全等，2020）。在长期护理保险制度费用供给方面，周磊和王静曦（2019）比较和分析了试点城市的资金筹集政策；刘文和王若颖（2020）利用数据包络分析（DEA）及耦合协调度模型对长期护理保险制度筹资效率及协调性进行定量评估，发现各试点城市存在筹资水平与经济发展及人口结构不匹配问题；景跃军等（2018）分析了德美日的资金筹集政策；任文静（2020）和朱闻天（2020）对长期护理保险制度缴费率的设置合理性进行了探索；周延等（2018）、程晓璐（2018）主要针对社保模式下的长期护理保险制度资金筹集政策进行研究，发现目前我国的长期护理保险制度资金筹集政策还存在很多问题，主要包括筹资标准低，覆盖范围窄等（余巧萍，2020；吕园园，2020；夏聪明，2020等）；针对资金筹集问题，林雪婷等（2020）提出通过增加个人缴费，以长期护理保险制度的社会保险性质为基础，发展多种渠道的筹资方式（贾舒童和朱国龙，2020；刘田静，2020）。支出方面的研究主要有，陈诚诚和郭佳琪（2020）对长期护理保险制度费用控制和支付方式进行了研究；朱国龙（2020）通过国内外对比对我国长期护理保险制度待遇给付方式展开了讨论；马超等（2019）也利用中国健康与养老追踪调查（CHARLS）数据评估了长期护理保险制度的控费效果，实证研究发现提高了医疗资金利用效率。所以为了解决这些问题，关于费用治理机制的研究就显得尤为重要。

第二，服务质量治理机制研究（Schneider，2010）。服务质量的提升不仅需要充足的资金，还需要完善的体系和高素质的服务人员。但是目前我国的养老服务人员存在很大缺口且质量参差不齐（韩建和陈志刚，2020；秦松和张毅，2020；和丽芬和迟昕美，2019等），长期护理服务人员所需要的专业素质更高，其缺口更大。所以要加强培养专业护理服务人员，健全相关保障制度，鼓励年轻人加入护理行业（顾雨微等，2020）；保证有足够的资金用于人员开发，加强职业培训，发挥非正式护理人员的积极作用等能够缓解这些压力（倪微，2019；杨波和常宇航，2016；宋悦，2016；王芃等，2016等）；建立分级护理和分类支付机制，可避免医疗资源的浪费（韩丽和胡玲，2020）。

第三，长期护理保险制度的综合治理中公立或者私立部门作用机制研究（Edward等，2010）。在实际中两者是不可或缺的，所以充分发挥政府的立法、财税、监管职能，完善我国长期护理保险制度中的服务供给机制很重要（陈晓安，2010）；政府要支持市场与社会力量参与正式护理服务，同时发展居家护理，对正式服务者的资质、数量、服务价格、服务质量等方面应实施规制（顾雨微等，2020）；同时发挥政府在建立失能等级评定方面的作用（殷志芳，2020；王桥，2020等）。

一项公共政策的实施效果与制度设计、制度执行、制度环境密切相关，为了防范逆向选择、道德风险、基金管理风险等，在制度构建过程中相应地设立风险防控机制、评估监督机制等措施对整个制度的建立是非常关键的（胡宏伟等，2016）。当前我国亟须构建老年护理战略规划（桂世勋，2004），提升综合治理能力（杨燕绥，2014；李珍等，2015），促进长期护理保险制度的可持续发展（赵春飞和陈立忠，2020；荆涛等，2020；刘田静，2020）。可见，长期护理保险制度需要良好的综合治理机制才能取得较好的实施效果。从目前看，在长期护理保险制度层面的综合治理机制研究仍很缺乏。

（4）长期护理保险制度实施效果研究

学者发现长期护理保险制度的实施效果主要集中在以下几个方面：

第一，对医疗方面存在外部效应。主要表现在：能够显著提高城镇职工基本医疗保险的运行效率（申宇鹏等，2019）；可以提高医保结余资金的利用率和医疗资源合理配置，降低医保支付压力（李元和邓琪钰，2019；Yang，2020；雷璐和罗艳虹，2019）；有利于促进医疗护理需求的释放且使得有效需求更多地转化为利用，促进医疗服务体系的可持续发展（蒋曼等，2019），继而推动基层医疗机构转型，优化医疗资源（关博和朱小玉，2019；徐栋，2019）。

第二，有助于提高护理者和被护理者生活质量。长期护理保险制度的实施有利于破解失能老人护理难题，促进失能老人护理服务利用（Olivarestirado，2012；霍艾湘和毛鹏，2020），提升服务质量，从而增强老年人满意度（Nakagoshi等，2014）。另外，长期护理保险制度能够分担失能老人及家庭的经济负担和实务负担（刘慧敏和王金朝，2019；Zhu，2019；李林等，2018；Cho等，2018；田香兰，2019；吴辉，2020），提高其生活质量，缓解一些贫困的问题（刘易辰，2020；陈玫和孟彦辰，2020）从而提高老年人预期寿命（Sohn等，2020；Choi等，2016；Yasuhiko等，2015；Mary等，2012）。

第三，通过带动相关产业促进经济和社会共同发展。首先，拉长护理产业链，激活护理培训市场（何庆华和郭后华，2019），从而带动护理行业的发展、促进就业（高娜，2019；李元和邓琪钰，2019；陈诚诚，2020）。另外对养老服务业的发展也具有极大的推动作用（邵文娟，2018；杨菊华等，2018；姜春力和张瑾，2020）。其次，长期护理保险制度有利于减轻失能老人负担，增加家庭消费（Iwamoto，2010），具有较大的经济效果和社会效果（邓大松和李玉娇，2017；戴卫东，2014；郝君富，2014;），进而使制度综合社会功能得到充分发挥（张梓威，2018）。

第四，是有利于完善我国社会保障体系和应对目前老龄化过程中出现问题的重要措施。首先，长期照护失能老人政策方面一直是一个盲区，长期护理保险制度的建立可以弥补这一缺陷，同时该制度可以促进社会保障目标的实现并逐步完善社会保障体系（宋全成和孙敬华，2020）。其次，长期护理保险制度可以满足群众多元化的需求，推动长期护理保障体系的设立，帮助我国养老体系补齐短板（姜珊，2020）。最后，长期护理保险制度是国家应对人口老龄化、高龄化发展的一个必要的举措（宋全成和孙敬华，2020；刘金兰，2020），在照护老人方面开辟了一条新的路径（余巧萍，2020；季佳林等，2020），并且在有效保障失能人员权益方面发挥了重要作用（殷志芳，2020）。

（5）长期护理保险制度优化研究

长期护理保险制度优化的目的是建立多层次、全方位的长期护理服务体系，不同的学者对长期护理保险制度优化的目标并不相同。很多学者通过分析我国的长期护理保险制度，认为当前我国的制度存在保险定位模糊化、保障水平有限、筹资渠道一元化、保险理念滞后等问题，并在此基础上提出优化路径（孙敬华，2019；徐克勤，2019；安炳辉，2019；丁奕宁和邱路，2019；谷金梅，2018等）。还有学者通过借鉴国际优化经验为我国提供借鉴（王铮，2019；王佳林，2019）。

多数学者认为在筹资责任分担上，应该构建多元化筹资渠道，建立个人、企业、财政共同承担筹资机制，提高筹资水平合理性（Eisen，2006；曹信邦，2016；卢婷，2019；倪沪平，2020；刘文和王若颖，2020；姜春力和张瑾，2020；宫霄，2020）。制度建立初期依托城乡居民医疗保险，待发展成熟后逐步实现筹资独立（田勇，2020；李月娥和明庭兴，2020；鲁全，2020；宋全成和孙敬华，2020）。对于制度碎片化问题的优化，政府可结合地区实际情况做好制度顶层设计，完善长期护理保险制度法律政策，明确制度定位和保障范围，做到全民覆盖（林宝，2015；福井和唯嗣，2016；卢婷，2019；李林等，2018；关博和朱小玉，2019；苏健，2019；冯兰，2020；郑伟，2020）。除上述两方面外，还要建立全国统一的失能等级评估标准（姜春力和张瑾，2020；李佳，2020）、重视非正式照护的作用，将正式照护与非正式照护相结合，完善长护险制度（苏健，2019；宋全成和孙敬华，2020）、发展多种服务形式（Hidetoshi，2007）、提高需求识别精准性（Tsutsui，2005；曹艳春和陈翀，2016）、增强成本定价科学性（Kwon等，2016；荆涛，2016）、落实制度执行可行性（王杰和戴卫东，2007）、强化制度环境匹配性（高春兰和班娟，2013）等方面，这些都将对实施效果产生重要影响。

1.2.2 研究述评

综合而言，国内外对长期护理保险制度的研究内容比较丰富，但由于国内外长期护理保险制度处于不同发展阶段，导致研究重点有所不同，国外研究以微观视角的制度优化为主，而国内研究以宏观视角的理论探讨为主。已有文献为本书研究提供了坚实的基础，在概念界定、研究视角、逻辑思路上提供了很好的借鉴。我国长期护理保险制度已经处于试点阶段，这便为全面评估长期护理保险制度实施效果提供了现实基础。与此同时，考虑到长期护理保险制度仍处在探索优化过程中，因此，亟须针对长期护理保险制度实施综合治理和实施效果评价方面的研究，以期全方位了解试点状况，为全国范围内的制度推广提供经验借鉴。

为全面评估长期护理保险制度实施状况，本书拟在以下几方面作出有益尝试：一是进行长期护理保险制度实施综合治理理论研究。构建长期护理保险制度实施综合分析框架，深化长期护理保险制度理论研究。二是长期护理保险制度实施效果综合分析。在长期护理保险制度实施的现实基础上，构建长期护理保险制度实施效果评价体系，探究长期护理保险制度实施效果。三是在借鉴国际经验的基础上，提出长期护理保险制度优化建议，给出长期护理保险制度优化对策。

1.3 主要研究内容及研究框架

1.3.1 研究内容

本书全面具体阐述了长期护理保险制度试点地区实施现状，从制度设计、制度运行和制度环境三个方面评价长期护理保险制度的实施现状，并进行全部试点地区的比较分析。利用最小二乘法（OLS）模型分析了长期护理保险制度对医疗费用支出的影响，并采用综合评价方法全面评估试点地区的实施效果，随后总结长期护理保险制度实施效果的国际经验，并为我国长期护理保险制度的顺利发展提出优化路径。本书具体研究内容如下：

第1章为引言。引言主要介绍研究背景与意义，国内外研究现状，课题的主要研究内容、研究框架、研究方法以及主要创新点与不足。

第2章为长期护理保险制度实施综合分析框架构建。在相关概念界定基础上，阐述与长期护理保险制度实施效果有关的重要理论基础，为分析长期护理保险制度试点实施效果提供理论依据。在重点梳理长期护理保险制度设计、制度运行以及制度环境三个方面对长期护理保险制度实施效果的理论影响的基础上，构建长期护理保险制度实施综合分析框架。

第3章为长期护理保险制度试点的实施现状。这一部分主要通过制度设计的比较分析、制度运行的比较分析和制度环境的比较分析进行总结和论述，力图全方位了解长期护理保险制度试点的实施现状，通过比较分析长期护理保险制度试点的多样性，在提出观察试点模式现实视角的同时，也为进一步整合长期护理保险制度提供现实基础。

第4章为长期护理保险制度对医疗费用支出的影响效应分析。本章基于2018年中国健康与养老追踪调查数据，研究长期护理保险制度对医疗费用支出的影响。本章主要内容有以下部分：一是问题的提出；二是数据来源与变量选择；三是计量模型构建；四是实证分析和讨论，包括长期护理保险制度对医疗费用支出影响的基准回归、自选择处理和异质性分析；五是研究结论与政策启示。

第5章为长期护理保险制度试点地区实施效果综合评价分析——以长春市为例。长期护理保险制度正在试点过程中，其复杂性和特殊性需要运用更加综合的方法进行综合评价。本书基于层次分析法（AHP）尝试对长春市的实施效果进行综合评价，考虑到数据可得性，尽可能通过构建全面的指标体系，综合评价和分析长春市制度实施效果。

第6章为我国长期护理保险制度试点可持续性分析。主要通过实证分析测算试点地区的失能老年人口、护理成本以及不同模式下的缴费率和财政补贴率、人力资源、物力资源等，系统评价试点地区的长期护理保险制度的可持续性。通过试点地区不同模式的长期护理保险制度的可持续性评价，为提高我国长期护理保险制度的可持续性提供依据。

第7章为长期护理保险制度优化国际经验借鉴及对策建议。在国际经验借鉴方面，重点选取德国、日本、韩国等国家，依次从制度公平性、运行效率性、环境可持续性三个方面进行国别对比分析，总结概括各个国家在实现公平性、效率性、可持续性方面的经验。在对策建议方面，结合我国试点的实际情况，依据国际经验，依次从公平性、效率性、可持续性三个方面提出优化建议，进而通过提高长期护理保险制度的综合治理能力，促进我国长期护理保险制度定型，切实满足全国失能人员的长期照护需求。

第8章主要从长期护理保险制度试点方案的参保范围、保障对象、待遇支付以及权利与义务四个方面进行优化分析。在此基础上提出优化的基本理念，主要包括统一性、普遍性、公平性、适度性和多重性，并分别在制度试点期和制度优化期构建优化路径。最后从制度定位、筹资渠道、参保对象、保障对象、待遇支付和制度自平衡六个方面设计优化路径。

第9章为研究的主要结论及未来展望。

1.3.2 研究框架（如图1-1所示）

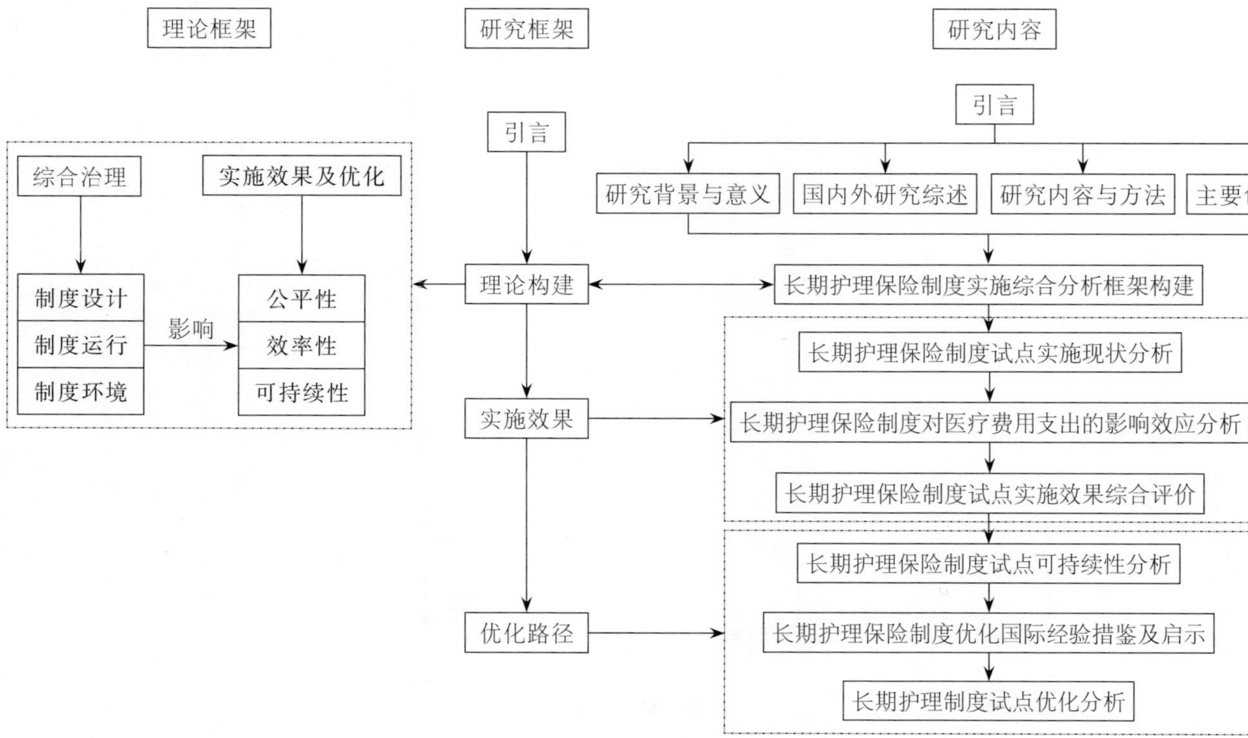

图1-1　本书理论框架、研究框架及研究内容

1.4 主要研究方法

1.4.1 文献研究法

作者通过研读大量与本书相关的国内外论文、研究报告、政策文本等文献，系统梳理长期护理保险制度研究的理论现状和实践现状，为本书的梳理研究提供科学的研究方法、合理的研究视角和逻辑、准确的实践现状，为本书提供扎实的理论和实践基础。

1.4.2 比较分析法

本书通过长期护理保险制度试点地区实施现状比较分析，长期护理保险制度试点地区公平性、效率性、可持续性比较分析，长期护理保险制度国际经验借鉴比较分析等比较研究内容，系统、全面阐述试点地区长期护理保险制度实施状况的多样化，试点地区在制度实施的公平性、效率性、可持续性方面的差异，以及长期护理保险制度国际有益经验，为全面了解长期护理保险制度实施状况，理清长期护理保险制度实施中面临的问题，全面评价长期护理保险制度实施效果并提出有针对性的对策建议提供依据。

1.4.3 层次分析法

层次分析法（Analytic Hierarchy Process，AHP）是在20世纪70年代由美国著名运筹学家、匹兹堡大学教授萨蒂（T.L.Saaty）提出的。AHP常用于管理学，是一种既灵活又实用的定量和定性相结合的系统决策分析方法。本书第5章利用AHP构建长期护理保险制度实施效果评价指标，得出长春市实施效果的综合评价结果，从而对其制度设计、制度运行、制度环境进行综合评价，为综合评价长期护理保险制度实施效果提供参考。

1.4.4 仿真模拟法

本书以第一批试点的青岛、承德、成都、上海、苏州等15个试点城市，以及第二批试点的北京市石景山区和新疆维吾尔自治区乌鲁木齐市为研究基础，采用总体仿真模型测算出这17种模式在全国运行的2000—2050年的社会保险缴费率，青岛、荆门等9种模式的财政补贴率，具有较强的预测性和科学性，能为完善我国长期护理保险制度提供参考和依据。

1.4.5 定量分析法

本书在研究长期护理保险制度对医疗费用支出影响时，运用统计分析软件，通过整理中国健康与养老追踪调查数据，构建OLS模型，分析长期护理保险制度对医疗费用支出的影响，并通过倾向得分匹配解决自选择问题，分析不同群体之间的异质性。

1.4.6 规范分析法

在第7章国际经验借鉴及启示中，采用规范分析法，通过阅读文献整理有代表性国家的经验，比较长期护理保险制度实施效果及制度优化具体措施，得出我国长期护理保险制度优化的相关启示。

1.5 主要创新点与不足

1.5.1 主要创新点

一是构建了长期护理保险制度实施综合分析框架，深化了长期护理保险制度理论研究。本书从理论视角，从制度设计、制度运行、制度环境三个方面探讨了其对实施效果的影响，进而为构建长期护理保险制度实施综合分析框架提供了理论依据。二是通过对长期护理保险制度实施效果多角度的评价，深化了长期护理保险制度评价体系。采用AHP进行综合评价，运用定量分析对长期护理保险制度对医疗费用支出的影响效应进行分析，用总体仿真模型测算制度的可持续性，这些都为长期护理保险制度的实施与推广提供了数据支撑及参考依据。三是以中共中央构建社会保障体系的理念为基础，从三个方面创新性地提出试点地区长期护理保险制度的优化路径。

1.5.2 存在的不足

长期护理保险制度实施效果评价体系仍有待完善。长期护理保险制度试点地区的多样化实践增加了评价长期护理保险制度实施效果的难度，不能简单认为哪个地区的实践优于其他地区，这需要全方位地综合评价。鉴于数据的可得性，在指标评价时尽可能做到公正客观，但仍会面临某些缺憾和不足。本书紧密围绕公平性、效率性、可持续性展开讨论，尽可能利用已有数据和科学的研究方法，系统评价长期护理保险制度的实施效果，但这仍会存在指标选取、研究方法合理化等值得探讨的诸多问题，这也是本书研究的不足之处。此外，试点地区的个案研究、主观满意度研究等也需要进一步深入。

2　长期护理保险制度实施综合分析框架构建

长期护理保险制度的顺利实施离不开多维度的综合治理，本章围绕长期护理保险制度实施综合分析框架展开。鉴于长期护理保险制度的实施与制度设计、制度运行、制度环境密切相关，而公平性、效率性、可持续性是长期护理保险制度实施的基本目标，在综合分析框架的理论分析部分明确界定了长期护理保险制度设计、制度运行、制度环境对实施效果的理论影响。在此基础上明确综合分析研究框架，从实施效果现状分析、实施效果度量分析、制度可持续性分析、制度优化分析四部分具体进行阐述。

2.1　基本概念界定

2.1.1　长期护理

长期护理是指个体由于意外、慢性疾病或者衰弱导致身体或精神处于伤残状态而致使日常生活不能自理或半自理，在一个较长期间里由非正规护理者（家庭、朋友或邻居）和专业人员在医疗、日常生活或社会活动中提供帮助，以获得更高的生活质量和生命质量①。其具体包括长期医疗护理和日常生活护理。

与一般的医疗护理相比，长期护理的特征主要体现在以下几个方面：第一，服务对象的特殊性。长期护理的服务对象主要是在较长时期内不能自理或半自理的人群，而医疗护理的服务对象是患有某种或某几种疾病导致短期不能自理或半自理的病患。第二，服务提供者的多样性。长期护理服务的提供者不仅包括专业人员还包括非正规护理者，而医疗护理的主要提供者就是专业的医护人员。第三，服务机构的多样性。长期护理服务机构不仅包括指定医疗机构还包括经过资质认证的护理机构、家庭等，而医疗护理的主要机构是医院。第四，服务内容的多样性。长期护理不仅包括医疗护理还包括日常的生活护理（生活照料服务、精神慰藉、情感护理等），而医疗护理主要提供的就是专门的医疗护理。第五，服务目的的特殊性。长期护理服务的目的是提高被护理者的生活质量和生命质量，而医疗护理的目的是使患者恢复到患病前的健康水平。

2.1.2 长期护理保险制度

长期护理保险制度是指通过发挥保险的风险分担、资金互济的功能，对被保险人因接受长期护理服务而产生的费用进行分担补偿的一种制度。②其主要包括商业长期护理保险制度和社会化长期护理保险制度，下文中所指的长期护理保险制度主要是指社会化长期护理保险制度。长期护理保险制度是由国家颁布护理保险法律，以社会化筹资的方式，对被保险人因意外、慢性疾病或者衰弱导致身体或精神处于伤残状态而致使日常生活不能自理或半自理，在一段较长期间内由非正规护理者（家庭、朋友或邻居）和专业人员在医疗、日常生活或社会活动中提

① WHO. Home-Based and Long-term Care, WHO Technical Report Series 898[R]. Geneva: World Health Organization, 2000.

② 戴卫东. OECD国家长期护理保险制度研究[M]. 北京：中国社会科学出版社，2015：5.

供帮助所需要支付的费用进行补偿的一种制度安排。[①]

与商业长期护理保险制度相比，社会化长期护理保险制度的特征主要表现在以下几个方面：第一，责任主体的政府化。社会化长期护理保险制度是由政府主导，由国家法律保障实施的，而商业长期护理保险制度是由保险公司提供的，政府的责任主要是监管。第二，筹资方式的多元化。社会化长期护理保险制度的资金主要来源于雇主和雇员缴费，还有政府财政拨款的补贴，商业长期护理保险制度的资金来源渠道单一，由被保险人个人缴费。第三，参保对象的强制性。社会化长期护理保险制度的对象与养老保险等相同，只要符合参保条件就必须参保，商业长期护理保险制度可以自由选择参保与否。第四，保障水平的基础性。社会化长期护理保险制度保障被保险人的基本生活水平，商业化长期护理保险制度是社会化长期护理保险制度的补充，能够提高保障水平。第五，非营利性。社会化长期护理保险制度不以营利为目的，商业长期护理保险制度是保险公司为营利而设置的一个险种。

2.1.3 长期护理保险制度设计

长期护理保险制度设计包括参保范围、保障范围、筹资机制与待遇给付四个方面。参保范围有窄范围、宽范围之分；保障范围存在年龄约束与失能程度限制；筹资机制包括筹资主体、筹资渠道、筹资方式、财务模式四方面；待遇给付包括支付方式、支付形式、支付标准、给付范围、给付内容五个角度。

（1）参保范围

参保范围即纳入长期护理保险制度保障范围的群体广度。根据保障范围的广度差异分为三类：第一类覆盖参加城镇职工基本医疗保险的人员；第二类覆盖城镇职工基本医疗保险和城镇居民基本医疗保险的参保人员；第三类覆盖城镇职工基本医疗保险和城乡居民基本医疗保险的参保人员。

① 戴卫东.长期护理保险——理论、制度、改革与发展[M].北京：经济科学出版社，2014：3.

（2）保障范围

保障范围是指参保对象在何种状态下获得给付。首先是年龄约束，一种为补偿对象针对老年群体，即60岁以上的长期护理保险制度参保人员具有获得补偿的资格；另一种为补偿对象针对所有长期护理保险制度参保对象，没有年龄限制。其次是失能失智程度限制，即将何种失能失智程度的参保对象纳入保障范围。

将失能程度作为确定参保范围的依据依赖于需求认定和等级评定体系，以此确定参保人是否有获得补偿的资格、护理服务需求的类型、获得护理的等级。评估标准包括单一指标和复合指标（陈诚诚，2017），广泛使用的单一指标包括基础性日常生活活动能力（BADL）和工具性日常生活活动能力（IADL），前者评估日常生活能力，后者评估社会生活所需的高级技能。复合指标确立多元评估维度和评估指标，评估维度包括日常活动、精神状态、社会参与等维度，评估指标依据进食、穿衣、行动、如厕、意识等具体指标判断，且评估维度的权重应当合理设置。

（3）筹资机制

筹资机制是长期护理保险制度在资金筹集中确定筹资主体、筹资渠道、筹资方式、财务模式以保障资金充足且稳定的制度（孙洁等，2018），关系到长期护理保险制度能否持续高效运行。

筹资主体是筹资责任的主体，即承担筹资责任的客观对象，筹资主体主要包括个人、单位、政府等，筹资主体保障长期护理保险制度基金的有效筹集，不同筹资主体在长期护理保险制度资金筹集中的负担不同。

筹资渠道即资金来源的渠道，包括单一筹资渠道和多元筹资渠道两种。单一筹资渠道即依赖医疗保险基金划转这一渠道进行资金筹集；多元筹资渠道即从划转医保统筹基金结余、划转医保个人账户、个人或单位缴费、财政补贴、福彩公益金等渠道中选取两种及以上作为筹资渠道。

筹资方式即资金筹集采取的具体形式，按照以收定支、收支平衡、略有结余的原则确定，筹资标准由经济发展水平、老龄化程度、保障范围和水平等确定。筹资方式包括定额筹资、比例筹资、混合筹资三种形式。定额筹资是指不考虑保障对象的类别，在特定时间内缴纳确切数额的参保费用。比例筹资是指参保对象依据一定的缴费基数按比例缴纳费用，包括筹资基数和筹资率两方面，筹资基数与居民人均可支配收入、年度工资总额、医疗保险缴费基数总额等相关，筹资率即按筹资基数的一定比例计算缴纳费用。混合筹资即使用定额筹资与比例筹资两种筹资方式。

财务模式包括现收现付制、完全积累制、部分积累制三种情况。现收现付制将在职职工的护理保险资金支付给当期享受长期护理服务的人员，将风险在代际之间分散；完全积累制将参保人的风险分散到整个缴费区间，实现远期平衡；部分积累制是完全积累制和现收现付制的有机融合。

（4）待遇给付

长期护理保险制度待遇给付即依据一定的标准、形式和方式向参保对象支付待遇，并确定给付范围与给付内容的过程。

支付形式包括实物给付、现金给付及混合给付三种。现金给付是保险机构直接向护理需求者提供现金补偿，护理需求者根据需要选择合适的护理服务，或向服务提供者购买护理服务，或由亲属提供服务，将现金给付作为对亲属的补偿。现金给付包括固定金额给付与实际发生金额给付两种，固定金额给付为给付金额与实际发生费用无关，根据制度事先确定的给付金额进行给付；实际发生金额给付为根据接受护理服务发生的实际费用进行补偿（冼青华，2010）。实物给付为根据被护理者的护理需求直接提供护理服务，由保险机构向服务提供者进行给付结算。现金给付与实物给付的区别在于，现金给付由保险机构对护理需求者进行给付，实物给付为保险机构向服务提供者进行给付。混合给付为实物给付与现金给付的结合。

支付标准是由长期护理保险制度基金按比例支付护理费用的标准。各试点地区采用不同的划分标准：一是根据护理形式对机构护理、居家护理、社区护理确定不同的支付比例；二是根据保障范围对职工、城乡居民确定不同的支付比例；三是根据失能程度确定支付比例；四是根据护理机构级别确定支付比例（于保荣等，2019）。根据不同的支付标准确定不同的保障水平，基金支付比例有高低区别，支付额度有大小之分。支付比例与支付额度取决于制度支付能力与外部影响，较高支付易产生制度依赖，较低支付易导致参保群体对制度信心不足。

支付方式包括定额支付和限额支付。限额支付为规定最高限额，限额以内费用由长期护理保险制度基金按比例支付，限额以上不予支付。定额支付为规定具体支付额度，按照既定标准进行给付。

给付范围即确定应当由长期护理保险制度基金支付的费用，具体包括床位费、护理服务费、护理设备使用费、护理耗材费、鉴定评估费、治疗费以及药品费等相关费用。支付范围有口径大小之分，部分试点城市为小口径，只包括床位费和护理服务费，另一部分试点城市为大口径，除床位费、护理服务费之外，还包括护理设备使用费、护理耗材费、治疗费、药品费以及鉴定评估费等相关费用中的部分或全部。

给付内容为护理人员提供的护理服务内容，各试点地区护理服务项目制定或详细或粗略，提供服务项目的数量也有较大差异，包括医疗护理、康复护理、生活服务、心灵慰藉、营养指导等，护理服务的强度即护理服务时间和护理服务的频次也存在差别。

2.1.4 长期护理保险制度运行

本章从经办管理机构、经办管理流程、经办管理模式、经办管理体制四方面介绍长期护理保险制度的运行，长期护理保险制度经办体制是政策执行的载体，是制度得以良好运转的基础。建立各机构的有效工作衔接机制，职责明确、程序严谨、管理规范，可以促进长期护理保险制度的有效运行。

（1）经办管理机构

长期护理保险制度经办管理机构主要包括管理机构、经办机构和服务机构。管理机构是制度顶层设计者，经办机构是制度执行者，服务机构是重要参与者。管理层面的机构主要负责政策制定和监督管理，在我国主要指国家医疗保障局；经办层面的机构包括日常经办管理机构、失能等级评估机构；服务层面的机构指定点护理服务机构。

日常经办管理机构在经办体系中承担主要责任：一是通过监管约束

和规范护理服务机构、经办服务机构、参保人员及待遇享受者的行为；二是通过招标或委托购买长期护理服务，引导服务提供机构的发展；三是负责参保登记、保费征缴、基金管理、申报受理、待遇审核、费用审核、结算支付、信息系统建设与维护等具体经办业务。

护理等级评定机构的职责是从医学和护理等专业角度评估护理申请者的失能状况，为后续待遇给付、结算管理提供依据。评估机构借助科学的评估工具对申请者的生理、心理、认知、社会等多维度进行评估，以确定失能等级。失能等级为制订护理服务计划、构建分级护理体系、确立参保对象待遇享受、确立护理机构收费标准提供依据。

护理服务机构为符合待遇给付条件的参保对象提供生活照料以及医疗护理服务以维持或康复其身体状况。护理服务机构应当具有提供护理服务的资质和能力，各类医疗机构、养老机构、护理机构等均可成为护理服务机构，经过审核评估签订服务协议，实行协议管理制度，协议内容包括服务范围、服务内容、结算方式、管理与考核、违约责任等。护理服务机构提供标准化的服务，明确不同护理等级所提供服务的内容与时长、服务提供者的报酬、服务产品的价格等，以此提高服务效率并保障服务提供的公平性。

（2）经办管理流程

长期护理保险制度经办管理流程是基于一定的次序进行的，从待遇申请、失能评估、待遇给付到基金结算为一个完整的业务行为。管理流程的专业化、规范化、信息化可以保障长期护理保险制度顺利实施。待遇申请由本人、家属或代理人携带相关材料向相关机构提出护理申请，为避免滥用申请权利可规定先由申请人缴纳评估费用，评估后符合失能标准的申请费予以报销。失能评估由专业人员依据评估工具按规范的评估流程进行综合评估，建立长期护理保险制度评定档案并将评定情况录入信息管理系统。失能评估一般进行初次评定和复评两次评定，并实行评估规避制度由不同评估机构或人员分别进行，以提高评定失能等级的精确性及减少道德风险，并确立定期复评机制及时调整护理等级，以提高有限的长期护理资源的利用率。待遇给付应由专业人员根据被护理人员的实际情况制订合理的护理服务计划，将失能等级作为护理项目、护理频次、护理待遇的依据。结算管理应当确定合适的结算方式，结算方式包括按照床日给付或按服务项目给付等。

（3）经办管理模式

长期护理保险制度经办管理模式主要为直接经办和委托经办两种模式。直接经办是由政府职能部门及业务部门负责长期护理保险制度管理及经办工作。委托经办为政府通过购买服务，即通过公开招标、邀请招标、委托管理等将服务事项由商业保险公司或其他有资质的第三方机构承办。

直接经办与委托经办的区别在于是否采取公私合作的方式，即是否发挥市场机制的作用。由商业保险公司等第三方机构承办长期护理保险制度经办业务，一方面可以减轻政府的人力、物力、财力负担，节约经办管理成本，提高经办管理效率，政府只承担政策制定、监督管理、资金筹集等工作；另一方面可以发挥商业保险机构的专业优势，借助商业保险在精算管理、风险防控、客户服务等方面的丰富经验。采取公私合营的关键在于对公私合作的合作范围、监管方式、盈亏承担作出明确的规定。

（4）经办管理体制

长期护理保险制度经办管理体制包括两种：一种为独立型，建立独立的长期护理保险制度管理机构；另一种为依附型，由医疗保险经办机构经办长期护理保险制度业务。依附型根据资金筹集的独立性划分为两种：一种为长期护理保险制度基金、医疗保险基金分账管理，独立核算；另一种为由医疗保险基金承担长期护理费用。

独立型经办管理体制依赖于建立独立的长期护理保险制度服务体系及保险基金，建立独立的长期护理保险制度经办机构的难度较大，对财政经费与人员编制也提出一定的挑战。长期护理保险制度与医疗保险两种体系的功能定位及服务供给体系等都存在较大的差异，设置独立型长期护理保险制度经办体制可以缓解医疗服务供需矛盾及减轻医疗保险基金压力，保障长期护理保险制度及医疗保险都能健康、可持续发展。

依赖型管理体制依赖医疗保险的经办经验，长期护理保险制度与医疗保险有特殊关联，长期护理保险制度与医疗保险有相同的经办业务，而我国医疗保险部门具有专业化的保险管理经验，在政策初期长期护理保险制度依附医疗保险可以降低长期护理制度推进的难度。依赖型管理体制的难处在于如何划清长期护理保险制度与医疗保险的界限，形成长期护理保险制度与医疗保险既相互衔接又相互独立的局面，这需要明确功能定位，否则随着长期护理需求的急剧增加，用有限医疗服务资源提供长期护理服务会给医保基金及财政带来较大的负担。

2.1.5 长期护理保险制度环境

(1) 长期护理服务

长期护理服务是指为经评估达到一定护理需求等级的长期失能、失智人员，提供的基本生活照料服务和与基本生活密切相关的医疗护理服务。

长期护理服务包括生活照料、医疗护理、预防性照护、康复护理和心理慰藉、临终关怀等，服务提供呈现综合性、连续性、专业性的特点。服务对象面向所有年龄段的失能、失智群体，但长期护理服务保障的是与年龄相关的风险，所以服务对象主要以老年群体为主。

服务模式包括居家服务、社区服务、机构服务三种类型，基本养老服务格局以居家为基础、社区为依托、机构为支撑。当前三种模式服务能力普遍薄弱，护理资源配置浪费现象严重，机构服务资源配置错位，社区服务专业水平有限、使用效率低，居家服务缺乏有效支持。

服务主体包括政府、市场、社会及家庭等。政府、市场、社会、家庭都是长期护理服务的重要提供者，单纯依靠任何一方都存在缺陷。其中，政府应当承担财政责任、发挥政策引导作用、整合管理机制；市场应致力于提高护理服务水平与质量，促进服务横向功能整合及建立垂直服务体系；应重视家庭作为服务提供者的作用，通过经济补贴、护理培训、喘息式服务等服务支持及经济补贴保障非正式服务的提供。

服务场所包括卫生系统管辖的医院、护理院、社区卫生服务中心等医疗卫生机构，民政系统管辖的养老院、社区日间照料中心等养老机构。服务机构按承办主体分为公立机构与民办机构，服务机构的建设原则为国退民进，从公办公营逐渐过渡到公办民营、民办民营，且改革公办服务机构、扶持民办服务机构是适应政府职能转变及应对老龄化趋势的必然之举。从机构属性来看分为营利性及公益性两种，但长期护理服务作为准公共产品，应当以提供公益性服务为主。

（2）长期护理人员

长期护理人员是指为不具备自我照料能力的失能、失智人员提供连续、专业、精细护理的非正式护理人员及正式护理人员，以维持或康复被照料者的基本状况，保障其基本权利与维护其人格尊严。

非正式照料者指家庭成员、邻居、朋友等，主要从事非正式服务。非正式照料者由于从事照料被迫离开原有工作岗位，面临较大经济压力及心理负担，当前对非正式照料者的经济扶持严重不足，且非正式照料者由于缺乏技能培训专业性不足，无法满足护理对象的专业护理需求。

从事长期护理的专业人员包括护士、护士助手和养老护理员。养老护理员是养老服务体系中最重要的职业群体，养老护理员是对老年人生活进行照料、护理的服务人员，职业功能包括生活照护、基础照护、康复服务、心理支持、照护评估、质量管理、培训指导七项，共设五个等级，分别为：五级/初级工、四级/中级工、三级/高级工、二级/技师、一级/高级技师（《养老护理员国家职业技能标准（2019年版）》）。当前我国养老护理员数量严重短缺，为护理服务的提供带来挑战。

（3）财政投入

本书的财政投入指投入长期护理领域的公共财政资源。政府的财政投入对于优化资源配置、增进社会公平、维护社会稳定具有重要意义。

首先是财政责任定位。长期护理风险逐渐演变为一项社会风险，探索建立长期护理保险制度已经成为国家战略议题。如果政府履行残补责任，仅对迫切需要服务的弱势群体提供津贴或实物给付，保障功能有限。在人口老龄化背景下，国家应当积极履行财政责任，降低护理需求者的生存风险，保障其人格尊严与公民权利，维护社会公平正义与稳定。

其次是财政水平与结构。财政责任的承担以经济状况为根基，合理确定财政责任边界，既可避免过度履行责任造成沉重的财政负担、产生福利依赖，又能避免承担消极责任无法发挥政府应有的保障作用。要确定合理的财政投入水平，恰当分配财政投入结构，使得财政投入在需方与供方间合理分配，在居家护理、社区护理、机构护理间合理分配。

最后是财政投入方式。政府部门承担的服务经办与服务供给存在效率低、成本较高等弊端，使得财政投入无法发挥应有的效率。政府在长期护理保险制度中并非承担完全责任，而应与市场、社会、家庭建立责任分担机制，通过购买服务等方式改变资金投入方式，提高资金的使用效率。在经办层面，探索由商业保险机构等参与经办管理，发挥商业保险机构的优势；在服务层面，由市场与家庭分别参与正式服务供给与非正式服务供给。

2.2 相关基本理论

2.2.1 马斯洛需求层次理论

马斯洛需求层次理论第一次正式出现是在1943年，出自人本主义心理学家马斯洛的论文《人类动机理论》[①]。需求层次理论是马斯洛解释人的一生的动机的理论，这些需求层次由低到高依次是：生理需求、安全需求、社交需求（也称爱和归属感需求）、尊重需求和自我实现需求。生理需求是满足基本生存所需的水、食物、生理平衡等的需求，当生理需求被满足，更高层次的需求才会成为激励因素；安全需求是包括人身安全、财产安全和道德保障等在内的需求，当这一需求被满足后就会失去激励效应；社交需求是包括友情、爱情等在内的需求，这在社会中表现为人人都希望得到关心和照顾，当这一需求得到满足后人才会追求更高层次的需求；尊重需求包括内部尊重需求和外部尊重需求，内部尊重需求就是人的自尊，外部尊重需求是指一个人希望有地位、有威信，受到别人的尊重、信赖和高度评价，尊重需求被满足，会使人体会到活着的价值，进而追求自我实现需求；自我实现需求是最高层次的需求，是指人对于自己理想和抱负实现的需求，依赖于之前的生理、安

① MASLOW.A theory of human motivation［J］. Psychological Review，1943（50）：370.

全、社交和尊重需求的满足。

由于人口老龄化的加快和慢性病患者的增加，需要照顾的失能、失智人员数量也逐渐增加，重度失能、失智人员由于生活无法自理，导致食物、水等得不到满足，就需要外界帮助以实现最基本的生理需求。失能、失智人员长期受疾病影响，人身安全受到威胁，而且因病致贫的情况频频发生，这些人员的财产安全也得不到保障，安全需求无法得到满足。随着社会的快速变迁、传统社群的瓦解和核心家庭的出现，很多失能、失智人员由于各种原因无法得到家庭成员的关心和照顾，长时间的失能、失智导致无法融入社会，其社交需求更是无法得到满足。失能、失智人员往往由于自身的身体状况而感到自卑和无能，其内部尊重需求得不到满足，长时间的无法融入社会导致无法获得外部尊重需求，尊重需求远远得不到满足。失能、失智人员由于各种原因而无法追求自己的理想和抱负，导致自我实现的需求也无法得到满足。

随着经济的发展，外界给予失能、失智人员的帮助足以满足其生理需求，在此基础上安全需求是这些人员最为迫切的需求，即自身的人身和财产安全得到保障，长期护理保险制度的建立可以为这些人员提供护理服务和现金服务，满足其护理需求。当安全需求得到满足，这些人员就可以追求更高层次的需求。许多上门护理服务可以满足这些人员一部分的社交需求。当长期护理保险制度建立后，这些人员可以更体面地生活，内部尊重需求和外部尊重需求都会得到一定程度的满足，从而实现尊重需求。因为长期护理保险制度的存在，这些人员的健康状况有所恢复后就可以追求其自我实现的需求了。需求层次理论表明人的需求具有多样性和层次性，长期护理制度的存在可以满足失能、失智人员的各种需求，为长期护理保险制度的发展奠定了基础。因此长期护理保险制度的建立，在满足老有所养、老有所医的同时，还要满足老有所护这一更高层次的需求。①

2.2.2 社会支持理论

社会支持是指一定社会网络运用一定的物质和精神手段对社会弱势

① 宋泓娟．我国老年长期护理保险研究［D］．青岛：青岛大学，2015.

群体进行帮助的行为的综合。一般是指来自个人之外的各种支持的总称，是与弱势群体的存在相伴随的社会行为。社会工作人员在社会支持理论的指导下，为需要帮助的老年人提供社会支持，按照支持的主体划分，主要分为正式支持和非正式支持；按照功能划分，大致分为生活照料支持、物质经济支持和精神慰藉支持。老年人的社会需求横跨生理、安全、社交、尊重和自我实现需求等各个层面，是多元化的需求综合体。因此，从这个角度进行区分，长期护理保险制度对老年人的支持包括物质经济支持、生活照料支持、精神慰藉支持和医疗保健支持，对老年人的物质经济支持主要包括生活消耗、生存消费等方面的支持，生活照料支持主要包括日常生活照顾等方面的支持，精神慰藉支持则包括幸福归属感、心理调节等方面的支持，医疗保健支持主要包括专业的医疗护理、病愈后的康复护理。为老年人提供社会支持主要可以发挥两个作用：一方面，是以其掌握的社会资源为老年人提供直接的帮助，以满足老年人当前比较紧迫的需求；另一方面，帮助老年人补足和扩展其社会支持网络，帮助老年人提高建立和利用社会支持网络的能力。

长期护理保险制度社会支持系统主要由主体、客体和内容三部分构成，具体如图2-1所示。

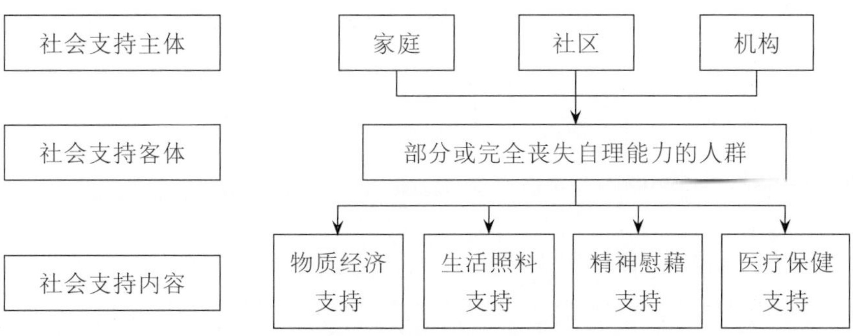

图2-1 长期护理保险制度社会支持系统

2.2.3 人口质量理论

人口质量理论是马克思提出的[①]。其具体内容主要包括以下两个方

① 马克思，恩格斯.马克思恩格斯文集：1~4卷［M］. 中共中央马克思恩格斯列宁斯大林著作编译局，译.北京：人民出版社，2009.

面：第一，关于人的本质的论述是人口质量理论的前提。马克思在《德意志意识形态》中提出阐述人的需要即人的本质。他所说的人是现实的人，是从事物质生产的、具体的人，而不是抽象的人。这些现实的人之所以要进行物质生产，直接原因还是为了维持生存。第二，人的自由全面发展是人口质量提高的根本体现。人的自由发展是指人的生活条件的全面改善和综合素质的提高，人的自由全面发展和人口质量互为条件，相互影响，相互促进，人的自由全面发展是人口质量提高的必要条件和具体表现。

马克思的人口质量理论对我国的长期护理保险制度建设具有重要的指导意义。一方面，从长期护理保险制度的需求方来说，他们不仅需要物质经济支持，还需要精神慰藉等；另一方面，从长期护理保险制度的供给方来说，人口质量理论认为长期护理保险制度不仅需要为老年人口提供基本的物质经济支持，保证其生存需要，还应该为其提供精神慰藉，提高其生活质量。

2.2.4 福利多元主义

福利多元主义理论也称混合福利经济，是为解决福利国家危机而提出的一种新的理论。20世纪70年代，世界经济滞胀导致失业问题严重，再加上人口老龄化，社会的福利需求增加，福利国家的税收系统入不敷出，政府为了缩减开支将福利由单一责任主体发展成多元责任主体。福利多元主义主要是指多元责任主体共同负责福利的规则、筹资和提供等。国情不同，多元主体的组成有所差别，但主要的参与者有国家、市场、家庭、社区和其他非正式组织。根据提供的主体不同，主要分为三分法和四分法两个派别。三分法的主要观点是市场通过资源配置实现就业福利，达到初次分配，家庭提供非正式福利，国家通过宏观调控在市场和家庭等失灵时发挥作用，为人们提供部分福利；四分法在此基础上加入了非正式组织。

福利多元主义理论为我国长期护理保险制度的建立提供了理论指导。在福利多元主义理论指导下建立长期护理保险制度应该注意发挥多元主体的作用，摒弃传统的仅仅由家庭提供护理的观念，也不能过分强调国家的责任。持续的长期护理保险制度应该是多方参与，由国家建立制度保障和提供法律支持，在国家的引导下发挥家庭的基础性作用，强化社区在提供护理服务方面的补充性地位，引导非正式组织参与其中，从而满足长期护理服务多样化需求。多方筹资和提供护理服务有助于减轻国家财政负担和家庭压力，从而实现长期护理保险制度的可持续发展。

2.2.5 社会治理理论

"治理"一词最早出现于世界银行的报告《撒哈拉以南非洲：从危机到可持续增长》中，世界银行提出后被广泛应用。1995年，全球治理委员会在《我们的全球之家》研究报告中指出，治理是各种公共或私人机构在管理公共事务时所采取的方式总和。[①]社会治理是一个多方参与制度规则的制定和实施的过程，而社会治理理论就是建立公共和私人机构、国家与社会、政府与非政府组织等多元主体共同参与社会发展过程的理论。

就长期护理保险制度的建立而言，社会治理理论就是在政府的引导下，鼓励多元社会主体参与长期护理保险制度的建立和完善，改变传统的要求政府通过行政命令和管制处理社会事务的管理方法，发挥政府的协调职能，依靠各个治理主体的集体协作，保证长期护理保险制度的可持续发展。

2.3 综合分析框架理论分析

2.3.1 制度设计对实施效果的影响

长期护理保险制度设计包括参保范围、保障范围、资金筹集、待遇给付，制度设计将极大影响制度的公平性。公平性是长期护理保险制度建制的核心理念，制度设计要体现公平性原则，保障机会公平与过程公平，并通过再分配功能实现结果公平。机会公平是指护理需求者参与长

① 卡尔松，兰法尔.天涯成比邻——全球治理委员会的报告[M].赵仲强，李正凌，译.北京：中国对外翻译出版公司，1995：23.

期护理保险制度的机会是均等的；程序公平是为了保障公平的实现，长期护理保险制度通过建立法律法规保障程序公平的实现，保障参保人员的合法权利不受侵犯；结果公平指参与长期护理保险制度之后获得的待遇给付是公平的（岳林琳等，2020）。

参保范围公平是指护理需求者参与长期护理保险制度的机会是均等的。在参保资格上，全民不受城乡、职业、地区的差异影响，所有人都有公平的参保资格，长期护理保险制度理应覆盖所有城镇职工基本医疗保险、城乡居民基本医疗保险参保人员。但是参保机会公平只实现形式公平，是构成正义的第一道线，除此之外长期护理保险制度也应当实现实质公平，运用积极差别待遇的原则对弱势群体给予更多的关怀，通过家计调查和失能等级评估等将服务和现金给付优先给予失能程度高、经济条件差的护理需求者。长期护理保险制度不完善也可能会加剧结果不公平，制度覆盖范围小将产生逆调节作用，如只覆盖职工医保参保人群将城乡居民医保参保人群排除在制度范围外将增加结果不公平。长期护理保险制度应当贯彻普遍性原则，保障全体社会成员的护理需求。全体社会成员都有可能面临与老龄化相伴随的失能失智风险，应当保障其参保公平。长期护理保险制度实现应保尽保，既是制度公平正义的体现，也有利于做大保险资金池，实现制度的可持续发展。

资金筹集公平是实现制度公平性的重要环节，长期护理保险制度作为社会保障制度的重要组成部分，应起到社会财富再分配的作用，具体表现为垂直公平与水平公平。筹资公平性不仅涉及长期护理保险制度的正常运转，也关乎广大失能人员的切身利益，能否建立起公平公正的长期护理保险制度很大程度上取决于筹资机制是否公平。长期护理保险制度的筹资机制关系到费用承担的公平性，首先，部分试点城市城乡居民及城镇职工参保群体的缴费渠道不同，参加城镇职工医疗保险的有个人账户者及无个人账户者的缴费渠道不同，筹资渠道不同使得参保个体筹资负担不同。其次，比例筹资与定额筹资相比，能够将缴费与收入水平、经济发展状况挂钩，可以通过动态化筹资机制保障资金的可持续增长，并且通过发挥高收入者对制度的贡献，实现互助共济功能。最后，各区域总体筹资标准及各筹资主体筹资比例差距过大，不利于实现筹资公平。

保障范围公平具体表现为不同程度的失能人员获得不同的待遇保障，相同失能程度的人员获得相同的待遇保障。长期护理保险制度的覆盖范围应在保障重度失能者的基础上尽可能扩大，将失智及中度、轻度失能者纳入待遇给付范围，通过积极预防减缓疾病恶化，可以优化资源配置并降低护理成本，保障给付的公平性及可及性。等级评估标准的统一将有利于实现分级护理保障结果公平，建立科学、统一的评估工具，使得评估内容全面、评估权重设置合理，失能失智等级评估既可以瞄准护理对象保障其护理权利，又可以明确护理需求提高资源利用效率，不损害其他个体享受护理服务的权利。

待遇支付公平是实现长期护理保险制度公平的最后一道线，长期护理保险制度的待遇支付包括支付方式及支付标准，考虑参保群体的实际费用支出采取限额支付的方式更具有公平性；确立差别化待遇给付标准同样能够体现公平性，对不同护理形式及不同失能等级确立相同的待遇补偿机制，一方面降低了资源配置效率，另一方面对不同失能等级参保者给予相同待遇造成了不公平。对居家及社区护理确定更高的支付比例，能够鼓励护理需求者合理利用护理资源，并且可以避免护理服务费用的不合理上涨，根据失能等级逐步提高待遇标准既考虑了护理成本的差异，又保障了失能程度严重患者的护理需求。

实现公平是社会保障制度的基本理念，长期护理保险制度是社会保障的重要内容，应当将保障公平贯穿到制度设计的每一环节，保障社会群体的参保范围公平、保障范围公平、筹资机制公平及待遇享受公平。

2.3.2 制度运行对实施效果的影响

长期护理保险制度的运行将对制度效率产生影响，制度运行效率取决于管理体制的架构及其运行。效率性指资源投入与产出成果之间的关系。制度运行的效率可以从内涵和外延两方面考虑：一方面是制度本身的效率，政府部门提供公共服务往往被认为是缺乏效率的，存在管理成本高、监督效率低等问题，投入产出标准低。探索公私合作机制，发挥市场机制的优势，提高机构整合能力和协同效应，有利于提高长期护理保险制度经办管理效率。另一方面，长期护理保险制度是一项发展型社会政策，外部效应体现在对经济社会发展具有积极作用（潘锦棠等，2015）。

经办管理机构的效率不仅依赖于行政管理各机构内部的运行，还依赖于商保机构、专业评估机构及护理服务机构共同创造的外部运行环境。首先，社会保险制度模式决定了长期护理保险制度政府主导的管理体制，长期护理保险制度运行机构包括业务部门、宏观决策部门及相关领域部门，行政管理体制内部存在多头领导、政出多门现象，导致政策协同性不足、资源利用效率低、经办效率低等。其次，试点城市通过政府购买方式引入商业保险机构、专业评估机构、服务机构参与经办服务，在发挥市场机制优势的同时也对监督管理机制提出更高要求，否则多层委托代理关系带来的道德风险及逆向选择将极大影响经办效率。

经办管理流程的效率受经办管理机构及其人员的专业化、信息化、规范化程度影响。首先，探索“互联网+”服务，建设信息系统以实现申请、评估、经办、服务、结算和管理全过程的信息化，尤其要发挥信息系统事前、事中、事后的全程实时监控作用，对于提高经办效率至关重要。其次，建立专业化、职业化的长期护理经办队伍是提高制度运行效率的必然要求，多渠道吸纳从业人员、建立有效的专业人员培训制度及建立待遇增长机制是应然的措施，以解决长期护理保险制度经办与服务人员的数量及质量不足的困境。最后，按照简约高效的原则优化长期护理经办服务流程，确立规范统一的经办机制，既可以降低经办分割带来的额外成本，又有利于提高经办效率与质量。

经办管理体制的效率差别体现在由政府或市场承担责任，长期护理保险制度经办模式包括政府直接经办与委托经办，委托经办为公私合作机制，由政府通过公开招标或委托管理等方式将经办事务交由商业保险机构等第三方机构参与。公私合作机制比由政府或市场单一主体提供服务具有较大的经办优势，政府通过价格规制与质量监管保证公共服务的公益性，市场保障服务的质量与经济效率，政府与市场建立合作关系并通过利益共享与风险共担机制实现共赢。

长期护理保险制度经办管理体系是提供长期护理公共服务的主要载体，不断完善和优化长期护理经办服务体系是推进长期护理制度建设的关键。

2.3.3 制度环境对实施效果的影响

制度环境主要指长期护理保险制度的财政投入、人力资源、护理服务，将对长期护理保险制度的可持续性产生影响。制度可持续性是指从横向上来看，长期护理保险制度要与我国的经济发展水平和社会可承受能力相符合。长期护理保险制度需要考虑财政可承受能力，高于我国经济发展水平的高福利并不适合我国的基本国情，且高福利容易滋生劳动者的惰性、造成社会资源的浪费。福利刚性使得待遇一旦上升就不容易下降，且长期护理费用将呈现不断增长趋势，所以在确定当期支付水平时应当谨慎，考虑资金的可持续发展。长期护理保险制度的缴费率和给付率应当立足于我国基本国情，适应国家、企业、个人的承受能力。从纵向上来看，长期护理保险制度应当在满足当代人的长期护理需求的同时将后代人的护理需求纳入考虑范围，不以牺牲后代人的权益为代价。长期护理当前并未形成多元筹资渠道，待遇给付严重依赖于医保基金和财政补贴，造成的财政负担以及加速医保基金的不平衡性将导致后代人的负担不公。

财政投入是维系长期护理保险制度可持续发展的重要保障，政府一方面加大财政投入积极应对老龄化社会风险，另一方面，当前财政投入水平较低、财政投入结构分配不合理导致资源配置效率低。在需求侧层面，仅对特殊群体的残补型补贴政策覆盖面有限，且财政投入作为长期护理保险制度的重要筹资渠道，当前筹资机制严重依赖于医疗保险基金，政府财政投入不足。在供给侧层面，养老机构与养老床位的供给过剩与供给不足并存，片面追求床位数、机构覆盖率而忽略了机构设施使用率，财政补贴使用效率低。

护理服务的提供为长期护理保险制度的发展奠定了物质基础，长期护理保险制度依赖于护理服务体系的发展，当前护理服务有效供给与有效需求不足制约了长期护理保险制度的发展，一方面，护理服务市场尚未形成良性发展态势，护理服务提供的发展环境落后，供方参与服务提供的动力不足；另一方面，需方受制于经济能力服务购买力不足。护理服务既缺乏有效需求又缺乏有效供给，是制约护理服务发展的根本矛盾。保障服务需求与服务供给有效平衡是实现长期护理服务良性发展的基础，一方面要通过长期护理保险制度化解需方购买力不足问题；另一方面，应明确服务发展理念，理顺服务供给机制，以提高护理服务的供给能力。

长期护理需要由高素质的护理人员提供综合、连续、精细的专业性护理服务，长期护理服务依赖于专业护理员的参与。当前护理人员供给面临较大困境，护理人员存在数量严重不足、教育水平低、专业技能不足、年龄与性别结构失衡等问题，护理人员的人力资源管理机制尚未形成，薪酬待遇低，激励机制不足，缺乏专业培训与教育，离职率较高。长期护理人员数量短缺及专业性不足严重影响了需方护理需求的满足，对供方而言，护理人员的短缺也制约了护理机构服务提供能力。建立一支职业化、稳定化的护理队伍，有利于长期护理保险制度的良性发展和制度扩面，一方面可以缓解养老、护理机构招工难、用工难的困境，提高机构的服务提供能力；另一方面可以解决需方对专业化护理的需求，保障护理权利。

人力资源、资金投入、服务设施三大基础资源构成了长期护理保险制度环境，长期护理保险制度人、财、物的投入将保障制度实现可持续发展。

长期护理保险制度设计将影响制度公平性，制度运行将影响制度效率性，制度环境将影响制度可持续性，公平性、效率性、可持续性既是长期护理保险制度设立的原则，也是长期护理保险制度实施要达成的目标及优化目标，如图2-2所示。

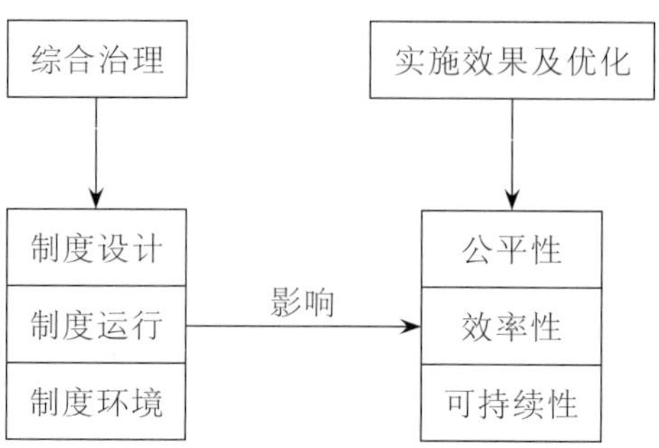

图2-2 长期护理保险制度综合分析框架理论分析图

2.4 综合分析框架的构建

前面三节主要讨论了实施效果评价的依据和长期护理保险制度设计、制度运行及制度环境对实施效果的理论影响，鉴于数据可得性，在准确界定概念基础上，仍需要结合上述理论分析构建本书的综合分析框架，以设定具体可操作的研究内容。

2.4.1 实施效果的现状分析

这一部分主要是对长期护理保险制度实施效果的现状进行分析，指出本书评价实施效果的具体影响因素，构建长期护理保险制度实施效果的现状分析框架，为后面对长期护理保险制度的分析提供基础。

首先，对试点地区长期护理保险制度的实践情况进行分析，为实施现状的分类及制度评价奠定基础。通过对试点地区政策的梳理得到试点地区的实践情况，对试点地区实践情况的描述进行分析，包括参保人数、受益人数、基金支出及机构数量。

其次，对试点地区的长期护理保险制度设计、制度运行及制度环境的情况进行比较。其中制度设计包括对参保范围、保障范围、等级评估、筹资机制及待遇支付进行比较，制度运行则是对制度的经办管理机构、经办管理流程及经办管理模式进行比较，制度环境则是对护理人员、财政投入和护理服务进行比较。

再次，对试点地区长期护理保险制度的实施现状进行分类。由于试点各地的制度设计层面既有共性又有差异，所以本书通过聚类分析的方法对这些试点城市进行分类及总结。结合各试点地区的长期护理保险制度对长期护理保险制度政策进行分析，这一框架的目标层主要是对试点地区进行区域划分，关于准则层的判断依据主要是制度运行的以下四个方面，包括参保范围、保障范围、资金筹集和待遇支付，指标层主要是对准则层的直接可度量的指标的阐述，是区域划分的最基本层面，基于此对试点进行区域划分。

最后，对试点各地实施的长期护理保险制度设计、制度运行和制度环境进行评价。对试点地区制度设计、制度运行、制度环境分别从多个维度进行评价。第3章将利用以上阐述的关于长期护理保险制度实施效果的指标对试点的实施现状进行分析。

2.4.2 实施效果的度量分析

本部分主要是对长期护理保险制度的实施效果进行度量分析，主要是从长期护理保险制度对医疗费用支出的影响以及通过层次分析法进行综合评价。本部分主要是解释通过这两个层面对长期护理保险制度实施效果进行评价的依据。关于长期护理保险制度实施效果的度量分析目前学界的研究相对较少，更多的是对长期护理保险制度层面的定性研究。出于本书的研究需要，将使用医疗费用支出和层次分析法的具体原因进行阐述，为下文开展研究提供依据。

第一，进行长期护理保险制度对医疗费用支出的影响效应分析的原因是，医疗费用支出作为影响居民生活水平的一项重要指标是长期护理保险制度实施效果的一个重要体现。如果长期护理保险制度实施能够减少居民的医疗费用支出，就会极大提高居民的生活水平。影响医疗费用支出的因素主要包括3类：一是个体特征，如性别、年龄、户籍和受教育水平等；二是区域特征；三是长期护理保险制度。将医疗费用支出作为评价长期护理保险制度实施效果的一个指标具有重要意义，第4章将对长期护理保险制度对医疗费用的影响效应进行分析。

第二，用层次分析法对长期护理保险制度的实施效果进行综合分析的原因是，层次分析法是一种既灵活又实用的定量和定性相结合的系统决策分析方法，该方法对多方案、多因素以及趋势的预测非常有效。长期护理保险制度目前尚未建立，试点各地的长期护理保险制度的实施方案各不相同，影响长期护理保险制度实施的因素也多种多样。为了对试点地区的实施效果进行综合分析，将准则层的一级指标分为制度设计、制度运行和制度环境，并下设21个二级指标，第5章以长春市为例运用相关软件得到各项指标的权重，为综合评价试点地区的实施效果提供数据支撑。

2.4.3 试点地区的可持续性分析

本部分首先指出度量试点地区长期护理保险制度可持续性指标，然后对影响这些指标的因素进行分析，构建试点地区长期护理保险制度可持续性的分析框架，为后面可持续性的实证分析提供理论基础。

第一，关于试点地区长期护理保险制度度量。本书的可持续性度量指标主要包括财务负担、人力资源和物力资源的可持续性。财务负担的可持续性通过测算长期护理保险制度财务需求和财务供给获得，其中财务需求主要是指失能老人所需的长期照护费用，财物供给主要来源于社会和国家财政两个渠道，社会的财务供给主要来源于居民收入，国家财政的财务供给主要来源于财政收入；人力资源的可持续性通过测算护理人员的需求和供给获得；物力资源的可持续性是通过测算护理型床位的需求和供给获得。

第二，关于影响长期护理保险制度可持续性指标即财务负担、人力资源和物力资源的因素。影响财务负担的因素包括社会缴费率、财政补贴率以及基金结余，试点地区的社会缴费率、财政补贴率和基金结余各不相同，因此通过一定的标准进行分类并对这些影响因素进行测算是非常必要的；影响未来人力资源和物力资源可持续性的因素主要是历年来的护理人员和护理型床位数以及各试点地区的政策，所以将试点地区的政策加入测算模型作为考量因素是很有必要的。第6章将试点地区的制度可持续性通过定量的方法进行测算，为制度优化提供了数据支撑。

2.4.4 试点地区长期护理保险制度优化分析

长期护理保险制度试点方案运行至今已经4年有余，通过借鉴国际实践经验并总结试点运行经验，得到优化的基本理念、构建优化路径是应有之义。这一部分首先从不同角度进行优化的可能性分析，其中包括参保范围、保障对象、待遇支付以及权利与义务的优化分析，从而设计出合适的优化方案。其次，以中共中央关于健全覆盖全民、统筹城乡、公平统一、可持续的多层次社会保障体系的理念作为依据，提出试点方案优化的基本理念。最后，遵循基本理念在制度的不同时期根据居民的需求设计优化路径，为居民提供更好的保障。第7章通过借鉴国际经验，第8章通过对试点地区进行方案优化，为在全国稳步建立长期护理保险制度提供借鉴与启示。

2.5 本章小结

本章将试点地区长期护理保险制度实施效果评价和优化的基本理论与逻辑思路相结合，构建了试点地区长期护理保险制度实施效果评价的综合分析框架。本章总体结构安排采用“总—分—总”形式，即“基于理论构建综合分析框架（总）→现状、实施效果评估（分）→试点地区的制度优化（总）”，以最终实现建立统一的长期护理保险制度的目标。

接下来的各章将在以上综合分析框架的基础上，对试点地区长期护理保险制度的实施效果作出综合评价，检验试点地区实行长期护理保险制度的成效，在此基础上提出优化路径。

3 长期护理保险制度试点实施现状分析

根据《关于开展长期护理保险制度试点的指导意见》及《关于扩大长期护理保险制度试点的指导意见》确定的17个试点城市，截至2020年11月，陆续颁布了相关试点方案与实施意见，并逐渐完善长期护理保险制度相关政策，各试点城市的长期护理保险制度实施进程差异在政策文件颁布中有所体现，如表3-1所示，上海、南通、成都、青岛等地的试点政策较为完善，大部分地区出台了等级评估管理办法及服务机构管理办法，此外各地还出台了等级评估参数表、经办规程、服务项目标准、结算办法等。各试点城市的文件规范形式不同，一是出台独立配套文件，二是嵌套在政策文件中，规范形式的差异反映出试点城市对长期护理保险制度的重视程度，并直接关系到长期护理保险制度政策的具体落实。仅颁布试点方案的城市对长期护理保险制度的规定多为原则性描述，影响了长期护理保险制度的经办管理。对各试点城市进行横向比较和综合分析，各地在参保范围、保障范围、筹资机制、待遇给付、经办机构、经办流程等各方面既有共性又有差异。对各试点地区的长期护理保险制度的实践经验进行分析，能够为我国加快长期护理保险制度的发展提供有益的借鉴。

表3-1 **长期护理保险制度试点地区政策文件梳理**

城市	政策文件	颁布时间
青岛	《关于开展青岛市长期护理保险定点护理服务机构评鉴试点工作的通知》	2020.11
	《长期护理保险制度照护需求等级评估操作规范》等六项规范	2020.06
	《青岛市长期护理保险照护需求等级第三方评估工作监督管理办法》	2020.06
	《关于做好青岛市长期护理保险经办服务管理工作的通知》	2020.02
	《青岛市失能失智人员照护需求等级评估实施办法》	2020.02
	《青岛市长期护理保险制度定点护理服务机构协议管理办法》	2019.11
	《长期护理保险制度管理与服务总则》	2019.12
	《关于开展长期护理保险制度延缓失能失智工作的意见（试行）》	2019.08
	《青岛市长期护理保险办法》	2021.03
成都	《关于开展城镇职工长期照护保险社会支持类居家上门照护服务的通知》	2020.07
	《关于印发失智失能人员长期照护保险基础照护服务项目及标准的通知》	2020.06
	《关于建立长期照护保险照护服务人员规范化培训制度的通知》	2020.06
	《成都市人民政府关于深化长期照护保险制度试点的实施意见》	2020.05
	《成都市城乡居民长期照护保险实施细则》	2020.05
	《关于印发城乡居民长期照护保险服务项目和支付标准的通知》	2020.05
	《成都市城镇职工长期照护保险实施细则》	2020.05
	《关于印发城镇职工长期照护保险服务项目和支付标准的通知》	2020.05
	《成都市长期照护保险协议照护服务机构标准（失智）》	2019.07

续表

城市	政策文件	颁布时间
上海	《关于社区日间照护服务纳入本市长期护理保险制度试点有关事项的通知》	2020.05
	《上海市老年照护统一需求评估办理流程和协议管理实施细则（试行）》	2020.04
	《上海市长期护理保险制度结算办法（试行）》	2019.12
	《上海市长期护理保险制度试点办法实施细则（试行）》	2019.12
	《上海市老年照护统一需求评估标准（试行）2.0版》	2019.12
	《上海市长期护理保险制度定点护理服务机构管理办法（试行）》	2019.01
	《上海市长期护理保险制度社区居家和养老机构护理服务规程》	2018.11
	《上海市长期护理保险制度试点办法》	2017.12
长春	《关于完善失能人员医疗照护保险有关政策的通知》	2016.01
	《长春市医疗照护保险定点服务机构管理办法（试行）》	2016.05
	《长春市失能人员医疗照护保险实施办法（试行）》	2016.01
	《关于建立失能人员医疗照护保险制度的意见》	2015.02
北京市石景山区	《北京市石景山区扩大长期护理保险制度试点实施细则》	2020.11
	《石景山区长期护理保险制度试点方案（试行）》	2018.03
乌鲁木齐	《乌鲁木齐市长期护理保险制度试点工作实施方案》	2018.11
	《乌鲁木齐市长期护理保险制度办法（试行）》	2018.11
	《乌鲁木齐市长期护理保险制度实施细则（试行）》	2019.03
	《乌鲁木齐市长期护理保险制度失能评定细则（试行）》	2019.03
广州	《广州市长期护理保险制度试行办法》	2019.07
	《广州市长期护理保险制度协议定点服务机构管理办法》	2019.08

续表

城市	政策文件	颁布时间
南通	《南通市长期照护保险服务协议》	2020.11
	《关于开展长期照护保险社会化评定工作的通知》	2020.05
	《南通市照护保险定点机构诚信服务信用等级管理办法》	2020.05
	《关于基本照护保险开展失能失智预防工作的意见（试行）》	2019.07
	《关于开展基本照护保险辅助器具服务的意见（试行）》	2018.06
	《关于增加居家上门照护服务套餐有关问题的通知》	2018.01
	《南通市照护保险定点照护服务机构考核暂行办法》	2017.11
	《南通市基本照护保险居家上门照护服务意见》	2017.09
	《关于完善居家上门照护服务套餐的通知》	2017.06
	《关于建立基本照护保险制度的意见（试行）》	2017.05
	《南通市区基本照护保险定点照护服务机构协议管理试行办法》	2017.05
	《关于医疗保险和照护保险照护服务标准化管理的通知》	2017.01
荆门	《荆门市长期护理保险制度失能等级评定标准（2020年版）》	2020.09
	《荆门市长期护理保险制度定点护理服务机构分级标准（试行）》	2019.12
	《荆门市长期护理保险制度办法（试行）》	2019.11
	《关于加强长期护理服务从业人员队伍建设的意见》	2019.11
	《荆门市长期护理保险制度经办服务规程（试行）》	2019.11
	《荆门市长期护理保险制度定点服务机构管理办法（试行）》	2018.07
苏州	《关于开展长期护理保险制度试点第二阶段工作的实施意见》	2020.01
	《苏州市长期护理保险制度居家护理服务项目内容和待遇标准（试行）》	2018.05
	《关于明确苏州市长期护理保险制度居家护理服务机构和服务人员条件的通知（试行）》	2018.05
	《苏州市长期护理保险制度失能等级评估参数表（试行）》	2017.09
	《苏州市长期护理保险制度失能等级评估管理办法（试行）》	2017.09
	《苏州市长期护理保险制度定点护理服务机构管理办法（试行）》	2017.09
	《苏州市长期护理保险制度生活照料服务项目和标准（试行）》	2017.09

续表

城市	政策文件	颁布时间
承德	《承德市城镇职工长期护理保险制度居家护理管理办法（试行）》	2019.01
	《承德人民政府关于建立城镇职工长期护理保险制度的实施意见（试行）》	2016.11
安庆	《安庆市长期护理保险制度辅助器具租赁管理暂行办法》	2020.08
	《安庆市长期护理保险制度短期照护管理暂行办法》	2020.07
	《安庆市长期护理保险制度失能等级评定办法》	2020.03
	《安庆市长期护理保险制度上门服务管理暂行办法》	2020.02
	《安庆市城镇职工长期护理保险制度实施办法》	2020.01
上饶	《全面开展长期护理保险制度试点实施方案》	2019.08
	《上饶市长期护理保险制度失能评估管理办法（试行）》	2019.02
	《上饶市长期护理保险制度试点经办规程（试行）》	2017.09
	《上饶市长期护理保险制度试点工作实施方案》	2016.12
齐齐哈尔	《齐齐哈尔市长期护理保险制度实施细则（试行）》	2017.09
	《齐齐哈尔市长期护理保险制度失能人员生活活动能力等级评定管理办法》	2017.09
	《齐齐哈尔市长期护理保险制度实施方案（试行）》	2017.07
重庆	《重庆市长期护理保险制度实施细则（试行）》	2018.12
	《重庆市长期护理保险制度服务项目和标准（试行）》	2018.12
	《重庆市长期护理保险制度失能等级评定管理办法（试行）》	2018.12
	《重庆市长期护理保险制度护理服务机构协议管理办法（试行）》	2018.12
	《重庆市长期护理保险制度试点意见》	2017.12
宁波	《宁波市长期护理保险制度试点实施细则》	2018.05
	《宁波市长期护理保险制度失能评估试点办法》	2018.05
	《宁波市长期护理保险制度试点方案》	2017.10
石河子	《关于建立长期护理保险制度的意见（试行）》	2017.03
	《八师石河子市长期护理保险制度实施细则（试行）》	2017.03

3.1 长期护理保险制度实践情况

（1）成都

截至2020年12月，制度覆盖参保人员867万人，累计受理失能认定申请3.99万人，待遇支付2.96万人，合计47.42万人次，基金支付5.83亿元。截至2019年年末签订协议的照护服务机构有64家。

（2）青岛

青岛长期护理保险制度覆盖860万人。2012年长期护理保险制度建立以来，护理保险资金累计支出24亿元，购买的护理服务相当于二、三级医院住院服务量的14倍，6万多名失能失智老人获益，保障率约3%，基本实现了应保尽保。在解决谁来服务的问题上，坚持市场化运作，全市定点护理机构由制度实施之初的143家增长到770多家，其中社会力量举办的占近90%，承担了95%以上的服务量。

（3）上海

截至2020年6月，上海市长期护理保险试点共服务失能老人39.1万人，其中社区居家照护32.4万人、养老机构照护6.7万人。全市享受长期护理保险居家照护和机构照护的失能老人平均年龄分别为80.1岁和85岁。现有长期护理保险定点评估机构34家，有评估人员0.9万人。现有纳入长期护理保险登记的各类养老护理服务人员6.3万人。长期护理保险定点护理服务机构达1 173家。

（4）南通

截至2020年10月，全市730万人口已实现长期护理保险全覆盖，享受待遇人数25 727人，16%的失能人员入住了照护机构、护理院、养老院、医院的照护病区；84%的失能人员居家。全市照护保险定点服务机构从2016年年初的6家增加到目前的254家，投资总额超23.6亿元；全市共有157家定点居家服务公司，从业人员8 000多人均经过培训；制度实施5年来医疗资源更是得到合理利用，在照护机构的失能人员中，有19%是从医疗机构迁入照护机构的，节约了医药费用2.69亿元。

（5）上饶

截至2019年7月，全市41.5万参保职工中有2 341人享受长期护理保险制度待遇，年龄段从28岁至100岁，居家自主护理小额补助或上门（机构内）照护服务累计基金支付近1 800万元。全市共有长期护理保险制度定点护理服务机构35家，投资规模近7亿元、就业人数超1 700人。

（6）荆门

截至2020年7月，全市长期护理保险制度参保243万人，共申报16 691人，已评定14 531人，评定符合条件的有8 836人，基金支付逾2.1亿元，年人均达到22 020元。全市目前长期护理保险确定定点服务机构121家，培训护理员2.6万人。

（7）苏州

截至2020年9月底，苏州大市累计受理参保人员申请65 759人次，上门评估60 151人次，评估符合享受长期护理保险待遇的有50 621人次，累计支付长期护理保险待遇3.3亿元，享受对象及其家庭在生活照料上、经济支出上的负担有效减轻。苏州大市覆盖住院护理机构93家，居家护理机构67家，护理站点360个，创造5 000余个护理就业岗位。

（8）承德

承德探索建立了长期护理保险“五个三”制度体系和“商业承办+专业护理+行政监督”运行和家庭护理新模式。截至2019年5月，全市确定定点护理服务机构20家，设立床位581张。截至2019年12月，全市参保人数达到26.83万人，累计为1 412人落实长期护理保险制度待遇1 772万元。

（9）乌鲁木齐

乌鲁木齐长期护理保险制度惠及130余万城镇职工。截至2019年9月，乌鲁木齐长期护理保险制度定点护理服务机构共有66家。

（10）长春

长期照护险“长春路径”从启动之初惠及5 229人次，到如今成为40 358人次的政策支撑，保障人次增长了7倍之多，报销比例达到了80%。定点照护机构已从启动初期的15家增加到88家长期照护机构、

17家短期照护机构，可同时为3.4万人提供长、短期专业照护服务。专业照护人员由启动之初的2 800多人，壮大到了4 274人。

（11）石河子

累计受理3 848人，评估3 560人，通过3 451人；享受长期护理保险待遇的有3 365人，其中居家享受待遇2 054人，机构享受待遇1 311人。累计支付长期护理保险待遇21 182人次，支付待遇1 320.9万元；其中支付居家护理待遇14 033人，支付待遇858.2万元；支付机构护理待遇7 149人次，支付待遇462.7万元。

（12）安庆

2017年至2019年，安庆市累计1 051人次享受长期护理保险待遇。长期护理保险基金累计支出830.55万元，年人均基金支付8 262.80元。2020年，长期护理保险参保人扩大至县域参保职工后，共计45.29万人纳入长护险政策范围。截至2020年6月底，安庆市符合享受待遇标准的重度失能人员共582人，失能率为1.3‰。21家养老机构均可提供生活照料护理服务，16家可以提供康复护理服务，14家可以提供精神安慰服务，12家可以提供医疗护理服务，但是可提供上门护理的仅有3家。

（13）广州

截至2020年6月30日，广州全市累计15 236人享受长期护理保险待遇。其中，机构护理占39.02%，居家护理占60.98%。基金累计支付5.06亿元，人均每月支付2 608.94元，符合规定的长期护理费用基金支付率为83.23%。广州市共有长期护理保险定点护理服务机构187家，服务范围覆盖全市各区，机构类型有养老院111家、医疗机构41家、社区居家养老服务机构9家、家庭服务机构26家。截至2019年年底，广州市长期护理保险制度已覆盖803万名城镇职工参保人员。

（14）齐齐哈尔

截至2019年9月，共有定点护理服务机构35个。

（15）宁波

截至2020年6月，长期护理保险参保人数189万人，试点机构26家，共计1 251人享受长期护理保险待遇，平均每人每月减负

1 200元。

长期护理保险制度试点地区实践情况如表3-2所示。

表3-2 长期护理保险制度试点地区实践情况

试点城市	参保人数（万人）	受益人数（人）	基金支出（万元）	机构数量（个）
青岛	860	60 000	240 000	770
成都	867	29 600	58 300	64
上海		391 000		1173
长春		40 358		105
南通	730	25 727		254
荆门	243	8 836	21 000	121
上饶	41.5	2 341	1 800	35
苏州		50 621	33 000	160
广州	803	15 236	50 600	187
宁波	189	1 251	189	26
承德	26.83	1 412	1 772	20
齐齐哈尔				35
安庆	45.29	1 051	830.55	21
石河子		21 182	1 320.9	
乌鲁木齐	130			66

3.2 长期护理保险制度设计比较

3.2.1 参保范围

如表3-3所示，各地基本遵循依附于基本医疗保险制度的原则，将长期护理保险的参保范围以医疗保险参保人群为基础进行划分，分为3

类。第一类覆盖城镇职工基本医疗保险参保人员，包括安庆、广州、宁波、齐齐哈尔、承德、重庆、乌鲁木齐7个试点城市；第二类覆盖城镇职工基本医疗保险和城镇居民基本医疗保险参保人员，试点城市为长春；第三类覆盖城镇职工基本医疗保险和城乡居民基本医疗保险参保人员，包括荆门、南通、上海、苏州、上饶、石河子、青岛、成都、北京市石景山区9个试点地区。

表3-3 **试点地区参保范围现状**

类别	城市
第一类	安庆、广州、宁波、齐齐哈尔、承德、重庆、乌鲁木齐
第二类	长春
第三类	荆门、南通、上海、苏州、上饶、石河子、青岛、成都、北京市石景山区

注：上海市参保对象分为两类，即参加职工基本医疗保险的人员（第一类人员）与参加城乡居民基本医疗保险的60周岁及以上的人员（第二类人员）。

参保范围公平是指制度对所有公民具有“不偏袒性”和“非歧视性”，公民参与长期护理保险制度的权利平等，这种权利不受职业、身份、区域等因素影响，并且实施积极差别待遇政策保障困难群体参与长期护理保险制度的权利。仅第一类实现应保尽保，体现公平性原则，其他两类优先考虑部分群体的参保机会，未能实现改善收入分配差距的目标，甚至扩大了不同群体之间的贫富差距，在试点过程中造成了新的不公。

从制度安排层面看，参保范围的不公主要体现在城乡两大群体参保权利的差异上。破除身份限制与地域差异真正实现区域内全覆盖才有利于实现公平，以年龄或职业切割的方式将城乡居民或城镇居民排除在制度保障范围外，既不利于做大保险资金池实现社会保险互助共济，也不符合农村地区的经济发展状况及护理服务发展状况落后的现实，在我国倡导建立统一的社会保障制度的大环境下，长期护理保险应当避免产生新的碎片化的制度。

3.2.2 保障范围

参保对象通过失能失智评估要求是享受长期护理保险制度待遇的前提，除自理能力限制，试点城市以设置限制性条件的方式划定评估对象范围，包括年龄限制、治疗期限制、参保等待期限制、再次申请限制、罚停期限制（马晶和杨天红，2019），某些限制影响了长期护理保险制度功能发挥。如上海规定受益人须年满60周岁，这有利于减轻基金支出负担，但其问题在于：一是所有年龄的人口都可能面临失能失智风险，以年龄切割的方式限制参保人群享受待遇有失公平；二是制度呈现缴费不享受、享受不缴费特点，将影响年轻群体的缴费积极性。另外，试点城市普遍设置6个月的医疗等待期，但长期护理保险应当以是否需要接受6个月以上护理期来界定是否具有长期护理需求，而非是否接受过长期医疗。

如表3-4所示，试点城市对受益对象的失能失智程度限制不同，将重度失能人员纳入保障范围的包括荆门、安庆、宁波、齐齐哈尔、承德、重庆、上饶、成都、石河子、广州、乌鲁木齐、北京市石景山区12个试点地区；将重度和中度失能人员纳入保障范围的包括长春、青岛、苏州、南通4个试点城市；上海将重度、中度及轻度失能人员全部纳入保障范围。此外将失智人员纳入保障范围的包括南通、上饶、成都、青岛、广州5个试点城市，其中广州将中度和重度失智人员纳入保障。

表3-4　　　　**试点地区保障范围现状**

享受待遇条件	试点地区
重度失能	荆门、宁波、承德、重庆、上饶、成都（重度一至三级），齐齐哈尔、石河子（＜40分），广州、安庆、北京市石景山区、乌鲁木齐（≤40分）
重度、中度失能	长春、青岛（失能二至五级）、苏州（重度0～51分、中度52～80分）、南通（重度40分以下，中度失能41～50）
重度、中度、轻度失能	上海（照护二级至六级）
失智	南通、上饶、成都、青岛、广州（重度、中度）

注：齐齐哈尔、石河子、广州、安庆、南通、宁波、承德、重庆、乌鲁木齐9个试点城市选择日常生活活动能力评定量表，其余试点城市为本土化评估量表。

大部分试点地区将制度瞄准有长期护理需求的大量人群，长期护理保险制度基金的可持续性容易得到保障，但将非有显著护理需求的群体排除在制度范围之外，是一种消极的被动补偿，无法发挥抑制轻中度失能护理需求上升的预防作用。轻中度失能失智恶化将耗费更多护理资源，这种消极给付方式未能优化护理资源配置，与积极老龄化及健康老龄化的倡导相违背。

从试点城市参保范围的改革路径来看呈现两个趋势：一是逐步扩大保障范围，例如长春于2017年12月扩大长期护理保险制度覆盖范围，将中度失能人员纳入长期护理保险制度保障范围；成都于2018年11月将失智人员纳入长期护理保险制度保障范围；青岛于2016年11月将重度失智老人纳入长期护理保险制度保障范围。二是重视预防工作，如青岛于2019年8月开展长期护理保险制度延缓失能失智工作，以轻中度失能失智人员及高危人群为重点，开展宣传项目、培训项目、赋能训练项目等，延缓失能失智发展进程，推迟进入依赖他人长期照护的时间节点，降低社会照护负担和经济支付负担；南通市于2019年7月开展失能失智预防工作，防止或延缓失能失智的发生、改善或防止已经发生的恶化。

3.2.3 等级评估

（1）评估工具

长期护理的评估工具分为三大类：一是单一指标，包括在我国广泛使用的《日常生活活动能力评定量表》（Barthel指数评定量表）及《简易智能精神状态检查量表》（MMSE量表）；二是复合指标，如我国民政部2013年出台的《老年人能力评估》标准，包括日常生活活动、精神状态、感知觉与沟通能力、社会参与四个维度，三是“身体状态-照护服务”衔接复合指标，德日韩普遍采用这种方式（陈诚诚，2017）。我国各试点城市的评估工具尚未发展到第三阶段，通常采用前两类评估工具，基本情况如下：

齐齐哈尔、石河子、广州、安庆、南通、宁波、承德、重庆、乌鲁木齐9个试点城市将《日常生活活动能力评定量表》作为评估依据。Barthel指数评定量表易于操作，且信度、效度得到充分验证，能大致评定出失能人员失能等级。使用Barthel指数评定量表的问题在于：一是仅将10项评估生活自理能力的指标作为等级评定依据，评定内容的丰富性和全面性不足，缺乏对精神状态、社会参与度等方面的综合评估，量表简易但覆盖内容狭小，势必造成一部分受益人被排除在制度之外。二是该量表仅对日常生活能力进行粗略评定，对申请者的评估不够敏感，会导致失能程度不同的老年人享受相同的服务等级的问题。

部分试点城市合并使用量表，将多个评估量表作为评估依据，长春的评估依据包括《日常生活活动能力评定量表》、《综合医院分级护理指导意见》、体力状况评分标准（卡氏评分，KPS）；南通对失能及失智群体分别使用Barthel指数评定量表及MMSE量表；青岛对失能群体使用自制量表，对失智群体使用MMSE量表；石景山按照《老年人能力综合评估规范》进行评估，并结合《北京市石景山区扩大长期护理保险制度试点失能评估量表》进行打分。综合使用多个量表使得评估工具过于碎片化，造成评估的功能性割裂，以青岛为例，除失能、失智评估量表，还规定接受专护须符合另行规定的5种情形之一，接受院护理、家护、巡护须符合另行规定的4种情形之一，分散的评估工具加上未规定相应指标权重易造成评估工具效度较差。

如表3-5所示，苏州、上海、青岛、成都、荆门、上饶6个试点城市形成了符合地方实际的评估依据，确立评估维度、评估内容与评估等级，评估维度得到扩展，评估等级设定更加精细。

（2）评估维度

一是评估维度尚不全面。6个试点城市制定本土化评估工具，其评估维度多数在Barthel指数评定量表（身体）的基础上，增加精神状态、认知、社交等维度，多维度的评估提高了对失能状态和照护需求的细致评估，尤以青岛市评估最为细致，在能力状态之外，还评估条件状态如营养状况、家庭经济情况、生活环境状况。但是评估工具尚且停留在日常生活活动能力评估表基础上自编评估工具，广度和深度上尚存在不足，如普遍缺乏对心理状态的评估，不符合现代社会的“生物—心理—社会”的医学模式；另外评估标准的设计与当地服务提供体系及管理体制等息息相关，各地当前的评估标准尚不适用全国范围。

表3-5 **试点地区失能评估现状**

试点地区	评估表	评估维度	评估等级
苏州	《苏州市长期护理保险制度失能等级评估参数表（试行）》	感知能力、认知能力、行为能力、特殊护理项目	正常（170）、轻度失能（81~169）、中度失能（52~80）、重度失能（0~51）
上海	《上海市老年照护统一需求评估标准》	自理能力维度、疾病轻重维度	正常、照护一级至照护六级、建议至相关医疗机构就诊
青岛	《青岛市长期照护需求等级评估表》《简易智能精神状态检查量表》	日常生活活动能力、精神状态、感知觉与沟通、社会参与、疾病状况、特殊医疗护理需求、营养状况、家庭经济情况、生活环境状况	失能：能力完好（0级）、轻度失能（一级）、中度失能（二/三级）重度失能（四/五级）；失智：轻度（MMSE≥21分）、中度（10~20分）重度（≤9分）
成都	《成都市成人失能综合评估量表》	日常生活活动能力、精神状态、感知觉与社会参与度	完好、轻度、中度一级、中度二级、中度三级、重度一级、重度二级、重度三级
荆门	《荆门市长期护理保险制度失能等级评定标准》	活动能力、认知感知	轻度失能（65~95）、中度三级（56~64）、中度二级（51~55）、中度一级（40~50）、重度三级（21~39）、重度二级（6~20）、重度一级（0~5）

续表

试点地区	评估表	评估维度	评估等级
上饶	本地化改造《上海老年照护统一需求评估标准》，年龄覆盖到0~老年，并加入失智鉴定		轻度 中度 重度
长春	《日常生活活动能力评定量表》 《综合医院分级护理指导意见》 体力状况评分标准		
南通	《日常生活活动能力评定量表》 《简易智能精神状态检查量表》		
齐齐哈尔、石河子、广州、安庆、宁波、承德、重庆、乌鲁木齐	《日常生活活动能力评定量表》（Barthel指数评定量表）		中度 重度
北京市石景山区	《老年人能力综合评估规范》 《北京市石景山区扩大长期护理保险制度试点失能评估量表》		重度失能≤40 中度失能41~60 轻度失能61~99 能力完好100

二是存在评估维度过分关注医疗疾病情况。随着医养结合养老服务形式的推进，老年人生理状态及患病类型成为需求评估中的重要项目，上海、青岛、长春等地的自制评估量表都将疾病状况作为重要的评估维度，其他地区则是采用Barthel指数加上医疗护理需求评估的方法确定长期照护对象。青岛评估内容在老年人日常生活活动能力基础上附加医疗专护、院护等特殊情形，广州同样规定符合特殊疾病情形可享受医疗护理待遇。过分考虑医疗疾病状况模糊了长期护理与医疗的界限，疾病种类的确定问题也应当纳入考量，是考虑当前老年人群患病率比较高的疾病，如慢性病、退行性疾病，还是考虑一般疾病。

三是评估权重设置不合理。构建评估指标体系大致需要确定评估维度、确定评估指标、指标赋值三个步骤。各试点城市多数未考虑评估维度的设置问题，上海市对指标进行合理赋值，提高了评估的准确性与合理性。未合理设置权重可能导致评估结果出现如下现象：疾病史多但自理能力强的人比自理能力差但是无特殊病史的人评估等级高；轻度失智的老年人虽行动能力良好，但因智力受损，实际上需要更高的看护等级（蒋曼等，2019）。

（3）评估分数

各试点地区评估等级划分方式大致分为“1～N从低到高迭进分层”“重度、中度、轻度分层”“迭进分层与失能程度交叉分级”三种情况（李小青，2020）。使用Barthel指数评定量表的试点城市多为按轻、中、重度失能分层，但分数设置尚不统一，如南通将41～50分定为中度失能，长春将41～60分定为中度失能。各试点城市的等级划分细致程度也不同，上海、成都等级划分较为细致，上海从正常到建议至相关医疗机构就诊划分为8级、成都从正常到中度三级划分为八级，苏州、上饶等的等级划分较为粗略。

大多数试点城市护理等级划分较为粗糙，每一等级的服务幅度比较大，导致护理需求与服务等级之间存在误差，参保者的护理需求不能被精准满足。对于评估结果的应用，大多试点地方采“一刀切”模式，即只要评估为有长期护理需求者，即可享受长期护理保险制度给付，不再进行分级，支付标准仅因申请人选择接受的给付种类不同而不同。只有少数试点地方如上海、苏州、青岛、成都，根据评估得分对护理需求进行分级，并根据分级确定不同的保险待遇。

3.2.4 筹资机制

（1）筹资渠道

如表3-6所示，我国各试点城市的筹资渠道划分为以下四类：一是完全依赖医疗保险统筹基金划转，以广州、苏州、宁波、上海为代表；二是筹资渠道将医疗保险统筹基金划转与个人缴费相结合，以重庆、齐齐哈尔、长春为代表；三是结合医疗保险统筹基金划转、个人缴费与财政补贴，南通、乌鲁木齐、荆门、承德、青岛、成都、北京市石景山区、上饶、安庆探索建立三方缴费；四是探索其他筹资来源的多元筹资渠道，如石河子将福彩公益金作为筹资来源。进一步说可以分为单一筹资渠道及多元筹资渠道，采用单一筹资渠道无法应对我国老龄化程度加深、失能风险提高、护理需求上升的局面，一旦医疗保险统筹基金结余不足将威胁长期护理制度的发展，另外单一的筹资渠道也不利于调动长期护理保险制度筹资主体的筹资积极性；多元筹资渠道具有强大的筹资能力，个人、企业、政府、社会各主体责任共担、优势互补、风险分散，有利于为长期护理保险基金的可持续发展提供保障。

表3-6　　　　试点地区筹资渠道现状

筹资渠道	试点地区
医疗保险统筹基金划转	广州、苏州、宁波、上海
医疗保险统筹基金划转+个人缴费	重庆、齐齐哈尔、长春
医疗保险统筹基金划转+个人缴费+财政补贴	南通、乌鲁木齐、荆门、承德、青岛、成都、北京市石景山区、上饶、安庆
统筹基金划转+个人缴费+财政补助+福彩公益金	石河子

从具体筹资渠道来看，试点城市长期护理保险制度筹资过分依赖于医疗保险基金：一是一次性划转一定比例医疗保险基金结余，包括长春、青岛、成都、宁波；二是划转医疗保险统筹基金及个人账户资金。在长期护理保险制度全部筹资中，上海、广州、石河子的职工医疗保险统筹基金占比为100%，安庆为67%，青岛为66%，长春为60%，苏州为58%，承德、齐齐哈尔为50%，重庆为40%，南通、上饶为30%，荆门为25%，成都按年龄设置不同筹资比例，医疗保险统筹基金占比为25%～67%（张盈华，2020）。

长期护理保险制度资金筹集从医疗保险基金划转存在合理性，一方面有利于化解资金筹集困难，减轻长期护理保险制度试点的经济压力，加速长期护理保险制度的推广；另一方面从一定程度上盘活了医疗保险基金结余的利用效率。阚小冬（2013）、朱铭来等（2018）对个人账户购买长期护理保险的可行性予以肯定。

过分依赖医疗保险基金存在以下问题：一是依赖于医疗保险基金未能体现社会保险权利与义务相一致原则，参保人的缴费责任与待遇享受不匹配，也未能凸显社会保险专款专收、专款专用的特性。二是医疗保险基金既要满足短期医疗需求，又要满足失能失智带来的长期护理需求，医疗保险基金承受着巨大的支付压力，考验着医疗保险基金的可持续性，资金断供会影响医疗保险待遇水平与长期护理保险制度保障范围、保障水平。且各试点城市的医疗保险收支状况不同，医疗保险基金结余充足的地区可以暂时支撑长期护理保险制度的发展，部分医疗保险基金结余不充裕甚至赤字的地区则面临着巨大的筹资困境。三是在长期护理保险制度依托医疗保险基金的情况下，长期护理保险制度基金的待遇给付内容受制于医疗保险。试点城市制度目标定位不同决定了长期护理保险给付项目偏向于生活照料或偏向于医疗护理，长期护理保险制度基金支付生活照料服务费用存在一定的局限性，长期护理保险制度基金依附于医疗保险基金限制了长期护理保险给付范围与给付内容的拓展，这种依附关系决定了长期护理保险制度基金只能用于支付医疗护理相关费用。四是长期护理保险制度缺乏独立性，筹资渠道过度依赖医疗保险基金使得长期护理保险制度基金的规模受制于医疗保险基金的规模，长期护理保险基金规模难以扩大。

（2）筹资方式

11个试点地区选择定额筹资，包括北京市石景山区、石河子、重庆、广州、南通、乌鲁木齐、上饶、苏州、齐齐哈尔、安庆、宁波；选择比例筹资的试点城市包括上海、荆门及承德，长春、青岛、成都选择混合筹资方式，将城镇职工及城乡居民分为不同参保群体并选择不同的筹资方式。筹资方式的选择一方面与地方政府的制度执行力相关，不同的筹资方式测算及管理难度不同，另一方面筹资方式的选择要确保实现长期护理保险制度基金的可持续发展。定额筹资、比例筹资、混合筹资三种筹资方式各有利弊，定额筹资可操作性强，但筹资金额不与经济发展水平及医疗护理水平相联系，动态调整性差，该种方式若未能设置费率调整机制，老龄化速度加快将导致缴费群体减少、享受待遇群体增长，长期护理保险制度基金容易出现财务危机。比例筹资与人均可支配收入、工资总额或医疗保险缴费基数相关，筹资金额可实现动态调整，但筹资比例的测算更为复杂。混合筹资将筹资水平与待遇给付相结合，筹资的测算与管理难度也加大。另外，不同筹资方式对于筹资公平性的影响不同，比例筹资将参保群体的收入水平纳入考虑，高收入者多缴费、低收入者少缴费，发挥了社会保险互助共济的再分配作用，定额筹资未能凸显不同收入群体的缴费差异，制度发挥转移支付的作用有限。

（3）筹资标准

如表3-7所示，各试点城市总筹资标准存在较大差距，筹资标准差距过大造成区域间筹资负担不同，也进一步加大了制度碎片化程度，不利于建立统一的长期护理保险制度。

实行定额筹资的试点城市中，筹资额度从24元到180元不等，筹资标准较低的试点地区包括苏州、安庆、齐齐哈尔，筹资标准低于60元，筹资标准较高的地区包括重庆、石景山等，筹资标准高于150元；实行比例筹资的试点城市中，上海、成都、青岛、长春城镇职工的筹资基数为医疗保险缴费总额，但筹资比例分别为1%、0.3%~0.6%、0.7%、0.5%，

表3-7 试点地区筹资方式与筹资标准现状 金额单位：元

筹资方式	试点地区	筹资标准	筹资结构
定额筹资	北京市石景山区	职工/居民180	职工：单位缴纳90+个人缴纳90 居民：个人缴纳90+财政补助90
	石河子	职工180 居民24	统筹基金划转/居民个人缴纳+财政补助 重度残疾或60岁以上人员40
	重庆	职工150	统筹基金60+个人缴纳90
	广州	职工130	统筹基金划转
	南通	职工/居民100	统筹基金30+个人缴纳30+政府补助40
	乌鲁木齐	职工100	统筹基金50+个人缴纳30+财政补助20
	上饶	职工/居民90	统筹基金35+个人缴纳50+单位/财政5
	苏州	职工60 居民30	统筹基金划转
	齐齐哈尔	职工60	统筹基金30+个人缴纳30
	安庆	职工40	统筹基金15+个人缴纳20+政府补贴5
	宁波		统筹基金启动资金2 000万+追加2 000万
比例筹资	荆门	居民人均可支配收入的0.4%； 职工/居民90	统筹基金24+个人缴纳36+政府补助30
	承德	职工上年度工资总额的0.4%	统筹基金0.2%+个人负担0.15%+财政补助0.05%
	上海	职工医保缴费基数的1%； 居民低于职工缴费基数	统筹基金划转
混合筹资	长春	职工医保缴费工资基数的0.5%； 居民30	职工：统筹基金0.3%+个人账户0.2% 居民：统筹基金划转
	青岛		职工：统筹基金0.5%+个人缴纳0.2%+财政补助30；居民：居民社会医疗保险费筹资总额的10%
	成都	职工以医保缴费工资为基数按年龄确定缴费比例； 居民45/38	职工：单位缴纳0.2%+个人缴纳（40岁以下0.1%/40岁以上0.2%/退休人员0.3%）+财政补贴退休人员0.1% 居民：个人缴纳25+财政补助（60岁以上20/未满60岁13）

荆门为居民人均可支配收入的0.4%，承德为职工上年度工资总额的0.4%。不论是缴费比例还是缴费基数仍然存在较大差异。这些地区选作缴费基数的医保缴费基数等数值不可查，人均的筹资标准暂无法进行测算，可得数据为荆门市2020年筹资标准为90元。青岛市2017年职工人均筹资为156元、居民人均筹资为61元，承德市2018年人均筹资为196元。

（4）筹资结构

当前试点城市政府、企业、个人的缴费责任不明晰，尚未建立起多元主体责任分担的缴费机制。

个人缴纳为长期护理保险制度基金重要的筹资渠道之一，各试点城市个人缴纳资金来源包括医保基金个人账户划转、医保基金统筹账户划转、个人真实缴费等几个渠道。试点城市城镇职工多采取划转个人账户来代替个人缴费，个人账户划转占个体筹资的比例为29%～60%不等，具体如下：成都33%～60%、长春40%、承德38%、重庆60%、荆门37.5%、齐齐哈尔50%、石景山50%、乌鲁木齐30%、南通30%、上饶55%、青岛29%、安庆市50%。而城乡居民个体缴费多为实际缴纳，石景山90元、荆门36元、成都25元、石河子24元、南通30元，上饶为从基本医保家庭账户代扣代缴或从个人缴费部分建立门诊统筹时划转50元。

真正落实单位缴费的仅有上饶，且其缴费额为5元。石景山、成都、上海在缴费制度中明确了单位缴费责任，将从统筹基金划转的责任归单位，但试点期间不缴费。

在缴费环节方面，财政补助以补助参保人的形式划入长期护理保险基金，部分试点城市针对所有参保对象进行无差别补助，这种补贴方式具有普惠性色彩，荆门、南通对城镇职工及城乡居民进行补助，承德、安庆、乌鲁木齐对城镇职工进行补助。部分试点城市针对符合条件的部分参保对象进行补助，成都、上饶、石景山面向城乡居民进行补助，成都面向城镇职工退休人员进行补助、石河子财政补助重度残疾或60岁以上人员，这有利于提高财政资金的使用效率。青岛仅面向城镇职工进行补贴，而非城乡居民，具有逆向再分配风险。

（5）差别化缴费机制

差别化缴费机制是指试点城市根据不同缴费主体设置有针对性的缴费标准，如城镇职工与城乡居民、在职人员与退休人员、医疗保险统账结合与住院统筹参保人员，以及其他创新性缴费机制。

按参保对象来看筹资标准分为两类：一类是城镇职工与城乡居民标准统一，以荆门、南通、上饶、石景山为例；另一类是城镇职工与城乡居民标准分别制定，以成都、青岛、长春、上海、石河子、苏州为例。筹资标准统一易于操作，但这种做法未将筹资标准与收入挂钩，社会保险的再分配功能较弱；设置不同的缴费标准有利于发挥职业群体对制度的贡献作用。

南通、荆门、上饶、承德、安庆、成都将退休人员作为缴费群体（陈翠霞和王晓伟，2019），充分考量了长期护理为与年龄相关的风险，并且老年群体为制度的主要受益者，强调权利与义务相对等。

由于长期护理保险制度延续医疗保险参保方式，各地针对有无个人账户群体设置不同缴费渠道，无个人账户者缴费渠道包括个人缴纳、门诊统筹基金划转、养老金账户代扣等。

成都市城镇职工根据不同缴费年龄设置不同缴费比例，年龄越大缴费标准越高也体现了权利与义务对等原则。荆门、成都、石河子设置缴费激励政策，缴费年限越长，待遇给付越多，充分体现了多缴多得、长缴长得的缴费原则。在长期护理保险制度发展前期，支付条件的设置能够鼓励参保、续保、延长缴费年限，对基金收支平衡具有重要作用。

3.2.5 待遇给付

（1）护理形式

试点城市的护理形式分为两种：一种是由家庭成员提供的非正式护理；另一种是由专业护理人员提供的机构护理或社区居家护理。

大多数试点城市将正式护理分为社区居家照护、养老机构照护及医疗机构照护三种护理形式，包括荆门、安庆、南通、苏州、承德；广州、重庆、上饶、成都将正式护理划分为机构护理与居家护理，但机构护理的提供者包括各种医疗机构和养老/护理机构。长春与宁波未提供居家护理，长春提供医疗照护机构护理与养老或护理医疗照护机构护理，宁波提供养老机构护理与专业机构护理。石河子、齐齐哈尔、石景山、乌鲁木齐没有提供专门的医疗机构护理，石河子提供护理服务机构护理、居家医疗护理、居家自行护理，齐齐哈尔提供医养护理服务机构护理、养老护理服务机构护理、居家护理。上海与青岛另外增加社区日间照护（巡护），护理形式更为丰富，尤以青岛较为先进，为失能、失智者分别提供四种及三种护理形式。

在非正式护理方面，荆门、上饶、石河子、成都、石景山、安庆、齐齐哈尔7个试点城市鼓励由家属、亲戚、邻居等提供护理服务，并给予护理补助。正式护理与非正式护理的关系有两种；一种是“替代关系”，即正式照护的介入会减少甚至取代非正式照护的提供；另一种则是“补充关系”，即正式照护系统和非正式照护系统之间是一种责任分担和功能互补关系（周延和孙瑞，2020）。上述试点城市中，仅安庆市的正式护理与非正式护理为互补关系，其整合上门护理和居家护理内容，优化了居家护理待遇结构，享受居家护理的，同时也可以享受上门护理。

依据我国“9073”养老服务格局，应当鼓励居家上门护理及居家自主护理，但各试点城市的护理形式发展程度不同，青岛居家照护服务占89.6%，基本形成了以居家为主，以社区、机构为辅的照护格局；成都居家照护占比同样高于80%；但宁波、长春更鼓励机构护理形式。试点地区优先发展居家及社区护理主要体现在两个方面：第一，机构护理一般规定只有失能情形严重、有医疗护理需求等特殊状况的群体才有资格选择机构护理；第二，增设激励措施，以增加护理服务时间或直接给予现金补助的方式对长时段接受社区居家护理的被保险人给予奖励（黄丽娟和罗娟，2020）。如上海为体现鼓励居家养老的原则，对评估等级为五级或六级接受居家照护服务的参保人员，连续接受居家照护服务1个月以上6个月（含）以下的，由其自主选择，在规定的每周7小时服务时间的基础上，每月增加1小时的服务时间或获得40元现金补助；青岛失能人员申请专护、院护、家护或巡护服务需要满足医疗保险统筹基金或护理保险资金支付额度、疾病情形规定等，荆门同样规定根据失能等级选择居家或机构。

（2）给付形式

给付形式包括实物给付、现金给付与混合给付3种方式，不同给付形式的运行机制（张文娟和李念，2020）、优缺点（周延和孙瑞，2020）具有较大的差别。试点城市以提供实物给付为主，实物给付满足了长期护理保险制度设计的初衷，即为失能失智者提供护理服务而非经济保障，满足其生活照料需求及与生活照料相联系的基本医疗需求，弥补了我国社会保障体系的重经济、轻服务的不足。部分试点地区在考虑地区护理服务发展现状的基础上增加现金给付，以弥补护理服务提供不足的现状，承德、安庆、南通、上饶4个试点城市提供现金给付，并且在提供现金给付时，同实物给付相比给付标准明显下降，能够在一定程度上避免过度申请和过量使用；承德、安庆、上饶的基金支付标准都为15元/日，南通居家照护补贴重度失能及中度失能人员分别为15元/日、8元/日。

在实物给付中，各试点城市的护理强度存在较大差距，在护理频次、护理时间、护理人员待遇方面都不同。苏州、南通、上海、石景山、青岛5个试点地区的居家护理以实物给付为主；上海社区居家照护评估等级二级或三级、四级、五级或六级上门服务分别为3次/周、5次/周、7次/周（1小时/次），社区日间照护评估等级为二级或三级的服务3天/周、评估等级为四级的服务5天/周，并分别补贴居家上门服务的职业护士、医疗照护护理员、养老护理员80元/时、65元/时、40元/时；苏州为重度、中度失能人员分别服务15次/月、13次/月（2小时/次），居家护理普通护理员40元/时，医疗护理员50元/时；石景山由家政护理员或亲属提供服务60元/小时，每月支付上限为30小时，护理服务机构安排护理人员每月上门服务12小时，每小时支付标准为90元；青岛家护及巡护失能三级、四级、五级分别获得3小时/周、5小时/周、7小时/周照护服务，服务费用为50元/小时；南通居家护理以服务套餐形式支付，价格分别为500元、480元、470元、390元。

在现金给付中，较少的试点城市直接提供现金补贴，并且现金补贴额度较少，其问题在于：一是亲属等非专业护理人员获得的现金补贴比专业护理人员少很多，导致部分中轻度失能老人本可以在家中接受亲属护理，迫于经济成本和时间成本只能转为人满为患的机构护理（韩丽和胡玲，2020）；二是在当前我国护理服务产业发展不足，服务机构与服务人员数量、质量难以满足庞大的护理需求，护理服务提供成本较高的情况下，对所有群体提供实物给付难以实现，应当对护理服务提供短缺的地区提供现金补贴。

（3）支付方式

如表3-8所示，从支付方式来看，实行限额支付的城市包括荆门、上海、广州、长春、乌鲁木齐、青岛、石河子；实行定额支付的试点地区为南通、宁波、重庆、上饶、苏州、安庆、齐齐哈尔、承德、成都、石景山。除安庆、南通、宁波、苏州、重庆、上饶6个试点城市未设置自付比例外，大多数试点城市设置了自付比例，这种强调受益人共付的设置有利于降低需方的道德风险。按照指导意见支付水平总体控制在70%左右的标准来看，各城市支付水平差异较大，长期护理保险制度基金支付比例从40%到90%不等，如齐齐哈尔报销比例为50%～60%，上海报销比例为80%～90%。限额支付比定额支付方式更能凸显公平性，限额支付规定最高额度，限额以内费用按一定比例支付，考虑个体实际护理费用支出；而定额支付实际护理费用支出与支付标准无关，部分群体实际支出可能低于报销额度，部分群体实际支出可能高于报销额度，未能提高保险基金的利用效率，也造成不同个体待遇享受的不公平。

各试点城市的支付标准也有较大差距：一是费用支付以生活照料还是医疗护理为主存在差异，青岛的医疗护理费用远高于生活照料费用，而广州的生活照料费用远高于医疗护理费用，如以机构护理为例，青岛专护三级医院210元/天、二级医院180元/天、院护65元/天，而生活照料费用失能三、四、五级分别为660元/月、1 050元/月、1 500元/月；广州基本生活照料120元/日，医疗护理费用1 000元/月。二是试点城市经济发展程度不同，从绝对支付水平来看，各地费用支付日限额从20元到210元不等，较低的支付标准及支付比例与较高的生活照料和医疗

表3-8 试点地区支付标准现状

试点地区	护理形式	支付比例	支付标准
上海	社区居家照护	限额90%	等级二或三、四、五或六分别为3次/周、5次/周、7次/周（1时/次）
	社区日间照护	限额85%	等级二或三、四分别为3次/周、5次/周
	养老机构照护	限额85%	支付符合规定的服务费用
	住院医疗护理	限额80%	第一类人员医疗护理与服务费用，第二类人员医疗护理费用
长春	疾病医疗短期照护	限额65%～80%	限额122元/日
	长期失能照护	职工90%、居民80%	限额107元/日（中度失能为重度失能的70%）
安庆	医疗机构护理	定额100%	60元/日
	养老机构护理		50元/日
	居家护理		15元/日
荆门	医院护理	限额70%	重度一级150元/日
	养老机构护理	限额75%	按失能等级及机构级别分级护理，50～100元
	居家护理	40%～80%	居家100元/日，非全日居家40元/日；
广州	机构护理	限额75%	生活照料120元/日，医疗护理1 000元/月
	居家护理	限额90%	生活照料115元/日，医疗护理1 000元/月
南通	医疗机构护理	定额100%	重度失能70元/日，中度30元/日
	养老机构护理		重度失能50元/日，中度30元/日
	居家照护		服务套餐390～500元/月；现金补贴重度15元/日、中度8元/日

续表

试点地区	护理形式	支付比例	支付标准
齐齐哈尔	医养机构护理	定额60%	30元/日
	养老机构护理	定额55%	25元/日
	居家护理	定额50%	20元/日
宁波	养老机构护理	定额100%	40元/日
	专业机构护理		
苏州	医疗机构护理	定额100%	重度失能30元/天，中度失能23元/天；
	养老机构护理		
	社区居家护理		重度15次/月、中度13次/月（2小时/次）
承德	医疗机构护理	定额100%	一级机构70元/日、二级以上80元/日
	养老机构护理		60元/日
	居家服务护理		50元/日或服务补贴15元/日
重庆	协议机构护理	定额100%	50元/日
	机构上门护理		
上饶	机构护理	定额100%	1 200元/月
	居家上门护理		900元/月
	居家自主护理		小额护理补助450元/月
石河子	护理机构护理	限额70%	750元/月
	居家医疗护理		
	居家自行护理	定额100%	25元/日
成都	机构照护服务	职工定额75%，居民定额60%	职工：重度一级1 077元/月，重度二级1 437元/月，重度三级1 796元/月； 居民：重度一级542元/月，重度二级722元/月，重度三级903元/月
	机构上门服务		
	亲情居家照护	定额80%	

续表

试点地区	护理形式	支付比例	支付标准
石景山	机构护理	定额70%	90元/天
	机构上门护理	定额80%	90元/小时，每月支付上限30小时
	居家护理	定额70%	亲属提供服务60元/小时，月上限为30小时
		定额80%	机构提供服务90元/小时，月上限为12小时
乌鲁木齐	全日居家护理	限额75%	1 862元/月
	服务机构护理	限额70%	1 737元/月
	机构上门护理	50%	每小时40元
青岛	专护/院护	职工医疗护理与生活照料限额90%；一档、二档缴费居民医疗护理限额分别为80%、70%	医疗护理：专护三级、二级医院210元/天、180元/天，院护65元/天；生活照料：失能三、四、五级660元/月、1 050元/月、1 500元/月
	家护/巡护		医疗护理：家护50元/天，巡护职工3 500元/年，一档居民3 000元/年，二档居民2 500元/年；生活照料：失能三/四/五级分别获得3/5/7小时服务（费用50元/小时，个人自付10%）
	长期/短期照护		生活照料1 500元/月，医疗护理65元/天
	日间照护		生活照料750元/月，医疗50元/天

护理服务支出不相匹配，无法发挥应有的保障作用；较高的支付标准将对长期护理保险基金造成过大压力，且由于福利刚性，设置较高的支付比例与支付标准不利于长期护理保险制度的可持续发展。三是从相对支付水平来看同样存在较大差距，成都市月照护基准费用依据2015年城镇全部单位就业人员平均月工资标准核定，乌鲁木齐以2018年最低工资标准的2倍作为计发基数，以此作为各地的护理成本和收入相关联的假设，在评估支付水平时，并不直接比较长期护理保险待遇绝对支付水平，而是在考虑当地的生活水平（用人均可支配收入来近似代表生活水平）的基础上，比较各试点地区的相对支付水平（即支付水平与人均可支配收入的比值），青岛2018年的院护年报销总额占当年城镇居民人均可支配收入的64%、成都2018年的机构照护年报销总额仅占当年城镇居民人均可支配收入的38%、石景山2018年的机构护理年报销总额仅占当年居民人均可支配收入的33%（郑伟等，2020）。

（4）统一支付与差别待遇支付

从支付标准来看，试点地区的待遇给付分为统一支付及差别待遇支付。统一支付为对所有符合给付条件的群体给予相同的支付比例或支付标准，差别待遇支付为根据服务提供形式、评估等级、参保对象身份等制定差别化的待遇给付政策，对于支付比例、支付标准的规定不同。

实行统一支付方式的试点城市包括重庆、宁波，重庆由长期护理保险基金按每日50元的标准结算，宁波参保人员享受专护、院护待遇，定额标准为40元/天。统一支付的优点在于操作简便，能够较好地控制长期护理保险基金支出，长期护理保险基金的风险较低。但是统一待遇给付水平存在制度不公平并且造成了护理资源的浪费。首先，对居家、社区、机构给予相同的待遇水平，可能刺激参保者的护理需求，参保者会尽可能选择护理提供水平更高的机构护理，与倡导居家为基础的政策理念相违背。其次，对不同失能等级给予相同的待遇给付，未能考虑不同护理等级的服务成本不同；对失能状况严重的护理需求者，现有的护理待遇未能满足其实际护理支出；对失能等级较小的护理需求者，现有的护理待遇超过其实际护理支出，存在资源配置低效问题。若未确立待遇增长机制，随着经济发展水平的上升及护理成本的增加，制度的保障作用将下降，使得参保群体对制度的信心不足，威胁着制度的可持续性。

其他试点城市将待遇给付与护理机构等级、服务提供方式、失能等级联系起来，实行差别化的待遇政策。对不同护理形式实行差别化待遇可以促使待遇享受者选择合适的护理方式，依据经济状况及身体状况选择相应支付标准与比例的服务，对居家护理设置更高的支付比例能够很好地发挥政策引导作用，以鼓励更多人选择居家护理。另外，实行差别化支付也可以促使服务机构提高服务质量，形成护理服务行业良性竞争的状态。依据失能等级实行差别化待遇，能够实现纵向公平，提高护理资源的利用效率。

首先，根据失能等级给予不同支付比例或支付标准，根据失能等级依次提高待遇给付标准，失能等级越高支付比例越高。失能等级越高对护理的需求越大、护理的成本越高，实行分级护理既有利于保障制度的公平性，又有利于提高有限护理资源的利用效率。将支付标准与失能程度相联系的试点城市包括上海、长春、荆门、南通、苏州、成都、青岛。

其次，根据服务提供方式实行待遇给付，除安庆及齐齐哈尔机构护理报销比例大于居家护理，其他试点城市对居家护理给予倾斜，居家护理的报销比例高于社区护理及机构护理。试点城市通过待遇分级鼓励居家护理，一方面可以防止医疗、护理、养老机构的膨胀，减少社会性住院带来的护理成本上升；另一方面，我国护理型机构及护理型床位短缺，大量机构从布局规划到功能设计都无法满足失能失智者的护理需求，鼓励居家护理可以缓和我国落后的机构建设与失能失智者的高护理需求的结构性矛盾。

再次，通过鼓励居家及社区护理，激发社会力量参与居家及社区护理的积极性，促进居家及社区护理提供的良性发展，保障护理需求者的基本护理需求。

最后，根据身份类别确定护理待遇，长春、青岛、上海、成都职工医疗保险参保者的报销比例高于居民医保参保者。建立多缴多得的缴费与待遇享受机制，通过参保者的制度贡献水平确立其待遇享受水平，保障了缴费与待遇享受相一致的个体内在公平。但是从整个社会系统来看，这种给付方式并未向弱势群体倾斜，未能通过制度保障困难群体的权益。

（5）服务项目

出台护理服务项目的试点城市服务项目数量、项目类别、项目划分依据存在较大差别。从各试点城市的服务给付项目来看，存在偏重生活照料且生活与医疗项目界限模糊、服务项目的类别及内容覆盖不全面、服务照护标准不统一、未实行分级护理等问题。

如表3-9所示，各地服务项目总量10～60项不等，青岛、广州、上海服务项目种类较为丰富，苏州、南通服务项目较少。服务项目的总数不一且服务内容差异较大，将影响到护理服务提供体系的规范与护理服务待遇享受的质量。另外，试点城市服务项目的标准化、规范化不足，部分试点城市未对服务项目的基本要求、服务频次或服务时间进行规定，服务时间或频次存在较大差异，服务内容标准也不同。成都市对于服务项目的照护目标、照护标准、特殊情况处理、上门服务要求做详尽描述，齐齐哈尔服务项目仅指明类别，服务照护标准越详尽越有利于进行服务监督与评价、越有利于提高服务质量。

服务项目基本包括生活照料及医疗护理两大类，但生活照料项目普遍多于医疗护理项目，原因在于长期护理服务的提供依赖于养老及护理机构的服务能力，服务机构的医养结合水平不足导致专业化水平较低。从项目内容来看，存在医疗护理及生活照料项目界限模糊的问题，存在同样的服务项目在不同试点城市归属于医疗护理或生活照料的情形，生活照料及医疗护理分类不清晰。此外，服务项目除了生活照料与医疗护理两大类外，护理项目的服务种类较为有限，难以满足多样化、多层次的需求，预防性护理、康复指导、心理慰藉、临终关怀等都是重要的服务项目，在满足基本生活照料与医疗护理的情况下，应当扩大服务项目种类。

表3-9 试点地区服务内容及项目现状

城市	政策文件	服务内容及项目
苏州	《苏州市长期护理保险制度生活照料服务项目和标准（试行）	一级护理指标项目为10类
南通	《关于完善居家上门照护服务套餐的通知》	安康1—2服务套餐、护康1—4服务套餐、居家上门照护服务清洁服务套餐、压疮护理套餐、体征检测套餐、个性化套餐
成都	《关于印发城乡居民/城镇职工长期照护保险服务项目和支付标准的通知》	生活照料8项、非治疗性照护4项、风险防范2项、功能维护2项
齐齐哈尔	《齐齐哈尔市长期护理保险制度护理服务项目目录》	服务项目共包括27项，Ⅰ类14项、Ⅱ类6项、Ⅲ类7项
青岛	《青岛市长期护理保险制度家护、巡护支付范围》	共60项，其中基本护理25项、基本生活照料17项、功能维护15项，其他服务3项
广州	《广州市长期护理保险制度基本生活照料/医疗护理服务项目》	共49项，其中生活照料服务项目31项，医疗护理服务项目18项
重庆	《重庆市长期护理保险制度服务项目和标准（试行）》	5大类共24项，机构照护服务项目包为“8+4+3”组合模式，居家照护服务项目包为“6+3”组合模式
上海	《上海市长期护理保险社区居家和养老机构护理服务规程（试行）》	共计42项护理服务项目，其中基本生活照料27项，常用临床护理15项

各地服务项目给付依据不同，重庆、齐齐哈尔根据护理形式确定居家护理服务项目及机构护理服务项目，并且机构护理服务项目的数量多于居家护理服务项目；南通、苏州、青岛专门制定居家护理服务项目，其中南通针对居家护理制定安康1—2服务套餐、护康1—4服务套餐、居家上门照护服务清洁服务套餐、压疮护理套餐、体征检测套餐及个性化套餐等多种套餐；上海及广州仅根据服务内容将服务项目分为生活照料及医疗护理两大类；成都服务项目根据身份类别及失能等级划分。

将服务项目划分为居家护理服务项目及机构护理服务项目有利于节省护理资源、提高监督力度，但居家及机构护理项目不应只有数量上的区别，理论上居家护理更强调生活照料、机构护理更强调医疗护理，科学甄别护理项目更有利于提高保险基金的使用效率。多数试点城市仅罗列服务项目清单，未将失能等级作为指导服务项目划分的依据，也未能形成分级护理体系。各试点城市的服务提供与失能失智评估等级不匹配，评估结果相对孤立，评估结果未能指导服务提供。如苏州对重度失能人员提供10项护理项目，对于中度失能人员提供10项协助护理项目。成都市的分级照护较为合理，根据不同等级提供不同频次、类别、时长的服务项目，实现服务提供的精准化管理，提高了护理资源的使用效率。应当制定合理的分级护理标准，建立护理需求、失能失智等级、服务内容与服务时间、频次相统一的分级护理体系。

3.3 长期护理保险制度运行比较

3.3.1 经办管理机构

（1）经办机构比较

试点城市的长期护理保险制度采取社会互助共济方式筹集资金，社会保险制度模式决定了长期护理保险制度由政府主导的管理体制，长期护理保险制度管理涉及专业领域与综合宏观领域，对长期护理保险制度的管理需由业务部门、宏观决策部门及相关领域部门共同参与。以青岛为例，青岛医疗保障部门负责长期护理保险制度的组织实施和监督管理工作，医疗保障经办机构具体负责护理保险资金筹集、支付和经办管理工作，民政部门、卫生健康部门、财政部门、残疾人联合会、保险监管部门按照各自职责协同医疗保障部门做好本办法的实施工作。从行政体制内部各部门的横向分工来看，发展改革委与财政部为负责综合管理的宏观决策部门，医疗保障局为经办具体事务的业务部门，民政部、卫生健康部门、保险监管部门等为相关领域部门。

政府组织是典型的官僚科层制结构，多头管理、条块分割、职能交叉等问题导致经办效率大大降低。管理体制缺乏整合导致政策呈现碎片化、财务分割、人力资源难以协调、护理资源整合难度大、管理效率低。现阶段民政体系与卫生健康体系分离影响了管理与经办效率，医疗卫生机构及养老机构分别由卫生健康部门、民政部门主管，而失能失智人员又面临医养需求同时产生的情况，医疗服务与养老服务分散在两个系统，使得需求者的医疗卫生与长期护理需求难以同时满足。按照结构合理、配置科学、程序严密、制约有效的原则健全运行机制，各部门应合理划分职责权限，提高统筹协调能力才能提高长期护理保险制度经办效率。

（2）失能等级评定机构比较

如表3-10所示，各试点城市开展失能等级评定的机构包括定点评估机构、长期护理资格评定委员会、劳动能力鉴定中心、医疗保险经办机构、定点服务机构，其中将第三方定点评估机构及长期护理资格评定委员会作为等级评定机构的试点城市较多，各评估机构在专业性、独立性、权威性方面呈现不同的特色。

表3-10 **试点地区失能等级评定现状**

试点地区	等级评定机构
石河子、齐齐哈尔、乌鲁木齐	劳动能力鉴定中心
青岛、承德、重庆、上海 南通、苏州、上饶、宁波	定点评估机构
安庆、广州	医疗保险经办机构
荆门、石景山、成都	长期护理资格评定委员会
长春	定点医疗照护机构与医疗保险经办机构

首先，定点服务机构可以从专业的角度评估失能等级，保障评估的专业性与效率性，但定点服务机构同时进行需求评估与服务供给，存在创造需求的可能，即定点服务机构联合护理需求者为牟取利益、骗取保险基金而欺骗保险人。

其次，劳动能力鉴定中心参与长期护理需求评估的专业性有待考量，劳动能力鉴定中心负责工伤保险的鉴定，通过对申请者从事体力工作能力的鉴定来确定劳动能力的丧失程度，而长期护理需求评估主要是对申请者的日常生活能力、精神状态、社会参与度等进行评定，并且长期护理需求评估沿用工伤保险的模式也不利于长期护理工作的开展。

再次，医疗保险经办机构的评估人员是否具有医疗、护理专业知识将影响评估的准确性，若由行政官员参与评估将使需求评估的作用大打折扣，且多数试点城市由医疗保险经办机构参与长期护理日常管理工作，包括资金筹集、待遇给付、服务购买、监督管理等，医疗保险经办机构的工作负担较大，评估的效率性与时效性不足。

最后，选择成立长期护理资格评定委员会及由第三方机构独立参与评估具有明显的优势。第三方机构具有独立性，专业评估人员的参与有利于保证评估的专业性，且通过设定评定机构准入条件展开协议管理加强监督，具有较高的经办效率。

（3）护理服务机构比较

各试点城市对开展长期护理服务的护理服务机构作出规定，各级各类医疗机构、养老机构、护理机构均可申请成为协议服务机构，石河子、齐齐哈尔、乌鲁木齐、石景山协议服务机构未包括医疗机构，与其提供的护理服务形式一致。试点城市定点服务机构选择呈现差异化、地域化特点，部分试点城市的服务提供者准入门槛较低、范围较广，乡镇卫生院、社区卫生服务站、村卫生室等都可以申请提供服务；部分试点城市的服务提供者准入门槛较高、范围较窄，仅包括医疗机构、养老护理机构等。各试点城市选择不同的服务提供主体，这种差异性对长期护理保险制度服务提供的监管要求不同。

对定点服务机构的监管是长期护理保险制度运行中的难题之一，如表3-11所示，各试点城市对定点服务机构的管理政策分为三类：第一类为精准型管理，以广州、南通、荆门、青岛、成都为代表，即制定机构管理办法与考核办法对定点服务机构申请条件、机构评估程序、服务协议及监督考核等加以明确，尤其是制定考核方法对定点机构进行分类管理、分类考核，建立定点服务机构考核保证金制度并将考核结果与奖惩相联系，通过激励约束机制加强对定点服务机构的监督管理。第二类为清晰型管理，以苏州、上海、长春、重庆为代表，仅制定定点服务机构管理办法，明确机构申请条件及评定程序，但对定点服务机构监督管理的规定较为简单，在一定程度上实现对定点服务机构服务行为的监督。第三类为模糊型管理，以安庆、石河子、宁波、齐齐哈尔、承德、上饶、北京市石景山区、乌鲁木齐为代表，仅在实施细则或经办规程中对经办机构的申请条件进行规定，未制定独立的机构管理办法，对定点服务机构的规范引导作用有限。

表3-11 试点地区护理服务机构现状

	试点地区	规定形式
精准型管理	广州、青岛、荆门、成都、南通	规定管理办法与考核办法
清晰型管理	上海、长春、重庆、苏州	规定管理办法
模糊型管理	安庆、石河子、宁波、齐齐哈尔、承德、上饶、石景山、乌鲁木齐	嵌套于相关文件中

3.3.2 经办管理流程

各试点城市的评估流程大致为申请、受理、评估、公示、复核等，但具体评估流程设置存在差异，对于申请标准、初次评估标准、二次评估标准、复核标准、公示标准、评估机构与评估人员标准、评估工具使用标准等设置不同，评估流程的差异将对评估结果的客观性、公正性、精确性产生影响。

一是评估阶段存在差异。部分试点城市实行一次评估，第一次作出的评估结果为最终结果；部分试点城市实行两次评估，首次评估不满意可以提出复核；部分试点城市实行三次评估，复核结果不满意还可继续申请；如何及由谁确定最终结果具有差异性。

二是评估规避制度不同。部分实施两次评估的试点城市实行评估规避制度以保障评估的客观与公正，一种为由不同机构参与评估，另一种为由不同人员实施评估，如上海规定参与初评的评估机构应该回避实施复核评估，青岛规定复核时参加第一次评估的人员应当回避。

三是评估依据不统一。大部分试点城市采用量表评估，通过直接观察及被评估人员自述获得评估结果，这种评估方法一定程度上受评估人员的主观影响；部分试点城市结合评估信息系统与评估人员综合意见获得评估结果，上饶、苏州、成都、上海等由计算机评定系统生成失能等级鉴定结果，提高了评估的科学性与客观性。

四是保障评估准确性的评估时间未加明确。评估人员为提高单日评估量，缩短在每个申请者身上的评估时间而增加总体评估人数，极大降低了评估的准确性。

五是评估有效期设置不同。试点城市评估有效期从6个月、12个月到两年不等，石河子甚至规定每5年对享受长期护理待遇的人员进行复评。评估有效期时效太长，不能及时对参保者享受服务的等级进行调整，缺乏灵活的评估机制导致部分人员病情恶化未能享受更高等级的护理待遇，或者病情好转却未享受低等级的护理，导致护理权利受损或护理资源浪费。另外，对于所有待遇享受者给予相同的有效期并不合理，失能失智等级越高评估有效期应当越长。长春的评估有效期设置较为合理，重度失能人员评分低于20分可享受照护24个月、21～30分可享受照护12个月、31～40分可享受照护6个月，中度失能人员可享受照护6个月。试点地区评估程序现状如表3-12所示。

表3-12　**试点地区评估流程现状**

城市	评估流程
青岛	申请与受理（向定点服务机构提出申请并初步筛查）—现场评估（登门实施评估）—综合评估（审核讨论出具结果告知书）—后续评估及评估结果告知—争议处理（向评估机构提出复审申请）
成都	向资格评定委员会提交评定申请—申请材料与失能评定条件审核—评估人员采集评估信息（首次评估、复核评估、持续评估、即时评估）—失能评定信息系统生成评定结果—结果公示—评定委员会作出评定结论
长春	向定点医疗照护机构提交申请—照护机构现场初审病情与自理情况—网上申报传送至医疗保险经办机构—医疗保险经办机构现场或网上审定
石河子	向劳动能力鉴定中心提交申请—材料审核—现场评定—走访调查—评定公示—结果通报—向人社部门申请复评
荆门	提交申请并由村委会（社区）出具申报意见—审核材料、出具受理单—专委会评定—医疗保障局审定—结果公示及送达—复评
安庆	向经办机构提出申请—材料初审—上门评估—评定公示—出具结论

续表

城市	评估流程
广州	向定点服务机构提出申请—长期护理定点服务机构初评—医疗保险经办机构组织现场评估—结果公示—结果告知—复查评估
南通	向经办机构提出申请—材料审核—专业人员现场评定—走访调查—评定公示—市劳动能力鉴定中心出具结论—定期评估与复评
宁波	向评估服务专业机构提出申请—B类专家现场评估—评估公示—出具结论—复评申请（A类专家进行复评，资格评定委员会作出复评结论）
齐齐哈尔	向经办机构提出申请—材料初审—市劳动能力鉴定委员会现场评定—走访调查—评定公示—市劳动能力鉴定委员会出具结论—复评申请
上海	向服务中心提出申请—受理和审核—评估开展（现场评估、录入评估记录、集体评审、出具评估结论）—结论告知—结论复核与终核
苏州	申请评估—商保机构材料审核—评估机构现场评估—信息系统自动生成评估结果—商保机构复核—结果公示—委托司法鉴定机构复评
上饶	申请—受理（承办机构初审）—评估（承办机构上门评估，系统生成等级鉴定结果）—评审（鉴定专家集体评审）—公示—争议裁定

3.3.3 经办管理模式

长期护理保险制度在经办层面的经办模式包括政府直接经办与委托经办。除长春及上海实行直接经办的管理模式外，其余试点城市均由商业保险机构经办。上海市、区医保办为长期护理保险制度的主管部门，市、区医保中心具体经办长期护理保险制度业务；长春医疗保险经办机构负责医疗照护保险资金的筹集、支付和管理服务工作。

商业保险机构参与长期护理保险制度经办应经办方式、参与范围、盈亏承担三方面进行比较分析。

首先，如表3-13所示，商业保险机构经办方式分为三种：共保体、独家承保、分片区承保。首先是共保体，共保体是市场上各家保险公司共同承保，按照承保份额分摊保险和保费，以石河子、乌鲁木齐为代表，通过竞标选定的商业保险公司联合成立了共保办公室，组建长期护理保险制度专业经办服务团队，开展经办服务工作。其次是独家承保，以安庆、荆门、宁波、石景山为例，确定1家商业保险机构承办长期护理保险制度，以提高长期护理保险制度运行绩效。最后是分片区承保，选取此经办方式的试点城市包括广州、成都、重庆、上饶、苏州、承德、南通、青岛、齐齐哈尔，中标的委托经办机构分片区承办，按照中标顺序依次确定承办片区。共保体由市场上各家保险公司共同承保，按照承保份额分摊保险和保费，一定程度上避免了垄断、也规避了一家独大的风险，而独家承保或分片区承保容易在区域内造成垄断，既不利于提高服务质量和降低服务成本，也没有赋予人们"用脚投票"的权利。

表3-13　　**试点地区商业保险机构经办方式**

商保经办方式	试点地区
共保体	石河子、乌鲁木齐
独家承保	安庆、荆门、宁波、石景山
分片区承保	广州、成都、重庆、上饶、苏州、承德、南通、青岛、齐齐哈尔

其次，按照商业保险机构参与程度和合作范围分为全流程委托与部分流程委托。广州、成都等商业保险机构实行部分业务承办，成都市将部分经办业务与部分失能评定工作委托给商业保险机构，广州商业保险机构提供长期护理需求鉴定及长期护理保险制度待遇经办工作。苏州、上饶等实行从失能评估申请到待遇给付的全流程委托。商业保险机构参与经办的程度在一定程度上由承办机构的经办能力决定，应当避免承办能力不足导致的低效率，商业保险机构可以从简单经办入手，待经办经验成熟及双方合作机制健全后逐步转为全面承办。

最后，按照经办机构与承办机构盈亏承担方式分为两种。第一种为经办机构承担长期护理保险制度基金的盈亏，商业保险机构仅收取委托经办费用；第二种为商业保险机构与经办机构共担风险、共担盈亏。第一种以宁波、广州为例，在长期护理保险制度试点实践中，商业保险机构借助其专业优势参与部分经办业务，不承担基金盈亏，经办机构向其支付一定管理费用，经办机构负责盈亏。第二种以成都、南通为代表，即商业保险机构与经办机构共担风险、共担盈亏。成都采取"政府主导、市场运作、风险共担、协同推进"的社商合作运营机制，通过招标引入5家商业保险公司，分片区承担长期护理保险制度经办服务。商业保险机构可获得一笔稳定的长期护理保险制度保费资金来源和委托经办费用，并获取一定的盈利（黄德斌等，2019）。南通市基本照护保险委托第三方实行“运行风险共担、保险事务共办、管理费率固定、年度考核退出”的模式。

在各试点地区长期护理保险制度实施过程中，商业保险机构参与经办的盈亏承担方式影响长期护理保险制度的经办效率，也影响着公私合作机制的稳定性。第一种为经办机构承担长期护理保险制度基金的盈亏，商业保险机构仅收取一定管理费用，在此种模式下，商业保险机构只收取承办费用，盈利空间狭窄，经办积极性较弱，且商业保险机构不承担盈亏责任没有基金投资压力，难以形成对其经办行为的有效约束，存在一定的风险性。第二种由商业保险机构与经办机构同担风险，双方在合作过程中确立明确的职责、清晰的权利义务关系，经办机构发挥监管与考核作用，商业保险机构发挥技术专长与管理优势。商业保险机构既有盈利激励又接受政府对其投资、经办等行为的约束，能够发挥市场与政府两者的积极性，提高长期护理保险制度的经办效率，保障长期护理保险制度在经办层面的公私合作机制实现良性发展。

3.4 长期护理保险制度环境比较

3.4.1 护理人员

护理人员是长期护理保险制度配套体系的重要组成部分，专业护理人员主要包括护士及养老护理员，且养老护理员是护理体系中重要的职业群体。由于不同的护理机构中服务的项目及内容、服务频次及时间要求存在较大差距，所需要的护理专业化程度也存在差别，对护理人员配置的比例不同，本书重点论述养老机构的专业人员配置比。

确立合理的护理人员配置标准是长期护理机构开展护理工作的基础条件，也是保障护理质量的重要前提。护理人员配置不足，容易导致护理员生理及心理压力过重、职业倦怠感强、离职率高；护理人员配置水平高，有利于保障服务水平与质量，提高其工作满意度从而降低其离职率，而保障护理人员的专业性与稳定性对护理行业的可持续发展极其重要。

民政部于2017年颁布的《养老机构生活照料服务规范》规定，养老机构中养老护理人员与半护理老人比例最少为1∶10，养老护理人员与全护理老人比例最少为1∶4。如表3-14所示，比较各试点地区对养老机构护理人员配置比例的规定，大部分试点地区的养老机构护理人员配置比例高于国家规定，重庆、成都、广州、苏州对养老机构人员配备要求较高，承德对养老机构人员配备要求较低，护理人员与重度失能老人配比低于国家标准。

表3-14　　**试点地区护理人员配比规定**

城市	文件	护理人员与中度失能老人配比	护理人员与重度失能老人配比
长春	《长春市养老机构等级评定标准（试行）》	1∶6	1∶3
上海	上海市地方标准《养老机构设施与服务要求（2013）》	1∶6.6	1∶2.5
青岛	《青岛市养老机构建设和服务标准（试行）》	1∶6	1∶4
承德	河北省《养老机构日常照护规范（2016）》	1∶8	1∶6
宁波	浙江省《养老机构星级评定必备项目检查表》	1∶10	1∶4
重庆	《重庆市养老机构管理服务标准（试行）》	1∶5	1∶3
成都	《成都养老机构星级评定（2015）》	1∶5	1∶3
广州	广州市地方标准《养老机构管理规范（2019）》	1∶5	1∶3
南通	《南通市民办养老机构规范化管理暂行办法（2009）》	—	1∶3
苏州	《苏州市民办养老机构管理办法（2011）》	1∶5	1∶3
荆门	《荆门市长期护理保险定点护理服务机构分级标准（试行）》	—	1∶2～1∶5
石河子	《新疆维吾尔自治区养老机构管理实施细则》	—	1∶3
齐齐哈尔	《黑龙江省养老服务机构管理暂行办法（2011）》	1∶3.5～1∶5	1∶2.5～1∶3.5
国家	《养老机构生活照料服务规范（2017）》	1∶10	1∶4

从可得数据来看，各地的实际发展情况不容乐观，上海现有纳入长护险登记的各类养老护理服务人员6.3万人，荆门培训护理员2.6万人，长春专业照护人员由启动之初的2 800多人壮大到4 274人。

当前我国长期护理专业人员数量严重不足，护理人员专业性不足，养老机构的护理人员配比难以满足被护理人员的护理需求，且在养老机构数量增多及与老龄化、高龄化相伴随产生的失能失智风险增大、护理需求急剧上升的背景下，护理配置存在较为严重的问题。

护理人员的配比量、专业人员与非专业人员配比量及不同专业资质人员的配比量既要满足被护理者的护理需求，又要同护理机构的规模及机构的发展目标相匹配。一方面，要提高现有配置人员的利用效率，根据不同的护理机构类型，不同失能、失智等级配备不同资质的护理人员，制定标准化的护理服务项目及内容、护理服务工作流程，既能降低护理人员的护理负担，又能增加对机构的监督管理力度。另一方面，面对整体护理人员不足的情况，要加大培训力度，提高薪酬待遇及提供职业发展路径，增加行业的吸引力，从根源上解决护理人员短缺问题。

3.4.2 财政投入

长期护理服务已经演变为一项社会风险，各地政府探索长期护理保障体系建设，相继出台相关政策并积极履行财政责任，提供护理补贴及护理保险补贴，这对增进社会公平、促进经济社会发展具有重要作用。

首先，在17个试点地区中，南通、乌鲁木齐、荆门、承德、青岛、成都、石景山、上饶、安庆、石河子10个试点地区在资金筹集环节提供财政补贴。南通、乌鲁木齐、荆门、承德、安庆向所有参保者提供无差别补贴；成都、上饶、石景山仅面向城乡居民提供补贴；成都面向城镇退休职工提供补助；石河子财政补助重度残疾或60岁以上人员；上饶财政资金向财政供给的机关事业单位、关闭破产改制及困难企业单位提供缴费补助；南通、乌鲁木齐、青岛、成都、石景山、上饶、安庆、石河子都实行政府定额财政补贴；荆门、承德由政府进行比例财政补贴。

其次，部分城市将财政补贴对象标准与社会救助体系相挂钩，对属于社会救助的对象进行财政补贴，将他们纳入长期护理保险制度，如南通、上海、石河子、荆门都将享受最低生活保障人员、特困人员、重残人员确定为补助对象（文太林和孔金平，2020）。将无缴费能力的弱势群体纳入保险体系，有利于保障其护理需求足，维护社会的公平正义。

财政投入是维系长期护理保险制度可持续发展的重要保障，各试点城市的经济发展水平差异巨大，财政能力存在较大差别，地方政府的财政状况较好则执行力较强，地方财政能力弱则长期护理保险制度的落实面临困境。在缺乏上级政府支持的情况下，由地方政府承担财政责任使得护理服务的发展缺乏资金投入。

3.4.3 护理服务

长期护理服务提供基本生活照料及与基本生活密切相关的医疗护理服务，失能、失智群体对长期护理服务具有刚性需求，其对医疗及护理资源供给质量具有更高的要求，对入住机构基本的生活照料、健康护理、保健康复和精神慰藉等专业服务有较大需求，因此护理型床位比普通型床位可以更好地满足其护理需求。

国家从政策层面探索对失能、失智群体的长期护理保障，《“十三五”国家老龄事业发展和养老体系建设规划》对养老服务的床位供给进行优化调整，提出到2020年全国护理型养老床位占养老床位总数比例不低于30%的规划目标；民政部在《关于进一步扩大养老服务供给 促进养老服务消费的实施意见》中提出到2022年养老机构护理型床位占比不低于50%，进一步增大护理型床位供给。

如表3-15所示，大部分试点地区已对建设护理型床位作出规划，相较于全国2020年实现护理型床位占比不低于30%，2022年实现护理型床位占比不低于50%，苏州、广东、南通、青岛对护理型床位的占比要求更高，而上饶与成都对护理型床位的规划目标低于国家标准，其他试点城市与国家规划目标同步。各试点城市对护理型床位的规划与当地的人口老龄化、高龄化状况相关，并且护理型床位的设置配备要求高，需要较多社会资本投入及政府财政补贴，与当地的经济发展状况相关。

表3-15　　试点地区护理型床位配置规定

城市	文件或会议	护理型床位占比
长春	《吉林省"十三五"老龄事业发展和养老体系建设规划》	2020年≥30%
上海	《养老机构护理型床位设置指引（试行）》	每个养老机构不少于30间
青岛	《青岛市"十三五"老龄事业发展规划》	2020年≥40%
上饶	《上饶市养老服务体系建设发展三年行动计划（2019—2021年）》	2021年≥30%
重庆	《重庆市老龄事业发展和养老体系建设"十三五"规划》	2020年≥30%
成都	《关于深化养老服务综合改革提升养老服务质量的实施意见（2019）》	2022年≥45%
广州	《广州市人民政府办公厅关于全面放开养老服务市场提升养老服务质量的通知（2019）》	2020年≥50%
南通	南通市2019年医养结合工作现场推进会	2020年≥50%
苏州	《苏州市人民政府关于加快发展医养融合养老服务的实施意见（2015）》	2020年≥50%
荆门	《荆门市老龄事业发展和养老体系建设"十三五"规划》	2020年≥30%
石河子	新疆生产建设兵团《关于全面放开养老服务市场提升养老服务质量的实施方案（2019）》	2020年≥30%
齐齐哈尔	《关于推进养老服务发展的实施意见（2019）》	2022年≥50%
国家	《"十三五"国家老龄事业发展和养老体系建设规划》 《关于进一步扩大养老服务供给 促进养老服务消费的实施意见》	2020年≥30% 2022年≥50%

由于各试点城市的实际护理型床位数据不可得，仅可获得定点护理服务机构数量这一与护理服务相关的数据。上海与青岛定点护理机构数量较多，分别为1 173家与770家，其余试点城市定点服务机构数量较少，分别为长春105家、南通157家、荆门121家、苏州160家、广州187家，乌鲁木齐66家、成都64家、齐齐哈尔35家，安庆、承德、宁波不足30家。各试点城市的护理服务发展存在较大差距，部分试点城市护理服务发展较为滞后。

重度失能失智群体入住养老机构接受生活照料及医疗护理，既可以满足其基本护理需求，又可以提高床位使用率、提高养老资源的使用效率。这就需要养老机构将重点服务对象转向失能失智群体，提高护理型床位的比例，整合与优化养老资源配置、增加养老机构有效供给，防止漫灌式的过度建设与资源投入，在注重养老床位数量增长的同时，注重养老床位的使用情况。政府应当通过养老资源的供需分析，加强政策制定与引导，提高对护理型床位的补贴率，精准识别有护理需要的失能、失智群体，鼓励有自理能力的群体居家养老，将有限的床位资源辐射到困难群体。

优化养老床位供给结构，对养老服务床位进行结构性调整，调整普通型床位及护理型床位配置比例，提高护理型床位比例，有利于提高养老机构对失能失智群体的护理能力，优先保障重度失能失智困难群体的服务需求。

3.5 长期护理保险制度试点实施现状分类

试点城市在制度设计层面既有共性又有差异性，本书试图用聚类分析方法对试点城市进行分类及总结。

（1）指标划分

Neil Gilbert在社会福利政策导论中从分配基础、分配内容、服务输送、筹资方式四个维度奠定了社会福利政策分析框架。《指导意见》为开展长期护理保险制度提供了具体要求，其中基本政策包括参保对象、保障范围、资金筹集、待遇支付。依托Neil Gilbert四维社会福利政策分析框架，结合长期护理保险制度相关政策特点，本书从4个维度分析长期护理保险制度政策，具体内涵如下：

目标层反映评价的总体结果，本书综合各试点地区长期护理保险制度设计差异，以长期护理保险制度涉及区域划分指标体系为总目标层。

准则层是制约区域划分的主要因素，本书选择参保范围、保障范围、资金筹集、待遇支付四个准则作为评判依据。参保范围反映参保者参加保险是否受到年龄、群体、区域差异限制，资格审查判断申请者的失能程度是否达到福利申请的最低标准，筹资水平直接影响支付水平，支付标准将反映参保者接受福利的质量。

指标层由直接可度量的指标构成，是划分各试点地区长期护理保险制度的最基本层面，本书选择4个变量作为区域划分指标体系框架。基于可度量、可比性原则，选取以下指标。参保范围从城乡范围、群体范围、年龄范围3个指标考虑，根据社会保障群体结构及社会保障城乡结构分为单覆盖、双覆盖、全覆盖；年龄范围分为仅覆盖老年群体及覆盖所有年龄段。保障范围从保障对象的广度及深度两个方面考虑，就广度而言考虑保障范围是否将失智人员纳入保障，就深度而言考虑保障范围将何种失能程度的参保人纳入保障范围。资金筹集主要考虑筹资标准，筹资标准反映筹资水平，各试点城市筹资水平差距过大且普遍较低，将筹资标准划分为高筹资水平与低筹资水平。待遇支付主要考虑支付水平。长期护理保险制度区域划分指标如表3-16所示。

表3-16 **长期护理保险制度区域划分指标**

<table>
<tr><th>目标层</th><th>准则层</th><th>指标层</th></tr>
<tr><td rowspan="6">长期护理保险制度区域划分</td><td rowspan="2">参保范围</td><td>群体范围：单覆盖、双覆盖、全覆盖</td></tr>
<tr><td>年龄范围：覆盖所有年龄群体或仅覆盖老年群体</td></tr>
<tr><td rowspan="2">保障范围</td><td>保障广度：覆盖失能失智人员或仅覆盖失能人员</td></tr>
<tr><td>保障深度：覆盖轻度、中度、重度失能人员</td></tr>
<tr><td>资金筹集</td><td>筹资水平：高筹资水平与低筹资水平</td></tr>
<tr><td>待遇支付</td><td>支付水平：高支付水平与低支付水平</td></tr>
</table>

（2）聚类分析

聚类分析是根据研究对象的特征，按照一定标准对研究对象进行分类的一种分析方法。它使组内的数据对象具有最高的相似度，而组间具有较大的差异性。本书为对样本进行聚类的Q型聚类，并采取系统聚类方法，即对相似程度最高的两类进行合并，组成一个新类并不断重复此过程，直到所有个体都归为一类。

本书利用SPSS，采用系统聚类法对我国试点城市长期护理保险制度设计进行区域划分，聚类结果如表3-17、图3-1、图3-2所示。

表3-17 **长期护理保险制度区域聚类分析结果**

类别	试点地区
第一类	青岛、上海、成都、长春
第二类	石河子、北京市石景山区、荆门、南通、苏州、上饶
第三类	宁波、安庆、齐齐哈尔、重庆、承德、乌鲁木齐、广州

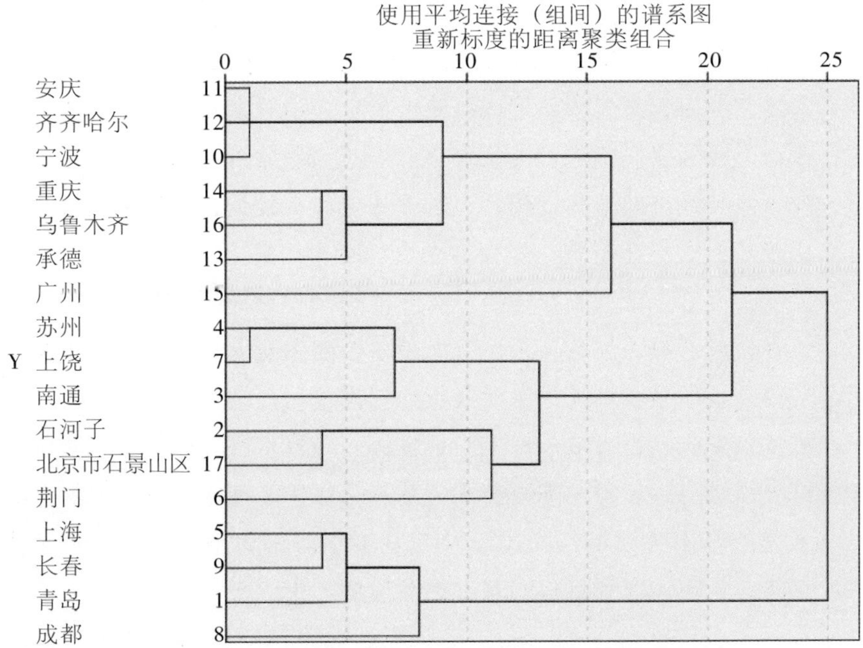

图3-1 长期护理保险制度区域聚类分析谱系图

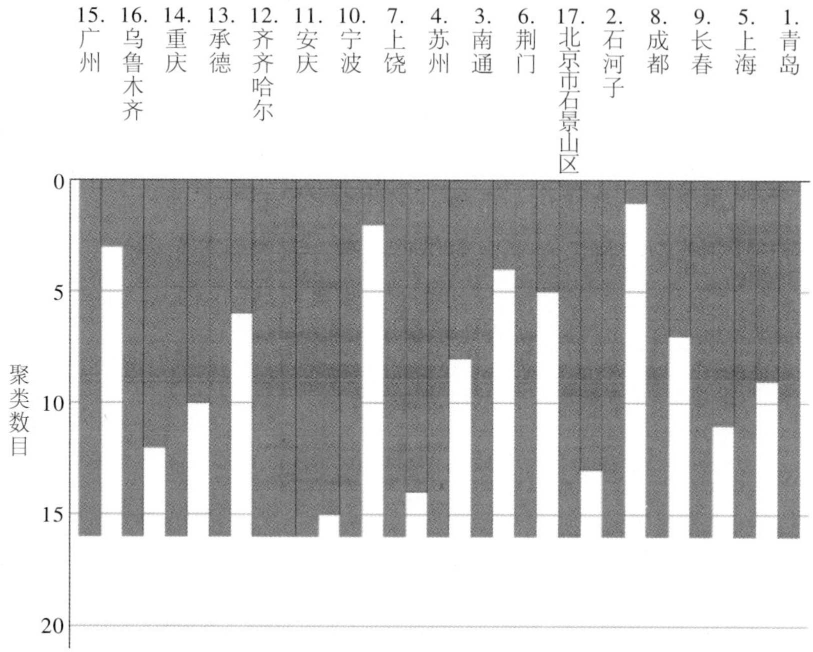

图 3-2 长期护理保险制度区域聚类分析冰柱图

（3）分类总结

青岛、上海、成都、长春为各项制度设计较为良好的试点城市代表。青岛、上海、长春为早期试点城市，早在指导意见颁布之前便自发进行试点，经过多年试点制度逐渐完善；成都试点时间相对其他3个城市较晚，但其经济发展程度较好，制度试点起步较高，并且试点已经进行深化改革扩大参保范围、提高待遇支付水平。总之上述4个试点城市参保范围实现了全覆盖及双覆盖，保障范围相比指导意见有所扩展，青岛、长春、成都覆盖失智人员；上海覆盖轻度失能人员，筹资水平及待遇水平较高，能够较好满足参保人员护理需求。

宁波、安庆、齐齐哈尔、重庆、承德、乌鲁木齐、广州多为依照指导意见进行试点，参保范围覆盖职工基本医疗保险参保人群，保障重度失能人员的基本生活照料支出以及与基本生活密切相关的医疗护理费用。宁波、安庆、齐齐哈尔的筹资标准最低，相应支付水平较低。

石河子、南通、苏州、上饶、荆门、北京市石景山区处于中间状态，根据指导意见进行制度建设，相应逐渐扩展制度。南通制度试点起步较早，其保障范围及参保范围较为宽泛，但筹资水平及支付水平较低，属于广覆盖、低收益的典型。6个试点城市在参保范围层面实现全覆盖，包括全部城镇职工及城乡居民，较好实现了参保公平。

根据我国长期护理保险制度试点城市的分类状况，可以大致构建出我国长期护理保险制度的优化路径：第一类为制度初创期，第二类为制度发展期，第三类为制度相对成熟期。从制度初创期仅遵循指导意见到制度发展期制度相对有所扩展，再到制度成熟期发展为较为完善。

3.6 长期护理保险制度评价

3.6.1 长期护理保险制度设计评价

试点城市长期护理保险制度参保范围有宽窄之分，其问题在于通过身份限制与地域差异将居民排除在制度范围之外，造成了参保不公。长期护理保险制度应当贯彻普遍性原则，保障全体社会成员的护理需求，突破社会保险城乡二元分割的固有问题，真正实现覆盖全民与援助弱势。

试点城市保障范围有年龄限制及失能失智程度限制，有护理需求的群体虽参与缴费却得不到保障，制度设限违背了权利与义务平等的原则、损害了受益公平，也存在诱导社会成员恶化身体状况以获得保障的道德风险。扩大长期护理保险制度的受益面是制度发展的必然要求，一方面要将中轻度失能失智群体纳入保障；另一方面要开展延缓失能失智工作。

长期护理保障对象的确立依赖于评估工具的建立，评估工具的科学性及合理性，有利于筛选真正的受益对象，保障制度的公平性。试点城市的评估工具存在以下问题：一是Barthel量表覆盖内容狭小，且对申请者的评估不够敏感；合并使用评估工具且未规定权重使得工具效益较差；二是评估维度不够全面、评估维度过分关注医疗疾病情况、评估权重设置不合理；三是评估分数划分较为粗糙，评估结果未能指导服务提供。制定统一化、精细化的评估工具，有利于明确参保群体的受益资格，提高待遇给付的精准性，保障制度的公平公正。

长期护理保险制度筹资机制设计是制度设计的重要环节，筹资水平将影响保障范围、服务内容、支付水平等。试点地区逐渐构建多元筹资渠道，但也存在筹资渠道过分依赖医疗保险基金导致独立性较差、筹资额度相差5倍以上导致主体负担不公、筹资主体缴费责任严重虚化等问题。

长期护理保险制度待遇给付是长期护理保险制度最后一环，长期护理保险制度资金筹集提升了参保群体的购买力，促进了正式护理及非正式护理两种护理形式的发展。给付形式以服务给付为主、以现金给付为辅，各城市服务给付的护理强度如频次、时间存在较大差距，现金服务弥补了护理服务不足的现状。限额支付比定额支付方式更能凸显公平性。支付标准受城市经济发展状况及制度定位影响，制度定位偏医疗护理的城市比偏生活照料的城市支付标准高，城市的经济发展状况将影响绝对支付水平。忽略参保者的个体情况实行统一支付方式的公平性较差，根据护理等级、护理地点、服务提供方式确定差别化待遇政策将更好发挥制度效益。

3.6.2 长期护理保险制度运行评价

长期护理保险制度的经办机构包括行政机构与外部机构，首先行政机构为经办长期护理保险制度的政府职能部门与业务部门，主要由医疗保障机构进行经办管理，理顺管理体制、明确运行机制对提高长期护理经办效率具有重要意义。其次外部机构包括商业保险机构、评估机构、护理服务机构等。各地尚未确立统一的评估机构，评估机构的独立性及专业性将极大影响评估结果的公正性，本书认为选择成立长期护理保险制度资格评定委员会及由第三方机构独立参与评估，都具有明显的优势。对于定点服务机构的选择存在门槛高低及管理精细程度差异，管理类型的不同反映了对服务机构规范监督作用效力发挥的差异。各地对服务机构的管理政策分为精准型、清晰型及模糊型，精准型管理的优势在于对定点服务机构进行分档评分，将考核结果与服务协议续签、费用结算等挂钩，可以有效约束服务机构的行为。

各试点城市的评估流程大致为申请、受理、评估、公示、复核等，但具体评估流程设置存在差异，对评估阶段设置几评终评、是否实行评估规避制度、采用量表评估或使用计算机系统评估、单人评估时间、评估有效期等应当予以明确规范，降低评估过程中的主观性及随意性，保障评估的标准化及规范化。

经办模式主要分为直接经办及委托经办两种方式，除长春及上海选择直接经办外，其余试点城市均选择委托经办。委托经办是一种公私合作机制，能够发挥商业保险机构参与长期护理保险制度经办的独特优势，各地商业保险机构参与长期护理保险制度经办在经办方式、参与范围、盈亏承担三方面存在差异：第一，商业保险机构参与经办的方式包括三种：共保体、独家承保、分片区承保，本书认为共保体具有经办优势，一定程度上避免了垄断、也减少了一家独大的风险。第二，从合作范围来看，包括全流程经办与部分流程经办，商业保险机构应当根据需要与能力参与承办，从简单经办入手，待合作机制健全及经办经验丰富后扩大经办范围。第三，从盈亏承担方式来看，分为承办机构只收取经办费用不承担盈亏风险、经办机构与承办机构风险共担，本书认为风险共担可以激发政府与市场两者的积极性，提高长期护理保险制度的经办效率。

3.6.3 长期护理保险制度环境评价

提升护理人员的专业素质及提高护理人员数量是发展长期护理服务的必然要求，长期护理服务的发展推动了护理行业的发展，各城市开展长期护理专业人员培训促进了专业护理员数量的增长，但护理人员短缺仍然是制约护理服务发展的重要因素。

财政投入是资金筹集的重要来源，10个试点城市将财政补贴作为长期护理保险制度的重要筹资渠道之一，还有部分城市对无缴费能力的弱势群体进行财政补贴。对参保者进行财政补贴可提高其服务购买力及应对风险的能力，但各试点城市的财政补贴力度及财政补贴方式存在差异。

试点城市的护理服务发展也存在较大差距，以护理机构数量为例，除上海与青岛护理机构数量较多外，其余城市的护理机构数量不足200家，安庆、承德、宁波更是不足30家。

3.7 本章小结

各地长期护理保险制度根据政策框架进行自主试点，试点地区的基本特征如下：一是参保范围优先保障职工群体，摆脱我国社会保障制度城乡二元制的分层属性、实现社会保险全覆盖是长期护理保险制度的首要突破点；二是保障范围以重点失能群体为重点，无限扩大和无限缩小受益范围都将威胁到制度发挥作用，当前制度应当扩大受益面以减轻广大失能者家庭的经济和照护负担；三是多元筹资渠道基本形成，既为参保群体的护理服务提供资金支持，也为形成服务供给体系提供购买力支持；四是构建基本护理形式，形成以机构护理、社区护理、居家护理为体系的护理形式，通过提高机构护理门槛及增加居家激励措施鼓励居家护理；五是形成保基本的支付标准，以医疗保险基本待遇报销比例70%为长期护理保险制度的基本比例；六是形成商业保险经办服务体系，激发市场参与的积极性，提高服务经办效率；七是人力、物力、财力投入不足制约了长期护理保险制度的发展。

4　长期护理保险制度对医疗费用支出的影响

4.1　提要

《中共中央关于制定国民经济和社会发展第十四个五年规划和二〇三五年远景目标的建议》（以下简称《建议》）提出要健全覆盖全面、统筹城乡、公平统一和可持续的多层次社会保障体系，稳步建立长期护理保险制度，是社会保障体系发展的长久之计。试点地区的长期护理保险制度为本地区居民的生活带来极大的便利，为医疗费用支出提供了资金支持，理应尽快建立统一完善的长期护理保险制度。但是自2016年实施试点以来虽然试点地区数量有所增加，但是我国的长期护理保险制度尚未建立，且试点也存在区域不平衡、覆盖不全面等问题。当前学界主要集中于长期护理保险制度的构建，由于数据缺乏，对长期护理保险制度方面的实证研究较少。

本章的研究目的是探索长期护理保险制度对医疗费用支出的影响，

我们从影响大小、选择性偏差问题的解决以及存在的制度不平衡性层层深入，致力于回答以下问题：首先，长期护理保险制度对医疗费用支出的影响是否存在？影响是什么？其次，通过倾向得分匹配解决内生性和选择性偏差问题后，估计长期护理保险制度对医疗费用支出影响的净效应，是否支持基准回归的结论？最后，不同群体之间长期护理保险制度对医疗费用的影响效应是否存在差异？

4.2 数据来源与变量选择

本书的数据来源于2018年“中国健康与养老追踪调查（China Health and Retirement Longitudinal Survey）”。调查的对象是45岁以上共计1.24万户的1.9万余名的中老年人口，数据涵盖了全国28个省（自治区、直辖市），包括150个县，450个社区（村）。调查的内容包括个人的基本信息、家庭各类信息以及医疗保健与保险等。中国健康与养老追踪调查数据是具备科学性、广泛性以及代表性的高质量微观数据，能够较好地反映我国中老年人口的个人及家庭状况的长期变化，为学者研究中老年人口的实际状况和政府制定有关中老年人口的政策提供了数据支持。

使用2018年中国健康与养老追踪调查数据的原因主要有以下3点：一是因为其具有较高的广泛性，涵盖了全国28个省（自治区、直辖市），其科学性得到学术界的广泛认可，所以研究结论具备较高的质量，更加真实可靠；二是本次调研是在实施长期护理保险制度试点之后，其问卷中包含了关于长期护理保险制度的相关问题，而其他微观数据库显然不具备这个优势，所以2018年的数据库为进行一些有关长期护理保险制度的研究提供了可能性；三是调研是针对全国的中国老年人口，我国的长期护理保险制度的很多试点是针对60岁及以上的老年人，而且问卷包括了丰富的关于医疗服务利用的详细信息，具备较强的针对性，为本书研究长期护理保险制度与医疗费用支出提供了可能。综上所述，使用2018年的中国健康与养老追踪调查数据具备很强的合理性。为了使研究结果更具科学性，本书选取中国健康与养老追踪调查中的中老年人的个人基本信息、健康状况、医疗保险板块及收入、支出与资产的个体特征数据进行匹配合并，提取其中的相关问题，剔除不匹配的数据以及缺失值后获得的有效样本量共计14 689个。

本书的被解释变量是医疗费用支出，对应在问卷中是“您家过去一年的直接或间接医疗支出为多少元”。本书为了研究过程中的非正态性，对医疗支出作出取对数的处理。本书的解释变量是长期护理保险制度，在调查问卷中通过“您本人是否参加了长期护理保险制度”来获得，对应的回答为“是或否”，将“是”赋值为1，将“否”赋值为0。本书还设置了许多其他控制变量，包括性别、年龄、婚姻、党员、户籍、受教育水平、自评健康以及区域。其中性别是二分类变量，将男性赋值为1，女性赋值为0；年龄以60岁以下为参照，60岁及以上赋值为1，否则赋值为0；婚姻是二分类变量，已婚赋值为1，未婚赋值为0；党员是二分类变量，党员赋值为1，非党员赋值为0；户籍为二分类变量，城镇赋值为1，农村赋值为0；受教育水平以小学及以下为参照，初中赋值为1，否赋值为0，高中及中专赋值为1，否赋值为0，大专、本科及以上赋值为1，否赋值为0；自评健康以不健康为参照，一般赋值为1，否赋值为0，健康赋值为1，否赋值为0；区域以西部为参照，中部赋值为1，否赋值为0，东部赋值为1，否赋值为0。变量的描述性统计如表4-1所示。

表4-1 **变量描述性统计**

变量类型	变量说明	均值	标准差	最小值	最大值
被解释变量	医疗费用支出	7.8111	1.5149	2.3026	13.9978
解释变量	长期护理保险制度	0.0010	0.0311	0	1
控制变量	性别	0.4714	0.4992	0	1
	年龄（参照：60岁以下）				
	60岁及以上	0.5907	0.4935	0	1
	婚姻	0.7847	0.4110	0	1
	党员	0.0958	0.2944	0	1
	户籍	0.2224	0.4159	0	1

续表

变量类型	变量说明	均值	标准差	最小值	最大值
控制变量	受教育水平（参照：小学及以下）				
	初中	0.2267	0.4187	0	1
	高中及中专	0.2055	0.4041	0	1
	大专、本科及以上	0.0023	0.0483	0	1
	自评健康（参照：不健康）				
	一般	0.4891	0.4999	0	1
	健康	0.2503	0.4332	0	1
	区域（参照：西部）				
	中部	0.4094	0.4917	0	1
	东部	0.3373	0.4727	0	1

4.3 计量模型构建

首先，本书的被解释变量属于连续变量，所以采用普通最小二乘法考察长期护理保险制度对医疗费用支出的影响，具体设计的基准计量回归方程如下：

$$med_i = \alpha_1 + \alpha_2 ltc_i + \alpha_n X_i + \varepsilon_i \tag{4-1}$$

其中，med_i 表示调查样本中的被解释变量即医疗费用支出，ltc_i 是解释变量即受访者的长期护理保险制度。X_i 表示包括性别、年龄、婚姻、党员、户籍、受教育水平、自评健康及区域在内的一系列控制变量。α_1 是常数项，α_2 和 α_n 表示待估参数，ε_i 表示随机误差项。

其次，本书重点关注的是长期护理保险制度与医疗费用支出之间可能存在的内生性问题，因为是否参加长期护理保险制度具备自选择性。理论上，参加长期护理保险制度能够帮助支付或者部分支付医疗费用，从而减少医疗费用支出。而参加了长期护理保险制度的被访者因为享受了长期护理保险制度待遇，增强了其抵御风险的能力，从而具备更强的参加长期护理保险制度的意愿。所以长期护理保险制度与医疗费用支出之间可能存在双向因果关系，可能导致选择性偏差。并且受访者是否参加长期护理保险制度本身存在严重的自选择性，是个体根据主观实际情况作出的决策，可能也会导致选择性偏差。由于缺乏合适的工具变量，为了解决可能存在的选择性偏差问题，本书采用倾向得分匹配解决自选择问题，以最大限度地减轻可能存在的内生性问题。

由于普通的整体回归只能观测到参加长期护理保险制度的受访者的医疗费用支出情况，对未参加长期护理保险制度的受访者，假如这些受访者选择参加长期护理保险制度，其医疗费用支出情况会怎样，即倾向得分匹配的“反事实”推断结果并不能观测到。通过倾向得分匹配得到“反事实”推断结果，并将其与观测到的参加长期护理保险制度的群体进行比较，能够获得一致的、干净的平均处理效应（ATT），具体模型如下：

$$ATT = E(Y_{1i}|I_i = 1) - E(Y_{0i}|I_i = 1) \quad (4-2)$$

式4-2中，Y_{1i}表示受访者参加长期护理保险制度时的医疗费用支出；Y_{0i}表示干预组中假如没有参加长期护理保险制度的受访者其选择参加长期护理保险制度的医疗费用支出情况，由于Y_{0i}不能直接被观测到，所以需要通过反事实框架进行估计，$E(Y_{0i}|I_i = 1)$即为估计中的反事实效应。

最后，为了将不同性质的群体进行比较，本书讨论了在不同年龄、教育水平、自评健康和区域之间存在的异质性。

4.4 实证分析和讨论

4.4.1 基准回归：长期护理保险制度的减费效应

表4-2是参与长期护理保险制度对医疗费用支出影响的计量结果。通过最小二乘法对模型进行估计，结果显示模型一和模型二中，长期护理保险制度的系数均为负，且至少在10%的统计水平上显著抑制了医疗

费用支出。以模型一为例，相较于未参加长期护理保险制度的受访者，参加长期护理保险制度的受访者的医疗费用支出减少了72.16%。通过怀特检验发现使用最小二乘法进行估计存在异方差问题，于是通过加权最小二乘法对模型进行重新估计，结果如模型三和模型四所示，长期护理保险制度的系数仍旧为负，并且在1%的统计水平上显著抑制了医疗费用支出。以模型三为例，参加长期护理保险制度的受访者的医疗费用支出减少了72.26%。模型二和模型四分别在模型一和模型三的基础上加入区域特征，结果仍然显著为负。这说明，在控制不同的解释变量或者异方差后，参加长期护理保险制度均可以显著抑制医疗费用支出。

表4-2 **基准回归结果**

	医疗费用支出			
	OLS		WLS	
	模型一	模型二	模型三	模型四
长期护理保险制度	−0.7216* (0.3792)	−0.7562** (0.3792)	−0.7226*** (0.2001)	−0.7570*** (0.1978)
性别	−0.0855** (0.0264)	−0.0819** (0.0264)	−0.0859** (0.0263)	−0.0823** (0.0264)
年龄（参照：60岁以下）				
60岁及以上	0.1088*** (0.0262)	0.1037*** (0.0263)	0.1073*** (0.0262)	0.1021*** (0.0263)
婚姻	0.3661*** (0.0313)	0.3640*** (0.0313)	0.3630*** (0.0313)	0.3607*** (0.0313)
党员	0.1192** (0.0431)	0.1203** (0.0431)	0.1198** (0.0431)	0.1209** (0.0431)
户籍	0.4161*** (0.0310)	0.4150*** (0.0311)	0.4192*** (0.0310)	0.4183*** (0.0311)

续表

	医疗费用支出			
	OLS		WLS	
	模型一	模型二	模型三	模型四
受教育水平（参照：小学及以下）				
初中	−0.1409*** （0.0348）	−0.1286*** （0.0350）	−0.1422*** （0.0348）	−0.1301*** （0.0349）
高中及中专	−0.0973** （0.0323）	−0.0895** （0.0323）	−0.0962** （0.0323）	−0.0884** （0.0323）
大专、本科及以上	0.0342 （0.3067）	0.0509 （0.3067）	0.0330 （0.3070）	0.0496 （0.3069）
自评健康（参照：不健康）				
一般	−0.5225*** （0.0288）	−0.5253*** （0.0288）	−0.5250*** （0.0288）	−0.5279*** （0.0288）
健康	−0.7936*** （0.0349）	−0.8001*** （0.0351）	−0.7961*** （0.0350）	−0.8027*** （0.0351）
区域（参照：西部）				
中部		0.1027** （0.0303）		0.1025** （0.0303）
东部		0.0808** （0.0318）		0.0814** （0.0319）
Constant	7.8604*** （0.0416）	7.7943*** （0.0459）	7.8652*** （0.0416）	7.7991*** （0.0459）
R-squared	0.0605	0.0612	0.0611	0.0619
样本量	14 689	7 714 689	14 689	14 689

注：***、**和*分别表示在1%、5%和10%的统计水平上显著，括号内为系数稳健性标准误。

可能的原因是，一方面，参加长期护理保险制度的受访者可以利用长期护理保险制度支付风险防范指导费用和基本的生活照料支出，能够大大提高受访者的身体素质，增强抵御疾病风险的能力，从而减少医疗费用支出；另一方面，参加长期护理保险制度的受访者可以通过享受长期护理保险制度待遇支付临床护理费用、康复训练费用，这些作为医疗费用支出的主要部分，通过长期护理保险制度的分担，大大减轻了家庭的医疗费用支出。

表4-2中的其他变量也值得关注，以通过加入所有控制变量并控制异方差的模型四为例，性别变量的系数显著为负，并在5%的统计水平上显著，说明相对于女性而言，男性受访者的医疗费用支出更少。可能的原因是男性的身体素质相较于女性更强，抵御疾病风险的能力自然更强，在这种情况下显然女性的医疗费用支出相较于男性会更多。从年龄变量来看，相较于60岁以下的受访者，60岁及以上的受访者的医疗费用支出在1%的显著性水平上增加了10.21%。可能的原因是，随着年龄的增长，人们的身体机能开始下降，会面临越来越多的疾病风险，医疗费用支出也会逐渐增加。从婚姻变量来看，已婚受访者的医疗费用支出相较于未婚受访者在1%的显著性水平上增加了36.07%。可能的原因是：一方面，已婚受访者整体的年龄一般大于未婚的受访者，随着年龄增长抵御疾病风险的能力有所下降，导致医疗费用支出增多；另一方面，已婚受访者的家庭成员数量相较于未婚受访者更多，这在一定程度上增加了家庭面临疾病风险概率，导致医疗费用支出增加。从党员变量来看，相较于不是党员的受访者医疗费用支出在5%的统计水平上显著为正，增加了12.08%，因为党员的健康意识更强，在疾病预防方面的支出较多，相对应的医疗费用支出增加。从户籍变量来看，城镇受访者的医疗费用支出相较于农村而言在10%的统计水平上增加了41.83%。可能的原因是：一方面，相较于农村而言，城镇的经济发展水平更好，具备更好的医疗基础，这在一定程度上能够提升城镇居民的就医条件，但同时也会增加居民的医疗费用支出；另一方面，城镇居民的健康意识相对更强，在疾病预防方面

的支出相较于农村更多，导致医疗费用支出增加。从受教育水平变量来看，相较于小学及以下而言，接受初中、高中及中专教育的受访者的医疗费用支出至少在5%的统计水平上显著减少。可能的原因是：随着受教育水平的提升，人们的整体认知水平提高，不仅会参加社会医疗保险还会参加商业保险，当患病时可以通过商业保险得到补偿，从而减少医疗费用支出。接受大专、本科及以上教育的受访者的医疗费用支出也为负，但是并不显著，可能的原因是受访者的样本数量较少。从自评健康变量来看，相较于不健康的受访者而言，一般和健康的受访者的医疗费用支出都在1%的统计水平上显著减少了52.78%和80.72%，而且随着自评健康水平的提高，受访者的医疗费用支出减少的幅度越来越大，这与常识相符。从区域变量看，相较于西部而言，中部和东部地区的受访者的医疗费用支出在5%的统计水平上分别增加了10.25%和8.14%，可能的原因是，相较于西部而言，中部和东部的经济发展水平较高，人均可支配收入增加，人们用于医疗费用的支出也随之增加，人们会相应增加在疾病预防方面的资金支出，也会在疾病风险来临时在医院接受治疗和康复，导致医疗费用支出增加。

4.4.2 长期护理保险制度对医疗保险费用影响的净效应——基于PSM方法的稳健性检验

为了估计长期护理保险制度对医疗保险费用影响的净效应，本书采取倾向得分匹配法进行估计，以控制自选择产生的选择性偏差。为了估计这种净效应，本书分别使用半径匹配和核匹配、马氏匹配方法。倾向得分匹配的首要条件是对样本的均衡性进行检验，由于之后的异质性分析针对的是年龄、受教育水平、自评健康以及区域，所以在此的平衡性检验也主要针对以上变量，结果如表4-3所示，匹配后5个变量的标准偏差均小于10%，而且其中几个变量的样本匹配前后由P值显著变为不显著。以上可以说明样本选择偏差在较大程度上被控制，即采用这种方法具有可靠性。

表4-3　　倾向得分匹配的样本均衡性检验

变量	样本	使用组	控制组	标准偏差（%）	偏差缩减（%）	T值	P值
年龄（参照：60岁以下）							
60岁及以上	匹配前	0.5333	0.5957	-12.4		-0.49	0.623
	匹配后	0.5333	0.5333	0.0	100	0.00	1.000
受教育水平（参照：小学及以下）							
初中	匹配前	0.2	0.2164	-4.0		-0.15	0.878
	匹配后	0.2	0.2111	-2.7	32.1	-0.07	0.943
高中及中专	匹配前	0.4667	0.2125	54.6		2.40	0.016
	匹配后	0.4667	0.4556	2.4	95.6	0.06	0.953
大专、本科及以上	匹配前	0	0	—		—	—
	匹配后	0	0	—	—	—	—
自评健康（参照：不健康）							
一般	匹配前	0.6667	0.4939	35.0		1.34	0.181
	匹配后	0.6667	0.6667	0.0	100.0	0.00	1.000
健康	匹配前	0.1333	0.2197	-22.5		-0.81	0.419
	匹配后	0.1333	0.1333	0.0	100.0	-0.00	1.000
区域（参照：西部）							
中部	匹配前	0.9333	0.4048	134.8		4.17	0.000
	匹配后	0.9333	0.9333	0.0	100.0	-0.00	1.000
东部	匹配前	0.6667	0.3256	-68.4		-2.14	0.000
	匹配后	0.6667	0.6667	0.0	100.0	0.00	1.000
其他变量	控制	控制	控制	控制	控制	控制	控制
样本	Ps R2	LR chi2	p>chi2	MeanBias	MedBias	B	R
匹配前	0.168	39.69	0.000	41.1	27.5	140.2*	0.09*
匹配后	0.000	0.01	1.000	0.7	0.0	4.1	1.03

注：***、**和*分别在1%、5%和10%的统计水平上显著；限于篇幅，其余控制变量未一一列举。

在证明倾向得分匹配具有可靠性的基础上，得到结果如表4-4所示。本书在控制其他变量后，分别估计了长期护理保险制度控制组和使用组的平均医疗费用支出和两者之间的差值，即ATT值。从半径匹配的结果可以看出，匹配前后的ATT值由-0.6367到-0.6427，在控制了选择性偏差后，长期护理保险制度对医疗保险支出的影响减少了64.27%，即参加长期护理保险制度受访者的平均医疗费用支出，比未参加长期护理保险制度的受访者少64.27%。为了验证半径匹配的结果，本书还采用了核匹配和马氏匹配来估计长期护理保险制度对医疗费用支出影响的净效应，其结果分别是67.27%和87.63%，与半径匹配的结果基本一致，说明倾向得分匹配结果的稳健性得到检验。这些结果说明，如果在未解决倾向得分匹配时进行估计，会低估长期护理保险制度对医疗费用支出的影响，这一点在普通的OLS回归中难以观测。

表4-4　**选择性偏差处理——倾向得分匹配**

	类别	使用组	控制组	ATT值	标准误差	T值
半径匹配	匹配前	7.1878	7.8245	-0.6367	0.3911	-1.63
	匹配后	7.1878	7.8305	-0.6427	0.3525	-1.82*
核匹配	匹配前	7.1878	7.8245	-0.6367	0.3911	-1.63
	匹配后	7.1878	7.8605	-0.6727	0.3446	-1.95*
马氏匹配	匹配前	7.1878	7.8029	-0.6152	0.3907	-1.57
	匹配后	7.1878	8.0641	-0.8763	0.4237	-2.07**

注：半径匹配半径值为0.0006，核匹配为默认值；***、**和*分别表示在1%、5%和10%的统计水平上显著。

从上述结果中可以看出，倾向得分匹配估计的净效应的系数方向与之前OLS回归结果基本一致，说明在控制选择性偏差后，参加长期护理保险制度仍然能够减少受访者的医疗费用支出。虽然可能会有其他遗漏变量对医疗费用支出产生影响，但倾向得分匹配结果与OLS和WLS回归结果基本一致，这就证明参加长期护理保险制度能够有效减少医疗费用支出。

4.4.3 异质性分析讨论

前面的分析表明参加长期护理保险制度能够有效减少医疗费用支出，但不同的群体参加长期护理保险制度对医疗费用支出的影响存在差异。表4-5是长期护理保险制度对医疗费用支出影响的异质性检验回归结果，分别估计了不同年龄、不同受教育水平、不同自评健康状况以及不同区域的受访者的医疗费用支出差异。

表4-5 **不同划分标准下的异质性分析**

		家庭老年照料	控制变量	R-squared	样本量
按年龄（模型一）	60岁以下	−0.4255(0.5434)	已控制	0.0443	5932
	60岁及以上	−0.9932(0.5249)*	已控制	0.0763	8757
按受教育水平（模型三）	小学及以下	−0.7658(0.4515)*	已控制	0.0537	9617
	初中	−1.5006(1.0157)	已控制	0.0660	3268
	高中及中专	−0.2734(1.3780)	已控制	0.0916	1532
	大专、本科及以上	0.1667(1.2469)	已控制	0.2225	273
按自评健康状况（模型四）	不健康	0.0691(0.8441)	已控制	0.0399	4211
	一般	−0.9248(0.4603)**	已控制	0.0299	7253
	健康	−0.9843(1.0643)	已控制	0.0327	3225
按区域（模型五）	东部	−0.1995(1.4812)	已控制	0.0752	4779
	中部	−0.7670(0.3891)**	已控制	0.0606	5951
	西部	—	已控制	0.0534	3959

注：***、**和*分别表示在1%、5%和10%的统计水平上显著，括号内为系数稳健性标准误。

第一，模型一是按照受访者的年龄进行分组，分析不同年龄的受访者参加长期护理保险制度对医疗费用支出的影响。由于长期护理保险制度自2016年实施试点，目前还尚未形成统一的制度体系，试点各地的政策存在差异，很多试点地区的长期护理保险制度主要是针对60岁以上老年人，所以将年龄分为60岁以下和60岁及以上两类。回归结果显示，在60岁及以上年龄组的子样本中，参加长期护理保险制度对医疗费用支出影响的系数在10%的统计水平上显著为负，而在60岁以下年龄组的子样本中，虽然参加长期护理保险制度对医疗费用支出的影响系数为负，但并不具有统计意义上的显著性。这说明参加长期护理保险制度对医疗费用支出的影响在不同年龄组的受访者之间产生了显著异质性，对60岁及以上受访者的减费效果显著高于60岁以下的受访者。可能的原因是，一方面因为很多试点地区的制度要求是覆盖60岁及以上的老年人，所以60岁及以上居民的参保率明显高于60岁以下的居民，导致60岁以下居民因为未参加长期护理保险制度而无法实现减费的效果。另一方面是随着年龄的增长，人的身体机能不断减弱，尤其是对60岁及以上的居民来说面临疾病风险的概率越来越大，即相对于60岁以下的居民来说60岁及以上可能更多地使用长期护理保险制度，所以对于60岁及以上居民的减费效果非常明显。而60岁以下的居民因为较低的参保率，以及60岁以下居民较少面临疾病风险，所以这一群体参加长期护理保险制度对减少医疗费用支出的影响相对较弱。

第二，模型二是按照受访者的受教育水平进行分组，分析不同受教育水平的受访者参加长期护理保险制度对医疗费用支出的影响。回归结果显示，小学及以下学历的受访者参加长期护理保险制度对医疗费用支出的影响系数为负，并且在10%的统计水平上显著。初中学历的受访者参加长期护理保险制度对医疗费用支出的减费效果超过100%，这在实践中并不具备统计意义，导致这种情况发生的原因可能是对医疗费用支出取对数。而高中及中专学历的受访者参加长期护理保险制度对医疗费用支出的影响系数虽然为负，但是并不具有统计意义上的显著性。大专、本科及以上学历的受访者参加长期护理保险制度对医疗费用支出的影响为正，也不具备统计意义上的显著性。可以看出，长期护理保险制度对医疗费用支出的影响因为受教育水平不同而具有显著的差异性，整体来看，小学及以下学历的受访者的减费效果最为明显，高中及中专次之，大专、本科及以上却表现出增加医疗费用支出的影响。可能的原因是，随着教育水平的提升，人们的健康意识增强，在医疗费用支出方面的绝对支出会有所增加，但是长期护理保险制度能够使用的费用是相对固定的，在这种情况下小学及以下受教育水平的受访者的减费效果是最为明显的，高中及中专次之。而长期护理保险制度对大专、本科及以上受教育水平的受访者的医疗费用支出影响为正的原因是大专、本科及以上受教育水平的居民随着教育水平的提高，其整体认知水平得到提高，所以当长期护理保险制度存在时，居民就不会有后顾之忧，不仅会增加疾病预防方面的支出，还会在可以出院进行康复时继续在医院治疗，相应地医疗费用支出就会增加。

第三，模型三是按照受访者的自评健康状况进行分组，分析不同自评健康状况的受访者参加长期护理保险制度对医疗费用支出的影响。结果显示，自评健康状况一般的受访者参加长期护理保险制度对医疗费用支出的影响系数为负，并且在5%的统计水平上显著；而自评健康状况为不健康的受访者参加长期护理保险制度对医疗费用支出的影响为正，但是并不具备统计意义上的显著性；自评健康状况为健康的受访者参加长期护理保险制度对医疗费用支出的影响系数为负，但并不具备统计意义上的显著性。可以看出，随着自评健康状况的提高，长期护理保险制度对医疗费用支出的影响由正向影响变为负向作用，并且其负向作用越来越大。可能的原因是，自评健康状况为不健康的居民因为身体机能较差，本身就需要较大的医疗费用支出，这种支出有时会使经济条件一般甚至较差的居民家庭不堪重负，导致失去资金支持，而长期护理保险制度的建立为其医疗费用支出提供了资金来源，从而对医疗费用支出产生了正向影响；而自评健康状况一般和健康的居民的医疗费用支出可以通过长期护理保险制度待遇得到补偿，所以对医疗费用支出具有负向影响。

第四，模型四是按照受访者的区域进行分组，分析不同区域的受访者参加长期护理保险制度对医疗费用支出的影响。根据中国健康与养老追踪调查的范围，将受访者所在区域分为东、中、西三个区域，以检验参加长期护理保险制度对医疗费用支出的影响是否存在区域差异。其中中部地区的子样本中参加长期护理保险制度对医疗费用支出的影响系数为负，并且在5%的统计水平上显著；东部子样本中参加长期护理保险制度对医疗费用支出的影响系数虽然为负，但不具有统计意义上的显著性；而西部地区因为调查数据本身的缺陷并不能观测到其影响效果。可以看出，长期护理保险制度对医疗费用支出的影响存在显著的区域差异，整体来看中部地区的减费效果最显著，东部地区次之，西部地区因为试点原因，调查中并未有与之对应的数据。当前发展不平衡已经成为制约我国经济制度发展的重要因素，而其中区域差异是这种不平衡问题的重要表现形式。长期护理保险制度作为新发展、还尚未成熟的制度，其对于医疗费用支出的控制作用在区域之间存在差异，这在很大程度上说明我国的长期护理保险制度建设尚未成熟，原本计划于试点实施的两年后进行长期护理保险制度推广的方案并未得到实施，虽然在这之后加入了很多试点地区，但是试点主要集中在东中部地区，西部较少，所以并不能消除由于区域不平衡问题导致的减费效果差异，甚至会加剧我国目前区域之间发展不平衡不充分的现状。

4.5 本章小结

2016年，长期护理保险制度试点的建立标志着我国对长期护理保险制度的建立和完善日臻重视。试点地区的数量不断增加，虽然还尚未建立统一成熟的长期护理保险制度，但是其对医疗费用支出的影响日益显著。本章利用中国健康与养老追踪调查（CHARLS）数据，运用OLS模型分析了长期护理保险制度对医疗费用支出的影响，并运用倾向得分匹配解决样本选择偏差问题。研究显示：长期护理保险制度对医疗费用支出呈现显著的负向影响，通过倾向得分匹配解决自选择带来的选择偏误后，研究结论依旧成立。为了研究不同群体长期护理保险制度对医疗费用支出的影响，进行异质性分析，长期护理保险制度对医疗费用支出的负向影响主要存在于60岁及以上、小学及以下文化程度、自评健康状况一般及中部地区的受访者之中。

为了促进长期护理保险制度的减费效果，减轻家庭的医疗费用支出负担，本书建议采取以下措施：第一，尽快建立统一的长期护理保险制度体系，扩大长期护理保险制度的覆盖范围。当前的长期护理保险制度多数针对60岁及以上年龄群体，而且在区域之间存在巨大差异，难以使全体居民共享制度发展成果。建立统一的长期护理保险制度，首先，需要在制度设计过程中坚持公平的理念，将所有居民纳入长期护理保险制度的覆盖范围；其次，是制度运行过程中坚持做到依制度设计行事，为居民提供其需要的制度；最后，尽可能保证制度环境的公平，以推动居民公正平等地共享制度发展成果，实现减费效果。第二，由事后保障转变为事前预防。不同自评健康状况的居民的长期护理保险制度对医疗费用支出的影响是不同的，长期护理保险制度的减费效果随着自评健康状况的提高变得显著，所以应积极进行预防，不断提高居民的健康水平。第三，拓宽筹资渠道，实现制度自平衡。当前我国的长期护理制度资金主要来源于医疗保险基金，这种单一的筹资模式会加剧医疗保险基金的压力，长此以往医疗保险基金会不堪重压，进而导致长期护理保险制度运行难以维系。所以应将长期护理保险制度从医疗保险中独立出来，将参保对象、保障范围、筹资渠道和待遇支付等因素联系起来，建立自身完善的生态体系，实现长期护理保险制度的可持续发展。

5　长期护理保险制度试点实施效果综合评价——以长春市为例

本章选取全国试点地区之一的长春市失能人员长期护理保险制度的实践数据，采用层次分析法，探索长期护理保险制度在试点期间的实施效果。长春市的长期护理保险制度试点建立时间较早，运作方式也相对成熟，可作为中国长期护理保险制度试点的典型，因此本章选取长春市长期护理保险制度的实践数据进行实施效果的探索。基本思路是利用AHP构建长期护理保险制度综合评价指标体系，然后根据长春市的调查问卷结果，综合评价分析该试点地区长期护理保险制度实施效果。

5.1　层次分析法及指标构建

5.1.1　层次分析法

层次分析法（Analytic Hierarchy Process，AHP）是在20世纪70年

代由美国著名运筹学家、匹兹堡大学教授萨蒂（T.L.Saaty）提出的。AHP常用于管理学，是一种既灵活又实用的定量和定性相结合的系统决策分析方法。同时，该方法对多方案、多因素以及趋势的预测非常有效。现阶段层次分析法已广泛应用于各个领域，如教育、医疗卫生、产业结构分析、能源分配和人才选拔等。

AHP可将复杂的决策目标分解成多个子目标，根据目标之间的支配关系对其进行进一步的细化，从而建立一种由目标层、准则层和方案层构成的递阶层次结构模型。采用两两目标相互比较的方式来确定各指标相对于总目标的重要程度，构建判断矩阵，通过确定指标的权重得出最后结论。AHP权重值的确定虽然具有一定的主观性，但是方法中有检验环节，通过构建矩阵的方式对专家学者给出的结果进行检验，如果检验没有通过，则需要重新确定权重值，直到最后通过检验。AHP的具体实施步骤如下：

（1）利用相关知识构建层次结构模型

应用层次分析法分析问题时，首先应该把相关问题层次化，这种层次可以分为三个：

第一是目标层，也称最高层，该层次只有一个指标，目标层是问题决策所追求的最终目标。

第二是准则层，也称中间层，该层次包含若干层次，中间层是问题决策过程的中间环节。

第三是方案层，也称最底层，主要为实现最终目标可供选择的方案和措施等，方案层是对准则层更深层次的分析。

（2）构造每个层次间的两两比较判断矩阵

准则层中的各个指标在对目标的衡量中的重要程度不同，在这一步中，需要决策者反复回答该问题：即针对准则层，其中的两个指标哪一个更重要以及重要多少，并且利用数字1～9及其倒数来对指标的重要程度进行赋值，进而定义判断矩阵$A=(a_{ij})_{n\times n}$。本书用相关软件计算判断矩阵S的最大特征λ_{max}，及其对应的特征向量A，此特征向量就是各评价因素的重要性排序，也是权重系数的分配。表5-1列出了元素相对重要性的比例标度。

表5-1　　元素相对重要性的比例标度

标度	含义
1	表示两个元素进行比较，具有同等重要性
3	表示两个元素进行比较，前者比后者稍微重要
5	表示两个元素进行比较，前者比后者明显重要
7	表示两个元素进行比较，前者比后者强烈重要
9	表示两个元素进行比较，前者比后者绝对重要
2,4,6,8	表示上述相邻判断的中间值
倒数	如果元素i和j的重要性之比为a_{ij}，那么元素j和i的重要性之比为$a_{ji}=1/a_{ij}$

（3）层次单排序及一次性检验

层次单排序权值是指相比于上一层因素指标，所有和本层次指标有关联的重要性排序，由判断矩阵的特征根和特征向量确定。层次单排序是指判断矩阵相对的最大特征值的特征向量，经过归一化后即为同一层次相应指标对于上一层次某个指标相对重要性的排序权值。一致性检验是对已经获得的权重的分配是否合理进行的判断，目的是检验各元素重要度之间的协调性，以免出现“甲比乙绝对重要，乙比丙绝对重要，丙又比甲绝对重要”的矛盾现象。其中，一次性检验的步骤及公式如下：

首先，计算一般一致性指标：$CI = \frac{\lambda_{max} - n}{n - 1}$。

其次，查找平均随机一致性指标RI（如表5-2所示）。

表5-2　　平均随机一致性指标RI

n	1	2	3	4	5	6	7	8	9	10	11	12	13	14	15
RI	0	0	0.58	0.90	1.12	1.24	1.32	1.41	1.45	1.49	1.51	1.54	1.56	1.58	1.59

$$CR = \frac{CI}{RI}$$

最后，计算一致性比例：

当CR<0.1时，判断矩阵的一致性是可以接受的，反之，则需要适当地调整判断矩阵。

（4）层次总排序及一致性检验

这一步需要获得各指标元素尤其是最底层的指标元素对目标的排序权重，然后才能进行方案选择。该步需要对层次总排序进行一致性检验，如果满足CR<0.1，即通过检验，反之，则需要重新构造模型或重新构造判断矩阵。

5.1.2 实施效果评价指标构建

通过对长期护理保险制度实施效果评价相关文献的分析和整理，依据本书的研究目标，在遵循评价指标的全面性、代表性及客观性等原则基础上，建立长春市长期护理保险制度实施效果评价指标体系。整个指标体系设计过程分为个人探索、小组商讨、专家指导、预调查以及指标完善5个部分。最后将评价指标体系划分为3个一级指标层次，分别为制度设计层面、制度运行层面和制度环境层面，以及包含21项指标因子的二级指标体系。以实施效果评价指标为目标层，以一级指标为准则层，以二级指标为方案层，在AHP相关软件中对各个指标进行层次结构模型的构建，如表5-3所示。

表5-3　长期护理保险制度实施效果评价指标层次结构

目标层	准则层	方案层
长期护理保险制度实施效果	制度设计层面	覆盖范围较大
		报销比例较高
		提高失能老人的生活质量
		减轻经济负担
		维护失能老人的尊严
		促进家庭和睦
		完善社会保障体系
		报销范围较广，促进护理服务供给社会化

续表

目标层	准则层	方案层
长期护理保险制度实施效果	制度运行层面	经办机构服务质量较高
		试点推广速度快，定点机构入院顺畅
		经办部门宣传力度较大
		灵活就业人员的就业率增加
		医疗保险结余资金的使用效率提高
		报销流程通畅，减少家庭成员事务性工作
	制度环境层面	带动养老护理产业的发展
		失能老人的护理服务质量有所提高
		护理人员的业务水平有所提高
		推动护理服务的规范化
		减缓“养儿防老”的家庭养老观念
		降低“因护致贫”的风险
		促进养老机构的发展

在前文各章分析的基础上，本章将长期护理保险制度实施效果评价的指标分为三个层面，分别是制度设计层面、制度运行层面和制度环境层面。

制度设计层面包括制度的覆盖范围、报销比例、报销范围、对失能老人生活质量的提高情况、经济负担的减轻情况、失能老人尊严的维护、家庭和睦的促进以及对社会保障体系的完善等方面。主要考量长期护理保险制度设计的合理性，考察制度利益方和相关方的诉求是否达到。

制度运行层面包括经办机构的服务质量、试点推广的速度、经办部门的宣传力度、灵活就业人员的就业率、医疗保险结余资金的使用效率以及报销流程等方面。主要考量长期护理保险制度运行的效率性，考察制度目标具体措施和实施效果之间是否具有内在逻辑的一致性，是否有配套的相关措施支撑。

制度环境层面包括养老护理产业的发展、失能老人的护理服务质量、护理人员的业务水平、护理服务的规范化、“养儿防老”的家庭养老观念的减弱程度、对“因护致贫”风险的降低以及养老机构的发展等方面。主要考量长期护理保险制度环境的可持续性，考察制度成本与风险、投入和产出，既防止繁余的配套措施造成的资源浪费也要避免资源投入不足造成前期沉淀损失。

5.1.3 实施效果评价指标权重

分析各项指标对长期护理保险制度总体实施效果的影响程度，通过层次分析法得出相应的指标权重，借以反映各因素的影响程度，并根据相应权重构建指标评价体系。

在表5-3层次结构模型基础上，进一步确定判断矩阵和计算相关权重。根据构建的指标体系，利用上述标度法，专家学者分别对指标的重要程度进行打分，然后对打分结果进行归纳，得到两两判别矩阵，表5-4为一级指标评价表。

表5-4 **一级指标评价表**

	制度设计层面	制度运行层面	制度环境层面
制度设计层面	1	2	2
制度运行层面	1/2	1	2
制度环境层面	1/2	1/2	1

用AHP软件计算得到其随机一致性比率CR为0.0000，小于0.1，因此可以认为层次分析排序的结果有满意的一致性，即权重系数分配比较合理，由此得出一级指标的权重值如表5-5所示。

表5-5 **一级指标权重表**

指标层	权重
制度设计层面	0.5
制度运行层面	0.25
制度环境层面	0.25

根据以上步骤同样得出其他各项指标的一致性比例和权重值，如表5-6、表5-7所示。

表5-6 **判断矩阵一致性比例及权重表**

该判断矩阵的一致性比例为0.0348									
制度设计层面	覆盖范围较大	报销比例较高	提高失能老人的生活质量	减轻经济负担	维护失能老人的尊严	促进家庭和睦	完善社会保障体系	报销范围较广，促进护理服务供给社会化	权重
覆盖范围较大	1	2	1/2	1/2	2	1/2	1	2	0.1221
报销比例较高	1/2	1	1/2	1/2	2	1/2	1	1	0.0933
提高失能老人的生活质量	2	2	1	1	2	2	2	2	0.1928
减轻经济负担	2	2	1	1	2	2	2	2	0.1928
维护失能老人的尊严	2	1/2	1/2	1/2	1	1	2	1	0.0948
促进家庭和睦	1/2	2	1/2	1/2	1	1	2	1	0.1308
完善社会保障体系	1	1	1/2	1/2	1/2	1/2	1	1	0.0836
报销范围较广，促进护理服务供给社会化	1/2	1	1/2	1/2	1	1	1	1	0.0898

续表

该判断矩阵的一致性比例为0.0133							
制度运行层面	经办机构服务质量较高	试点推广速度快，定点机构入院顺畅	经办部门宣传力度较大	灵活就业人员的就业率增加	医疗保险结余资金的使用效率提高	报销流程通畅，减少家庭成员事务性工作	权重
经办机构服务质量较高	1	2	3	2	2	2	0.2911
试点推广速度快，定点机构入院顺畅	1/2	1	2	1	1/2	1	0.1364
经办部门宣传力度较大	1/3	1/2	1	1/2	1/3	1/2	0.0749
灵活就业人员的就业率增加	1/2	1	2	1	1/2	1	0.1364
医疗保险结余资金的使用效率提高	1/2	2	3	2	1	1	0.2092
报销流程通畅，减少家庭成员事务性工作	1/2	1	2	1	1	1	0.1520

续表

该判断矩阵的一致性比例为0.0173							
制度环境层面	带动养老护理产业的发展	失能老人的护理服务质量有所提高	护理人员的业务水平有所提高	推动护理服务的规范化	减缓“养儿防老”的家庭养老观念	降低“因护致贫”的风险	促进养老机构的发展	权重
带动养老护理产业的发展	1	1/2	1/2	1	3	1/3	2	0.1180
失能老人的护理服务质量有所提高	2	1	1	1	2	1/2	2	0.1539
护理人员的业务水平有所提高	2	1	1	1	3	1/2	2	0.1619
推动护理服务的规范化	1	1	1	1	2	1/2	2	0.1394
减缓“养儿防老”的家庭养老观念	1/3	1/2	1/3	1/2	1	1/5	1/2	0.0557
降低“因护致贫”的风险	3	2	2	2	5	1	3	0.2899
促进养老机构的发展	1/2	1/2	1/2	1/2	2	1/3	1	0.0812

表5-7 各项指标权重汇总表

一级指标	权重	二级指标	权重
制度设计层面	0.5	覆盖范围较大	0.0611
		报销比例较高	0.0467
		提高失能老人的生活质量	0.0964
		减轻经济负担	0.0964
		维护失能老人的尊严	0.0474
		促进家庭和睦	0.0654
		完善社会保障体系	0.0418
		报销范围较广，促进护理服务供给社会化	0.0449
制度运行层面	0.25	经办机构服务质量较高	0.0728
		试点推广速度快，定点机构入院顺畅	0.0341
		经办部门宣传力度较大	0.0187
		灵活就业人员的就业率增加	0.0341
		医疗保险结余资金的使用效率提高	0.0523
		报销流程通畅，减少家庭成员事务性工作	0.0380
制度环境层面	0.25	带动养老护理产业的发展	0.0295
		失能老人的护理服务质量有所提高	0.0385
		护理人员的业务水平有所提高	0.0405
		推动护理服务的规范化	0.0349
		减缓“养儿防老”的家庭养老观念	0.0139
		降低“因护致贫”的风险	0.0725
		促进养老机构的发展	0.0203

5.2 试点地区实施效果判断——以长春市为例

5.2.1 调查情况说明

长期护理保险制度实施效果判断的数据来自长春市长期护理保险制度试点的定点养老服务机构的实地调研数据。调研过程中，选取了长春市朝阳区、南关区、绿园区、经开区、宽城区、二道区，包括怡康园老年公寓、至爱护理院等21家长期护理保险制度定点养老服务机构。以上机构覆盖长春市朝阳区、宽城区、南关区这几个主要区域，层次具有多样性，高中低档均占有一定份额，保证了调查的科学性。

问卷调查以调查员与失能老人及其家属进行面对面访谈的方式进行，另外调研小组也与部分长期护理保险制度机构的管理者进行了小组座谈。本次调查共发放问卷650份，回收600份，回收率为92.3%，有效问卷为588份，有效问卷率为98%。调研结束后，对调查所搜集的数据进行整理，录入SPSS 26.0中，并对数据进行信度与效度分析，结果可靠性统计的Alpha系数为0.967，大于0.9，表明所得数据的信度较好。同时采用因子分析的KMO和Bartlett球形检验，得出KMO统计量为0.947，结果接近于1且显著，因此该调查数据具有统计学的分析意义。具体调查结果如表5-8所示。

表5-8　　实施效果认同度问卷调查结果汇总表

指标	非常同意	比较同意	无所谓	比较不同意	完全不同意
覆盖范围较大	7	33	49	264	235
报销比例较高	29	35	384	99	41
提高失能老人的生活质量	207	223	109	49	0
减轻经济负担	215	248	96	29	0
维护失能老人的尊严	238	257	68	25	0
促进家庭和睦	186	321	69	12	0

续表

指标	非常同意	比较同意	无所谓	比较不同意	完全不同意
完善社会保障体系	23	27	342	156	40
报销范围较广，促进护理服务供给社会化	0	11	35	348	194
经办机构服务质量较高	0	24	50	273	241
试点推广速度快，定点机构入院顺畅	0	25	42	296	225
经办部门宣传力度较大	43	287	182	41	35
灵活就业人员的就业率增加	31	33	367	135	22
医疗保险结余资金使用效率提高	185	349	37	17	0
报销流程通畅，减少家庭成员事务性工作	9	182	338	31	28
带动养老护理产业的发展	34	38	443	51	22
失能老人的护理服务质量有所提高	197	269	91	31	0
护理人员的业务水平有所提高	23	39	451	58	17
推动护理服务的规范化	28	34	428	72	26
减缓“养儿防老”的家庭养老观念	195	293	67	33	0
降低“因护致贫”的风险	238	294	41	15	0
促进养老机构的发展	36	39	392	87	34

数据来源：根据《长春市长期护理保险制度调查问卷》结果分别统计人数而得。

5.2.2 实施效果评价指标体系中的单因素指标评价

在考虑长期护理保险制度指标体系中的各项指标实施效果认同程度的基础上，调查问卷作答者会对所给的反映现阶段长期护理保险制度实施效果的描述进行思考，分别从非常同意、比较同意、无所谓、比较不同意、完全不同意五个方面进行评价。将调查问卷的数据与上文的指标权重做整合，如表5-9所示，然后根据最大隶属原则分析长春市长期护理保险制度试点的整体实施效果。

表5-9　　实施效果评价指标评分表

指标		权重	非常同意	比较同意	无所谓	比较不同意	完全不同意
制度设计层面	覆盖范围较大	0.0611	1.19%	5.61%	8.33%	44.90%	39.97%
	报销比例较高	0.0467	4.93%	5.95%	65.31%	16.84%	6.97%
	提高失能老人的生活质量	0.0964	35.20%	37.93%	18.54%	8.33%	0
	减轻经济负担	0.0964	36.56%	42.18%	16.33%	4.93%	0
	维护失能老人的尊严	0.0474	40.48%	43.71%	11.56%	4.25%	0
	促进家庭和睦	0.0654	31.63%	54.59%	11.73%	2.04%	0
	完善社会保障体系	0.0418	3.91%	4.59%	58.16%	26.53%	6.80%
	报销范围较广，促进护理服务供给社会化	0.0449	0	1.87%	5.95%	59.18%	32.99%
制度运行层面	经办机构服务质量较高	0.0728	0	4.08%	8.50%	46.43%	40.99%
	试点推广速度快，定点机构入院顺畅	0.0341	0	4.25%	7.14%	50.34%	38.27%
	经办部门宣传力度较大	0.0187	7.31%	48.81%	30.95%	6.97%	5.95%
	灵活就业人员的就业率增加	0.0341	5.27%	5.61%	62.41%	22.96%	3.74%
	医疗保险结余资金使用效率提高	0.0523	31.46%	59.35%	6.29%	2.89%	0
	报销流程通畅，减少家庭成员事务性工作	0.0380	1.53%	30.95%	57.48%	5.27%	4.76%
制度环境层面	带动养老护理产业的发展	0.0295	5.78%	6.46%	75.34%	8.67%	3.74%
	失能老人的护理服务质量有所提高	0.0385	33.50%	45.75%	15.48%	5.27%	0
	护理人员的业务水平有所提高	0.0405	3.91%	6.63%	76.70%	9.86%	2.89%
	推动护理服务的规范化	0.0349	4.76%	5.78%	72.79%	12.24%	4.42%
	减缓“养儿防老”的家庭养老观念	0.0139	33.16%	49.83%	11.39%	5.61%	0
	降低“因护致贫”的风险	0.0725	40.48%	50.00%	6.97%	2.55%	0
	促进养老机构的发展	0.0203	6.12%	6.63%	66.67%	14.80%	5.78%

（1）B1制度设计层面

由表5-9可以看出单项指标的隶属向量为：

B11=（0.0119，0.0561，0.0833，0.4490，0.3997）

B12=（0.0493，0.0595，0.6531，0.1684，0.0697）

B13=（0.3520，0.3793，0.1854，0.0833，0.0000）

B14=（0.3656，0.4218，0.1633，0.0493，0.0000）

B15=（0.4048，0.4371，0.1156，0.0425，0.0000）

B16=（0.3163，0.5459，0.1173，0.0204，0.0000）

B17=（0.0391，0.0459，0.5816，0.2653，0.0680）

B18=（0.0000，0.0187，0.0595，0.5918，0.3299）

将8个二级指标的隶属向量组合起来，得出一级指标B1的隶属度矩阵：

$$R_1=\begin{bmatrix}0.0119 & 0.0561 & 0.0833 & 0.4490 & 0.3997\\0.0493 & 0.0595 & 0.6531 & 0.1684 & 0.0697\\0.3520 & 0.3793 & 0.1854 & 0.0833 & 0.0000\\0.3656 & 0.4218 & 0.1633 & 0.0493 & 0.0000\\0.4048 & 0.4371 & 0.1156 & 0.0425 & 0.0000\\0.3163 & 0.5459 & 0.1173 & 0.0204 & 0.0000\\0.0391 & 0.0459 & 0.5816 & 0.2653 & 0.0680\\0.0000 & 0.0187 & 0.0595 & 0.5918 & 0.3299\end{bmatrix}$$

根据表5-9，这8项指标的权重为W_2^1=（0.0611，0.0467，0.0964，0.0964，0.0474，0.0654，0.0418，0.0449），将该八项指标的权重和隶属度矩阵相乘得（保留小数点后四位）：

$$Z_1=W_2^1R_1=(0.0611\ 0.0467\ 0.0964\ 0.0964\ 0.0474\ 0.0654\ 0.0418\ 0.0449)\begin{bmatrix}0.0119 & 0.0561 & 0.0833 & 0.4490 & 0.3997\\0.0493 & 0.0595 & 0.6531 & 0.1684 & 0.0697\\0.3520 & 0.3793 & 0.1854 & 0.0833 & 0.0000\\0.3656 & 0.4218 & 0.1633 & 0.0493 & 0.0000\\0.4048 & 0.4371 & 0.1156 & 0.0425 & 0.0000\\0.3163 & 0.5459 & 0.1173 & 0.0204 & 0.0000\\0.0391 & 0.0459 & 0.5816 & 0.2653 & 0.0680\\0.0000 & 0.0187 & 0.0595 & 0.5918 & 0.3299\end{bmatrix}$$

$$=(0.1137\ 0.1426\ 0.1093\ 0.0891\ 0.0453)$$

由此可知，最大隶属度为0.1426，根据最大隶属度原则，制度设计层面B1的实施效果认同度应为“比较同意”。

（2）B2制度运行层面

由表5-9可以看出单项指标的隶属向量为：

B21=（0.0000 0.0408 0.0850 0.4643 0.4099）

B22=（0.0000 0.0425 0.0714 0.5034 0.3827）

B23=（0.0731 0.4881 0.3095 0.0697 0.0595）

B24=（0.0527 0.0561 0.6241 0.2296 0.0374）

B25=（0.3146 0.5935 0.0629 0.0289 0.0000）

B26=（0.0153 0.3095 0.5748 0.0527 0.0476）

将6个二级指标的隶属向量组合起来，得出一级指标B2的隶属度矩阵：

$$R_2=\begin{bmatrix}0.0000 & 0.0408 & 0.0850 & 0.4643 & 0.4099\\ 0.0000 & 0.0425 & 0.0714 & 0.5034 & 0.3827\\ 0.0731 & 0.4881 & 0.3095 & 0.0697 & 0.0595\\ 0.0527 & 0.0561 & 0.6241 & 0.2296 & 0.0374\\ 0.3146 & 0.5935 & 0.0629 & 0.0289 & 0.0000\\ 0.0153 & 0.3095 & 0.5748 & 0.0527 & 0.0476\end{bmatrix}$$

根据表5-9，这6项指标的权重为W_2^2=（0.0728，0.0341，0.0187，0.0341，0.0523，0.0380），将这6项指标的权重和隶属度矩阵相乘得（保留小数点后四位）：

$$Z_2 = W_2^2R_2 = (0.0728\ \ 0.0341\ \ 0.0187\ \ 0.0341\ \ 0.0523\ \ 0.0380)$$

$$\begin{bmatrix}0.0000 & 0.0408 & 0.0850 & 0.4643 & 0.4099\\ 0.0000 & 0.0425 & 0.0714 & 0.5034 & 0.3827\\ 0.0731 & 0.4881 & 0.3095 & 0.0697 & 0.0595\\ 0.0527 & 0.0561 & 0.6241 & 0.2296 & 0.0374\\ 0.3146 & 0.5935 & 0.0629 & 0.0289 & 0.0000\\ 0.0153 & 0.3095 & 0.5748 & 0.0527 & 0.0476\end{bmatrix}$$

$$= (0.0202\ \ 0.0583\ \ 0.0608\ \ 0.0636\ \ 0.0471)$$

由此可知，最大隶属度为0.0636，根据最大隶属度原则，制度运行层面B2的实施效果认同度应为“比较不同意”。

（3）B3制度环境层面

由表5-9可以看出单项指标的隶属向量为：

B31=（0.0578，0.0646，0.7534，0.0867，0.0374）

B32=（0.3350，0.4575，0.1548，0.0527，0.0000）

B33=（0.0391，0.0663，0.7670，0.0986，0.0289）

B34=（0.0476，0.0578，0.7279，0.1224，0.0442）

B35=（0.3316，0.4983，0.1139，0.0561，0.0000）

B36=（0.4048，0.5000，0.0697，0.0255，0.0000）

B37=（0.0612，0.0663，0.6667，0.1480，0.0578）

将7个二级指标的隶属向量组合起来，得出一级指标B3的隶属度矩阵：

$$R_3=\begin{bmatrix} 0.0578 & 0.0646 & 0.7534 & 0.0867 & 0.0374 \\ 0.3350 & 0.4575 & 0.1548 & 0.0527 & 0.0000 \\ 0.0391 & 0.0663 & 0.7670 & 0.0986 & 0.0289 \\ 0.0476 & 0.0578 & 0.7279 & 0.1224 & 0.0442 \\ 0.3316 & 0.4983 & 0.1139 & 0.0561 & 0.0000 \\ 0.4048 & 0.5000 & 0.0697 & 0.0255 & 0.0000 \\ 0.0612 & 0.0663 & 0.6667 & 0.1480 & 0.0578 \end{bmatrix}$$

根据表5-9，这7项指标的权重为 W_2^3=（0.0295，0.0385，0.0405，0.0349，0.0139，0.0725，0.0203），将这7项指标的权重和隶属度矩阵相乘得（保留小数点后四位）：

$$Z_3 = W_2^3 R_3 = (0.0295\ 0.0385\ 0.0405\ 0.0349\ 0.0139\ 0.0725\ 0.0203)$$

$$\begin{bmatrix} 0.0578 & 0.0646 & 0.7534 & 0.0867 & 0.0374 \\ 0.3350 & 0.4575 & 0.1548 & 0.0527 & 0.0000 \\ 0.0391 & 0.0663 & 0.7670 & 0.0986 & 0.0289 \\ 0.0476 & 0.0578 & 0.7279 & 0.1224 & 0.0442 \\ 0.3316 & 0.4983 & 0.1139 & 0.0561 & 0.0000 \\ 0.4048 & 0.5000 & 0.0697 & 0.0255 & 0.0000 \\ 0.0612 & 0.0663 & 0.6667 & 0.1480 & 0.0578 \end{bmatrix}$$

$$= (0.0530\ 0.0687\ 0.1048\ 0.0185\ 0.0050)$$

由此可知，最大隶属度为0.1048，根据最大隶属度原则，制度环境层面B3的实施效果认同度应为“无所谓”。

综上所述，运用层次分析法得到的各层面评价汇总如表5-10所示。

表5-10 **“长期护理保险制度实施效果评价指标”单因素评价汇总表**

一级指标因素		最大隶属度	指标评价结果
B1	制度设计层面	0.1426	“比较同意”
B2	制度运行层面	0.0636	“比较不同意”
B3	制度环境层面	0.1048	“无所谓”

根据对二级指标所进行的单因素评价结果：

Z1=（0.1137 0.1426 0.1093 0.0891 0.0453）

Z2=（0.0202 0.0583 0.0608 0.0636 0.0471）

Z3=（0.0530 0.0687 0.1048 0.0185 0.0050）

将3个一级指标的隶属向量依次组合起来，得到长期护理保险制度实施效果评价指标的隶属度矩阵R：

$$R=(Z_1,Z_2,Z_3)^T=\begin{bmatrix}0.1137 & 0.1426 & 0.1093 & 0.0891 & 0.0453\\0.0202 & 0.0583 & 0.0608 & 0.0636 & 0.0471\\0.0530 & 0.0687 & 0.1048 & 0.0185 & 0.0050\end{bmatrix}$$

根据表5-5，这3个一级指标的权重向量为W=（0.5，0.25，0.25）。

$$Z=WR=(0.5\ \ 0.25\ \ 0.25)\begin{bmatrix}0.1137 & 0.1426 & 0.1093 & 0.0891 & 0.0453\\0.0202 & 0.0583 & 0.0608 & 0.0636 & 0.0471\\0.0530 & 0.0687 & 0.1048 & 0.0185 & 0.0050\end{bmatrix}$$

$$=(0.0884\ \ 0.1202\ \ 0.1222\ \ 0.0697\ \ 0.0369)$$

由此可知，最大隶属度为0.1222，所对应的认同度为“无所谓”，然而“比较同意”的隶属度为0.1202，与之非常接近，因此我们认为长春市长期护理保险制度试点的整体实施效果认同度介于“无所谓”和“比较同意”两个等级之间。

5.3 长期护理保险制度实施效果评价分析

长春市长期护理保险制度总体上取得一定成效。从综合评价的结果看，长春市长期护理保险制度的整体实施效果良好。被调查者对于制度的评价基本持肯定态度。在制度设计层面，长期护理保险制度在一定程度上减轻了失能老人及其家庭的负担，提高了失能老人的生活质量，促进了家庭和睦并使得社会保障体系内容更加完善；在制度运行层面，长期护理保险制度节约了医疗资源，提高了医保结余资金的利用率，经办部门宣传力度较大，同时也提高了灵活就业人员的就业率；在制度环境方面，长期护理保险制度促进了养老机构、养老护理产业的长足发展，减弱了“养儿防老”的家庭养老观念，也在一定程度上降低了“因护致贫”风险。

通过对长春护理保险实施效果的综合评价，长春市长期护理保险制度试点的整体实施效果认同度介于“无所谓”和“比较同意”两个等级之间。取得这一评价值的原因可能和制度初创有关，制度从无到有，总会让评价者产生“有优惠制度总要比没有强”的心理，评价的赋分可能会偏高。但这一数值同时也说明这一制度的实施在一定程度上收到了效果。不过，与预期的效果相比还存在差距，长期护理保险制度还有提升的空间。

5.3.1 制度设计层面

长春市长期护理保险制度设计层面的实施效果较好，根据最大隶属度原则，制度设计层面的实施效果对应的评价为“比较同意”。说明长期护理保险制度设计较为合理，在制度设计层面的实施效果较佳。

从二级指标的评价看，“提高失能老人的生活质量”“减轻经济负担”“维护失能老人的尊严”“促进家庭和睦”这4项的效果评价以“完全同意”和“比较同意”为主，被调查者给予的认同度较高。失能老人通过长期护理保险制度的实施，其生活质量得到进一步提升。同时，失能老人的家庭成员表示实施此项制度之后，幸福感增加，其所在家庭的和睦程度也得到了提升。“覆盖范围较大”和“报销比例较高”这两项的效果评价以“比较不同意”和“完全不同意”为主，在制度设计层面中，长期护理保险制度的覆盖范围和报销比例的表现不尽如人意。长春市长期护理保险制度的覆盖范围只包括了参加城镇职工基本医疗保险和城镇居民医疗保险的职工和居民。将没有医疗保险的人群排除到长期护理保险制度保障范围之外，使得制度在促进公平的功能上显得不足。长春市长期护理保险制度的支付范围包括床位费、护工劳务费用、护理设备使用费、护理日用品、舒缓治疗费用，与仅将护理服务费和失能评估费纳入长期护理保险制度基金的窄口径支付范围相比，长春市的支付范围较广，根据问卷调查结果，长期护理保险制度在失能老人和家庭生活改善方面确实表现较好，但是调查结果也显示，“报销比例较高”这项的效果评价以“比较不同意”和“完全不同意”为主，这说明该说法并没有得到广泛的认可，可见长期护理保险制度的报销范围还没有达到保障对象的心理预期。

5.3.2 制度运行层面

长春市长期护理保险制度运行层面的实施效果不理想，根据最大隶属度原则，制度运行层面的实施效果对应的评价为“比较不同意”。说明长期护理保险制度在制度运行层面的实施效果还有很大的提高空间。

从二级指标的评价看，在制度运行层面中，“医疗保险结余资金使用效率提高”的评价效果最好，以“完全同意”和“比较同意”为主。长春市长期护理保险制度通过调整医保基金结构来筹集资金，不增加单位和个人缴费负担，并实现了基金单独管理，独立建账，单独监管。这样的做法确实能够提高医保基金的使用效率，缓解支付压力。在制度的创建初期，这种安排可以减少运行阻力，有利于制度建立和推广；但从长期看，没有独立的长期护理资金安排，会给医保资金运行带来压力。“经办部门宣传力度大”和“报销流程通畅，减少家庭成员事务性工作”这两项的评价以“比较同意”和“无所谓”为主。根据《长春市失能人员医疗照护保险实施办法》的规定，长期护理保险制度定点机构按月向市级医保经办机构进行费用申报，具体时间为每月10日前。报销程序实现了“公对公”的方式，不再需要接受照护人员和家属去报销，简化了报销手续，但从调查问卷的结果来看，被调查者对长期护理保险制度的报销流程的认可度还有提升的空间。

而“经办机构服务质量较高”和“试点推广速度快，定点机构入院顺畅”两项的效果欠佳，评价以“比较不同意”和“非常不同意”为主。经办机构服务质量不高和试点推广速度较慢也是长期护理保险制度作为一项新兴社会保险制度所面临的较难避免的问题。在长期护理保险制度实施后，对失能老人入住定点照护机构的费用给予很大比例的报销，入住养老院的人数增多，因为一般只有接受长期护理保险定点机构的服务才能够报销相关费用，导致试点推广速度较慢，入住养老机构的失能老人的选择空间变小，从而造成定点机构入院难。

5.3.3 制度环境层面

长春市长期护理保险制度在环境层面实施效果一般，根据最大隶属度原则，制度环境层面的实施效果对应的评价为“无所谓”。说明长期护理保险制度环境层面取得一定的效果，但效果不是特别立竿见影，有一定的提升空间。

从二级指标看，在“失能老人的护理服务质量有所提高”、“减缓‘养儿防老’的家庭养老观念”和“降低‘因护致贫’的风险”方面，评价以“非常同意”和“比较同意”为主，效果较好。说明长期护理保险制度在失能老人的护理服务、家庭养老观念的改变和降低“因护致贫”风险方面取得一定成效。而在制度环境层面的其他问题调查中，“带动养老护理产业的发展”、“护理人员的业务水平有所提高”、“推动护理服务的规范化”和“促进养老机构的发展”这4项的评价以“无所谓”为主，的确在长期护理保险制度的起步阶段，对于相关产业的发展，以及整个大环境的促进效果现在还表现得不明显。但值得关注的是，被调查者对护理人员业务水平和护理服务规范化的评价较差，虽然入住养老机构的失能老人享受的护理服务较家人提供的服务更专业一些，但还是没有达到专业水平，可见护理人力资源的匮乏已经给长期护理保险制度的发展带来严峻挑战。

5.4 本章小结

长春市长期护理保险制度试点建立时间长，运作方式成熟，是我国长期护理保险制度试点的典型。由于数据的可得性，本章以长春市为例，选取长春市失能人员长期护理保险制度的实践数据，采用层次分析法，探索长期护理保险制度在试点期间的实施效果。

本章通过采用层次分析法构建了长期护理保险制度试点实施效果的评价指标体系。将评价指标体系划分为3个一级指标层次，分别为制度设计层面、制度运行层面和制度环境层面，及包含21项指标因子的二级指标体系。运用AHP相关软件得到各项指标权重，为试点地区实施效果评价做好基础。根据长春市实地调研获得的调查问卷数据，结合评价指标体系及相关权重，利用最大隶属原则分析得到长春市长期护理保险制度总体上取得一定成效，其中制度设计层面效果较好，制度运行层面效果不理想，制度环境层面效果一般。

6 长期护理保险制度试点可持续性分析

长期护理保险制度的可持续发展是制度运行的基本目标。本章从以下三个方面探究长期护理保险制度试点的可持续性：财务负担可持续性、人力资源可持续性和物力资源可持续性。人财物的可持续性会对长期护理保险制度产生重要影响。本章将通过对长期护理保险制度试点方案“人、财、物”三个方面的供需可持续性分析，计算并预测出我国长期护理保险制度2020—2050年期间的可持续性状况，并提出相应政策建议。

6.1 模型与方法介绍

本章对长期护理保险制度的试点方案分别从人财物三方面进行预测。本部分首先介绍所采用的模型与方法。

6.1.1 模型介绍

本部分对长期护理保险制度可持续性测算主要以总体仿真模型为基

础。总体仿真模型是一种费用估算模型，通过加总不同失能人群的护理成本进行仿真测算。总体仿真模型的优点是采用的数据较容易获取，且有利于进行群体性研究和相关政策性分析。

总体仿真模型需要建立在人口预测数据基础上。本章运用中国人口与发展研究中心、神州数码研发的国际通用人口预测软件PADIS-INT预测我国2020—2050年人口数据；利用中国健康与养老追踪调查（CHARLS）最新数据计算出我国老年失能率，进而运用总体仿真模型预测我国未来失能老人数量、不同护理环境下失能老人数量及长期护理总费用，其中老年失能人口是预测长期护理保险制度人财物三方面可持续性的数据基础。

6.1.2 方法介绍

在测算护理成本时，本部分主要采用项目成本法对分类平均护理费用进行估算。项目成本法是一种反映各个项目在总成本中所占比例的科学成本计算方法。本章把护理环境分为护理医院、养老院及居家护理三类，运用项目成本法估算不同护理环境下不同失能程度的老人所需的长期护理成本具有较高准确性。

在测算财务负担时，主要测算我国长期护理保险试点方案的缴费率、财政补贴率和基金结余情况。本部分采用基金平衡法测算试点方案下我国长期护理保险制度50年的缴费率及财政补贴率，根据社会保障基金“以支定收、收支平衡”原则，以基金平衡法计算试点方案下我国长期护理保险制度的缴费率和财政补贴率，这对完善我国的长期护理保险制度缴费和财政补贴具有借鉴意义。本部分通过构建长期护理保险制度基金精算模型测算试点方案下我国长期护理保险制度未来30年基金结余情况，来直接衡量我国长期护理保险财务负担能力的可持续性。

在测算人力资源和物力资源时，本部分主要采用线性回归分析法预测我国2020—2050年养老护理人员和养老机构护理型床位的供给情况。鉴于养老护理人员和养老机构床位总体呈现线性增长趋势，所以运用线性回归分析法预测我国未来养老护理人员和养老机构护理型床位数量。

6.2 我国老年失能人口预测

老年失能人口是长期护理保险制度的需求主体，对我国老年失能人口进行预测是分析试点方案长期护理保险制度人财物三方面可持续性的基础，老年失能人口预测能为进一步研究长期护理保险制度的需求总成本、长期护理人员需求数量以及长期护理床位需求数量提供依据。本部分采用总体仿真模型对我国老年失能人口进行预测。

6.2.1 模型设置

由于我国存在城乡二元结构，这种结构也影响了我国长期护理保险制度试点方案，所以本章分别对我国城乡老年失能人口进行预测。$n_{p,l}^{k}(t)$表示t年城乡p、年龄段k、失能程度l的人数；$I_{p}^{k}(t)$表示t年城乡p、年龄段k的人数；$Q_{p,l}^{k}$表示城乡p、年龄段k、失能程度l的失能率；$N_{p,l}(t)$表示t年城乡p、失能程度l的人数；$S_{p,m}$表示城乡p、选择护理环境m的概率；$N_{p,l,m}(t)$表示t年城乡p、失能程度l、在护理环境m下的人数。

t年份城乡的不同年龄段下、不同失能程度老人人数计算公式为：

$$n_{p,l}^{k}(t) = I_{p}^{k}(t) \times Q_{p,l}^{k} \tag{6-1}$$

t年份城乡的不同失能程度老人人数计算公式为：

$$N_{p,l}(t) = \sum_{k=1}^{6} n_{p,l}^{k}(t) \text{（本章设置6种年龄段）} \tag{6-2}$$

t年份城乡的不同失能程度老人选择不同护理环境的人数计算公式为：

$$N_{p,l,m}(t) = N_{p,l}(t) \times S_{p,m} \tag{6-3}$$

6.2.2 参数设置

6.2.2.1 老年人口预测

根据国际惯例并考虑我国延迟退休政策，本章将老年人口设置为65岁及以上人口。2000—2015年城乡65岁及以上人口根据我国历年统计年鉴整理获得。在我国老年人口预测方面，本章采用中国人口与发展研究中心、神州数码研发的国际通用人口预测软件PADIS-INT进行运算，基础人口数据选择2010年全国第六次人口普查分城乡、男女、年龄数据；在预期寿命、死亡模式、总和生育率、出生性别比等项目设置上参考了《中国人口展望（2018）》的相关研究内容，在年龄别迁移模式上参考了杨明旭（2016）《中国人口多属性预测研究暨失能老人长期照护政策仿真》相关研究内容，由此预测出我国分城乡2020—2050年65岁以上人口数量。

6.2.2.2 失能率获取

我国对失能程度的评定通常有日常生活活动能力（ADL）和工具性日常生活活动能力（IADL）两种维度，通过对我国长期护理保险制度试点方案进行比较，绝大数方案对失能程度判定采用日常生活活动能力（ADL）的Barthel指数评定量表，所以本章采用Barthel指数评定量表作为失能程度的判定标准。Barthel指数（BI）评定量表如表6-1所示。

表6-1　　Barthel指数（BI）评定量表　　单位：分

编号	项目	完全独立	需要部分帮助	需极大帮助	完全依赖
1	进食	10	5	0	/
2	洗澡	5	0	/	/
3	修饰	5	0	/	/
4	穿衣	10	5	0	/
5	控制大便	10	5	0	/
6	控制小便	10	5	0	/
7	如厕	10	5	0	/
8	床椅转移	15	10	5	0
9	平地行走	15	10	5	0
10	上下楼梯	10	5	0	1

资料来源：李奎成，唐丹，刘晓艳，等.国内Barthel指数和改良Barthel指数应用的回顾性研究[J].中国康复医学杂志，2009（8）.

根据Barthel指数评定量表打分，40分以下为重度依赖即重度失能，41～60分为中度依赖即中度失能，60分以上为轻度依赖即轻度失能，100分为完全自理。本章按照此标准进行失能程度划分。

在失能率数据获取上本章选择采用CHARLS（2015）数据库，CHARLS全称为中国健康与养老追踪调查（China Health and Retirement Longitudinal Survey），是由北京大学主持的大型学科调查项目，目的在于搜集我国45岁以上中老年人家庭和个人的高质量微观数据，项目于2011年开始在全国28个省级行政区、150个县、450个社区（村）进行调查活动，经过每3年一次的追踪调查，目前已经调查了1.24万户家庭和1.9万名受访者。2017年CHARLS公布最新一期数据为2015年全国追踪调查数据。

CHARLS数据编码书第四章健康状况与功能中的问卷中几乎包含Barthel指数所有评定项目，且该部分问卷问题选项为："1.No，I Don't Have Any Difficulty""2.I Have Difficulty But Can Still Do It""3.Yes，I Have Difficulty and Need Help""4.I Can Not Do It"，这4种选项与Barthel指数评定量表项目打分的四种标准——"完全独立""需要部分帮助""需极大帮助""完全依赖"相吻合，所以利用CHARLS数据库对我国老年人失能率进行测算有较高的准确度。本章利用Stata14.0软件对CHARLS健康状况与功能章节部分问卷结果进行赋值打分与运算，得到分城乡、分年龄段的老年人失能情况，CHARLS问卷问题利用与编程赋值如表6-2所示。

表6-2 CHARLS问卷问题利用与编程赋值

Barthel项目	对应CHARLS调查问卷问题	选项1	选项2	选项3	选项4
进食	Difficulty with Eating	1=10	2=5	3=0	4=0
洗澡	Difficulty with Bathing or Showering	1=5	2=0	3=0	4=0
修饰	Difficulty with Picking up	1=5	2=0	3=0	4=0
穿衣	Difficulty with Dressing	1=10	2=5	3=0	4=0
控制大便 控制小便	Difficulty with Controlling Urination and Defecation	1=20	2=10	3=0	4=0
如厕	Difficulty with Using The Toilet	1=10	2=5	3=0	4=0
床椅转移	Difficulty with Getting Into or Out of Bed	1=15	2=10	3=5	4=0
平地行走	Walking 100 Metres	1=15	2=10	3=5	4=0
上下楼梯	Difficulty with Climbing	1=10	2=5	3=0	4=0

资料来源：本研究归纳。

6.2.2.3 护理环境

学界在长期护理环境分类上有所区别，曹信邦（2016）、李元（2018）、田勇（2019）等学者把长期护理环境分为家庭（社区）护理和机构护理两种。陈璐（2013）、王保玲和孙健（2018）等学者把长期护理环境分为老年护理医院、养老院和居家护理3种。根据现行长期护理保险试点方案的规定，长期护理保险基金所支付的护理环境大致分为医院、养老机构和居家护理，所以本章将护理环境分类为老年护理医院、养老院和居家护理。

本章借鉴《上海市老年护理医院服务现状与政策研究》（施永兴，2008）第三篇第十部分表4的数据，获得享受医疗保险和农村合作医疗的老人生活不能自理后分别选择不同护理方式的概率，由此推断城乡老人生活不能自理后选择不同护理方式的概率，如表6-3所示。

表6-3　**城乡老人生活不能自理后选择3种护理方式的概率（%）**

	老年护理医院	养老院	居家护理
城镇老人	21.82	18.81	59.19
农村老人	13.39	24.21	62.4

数据来源：施永兴.上海市老年护理医院服务现状与政策研究[M].上海：复旦大学出版社，2000.

6.2.3　测算结果

根据CHARLS2015年最新数据，通过Stata14.0的运算得到了我国城乡65岁及以上老人的失能率情况，如表6-4所示。

表6-4　**按城乡、年龄分的中国老年人不同失能程度比率（%）**

年龄段（岁）	城镇			农村		
	轻度失能	中度失能	重度失能	轻度失能	中度失能	重度失能
65～69	56.22	3.05	1.41	64.4	3.49	2.14
70～74	57.4	2.61	2.9	66.33	4.89	3.93
75～79	63.23	3.53	3.53	66.51	8.13	5.44
80～84	65.31	2.42	7.25	66.21	6.00	7.36
85～89	57.15	10.72	14.29	63.68	12.32	8.19
90+	52.38	9.52	23.8	65.79	10.52	13.15

资料来源：根据2015年北京大学“中国健康与养老追踪调查”（CHARLS）数据，用stata14.0统计分析软件计算而得。

利用公式（6-1）进行计算，得到我国2000—2050年分城乡、分年龄段，不同失能状态的老年人口数，如表6-5所示。由于篇幅问题，人口统计和人口预测结果略。

表6-5　　2000—2050年城乡不同失能状态老年人口数（万人）

年份	城镇			农村		
	轻度失能	中度失能	重度失能	轻度失能	中度失能	重度失能
2000	1 724	97	100	3 853	316	241
2005	3 797	213	229	5 863	489	376
2010	3 080	178	202	4 301	362	282
2015	3 758	223	256	3 794	320	247
2020	4 784	287	323	6 549	557	433
2025	5 686	341	395	7 278	644	507
2030	7 107	423	483	8 456	754	592
2035	8 721	519	609	9 857	866	692
2040	1 008	624	746	10 534	982	776
2045	1 074	668	870	10 347	1 006	826
2050	1 118	734	986	10 134	1 012	837

资料来源：本研究计算得出。

根据公式（6-2）、公式（6-3）计算得到我国城乡不同失能程度的老人选择老年护理医院、养老院和居家护理的人口数，如表6-6、表6-7所示。由于我国现行长期护理保险方案保障对象为重度失能老人和中度失能老人，本部分没有把轻度失能老人纳入计算范围内。

本部分预测的我国2000—2050年城乡不同护理环境下的老年失能人口数量为后文长期护理保险制度的财务负担、人力资源和物力资源供求分析提供数据基础。

表6-6　城镇老年人在不同失能状态情况下选择不同护理方式的人数（万人）

年份	老年护理医院		养老院		居家护理	
	中度失能	重度失能	中度失能	重度失能	中度失能	重度失能
2000	21	22	18	19	57	59
2005	47	50	40	43	126	136
2010	39	44	34	38	106	120
2015	49	56	42	48	132	152
2020	63	70	54	61	170	191
2025	75	86	64	74	202	234
2030	92	105	79	91	250	286
2035	113	133	98	114	307	360
2040	136	163	117	140	369	442
2045	146	190	126	164	395	515
2050	160	215	138	186	435	584

资料来源：本研究计算得出。

表6-7　农村老年人在不同失能状态情况下选择不同护理方式的人数（万人）

年份	老年护理医院		养老院		居家护理	
	中度失能	重度失能	中度失能	重度失能	中度失能	重度失能
2000	42	32	77	58	197	150
2005	66	50	118	91	305	235
2010	48	38	88	68	226	176
2015	43	33	77	60	200	154
2020	75	58	135	105	347	270
2025	86	68	156	123	402	316
2030	101	79	182	143	470	369
2035	116	93	210	168	540	432
2040	131	104	238	188	613	484
2045	135	111	244	200	628	515
2050	136	112	245	203	632	522

资料来源：本研究计算得出。

6.3 财务负担可持续性分析

本章对试点方案的财务负担可持续性研究主要从长期护理保险制度的财务需求测算和供给需求入手，测算出17种试点方案下我国长期护理保险制度的社会缴费率、财政补贴率和基金结余，并从预测的结果中探究我国长期护理保险制度财务负担可持续性。

6.3.1 长期护理保险制度财务需求测算

6.3.1.1 模型设置

长期护理保险制度的财务需求表示我国失能老人所需的长期照护费用，$r_{p,l,m}(t)$表示t年城乡p、失能程度l、护理环境m的单位护理费用；$C_{p,l,m}(t)$表示t年城乡p、失能程度l、护理环境m这部分失能老人的总护理费用；$C_p(t)$表示t年城乡p的长期护理保险总费用。

t年份城乡的不同失能程度老人在不同护理环境下所需的护理总费用公式：

$$C_{p,l,m}(t) = N_{p,l,m}(t) \times r_{p,l,m}(t) \tag{6-4}$$

t年份城乡的长期护理保险制度财务需求公式：

$$C_p(t) = \sum_{l=1}^{2} \sum_{m=1}^{3} C_{p,l,m}(t) \tag{6-5}$$

6.3.1.2 参数设计

本章采取项目成本法对单位失能老人照护费用进行测算。根据刘锦丹（2010）的研究结果，项目成本=直接成本（人力成本+材料成本+设备成本+交通成本）+间接成本（管理成本+教育成本），然后根据人力成本系数计算长期护理成本。

根据卫生部发布的《综合医院分级护理指导原则（试行）》，不同失能程度对应不同的护理等级，生活完全不能自理的患者（重度失能患者）对应一级护理，生活部分自理的患者（中度失能患者）对应二级护理。

在护理时间和成本方面，曹信邦（2016）得出居家护理中二级护理时间为平均一周7.5小时，一级护理时间为平均一周10小时。杜丽侠（2018）认为养老院护理总成本是人力成本的1.4倍；高小芬（2014）得出中度失能患者护理时间平均每日129分钟，重度失能患者护理时间平均每日238分钟。彭雅君（2010）得出护理医院二级护理总成本是人力成本的1.89倍，一级护理总成本是人力成本的2.14倍。史承明（2011）得出二级护理时间平均每日339分钟，一级护理时间平均每日376分钟。根据卫生部的规定，普通病房的床位与护理人员的比例为1：0.4。

在劳动力成本方面，2018年城镇非私营单位就业人员平均工资为82 413元，按年平均工作日250天和日平均工作8小时计算，2018年城镇在岗职工平均每小时工资41.21元；2018年农村居民可支配收入为14 617元，盖庆恩（2014）得出农村劳动力平均每年劳动186日，假设每日劳动8小时，农村居民平均每小时工资9.82元。同理2000—2015年城镇和农村劳动力工资均参照当年统计年鉴计算。2020—2050年城镇职工人均工资水平假设与经济增长同步，根据齐明珠（2010）研究结论2018—2020年城镇职工工资年增长率为7%，2021—2030年为6%，2031—2040年为5%，2041—2050年为4%。曹信邦（2016）认为由于城镇化率的升高，农村居民人均收入一直维持7%的年增长率。

本章对三种护理环境下长期护理保险费用计算公式如下：

$$\text{居家护理月给付成本}=\text{各等级一周护理时长}\times\text{每月周数（4）}\times\text{家庭护理人力成本系数（1.8）}\times\text{在岗职工平均小时工资}$$

$$\text{养老院护理月给付成本}=\text{各等级每日护理时长}\times\text{每月天数（30）}\times\text{养老院护理人力成本系数（1.4）}\times\text{在岗职工平均小时工资}$$

$$\text{护理医院月给付成本}=\text{各等级每日护理时长}\times\text{每月天数（30）}\times\text{护理医院护理人力成本系数（二级护理为1.89、一级护理为2.14）}\times\text{在岗职工平均小时工资}\times\text{护理人员与床位比（0.4）}$$

6.3.1.3 测算结果

根据上述参数设置，得出月度三种护理环境单位照护费用，并经过加总得出年度三种护理环境单位照护费用即$r_{p,l,m}(t)$，由于篇幅问题此处隐去$r_{p,l,m}(t)$的计算结果。紧接着根据公式（6-4）进行计算，得出城乡不同失能程度和不同护理环境的费用。根据公式（6-5）计算，得出城乡长期护理保险制度财务需求情况，如表6-8、表6-9所示，此处省略这部分计算结果。

表6-8 **城镇不同失能程度、不同护理环境的费用** 单位：亿元/年

年份	老年护理医院		养老院		居家护理	
	中度失能	重度失能	中度失能	重度失能	中度失能	重度失能
2000	15	20	9	18	17	24
2005	65	883	40	78	74	107
2010	109	156	66	139	125	189
2015	232	336	141	299	265	406
2020	454	646	276	574	519	779
2025	723	1 056	439	938	827	1 274
2030	1 198	1 728	728	1 536	1 370	2 087
2035	1 879	2 780	1 141	2 470	2 148	3 356
2040	2 881	4 351	1 751	3 866	3 294	5 253
2045	3 751	6 174	2 279	5 485	4 289	7 454
2050	5 018	8 513	3 049	7 564	5 737	10 277

资料来源：本研究计算得出。

表6-9 **农村不同失能程度、不同护理环境的费用** 单位：亿元/年

年份	老年护理医院		养老院		居家护理	
	中度失能	重度失能	中度失能	重度失能	中度失能	重度失能
2000	10	10	13	18	20	20
2005	23	22	29	41	45	46
2010	31	31	40	58	62	64
2015	51	49	64	92	99	102
2020	129	126	164	236	253	262
2025	209	208	266	387	411	431
2030	343	340	437	634	674	705
2035	553	558	705	1 040	1 086	1 157
2040	880	878	1 121	1 635	1 728	1 820
2045	1 264	1 310	1 610	2 442	2 482	2 718
2050	1 783	1 862	2 272	3 470	3 502	3 862

资料来源：本研究计算得出。

6.3.2 长期护理保险财务供给测算

6.3.2.1 模型设置

根据17个试点方案的筹资方式规定，长期护理保险基金来源可以分为医疗保险基金、个人缴费、财政补助和其他来源，因此可以认为长期护理保险的财务供给主体为医疗保险基金、个人缴费和国家财政。本章不考虑医疗保险基金对长期护理保险制度的影响，因为医疗保险基金主要来源于单位和个人缴费，所以把它视作单位与个人缴费部分。

综上所述，本书把长期护理保险制度的财务供给主体分为社会和国家财政两部分。社会对长期护理保险制度的财务供给源于居民收入，国家财政对长期护理保险制度的财务供给源于财政收入。居民收入根据17种试点方案的参保主体分为城镇单位职工年工资收入、城镇居民人均可支配收入和农村居民人均可支配收入。$TW_j(t)$表示我国t年主体j的总工资收入；$G(t)$表示t年财政收入；i_j表示主体j的工资或收入增长率；g表示财政收入增长率。

t年全国分城镇职工、城镇居民、农村居民的三种人群的工资或收入公式为：

$$TW_j(t) = TW(t-1) \times (i_j + 1) \tag{6-6}$$

t年财政收入公式为：

$$G(t) = G(t-1) \times (g + 1) \tag{6-7}$$

6.3.2.2 参数设计

通过查询统计年鉴可知，2018年城镇单位在岗职工年平均工资84 744元，城镇居民年可支配收入为39 251元，农村居民年可支配收入为14 617元。

17种试点方案规定，长期护理保险制度的参保人员跟随医保，据国家卫计委统计，截至2018年2月，我国基本医疗保险的参保人数超过13.5亿人，参保率达到95%，本章假设2020年后中国医保参保率为100%，长期护理保险制度参保率亦为100%。根据我国历年统计资料，2018年城镇在岗职工基本医疗保险年末参保人数为23 307.5万人，2018年城镇居民医保参保人数为49 196.85万人，农村居民参加居民医保或新农合人数约为5亿人。

相关增长率参数设置如下：城镇职工工资收入、城镇居民可支配收入增长情况同上文。根据齐明珠（2016）研究结论，2020—2050年城镇人均工资水平假设与经济增长同步，2018—2020年城镇工资年增长率为7%，2021—2030年为6%，2031—2040年为5%，2041—2050年为4%。农村居民人均收入一直维持在7%的年增长率。本章假设财政收入的增长率与城镇职工工资收入增长率一致。

6.3.2.3 测算结果

2020年以前的数据全部来自我国历年统计年鉴，根据公式（6-6）和（6-7）得到2020—2050年城镇职工缴费基础、城镇居民缴费基础、农村居民缴费基础以及财政收入情况，如表6-10所示。

表6-10 2020—2050年长期护理保险制度财务供给情况 单位：亿元

	2000	2005	2010	2015	2020	2025	2030	2035	2040	2045	2050
财政收入	13 395	31 649	83 102	152 269	209 929	280 932	375 950	479 818	612 383	745 058	906 477
城镇职工缴费基础	10 955	20 627	47 270	112 008	238 039	318 550	426 292	544 069	694 385	844 825	1 027 859
城镇居民缴费基础	30 896	51 622	94 012	153 470	232 719	311 431	416 764	531 909	678 865	825 943	1 004 886
农村居民缴费基础	12 228	18 058	33 608	61 199	94 387	132 383	185 674	260 417	365 248	512 280	718 499

资料来源：根据历年《中国统计年鉴》及本研究计算得出。

6.3.3 试点方案社会缴费率测算

缴费率是探究社会保险财务供给与需求情况的重要入口，本章采用基金平衡法计算长期护理保险制度的缴费率，$\alpha(t)$表示t年长期护理保险制度的缴费率。根据基金平衡法，长期护理保险制度的收入等于支出，可以得到下列公式。

$$TW_j(t) \times \alpha(t) = C_j(t) \tag{6-8}$$

经过变换得到缴费率计算公式：

$$\alpha(t)=\frac{C_j(t)}{TW_j(t)} \tag{6-9}$$

6.3.3.1　长期护理保险制度试点方案

参保范围、筹资模式、保障对象和待遇支付的不同影响长期护理保险支出情况。本章把试点地区长期护理保险参保范围分为城镇职工、城镇居民及城乡居民和其他类别，把待遇支付分为定额支付模式和限额支付模式，如表6-11所示。试点地区具体支付标准参照表3-8。

本章假设2020—2050年长期护理保险制度试点方案中定额支付部分的年增长率是2021—2030年为6%，2031—2040年为5%，2041—2050年为4%，展开对长期护理保险待遇支付的预测。

表6-11　　　　**17种长期护理保险方案分类表**

参保范围	城市	保障对象	待遇支付	
			定额支付方式	限额支付方式
城镇职工和城镇居民	长春	中、重度失能	×	√
城镇职工和60岁以上城乡居民	上海	轻、中、重度失能	×	√
城镇职工和城乡居民	青岛	中、重度失能	×	√
	南通	中、重度失能	√	×
	苏州	中、重度失能	√	×
	上饶	重度失能	√	×
	荆门	重度失能	×	√
	成都	重度失能	√	×
	石河子	重度失能	×	√
	北京市石景山区	重度失能	√	√
城镇职工	广州	重度失能	×	√
	承德	重度失能	√	×
	齐齐哈尔	重度失能	√	×
	宁波	重度失能	√	×
	安庆	重度失能	√	√
	重庆	重度失能	√	×
	乌鲁木齐	重度失能	√	√

资料来源：本研究整理得出。

6.3.3.2 缴费率测算结果

根据前文对长期护理保险制度财务需求和财务供给的测算结果，依据17种长期护理保险制度的试点方案，进行公式（6-9）的计算，测算出我国2000—2050年17种长期护理保险模式的缴费率情况，如表6-12所示。

表6-12 2000—2050年17种长期护理保险模式的缴费率（%）

	2000	2005	2010	2015	2020	2025	2030	2035	2040	2045	2050
长春	0.113	0.258	0.202	0.214	0.213	0.257	0.317	0.395	0.480	0.541	0.606
上海	2.650	3.274	2.519	1.960	1.900	2.182	2.532	2.993	3.463	3.719	3.852
青岛	0.235	0.532	0.447	0.49	0.594	0.719	0.882	1.093	1.317	1.47	1.611
承德	0.098	0.203	0.133	0.102	0.086	0.105	0.129	0.162	0.199	0.232	0.263
安庆	0.073	0.15	0.098	0.075	0.063	0.078	0.095	0.12	0.147	0.171	0.194
宁波	0.039	0.081	0.053	0.04	0.034	0.042	0.051	0.064	0.079	0.092	0.104
重庆	0.120	0.247	0.161	0.124	0.105	0.128	0.156	0.197	0.242	0.282	0.320
成都	0.113	0.213	0.161	0.150	0.176	0.214	0.259	0.323	0.390	0.449	0.497
广州	0.310	0.589	0.364	0.298	0.261	0.319	0.390	0.491	0.602	0.703	0.796
南通	0.228	0.344	0.202	0.160	0.201	0.236	0.280	0.329	0.377	0.397	0.408
苏州	0.266	0.469	0.322	0.253	0.321	0.376	0.445	0.522	0.597	0.625	0.640
上饶	0.162	0.278	0.189	0.149	0.182	0.214	0.253	0.3	0.343	0.37	0.384
荆门	0.113	0.223	0.172	0.162	0.192	0.231	0.278	0.340	0.403	0.451	0.487
石河子	0.090	0.177	0.116	0.090	0.118	0.139	0.164	0.197	0.229	0.249	0.258
齐齐哈尔	0.030	0.062	0.040	0.031	0.026	0.032	0.039	0.049	0.060	0.070	0.080
北京市石景山区	0.118	0.213	0.149	0.119	0.149	0.176	0.208	0.247	0.284	0.306	0.318
乌鲁木齐	0.089	0.184	0.120	0.092	0.079	0.096	0.118	0.148	0.182	0.212	0.240

数据来源：本研究计算得出。

6.3.4 试点方案财政补贴率测算

财政补贴率能够反应长期护理保险制度的财政补贴情况，研究未来长期护理保险制度的财政负担能力。f(t)表示t年国家财政对长期护理保险制度的补贴费用，β(t)表示t年长期护理保险制度的财政补贴率。

测算t年长期护理保险制度财政补贴率公式为：

$$\beta(t)=\frac{f(t)}{G(t)} \tag{6-10}$$

6.3.4.1 长期护理保险制度试点方案筹资模式

本章依据筹资主体对17种长期护理保险制度试点方案进行筹资模式分类，以便对财政补贴部分进行计算。根据表6-13的分类可知我国17种试点方案中有9种方案有财政补贴，分别是青岛、承德、南通、成都、荆门、上饶、石河子、北京市石景山区和乌鲁木齐，其他试点方案的筹资方式中没有财政出资，所以本章只对这9种筹资模式进行财政补贴率的测算与分析。

表6-13 17种长期护理保险试点方案的筹资模式

筹资主体	试点地区	筹资模式
医疗保险基金	上海	医疗保险基金出资
	宁波	医疗保险基金出资
	广州	医疗保险基金出资
	苏州	医疗保险基金出资
医疗保险基金和个人	长春	医疗保险基金、个人账户出资
	齐齐哈尔	个人和医疗保险基金各负担50%
	安庆	个人负担1/3；医疗保险基金负担2/3
	重庆	个人、医疗保险基金负担比为3：2
医疗保险基金和财政	青岛	医疗保险基金出资，财政补贴城镇职工每人年30元

续表

筹资主体	试点地区	筹资模式
医疗保险基金、个人和财政	承德	个人、医疗保险基金、财政负担比为3∶4∶1
	南通	筹资标准每人年100元；个人、医疗保险基金、财政负担比为3∶3∶4
	成都	个人负担、医疗保险基金出资、财政补贴
	荆门	个人、医疗保险基金、财政负担比为6∶4∶5
	乌鲁木齐	个人、医疗保险基金、财政负担比为3∶5∶2
医疗保险基金、单位、个人和财政	上饶	城镇职工个人账户每年50元，医疗保险基金划拨每年35元，单位缴费每年5元；居民个人账户每年50元，医疗保险划拨每年35元，财政出资每年5元
医疗保险基金、个人、财政和福彩公益金	石河子	医疗保险基金出资、个人缴纳、财政补助、福彩公益金划转。财政补助60岁以上老人每人每年40元，重度残疾人每人每年40元，福彩公益金每年划转50万元
单位、个人和财政	北京市石景山区	单位、个人和财政出资比为4∶2∶4

数据来源：本研究整理得出。

6.3.4.2 财政补贴率测算结果

根据上文中对长期护理保险制度费用的测算结果和9种筹资模式，依据基金平衡法算出长期护理保险制度的财政补贴费用即f(t)。再根据上文对我国财政收入的测算结果，依据公式（6-10）得到我国2000—2050年9种长期护理保险制度试点方案的财政补贴率，如表6-14所示。

表6-14 9种长期护理保险模式的财政补贴率（%）

	2000	2005	2010	2015	2020	2025	2030	2035	2040	2045	2050
承德	0.011	0.019	0.011	0.011	0.014	0.017	0.021	0.026	0.032	0.038	0.043
青岛	0.094	0.176	0.116	0.136	0.190	0.230	0.283	0.353	0.429	0.485	0.544
成都	0.293	0.1808	0.103	0.083	0.088	0.091	0.094	0.098	0.103	0.107	0.111
南通	0.530	0.665	0.283	0.228	0.361	0.428	0.510	0.611	0.714	0.776	0.826

续表

	2000	2005	2010	2015	2020	2025	2030	2035	2040	2045	2050
上饶	0.029	0.036	0.018	0.014	0.023	0.027	0.032	0.039	0.045	0.050	0.053
荆门	0.229	0.318	0.181	0.1974	0.259	0.314	0.380	0.473	0.572	0.661	0.740
石河子	0.082	0.064	0.048	0.046	0.054	0.065	0.079	0.089	0.095	0.102	0.112
北京市石景山区	0.318	0.405	0.209	0.170	0.267	0.318	0.379	0.459	0.537	0.599	0.643
乌鲁木齐	0.018	0.030	0.017	0.017	0.022	0.027	0.033	0.042	0.052	0.060	0.068

数据来源：本研究计算得出。

6.3.5 试点方案基金结余测算

本部分测算出17种长期护理保险制度试点方案2020—2050年基金结余情况，进一步探究我国长期护理保险制度的财务可持续性。长期护理保险基金累计结余=当年长期护理保险基金收入-当年长期护理保险基金支出+历年长期护理保险基金结余。AI（t）表示t年长期护理保险的基金收入（根据17种长期护理保险制度试点方案的筹资模式进行测算），AE（t）表示t年长期护理保险基金支出（根据17种长期护理保险制度试点方案的待遇支付模式进行测算），AS（t）表示t年长期护理保险基金累计结余，CS（t）表示t年长期护理保险当期结余，γ表示银行利率，观察并分析最近几年中国人民银行1年期定期存款利率，将γ设定为2.5%。

t年我国长期护理基金当期结余公式为：

$$CS(t) = AI(t) - AE(t) \tag{6-11}$$

t年我国长期护理保险基金累计结余公式为：

$$AS(t) = \begin{cases} AS(t-1) \times (\gamma + 1) + CS(t) & 当[AS(t-1) > 0] \\ AS(t-1) + CS(t) & 当[AS(t-1) < 0] \end{cases} \tag{6-12}$$

根据式（6-11）和式（6-12）进行计算得到17种试点方案下我国2020—2050年长期护理保险的基金结余情况，如表6-15、表6-16所示。

表6-15 17种试点方案下我国长期护理保险基金结余情况（9种方案） 单位：亿元

年份	长春	上海	青岛	南通	苏州	荆门	石河子	宁波	成都
2020	−300	−3 565	−2 407	−516	−127	−414	−33	−56	−649
2021	−659	−7 506	−5 116	−1 140	−287	−922	−97	−135	−1 382
2022	−1 088	−11 874	−8 175	−1 896	−486	−1 545	−201	−223	−2 214
2023	−1 592	−16 681	−11 594	−2 786	−726	−2 286	−347	−321	−3 149
2024	−2 160	−21 905	−15 351	−3 798	−1 002	−3 143	−531	−427	−4 185
2025	−2 807	−27 609	−19 502	−4 956	−1 321	−4 134	−761	−544	−5 337
2026	−3 528	−33 775	−24 025	−6 247	−1 678	−5 255	−1 034	−671	−6 601
2027	−4 364	−40 587	−29 090	−7 757	−2 102	−6 571	−1 378	−812	−8 024
2028	−5 357	−48 196	−34 839	−9 543	−2 613	−8 124	−1 812	−969	−9 636
2029	−6 496	−56 587	−41 251	−11 591	−3 204	−9 903	−2 326	−1 142	−11 429
2030	−7 800	−65 840	−48 400	−13 936	−3 887	−11 941	−2 933	−1 332	−13 428
2031	−9 260	−75 878	−56 208	−16 557	−4 655	−14 217	−3 625	−1 538	−15 604
2032	−10 891	−86 790	−64 753	−19 498	−5 521	−16 792	−4 428	−1 763	−17 998
2033	−12 751	−98 789	−74 230	−22 848	−6 514	−19 749	−5 374	−2 012	−20 667
2034	−14 846	−111 892	−84 651	−26 592	−7 627	−23 081	−6 462	−2 286	−23 605
2035	−17 231	−126 327	−96 223	−30 823	−8 891	−26 870	−7 723	−2 589	−26 869
2036	−19 882	−141 984	−108 837	−35 484	−10 289	−31 068	−9 139	−2 919	−30 426
2037	−22 842	−159 056	−122 665	−40 658	−11 845	−35 739	−10 735	−3 280	−34 318
2038	−26 162	−177 772	−137 916	−46 449	−13 593	−40 978	−12 549	−3 678	−38 610
2039	−29 853	−198 165	−154 616	−52 854	−15 533	−46 770	−14 576	−4 112	−43 290
2040	−33 932	−220 312	−172 830	−59 902	−17 671	−53 161	−16 832	−4 586	−48 390

续表

年份	长春	上海	青岛	南通	苏州	荆门	石河子	宁波	成都
2041	-38 356	-243 999	-192 350	-67 517	-19 987	-60 062	-19 286	-5 094	-53 840
2042	-43 168	-269 366	-213 304	-75 735	-22 486	-67 581	-21 978	-5 644	-59 705
2043	-48 421	-296 616	-235 872	-84 635	-25 192	-75 826	-24 955	-6 243	-66 058
2044	-54 073	-325 583	-259 889	-94 147	-28 083	-84 737	-28 190	-6 887	-72 858
2045	-60 146	-356 357	-285 434	-104 304	-31 169	-94 336	-31 695	-7 577	-80 119
2046	-66 606	-388 796	-312 367	-115 049	-34 432	-104 580	-35 452	-8 310	-87 814
2047	-73 612	-423 481	-341 228	-126 579	-37 940	-115 592	-39 511	-9 097	-96 022
2048	-81 297	-460 891	-372 459	-139 040	-41 735	-127 537	-43 934	-9 953	-104 845
2049	-89 578	-500 722	-405 764	-152 331	-45 787	-140 298	-48 674	-10 868	-114 208
2050	-98 490	-543 106	-441 259	-166 498	-50 108	-153 946	-53 760	-11 849	-124 154

数据来源：本研究计算得出。

表6-16　**17种试点方案下我国长期护理保险基金结余情况（8种方案）**　单位：亿元

年份	上饶	承德	重庆	齐齐哈尔	北京市石景山区	安庆	广州	乌鲁木齐
2020	885	423	123	56	909	-92	-424	-52
2021	1 806	861	246	114	1 838	-196	-906	-121
2022	2 761	1 311	368	172	2 774	-315	-1 454	-208
2023	3 751	1 775	489	230	3 720	-449	-2 074	-315
2024	4 781	2 256	610	290	4 679	-599	-2 764	-441
2025	5 849	2 751	728	350	5 643	-767	-3 535	-591
2026	6 960	3 266	846	411	6 620	-953	-4 388	-762
2027	8 102	3 784	956	471	7 561	-1 163	-5 349	-966
2028	9 270	4 287	1 048	526	8 438	-1 402	-6 444	-1 213

续表

年份	上饶	承德	重庆	齐齐哈尔	北京市石景山区	安庆	广州	乌鲁木齐
2029	10 470	4 790	1 129	578	9 263	-1 669	-7 666	-1 498
2030	11 698	5 289	1 195	626	10 013	-1 968	-9 034	-1 828
2031	12 944	5 780	1 245	670	10 683	-2 296	-10 534	-2 199
2032	14 196	6 253	1 274	709	11 227	-2 660	-12 193	-2 621
2033	15 439	6 683	1 269	736	11 579	-3 069	-14 059	-3 110
2034	16 677	7 067	1 227	752	11 744	-3 525	-16 138	-3 670
2035	17 898	7 383	1 137	753	11 660	-4 038	-18 474	-4 316
2036	19 113	7 641	1 003	740	11 360	-4 603	-21 047	-5 040
2037	20 310	7 825	816	709	10 794	-5 228	-23 890	-5 855
2038	21 475	7 911	565	658	9 884	-5 923	-27 054	-6 779
2039	22 614	7 898	246	584	8 642	-6 690	-30 540	-7 811
2040	23 722	7 773	-147	486	7 028	-7 535	-34 376	-8 961
2041	24 801	7 545	-605	365	5 080	-8 445	-38 514	-10 214
2042	25 831	7 183	-1 137	216	2 713	-9 439	-43 024	-11 595
2043	26 792	6 652	-1 759	32	-166	-10 529	-47 973	-13 127
2044	27 698	5 964	-2 463	-185	-3 515	-11 708	-53 322	-14 797
2045	28 547	5 109	-3 252	-432	-7 281	-12 978	-59 086	-16 611
2046	29 351	4 094	-4 120	-707	-11 427	-14 334	-65 239	-18 558
2047	30 088	2 865	-5 093	-1 018	-16 043	-15 799	-71 878	-20 675
2048	30 725	1 363	-6 199	-1 375	-21 248	-17 400	-79 137	-23 009
2049	31 290	-381	-7 420	-1 773	-26 949	-19 120	-86 937	-25 531
2050	31 770	-2 387	-8 766	-2 214	-33 199	-20 971	-95 325	-28 259

6.3.6 财务负担可持续性比较

6.3.6.1 测算结果比较分析

参保范围决定了长期护理保险制度的保障口径，对长期护理保险制度整体运行有重大影响。将城镇职工、城镇职工兼城乡居民及其他三种参保范围进行同类间对比。

（1）参保范围为城镇职工的试点方案分析

以城镇职工为参保范围的长期护理保险制度试点方案分别为承德、安庆、宁波、重庆、广州、齐齐哈尔和乌鲁木齐。

从图6-1中可以看出这部分缴费率增长曲线具有共性，在2005—2020年有一个下降状态，在2020—2050年呈上升状态，2000—2050年总体呈上升趋势。这7种方案的缴费率基本呈上升状态，其中广州的缴费率最高、增长幅度最大，缴费率区间为0.310%～0.796%；其他模式的缴费率增长较平缓，缴费率区间为0.026%～0.32%。广州长期护理保险的缴费率高于其他参保范围为城镇职工的试点方案，原因在于：保障水平非常高，不仅在支付标准上高于其他方案，保障项目也十分广泛。

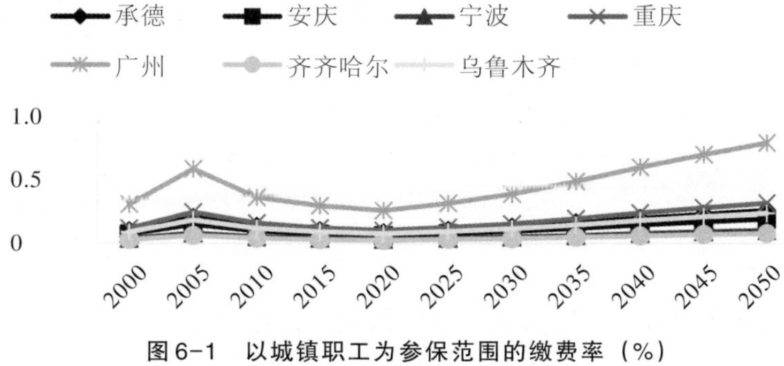

图6-1 以城镇职工为参保范围的缴费率（%）

数据来源：本研究计算得出。

承德、安庆、宁波、重庆、广州、齐齐哈尔和乌鲁木齐，这7种方案的保障对象都为重度失能人员。从图6-2中可以看出，广州方案的基金赤字较大，2020—2050年的基金赤字为424亿元到95 325亿元，而其他方案的基金赤字较少。承德、重庆、齐齐哈尔方案的基金收支较为平衡，承德方案2020—2048年一直存在基金结余，直到2049年才出现基金赤字；齐齐哈尔方案2020—2043年一直存在基金结余，到2044年出现基金赤字；重庆方案2020—2039年一直存在基金结余，到2040年才出现基金赤字。承德、重庆、齐齐哈尔方案参保范围都为城镇职工基本医疗保险参保人，保障对象为重度失能人员，但是其他方面差异较大，其中承德方案的筹资水平高、待遇支付水平适度，重庆方案的筹资水平较高、待遇支付水平较低，齐齐哈尔方案的筹资水平低、待遇支付水平低。所以，这类试点方案中的承德、重庆、齐齐哈尔方案具有一定的基金可持续性。

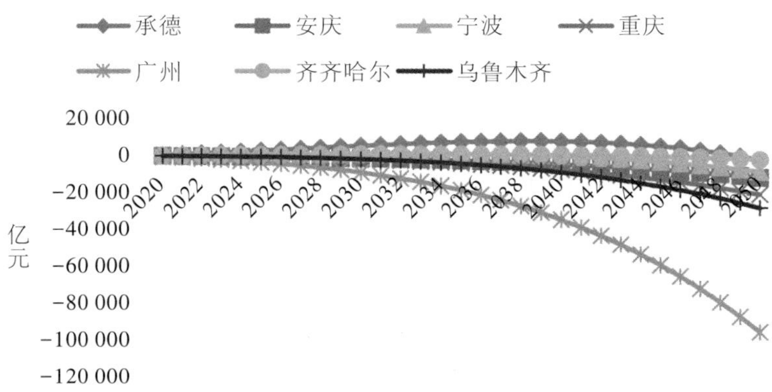

图6-2　以城镇职工为参保范围的基金结余

数据来源：本研究计算得出。

（2）参保范围为城镇职工兼城乡居民的试点方案分析

以城镇职工兼城乡居民为参保范围的长期护理保险制度试点方案包括青岛、成都、南通、苏州、上饶、荆门、石河子和北京市石景山区。

从图6-3中可以看出青岛模式的缴费率在这类试点方案中最高，缴费率区间为0.235%～1.611%，缴费增长幅度较大。其他试点方案的缴费率增长较为平缓，缴费率区间为0.09%～0.64%。青岛的缴费率高于其他参保范围为城镇职工兼城乡居民的试点方案，原因在于：第一，青岛方案的保障对象广泛，保障中度、重度失能人员及失智人员；第二，青岛方案的保障水平非常高，城镇职工可以报销90%，其他居民均在70%以上。

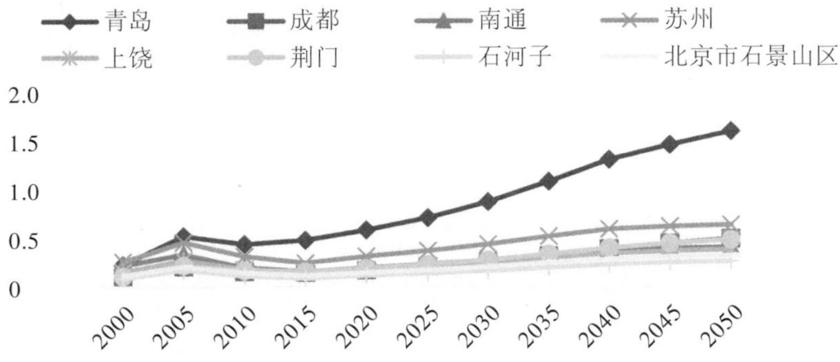

图6-3 以城镇职工兼城乡居民为参保范围的缴费率（%）

数据来源：本研究计算得出。

这8个试点城市中青岛、南通、苏州保障对象为中、重度失能人员，上饶、荆门、成都、石河子、北京市石景山区保障对象为重度失能人员。根据图6-4可以看出保障对象为中、重度失能人员的青岛、南通、荆门、成都方案都存在较大的基金赤字现象，而保障对象为重度失能人员的上饶、北京市石景山区、荆门、石河子的基金结余情况相对较好，其中北京市石景山区方案2020—2050年基金收支较为平衡，上饶方案2020—2050年一直存在基金结余现象。北京市石景山区方案参保范围较大，保障对象较窄，筹资水平高，支付标准适度，所以北京市石景山区方案的基金30年较平衡；上饶方案的参保范围较大、保障对象较窄、筹资水平较高、待遇支付较低，所以上饶方案的长期护理保险基金一直持续累积。

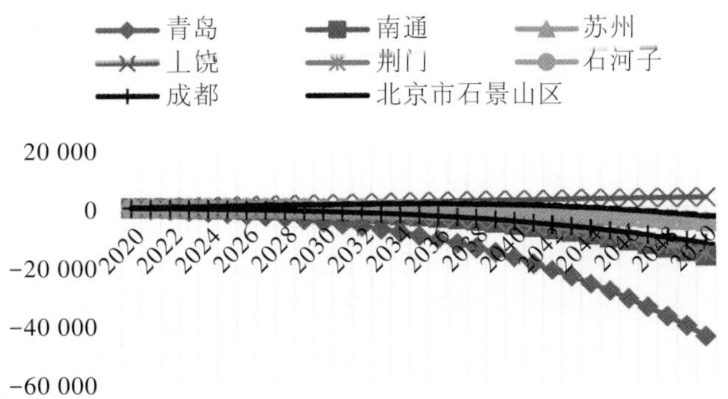

图6-4 以城镇职工兼城乡居民为参保范围的基金结余（亿元）

数据来源：本研究计算得出。

（3）参保范围为其他的试点方案分析

长春的长期护理保险制度参保范围为城镇职工和城乡居民，上海的长期护理保险制度参保范围为城镇职工和60岁及以上城乡居民，这两种试点方案比较特别，有别于其他方案，二者本身也不相同。

从图6-5中可以看出上海的缴费率增长曲线与第一类别（参保范围为城镇职工）的缴费率增长曲线很像，2005—2020年缴费率呈现下降的趋势，2015—2050年缴费率逐渐上升，上海的缴费率区间为1.90%～3.852%，高于所有试点方案的缴费率。长春的缴费率增长较平稳，区间为0.113%～0.606%。

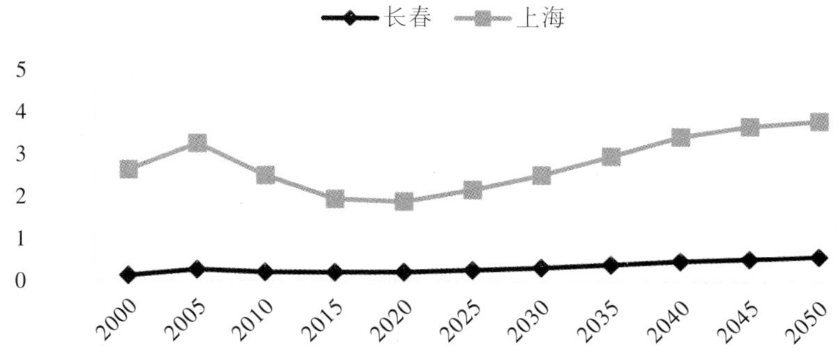

图6-5 长春和上海长期护理保险缴费率（%）

数据来源：本研究计算得出。

上海的缴费率最高，原因在于：第一，上海方案的参保范围较小，没有包含60岁以下的城乡居民；第二，上海方案的保障对象广，包括部分轻度失能人员和中、重度失能人员；第三，上海方案的保障待遇高，能够支付80%以上的长期护理费用；第四，上海方案没有财政补贴。

长春方案的保障对象为中、重度失能人员，上海方案的保障对象为部分轻度失能人员和全部中、重度失能人员。这两种方案下我国2020—2050年长期护理保险基金结余情况如图6-6所示。

从图6-6中可以看出长春和上海方案下我国2020—2050年长期护理保险基金一直存在赤字的情况，上海方案2020—2050年基金赤字为3 565亿元～543 106亿元，长春方案2020—2050年基金赤字为300亿元～98 489亿元。17种试点方案中上海方案的基金赤字最为严重，原因

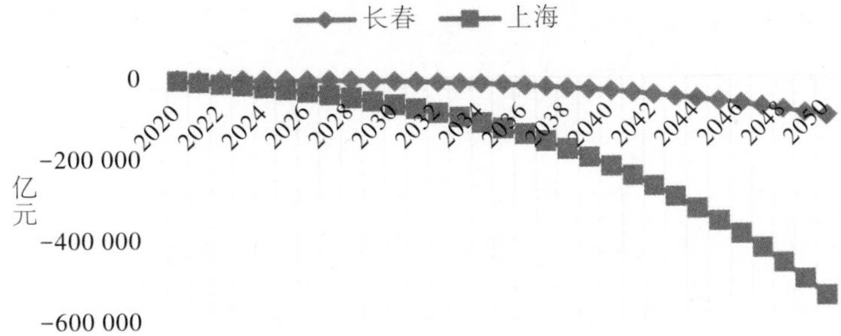

图 6-6　长春和上海长期护理保险试点方案基金结余

数据来源：本研究计算得出。

在于上海方案的参保范围较窄，保障对象最广泛（包括部分轻度失能人员），筹资模式较单一，待遇支付水平非常高。而长春方案也由于其较窄的参保范围和较宽的保障对象，存在较大的基金赤字，所以这两种方案下的我国长期护理保险基金缺乏可持续性。

（4）9种试点方案财政补贴率分析

由于17种试点方案中仅有9种试点方案的筹资主体含有财政补助，所以本部分单独对财政补贴率进行分析。承德、青岛、成都、南通、上饶、荆门、石河子、北京市石景山区及乌鲁木齐方案的财政补贴率如图6-7所示。

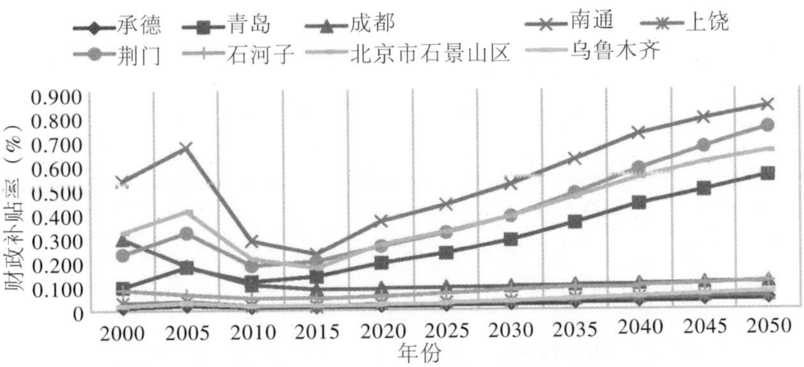

图 6-7　9种长期护理保险制度试点方案财政补贴率（%）

数据来源：本研究计算得出。

从图6-7中可以看出，南通、荆门的财政补贴率较高，变动也较大，南通的财政补贴率区间在0.228%～0.826%，荆门的财政补贴率区间在0.174%～0.74%；青岛的财政补贴率适中，财政补贴率区间在

0.094%~0.544%；上饶、成都、承德、石河子、乌鲁木齐的财政补贴率曲线相似且平稳，财政补贴率区间为0.011%~0.112%。南通的长期护理保险财政补贴率在2015—2050年增长较快，原因在于：第一，南通方案财政补贴每年每人40元，占总体筹资的40%；第二，南通模式的保障对象广泛，包括中度失能和重度失能人员；第三，南通模式的保障待遇相对较高。

（5）综合比较

本章从社会缴费率和财政补贴率方面分析我国长期护理保险制度试点方案的财务可持续性。总体而言，我国17种长期护理保险制度试点方案的缴费率和9种财政补贴率相对较低，发展趋势平稳，对财政造成的负担较小。

根据我国17种长期护理保险制度试点方案缴费率的测算结果，可以把它们分为3种类型：先驱型、全面型和保守型。

先驱型是上海，上海的缴费率从2020年1.90%提高到2050年的3.852%，由于上海模式待遇水平高（费用支付比例为80%以上），保障范围全面（保障3种护理方式），保障对象广（保障部分轻度失能、中度失能和重度失能人员），所以其缴费率较其他模式高。

全面型分别是青岛和广州。其中，青岛的缴费率区间为0.235%~1.611%，广州的缴费率区间为0.310%~0.796%。青岛市长期护理保险工作一直以来走在全国前列，青岛的保障水平较高（费用支付比例为70%以上），保障范围全面（保障3种护理方式），保障对象深入（保障中、重度失能人员，包括失智人员），且鼓励全民参保，所以缴费率低于上海模式。广州的支付方式存在限额，保障全面（保障，3种护理方式、多种项目费用），待遇支付水平优越，另外广州是城镇职工参保，所以广州的缴费率较高。

保守型分别是南通、荆门、重庆、成都、苏州、承德、宁波、长春、石河子、上饶 、安庆、齐齐哈尔、北京市石景山区和乌鲁木齐。这14种试点方案的缴费率区间为0.03%~0.64%。由于保障水平保守、保障范围较窄、保障对象单一、财政补贴率高等原因，这14种试点方案的缴费率较低且50年间变动平稳。

根据我国9种长期护理保险制度试点方案财政补贴率的测算结果，可以把它们分为3种类型：高财政补贴型、中财政补贴型和低财政补贴型。高财政补贴型分别为南通、北京市石景山区、荆门；中财政补贴型为青岛；低财政补贴型分别为上饶、成都、承德、石河子、乌鲁木齐。

以上分类总结于表6-17，青岛方案为全面型和中财政补贴型长期护理保险制度，说明青岛方案的社会缴费率高于财政补贴率，其更加依靠社会缴费来运行。南通、荆门为保守型和高财政补贴型长期护理保险制度，说明这两种试点方案的财政补贴水平相对较高，依靠国家财政补贴来运行。根据社会保险型社会保障制度的基本原则——雇主与个人投保为主、权利与义务有机结合，同理社会保险型的长期护理保险也必须主要依靠单位与个人缴费，国家财政适当予以支持。所以，本章认为青岛方案在17种试点方案中优势较为突出。

表6-17　**17种长期护理保险试点方案分类**

<table>
<tr><th>根据缴费率划分类型</th><th>试点地区</th><th>根据财政补贴率划分类型</th></tr>
<tr><td>先驱型</td><td>上海</td><td rowspan="2">×</td></tr>
<tr><td rowspan="2">全面型</td><td>广州</td></tr>
<tr><td>青岛</td><td>中财政补贴型</td></tr>
<tr><td rowspan="3">保守型</td><td>上饶、承德、石河子、成都、乌鲁木齐（新增）</td><td>低财政补贴型</td></tr>
<tr><td>南通、荆门、北京市石景山区（新增）</td><td>高财政补贴型</td></tr>
<tr><td>宁波、长春、苏州、重庆、安庆、齐齐哈尔</td><td>×</td></tr>
</table>

资料来源：本研究整理得出。

从基金积累方向对我国长期护理保险制度试点方案财务负担可持续性进行分析，总体来说我国长期护理保险基金运行存在一定压力。5种试点方案下我国长期护理保险基金能够实现可持续发展，分别是上饶、北京市石景山区、承德、重庆、齐齐哈尔的长期护理保险制度试点方案，这5种方案的共性是保障对象为重度失能人员，说明实行保障对象为重度失能人员的长期护理保险制度对基金的负担压力较小，有利于基金的可持续性。

6.3.6.2 与我国其他社会保险制度财务负担对比

我国规定城镇职工基本养老保险缴费率为单位缴纳20%、个人缴纳8%，2019年5月1日，城镇职工基本养老保险缴费率降低，单位缴纳下降至16%。由于城乡居民的收入不固定，城乡居民基本养老保险的缴费档次众多，所以缴费率没有平均标准。2017年，我国财政对城镇职工基本养老保险基金补贴了4 955.13亿元，对城乡居民基本养老保险补贴了2 319.19亿元，根据当年的财政收入为172 567亿元，对基本养老保险的财政补贴率为4.22%。

我国规定城镇职工基本医疗保险缴费率为单位缴纳8%、个人缴纳2%，目前我国基本医疗保险为6%的缴费率。2017年，我国财政对居民基本医疗保险基金补贴4 918.68亿元，即2.85%的财政补贴率。

我国工伤保险实行差别费率和浮动费率，所以没有平均缴费率，缴费率区间为0.2%～1.9%。2013—2019年我国工伤保险基金均存在收入大于支出现象，所以基金一直存在结余，并不需要财政进行补贴。

我国规定城镇职工失业保险缴费率为单位缴纳2%，个人缴纳1%。近些年我国失业保险基金也呈现收大于支的现象，不需要财政进行补贴。

根据17种试点方案的缴费率测算，得到缴费率最低为齐齐哈尔方案，2000—2050年缴费率区间为0.03%～0.08%；最高为上海方案，2000—2050年缴费率区间为1.9%～3.852%；本章认为青岛方案较为合理，2000—2050年缴费率区间为0.235%～1.611%。如果实行长期护理保险制度，其缴费率远低于基本养老保险和医疗保险，与工伤保险和失业保险的缴费率相近。学者戴卫东的研究显示，德国和日本长期护理保险制度缴费率占医疗保险缴费率的12.5%，在我国目前基本医疗保险

6%的缴费率水平下，0.75%的长期护理保险缴费率负担较小，建议调整到1%；陈妍（2012）的研究显示，参保范围为所有城乡居民情形下我国2020—2040年医疗保险缴费率为7.63%～8.35%，参保范围为城镇职工情形下我国2020—2040年医疗保险缴费率为6.84%～9.81%。经计算，17种试点方案中，除上海外的16种方案缴费率都在医疗保险缴费率的12.5%以内，而上海方案的历年缴费率都远远超过医疗保险缴费率的12.5%，到2040年上海方案的缴费率是医疗保险缴费率的41%，所以上海方案参保的对象缴费压力相对过大，影响其财务负担能力的可持续性。

根据9种试点方案的财政补贴率测算，得到财政补贴率最低为承德方案，2000—2050年财政补贴率区间为0.011%～0.043%；最高为南通方案，2000—2050年财政补贴率区间0.228%～0.826%。把试点方案的财政补贴率与我国基本养老保险和医疗保险的财政补贴率对比，7种试点方案的财政补贴相对较低，可以判定长期护理保险并不会像养老保险和医疗保险一样依附于财政补贴，所以我国试点方案在财政负担能力上具有可持续性。

6.3.6.3 与其他国家财务负担对比

目前世界上已经有许多国家发展长期护理保险制度，部分国家已有20多年的发展经验。德国的长期护理保险制度自1994年通过立法正式施行，1995年的缴费率为1%，1996—2007年缴费率为1.7%，2008—2012年为1.95%，2013年默克尔政府开始进行长期护理保险改革，2013年和2014年缴费率为2.05%，2015年和2016年缴费率为2.35%，2017年缴费率上升至2.55%，雇员和雇主各负担一半。另外，为了维护社会公平，参保人如果在23岁以上无子女，则需要额外缴纳0.25%。德国的筹资主体为雇主、个人和社会救助，其中社会救助资金来源于一般税收，属于财政收入部分。在财政补贴方面，经估算德国2005年、2010年、2015年长期护理保险财政补贴率约为0.554%、0.498%、0.54%，历年财政补贴率相对稳定。

日本于2000年4月1日颁布《护理保险法案》，开始实施长期护理保险制度，2000年缴费率为0.6%，2014年缴费率为1.72%。日本是福利型国家，所以国家财政对长期护理保险进行大量的补贴。在筹资方面，日本政府对第一类和第二类参保人保费各承担50%；在待遇支付上，保障对象自身支付护理费用的10%，另外90%的护理费用由保险基金承担50%、市町村承担12.5%、都道府县承担12.5%，经估算日本2000年、2005年、2010年、2015年的长期护理保险财政补贴率分别为1.3%、2.6%、5.7%、7.1%，财政压力逐年增大。

韩国的长期护理保险制度自2008年开始实施，当年的缴费率为4.05%，2015年达到6.55%。新加坡2016年长期护理保险制度55岁以下雇员缴费率为17%，雇主缴费率为20%，65岁以上雇员缴费率为7.5%，雇主缴费率为5%。瑞典的长期护理保险制度公共支出占其GDP的3.6%。

通过把17种试点方案缴费率和9种试点方案财政补贴率与国外进行同时段比对，结果表明我国长期护理保险制度缴费率相对较低，财政补贴率适度，总体而言我国长期护理保险制度在财务负担方面具有可持续性。

6.4 人力资源可持续性分析

护理人员是长期护理保险制度可持续运行的重要主体。从广义上讲，长期护理保险行业的人力资源范围比较广泛，主要包括护理人员、医疗人员、管理人员、社会工作人员等。但鉴于数据的可得性，本部分主要针对长期护理保险制度的护理人员进行供求分析。护理人员主要指社会化养老服务机构中的一线护理工作者。

6.4.1 养老护理人力资源状况分析

如表6-18所示，2010年我国养老护理行业职工人数为27.4万人，2015年为56.4万人，2017年为70.5万人，年均增长率为12%，可见护理人员增长速度较快。但我国持有养老护理行业职业资格的人员却非常稀少，2010年获得职业证书的人数为3 322人，2017年为13 980人。

表6-18　　2009—2017年我国养老护理人员及具有职业认证人员数量

年份	机构护理人员（万人）	具有职业资格人员（人）	专业人员占比（%）
2009	25.8	2 607	1.01
2010	27.4	3 322	1.21
2011	31.3	3 897	1.25
2012	33.1	4 213	1.27
2013	35.6	4 741	1.33
2014	47.7	5 406	1.13
2015	56.4	6 372	1.13
2016	64.2	9 160	1.43
2017	70.5	13 980	1.98

资料来源：根据历年《中国民政统计年鉴》整理得出。

近年来，我国养老护理行业的护理人员总量在增加，具有职业资格的人员数量也在不断上升，但是我国护理人员队伍仍然缺乏具有专业素质人员，护理专业人员仍很稀缺。相对于20世纪90年代制订“黄金计划”的日本，我国护理人员数量及专业性明显不足。1999年日本的专业护理救援专门员已达15.9万人，2000年合格居家护理人员达10万人，到2015年，日本有介护福祉士资格的人员达到120万人。我国长期护理保险护理人员数量和质量亟待提高。

6.4.2　试点地区养老护理人员相关规定

养老护理人员与失能老人的配比应该注重科学性、合理性和效率性。根据我国民政部2017年起草的《养老机构生活照料服务规范》，养老机构中养老护理人员与半护理老人比例最少为1∶10，养老护理人员与全护理老人比例最少为1∶4。试点地区因为人口结构不同、劳动市场状况不同和护理行业发展情况各异，所以对养老护理人员配比的规定不同，具体要求如下：

《长春市养老机构等级评定办法（试行）》要求养老护理人员与中度失能老人配比为1：6，养老护理人员与重度失能老人配比为1：3。

上海市地方标准《养老机构设施与服务要求（2013）》要求养老护理人员与中度失能老人配比为1：6.6，养老护理人员与重度失能老人配比为1：2.5。

《青岛市养老机构建设和服务标准（试行）》要求养老护理人员与介助老人配比为1：6，养老护理人员与介护老人配比为1：4。

承德市缺乏相关规定，河北省《养老机构日常照护规范（2016）》要求养老护理人员与半自理老人配比为1：8，养老护理人员与不能自理老人配比为1：6。

宁波市缺乏相关规定，《浙江省养老机构等级评定工作实施细则》规定养老护理员与重度失能老年人配比不低于1：2，养老护理员与中度失能老年人配比不低于1：4，养老护理员与轻度失能及能力完好老年人配比不低于1：10。

《重庆市养老机构管理服务标准（试行）》规定护理人员与介助老人比例不低于1：5，护理人员与介护老人比例不低于1：3。

《成都养老机构星级评定（2015）》要求护理人员与介助老人比例为1：5，护理人员与介护老人比例为1：3，护理人员与特护老人比例为1：1.5。

广州市地方标准《养老机构管理规范（2019）》要求护理人员与轻度、中度失能老人比例为1：5，护理人员与重度失能老人比例为1：3。

《南通市民办养老机构规范化管理暂行办法（2009）》要求护理人员与自理老人比例为1：10，护理人员与不能自理老人比例为1：3。

《苏州市民办养老机构管理办法（2011）》要求护理人员与半护理老人比例不低于1：5，护理人员与全护理老人比例不低于1：3。

《荆门市长期护理保险定点护理服务机构分级标准（试行）》要求养老护理人员与不能自理老人比例在1：2至1：5。

石河子缺乏相关规定，《新疆维吾尔自治区养老机构管理实施细则》要求养老护理人员与自理老人配比为1：10，养老护理人员与介护老人配比为1：3，专业护理人员比例逐年提升。

齐齐哈尔缺乏相关规定，《黑龙江省养老服务机构管理暂行办法

（2011）》要求护理人员与半自理老人配比为1∶3.5至1∶5，护理人员与不能自理老人配比为1∶2.5至1∶3.5；护理员与完全不能自理和瘫痪老人比例1∶1.5至1∶2.5。

通过对比各试点地区养老护理人员配备的规定，发现重庆、广州、苏州对养老护理人员配备有较高标准，其要求护理人员与中度失能老人比例为1∶5，与重度失能老人比例为1∶3。养老护理人员配备标准较低的地区为河北承德，其要求护理人员与中度失能老人比例为1∶8，与重度失能老人比例为1∶6。综合而言，试点地区对养老护理人员配比的标准均高于国家标准。

6.4.3 养老护理人员的供需测算

本部分对我国2020—2050年的养老护理人员进行供需测算，预测我国未来30年长期护理保险行业护理人员缺口状况，据此分析我国长期护理保险制度在人力资源方面的可持续性。

图6-8为我国社会化养老服务机构护理人员状况，从图6-8中可以看出相关年份与我国养老护理人员数量存在线性关系，故本部分采用回归分析法，令自变量x为年份，因变量y为养老护理人数，对我国2009—2017年养老护理人员数量进行回归分析，得到具有显著意义的线性回归方程如下：

$$\hat{y} = -11\,833.1 + 5.9x$$

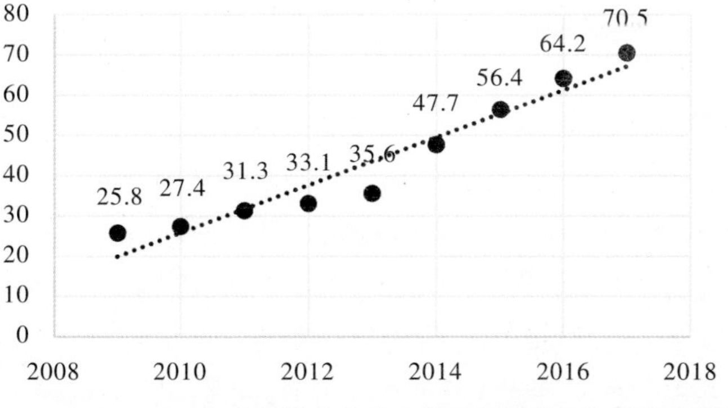

图6-8　2009—2017年我国社会化养老服务机构护理人员数量散点图

资料来源：根据历年《中国民政统计年鉴》整理得出。

利用线性回归方程对2020—2050年我国养老护理人员供给情况进行预测。根据不同失能状态，选择机构护理的失能老人作为长期护理人员的需求主体，分别按照高标准（重庆、广州和苏州地方对养老护理人员配比要求）和低标准（民政部要求）两种配备，对我国2020—2050年养老护理人员需求情况进行预测，得出2020—2050年养老护理人员供需情况，如表6-19所示。

表6-19　　2020—2050年护理人员供需预测（万人）

年份	护理人员供给	护理人员需求	
		低标准（1∶10，1∶4）	高标准（1∶5，1∶3）
2020	84.9	106.2	163.4
2025	114.4	125.85	193.2
2030	143.9	149.9	230.13
2035	173.4	180.7	277.73
2040	202.9	210.95	323.73
2045	232.4	231.35	352.87
2050	261.9	246.9	374.47

资料来源：本研究计算得出。

6.4.4 人力资源可持续性分析

根据2020—2050年护理人员的供需情况预测结果，在护理人员配备低标准（民政部要求）情形下，我国在2020年长期护理人员供给缺口为21.3万人，2025—2040年缺口在逐年缩小，到2045年我国长期护理人员实现供求平衡。在护理人员配备高标准（重庆、广州和苏州对养老护理人员的配比要求）情形下，我国长期护理人员供给缺口较大，2020年缺口为78.5万人，2030年缺口为86.23万人，2050年缺口为112.57万人，2040—2045年护理人员供给最为紧缺。

预计我国在未来25年至30年长期护理行业普通护理人员一直存在供给小于需求现象，如果考虑我国失能老人对专业性护理人员、医疗工作人员、康复护理人员、心理治疗人员及营养师的需求，那么长期护理行业人力资源的供给情况将会更加不容乐观。

针对护理人员稀缺现象，我国政府已经出台相关政策增加养老护理人员和提升护理人员相关素质。2014年，我国教育部等9部门出台《关于加快推进养老服务业人才培养的意见》，鼓励我国高等职业院校开设养老护理相关专业，鼓励社会开展养老护理服务相关培训项目，加快养老护理专业人才培养。到2016年，我国共有143所高等职业院校开设养老服务相关专业，年培养养老服务人才4 023人，有257所高校开设本科护理学专业，年培养护理专业人才9.1万人，另外，康复治疗、心理学、社会工作等专业性人才队伍也逐渐扩大。2019年，我国人力资源和社会保障部、民政部颁布新版《养老护理员国家职业技能标准》，目标是在2022年年底培养200万养老护理人员，新标准降低了养老护理人员的学历条件，把养老护理人员的学历要求从“初中”降到了“无学历要求”；另外，新标准增加了养老护理人员的技能等级，放宽了专科学校毕业生申报养老护理专业技师的条件，缩短了养老护理职业技能等级的晋升时间。这些措施都为我国快速增加养老护理人员创造了条件，也为我国养老护理行业的专业化打下了基础，随着我国相关政策的颁布，我国养老护理人员的数量会有较大幅度提升，长期护理行业的可持续性会逐渐显现出来。

6.5 物力资源可持续性分析

护理床位是长期护理保险制度可持续运行的重要物力资源。广义上的长期护理行业的物力资源包括护理医疗机构、养老机构、护理床位、医疗设备、医疗卫生物品、康复器材及运输设备等。本部分主要对长期护理行业物力资源的护理型床位进行供求分析，护理型床位作为长期护理保险制度运行的物质基础之一，也是失能老人长期照护需求的直观体现，能够很好地反映我国长期护理行业物力资源的可持续性情况。

6.5.1 养老护理行业物力资源状况分析

如表6-20所示，2014年我国养老机构和设施（包括社会化养老服务机构和社区养老机构）已建34.37万所，2017年达到43.62万所，年均增长2.6万所。由于我国农村老人数量高于城市老人数量，我国农村养老服务机构数量一直高于城市养老服务机构。

表6-20 2010—2017年我国养老机构和设施数量所 单位：所

年份	养老机构和设施	城市养老服务机构	农村养老服务机构
2010	39 904（不包括社区养老机构）	5 413	31 472
2011	40 824（不包括社区养老机构）	5 616	32 140
2012	44 304（不包括社区养老机构）	6 464	32 787
2013	42 475（不包括社区养老机构）	7 077	30 247
2014	343 695	7 642	20 261
2015	388 708	7 656	15 587
2016	414 778	8 891	15 398
2017	436 223	9 618	15 006

资料来源：根据历年《中国民政统计年鉴》整理得出。

在养老护理床位方面，我国2005年养老机构和设施（包括社会化养老服务机构和社区养老机构）床位为158.1万张，2010年为316.1万张，2017年为744.8万张，年均增长率为14%，增长速度非常快。2009年我国城市养老机构床位为49.3万张，2017年为143.9万张，年均增长率为14.5%，几乎与全国养老机构床位同步增长。但是我国农村养老机构床位数量有所波动，2009—2013年我国农村养老机构床位数量从208.8万张增加到272.9万张，但是2014年下降到219.6万张，2014年后一直呈下降状态，到2017年我国农村养老机构床位数量为176.7万张，这种情况不仅和我国农村养老机构床位自身空床率较高有关，而且和我国不断加快的城市化变迁相关，如表6-21所示。

表6-21　2005—2017年我国养老机构和设施的床位数量（万张）

年份	养老机构和设施床位	城市养老机构床位	农村养老机构床位
2005	158.1	—	—
2006	179.6	—	—
2007	242.9	—	—
2008	267.4	—	—
2009	293.5	49.3	208.8
2010	316.1	56.7	224.9
2011	369.2	63	242.1
2012	416.5	78.2	261
2013	493.7	97.1	272.9
2014	577.7	108.5	219.6
2015	672.7	116.4	177.1
2016	730.1	135.9	179.9
2017	744.8	143.9	176.7

资料来源：根据历年《中国民政统计年鉴》整理得出。

6.5.2　试点地区护理型床位相关规定

由于失能老人长期照护的特殊性，所以对养老机构的床位有较高的要求。上海市民政局在2017年发布的《养老机构护理型床位设置指引（试行）》里将养老机构护理型床位定义为“在养老机构内部面向失能、失智老人照护服务需求，体现基本生活照护功能和与生活密切相关的医疗护理服务功能的床位设施”。国务院在《“十三五”国家老龄事业发展和养老体系建设规划》中计划在“十三五”规划完成时全国护理型床位占比不低于30%。根据2018年全国民政工作会议报告，2017年9月我国93.4%的养老机构护理型床位占比从2015年的不到30%增长到

46.4%，目前大部分长期护理保险试点地区在建设养老机构护理型床位时提出相关要求与规划，具体要求如下：

《青岛市“十三五”老龄事业发展规划》要求到2020年青岛市护理型床位应占养老床位的40%以上。

《上饶市养老服务体系建设发展三年行动计划（2019—2021年）》要求全市护理型床位占比为30%以上。

广州市《关于全面放开养老服务市场提升养老服务质量的通知（2019）》要求全市到2020年护理型床位占比为50%。

长春市缺乏相关规定，《吉林省老龄事业发展和养老体系建设“十三五”规划》要求“十三五”规划结束后全省护理型床位占比不低于30%。

上海市《养老机构护理型床位设置指引》（试行）规定所在养老机构护理型床位不低于30张。

安庆市《“十三五”安庆市老龄事业发展和养老体系建设规划》要求“十三五”规划结束后全市护理型床位占比不低于30%。

《重庆市老龄事业发展和养老体系建设“十三五”规划》要求“十三五”规划结束后全市护理型床位占比30%以上。

成都市《关于深化养老服务综合改革提升养老服务质量的实施意见（2019）》要求全市护理型床位占比不低于45%。

南通市在2019年医养结合工作现场推进会上表示到2020年全市护理型床位占比在50%以上。

《苏州市关于加快发展医养融合养老服务的实施意见》要求到2020年全市护理型床位占比在50%以上。

《荆门市老龄事业发展和养老体系建设“十三五”规划》要求“十三五”规划后护理型养老床位占比30%以上。

石河子根据《关于全面放开养老服务市场提升养老服务质量的实施方案》的要求到2020年护理型养老床位占比30%以上。

齐齐哈尔缺乏相关规定，其所在省份黑龙江出台《关于推进养老服务发展的实施意见（2019）》要求到2022年全省养老机构护理型床位不低于50%。

通过对比试点地区养老机构护理型床位占比要求与规划，发现广州、南通、苏州、齐齐哈尔要求护理型床位占养老机构床位的50%；长春、上饶、重庆、荆门、石河子要求护理型床位占养老机构床位的30%以上，其与国务院《“十三五”国家老龄事业发展和养老体系建设规划》要求一致。本部分在试点地区对养老机构护理型床位的占比要求基础上，对长期护理行业护理床位的供给情况进行测算。

6.5.3 护理型床位的供需分析

通过对我国2020—2050年的护理型床位的供需情况进行测算，预测我国未来30年在长期护理保险行业是否会出现护理型床位供给缺口，据此分析我国长期护理保险制度在物力资源方面的可持续性状况。首先对我国历年养老机构与设施床位进行回归分析。

从图6-9的散点图可知，年份与我国养老机构与设施床位数量存在线性关系，所以令自变量为年份，因变量为养老床位数量，对我国2005—2017年养老床位数量进行回归分析，得到具有显著意义的线性回归方程如下：

$$\hat{y} = -103\,705 + 51.778x$$

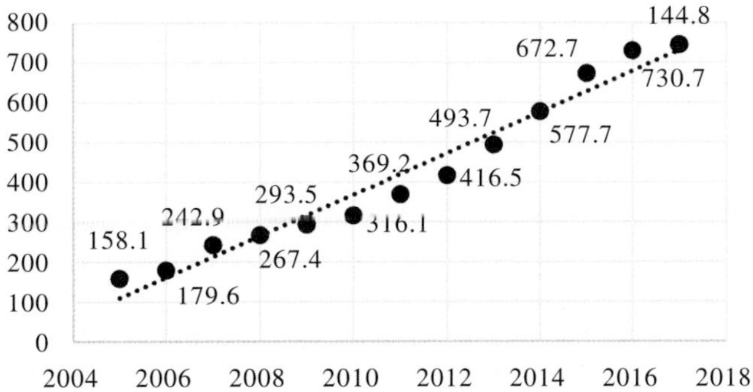

图6-9　2005—2017年我国养老机构与设施床位散点图

资料来源：根据历年《中国民政统计年鉴》整理得出。

根据线性回归方程预测出我国2020—2050年养老机构与设施床位总供给情况，如表6-22所示。根据前文在不同失能状态情况下，选择老年护理医院和养老院的失能老人作为护理型床位的需求主体。本部分根据大部分试点地区对养老机构护理型床位的占比50%以上的要求，进行护理型床位供给测算，进而分析我国长期护理行业物力资源的可持续性，并找出合适比例。

表6-22 2020—2050年我国护理型床位供需预测（万张、%）

年份	长期护理床位需求	养老机构与设施床位供给	比例为50%的护理型床位供给	护理型床位供求平衡的占比
2020	621	886.56	443.28	70.05
2025	732	1 145.45	572.725	63.91
2030	872	1 404.34	702.17	62.09
2035	1 045	1 663.23	831.615	62.83
2040	1 217	1 922.12	961.06	63.32
2045	1 316	2 181.01	1 090.505	60.34
2050	1 395	2 439.9	1 219.95	57.17

数据来源：本研究计算得出。

6.5.4 物力资源可持续性分析

根据2020—2050年我国护理型床位供需预测结果，发现未来我国养老机构与设施的床位总供给量非常庞大，但是如果按护理型床位占养老机构总床位的50%测算，我国长期护理行业的护理型床位一直处于供不应求的状态，且存在较大的床位供给缺口，2020年缺口床位约为178万张，2030年缺口床位约为159万张，2040年缺口最大约为256万张，到2050年缺口仍维持在175万张。根据长期护理床位总需求和养老机构与设施床位总供给测算，我国2020年长期护理床位在供需平衡的情况下，护理型床位应占比70%，2025—2050年在长期护理床位供需平衡情况下，护理型床位应占比60%～65%。因为养老机构护理型床位占比50%只是保守估计，预计我国未来护理型床位占比会逐年提高。

目前我国已经出台相关政策来增加养老机构的护理型床位配比，民政部在2019年《关于进一步扩大养老服务供给促进养老服务消费的实施意见》中表示，到2022年我国养老院护理型床位占比不能低于50%。部分试点地区的护理型床位占比已超过这个标准，如2019年广州市民政局表示要将护理型床位的比重提高到60%，远远高于国家水准，在2018年广州部分公办养老机构护理型床位已经占比78%。所以我国长期护理保险制度的物力资源可持续性在政策的推动下将越发明显。

6.6 本章小结

本章针对我国试点地区的长期护理保险制度试点方案，按照“人、财、物”三个方面进行可持续性探讨，主要得出以下几个结论。在财政负担方面，17种试点方案除上海方案以外都具有一定的可持续性，这16种方案中缴费率从高到低为青岛、广州、苏州、长春、成都、荆门、南通、上饶、重庆、北京市石景山区、承德、乌鲁木齐、石河子、安庆、宁波、齐齐哈尔，2000—2050年范围在0.03%~1.611%；财政补贴率从高到低为南通、荆门、青岛、成都、石河子、上饶、承德，2000—2050年范围在0.011%~0.826%。根据测算的15种试点方案2000—2050年缴费率结果显示，以城镇职工为参保对象的方案2005—2020年缴费率呈现下降趋势，2020年为近年长期护理保险制度缴费率的最低点；以城镇职工兼城乡居民为参保对象的方案缴费率在2015年为近年的最低点，随后呈缓慢上升趋势。所以在2020年左右为长期护理保险出台的较好时机，对社会和财政造成的负担较小，我国政府应该抓住相应时机出台相关长期护理保险政策，为长期失能人员带来制度保障。

我国17个试点地区的长期护理保险模式大部分都具有较强的可持续性。通过比较分析可以得出以下结论，比较适合我国运行的长期护理保险模式有两种：一种以城镇职工医保参保人员为参保范围，保障重度失能患者的长期护理保险模式，以重庆、承德模式为例；另一种以城镇、城乡居民医保参保人员为参保范围，保障中、重度失能患者的长期护理保险模式，以青岛、南通为例。本章建议我国可以先出台城镇职工参保的长期护理保险，实施一定时间后，把城乡居民纳入参保范围内。另外，青岛以其适度的缴费率和较低的财政补贴率在17种试点方案中较为突出，青岛保障对象广，保障《青岛市长期照护需求等级评估表》3~5级的失能人员还包括失智人员，青岛的待遇支付水平也较高，保障水平在70%以上，其中城镇职工可以做到90%的费用支付。青岛早在几年前已经开始长期护理保险制度建设，早于我国人力资源社会保障部办公厅2016年发布的《关于开展长期护理保险制度试点的指导意见》，所以青岛具有丰富的长期护理保险实践经验和发展土壤，本书认为全国长期护理保险在制度设计上可以参考青岛方案。

在长期护理保险制度人力资源的供需方面，我国护理人员一直存在供给缺口，如果低标准（民政部要求）测算，我国到2045年会实现长期护理行业护理人员的供需平衡，如果以高标准（重庆、广州和苏州对养老护理人员的配比要求）测算，我国未来30年长期护理行业护理人员的供给缺口将会越来越大，到2050年存在113万的护理人员缺口。我国长期护理保险制度的可持续性需要充足的护理人员，现阶段我国养老护理人员供不应求，严重影响我国长期护理行业的发展和长期护理保险制度的建立。面对养老护理人员的紧缺和长期护理需求的激增，我国必须快速增加基层护理人员的数量，可以通过提高我国护理人员的工资待遇以及开设相关护理培训课程等方式进行。另外，我国长期护理专业性人才稀缺，也成为了我国长期护理行业服务质量难以提升的阻碍。我国应该加快培养老年护理服务行业的专业性人才，重点培养医疗护理、康复训练、心理治疗、社会工作和营养料理等方向的专业性人才，引导社会人员就业流向养老护理行业，减免养老护理相关专业学费，为长期护理保险制度建设培养后备军。

在长期护理保险制度物力资源的供需情况方面，以目前广州、苏州、南通等试点地区对养老机构护理型床位占比50%以上的要求进行测算，我国未来30年一直存在160万张~230万张的护理型床位缺口，我国养老机构护理型床位最佳比例范围在60%~65%。现阶段我国护理型床位存在170万张左右的缺口，不能满足我国失能老人的长期照护需求，同时影响我国长期护理行业的发展和长期护理保险制度的建立。我国应该加快社会化养老护理机构的基础建设，提高护理型床位比例到60%~65%，另外国家与地区相关部门应该加快出台相关养老机构护理型床位设施规范与要求，为各地进行护理型床位设施配备提供标准参考，确保失能老人能得到科学合理的长期照护。

在我国长期护理保险制度的试点城市中，每种试点方案都是根据当地的经济、文化等因素制定的长期护理保险制度。我国设计全国性长期护理保险制度不能照搬这17种模式中的任何一种，要结合17种模式的优势部分，考虑我国实际情况。国家进行长期护理保险制度设计应制定全国统一的标准线，在这个标准上，经济实力较强、护理人员充足或护理型床位完备的省份或地区可以提高长期护理保险制度的各项标准，发挥出地方特色与实力，建成高质量的长期护理保险制度。

7 长期护理保险制度优化国际经验借鉴及启示

本章将在总结国际经验基础上，结合我国长期护理保险制度试点现状，提出优化我国长期护理保险制度的对策建议，为长期护理保险制度在全国范围的推广提供政策参考。

7.1 国际经验借鉴

7.1.1 制度设计经验借鉴

根据《指导意见》，我国长期护理保险制度实行社会保险模式，所以本部分选取德国、日本、韩国三个国家，这些国家均是以社会保险模式发展长期护理保险制度。在制度公平性经验借鉴方面，重点分析以下几部分：覆盖范围、筹资模式、等级评定、待遇给付。

（1）覆盖范围

如表7-1所示，从覆盖范围看，德国规定长期护理保险制度所保障的对象为具有法定医疗保险义务的人，原则上全体国民都在长期护理保险制度的覆盖范围之内。韩国的长期护理保险制度跟随国民健康保险，被保险人为20岁以上的参加国民健康保险的群体。日本的长期护理保险制度被保险人为40周岁以上的国民，分为第一号参保人和第二号参保人两类，第一号参保人为在市町村拥有住所的65岁以上老人，第二号参保人为40～64岁在市町村有住所且参加医疗保险的群体。从缴费人群来看日本的保险覆盖范围最窄。

表7-1 **德、日、韩长期护理保险制度覆盖范围比较**

	参保人群	受益人群
德国	具有法定医疗保险义务的人（全体国民）	全体有护理需求的国民
日本	40周岁以上的国民（第一号参保人为65岁以上老人，第二号参保人为40～64岁）	65岁以上有护理需求者，40～64岁由16种老化特定疾病引起有护理需求者
韩国	20岁以上的参加国民健康保险的群体	65岁以上老年群体及65岁以下患有老年疾病的人群

从保险受益对象来看，日本的受益群体为65岁以上有护理需求者，40～64岁由16种老化特定疾病引起有护理需求者。韩国的长期护理保险制度受益人群为65岁以上老年群体及65岁以下患有老年疾病的人群。德国的受益人群没有年龄的限制，通过护理需求等级界定就可以获得护理。

从3个国家的参保人群和受益人群来看，德国缴费和受益人群为全体国民，范围最广；日本的缴费和受益人群集中在老年群体，权利义务相对应；韩国的受益对象为老年群体，缴费对象为参加国民健康保险的群体，权利与义务比较不对称。

（2）筹资模式

①德国

如表7-2所示，德国的长期护理保险制度采取现收现付模式，主要财源为保险费，政府并未承担具体财政职责。从2017年起，缴费率为月收入的2.55%，雇主及雇员各缴纳一半（1.275%），23岁以上无子女者需要额外缴纳0.25%，以减轻低出生率造成的代际负担失衡（Nadash，2017）。个人除承担服务费用给付上限之外的护理费用，还需承担食宿费。年金领取者需要自行缴纳全部保险费用，失业者保费由联邦劳工局负担。

表7-2 德、日、韩长期护理保险制度筹资模式比较

	筹资水平	筹资渠道
德国	缴费率为月收入的2.55%（2017年），雇主及雇员各缴纳一半（1.275%），23岁以上无子女者需要额外缴纳0.25%	主要来源为保险费，个人承担一定比例服务费用
日本	第一号参保人依照年金收入的不同，保险费额按照基准线做上下调整分为6个缴费档次；第二号参保人分为职工医疗保险和国民健康保险两种计算方式	政府财政承担50% 保险费收入50% 个人自付10%
韩国	健康保险缴费额×长期护理保险制度缴费率（健康保险缴费额为月收入的6.12%，长期护理保险制度缴费率为6.55%）（2016年）	政府财政承担20% 保险费收入60%～65% 个人自付15%～20%

②韩国

韩国的长期护理保险制度费用由政府补助20%，参保人缴费60%，使用者负担20%（居家服务自付额为15%）。对服务自付费用，低收入群体无须支付，次上位阶层人群支付费用的一半（机构服务费用10%，居家服务费用7.5%）。长期护理保险制度费用随同健康保险缴纳，实行分账管理，费用缴纳比例由长期护理委员会商议决定，国民健康保险征收的费用为月收入的6.12%，而长期护理保险制度征收的保险费率为健康保险额的6.55%，长期护理保险制度缴费额=健康保险缴费额×长期护理保险制度缴费率（陈诚诚，2016）。

③日本

日本的长期护理保险制度费用由政府财政、保险缴费及个人负担组成，个人需自付服务费用的10%。政府财政承担50%，由厚生劳动省、都道府县、市町村各承担25%、12.5%、12.5%，其中，厚生劳动省承

担25%的费用中5%为调整支付金，用来调整市町村间的差距，财源其余50%来自保险费收入，第一号参保人负担约20%，第二号参保人负担约30%。第一号参保人依照年金收入的不同，保险费额按照基准线做上下调整，各市町村基准线有高低之分，缴费率按照基准线划分为6个等级，市町村地方政府依据各地方特点可划分为更多的等级；第二号参保人分为职工医疗保险和国民健康保险两种计算方式，参加职工医疗保险者缴纳保险费为医疗保险投保月额×护理保险费率，参加国民健康保险者缴纳保险费额为所得比率+资产比率+参保人均等比率+户数平等比率（戴卫东，2015）。

各国从筹资方式看有以下共性：一是建立多元筹资渠道，通过社会保险模式，采取现收现付模式，强制缴费互助共济，突出老年群体的缴费权利与义务相对等；二是缴费与收入水平挂钩，高收入者多缴费，低收入者少缴费，相对公平；三是各国都关注弱势群体，给予低收入群体一定的优惠或者豁免权利，体现社会公平与正义。

（3）等级评估

①德国

如表7-3所示，德国目前使用的是新型评估量表（Neuen Begutachtungs Assessment，NBA），这一量表自2008年开始正式投入使用。新型评估量表共设置了8个模块、76个条目，8个模块分别为移动能力、认知与沟通能力、行为与心理、自理能力、处理疾病能力、日常生活与社交能力、室外活动能力、家务活动能力。根据以上的评估指标，计算分值，按照分值确定被保险人所需的照护等级，依据被保险人需要的护理时间和护理频率确定评估结果。目前的护理等级共有5级，从低到高依次为护理等级Ⅰ、护理等级Ⅱ、护理等级Ⅲ、护理等级Ⅳ、高强度护理（Nadash，2017）。

②日本

日本长期护理保险制度服务根据被保险人的身体、心理状态的不同，设定了不同的护理时间和护理内容。日本将护理保险服务分成要支援和要护理两大类。其中，根据护理内容和程度不同分成两类，共分为7个等级。日本需求评估共分成身体和精神状况、使用医疗方法两大模

表7-3 **德、日、韩长期护理保险制度护理等级比较**

国家	护理等级	评估量表	评估指标
日本	共7级 要支援1~2级 要护理1~5级	护理需求评估认定表共85项	日常生活照料项目、与麻痹等相关的项目、交流与认知、需特殊服务情况、与移动相关的项目、复杂运动、行为障碍、特殊医疗行为
德国	共5级	新型评估量表（NBA）共76项	移动能力、认知与沟通能力、行为与心理、自理能力、处理疾病能力、日常生活与社交能力、室外活动能力、家务活动能力8个模块
韩国	共5级	长期护理等级判定工具共包含52项	躯体机能（ADL）、认知机能、行动变化、看护处理、康复服务5个模块

块，一共85个调查项目，共包含7大类别（73项）及特殊医疗事项（12项），包括日常生活照料项目、与麻痹等相关的项目、交流与认知、需特殊服务情况、与移动相关的项目等（高春兰等，2016）。第二号被保险人则限定15种特定疾病导致的需照护或需支援的状态。

③韩国

韩国护理需求等级划分为5个等级。韩国采用的长期护理认定调查表包含躯体机能（12项）、认知机能（7项）、行为变化（14项）、看护处理（9项）、康复服务（10项）共52项（高春兰等，2016）。

可见，在护理等级评估方面有以下共性：一是各国建立了统一的护理需求等级，旨在通过指标测评筛选出真正需要护理的人员，并且确定不同的等级，作为获取服务的数量和类别、确定补偿费用标准的依据，以确保长期护理服务提供的公平性。二是各国确立的指标为复合指标，避免单一指标评估不够全面，包含生活自理能力、认知能力、心理健康等多样化指标，避免需要护理的人员得不到照护。并且确立了护理需求度（即评估不是依据身体残障状态，而是依据身体状态需要照护的程度），而不是依据失能程度确定护理等级，建立身体状态和护理需求之间的评估指标，依据国际经验，各国以护理时间作为测量护理需求度的指标。三是各国的等级指标划分呈现更加详细的趋势，日本在2005年护理等级从5级到7级，德国护理等级在2011年从3级到5级，韩国同样在2014年从3级到5级，护理等级的进一步细分也带来了护理服务的早期介入、护理对象范围的拓宽，级距越多所显示的分级越贴近护理需求者的需要，避免轻症重判或重症轻判，使轻度、重度失能人员都得到相应的服务，避免误判导致的不公平以及低效率。

（4）待遇给付

德国实施实物给付、现金给付和混合给付3种给付形式。给付类别分为居家服务、机构护理服务两种。居家护理内容包括社区实物给付、对自寻护理人员支付津贴、现金给付与实物给付的混合、个别照护服务人员、护理人员无法护理时的居家照护、附加照管给付、照护辅具及居住环境的改善。机构护理服务则包含日间照顾与夜间照顾、短期照顾、全机构式照顾。

日本长期护理保险给付以“实物给付”为主，仅对难以获得实物给付的地区和情况采取现金给付。实物给付分为护理给付和护理预防给付，给付内容分为居家服务、与社区紧密相连的服务、设施服务3类。

韩国提供居家服务、机构服务及特别资金给付。对无法提供居家照顾给付或机构照顾的偏远地区，使用现金给付代替服务给付。现金待遇还包括在指定机构外接受护理的现金支付，称为特别护理费。

如表7-4所示，从给付类别看，各国均提供多样化的服务类别满足老年群体的护理需求，德国以居家服务和机构服务为主要类别，日本提供居家服务、与社区紧密相连的服务以及机构服务，韩国提供机构服务和居家服务。从给付形式看，德国的给付形式最为丰富，包括服务给付、现金给付、混合给付，并且鼓励现金给付；日本和韩国以实物给付为主，避免现金给付难以监督的弊端，仅在特殊情况下给予特别基金给付。

表7-4 **德、日、韩长期护理保险制度给付内容比较**

国家	给付类别	给付形式
德国	居家服务、机构服务	服务给付、现金给付、混合给付
日本	居家服务、与社区紧密相连的服务、机构服务	实物给付、现金给付
韩国	机构服务、居家服务、特别基金给付	实物给付、现金给付

7.1.2 制度运行经验借鉴

评估长期护理保险制度的效率性主要从管理体制、运行机制和监管机制三个方面入手。本部分基于政府主办、公私合营、市场机制的长期护理保险制度经办模式，具体选择德国、日本、韩国、新加坡、美国作为比较对象，运行机制主要是分析各国的等级评核流程，监管机制主要比较各国服务质量监督情况。

（1）管理体制

①德国

德国的长期护理保险制度管理体制呈现出“一个机构两种体系”的特点，即长期护理保险制度人（长期护理保险制度基金）依附于健康保险保险人（疾病基金），长期护理保险制度与健康保险的管理机制相同，但是长期护理保险制度作为独立的社会保险制度，长期护理保险制度人是独立自治的行政法人，承担相应的权利和义务，长期护理保险制度人需要承担一定的费用，包括向疾病基金支付经办管理费用及分担健康保险医事评估委员会（MDK）评估费用的50%。

长期护理保险制度基金采取市场化竞争机制，法律允许基金的可携带性，即基金成员每年年初可以自主选择在不同的基金之间进行一次转换，如果基金的总支出超过了总收入，基金成员受益人的受益水平将受到直接影响，进而鼓励会员转换其保险基金（郝君富，2014）。通过长期护理保险制度基金的市场竞争，促使其提高经营管理能力。

如表7-5所示，德国长期护理保险制度管理体制涉及多个经办机构，其中长期护理保险制度基金负责参保登记、缴费、待遇给付等日常经办管理工作；长期护理保险制度基金协会负责长期护理保险制度服务购买工作，并负责服务机构准入及服务质量审核；医学事务评估委员会负责长期护理需求的等级评估；护理服务咨询和协助中心负责制订长期护理服务计划，提供信息咨询服务等。

②日本

如表7-6所示，日本的长期护理保险制度为各级政府主导的多层级

表7-5 德国长期护理保险制度经办管理体系涉及的机构及其职责

机构名称	经办管理职责
长期护理保险制度基金	参保登记、缴费、待遇给付等日常性事务
长期护理保险制度基金协会	购买长期护理服务，负责服务机构的准入、服务质量审核等
医学事务评估委员会	负责长期护理需求的等级评估
护理服务咨询和协助中心	制订长期护理服务计划，提供信息咨询服务

表7-6 日本长期护理保险制度经办管理体系涉及的机构及其职责

机构名称	经办管理职责
厚生劳动省	指导都道府县及市町村，提供政策咨询和建议； 制定护理保险基本准则； 制定全国护理服务事业规划、支援护理服务设施配置
都道府县	指导及支援市町村实施，提供政策咨询和建议； 专业介护人员的资格考试及认证工作； 管理财务调剂基金
市町村	制订护理保险事业计划； 对参保人提供保费征收、申请审议、待遇给付等服务； 设立特别会计管理护理保险收入和支出； 设定护理认定审查会，进行需求和等级评定； 组织实施护理保险事业，监管护理机构

管理体制，厚生劳动省、都道府县、市町村（特别区）各司其职，受现行国民健康保险管理体制及传统老年福利业务经办等因素影响，管理体制呈现地方主义特点。

市町村为长期护理保险制度的保险人，设立专门负责经办长期护理保险制度的机构，与医疗保险机构无隶属关系。其承担实施护理保险的职责，包括保费征收、申请审议、服务给付等具体职责，每3年制订“市町村护理保险事业计划”，设立特别会计管理护理保险收入及支出，设定护理认定审查会进行需求等级评估，组织实施护理保险事业。

厚生劳动省及都道府县负有财政及行政责任，按比例承担参保者的保费及指导市町村护理工作。厚生劳动省制定保险的基本准则，制定全国护理服务事业规划、支援护理服务设施配置。都道府县负责护理服务专业人员的资格考试及资格认证相关工作，设立财务调剂基金向市町村进行资金援助，必要时援助市町村护理认定工作。

③韩国

如表7-7所示，韩国实行以强势政府为主导的社会福利发展模式，长期护理保险制度贯彻中央集权主义，实行国民健康保险公团（NHIC）为主导的大一统式管理体制，健康保险公团行政费用由政府提供，具有浓厚的行政色彩，地方自治团体的权力较为有限。

表7-7 韩国长期护理保险制度经办管理体系涉及的机构及其职责

机构名称	经办管理内容
保健福利部 （下设长期护理委员会）	策划、指导和监督长期护理的发展 （制定保费、支付标准）
健康保险公团 （下设长期护理等级判定委员会）	负责具体的经办管理业务，包括保险费用征收、被保险人资格管理、护理等级判定、服务给付管理、费用支付、预防事务等
市、郡、区地方自治团体	制订详细的长期护理服务基本计划；指定或取消护理机关；支援设立或扩充护理机关的事业； 承担部分护理保险费用和管理费用；积极参与和介入护理等级的判定业务

保健福利部主管长期护理保险制度业务，负责策划、指导和监督长期护理保险制度的发展，政府负有财政责任，承担制度运行的管理费用及低收入者的长期护理费用，并扩充长期护理机构建设，支援地方的护理保险事业。保健福利部下设长期护理委员会，确定相关的护理保险费率、护理费用给付标准等。

健康保险公团是长期护理保险制度的单一保险人，负责经办管理业务，具体负责保险费用征收、被保险人资格管理、护理等级判定、服务给付管理、费用支付、预防事务等。健康保险公团在全国各地设置分支机构，并组织长期护理等级判定委员会。

市、郡、区地方政府自治团体承担责任如下，保健福利部制订以5年为单位的长期护理服务基本计划，地方政府制订详细的长期护理服务基本计划并实施，支援设立或扩充护理机关的事业，审核护理机构的设置资格，承担部分护理保险费用和管理费用，积极参与和介入护理等级的判定等（金弘文，2011）。

④新加坡

新加坡乐龄健保计划由政府管理、商业保险公司承办，是典型的公私合作经办模式，政府规范与监督长期护理保险制度的发展，商业保险公司发挥专业优势并提高运营效率，能够兼顾效率及公平，如表7-8所示。

表7-8 **新加坡长期护理保险制度经办管理体系涉及的机构及其职责**

机构名称	经办管理内容
政府部门	制定乐龄健保基本标准 设定商业保险公司准入政策
商业保险机构	运营乐龄健保计划 设计及营销乐龄健保额外保障计划

在政府层面，卫生部（MOH）为乐龄健保计划的主管部门，中央公积金局（CPFB）负责长期护理资金筹集，综合护理署（AIC）协调老年护理服务提供，卫生部还成立由14名成员组成的乐龄健保计划审查委员会（Elder Shield Review Committee）。具体来说，政府承担的责任包括：（1）制定乐龄健保的基本标准，即确立乐龄健保300计划及乐龄健保400计划的覆盖范围、赔付标准及方式、保费支付、索赔流程等细则，这些基本标准为私人公司更好地履责提供了依据；（2）设定商业保险公司准入政策，筛选保险公司以保障参保者的利益。

商业保险公司是由政府以特许经营方式指定的私人保险公司，3家公司分别为英杰华（Aviva）、大东方（Great Eastern）以及职总英康（NTUC Income），均为大型的、信誉良好的保险公司，除长期护理保险制度外，还提供其他形式的保险。新参保者随机分配到3家私营保险公司，但参保者有权更换保险公司。首先，商业保险公司负责运营乐龄健保计划，基本保险的保费及赔偿额等对所有参保者一致；其次，保险公司设计及营销乐龄健保额外保障计划，参保者根据个人需求选择不同的支付期限、索赔标准、现金福利的补充计划。

⑤美国

美国商业长期护理保险制度最主要的特征便是商业化和市场化运营，全国有100多家提供长期护理保险制度的公司，但其中15至20家保险公司出售大多数保单。保险公司作为经营主体以盈利为目的，市场化经营使得美国的长期护理保险制度的运行效率大幅提升。

商业保险公司根据市场供求关系设计灵活、多样化的险种，从保费确定到服务提供、理赔均由市场运营，并与第三方医护机构合作完成长期护理保险制度的理赔。美国政府加强对销售长期护理保险制度的商业保险公司的资质审核，通过独立的第三方评估机构发布定期评估报告、公开保险公司数据等方式进行监督。美国保险监督官协会（NAIC）通过《长期护理保险制度示范法案》加强对运营长期护理保险制度的商业保险公司的规范，对商业保险公司的健康发展起到监督管理作用。美国还有再保险公司向运营长期护理保险业务的商业保险公司提供再保险服务，进一步提高了运营长期护理保险业务的商业保险公司的保险能力。

（2）运行机制

①德国

德国由自治机构进行等级评估，健康保险医事评估委员会（MDK）与医疗审查有限公司是全国仅有的两家独立评估机构，MDK负责评估法定护理保险参保人，Medicproof负责评定商业护理保险参保人。德国的等级审核分为四个阶段：第一阶段为被保险人或家属向保险机构提出申请；第二阶段为第一次调查阶段，军事鉴定服务处派遣专业工作人员进行调查，鉴定护理等级并且拟订护理计划书；第三阶段为长期护理保险制度基金依据第一次评核结果进行第二次审核并将审核结果通知申请人；第四阶段为根据护理计划书由护理机构提供相应的服务。

②日本

日本的护理等级评定机构为市町村设置的“护理认定审查委员会”，该委员会由保健、医疗、福利方面专家组成。日本护理需求评核分为五大阶段：第一阶段为申请者到市町村办理申请；第二阶段为第一次审核评定，市町村派调查员前往参保者居住地进行调查，调查员可以是市町村的职员或受委托的护理支援专门员（经全国统一考试获取资格），根据全国统一的评定工具进行判断，初次调查结果由计算机系统得出；第三阶段为第二次审核评定，由护理认定审查会依照医师意见书和家访结果核定申请人等级；第四阶段为通知申请者评核结果，第五阶段为拟订护理计划书，可由护理管事师拟订。日本长期护理服务为了更好地发挥效用，规定被护理者每隔半年需要重新接受专业人员的再审查和再认定，通过重新认定，可以根据被护理人员的身体变化状况调整护理等级和护理内容及护理时间，这种时效性，既保证被护理人员接受恰当的护理，又避免社会资源的浪费（高春兰等，2016）。

③韩国

长期护理等级判定委员会为国民健康保险公团的下设机构，以地方为单位每个地区设立一个。每个长期护理等级判定委员会由一名委员长和15名委员组成。一般是由所属市的市长、所属郡的郡首或所属区的区厅长委任7名委员，这7名委员中保证至少有一名医师。通常这些委员由专门从事社会福利的人员、公务员或是专门从事法律、长期护理方面的学者以及工作人员担任。

参保人首先向当地的健康保险公团申请，健康保险公团派遣专业评估人员使用标准评估工具进行评判，并将结果输入计算机系统得到初次评估结果。经长期护理等级判定委员会进行二次评定确定评估结果，之后向参保人发放《长期护理认证》和《标准长期护理利用计划》。最后由服务提供者制订护理计划，并由参保人与服务提供者签订合同。

④新加坡

申请乐龄健保计划的参保人经由卫生部认证的评估者进行评估，经过培训的治疗师和护士也可参与评估，评估者必须经过培训及认证以保证评估的严格性及一致性，评估者根据卫生部制定的日常生活活动能力指南进行评估。

新加坡参保人需要填写索赔表格并由一名指定评估员评估其健康状况。评估员将填写评估表格并交还承保的保险公司处理，在参保人被证实患上严重残疾的90天之后，保险公司将以支票形式支付赔偿金或将赔偿金存入其银行账户中。参保人需要支付评估费用，到卫生部或选择在家中接受评估分别支付25新元或75新元。让指定医生进行评估的目的是尽量减少不适当的索赔，以确保索赔评估的一致性。关于争议的处理，参保人可以申请更换另外一位医生进行评估，如果仍然不认同，参保人可以将上诉书呈交“乐龄健保仲裁小组”，“乐龄健保仲裁小组”的决定为最终决定，参保人和保险公司双方都必须遵从此裁决。

⑤美国

参保者日常生活能力丧失、认知功能存在障碍或有必要的医生认证和住院治疗时可获得长期护理保险制度给付。大多数公司由护士、社会工作者等进行评估，通常将是否存在两个及以上ADLS或严重认知障碍（阿尔茨海默病或其他痴呆症）等作为利益触发条件。评估之后由保险公司的护理经理制订护理计划。给付条件满足之后，保险公司还会规定一些给付限制，包括给付时间限制、给付水平限制、既存状况限制、除外责任限制四种。

（3）监管机制

德国为了保障护理品质，对护理机构进行每年一次的抽查即“规律审查”，主要调查内容包括“结果品质”“程序品质”“结构品质”三方面。如果护理机构未通过“规律审查”，被发现存在问题，则要进行重复审查，重复审查的费用由护理机构负担，机构审查的费用由统一的专业标准规定。审查者对护理机构进行打分评核，打分有五个等级，并生成审核报告，审查的结果向民众免费提供，保证结果的透明化和公开化。

日本对护理机构的监督由独立的、符合政府要求的第三方机构进行，对护理机构基本政策和组织、运营管理、服务实施三个方面进行评价，不同类型护理机构的评估标准根据都道府县每年的“福利服务第三者评估指南”制定，第三方评估机构进行书面调查和访问调查，经过协商最终形成评估报告。日本注重评估信息的公开，护理机构的评估报告可以在官方网站上进行查询。

韩国护理机构的评估主体是健康保险公团，健康保险公团对护理机构进行监督和管理，保健福利部于2009年发布《关于长期护理机构等评估方法的告示》有评估标准相关内容，公团在开展评估之前制订评估计划，之后评估员二人一组进行现场评估。评估结束后召开评估会议决定评估等级并实施奖惩，评估共分为5级，A、B、C、D、E各占10%、10%、50%、20%、10%，评估结果同样公示在保健福利部网站上。优秀机构和服务人员会受到表彰。

新加坡政府制定了乐龄健保的基本标准，并设置准入标准使私人保险公司通过特许经营的方式运营乐龄健保计划。新加坡同样对乐龄健保计划进行监督管理，卫生部成立了乐龄健保计划审查委员会，其在审查期间广泛接触乐龄健保的利益相关者，并考虑他们的意见，以研究如何能加强乐龄健保计划。乐龄健保计划审查委员会吸引了众多领域的利益相关者，包括护理人员、医疗人员、保险公司利益相关者、雇主、工会等，公众也可以通过乐龄健保的官方网站向官方咨询以及提供建议。

美国政府同样加强对销售长期护理保险的商业保险公司的资质审核，通过由独立的第三方评估机构发布定期评估报告，公开保险公司数据等方式监督（荆涛和杨舒，2016）。《长期护理保险制度示范法案》以法律形式来规范和约束商业保险公司的发展，对商业保险公司的健康发展起到了监督管理作用，该法案规定了保险公司在制定保险条款时需要遵守的最低标准以及保障保险购买者的权利，以此避免投保人受到不公平对待。

各国通过由第三方独立机构进行定期审核、评估和公示，采取奖惩措施，制定准入制度等来监督护理提供机构的运行，以保障被护理人的权利，提高运行的效率。

7.1.3 制度环境经验借鉴

长期护理保险制度的可持续性包括人、财、物三方面的可持续，各国建立了多元化的筹资渠道确保财源收入，控制支出保障财源的可持续，通过人才培训制度和资格认证制度提高护理人员的专业素质，通过扩充基础设施建设为长期护理保险制度的实施奠定坚实的基础。

（1）财源保障

如何在既保障被护理者的护理需求，又保持较高的护理专业化水平情况下，保持财政的可持续性是各国共同面对的问题，各国在缓解不断增加的财政压力方面做了以下努力。

①德国

德国在长期护理保险制度发展过程中确立了三个原则，预防和康复优先于长期护理，居家护理优先于机构住院护理，短期机构护理优先于长期机构护理。在具体的执行过程中，德国鼓励非正式护理，为非正式护理人员提供待遇支付、缴纳社会保险等，通过政策保障维护了家庭护理，降低了机构护理频率，节省了护理费用。居家护理中，同一护理等级的服务的待遇标准是津贴的两倍多，德国的现金给付受益人群占比较多，同样节省了开支。

德国提高了缴费率，缴费率从1995的1%逐渐增加，目前为2.55%，由雇主和雇员各分担一半，年金领取者从2004年开始由个人缴纳全部保费，缴费率的提高一定程度上保证了财源的可持续性。德国的长期护理保险制度缴费率呈现上升趋势，养老保险和医疗保险的缴费率呈现下降趋势，所以社会保障总缴费率并没有提高，对社会保障的缴费率进行结构性调整是我国在当前降费背景下的有效选择。

②日本

在长期护理保险制度建立之前，日本形成了对老年人福利和医疗保险的路径依赖，这种政策惯性使得各级政府的财政支出比重较高，占护理支出的50%，并且日益严重的老龄化以及专业化护理成本使得日本的长期护理财政负担较为严重。日本的制度改革围绕着财政收支平衡，控制支出进行。

首先，向重视预防转变。增加护理等级，在2005年增加要支援1级和要支援2级，延缓了老年群体因自理能力衰退，身体进一步恶化而导致直接使用较高等级的护理服务，延缓因重度护理而导致的护理费用上升。

其次，增加个人负担。居家服务、机构服务费用从由保险费用承担转为个人自付10%。在2015年第4次护理保险制度改革中，收入达到一定额度以上的第一号保险人自付比例由10%提高到20%，在2016年的长期护理保险制度第5次改革中，高收入群体的自付比例由20%提升到30%。并且，参保人的缴费基准额自长期护理保险制度实施以来一直呈现上升趋势，缴费基准额每3年调整一次，参保群体要承担较大的经济负担。

最后，护理的去机构化。日本长期护理保险制度加大社区护理服务的发展力度，形成了社区整合型的护理服务体系，通过整合社区资源，将医疗、居家、照护、预防融合在社区服务当中，降低机构服务使用比例，有效降低了费用支出（张乐川，钟仁耀，2019）。

③韩国

与德国和日本相比，韩国的服务费用自付比例更高，个人自付比例为20%，日本的自付比例为10%，德国被保险人自付上限以上的护理费用以及食宿费。韩国通过较高的自付比例保障服务费用的可持续性。同时韩国借鉴日本的长期护理保险制度改革措施，对于护理需求较低的老年群体积极提供护理预防服务，延缓使用较高等级的护理服务需求。

综合而言，各国在积极探索增加财务可持续性的举措，通过增加财源以及提高财源使用效率使得财务的稳定性增加。一是，各国建立了多元的筹资渠道，风险共担、互助共济、多方融资是社会保险的优势所在。德日韩等国家的长期护理保险制度都采取了社会保险模式，强调权利与义务相对等，强调以劳动者为中心的缴费机制，通过全民参保来扩大制度的筹资来源，利用大数原则分散社会保险风险，做实缴费基数，有利于制度的可持续发展，减轻国家的财政负担。二是，确立待遇调整机制，各国缴费比例和缴费基数呈现上涨趋势，并且服务费用设有给付待遇支付封顶线，规定自负比例，减轻政府财政负担。三是，从被动护理到主动预防，从重护理到护理与预防并重，使得轻度护理需求者得到及时的护理，维持健康的状态，防止护理需求等级上升，减轻财政负担。四是，养老服务由机构化到去机构化的转变，对居家护理和社区护理予以政策上的支持，降低机构服务使用比例。

（2）人力储备

①日本

日本的长期护理保险制度中的专业人员包括护理福利师、社会福利师、护理支援专门员、看护师、访问护理员，形成了一支专业化、多层次、高水平的护理队伍。日本开设了社会福利士专业和介护福利士专业，社会福利士专业相当于本科教学，介护福利士专业相当于职业教育，除了专业的学校教育外，还可以通过严格的介护福祉士资格考试，取得介护福祉士资格证。日本当前有多所介护专门学校，且有大学专门开设介护福利士专业，形成了专业的人才培养机制。日本政府通过政策扶持、资金给付支持护理专业人才的培养，政府设置高额的助学金制度，并且采取留学生接收政策、外国人就业制度等支持护理事业发展。

②韩国

韩国的护理师分为一级和二级两个等级，一级分为法定年龄内的培训人员、有国家资格证书的人及一般人；二级则为有一年以上的经验或法定年龄内的培训人员。护理师要经过理论讲座、实习、现场实习等培训，有1级认证资格书的护理师有资格提供重症老人身体活动方面的服务；2级护理师可以提供轻症老人身体活动及日常家务方面的服务。韩国长期护理从业人员需要参加国家统一的资格考试取得认证资格（戴卫东，2015）。

③德国

德国的长期护理培训制度为双轨学徒制，对护理人员的培养需要经过理论课程和实践课程相结合的培训，且在实践过程中学生将由资深护理人员培训指导，考试合格可以拿到资格证，即德国的护理人员的培训同样采取职业资格认证。德国建立的培训体系包括如下内容：培训内容包括学校教育、时间培训、在岗培训和脱产培训，管理人员同样需要进一步的培训和学习，建立培训等级制度，对不同等级的护理人员给予津贴，对非正式护理人员根据受护理者的护理需求和护理范围给予护理津贴、养老津贴、失业金等补偿。

综上，各国都建立了护理人员培训体系，对培训时间和培训内容予以规定；采用学校教育和职业教育相结合的发展模式，建立了培训等级制度，建立统一的护理人员资格认证制度，提高护理人员的待遇和社会地位；建立相关的法律制度，给予政策支持。通过以上措施积极促进和引导护理人员的发展，为建立高素质的护理人员队伍提供了保障。

（3）基础设施

长期护理保险制度不仅需要财政投入，还需要护理设施和专业护理人员的支持，这些共同构成了实施长期护理保险制度的基础条件。日本在20世纪通过1989年的“黄金计划”和1995年的“新黄金计划”积极扩充福利设施，培养护理人员，增加护理床位，建设护理场所，借此日本的护理人员和护理设施数量大幅度提升，为长期护理保险制度的实施奠定了坚实的基础。韩国政府同样为长期护理保险制度的基础设施建设提供支持，2002年实施“老人护理服务基础设施10年扩充计划”，2005年实施“老人护理设施综合投入计划”，通过两次扩充计划，对各种等级的护理设施予以扩充，增加护理机构数量，保障制度的实施。各国政府同样注重基础设施建设和护理人员培养，从表7-9中可以看出，德国每千人拥有的护理机构床位数远高于日本和韩国，并且3个国家的每千人拥有的护理机构床位数都呈现增长趋势，韩国每千人拥有的护理机构床位数增长幅度最大（高春兰和班娟，2013）。

表7-9　**德、日、韩每千人拥有的护理机构床位数（张）**

变量	年份	德国	日本	韩国
65岁以上老人中每千人长期护理机构床位数	2005	49.3	26.4	6.9
	2006		26.6	9
	2007	49	26.4	10.8
	2008		26.2	14.1
	2009	50.5	25.1	17.5
	2010		24.1	22.2
	2011	52.8	25.1	22.7
	2012		25	23.2
	2013	54	24.4	23.2
	2014		24	24.1
	2015	54.4	24.3	24.5
	2016		24	24.8
	2017	54.4	24.1	24.2

资料来源：OECD统计官网（德国每两年统计一次）。

7.2 启示

7.2.1 促进长期护理保险制度的设计公平

（1）探索多元筹资渠道

试点初期长期护理保险制度以建立制度为主要的发展目标，资金可从统筹基金结余和个人医保账户进行划拨，并由政府给予一定的财政补助。这是当前我国企业缴费比例过高，个人参保缴费动机不足，单纯依靠企业及个人缴费筹资的可行性较低，并且在当前经济形势下不增加社会保险总费率的一个过渡方式。从长远来看，以建立科学、稳定的筹资机制为目标，首先，未来的长期护理保险制度和医疗保险是两个独立的社会保险，长期护理保险制度资金应“单独筹集、独立建账、单独监管和单独使用”。其次，筹资机制应当体现灵活性和层次性，不同年龄、收入的群体承担失能风险的能力不同，不同年龄的人群缴纳不同费率可以体现失能发生率和代际责任，不同收入群体缴纳不同费率有利于发挥个人的筹资能力。最后，在制度逐渐成熟之时应探索合理的政府、企业、个人的资金分担比例，确立责任分担机制，并且积极探索以福彩公益金、社会捐赠等为补充的筹资渠道。

从各筹资渠道来看，长期护理属于社会公共事务，政府应当承担一定的公共责任。在充分考虑劳资双方的缴费意愿和承受能力的情况下，需要通过政府财政投入维持长期护理保险制度的可持续性。但是需要固化政府和个人的缴费比例，政府应当承担有限的财政责任，避免对财政造成过重的负担，并且过分依赖财政不利于长期护理保险制度的可持续发展。

长期护理保险制度是社会保障的重要组成部分，企业作为获益者应当承担保费，所以雇主的缴费责任不可忽视。当前企业承担了过重的社会保障责任，在降费率的背景下，应当合理划分雇主与雇员的缴费比例，使雇主与雇员承担合理的缴费负担。德国的长期护理保险制度缴费率提高，但是养老保险和医疗保险的缴费率降低，社会保障总缴费率不变，因此，对社会保障各项保险制度进行缴费率结构性调整，也是未来需要探索的方向。

全民参保缴费既有助于发挥社会保险互助共济能力，又有益于保证制度的财务可持续性。首先参保个体缴纳保费是长期护理保险制度的稳定财源，应当确定恰当的缴费水平，保障个人的可承受性并有利于基金的可持续发展。其次，基于适度保障原则，个人应当承担一定的服务费用，我国将机构护理床位费作为补偿内容，国际上为避免过度使用资源不将机构护理的食宿费和床位费作为长期护理保险制度给付的内容，以促使参保者更多使用居家服务。

当前我国试点城市中苏州、广州、重庆、成都、石河子的筹资机制中都有福彩公益金的投入，在我国长期护理保险制度面临筹资困难的情况下，应当争取福彩公益金的投入。

（2）实现制度覆盖全民

从国际上看，部分国家并未建立覆盖全民的长期护理保险制度，仅覆盖部分群体的长期护理保险制度有一定的弊端。首先仅针对低收入人群的长期护理保险制度使得广大中产阶级的长期护理需求难以保障。其次日本长期护理保险制度仅针对一定年龄以上的人群，既将一部分人群排除在制度范围外缺乏公平性，又容易导致筹资能力弱。

当前，在我国长期护理保险制度试点城市中，覆盖人群包括3种类型，仅覆盖城镇职工医疗保险参保人、覆盖城镇职工及城镇居民医疗保险参保人、覆盖全体医疗保险参保人。各试点城市秉持先易后难的逻辑，主要覆盖到职工基本医疗保险参保人，弱化了社会保险发挥风险共担的作用。我国长期护理保险制度应当覆盖全民，保障筹资能力更弱、长期护理需求较大的城乡居民的护理权利，避免仅覆盖一部分人群导致制度不公平。并且依据大数法则覆盖全民有利于做大“保险池”，打通城乡居民医疗保险参保人群和职工医疗保险参保人群的保险基金，保障长期护理保险制度的筹资能力，实现互助共济。

在制度初期，长期护理保险制度参保人群先覆盖城镇职工基本医疗保险参保人群，逐渐扩大覆盖人群有利于在经办流程及管理制度方面积累经验，在渐进的过程中也有利于政府及时调整政策以规避经办风险，同时在制度初期积极宣传推广，有利于提高居民的参保意愿和对制度的接受度，为参保范围的扩大奠定群众基础。从长期看，长期护理保险制度参保人应逐步覆盖城乡居民基本医疗保险参保人群并且实现制度全覆盖，将处于弱势的农村居民纳入长期护理体系，提供基本护理服务保障，以彰显制度公平性。

（3）制定可操作的护理等级标准

失能等级评定直接关乎受益人数、保险费率、财政投入水平及服务供给能力，因此，建立统一化、精细化、标准化、客观性、简单可操作的护理等级标准势在必行。

我国在护理等级评定工具开发过程中，首先需要确定护理需求的概念，即提供护理服务是基于需要护理的程度而不是身体失能的程度，并且选择护理时间作为身体状态和护理服务之间的中间变量（蒋曼等，2019）。

其次要开展大规模的调查和科学研究开发等级评估工具。日本在实施长期护理保险制度时专门研发一套需求评估工具，如1995年第一版护理认定量表由相关学者指导专业护理人员在护理机构中进行大规模研究，同时对护理机构中的专业照护服务提供者进行深入的工时定额研究基础上开发出来的。我国可以借鉴发达国家的经验，开展大规模的调查和科学测算老年群体的实际需求，明确需要提供的服务，计算不同的护理服务所需要的时间，把护理服务所要的时间换算到等级认定时间作为划分等级的标准，并在实施过程中不断完善，提高评估工具的客观性和科学性。

最后，要确立复合型指标并合理划分指标权重，将评估等级与服务提供相联系。单一指标如Barthel指标仅将身体自理能力作为评估的唯一标准使得一部分人被排除在受益范围之外，造成制度的不公平。我国等级评定工具应当选取复合型指标，评估内容涵盖生理、心理、认知等多维度，各个维度的权重也应当合理设计。将等级评估与能够提供的服务相连接，以需求评估来指导资源配置，确定每个护理等级的服务内容和时间，确定护理提供者的报酬和护理服务所涉及产品的价格等，建立标准化的服务提供体系。

（4）提供多样化服务内容

从护理形式来看，各国采取多样化的给付类别，包括居家服务、社区服务和机构服务，各国长期护理经历去机构化的过程，贯彻原居护理、在地老化的护理理念，居家及社区护理是一种成本较低的护理方式。我国应当鼓励居家和社区护理服务，并发挥机构护理服务的补充作用。社区护理可以充分利用社区的资源，同时具有服务便利等优点，而居家护理可以发挥非正式护理的作用，但应当对家庭成员提供经济补贴及服务支持，通过技能培训提高其专业化水平，并辅以适当的经济支持。

从给付内容来看，给付内容应当包含医疗服务和护理服务，医疗服务和护理服务是密切相关的，并且一起提供是比较经济的选择；长期护理保险制度中相当比例资金来自医疗保险基金，应当承担部分的医疗护理服务，当然也应以护理服务为主。

从给付形式来看，当前我国长期护理保险制度的给付以实物给付为主，部分试点城市支持给付现金。现金给付可以鼓励和支持由亲属提供护理服务，对缺乏服务供给的偏远地区提供现金给付也较为公平，但是现金给付难以监督其使用效率和质量，并不能确保花在长期护理服务上，且容易诱发过度申请，大量资源浪费在失能等级较低的群体。现金给付的给付标准应当低于实物给付，并且应当对现金给付的用途实施监督，为避免过度申请现金给付，未通过护理需求审核的人群需要自付评估费用。

7.2.2 提升长期护理保险制度的运行效率

（1）构建“六位一体”的经办体系

如图7-1所示，在政府主导与长期护理保险制度经办责任机构的管理下，形成长期护理保险制度被保险人、筹资经办、失能等级评定经办、定点服务机构经办、待遇给付经办管理、相关费用结算经办相结合的“六位一体”且具备一定独立性的经办管理体系。实行长期护理保险制度的目的在于对失能人员的生活照料与疾病护理进行补偿，以提高失能人员的生命质量，具有明显的福利性质。因此长期护理保险制度在具体经办的过程中要格外重视推进护理服务的精细化与标准化管理，制定综合的失能等级评定标准和定点护理服务机构的准入退出机制，以及护理服务质量与失能等级评估结果、参保人员满意度相挂钩的结算支付机制，重点保障长期护理的服务质量，高效率满足长期护理保险制度参保人员的多层次、多样化的护理需求。

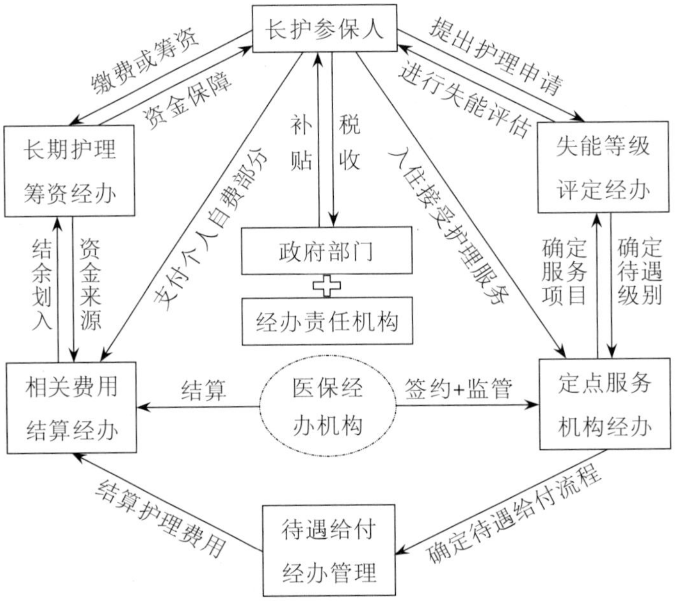

图 7-1　长期护理保险制度“六位一体”经办管理体系

（2）强化经办的质量管理和风险管理

严格的质量管理与风险管理是长期护理保险制度得以可持续发展的显著优势（安平平等，2017）。在质量管理方面，一方面监管机构对护理机构进行严格审核招标，并监督经办机构与符合资质的护理机构签订服务协议，而且经办机构可以通过建立质量保证金和定期考核制度保证定点服务机构的护理服务质量，在此基础上不断完善定点服务机构的准入与退出机制，并对提供服务的护理人员资质加强管理，以保证服务质量；另一方面，参保对象以身份凭证自主选择定点服务机构，而定点服务机构与经办责任机构需要采取定期评估考核措施，严格规范被保险人的退出机制。这些措施均对定点服务机构经办管理的完善具有积极的参考意义。

在风险管理方面，一方面，建立综合的失能失智等级评定标准，以应对被保险人可能产生的道德风险，同时经办机构对定点协议护理机构实行预留保证金制度，以约束护理机构可能产生的过度供给风险；另一方面，积极建立与商业保险机构之间的联系，采取公私合作运营的模式融入第三方经办的新型管理理念，让有资质的商业保险机构直接参与长期护理保险制度的经办管理或者为护理机构提供第三方责任保险。总而言之，长期护理保险制度相关主体在质量管理和风险管理方面所进行的多样化探索，对今后长期护理保险制度经办管理能力的提升均会产生积极有益的影响。

（3）建立统一高效的待遇给付经办流程

长期护理保险制度待遇给付经办流程在各个试点地区的试行办法或者实施细则中目前仅给出了粗线条的规定，虽然具备较强的理论指导意义，但从整体来看，在具体经办管理的实践中缺乏可操作性，而且目前长期护理保险制度试点地区的待遇给付经办流程中，除了待遇申请、失能评估、待遇给付的整体框架具有相似性之外，在中间环节的经办流程中各试点地区均具有较大的差异性。待遇给付的经办流程涉及产生护理需求的被保险人、失能等级评估机构、定点护理服务机构三个关键主体，所以在长期护理待遇给付经办的过程中，需要基于护理需求的申请者去考虑整体经办流程的便捷性与高效性，用最简便的经办程序给予被保险人最为满意的护理服务。在失能等级评定的过程中，可以根据当地商业保险机构发展的状况适度委托第三方专业机构参与以提高评估效率，在商业保险机构专业评估的基础上，长护经办监管部门再进行实地抽检，以保证最终评估的公正与公平。在待遇给付经办管理的后期阶段，需要注重对被保险人的定期复评，完善长期护理保险制度的待遇退出机制，以便高效利用长期护理保险制度有限的服务资源。随着长期护理保险制度实施区域的不断拓展，需要对目前试点地区待遇给付经办的有益经验进行总结，形成一套统一高效的长期护理保险制度待遇给付经办规程，以便为长期护理保险制度统筹层次的提升奠定坚实基础。

（4）构建多层次的经办管理体系

“全覆盖、保基本、多层次、可持续”是完善社会保障制度的重要工作方针。在长期护理保险制度今后的发展过程中，首先应该发挥政府部门的主导作用，尤其是医疗保障局对长期护理保险制度的监督管理作用。其次，长期护理保险制度具有显著的外部性特征且在试点初期由于经验缺乏，目前可以暂时从属于基本医疗保险的经办管理，选择经验丰富的社会医保部门，承担具有福利性质的长期护理保险制度的经办工作。但是随着制度的逐渐成熟，作为独立险种的长期护理保险制度，应该建立长期护理保险制度独立的经办管理体系，专门负责长期护理保险制度的经办业务，或者借鉴德国的“两个体系、一个机构”的经办模式，在医保经办体系下将长期护理业务进行单独经办（蒋曼等，2019）。最后，在长期护理保险制度基本经办体系渐趋完善的同时，可以充分发挥市场机制的作用，采取引入第三方经办的策略，发挥商业保险机构的优势，构建多层次的长期护理保险制度经办体系。商业保险公司参与长护经办可以充分利用其专业性强的特点，发挥其在风险控制、客户服务、成本核算、技术创新方面的优势，从而提高经办管理效率，降低经办管理的成本。

7.2.3 保证长期护理保险制度环境可持续

（1）增加长期护理服务劳动力供给

首先，制订长期护理人员教育和培训方案。我国的长期护理劳动力主要分为三种：直接护理工作人员、护理机构的管理人员、具有专业技能的专业型人才。目前长期护理劳动力不仅存在供给严重不足的现象，而且长期护理劳动力的专业化水平较低导致服务质量参差不齐，加强长期护理服务劳动力的教育和培训迫在眉睫，应建立完善的护理人才培养体系并开设长期护理服务行业的资格考试。一是通过职业教育培养更多的直接护理工作人员，并设定考核标准及认证体系；二是现有学校需要进行教学内容改革，通过本科和硕士教育培育管理人员和专业型人才；三是针对健康状况不同的失能、半失能人群的不同需求，丰富各类长期护理劳动力的供给。

其次，提高长期护理工作人员的社会地位。改善对长期护理服务工作的认知才能提高长期护理工作人员的社会地位。第一，改善长期护理劳动力的工作环境。通过借助人工智能等科技的发展，降低一线护理人员的工作强度，改善其工作环境，从而留住现有的长期护理服务人员。第二，提高护理人员的工作待遇。鼓励长期护理服务机构深化工资收入分配制度改革，建立职业技能等级与长期护理服务劳动力薪酬待遇挂钩机制，促进长期护理服务劳动力的技能等级和收入水平同步提升。第三，提高护理人员的福利保险待遇，从而改变社会对长期护理保险制度劳动力的看法，提高其社会地位，吸引更多的人参与到长期护理服务业中。

最后，开发代表性不足或不活跃的人口群体。一线护理人员的工作环境较差、工作质量较低，导致社会成员对长期护理服务工作缺乏认同感，进入长期护理服务市场的意愿性较低。护理人员的缺口较大，需要努力开发代表性不足或不活跃的人口群体，从而增加长期护理服务劳动力的供给。第一，要通过政策支持和财政投入吸引和培养更多合格的男性长期护理服务劳动力，解决长期护理服务劳动力结构中的性别比例失衡；第二，政府有关部门应协调制定财政支持和税收优惠政策，重点关注下岗、失业人员或者家庭妇女等，对有意愿参与长期护理服务的劳动力进行培训，第三，要加强宣传、招聘和培养，尤其是年轻人以及本专业管理人才的招聘与培养，解决年龄不平衡和管理人才与护理人才失衡的局面。

（2）优化财政投入

在既定政府财政支出有限的情况下，应当优化财政支出结构提高财政资源的配置效率，使得资金效益最大化。

首先，在供给端针对养老机构过度建设、闲置率高等问题，要弱化对机构建设的补贴力度，转变与优化财政补贴在养老机构建设中的投入方式，有效提高机构的入住率而不是盲目提高机构养老床位数在养老服务格局中的比例。要重视居家护理和社区护理的作用，对家庭照料者提供经济补贴和服务支持，有利于降低家庭照料者的经济和心理负担，提高护理的水平和质量；重视社区护理的服务投入而不是设施建设，提高社区护理服务设施的利用效率，能够有效降低社会护理的经济成本。

其次，在需求端应当发挥政府财政在护理补贴及护理保险中的作用。一是我国三大养老服务补贴制度对应对人口老龄化具有积极意义，但是各地养老服务补贴制度存在较大差异，应当明确政策目标实现精准给付。要发挥财政托底作用，对双困人员应当积极创造条件给予补贴，化解高风险、低收入和无经济来源人员的护理风险。与此同时，实行有梯度的补贴政策，依据生活自理程度、经济困难程度、家庭居住方式等给予差别化的财政补贴，采取收入审查制度及失能等级评定来确定补贴对象，提高政策的瞄准程度。二是长期护理保险制度应采取社会保险筹资方式，通过政府、雇主、雇员多方缴费共担社会风险，使有护理需求群体得到服务供给和待遇保障。财政补贴是长期护理保险制度重要的筹资渠道之一，应当在缴费阶段发挥财政补贴的作用，避免落入因缺乏财政补贴导致的政府无限托底责任。

（3）加强护理机构建设

护理机构提供的服务能够弥补家庭和社区护理的不足，但目前我国愿意选择机构照料的失能人口的比例相对较低，这不仅是主观选择的结果，更重要的是养老机构的基础设施还需要完善。加强护理机构的建设需要政府和护理机构共同努力。

在政府层面，应当强化政府责任，发挥政府在政策制定、监督管理方面的主导作用，积极兴办公共养老机构，并通过公建民营、公办民助等方式引导社会力量积极参与服务设施供给，出台各种政策，对器械生产、护理设施建设等方面进行投资的企业给予税收优惠、土地优惠等，降低企业负担，增强供给机制（钟仁耀，2017）。

在护理机构层面，坚持需求导向，提高市场的造血能力，设立不同等级不同档次的服务项目，既满足低收入群体的需求，也使服务机构通过提供多样化高质量的服务满足高收入群体的需求。通过市场竞争机制，挖掘长期护理服务行业的发展潜力，以真正满足失能失智者的护理需求。

7.3 本章小结

本章选择德国、日本、韩国为典型国家，分析各国在制度设计、运行、环境层面的经验，以期对我国的长期护理保险制度提供经验借鉴。

首先根据国际经验，在制度设计层面，参保人群和受益群体权利义务较为对应，德国缴费和受益人群为全体国民，日本的缴费和受益人群集中在老年群体，韩国的受益对象为老年群体，缴费对象为参加健康保险的国民，权利与义务比较不对称。在筹资渠道方面，各国建立多元筹资渠道，缴费水平与收入水平相挂钩，并且给予弱势群体补贴。在等级评估方面，各国建立了统一的护理需求等级，且等级指标呈现划分愈加详细的趋势，并确立复合指标以保障评估全面。此外各国均提供多样化的服务类别满足老年群体的护理需求。在制度运行层面，各国都确定权威的评估机构及人员并建立统一的评估流程，通过独立的监督机制保障护理服务质量。在制度环境层面，各国建立了多元化的筹资渠道确保财源收入、控制支出保障财源的可持续，通过人才培训制度和资格认证制度提高护理人员的专业素质，通过扩充基础设施建设为长期护理保险制度的实施奠定坚实的基础。

其次是经验借鉴，在促进长期护理保险制度的设计公平方面，建议探索多元筹资渠道，实现制度覆盖全民，制定可操作的护理等级标准，提供多样化服务内容。在提升长期护理保险制度的运行效率方面，应当构建“六位一体”的经办体系，强化经办的质量管理和风险管理，建立统一高效的待遇给付经办流程，构建多层次的经办管理体系。在保证长期护理保险制度环境可持续性方面应当增加长期护理服务劳动力供给，优化财政投入，加强护理机构建设。

8 长期护理保险制度试点优化分析

本章主要从长期护理保险制度试点方案的参保范围、保障对象、待遇支付以及权利与义务四个方面进行优化分析，并从原则、路径、具体设计三方面为我国长期护理保险制度统一提供优化建议。

8.1 试点方案优化分析

8.1.1 试点方案参保范围优化分析

我国长期护理保险制度的参保范围选择是我国长期护理保险制度设计的核心，由于我国特殊的城乡二元结构以及2016年《关于开展长期护理保险制度试点的指导意见》中的依托医保原则，我国试点地区在考虑长期护理保险制度试点方案参保范围时必须首先考虑覆盖“宽、窄”问题。宽覆盖的长期护理保险制度试点地区为青岛、南通、荆门、苏州、上饶、石河子、成都和北京市石景山区，参保人群为城镇职工基本医疗保险和城乡居民基本医疗保险的参保人员，基本做到覆盖全民。

“窄覆盖”的长期护理保险制度试点地区为安庆、广州、宁波、齐齐哈尔、承德、重庆和乌鲁木齐，参保人群为城镇职工基本医疗保险参保人员。长春和上海的参保范围较为折中，长春试点方案参保人群包括城镇职工基本医疗保险和城镇居民基本医疗保险的参保人员，上海试点方案参保人群包括城镇职工基本医疗保险参保人员与城乡居民基本医疗保险60周岁及以上的参保人员。

本章从十七种试点方案中选取长春、上海、南通和承德4个试点方案对参保范围因素进行社会缴费率和财政补贴率的敏感性分析，如表8-1所示。

表8-1　**参保范围扩大10%时4种试点方案社会缴费率（%）、财政补贴率（%）及相应敏感性系数**

试点方案	2000	2005	2010	2015	2020	2025	2030	2035	2040	2045	2050	敏感性系数
长春社会缴费率	0.115	0.262	0.205	0.207	0.218	0.263	0.323	0.403	0.49	0.553	0.619	0.193
上海社会缴费率	2.379	2.775	2.313	1.836	1.794	2.054	2.368	2.767	3.157	3.336	3.372	-1.11
南通社会缴费率	0.197	0.35	0.241	0.19	0.238	0.279	0.331	0.389	0.445	0.469	0.481	0
南通财政补贴率	0.53	0.665	0.338	0.272	0.427	0.505	0.603	0.722	0.843	0.916	0.974	0
承德社会缴费率	0.093	0.194	0.13	0.103	0.089	0.109	0.134	0.168	0.207	0.241	0.273	0.39
承德财政补贴率	0.013	0.021	0.012	0.012	0.015	0.019	0.023	0.029	0.035	0.041	0.047	1

数据来源：本研究计算得出。

长春方案的参保范围基本包括所有城镇居民，但放弃了对农村居民，长期护理权益覆盖。在增加10%的参保范围时，长春方案的社会缴费率出现了正向变动，但长春方案社会缴费率对参保范围变动的敏感性较低。上海方案的参保范围增加10%社会缴费率呈现下降趋势，并对参保范围的变化反应敏感。原因在于上海方案未覆盖城乡居民基本医疗保险中的60周岁以下的人员，且这部分人员的失能风险较小，所以当扩大参保范围的时候，长期护理保险制度筹资大大增加，护理费用支出少量增加，所以社会缴费率下降。南通方案属于全覆盖的制度试点，所以参保范围增加10%，社会缴费率及财政补贴率不变。承德方案的参保范围为城镇职工基本医疗保险参保人员，属于窄覆盖类型，当参保范围增加10%时，社会缴费率和财政补贴率呈现正向变动。承德方案的社会缴费率对参保范围的敏感系数要高于长春方案和上海方案，可以推断窄覆盖方案的社会缴费率对参保范围变动更敏感。

总体而言，长期护理保险制度试点方案的社会缴费率和财政补贴率对参保范围因素变动的敏感性较弱，窄覆盖的试点方案可以尝试进一步扩大参保范围，17个试点地区中上海可以采取全覆盖的制度模式，扩大参保范围能够提高上海方案的财务可持续性。

8.1.2 试点方案保障对象优化分析

我国长期护理保险制度试点方案在保障对象方面存在较大区别，上海方案保障中度失能、重度失能及部分轻度失能人员，长春、青岛、苏州和南通方案保障中度失能和重度失能人员，其他12种试点方案的保障对象为重度失能人员。保障对象的选择对我国长期护理保险制度试点方案的公平、效率和可持续具有重要意义。根据第6章的测算，2020年我国存在1.13亿轻度失能老人、844万中度失能老人以及755万重度失能老人，不同失能程度的老人众多，扩大保障对象范围会增加成倍的出险人员，所以试点方案要准确定位保障对象。

本章从17种试点方案中选取长春、上海、南通和承德4个试点方案对保障对象因素进行社会缴费率和财政补贴率的敏感性分析，如表8-2所示。

表8-2 保障对象扩大10%时4种试点方案社会缴费率（%）、财政补贴率（%）及相应敏感性系数

试点方案	2000	2005	2010	2015	2020	2025	2030	2035	2040	2045	2050	敏感性系数
长春社会缴费率	0.123	0.279	0.217	0.219	0.228	0.276	0.339	0.423	0.515	0.58	0.65	0.75
上海社会缴费率	2.962	3.691	2.725	2.09	2.031	2.328	2.697	3.181	3.67	3.929	4.056	0.663
南通社会缴费率	0.205	0.364	0.251	0.198	0.248	0.291	0.344	0.405	0.464	0.488	0.501	0.42
南通财政补贴率	0.552	0.693	0.352	0.284	0.445	0.526	0.628	0.752	0.878	0.953	1.014	0.41
承德社会缴费率	0.103	0.213	0.139	0.107	0.09	0.11	0.135	0.17	0.209	0.243	0.276	0.5
承德财政补贴率	0.012	0.02	0.011	0.011	0.015	0.018	0.022	0.028	0.034	0.039	0.045	0.5

数据来源：本研究计算得出。

从表8-2中可以看出，保障对象的扩大对试点方案的社会缴费率和财政补贴率有正向影响，且保障对象的敏感性大于参保范围因素的敏感性。保障对象因素扩大10%时，敏感性系数从大到小的排名是长春、上海、承德和南通，这3种方案中排在前3的长春、上海和承德都属于非全民参保的城市，于是推断出参保范围较窄的试点方案在增加保障对象时会引起社会缴费率和财政补贴率较大的变动，所以参保范围较窄的方案需谨慎扩大保障对象。

总体而言，保障对象是一个较为敏感的因素，扩大保障对象会带来长期护理保险制度社会缴费率和财政补贴率较大幅度的正向变动，增加社会和财政负担。同时，扩大保障对象对非全民参保试点方案的财务负担有较大冲击，所以上海、长春、广州、承德、齐齐哈尔、宁波、安庆、重庆和乌鲁木齐方案在进行优化改进时要正确选择保障对象，必要的时候需要先扩大参保范围再扩大保障对象，平衡社会和财政压力。

8.1.3 试点方案待遇支付优化分析

待遇支付直接决定了长期护理保险制度试点的保障程度。根据第3章试点方案的比较分析可知，上海方案的待遇支付水平最高，能够保障80%～90%的长期护理费用，齐齐哈尔方案的待遇支付水平最低，每天保障20～30元。第6章的测算结果显示，我国2000—2050年长期护理保险制度社会缴费率最高为上海方案，范围在1.90%～3.852%，最低为齐齐哈尔方案，范围在0.026%～0.08%；基金积累方面上海方案一直处于基金赤字状态，而齐齐哈尔方案2020—2043年一直存在基金结余，到2044年才出现基金赤字，故科学设计试点方案的待遇支付水平对长期护理保险制度的可持续性具有重要作用。

本章从17种试点方案中选取长春、上海、南通和承德4个试点方案对待遇支付因素进行社会缴费率及财政补贴率的敏感性分析，如表8-3所示。

从表8-3中可以看出，支付标准提高10%，能够引起社会缴费率和财政补贴率的较大变动，长春、上海、南通和承德方案的敏感性系数基本上大于或等于1，所以我国长期护理保险制度试点方案的社会缴费率和财政补贴率对支付标准因素变动非常敏感。

表8-3 支付标准提高10%时4种试点方案社会缴费率（%）、财政补贴率（%）及相应敏感性系数

试点方案	2000	2005	2010	2015	2020	2025	2030	2035	2040	2045	2050	敏感性系数
长春社会缴费率	0.127	0.291	0.228	0.232	0.242	0.292	0.359	0.448	0.544	0.613	0.686	1.32
上海社会缴费率	2.915	3.597	2.771	2.156	2.09	2.4	2.785	3.292	3.809	4.09	4.237	1
南通社会缴费率	0.217	0.385	0.265	0.21	0.262	0.307	0.364	0.428	0.49	0.516	0.529	1
南通财政补贴率	0.583	0.731	0.372	0.3	0.47	0.556	0.663	0.795	0.927	1.007	1.071	1
承德社会缴费率	0.108	0.224	0.146	0.112	0.095	0.116	0.142	0.178	0.219	0.255	0.289	1
承德财政补贴率	0.013	0.021	0.012	0.012	0.015	0.019	0.023	0.029	0.035	0.041	0.047	1

数据来源：本研究计算得出。

总体而言，支付标准是众多因素中最为敏感的因素，且待遇支付具有刚性，所以在设计长期护理保险制度方案时，必须科学测量待遇支付标准，尤其在后期改善和优化长期护理保险制度方案时，必须审慎提高长期护理保险制度待遇支付标准，以免对长期护理保险制度的财务可持续性产生不利影响。

8.1.4 试点方案权利与义务优化分析

本章对个体在长期护理保险制度中的权利与义务进行优化分析。长期护理保险制度中个体的权利表现为个体在遭遇失能风险而需要长期照料时，长期护理保险制度会对个体产生的长期护理费用进行补偿或支付，同时个体需要完成相应的义务，具体表现为需要对长期护理保险制度进行付费。长期护理保险制度的权利与义务是相互统一的，二者相互联系、不可分割，本章从长期护理保险制度试点方案的待遇支付和资金筹集两方面入手，来探究长期护理保险制度试点方案权利与义务优化路径。根据第6章对试点方案基金收入和基金支出的测算结果，对我国17种试点方案在2020年的基金收入和基金支出进行比较分析。

（1）宽覆盖的试点方案权利与义务优化分析

本章把长春和上海方案纳入宽覆盖范围，同青岛、南通、荆门、苏州、上饶、石河子、成都和北京市石景山区方案进行权利与义务优化分析，具体如图8-1所示。

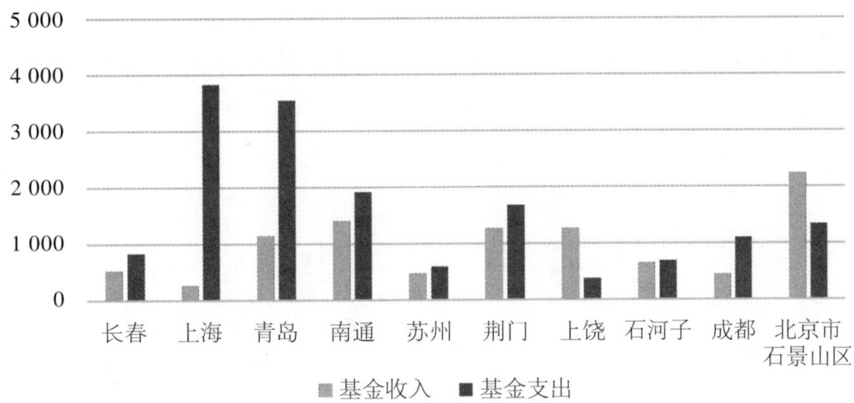

图8-1　2020年宽覆盖试点方案的基金收入和基金支出情况（亿元）

数据来源：本研究计算得出。

从图8-1中可以看出，2020年宽覆盖试点方案基金收入从高到低为北京市石景山区、南通、上饶、荆门、青岛、石河子、长春、苏州、成都、上海；2020年宽覆盖试点方案基金支出从高到低为上海、青岛、南通、荆门、北京市石景山区、成都、长春、石河子、苏州、上饶。在这10种长期护理保险制度试点方案中，上海方案的基金收入排名第十位，而基金支出排名第一位，这说明上海方案的基金收入和基金支出差距较大，其权利与义务缺乏统一性。上饶方案的基金收入排名第三位，而基金支出排名第十位，同样基金收入和基金支出存在较大差距，权利与义务失衡。

在对试点方案进行优化时，上海方案可以一定程度地提高筹资比例或增加筹资主体，第6章的基金积累测算结果显示上海方案2050年基金赤字为54万亿元，进一步说明上海方案的权利义务不统一，亟须提高筹资水平来实现政策的可持续。上饶方案可以适当提高待遇支付水平，同样在第6章基金积累测算结果显示上饶方案2050年基金积累约3.2万亿元。上饶方案存在较大的基金积累说明方案本身存在保障余力，根据社会保险基金“以支定收、收支平衡”原则，上饶方案需要进行优化来实现基金的收支平衡，可通过提高支付标准来平衡权利与义务。

（2）窄覆盖的试点方案权利与义务优化分析

窄覆盖的试点方案包括安庆、广州、宁波、齐齐哈尔、承德、重庆和乌鲁木齐7种。2020年窄覆盖试点方案基金收入和基金支出情况如图8-2所示。

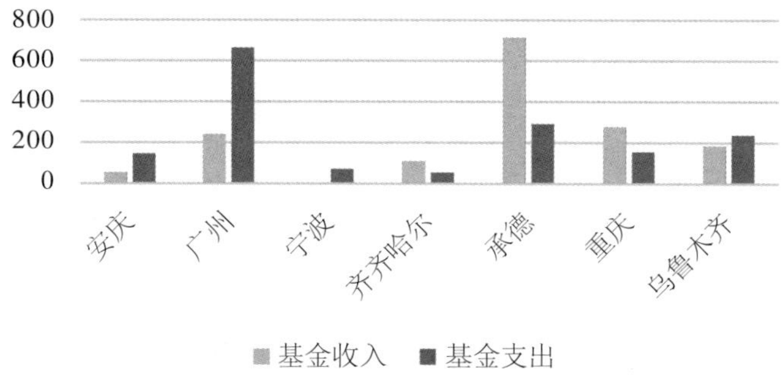

图8-2　2020年窄覆盖试点方案的基金收入和基金支出情况（亿元）

数据来源：本研究计算得出。

从图8-2中可以看出，这7种试点方案中宁波方案和承德方案在2020年基金收入和基金支出的差距较大。其中宁波方案2020年的基金收入仅仅依靠城镇职工基本医疗保险统筹基金划转2 000万元启动资金，个人和单位不予缴费，而宁波方案2020年的基金支出为72亿元，若宁波方案一直未经改善，经测算到2050年宁波方案基金存在赤字1.2万亿元。总体而言，宁波方案的缺陷明显，权利与义务缺乏统一性，个体义务无法体现。承德方案2020年基金收入为716亿元，基金支出为293亿元，基金收入与基金支出差距较大，第6章基金积累测算结果显示承德方案的基金2020—2048年存在结余，直到2049年才出现赤字情况，2020—2039年承德方案的基金积累一直处于上升状态，2039年基金积累达到7 898亿元，说明承德方案在2020年后的近20年一直存在较大的保障余力，也进一步说明其权利与义务缺乏统一性。

在选择优化路径时，宁波方案由于不对个人进行相关费用征缴，出现权利与义务不对等情形，所以需要把个体加入筹资主体中来进行制度优化，实现权利与义务的对等。承德方案由于存在较大的保障余力，可以适当提高支付待遇水平，来统一权利与义务。

8.2 试点方案优化基本理念

(1) 统一性

统一性是发展社会保障的基本原则，也是开展社会保障的重要目标。实现我国长期护理保险制度的统一，是保障制度公平及实现制度效率的要求。在长期护理保险制度扩大试点背景下，应当总结各地试点的普遍经验及发展趋势，对长期护理保险制度进行顶层设计，逐步形成统一的长期护理保险制度政策框架，避免长期护理保险制度的碎片化。由于各试点地区经济及社会发展程度呈现较大差异，在制度初创期进行全国范围内的全面统一存在困难，可以分步进行统一。首先，应当统一规范核心技术标准，对参保对象、评估标准、服务内容、经办机构、质量监管等层面进行统一规范，以减少制度碎片化的弊端；其次，对尚有争议的筹资责任分担、筹资标准等，由地方进行实践探索，在制度发展成熟后进行规范统一（鲁於和杨翠迎，2016）。长期护理保险制度既应避免陷入一城一制度的困境，又应避免一刀切的困境，在对长期护理保险制度进行统一规范的基础上，应允许各地区进行有地方特色的设计。

(2) 普遍性

普遍性即在社会成员共享经济发展成果、普享社会保障是国民基本权利的前提下，实现社会保障的普遍发展，以达到社会保障的全覆盖目标。长期护理保险制度应当实施全民参保计划，突破社会保险按群体设置的痼疾，提高长期护理保险制度覆盖率并实现应保尽保。长期护理保险制度实现全覆盖，既是保障社会保险互助共济、风险共担的内在要求，也是社会保险实现公平正义的应有之义。

(3) 公平性

卫生领域服务内的公平一般有3种，卫生服务资源分配的公平性，卫生服务利用的公平性、卫生服务筹资的公平性（应晓华等，2004），反映在长期护理保险制度领域，即按照收入能力缴费，按照失能等级给付，实现垂直公平与水平公平。

（4）适度性

长期护理保险制度为遭遇失能且符合补偿门槛的人员进行适度的费用及服务补偿，但待遇给付水平不能无限提高也不能无限降低来满足失能人员的基本需求、维护其基本生活品质。确定基本的待遇水平有利于约束道德风险，由受益人自付一定比例，可以提升其自我费用控制意识，避免资源过度利用和浪费。确定基本的待遇水平有利于实现制度的可持续发展，一是由于福利刚性，长期护理保险制度扩大受益面后将会对保险收支平衡造成较大冲击；二是由于财务可持续性，较高的受益水平要由较高的缴费水平维持，对个人及社会的财政要求较高。

（5）多重性

构建以长期护理保险为核心、长期护理补贴制度为基础、长期护理商业保险为补充的多层次制度体系，一方面可以满足不同收入群体的长期护理需求，另一方面可以解决长期护理保险的资金筹集问题并保障制度的可持续发展。第一层次为长期护理保险制度，作为强制性的制度，应由多元主体进行责任分担并由政府进行主导。第二层次为长期护理补贴制度，由政府承担兜底责任满足困难群体的需要，包括老年人高龄津贴、服务补贴和护理补贴制度等。第三层次为推动长期护理商业保险的发展，商业保险由市场承担主要责任，其参保具有自愿性，主要满足高收入群体的需要。构建多层次的长期护理保险制度体系，关键在于厘清家庭-市场-政府的权责关系，促进多主体进行制度建设。

8.3 试点方案优化路径构建

（1）制度试点期

制度试点期以不求全而求突破的策略进行探索，引导社会成员认同长期护理保险制度，摸索长期护理保险制度经验，为长期护理保险制度统一奠定基础。在制度试点期，长期护理保险制度主要解决3方面问题：搭建长期护理保险制度框架、解决护理保险基金来源、提高护理服务供给能力。

长期护理保险制度框架主要解决参保群体、受益群体、支付水平、服务内容等问题，参保群体主要覆盖城镇职工群体，主要解决重度失能群体的护理问题，待遇支付水平从低起步做起。

制度初期，民众对制度还处于观望状态，企业社会保障负担过重，主要以划拨医疗保险基金作为长期护理保险基金的筹资方式，要确定恰当的基金划拨比例，一方面要满足长期护理保险制度的需求，另一方面又不能危及医疗保险基金的可持续性。

试点初期护理服务行业建设较为滞后，不论是从业人员还是服务机构数量都严重不足，长期护理保险制度提供护理基金使参保群体的潜在需求转化为有效需求，将促进服务体系的长足发展。一方面，政府通过政策引导、财政补贴鼓励与支持服务行业发展，另一方面，通过行业发展形成服务标准，促进行业良性发展。

（2）制度统一期

制度试点期是制度从无到有的过程，制度统一期是制度从有到优的过程，长期护理保险制度从初创走向发展成熟，可更好发挥社会保险分散风险的作用。

首先是解决试点期间制度设计遗留问题，鼓励全民参保实现制度全覆盖保障参保公平，扩大制度受益面提高制度有效性，建立适度保障水平、构建多元支付方式，力求实现全覆盖、广受益、保基本、可持续的制度。

其次为保障长期护理保险制度的长期稳定，要形成独立于医疗护理保险基金的独立筹资渠道，根据参保对象、保障范围、支付水平等，建立长期护理保险制度基金收支平衡原则下的精算模型，明确资金筹集比例与缴费基础，合理分担三方责任。

最后，确保服务体系良性发展，护理服务应有完善的社会化供给体系提供保障，护理人员结构需要正规化的培训体系做支撑。

8.4 试点方案优化路径设计

（1）制度定位从依附医疗保险到独立保险

目前试点城市开展长期护理保险制度试点主要分为3种情况：一是单独设置长期护理保险，与医疗保险相对独立；二是长期护理保险纳入医疗保险，成为医疗保险的一部分；三是采取长期护理保险制度（高和荣，2019）。以上3种长期护理保险制度设计的差异主要体现在以下几方面：一是依附医疗保险还是独立保险，青岛采取长期护理保险制度依附医疗保险的运作方式，南通采取长期护理保险制度作为独立险种的运作方式，大多数试点地区为依附医疗保险；二是制度定位偏医疗还是护理问题，青岛、长春、上海等以医疗护理为主，南通以生活照料为主。

造成以上制度差异的主要原因是各地区对长期护理保险与医疗保险的属性认知及关系存在差异，本书坚持未来采取独立保险的原因包括：首先，长期护理的产生有其必然性，长期护理的风险属性和风险特征决定了长期护理保险制度可以成为一个独立的社会保险制度（曹信邦，2015）；其次，医疗护理与长期护理具有本质区别，学者已经对长期护理及医疗护理从多角度进行区分；最后，依附医疗保险存在一定弊端，威胁着医疗保险基金的平衡。

本书认为统一的长期护理保险制度的制度定位应当坚持：一是长期护理保险制度保障内容应以护为主，满足基本生活照料及与基本生活照料相关的医疗护理需求；二是建立独立险种，“坚持独立运行、独立设计、独立推进”，长期护理保险制度与医疗保险首先在筹资渠道上有明确的资金来源，其次在服务内容上有清晰的划分。

（2）筹资渠道从单一依附到多元独立

当前试点城市的筹资渠道较为单一，且过度依赖医疗保险基金，部分城市如上海、宁波、广州采取单一筹资渠道，其他实行多元筹资渠道的试点城市医疗保险基金划转比例超过50%，如青岛、长春、承德等，这容易挤压与拖垮医疗保险基金，对医疗保险基金平衡造成威胁，也削弱了长期护理保险制度的独立性。此外存在筹资水平普遍过低与主体筹资责任严重虚化状况，筹资水平过低严重影响了受益面扩大及待遇水平提高，个人、单位缴费责任缺失及政府责任不明确导致筹资主体责任不明确。

当前的筹资状况具有特定的现实背景：一是单位作为社会保险最重要筹资主体，其现有缴费负担过重；二是在制度初期，长期护理保险制度受益面较窄、待遇支付水平较低，对基金的支付要求较低。在制度扩面时期，为建立全覆盖、保基本、可持续的长期护理保险制度，有必要建立多元独立的筹资渠道，合理分配筹资主体的责任。

建立多元筹资渠道是保障长期护理保险制度独立的重要前提。首先，社会保险费用是长期护理保险制度最重要的来源，为解决单位缴费困难，应当调整社会保险费率结构，平减单位缴费责任，为避免形成路径依赖也应当确定个人缴费比例（尹海燕，2020）。其次，政府对社会保险负主要责任，应当进一步健全财政责任。拓宽长期护理保险制度筹资来源，应当积极争取福彩基金的投入。

为避免医疗保险基金承担全部或大部分资金来源压力，有必要落实政府、企业、个人的筹资责任。首先应当落实个人及企业的缴费责任，“筹资以单位和个人缴费为主，单位和个人缴费原则上按同比例分担”，城镇职工由单位和个人进行缴费，城乡居民由个人和财政进行缴费，建立精算制度，按照保基本的基本原则，科学厘定费率及费基，建立筹资动态调整机制；其次在长期护理保险制度的常态运行中，财政对长期护理保险制度应主要负有“支持性”责任而非“兜底性”责任（文太林，张晓亮，2020），政府缴费责任应当前置，以避免财政责任异化。

（3）参保对象从保重点到全覆盖

目前试点城市长期护理保险制度参保对象可分为3类：对城镇职工实现全覆盖，但其问题在于将处于弱势地位的农民群体排斥在制度之外，有违社会保障的公平性要求，也不利于发挥社会保障的大数法则。对实现参保对象全覆盖的试点城市来说分两种情况：一种是青岛等地的“逐步拓宽”，另一种是南通等地的“一步到位”（张盈华，2019）；前一种为将城镇职工、城乡居民渐进纳入保障范围，后一种为将城镇职工、城乡居民统一纳入保障范围。

长期护理保险制度扩面应当坚持将职工与居民同步纳入保障范围，采取渐进式方法容易造成制度割裂、损害制度公平，采取同步覆盖能够维护社会保障城乡统筹，避免职工与居民因保障权利与待遇水平差距引发新的矛盾。

实现长期护理保险制度全覆盖，一方面要在制度设计上实现全覆盖，按照长期护理保险制度跟随医疗保险的方式，参保人员参加医疗保险便自动加入长期护理保险制度。另一方面要关注及保障弱势群体的参保权利，为将低收入群体纳入保障范围，可降低或减免长期护理保险制度费用缴纳。加快形成覆盖全民、均等参保、统筹城乡的长期护理保险制度，为全体居民搭建应对失能风险的防护网。

（4）保障对象从消极保障到积极预防

目前试点城市的保障对象有年龄约束及失能程度约束，除上海外其他地区均设置年龄约束，但大部分试点城市仅将保障对象设为重度失能，使合规失能发生率控制在3‰以下（关博，2019），从现实数据来看（如表3-2所示）试点城市的受益人数及受益比数据都不理想，受益比从安庆0.23%到青岛0.69%不等，受益面过于狭窄削弱了长期护理保险制度的制度效益。

保障对象优先考虑重度失能人员是合理且有效的，其护理需求应给予保障，且重度失能人员占比较少，不会对制度基金造成较大冲击。对于失能失智程度较轻的群体，其参与长期护理保险制度缴费却无法享受待遇，有护理需求却被严格的失能评定排斥在制度外，与社会保险的权利与义务对等原则相违背，且由于未能及时治疗造成健康水平恶化导致更多基金支出。

未来长期护理保险制度应当扩大保障对象，积极将中轻度失能失智人员纳入保障范围，可参考青岛及南通建立延缓失能失智工作，但应当审慎扩面，因为中轻度失能人员虽护理需求低于重度失能人员，但其人群占比较大且余寿较长，会对长期护理保险制度基金要求较高。扩大保障对象后要严格给付条件，以抑制长期护理保险制度基金流失。待遇给付的全覆盖包括两层含义：一是在保障对象上，所有参保群体均可按条件享受长期护理保障制度；二是在保障范围上，覆盖多数失能等级对象，满足不同失能对象的长期护理服务需求（刘欢，2021）。

（5）待遇支付从保障偏颇到适度保障

目前试点地区待遇标准差距过大，青岛、广州、长春、上海的待遇标准为90%，齐齐哈尔待遇标准为50%左右，较低的补偿水平难以满足参保对象的护理需求，容易造成参保人对制度信心不足，较高的补偿比例在制度初期仅覆盖高度失能对象时容易维持，当制度进一步扩大受益面时便会冲击长期护理保险制度基金，此时便需要较高的缴费水平来维持制度平衡。

过高或过低的待遇水平都不利于制度的可持续发展，本书提倡建立适度的支付水平，一方面为长期护理保险制度发展提供支撑，使制度能够应对长尾风险；另一方面可鼓励商业长期护理保险制度的发展，避免因待遇过高挤占了商业保险的进入。由于职工医保及居民医保的报销比例分别在80%和70%左右，指导意见中提出基金支付水平总体上控制在70%左右，学者提出的支付水平也大致围绕70%波动，如关博（2019）提出对长期护理机构生活照护项目部分按照30%～40%的比例报销，医疗护理待遇按照职工报销比例不低于75%、居民不低于70%确定，曹信邦（2018）提出设置自付比例最高为25%，补偿比例最高为75%。

除保障适度支付水平之外，支付方式的选择也应当明确，对不同个体采取统一的支付方式将造成资源使用效率低，应当构建多元支付方式，根据服务提供方式和保障对象个体特征，结合使用按项目付费、按床日付费、按病种付费等。

（6）实现长期护理保险制度自平衡

长期护理保险制度各制度要素并非彼此独立，维护长期护理保险制度的自平衡对实现长期护理保险制度的基金收支平衡及制度可持续性至关重要。参保对象宽窄及筹资水平高低直接影响基金收入高低，保障对象及待遇支付水平直接影响基金支出，而等级评估严格程度关系着保障对象多少，按照收支平衡及以收定支的基本原则，参保对象宽窄及筹资水平高低将直接影响保障对象多少及待遇支付水平。

优化长期护理保险制度是一个从易到难、从缺到全的过程，研究发现不同制度要素对社会缴费率和财政补贴率的敏感性不同，参保范围变动对社会缴费率及财政补贴率的敏感性较弱，扩大保障对象比扩大参保范围更为敏感，提高待遇水平比扩大保障对象对财务的敏感性更高。长期护理保险制度的各制度要素并不是孤立的，尤其是支付处于长期护理保险制度的最后一环，支付比例是长期护理保险制度各制度要素相互均衡的结果，受试点地区缴费水平、缴费人数、受益人数、服务内容等多种因素影响，也受各试点城市的功能定位影响，制度偏向于医疗护理比制度偏向于生活护理的试点城市待遇水平更高，所以待遇水平应当审慎提高。

长期护理保险制度优化一方面应当维护资金缴纳、参保人数、待遇人数、待遇水平等关键制度要素的平衡，另一方面在长期护理保险制度的优化时应当遵循一定的顺序，首先扩大参保范围，然后扩大受益范围，在财务可持续情况下，逐步提高制度的支付标准。

8.5 本章小结

本章第一部分从4个方面进行制度优化分析，研究发现窄覆盖方案的社会缴费率对参保范围变动更敏感；保障对象的敏感性高于参保范围的敏感性，扩大保障对象对非全民参保试点方案的财务负担有较大冲击；支付标准是众多因素中最为敏感的因素，必须审慎提高长期护理保险制度待遇支付标准。试点方案的权利与义务主要表现在长期护理保险制度的待遇支付和费用征缴上，上海方案、上饶方案、宁波方案和承德方案存在权利与义务的不统一性，针对不同的试点方案，需采取不同的优化路径来实现权利与义务的统一，进一步实现高质量的长期护理保险制度。

本章第二部分从3个方面提出优化路径：一是提出长期护理保险制度试点方案优化基本理念为统一性、普遍性、公平性、适度性及多重性，应建立全覆盖、保基本、广受益、多层次、可持续的长期护理保险制度；二是分别针对制度试点期及制度统一期提出试点方案优化路径，制度试点期进行制度构建以提高制度自信，制度统一期将进行制度扩面以提高制度有效性；三是提出试点方案优化路径具体设计，分别为制度定位从依附医疗保险到独立保险，筹资渠道从单一依附到多元独立，参保对象从保重点到全覆盖，保障对象从消极保障到积极预防，待遇支付从保障偏颇到适度保障，并实现长期护理保险制度各重要参数的自平衡，试点方案应科学设计与规划长期护理保险制度，先扩大参保范围再增加保障对象，再考虑提高长期护理保险制度的支付标准。

9 研究结论及未来展望

9.1 研究结论

围绕长期护理保险制度试点实施效果及优化，通过对试点地区政策梳理、实施效果评价、政策优化等内容进行深入研究，本书的主要结论如下：

（1）长期护理保险制度试点已初步形成政策框架，为长期护理保险制度统一奠定了基础。其基本特征如下：一是参保范围优先保障职工群体，摆脱中国社会保障制度城乡二元制的分层属性、实现社会保险全覆盖是长期护理保险制度的首要突破点；二是保障范围以重度失能群体为重点，当前制度应当扩大受益面以减轻广大失能者家庭的经济和照护负担；三是多元筹资渠道基本形成，既为参保群体的护理服务提供资金支持，也为形成服务供给体系提供购买力支持；四是构建基本护理形式，形成以机构护理、社区护理、居家护理为体系的护理形式，通过增加机构护理门槛及增加居家激励措施鼓励居家护理；五是形成保基本的支付标准，以医疗保险基本待遇报销比例70%为长期护理保险制度的基本报销比例；六是形成商业保险经办服务体系，激发市场参与的积极性，提高服务经办效率。

（2）通过聚类分析对试点城市进行分类，可将试点城市分为3类：青岛、上海、成都、长春为各项制度设计较为良好的试点城市代表；宁波、安庆、齐齐哈尔、重庆、承德、乌鲁木齐、广州为依照指导意见进行试点，处于制度发展初期；石河子、南通、苏州、上饶、荆门、北京市石景山区处于中间状态，根据指导意见进行制度建设并相应逐渐扩展制度，处于制度发展期。

（3）长期护理保险制度对医疗费用支出存在显著的负向影响。不同的群体参加长期护理保险制度对医疗费用支出影响存在差异，长期护理保险制度对医疗费用支出的负向影响主要存在于年龄在60岁及以上、受教育水平为小学及以下、自评健康状况一般及按区域划分属于中部地区的受访者。

（4）长期护理保险制度典型试点城市长春市的长期护理保险制度整体实施效果认同度介于“无所谓”和“比较同意”两个等级之间。具体来说，制度设计层面的实施效果对应的评价为“比较同意”，制度环境层面的实施效果对应的评价为“无所谓”，制度运行层面的实施效果对应的评价为“比较不同意”。长春市长期护理保险制度总体上取得一定成效，其中制度设计层面效果较好，制度运行层面效果不理想，制度环境层面效果一般。

（5）在长期护理保险制度财政负担可持续性方面，17个试点城市除上海方案以外都具有一定的可持续性。在2000—2050年，缴费率范围为0.03%～1.611%，财政补贴率范围为0.011%～0.826%。其中，缴费率从高到低为青岛、广州、苏州、长春、成都、荆门、南通、上饶、重庆、承德、石河子、安庆、宁波、齐齐哈尔；财政补贴率从高到低为南通、荆门、青岛、成都、石河子、上饶、承德。测算试点地区2000—2050年缴费率结果显示，以职工为参保对象的方案缴费率从2005—2020年呈现下降趋势，2020年达到长期护理保险制度缴费率最低点；以职工及居民为参保对象的方案缴费率在2015年达到最低点，随后呈缓慢上升趋势，因而在2020年左右出台长期护理保险制度对社会和财政造成的负担较小。

（6）我国长期护理保险制度人力资源可持续性状况较差。我国护理人员一直存在供给缺口，以护理人员低配比测算，我国到2045年会实现长期护理行业护理人员的供需平衡；以高配比测算，我国未来30年长期护理行业护理人员的供给缺口将会越来越大，到2050年将存在113万的护理人员缺口。护理人员短缺严重影响我国长期护理行业的发展和长期护理保险制度的建立，应当注重护理人员数量及质量的全面提升。

（7）我国长期护理保险制度物力资源的可持续状况不理想。以目前对养老机构护理型床位占比50%测算，我国2020—2050年面临160万～230万张的护理型床位缺口。如果护理型床位实现供需平衡，最佳比例范围应该在60%～65%。

（8）长期护理保险制度优化分析得出窄覆盖方案的社会缴费率对参保范围变动更敏感；保障对象的敏感性高于参保范围的敏感性，扩大保障对象对非全民参保试点方案的财务负担有较大冲击；支付标准是众多因素中最为敏感的因素，必须审慎提高长期护理保险制度待遇支付标准。

（9）试点方案优化路径具体设计应当遵循制度定位从依附医疗保险到独立保险，筹资渠道从单一依附到多元独立，参保对象从保重点到全覆盖，保障对象从消极保障到积极预防，待遇支付从保障偏颇到适度保障并实现长期护理保险制度各重要参数的自平衡，试点方案应科学设计与规划长期护理保险制度，先扩大参保范围再增加保障对象，再考虑提高长期护理保险制度的支付标准。

9.2 未来展望

鉴于我国的长期护理保险制度仍在试点过程中，随着试点的深入推进，亟须构建可复制的制度安排。由于各试点地区的数据仍未公开发布，试点存在显著差异，不易进行简单的比较分析，因此围绕长期护理保险制度的实施效果研究亟须深入。随着制度的推广以及数据的可获得性提高，围绕长期护理保险制度的宏观和微观研究将进一步深化，尤其是大数据下的实证分析，以及制度统一后的整体实施成效，都将是未来研究的重点。

参考文献

[1] 安炳辉．我国长期护理保险制度现存问题与优化路径［J］．西部财会，2019（6）：64-67．

[2] 安平平，陈宁，熊波．中国长期护理保险：制度实践、经验启示与发展走向——基于青岛和南通模式的比较分析［J］．中国卫生政策研究，2017，10（8）：1-6．

[3] 陈诚诚．长期护理保险试点地区筹资机制的实施现状与政策述评［J］．学习与实践，2020（6）：88-96．

[4] 陈诚诚．长期护理保险试点总结及发展建议［J］．中国社会保障，2020（6）：39-41．

[5] 陈诚诚．老年人长期照护等级评估工具发展综述［J］．中国医疗保险，2017（4）：8-11．

[6] 陈诚诚．长期护理服务领域的公私合作［J］．中国社会保障，2016（7）：37-39．

[7] 陈诚诚．老年人长期照护等级评估工具发展综述［J］．中国医疗保险，2017（4）：8-11．

[8] 陈诚诚，郭佳琪．长期护理费用控制与支付方式研究——以S市长期医疗护理保险试点为例［J］．卫生经济研究，2020，37（2）：49-53．

[9] 陈翠霞，王晓伟．社保基金财务可持续性与精算平衡的理论分析［J］．劳动保障世界，2019（26）：78-79．

[10] 程豪珏．政府购买长期护理服务的风险防范研究——基于S市的实践［D］．

南昌：江西财经大学，2019.
[11] 陈凯，赵娜．长期护理保险购买意愿机理研究：影响因素、作用方式与路径 [J]．金融理论与实践，2018（6）：99-103.
[12] 陈璐．中国长期护理成本的财政支持和公平保障 [J]．财经研究，2013，39（5）：73-85.
[13] 陈璐，徐南南．中国长期护理保障制度的财政负担——基于德、日社会保险模式的测算 [J]．保险研究，2013（1）：106-118.
[14] 陈玫，孟彦辰．我国农村长期护理保险制度的构建研究 [J]．中国全科医学，2020，23（21）：2615-2620.
[15] 陈玫，孟彦辰．长期护理保险可持续性研究：基于政府购买服务的视角 [J]．中国医院，2019，23（10）：29-31.
[16] 陈蓉．推进失能老人居家长期照护的探索与建议 [N]．中国人口报，2020-11-26（3）.
[17] 陈晓安．公私合作构建我国的长期护理保险制度：国外的借鉴 [J]．保险研究，2010（11）：55-60.
[18] 程晓璐．我国长期护理保险资金筹集问题研究 [J]．中国集体经济，2018（25）：94-95.
[19] 陈妍．公共医疗保障基金筹资机制研究 [D]．天津：南开大学，2012.
[20] 曹信邦．中国长期护理保险制度构建的理论逻辑和现实路径 [J]．社会保障评论，2018，2（4）：75-84.
[21] 曹信邦．中国失能老人长期护理保险制度研究——基于财务均衡的视角 [M]．北京：社会科学文献出版社，2016.
[22] 曹信邦．中国失能老人公共长期护理保险制度的构建 [J]．中国行政管理，2015（7）：66-69.
[23] 曹信邦，陈强．中国长期护理保险需求影响因素分析 [J]．中国人口科学，2014（4）：102-109，128.
[24] 曹信邦，秦筝．照护保险需要政府介入 [J]．中国社会保障，2015（1）：81-82.
[25] 曹信邦，张小凤．中国长期护理保险制度的目标定位与实现路径 [J]．社会政策研究，2018（3）：46-56.
[26] 曹艳春，陈翀．大数据背景下我国老年长期照护分级机制及其动态系统均衡探讨 [J]．社会保障研究（北京），2016，23（1）：149-158.
[27] 邓大松，郭婷．中国长期护理保险制度构建浅析——以青岛市为例 [J]．卫生经济研究，2015（10）：33-37.
[28] 邓大松，李玉娇．失能老人长照服务体系构建与政策精准整合 [J]．西北

大学学报（哲学社会科学版），2017，47（6）：55-62.

[29] 邓大松，张晴晴．农村贫困地区返贫成因及对策探析［J］．决策与信息．2020(6)：46-51.

[30] 丁华，严洁．中国老年人失能率测算及变化趋势研究［J］．中国人口科学，2018（3）：97-108，128.

[31] 邓晶，邓文燕．长期护理保险第一批试点城市保险筹资方案比较分析［J］．中国卫生政策研究，2017，10（8）：13-17.

[32] 党俊武．我国老龄社会初期阶段发展老龄服务的战略思考［J］．老龄科学研究，2017，5（3）：3-10.

[33] 杜丽侠，冯旅帆，彭颖，等．上海市长期护理服务项目成本核算与影响因素分析［J］．中国卫生经济，2018，37（7）：41-44.

[34] 戴卫东．OECD国家长期护理保险制度研究［M］．北京：中国社会科学出版社，2015.

[35] 戴卫东．国外长期护理保险制度：分析、评价及启示［J］．人口与发展，2011，17（5）：80-86.

[36] 戴卫东．长期护理保险:中国养老保障的理性选择［J］．人口学刊．2016，38(2)：72-81.

[37] 戴卫东．长期护理保险——理论、制度、改革与发展［M］．北京：经济科学出版社，2014.

[38] 戴卫东，徐谷雄．长护险的“有所为”和“有所不为”［J］．中国社会保障，2018（5）：24-25.

[39] 杜霞，周志凯．长期护理保险的参与意愿及其影响因素研究——基于陕西省榆林市的微观样本［J］．社会保障研究，2016（3）：41-50.

[40] 丁奕宁，邱路．我国长期护理保险制度现实困境及优化路径［J］．齐齐哈尔师范高等专科学校学报，2019（2）：97-99.

[41] 冯兰．试点扩面背景下我国长期护理保险发展研究［J］．科技创业月刊，2020，33（9）：61-63.

[42] 冯莉，杨晶．城镇职工基本医疗保险基金可持续性评估——基于延迟退休和全面二孩政策调整的考察［J］．财经问题研究，2019（8）：122-129.

[43] 关博．互助保险机制在长期护理保障中的应用：典型案例的政策设计及绩效［J］．社会保障研究，2020（2）：51-57.

[44] 关博，朱小玉．中国长期护理保险制度：试点评估与全面建制［J］．宏观经济研究，2019（10）：103-111，156.

[45] 高春兰，班娟．日本和韩国老年长期护理保险制度比较研究［J］．人口与经济，2013（3）：104-110.

[46] 高和荣. 长期照护保险的缘起与争议 [J]. 湖湘论坛，2019，32（1）：39-45，2.

[47] 谷金梅. 长期护理保险的发展检视与优化路径 [J]. 湖南科技学院学报，2018，39（4）：89-91.

[48] 高娜. 青岛市长期护理保险：政策分析、实施现状与路径优化 [J]. 劳动保障世界，2019（24）：41-43.

[49] 盖庆恩，朱喜，史清华. 劳动力转移对中国农业生产的影响 [J]. 经济学（季刊），2014，13（3）:1147-1170.

[50] 桂世勋. 中国高龄老人长期护理问题的思考 [J]. 中国人口科学，2004（S1）：113-118+178.

[51] 宫霄. 长期护理保险试点现状与对策研究 [J]. 经济研究导刊，2020（8）：128-129.

[52] 高小芬."医养结合"模式下老年长期护理等级划分临床实践研究 [D]. 合肥：安徽医科大学，2 014.

[53] 顾雨微，陈玥，侯小丽. 我国老年长期护理保险的发展现状及改善措施 [J]. 时代金融，2020（9）：112-113，120.

[54] 高振峰. 荷兰长期护理保险制度发展及启示 [J]. 兰州教育学院学报，2020，36（2）：47-49，54.

[55] 霍艾湘，毛鹏. 陕西老人对长期护理保险制度的态度调研分析 [J]. 劳动保障世界，2020（12）：42，44.

[56] 黄德斌，阳丽文，刘莉丽，等. 大数据与医保智能审核深度融合的探索——基于成都市的实践 [J]. 中国医疗保险，2019（3）：40-42.

[57] 黄枫，吴纯杰. 基于转移概率模型的老年人长期护理需求预测分析 [J]. 经济研究，2012，47（S2）：119-130.

[58] 胡宏伟，李佳怿，栾文敬. 美国长期护理保险体系：发端、架构、问题与启示 [J]. 西北大学学报（哲学社会科学版），2015，45（5）：163-174.

[59] 胡宏伟，李佳怿，汤爱学. 日本长期护理保险制度：背景、框架、评价与启示 [J]. 人口与社会，2016，32（1）：94-103.

[60] 胡宏伟，李延宇. 我国老年长期照护保险筹资、补偿水平优化设计研究——兼论老年照护保险框架设定 [J]. 河北大学学报（哲学社会科学版），2017，42（5）：117-128.

[61] 韩建，陈志刚. 养老服务专业人才培养现状及路径探析 [J]. 智库时代，2020（10）：250-251.

[62] 郝君富，李心愉. 德国长期护理保险：制度设计、经济影响与启示 [J]. 人口学刊，2014，36（2）：104-112.

[63] 何乐．破题长期照护困局的创新实践［J］．群众，2020（23）：30-31.

[64] 韩丽，胡玲．长期护理保险待遇给付的现实困境及优化路径研究［J］．卫生经济研究，2020，37（7）：49-52.

[65] 海龙，尹海燕．我国长期护理保险筹资机制研究［J］．湖南社会科学，2020（1）：103-109.

[66] 和丽芬，迟昕美．供给侧结构性改革背景下养老服务人员队伍建设研究［J］．中国经贸导刊（中），2019（11）：164-165.

[67] 黄丽娟，罗娟．长期护理保险的理论指引与体系建构［J］．华东政法大学学报，2020，23（5）：143-157.

[68] 何庆华，郭后华．打造接地气惠民生的长期护理保险制度——基于荆门市的实践与思考［J］．中国医疗保险，2019（8）：45-47.

[69] 胡蕊．基于需方视角下长期护理保险制度实施效果及优化策略研究——以安庆市为例［D］．合肥：安徽医科大学，2020.

[70] 黄如意，胡善菊．我国长期护理保险制度试行的典型比较与思考［J］．中国卫生事业管理，2019，36（8）：583-587.

[71] 衡元元．我国商业保险参与长期护理保险制度的模式研究［J］．黄冈职业技术学院学报，2018，20（4）：94-98.

[72] 蒋承，顾大男，柳玉芝，等．中国老年人照料成本研究——多状态生命表方法［J］．人口研究，2009，33（3）：81-88.

[73] 姜春力，张瑾．我国长期护理保险制度试点成效、问题和建议［J］．全球化，2021（1）：82-93，136.

[74] 贾丰竹．福利多元主义视角下中德两国重度残疾人长期护理保险制度供给主体问题研究［J］．劳动保障世界，2020（18）：40-42.

[75] 靳红梅．国外长期护理保险制度比较［J］．河北企业，2017（3）：63-64.

[76] 季佳林，刘远立，仲崇明，等．荷兰长期护理保险制度改革对中国的启示［J］．中国卫生政策研究，2020，13（8）：43-49.

[77] 蒋曼，罗力，戴瑞明，等．长期护理保险对老年健康服务产业发展的影响探索［J］．中国卫生资源，2019，22（1）：38-42.

[78] 蒋曼，罗力，戴瑞明，等．我国长期护理保险部门定位与功能整合的思考［J］．中国卫生资源，2019，22（1）：24-27，61.

[79] 蒋曼，罗力，戴瑞明，等．上海市长期护理保险中医疗护理供给现状分析［J］．医学与社会，2019，32(2).

[80] 蒋曼，罗力，何世英，等．国内外长期护理保险需求评估的对比分析［J］．中国卫生资源，2019，22（1）：20-23.

[81] 姬鹏程，王皓田．日本长期护理保险制度的经验与启示［J］．宏观经济管理，2020（11）：85-90.
[82] 姜珊．建立长期护理保险制度是大势所趋［N］．中华工商时报，2020-09-29（3）.
[83] 贾舒童，朱国龙．对我国长期护理保险财务运行模式的思考［C］//四川劳动保障杂志出版有限公司劳动保障研究会议论文集（五），2020.
[84] 荆涛．长期护理保险理论与实践研究：聚焦老龄人口长期照料问题［M］．北京：对外经济贸易大学出版社，2015.
[85] 荆涛．建立适合中国国情的长期护理保险制度模式［J］．保险研究，2010（4）：77-82.
[86] 荆涛，杨舒，谢桃方．政策性长期护理保险定价研究——以北京市为例［J］．保险研究，2016（9）：74-88.
[87] 荆涛，金缦．我国商业长期护理保险市场有效需求不足的原因探析——从理赔视角［J］．济南大学学报（社会科学版），2016，26（3）：94-100.
[88] 荆涛，邢慧霞，万里虹，等．扩大长期护理保险试点对我国城镇职工医保基金可持续性的影响［J］．保险研究，2020（11）：47-62.
[89] 荆涛，杨舒．商业保险公司在长期护理保险制度建设中的作为［J］．中国医疗保险，2016（9）：70-72.
[90] 姜向群．建立长期护理社会保险制度的基本构想［N］．中国劳动保障报，2013-09-03（3）.
[91] 景跃军，孟石，李元．德美日长期护理保险资金筹集模式的特点及启示［J］．延边大学学报（社会科学版），2018，51（2）：101-107，143.
[92] 景跃军，李元．中国失能老年人构成及长期护理需求分析［J］．人口学刊，2014，36（2）：55-63.
[93] 金弘文．韩国护理保险分析及对中国的借鉴［J］．中国外资，2011（12）：246-249.
[94] 阚小冬．试论个人账户基金购买长期护理保险的必要性和可行性［J］．中国医疗保险，2013（12）：65-67.
[95] 林宝．对中国长期护理保险制度模式的初步思考［J］．老龄科学研究，2015，3（5）：13-21.
[96] 林宝．中国不能自理老年人口的现状及趋势分析［J］．人口与经济，2015（4）：77-84.
[97] 李丹青．“社保第六险”推进提速［J］．农民文摘，2020（11）：12-14.
[98] 梁发芾．让长期护理险给失能老人以尊严和保障［N］．中国经营报，2020-11-23（E04）.

[99] 刘欢. 中国长期护理社会保险制度的功能定位、价值理念与实施路径 [J]. 求实，2021 (1): 46-58，110-111.

[100] 刘洪波. 长护险助力老龄友好型社会建设 [J]. 中国金融，2020 (6): 65-66.

[101] 刘慧敏，王金朝. 长期护理保险居家护理市场现状研究——以日照市为例 [J]. 新财经，2019 (8): 75-77.

[102] 李佳. 长期护理险能否成为安心丸? [J]. 小康，2020 (31): 24-25.

[103] 刘锦丹. 上海市区家庭护理成本核算的研究 [D]. 上海: 第二军医大学，2010.

[104] 陆杰华，刘芹. 从理念到实践: 国际应对人口老龄化的经验与启示 [J]. 中国党政干部论坛，2020 (1): 90-93.

[105] 刘金兰. 我国长期护理保险的发展机遇 [J]. 中国集体经济，2020 (24): 104-105.

[106] 刘俊萍，尹文强，李玲玉，等. 美德日韩4国长期护理保险制度对我国的启示 [J]. 卫生软科学，2020，34 (4): 92-95.

[107] 雷璐，罗艳虹. 发展长期护理保险、实现健康老龄化的经验及思路初探 [J]. 中国医学伦理学，2019，32 (1): 99-101.

[108] 李林，郭赞，郭宇畅. 长期护理保险制度的建立与探索——基于河北省的实践 [J]. 金融理论探索，2018，(1): 57-63.

[109] 陆蒙华，吕明阳，王小明. 长期护理保险的保障范围和护理时长——基于社会保险模式和商业保险模式的比较 [J]. 人口与发展，2020，26 (3): 38-50.

[110] 鲁全. 中国养老保险管理体制变革与发展 [J]. 山东社会科学，2020 (4): 25，77-83.

[111] 鲁全，张盈华，赵丽，等. 长期护理险保障老人有尊严地老去 [N]. 法治日报，2020-11-12 (8).

[112] 卢婷. 我国长期护理保险发展现状与思考——基于全国15个城市的实践 [J]. 中国卫生事业管理，2019，36 (1): 23-28.

[113] 李天俊. 美国长期护理保险体系的发展与启示 [J]. 劳动保障世界，2020 (6): 37-38.

[114] 刘田静. 长期护理保险模式可持续性比较 [J]. 智能计算机与应用，2020，10 (2): 161-164.

[115] 刘田静. 上海长期护理保险资金可持续性问题初探 [J]. 上海农村经济，2019 (12): 34-37.

[116] 鲁於，杨翠迎. 我国长期护理保险制度构建研究回顾与评述 [J]. 社会保

障研究，2016，(4)：98-105.

［117］刘文，王若颖．我国试点城市长期护理保险筹资效率研究——基于14个试点城市的实证分析［J］．西北人口，2020，41（5）：29-45.

［118］凌文豪，董玉青．长期照护的需求分析、国际经验与中国方案——一个文献综述［J］．社会保障研究，2019（4）：105-111.

［119］李鑫，刘祯帆，龙霖，等．四川老年人对建立长期护理保险制度态度及原因调查［J］．中国公共卫生，2018，34（11）：1563-1565.

［120］李晓鹤，刁力．人口老龄化背景下老年失能人口动态预测［J］．统计与决策，2019，35（10）：75-78.

［121］吕学静，许东黎．国外经验对我国探索建立长期护理保险制度的借鉴［J］．中国人力资源社会保障，2017（6）：21-23.

［122］李小青．长期护理保险中的分级护理标准研究［D］．武汉：武汉科技大学，2020.

［123］李小青，周云，韩丽．长期护理保险服务给付研究［J］．卫生经济研究，2019，36（11）：49-52.

［124］林雪婷，刘心雨，姚泽丽，等．人口老龄化背景下我国长期护理保险需求的影响因素探析——以广州为例［J］．当代经济，2020（10）：122-125.

［125］南京审计大学"长期护理保险"调研组，刘妍．建立长期护理保险制度：挑战、借鉴与对策——基于南通市“基本照护保险制度”的调研［J］．保险职业学院学报，2019，33（6）：5-11.

［126］李元．我国失能老人长期照护资金规模的测算分析［J］．人口学刊，2018，40（5）：78-85.

［127］李元，邓琪钰．基于模糊综合评价法的老年长期照护保险制度实施效果分析［J］．人口与经济，2019（6）：82-96.

［128］刘易辰，陈世伟．长期护理保险制度与健康扶贫——以河北省巨鹿县经验为例［J］．农经，2020（5）：94-96.

［129］李月娥，明庭兴．长期护理保险筹资机制：实践、困境与对策——基于15个试点城市政策的分析［J］．金融理论与实践，2020（2）：97-103.

［130］李运华，姜腊．日本长期护理保险制度改革及启示［J］．经济体制改革，2020，(3)：167-172.

［131］吕园园．日本介护保险筹资机制对我国长期护理保险制度的启示［J］．中国保险，2020（12）：59-64.

［132］李珍，赵青．德国社会医疗保险治理体制机制的经验与启示［J］．德国研究，2015，30（2）：86-99，143.

［133］马超，俞沁雯，宋泽，等．长期护理保险、医疗费用控制与价值医疗［J］.

中国工业经济，2019（12）：42-59.

[134] 马晶，杨天红．长期护理需求评估体系建设研究——基于地方试点与德国实践［J］．重庆大学学报（社会科学版），2020，27（2）．

[135] 马晴，王高玲，刘军军，等．多元化视角下我国长护保险体系的构建［J］．南京中医药大学学报（社会科学版），2019，20（4）：263-267.

[136] 马宇娇．德美两国长期护理保险制度的差异性比较［J］．劳动保障世界，2019（35）：36.

[137] 倪沪平．完善医保基金运行机制的思考［J］．中国社会保障，2020（6）：84.

[138] 倪锦文，陆平，高荣，等．长期护理保险制度设计研究——基于供给层面的思考［J］．中国经贸导刊（中），2019（7）：55-57.

[139] 倪微．专业化养老护理人才队伍建设国际经验及启示［J］．中国人力资源社会保障，2019（3）：50-51.

[140] 潘锦棠，张燕．社会保障中的平等公平效率［J］．国家行政学院学报，2015（6）：61-66.

[141] 庞世之．完善适应国情的长护险制度框架［N］．中国银行保险报，2020-09-24（2）.

[142] 彭雅君，李文燕，陈瑞华，等．急诊病房分级护理服务项目成本研究［J］．护理学杂志，2010，25（2）：68-70.

[143] 乔彬．青岛市：失能老人长期护理实践与再思考［J］．中国民政，2016（17）：42-43.

[144] 齐明珠．我国 2010—2050 年劳动力供给与需求预测［J］．人口研究，2010，34（5）：76-87.

[145] 秦松，张毅．养老服务机构“准入”的发展困境及对策研究［J］．现代交际，2020（1）：65-66.

[146] 秦杨杨．我国商业长期护理保险发展问题研究［D］．开封：河南大学，2020.

[147] 任文静．基于社保降费背景下长期护理保险费率测度与对策研究［D］．青岛：青岛大学，2020.

[148] 宋宝安．老年人口养老意愿的社会学分析［J］．吉林大学社会科学学报，2006（4）：90-97.

[149] 史承明，陈玉红，熊小燕．住院病人等级护理收费现状调查与分析［J］．全科护理，2011，9（11）：1025.

[150] 宋全成，孙敬华．我国建立老年人长期照护制度可行吗？［J］．经济与管理评论，2020，36（5）：65-75.

[151] 雎党臣，张婷．人口老龄化背景下我国老年长期护理保险制度的建构［J］．西部财会，2016（3）：61-67.

[152] 孙东雅．建立完善中国长期护理保险制度的思考［N］．中国保险报，2017-10-27（4）.

[153] 苏健．德国长期护理保险制度：演化历程、总体成效及其启示［J］．南京社会科学，2019（12）：67-73.

[154] 孙洁，蒋悦竹．社会长期护理保险筹资机制理论分析框架［J］．江西财经大学学报，2018（1）：59-68.

[155] 孙敬华．中国长期护理保险制度的福利要素评析及优化策略［J］．北京社会科学，2019（10）：107-116.

[156] 邵文娟．试点阶段我国长期护理保险制度的经验总结——以青岛市为中心［J］．长春大学学报，2018，28（1）：7-11.

[157] 宋悦，韩俊江．日本介护产业从业特征、工资水平及相关对策［J］．现代日本经济，2016（2）：87-94.

[158] 宋阳，方律颖，李星辉，等．医养分离下老龄化服务供需矛盾现状及形成机制推导［J］．中国初级卫生保健，2019，33（11）：11-14.

[159] 申宇鹏，宋子扬，刘思棠．长期护理保险对城镇职工基本医疗保险运行效率影响研究［J］．现代商贸工业，2019，40（33）：132-134.

[160] 施永兴，王光荣，杨芬红，等．上海市老年护理医院服务现状［J］．中国全科医学，2008（7）：551-554.

[161] 北京义德社会工作发展中心课题组，唐钧．长期照护保险：国际经验和模式选择［J］．国家行政学院学报，2016（5）：42-48，142.

[162] 谭唯阳．我国发展长期护理保险制度面临的问题——基于供给层面的思考［J］．中国市场，2018（7）：72-77.

[163] 田香兰．韩国长期护理保险制度解析［J］．东北亚学刊，2019（3）：118-131，151-152.

[164] 杨翌凌．基于财务可持续的长期护理保险制度研究——以青岛长期医疗护理保险为例［J］．市场周刊，2019（10）：185-188.

[165] 田勇．中国长期护理保险财政负担能力研究——兼论依托医保的长期护理保险制度的合理性［J］．社会保障研究，2020（1）：33-47.

[166] 田勇，殷俊．“依托医保”长期护理保险模式可持续性研究——基于城乡居民与城镇职工的比较［J］．贵州财经大学学报，2019（2）：91-101.

[167] 王保玲，孙健．三种筹资模式下老年人长期护理保险缴费与财政补贴研究［J］．重庆社会科学，2018（11）：18-35.

[168] 吴辉．长期护理险试点扩容惠及更多家庭［J］．理财，2020（11）：

54-55.

[169] 王杰，戴卫东．长期护理保险在中国的选择——基于制度经济学的分析［J］．市场与人口分析，2007（4）：75-80.

[170] 王佳林．长期护理保险制度构建：国际经验及对我国的启示［J］．南方金融，2019（11）：3-10.

[171] 王芃，王庆，杜美婷，等．天津市养老服务现状及老年护理人才培养对策［J］．中国老年学杂志，2016，36（18）：4646-4647.

[172] 王桥．中国老年人长期护理保险评估体系构建与改革（连载二）［J］．养生大世界，2020（11）：44-47.

[173] 王群，汤未，曹慧媛．我国长期护理保险试点方案服务项目的比较研究［J］．卫生经济研究，2018（11）：38-42.

[174] 文太林，孔金平．中国长期照护筹资与公共财政转型［J］．行政论坛，2020，27（1）：114-119.

[175] 文太林，张晓亮．长期护理保险财政补贴研究——基于15个试点城市的比较分析［J］．地方财政研究，2020（1）：93-100.

[176] 伍小兰．中国长期照护体系的发展与思考［J］．老龄科学研究，2017，5（5）：3-14.

[177] 闻雨琪．德国与日本长期护理保险制度的比较及启示［J］．劳动保障世界，2020（3）：31-32.

[178] 王铮．我国长期护理保险制度优化研究——国际经验与中国模式［D］．北京：对外经济贸易大学，2019.

[179] 夏聪明．我国长期护理保险筹资机制的困境与对策［J］．时代经贸，2020（22）：56-57.

[180] 徐栋．依托医保推进长期护理保险制度的可行性分析——以青岛市为例［J］．纳税，2019，13（9）：145-146，151.

[181] 许宏，王颖，蒋曼，等．独立险种：我国长期护理保险宜采用的模式［J］．中国卫生资源，2019，22（1）：43-46.

[182] 徐克勤．我国长期护理保险制度优化路径［J］．山东人力资源和社会保障，2019（10）：12-15.

[183] 许敏敏，段娜．德国长期护理保险及其筹资机制经验对我国的启示［J］．价格理论与实践，2019（7）：99-103.

[184] 冼青华．我国长期护理保险实施实物给付方式探讨［J］．金融教学与研究，2010（3）：75-79.

[185] 许娴．“商业保险+社会保险”双轨制抗疫模式的启示——基于新加坡和德国抗疫模式的思考［J］．上海保险，2020（12）：58-60.

[186] 肖瑛琦，蒋晓莲．中国长期护理保险制度试点分析与思考——基于首批试点城市的比较［J］．中国老年学杂志，2020，40（2）：441-448.

[187] 徐载娟．长期护理保险供给质量提升路径分析［J］．铜陵职业技术学院学报，2020，19（3）：16-18，39.

[188] 杨波，常宇航．发达国家长期护理劳动力供给的趋势特征、经验挑战与启示［J］．西北大学学报（哲学社会科学版），2016，46（5）：132-139.

[189] 于保荣，姜日进，张子薇．长期照护保险的支付体系研究［J］．卫生经济研究，2019，36（10）：11-14，17.

[190] 于保荣，张子薇．长期照护保险的服务体系建设与经办管理研究［J］．卫生经济研究，2019，36（10）：15-17.

[191] 袁东一，孔庆萍，劳锦鸿，等．浅析我国长期护理保险产品设计［J］．商讯，2020（33）：170-171.

[192] 杨根来，赵永．养老护理员职业发展20年回眸［J］．中国社会工作，2020（11）：36-39.

[193] 姚虹．老龄危机背景下我国长期护理保险制度试点方案的比较与思考［J］．社会保障研究，2020（1）：48-56.

[194] 尹海燕．可持续的公共长期护理保险筹资机制：国外经验与中国方案［J］．宏观经济研究，2020（5）：166-175.

[195] 杨璟．延迟退休对我国养老保险制度可持续的影响［J］．宏观经济管理，2019（12）：58-65.

[196] 杨菊华，王苏苏，杜声红．中国长期照护保险制度的地区比较与思考［J］．中国卫生政策研究，2018，11（4）：1-7.

[197] 岳林琳，刘文凤．长期护理保险制度公平性探讨［J］．北京航空航天大学学报（社会科学版），2020，33（2）：80-85.

[198] 杨明旭．中国人口多属性预测研究暨失能老人长期照护政策仿真［D］．杭州：浙江大学，2 016.

[199] 杨明旭，鲁蓓，米红．中国老年人失能率变化趋势及其影响因素研究——基于2000，2006和2010 SSAPUR数据的实证分析［J］．人口与发展，2018，24（4）：97-106.

[200] 余巧萍．安庆市长期护理保险试点现状及路径优化研究［J］．中国医疗保险，2020（12）：46-49.

[201] 应晓华，陈文，黄丽君，等．卫生领域中的公平性和筹资公平性［J］．中国卫生经济，2004（1）：52-54.

[202] 杨翌凌．基于财务可持续的长期护理保险制度研究——以青岛长期医疗护理保险为例［J］．市场周刊，2019（10）：185-188.

[203] 杨翌凌．中国失能老人长期照护的城乡财务负担能力差异的研究［D］．南京：南京财经大学，2020.

[204] 杨燕绥．中国老龄社会与养老保障发展报告（2015）［M］．北京：清华大学出版社，2017.

[205] 杨燕绥，陈诚诚，刘跃华．老年长期护理费需专门制度补偿［N］．中国劳动保障报，2017-10-10（4）.

[206] 殷志芳．老龄化视角下长期护理保险制度的探索与实践［J］．江南论坛，2020（7）：46-48.

[207] 赵斌，陈曼莉．社会长期护理保险制度：国际经验和中国模式［J］．四川理工学院学报（社会科学版），2017，32（5）：1-22.

[208] 郑秉文．中国社保“碎片化制度”危害与“碎片化冲动”探源［J］．甘肃社会科学，2009，（3）：50-58.

[209] 郑秉文．中国社会保险经办服务体系的现状、问题及改革思路［J］．中国人口科学，2013（6）：2-16，126.

[210] 赵春飞，陈立忠．长期护理保险试点问题研究［J］．中国经贸导刊，2020（10）：65-67.

[211] 郑功成．建立长期护理保险制度势在必行［N］．经济参考报，2016-03-14（2）.

[212] 朱国龙．我国长期护理保险资金平衡问题研究［J］．保险职业学院学报，2020，34（3）：62-66.

[213] 张洁，陶四海，陈富美．关于构建我国长期护理保险制度的思考［J］．中国市场，2017（30）：92-93.

[214] 周磊，王静曦．长期护理保险资金筹集和待遇支付政策探讨——基于全国15个试点城市实施方案的比较［J］．财经问题研究，2019（11）：89-97.

[215] 张乐川．健康中国战略背景下嵌入式养老的功能定位、模式选择与保障政策分析［J］．东岳论丛，2020，41（4）：71-77.

[216] 张乐川，钟仁耀．日本介护保险制度变革的理念、路径与效果分析——基于财政压力缓解的视角［J］．社会保障研究，2019（5）：52-62.

[217] 钟仁耀．提升长期护理服务质量的主体责任研究［J］．社会保障评论，2017，1（3）：79-95.

[218] 朱铭来，张晓．长期护理保险筹资机制与个人账户使用探讨［J］．中国医疗保险，2018（9）：9-12.

[219] 张奇林，韩瑞峰．长期医疗护理保险居民参保意愿研究——来自青岛市的调查［J］．社会保障研究，2016（2）：45-53.

[220] 张薇，王志红．国内外社区护理人力资源配置方法研究现状［J］．护理研

究，2010，24（11）：941-943.

［221］郑伟．保险是推进国家治理现代化的重要工具［J］．中国保险，2020（5）：17-22.

［222］郑伟，姚奕，刘子宁，等．长期护理保险制度的评估框架及应用：基于三个案例的分析［J］．保险研究，2020（10）：65-78.

［223］张文娟，付敏．长期护理保险制度中老年人的失能风险和照料时间——基于Barthel指数的分析［J］．保险研究，2020（5）：80-93.

［224］张文娟，李念．现金或服务：长期照护保险的给付制度分析［J］．中国卫生政策研究，2020，13（2）：1-9.

［225］张文娟，魏蒙．中国老年人的失能水平到底有多高？——多个数据来源的比较［J］．人口研究，2015，39（3）：34-47.

［226］朱闻天．辽宁省长期护理保险筹资与给付模式研究［D］．沈阳：辽宁大学，2020.

［227］朱文芝，陈天玉，吴海波．长期护理保险失能等级评定标准优化研究［J］．上海保险，2019（10）：36-39.

［228］张小凤．北京市海淀区长期护理互助保险的财务可持续性研究［J］．社会政策研究，2019（2）：35-47.

［229］曾益，魏晨雪，李晓琳，等．征收体制改革、延迟退休年龄与养老保险基金可持续性——基于“减税降费”背景的实证研究［J］．公共管理学报，2019，16（4）：108-118，173-174.

［230］周延，孙瑞．社保模式下实物给付型长期护理保险发展瓶颈及对策［J］．西南金融，2020（5）：54-63.

［231］周延，吴俊谊．社保模式下的长期护理保险产品设计与定价研究［J］．上海保险，2018（1）：16-21.

［232］张盈华．中国长期护理保险制度的可持续评价与趋势分析［J］．人口学刊，2020，42（2）：80-89.

［233］张盈华．长护险扩大试点向左走，还是向右走？［J］．中国社会保障，2020（4）：66-67.

［234］张盈华．长期护理保险制度的探索、问题和道路选择［J］．中国财政，2019（11）：44-47.

［235］钟玉英，程静．商业保险机构参与长期护理保险经办模式比较——基于北京市海淀区、青岛市的分析［J］．中国卫生政策研究，2018，11（4）：24-28.

［236］郑阳雨璐，潘国臣，陈森松．财务可持续的长期照护制度构建研究——基于台湾地区的经验［J］．社会保障研究，2018（3）：102-112.

[237] 张梓威. 我国社会长期护理保险发展策略研究 [J]. 西部皮革，2018，40 (12)：117，119.

[238] 翟振武，刘雯莉. 人口老龄化：现状、趋势与应对 [J]. 河南教育学院学报（哲学社会科学版），2019，38 (6)：15–22.

[239] 朱震宇. 中国长期照护服务政策演变与发展逻辑 [J]. 中国卫生政策研究，2019，12 (10)：15–22.

[240] 朱震宇. 我国长期照护服务体系建设刍议 [J]. 中国民政，2019 (22)：42–43.

[241] 福井，唯嗣. Future projections of the long-term care insurance system for Japanese prefectures [J]. 京都産業大学論集（社会科学系列），2016 (33).

[242] 菊澤，佐江子，澤井，等. 軽度要介護者（軽度者）における介護保険サービス利用の効果--パネルデータによる要介護状態の変化の分析 [J]. 老年社会科学，2007，29：375–383.

[243] KYU，EUISIN.The association between the utilization of long-term care services and mortality in elderly Koreans[J].Archives of Gerontology and Geriatrics，2016 (65)：122–127.

[244] MILLER，MOR，CLARK.Weighing public and private options for reforming long-term care financing：findings from a national survey of specialists[J].Medical Care Research and Review，2010，67 (4)：16–37.

[245] EISEN.10 Years of social long-term care insurance in Germany[J]. Swiss Journal of Economics & Statistics，2006 (142)：29–35.

[246] HIDETOSHI.Care and nursing in remodeling long term care insurance[J]. Nihon Ronen Igakkai Zasshi. Japanese Journal of Geriatrics，2007，44 (4).

[247] FAKAI，FUKUI. Policy options for financing the future health and long-tem car cots in Japan[M].Chicago：University of Chicago Press，2006.

[248] HYUK.Long-term care system in Korea[J]. Annals of geriatric medicine and research，2020，24 (3)：181.

[249] JOHANNES.Notes about comparing long-term care expenditures across countries comment on "financing long-term care：lessons from Japan[J]. International Journal of Health Policy and Management，2020，9 (2)：80.

[250] JOHANNES，HORBEN.Long-term care insurance and carers'labor supply—a structural model[J].Health Economics，2015，24 (9).

[251] HEINICK, THOMSEN.The social long-trem care insurance in Germany: origin, situation, threats and perspective[J]. Discussion Paper No. 10–12, Center of Economic Research, 22 February, 2010(10–012).

[252] ROTHGANG, ARMOLD.Financing long-term care insurance reconciling a pay-as-you-go system with a partly funded system[J].paper Represent-ed at the 7th ESP Anet Conference 2009.

[253] KWON, LEE, HUR.Projecting the cost of long-term care insurance in Korea[J].Asia-Pacific Journal of Risk and Insurance, 2016, 7 (1).

[254] Choi , Park , Lee, et al.Does long-term care insurance reduce the burden of medical costs? A retrospective elderly cohort study[J]. Geriatrics & Gerontology International, 2018, 18 (12): 1641–1646.

[255] Kim Da Eun, et al.A delphi study for developing a person-centered de-mentia care online education program in long-term care facilities[J].Jour-nal of Korean Academy of Community Health Nursing 2019, 30 (3): 295–306.

[256] HONGSOO, BOYOUNG.Developing a framework for performance assess-ment of the public long-term care system in Korea: methodological and policy lessons[J]. Health Research Policy And Systems, 2020, 18 (1): 27.

[257] PICKARD, COMAS–HERRERA, COSTA–FONT, et al.Modelling an entitle-ment to long-term care services for older people in Europe: projections for long-term care expenditures to 2050[J].Journal of European Social Policy, 2007, 17 (1): 33 –48.

[258] LIANG , LI, SHEN, et al.Long-term trends in hospitalization and outcomes in adult patients with exacerbation of chronic obstructive pulmonary dis-ease in Beijing, China, from 2008 to 2017[J]. International Journal of Chronic Obstructive Pulmonary Disease 2020 (15): 1155.

[259] MATSUDA, IWAGAMI, SUZUKI, et al. Correlation between the Barthel Index and care need levels in the Japanese long-term care insurance sys-tem[J].Geriatrics & gerontology international, 2019, 19 (11): : 1186–1187.

[260] MCARTHUR, SAARI, HECKMAN, et al.Evaluating the effect of COVID–19 pandemic lockdown on long-term care residents′ mental health: a data-driven approach in New Brunswick[J].Journal of the American Medi-cal Directors Association, 2020, 22 (1) : 187–192.

[261] MEHTA, KUO , RAJI, et al.Time trends in opioid use by dementia severity in long-term care nursing home residents[J].Journal of the American Medical Directors Association, 2021, 22 (1) : 124–131.

[262] SOHN, O′CAMPO, MUNTANER, et al. Has the long-term care insurance resolved disparities in mortality for older Koreans? examination of service type and income level[J]. Social Science; Medicine, 2020 (247) .

[263] MUDGE, DENARO, O′ROURKE, et al. Improving hospital outcomes in patients admitted from residential aged care: results from a controlled trial[J].Age and Ageing, 2012, 41 (5): 670–673.

[264] Nakagoshi, Seiichi, Yoshifumi, et al. 介護保険制度の利用における家族介護者の満足度と家族介護者の経済状況 [J]. Rigakuryoho Kagaku, 2014, 29(6).

[265] NADASH, DOTY, SCHWANENFLÜGEL. The German long–term care insurance program: evolution and recent developments[J]. The Gerontologist, 2018, 58(3): 588–597.

[266] OLIVARES–TIRADO, TAMIYA, KASHIWAGI, et al. Effect of in-home and community-based services on the functional status of elderly in the long-term care insurance system in Japan[J]. BMC Health Services Research, 2012, 12 (1): 1–10.

[267] POLIVKA, POLIVKA-WEST.The changing role of non-profit organizations in the U. S. long term care system[J]. Journal of aging & social policy, 2020, 32 (2) :101–107.

[268] SCHNEIDER . Germany′s social long-term care insurance: design, implementation and evaluation[J]. International Social Security Review, 1999, 52(2): 31–74.

[269] SCHWARZKOPF, MENN, LEIDL, et al.Excess costs of dementia disorders and the role of age and gender-an analysis of german health and long-term care insurance claims data[J].BMC Health Services Research, 2012, 12 (1): 1–12.

[270] MATSUDA, YAMAMOTO.Long-term care insurance and integrated care for the aged in Japan[J]. International Journal of Integrated Care, 2001, 1 (3).

[271] SIN.Why a funded pension system is useful and why it is not useful? [D]. Cambridge: NBER Working Papers No.7592,2000.

[272] MATSUDA, IWAGAMI, SUZUKI, et al.Correlation between the Barthel Index and care need levels in the Japanese long-term care insurance system[J]. Geriatrics & Gerontology International, 2019, 19 (11): 1186–1187.

[273] TSUTSUI , MURAMATSU.Care-needs certification in the long-term care insurance system of Japan[J].Journal of the American Geriatrics Society, 2005, 53 (3): 522–527.

[274] XU, ZHANG, CHEN, et al. Does COVID–2019 Have an impact on the purchase intention of commercial long-term care insurance among the elderly in China? [J].Healthcare, 2020, 8 (2): 126.

[275] YANG, CHANG, ZHANG, et al.An initial analysis of the effects of a long-term care insurance on equity and efficiency: a case study of qingdao city in China[J].Research on aging, 2020 (7): 156–165.

[276] IWAMOTO, KOHARA, SAITO, et al.On the consumption insurance effects of long-term care insurance in Japan: evidence from micro-level household data[J].Journal of the Japanese and International Economies, 2010, 24 (1): 99–115.

[277] ZHU, ÖSTERLE .China's policy experimentation on long-term care insurance: Implications for access[J].The International Journal of Health Planning and Management, 2019, 34 (4): e1661–e1674.

索引

周蓓 主編

專題史叢書

楊幼炯 著

河南人民出版社

近代中國立法史

本書分九個階段論述自1902年至1935年間的立法史，清晰地闡述了那一時期中國立法演進的全過程

圖書在版編目（CIP）數據

近代中國立法史 / 楊幼炯著. —鄭州 ：河南人民出版社，2017. 3（2017. 7 重印）
（專題史叢書 / 周蓓主編）
ISBN978 - 7 - 215 - 10858 - 5

Ⅰ. ①近… Ⅱ. ①楊… Ⅲ. ①立法 - 法制史 - 中國 - 近代 Ⅳ. ①D929. 5

中國版本圖書館 CIP 數據核字（2017）第 048220 號

河南人民出版社出版發行
（地址：鄭州市經五路 66 號　郵政編碼：450002　電話：65788063）
新華書店經銷　　河南新華印刷集團有限公司印刷
開本 710 毫米 × 1000 毫米　　1 / 16　　印張 38
字數 410 千字
2017 年 3 月第 1 版　　2017 年 7 月第 2 次印刷

定價：247. 00 圓

出版前言

中國現代學術體系是在晚清西學東漸的大潮中逐步形成的。至民國初建，中央政治權威進一步分散和削弱，加之新文化運動帶給國人思想上的空前解放，新學的啓蒙，新知識分子的産生，民國學術如草長鶯飛，進入一個自由而蓬勃的時代。中國傳統學科乃中國學術之根基與菁華所在，民國學人采用『取今復古，别立新宗』之方法，引入西方的學術觀念，積極改造，使史學、文學等學科向現代學術方向轉型。此外，大力推介西方社會科學的新學科和自然科學，在學習、借鑒乃至移植西方現代學術話語和研究範式的過程中，逐漸建立中國現代學科，使中國的學科門類迅速擴展。一時間，新舊更迭，中西交流，百花齊放，萬壑争流，開創了中國現代學術的源頭。

伴隨知識轉型和研究範式轉换而來的，還有學術著作撰寫方式的創新。中國古代的著作向來以單篇流傳，經後人整理匯編後，方以成册成集的面目出現并持續傳播。直到十九世紀末，東西方的歷史編撰體裁不外乎多卷本的編年體、紀傳體和紀事本末體等，章節體的出現標志着近代西方學術規範的産生和新史學的興起。章節體具有依時間順序，按章節編排；因事立題，分篇綜論；既分門别類，又綜合通貫的特點。以章、節搭建起論述之框架，結構分明，邏輯清晰，較傳統的撰寫體裁容量大、系統性强。它的傳入，使中國現代學術體系從内容到形式被納入了全球化的軌道。民國時期專題史的研究、譯介、編纂、出版恰恰是在這樣的背景下欣欣而發，是學術的實驗場，也是歷史的記録儀。編選『民國專題史』叢書的初衷正是爲了從一個側面展示中國學術從傳統向現代過渡的歷史進程。

專題史是對一個學科歷史的總結，是學科入門的必備和學科研究的基礎，也是對一個時代艱深新鋭問題的解答，是學術研究的高點。民國專題史著作中，既包含通論某一學科全部或一時代（區域、國别）的變化過程的，又囊括對一時代或一問題作特殊研究的，還有少部分是對某一專題的史料進行收集的。原創與翻譯并重，翻譯的底本大多選擇該學科的代表著作或歐美大學普及教本，兼顧權威性和流行性，其中日本學者的論著占據了相當比重。日本與中國同屬東亞儒家文化圈，他們在接納西方學術思想和研究模式時，已作了某種消化與調適，從思維轉换的角度看，更便于中國借鑒和利用，他們的著作因而被時人廣泛引進。

與當代學術研究日趨專業化、專門化、專家化的『窄化』道路迥乎不同的是，中國傳統學術崇尚『學問主通不主專，貴通人不尚專家』的通識型治學門徑，處于過渡轉型期的民國學術在不同程度上保留了這種特徵。民國學術大師諸學科貫通一脉、上千年縱横捭闔之功力自不待冗言，外交家著倫理政治史、文學家著哲學史、化學家著戰争史等亦不乏其人，民國專題史研究呈現出開放、融通、跨界撰述的特點。與此同時必須看到，自晚清以來，中國的命運就在外侮屢犯、内亂頻仍的窘境中跌宕彷徨，民族存亡仿若命懸一綫。這股以創建學科、總結經驗、解决問題爲指歸的專題史出版風潮背後，包裹着民國學人企望以西學爲工具拯民族于衰微的探索精神，及以學術救亡的愛國之心。梁任公曾言：『史學者，學問之最博大而最切要者也，國民之明鏡也，愛國心之源泉也。』這種位卑未敢忘憂國的歷史使命感和國民意識是今人無法漠視和遺忘的。

『民國專題史』叢書收録的範圍包括現代各個學科，不僅限于人文社會科學，學科分類以《民國總書目》的分科爲標準，計有哲學、宗教、社會、政治、法律、軍事、經濟、文化、藝術、教育、語言文字、中國文學、外國文學、中國歷史、西方史、自然科學、醫學、工業、交通共19個學科門類。本叢書分輯整理出版，内不分科，單本發行，方便讀者按需索驥。既可作爲大專院校圖書館、學術研究機構館藏之必備資源，也可滿足個人研讀或興趣之收藏。

與目前市場已有的一些專題史叢書相比，『民國專題史』叢書具有規模大、學科全、選本精、原版影印的特點。本叢書選目首重作者的首創、權威和著作影響力，尤其注重選本的稀見性。所謂稀見，即建國後没有再版，且多數圖書館没有收藏，或即便有收藏，也是歸于非公開的珍本之列予以保存，普通讀者難以借閲。部分圖書雖有電子版，但作爲學術研究的經典原著讀本，紙質版本更利于記憶和研究之用。本叢書精揀版本最早、品相最佳的原版圖書作爲底本，因而還具有很高的版本收藏價值。

『民國專題史』的著作是民國學者對于那個時代諸問題之探究，往往有獨到之處，無論其資料、觀點短長得失如何，要之在中國現代學術史的構建與發展進程中，自有其開宗立論之地位。

自序

立法為一民族社會文化之活動，關係於整個社會秩序之安定。我國近二十餘年以來，國人企慕法治之心，隨時代而益切。每當一次世變之後，「法治」之呼聲，必風傳一時；但其結果，雖或表面上制定法律之形體，而其內容恆未能適合一般民衆之需要。

我國立法運動之肇興，始於日俄戰爭之後；而新法典之修訂，乃起於清光緒二十八年，自是年設「修訂法律館」，先後始有民律、商律等新式法典草案之產生。三十餘年以來，我國法律之演進，雖成日新月異之觀，而其實質仍因循舊習，未能注意社會情狀之變遷，尤難適合於時勢之需求。

法律本為政府與人民行為之準則，法律之制定，應以本國固有之人情、風俗、地勢、氣候、習慣為根據。處今日新時代創建之機運中，我國立法事業之重要，自不待言。立法之主要精神，重在創造，不在模倣。惟其重在創造，且又為革命進程中之立法事業，故其困難之處實多。以言法制內容，既不能完全繼承或模倣外國法，而革命時期之法律，又必大異於革命以前之法律。在今日一方面應求如何以法律保障社會之秩序，他方面又在如何順應社會之潮流，具體言之，我國今日立法事業之改造，應從立法政策與立法技術兩者為入手。要求解決此兩大問題，吾人首應以本國之政治理想為骨幹，而過去三十餘年以來立法之得失，與法制內容之探討，尤為切要。作者對於過去我國法制之歷史，久欲作系統之觀察。適前歲我國制憲運動復起，本院孫院長委以編纂近代我國立法史之任。受命之餘，乃着手搜集法案、官書，並博採各家著作，經兩載歲月，始撰成本書。

全書內容注重於我國近三十餘年以來立法事業演進之歷史；而法律制定之經過，法制之內容，均一一加以正確的評述。近來坊間關於憲法史之著述頗多，而私法制定之歷史，尚缺系統之刊行。本書則公私法典，俱在論述之列；而各成系統，使國人得以窺見我國近代公私法典演進之全貌；更使今後立法者得以明察過去法典制定之得失，而抉擇以從，俾完成國人所期待之法律，是則作者撰述本書最大之希望。

最後作者應特別申謝者，即本書之成，深得至友梁均默兄指助之力。謹於卷首，敬誌誠摯之謝意！

民國二十四年八月二十三日楊幼炯自序於南京立法院。

目錄

第三篇　第一屆國會之成立與解散

第四篇　共和重光與國會復活

第八篇　臨時執政時期之立法

附錄

近代中國立法史

導言

一　中國立法問題之產生

我國立法問題之發生，由於接受西方民權潮流之激盪。三十年以前我國固無所謂立法問題。自秦、漢以降，數千年來法令之更張，制度之興革，皆緣於君主一人之手。一代之法制，除君主之詔令外，別無法律，自無立法之可言。晚近法制雖備，但純由於自然之發展。法制之內容，公法方面既多疏漏，私法方面亦極簡略。如屬於親屬法者祇有「婚姻」、「繼承」及「離婚」、「養子」諸條；屬於物權法者祇有「所有權」、「質權」諸條；屬於債權者祇有「買賣」、「借貸」、「受寄」、「財物」諸條。其餘不過散見之於社會習慣，隱具制裁之權威，國家並未一一著爲成文法律。在此種情形之下，立法問題並未成爲嚴重之問題。

自明代西力東漸，我國社會制度，漸受西方潮流之影響，迨至有清末季人民感覺民權之重要，要求立憲之運動卽隨之而起。近代我國立法運動最初之起原，遠在中、日戰爭之後，而盛行於清之末季。清末之法治運動，以方法言之，雖可分爲民主革命運動、君主立憲運動及欽定憲法運動三者，然其共通目的，皆在法治，其主張之帶有模倣性，亦甚相似。若從制憲之一點觀之，直可謂爲同一運動之各方面。從事此種各方面運動者，未能深考法制與政治及社會之關係，徒信歐洲政治之可以致富強，故根據此種運動而生之中國第一次憲法——臨時約法——徒爲一種模倣西歐憲政之產品，無裨於國計民生，吾國憲政歷史雖有十餘年，曾無絲毫法治之效果。

以言立法之主張，二十年來從最右立法主張以至最左立法主張，悉經陳述於國人之前，然而大都不顧及本國社會生活之背景，徒襲取外國學理，而欲以外人法律制度移植於我國，事實上決不可能，故以前各派學者之主張，在國人眼中，不留深刻之印象。自民國元年四月正式成立國會以來，實行間接民主制，十餘年中所謂人民代表之立法機關所造成種種弊害，幾於「無惡不作」。在北伐軍興之前數年中，我國幾無一合法之立法機關，而政論家對於立法問題，亦常引起一時之爭論，但彼輩忽視民衆之意志與環境，祇求維持現狀或迎合軍人心理，結果絲毫無所成就。吾人由種種往事回憶中，得到不少之教訓，而給與吾人印象最深者，卽爲過去各派之主張，未能於立法制度從徹底上加以一番新改建，僅求因陋就簡，順從現存勢力，不以民權爲主。此種立法主張自等於空談。故吾人惕於過去之失誤，今後法制之創建應以徹底更新爲前提。本書之作，特就三十年來我國立法運動之歷史，作系統之敍述，以見我國今後立法應取之途徑。

二　過去立法運動之幾個重要時期

我國之有立法運動，實始於日俄戰爭之後，當時所謂士大夫認定日本以蕞爾小國竟能戰勝大國，咸歸功於日本立憲之結果，深信專制國家必難圖強，於是「頒布憲法」、「召集國會」已成爲一般知識階級之願望。滿清政府本爲君主專制，自無類似憲法之根本大法。大清會典僅規定中央官制，不能認爲憲法。雖於光緒二十四年清廷曾諭令憲政編查館、資政院，擬具憲法大綱暨議院選舉各法，然未定期頒行，又未正式起草，不能認爲一代之法制。因是人民要求制定一種根本大法之心愈迫。

清末之立法運動，最主要者可分民主革命與君主立憲兩派。民主革命派之論據，明白主張民族革命與民主革命並行，排除異族之壓迫，建立民主共和之政府，於論理上及時代環境上皆極合理。反之，君主立憲派則主張戴滿族爲君，採行開明專制，且爲附會漢、滿種族同一之辭，企圖消滅漢人對滿族之惡感。其結果前者易得一般民衆之同情，而後者非同主義者莫能聽。迨後民國組織成立，於中國之制憲運動方面，前者仍循急進自由之細規，而後者仍帶漸進穩健之色彩，隱然於民國成立後之十年中，成對峙之局勢。

在他方面清廷受各方面立憲要求者之恫嚇與壓迫，乃不得不有預備立憲之表示。雖於丙午定仿行憲政之國是，戊申復決定憲政之年限，但以遷延爲唯一方法，終無實行誠意。卽以憲政編查館所起草之憲法大綱而論，亦純然爲官僚之產物，毫無人民代表之參預，其內容又全是直接採用日本憲法，其制定之目的，既僅爲將來制定憲法之準則，在正式憲法未頒布以前，固無何種效力。其後宣統三年所頒布之十九信條，雖可認爲有清一代所曾頒布之唯一憲法，但其內容僅爲一種憲法大綱，且採用「虛君共和」，亦未能適合革命之潮流。

民國成立以後，首先頒布臨時政府組織大綱，此爲中華民國第一次臨時憲法。此項大綱，除採取民主共和政體以外，少有民主精神之表現，不獨關於國民基本權利與義務，無具體之規定；即該項大綱所設置之立法機關——參議院——又須由各省都督府遣派之代表組成，此種規定祇能認爲當時軍事期中一種特殊形式，否則即不能認爲以民爲主權的民國之大法。及後臨時政府成立，修正臨時政府組織大綱，另行頒布中華民國臨時約法，此種約法所獲得之權威，乃在一切其他憲法之上，而依據臨時約法組織的參議院所制定之國會組織法，衆議院議員選舉法，及參議院議員選舉法，即爲民國二年四月八日正式國會成立之法律上的根據。中華民國之代議制度，即從此開端。

國會成立後之制憲工作，雖祇完成大總統選舉法及中華民國憲法草案，但可視爲中國第二次之立法運動，對於立法方式，已具有具體條項，可謂較有進步。其主要之內容本爲責任內閣制與總統制之爭議，後來雖拒絕採行總統制，而用責任內閣制，但又給予行政機關以頒布緊急命令權及財政緊急處分權兩種重大之職權，然因此引起各方之爭辯。憲政上重要之原則，原有公平考究決定之必要，然因當時立法者多偏於私利私見，致使內閣制與總統制之爭論，一變而爲國會多數黨對少數黨及袁世凱個人之爭鬭，立國根本大法之規定，不以適合國民一般之需要爲前提，徒以迎合個人意旨，致使第一次立法事業隨擁袁倒袁之聲而消失，啓我國立法隨勢爲轉移之漸，釀成中國法治上之壞習慣，未能爲後來立法之良好的模型，回首前塵，殊爲痛心。

民國三年至民國五年之間，袁世凱先後挾其政治會議、約法會議及參政院三御用機關，成立數種具備憲法形式以及關係制憲問題之法律，此種種御用法律之頒行，形成我國立法史上之黑暗時期。直至民國五年共和再造，國會恢復，我國第三次立法運動之開始。國會於五年八月一日開始集會，其主要之立法工作，卽決定繼續民國二年之制憲工作，而以民國二年憲法起草委員會所議定之中華民國憲法草案（卽所謂天壇憲法草案）爲兩院憲法會議討論之基礎。當時各方爭論之焦點，一在省制應否入憲，一在省長應否民選，雙方辯論極烈。然因大部分議員懾於當時各省督軍之跋扈，力主遷就，甚至挑撥武人啓督軍干憲之漸，成爲議會政治與武人政治之爭，神聖之立法事業，因議員失節於武人，而破壞無餘矣。

民國六年黎元洪納張勳之請，逕下解散參衆兩院之令，國民黨一派議員紛紛南下，作恢復國會之運動。嗣復辟亂作，羣注意於國體恢復，遂無暇及此。復辟亂平之後，馮段執政，不召集舊國會，於是國會在廣州自行集會，倡議「護法」，成立國會非常會議，并制定軍政府組織大綱，其後更通過中華民國聯合政府組織大綱，設政務總裁七人，由國會選舉組織政務會議，共同決定最高行政事務，是爲我國採用行政會議制之始。其後國會經幾次變亂，卒於十年一月十二日復在廣州開兩院聯合會議，至四月十七日復開國會非常會議，并議決中華民國政府組織大綱，選舉孫中山先生爲大總統。十一年八月國會二次恢復於北京，國會或政府雖日以制憲爲號召，然一般社會卻不加以重視。此中原因，實以在當時軍閥橫暴局勢下，事實上決非一紙中央憲法所能制裁；且議員政客節操日墮，事實上愈遭社會之厭惡。由國會所領率之立法運動，已全宣告破產，而南方數省之立法運動，卻另成新局面。此種新的立法運動，卽所謂「省憲運動」。

所謂省憲運動，換言之，卽是聯省自治運動。此種運動之目的，表面上雖在制定省憲，而在理論上卻包含國憲在內，故吾人可以認爲國憲制定運動之一種。聯省自治運動之目標有二：（一）在國憲方面，主張先由各省自行制定憲法，俟各省省憲成立實行自治之後，再由各省選派代表組織聯省會議，制定國憲，以完成統一事業。（二）在政制方面，主張採取聯邦制度，反對中央集權政治。此種聯省自治之立法運動，雖盛行一時，但從事運動者欲藉各省小軍閥力量以謀減削中央政府之權能，其結果不過分裂中國，使小軍閥各佔一省，自謀利益，以與中央政府相鬬爭，武人政治既未能減殺，各省軍閥之勢力反益加發展，而致釀成封建割據之形勢。

自北伐軍興以後，國人鑒於十餘年來形式上之立法，無裨於國家政治之改造，換言之，軍閥政治一日不消滅，立法事業決無良好之結果，故十五年以後一般立法運動之企圖，均歸於消滅，國人全注意於國民革命之進行，使十五年來之中國政治，從根本上加以改造；卽十五年來未能解決之憲法問題，亦隨此次之變動得一正當之解決。自國民政府定都南京之後，中國立法事業另有新的發展。國民政府成立後之立法事業，由法規委員會、法制委員會及法制局，一直到立法院之設立，對於新法律之制定，亦曾有若干之努力，但是否合於吾人之理想，一時雖不能驟下斷語，至少可以在立法政策方面，實保持一貫之精神，卽此而論，已較善於以前無目的無主張之立法，實有足多也。

三　近代中國法制之淵源與改廢

過去我國立法運動之所以無結果，最大原因實由於缺乏一貫的獨立的立法政策作基礎。而由此種茫無頭緒之立法家所制定的法律之內容與形式已可想見。我國過去之法制，大都從模倣而少創造。故經立法機關制定之各種法律草案不是翻譯，即爲抄襲，由於立法者依照本國情形而創製之法律可謂極少。如我國最初制定之憲法草案，當以光緒三十四年由憲政編查館所制定之憲法大綱爲起始，其中條款幾全係直接採自日本憲法；即如民國成立後第一次憲法——臨時約法——又大半爲一種歐洲憲法之模倣品。其他屬於私法之直接採用者更多。

本來立法事業至繁，成功不易。欲以一朝夕之時間，網羅社會萬種之情狀，詳瞻靡貽，絕不可望。故當立法之際，必須參考外國立法之經驗，採集其法律以補自國法律之不備或創設其所未有，實爲事之不容已者；但決不能全採外國法律。蓋法律之制定，應以本國固有之人情、風俗、地勢、氣候、習慣爲根據，外國法律縱如何完備，終不適於本國之國情，是以我國過去立法之失敗，全由於此。立法者往往視憲法爲一種文明之裝飾品，不以憲法與國民生活關係爲前提，但知模倣、盲從，結果在公法方面三十餘年以來，雖制定不少之憲法草案，但無一合於國民之需要，不崇朝而等於「一撮之廢紙。」

在私法方面，大部分亦是直接採用外國法律，不合本國民情，層層相因，此弊迄今猶未全改，可勝浩嘆。我國私法之制度，始於清光緒二十八年，自是年設修訂法律館後，先後所訂有民律草案、商律草案、公司法草案、票據法草案、海船法草案、破產法草案。其中所修訂者有民商法草案，其內容全係直接繼承外國，大部分模倣日本法，而於本國法源，毫不措意。如民法債權篇於通行之「會，」物權篇於「老佃、」「典、」「先買，」商法於「舖底」等全無規定，而此等法典之得失，於社會經濟，消長盈虛，影響極大。若直接採用外國法，不合本國之民情風俗，其害有不可勝言者。但滿清當時立法事業尚屬草創，模倣外國法律爲事實上所難免，而入民國後仍因循舊習，未能注意社會情狀之變遷，適合時勢之需求，此過去立法失敗之大原因。今後有志法制革新事業者當以此爲前車之鑒。

其次，關於我國法制之沿革，亦有足言者。我國最初之成文法，當以大清會典爲始，大清會典僅爲滿清政府關於中央政制之規定，原非當時根本之大法，然入民國後仍爲我國法律之藍本，可見我國立法者因襲之習慣。其後光緒三十三年設立資政院，可爲我國最初之立法機關。當時所議決之法律，如新刑法總則、法院編制法，民國成立以後，猶多採用。至於我國舊律中民商法規，以繼承、婚姻爲較詳，餘如錢債、市廛不過寥寥數條，光、宣以來，遞於今日，中央地方行政官府，常隨時宜，制定特別條例，或經奏呈邀准，或逕由部省自行頒布者，如商人通例、公司條例、清理不動產典當辦法及各省放荒章程等，比比皆是。言其形式雖屬行政命令，而內容所關，多涉私人權義，司法機關往往以無正式法典可循，亦相援用。至私法之革新事業，始於清光緒二十八年。自是年設立修訂法律館後，先後所訂，有民法草案等，後來法院大都採爲條理。民國以後，復加修訂，略有增損。

我國近代法制之變更最多者，實爲刑法。前清光緒二十八年派沈家本、伍廷芳修訂法律時，伍氏方充美、日、祕公使，尚未回國。刑部恐新律扞格難行，擬將大清律例先行刪節，交刑部修正，嗣後改歸法律館辦理，刪除三百四十五條，於三十四年告竣，稱爲大清現行刑律，宣統元年頒行。此項法典僅刪繁就簡，除削除六曹舊目而外，與清律根本主義無甚出入，與今之新刑律，亦並不銜接。至光緒二十八年沈家本、伍廷芳雖被任修訂刑律，但僅從修改舊律及譯書著手。三十二年清廷更延聘日本法學者岡田朝太郎、松岡正義等始從事起草民商法及刑法。岡氏實擔任刑事法，刑法於光緒三十四年告成，宣統元年作爲暫行章程頒布。民國元年三月十日有「從前施行之法律及新刑律除與民國國體牴觸各條應失效力外均暫行援用」之令，新刑律遂經司法部酌加刪改，呈請頒行，名爲暫行新刑律而從前附加之暫行章程，則呈准撤銷。至三年十二月二十四日復頒行暫行新刑律補充條例，模倣暫行章程而加以擴充，民國五年法律編查館有第一次之刑法修正案。七年董康、王寵惠爲修訂法律館總裁，以第一次之修正案另爲第二次之修正，名雖爲修正案，其實立法主義多未因襲暫行新刑律，卽體裁不無殊異，是我國所訂刑法法典，已經不少之變更。

關於我國法制之沿革，已略述如上。惟過去法制最令人表示不滿者卽是自民國以來所制定之法律，大都不外以大清律例、大清會典爲藍本。法律之內容與形式，雖稍有變更，但實質仍多腐朽，不合於目前人民之需要。如以前北京修訂法律館的民律草案，不但內容陳腐，其中親屬繼承諸篇尤與現在潮流不合。卽民國元年頒布之暫行新刑律而論，亦是模倣清刑律，祇能成爲歷史上之資料。十八年三月國民政府公布刑法全案，其中大半係就北京修訂法律館改定之刑法第二次修正案略加刪改而成。作者以爲任何法制，均應適合於當時當地之需要，決不可以過去北京修訂法律館已成草案，略事改訂或補充，卽因陋就簡湊成爲各種法典。否則便不能滿足人民法治之需要。故今後制定任何法典，應從根本上謀保障人民之利益，決不能因襲，務求創制適合民衆大多數利益之法律。

第一篇　清季之立憲運動

第一章　民主政治運動之肇端

第一節　民主政治運動之導因

近代世界政治之思潮，莫不以「民主政治」爲中心。十九世紀以來，民主政治之呼聲，已普遍全世界。世界各國競以創立民主政體爲急務。英、美、法既已建設民主國家，而意大利、德意志更有議會政治之形成；即最專制之俄國，萬世一系之日本，亦採行代議制度。民主政治風行一時，君主獨裁之制度，先後爲之傾覆，而莫能與之抗。我國當十九世紀之上半期，適與歐洲新政治制度相接觸，因西方文化之東漸，使安睡於長城內老大帝國封建宗法之政治經濟制度開始發生動搖，同時自鴉片戰役以後，國際地位頽退，經中日戰爭一役，國運一蹶不振，因滿洲政府之專制，使人民趨向民主政治之心愈切。故清季民主運動之最初發軔，起於外來思想之刺激，繼以外交失敗之影響，而卒由民族解放之要求，以達民主革命之成功。其理由有可得而言者，舉之於次：

一、外來思想之刺激

我國在現在世界各民族中，實爲開化最早之民族，數千年來因地理之制限，向來與世界隔絕，獨居東亞一隅，自謀發展，長久停滯於君主獨裁政治之下。其間雖有族長政治、封建政治、及貴族政治之不同，然君主專制之歷史，直延綿達三千年之久。至民權之說，在我國古代雖有倡之者，但歷來有力之政治思想，大都主張在君主統治之下，實行民本主義精神，僅知「民爲邦本」、「政在養民」，而一切政治當以人民施行之方法，則始終無具體之主張。孟子雖已認識民權之眞義，然於政治組織之如何推行民權，則無所論及。故我國自有史以來，祇有民本思想之學說，而無民權實質之政治組織。近代我國民權之發動，實受西方民權思想與運動之影響，此則無可諱言者也。

西方文化之東漸，始於明代，而盛行於清之季世。自歐、亞航路發見，商人教徒，相繼東來，而西方文明藉此輸入我國。我國商人以負販爲利，其影響於我國文化者尙小；而教徒以布道爲業，往往以學術取信於人，對於東西文化接觸之關係殊大，西方科學思想之輸入，實以此爲媒介。自鴉片戰爭以後，我國受列強之侵奪，積弱不振。一時士大夫咸主張輸入科學以求自強。惟當時所謂科學，僅指應用科學，甚至限於鎗礮、飛機、兵船，原不全指自然科學而言。當時輸入科學之動機，祇在利用科學之結果以求強，原偏於狹義一方面。至於此種科學輸入之後，對於人民生活，有何影響，對於我國社會有何利益，既不爲人所注意，自無更進一步認識輸入社會科學之重要。其後民智日開，一般知識階級既認提倡自然科學爲富國利民之先務，并重視社會科學之價值。彼輩以爲西洋之強，固不僅在武器之精，尤在其富力之雄大，與政治之昌明有以致之。於是政治革新之議，鎰然而起，大都以西方政治學說爲背景，而以本國政治情勢爲骨幹。中外人士，更積極組織學社，以研討學理，刊行譯著。如一八八八年在中國之英、美人士林樂知、丁韙良、慕維廉、艾約瑟及李佳白等組織廣學會於上海，其所標示之目的在謀啓發我國人民之思想，輔翊我國之自強，並翻譯新書，發行雜誌，一時頗能見重於世；而其所刊布之書報，如泰西新史攬要、文學興國策、治國要務、自西徂東、列國變通興盛記、萬國公報等，皆能於我國思想啓蒙運動中，有不少之貢獻。而本國人士如文廷式等更有強學會之創立，其後更由北京而發展及於南中。先是粤人康有爲組桂學會，一時桂、湘、蘇、陝、鄂各地學會勃興，講究政治革新之氣焰光芒萬丈，新學聲勢，方興未已。而嚴復所譯之天演論出，思想界尤爲之一變。天演論發揮適者生存，弱肉強食之說，四方讀書之士，爭購此新著，又適當一八九六年中東戰爭之後，人人胸中咸抱一眇者不忘視跛者之觀念，因而益重視此書之價值。吾人若以近代我國之革新，始於一八九五年，則天演論者正溯此思潮之源頭而注以活水者也。迨後中國同盟會創機關報民報於日本東京，主筆政者，復有章炳麟、張繼、宋教仁、汪精衛、胡漢民諸人，以倡革命民權之說，大受國內外知識階級之歡迎，學校之內，市肆之間，爭相傳覽，影響尤大。同時康有爲之徒梁啓超更於東京發布新民叢報與民報反復辯論民權與君憲之說，使民主政治之思潮，伏流奔莽，深入民間，卒有辛亥革命之成果，而開數千年我國未有之變局。

二、外交失敗之影響

其次，我國民主運動之發生，實由於清室誤國外交所引起。清代自鴉片戰爭以後，列強藉國家之威力，強制歐洲經濟制度之實行，堅欲我國門戶開放，以消納西方之工業品，使我國陷入國際怒濤中，成爲列強互鬭之對象，開始淪入次殖民地。列強最初侵略之方式，乃爲軍事之侵略，各行其軍事占據領土及強力開闢商埠，其後更進一步爭相以軍事外交手段，佔據勢力範圍，各行其瓜分我國之手段，使我國完全屈服於列強宰割之下。自中日戰爭，財政上第一次受巨大賠款之打擊，軍事設備一蹶不振。外債滲入我國經濟生活，中央政府財政上收支不能相抵。庚子賠款使我國財政完全破壞。加之清室種種政費日增，國內農業手工業破產不堪，入不敷出，更乞憐於外債。故自滿清末季以來，我國國際地位頹退，已一落千丈。在事實上我國已非完整主權之獨立國家矣。

我國民主政治運動，實起源於中日戰爭以後。當時所謂士大夫受中日戰敗之刺激，由反對李鴻章議和誤國運動，一變而爲維新自強運動，而其主要之目標，乃在「變法」。所謂「變法」，僅爲一種方法，企圖求由變法而自強而禦侮而救亡，其動機乃由帝國主義之軍事侵略而起。惟此次運動祇主張在現政治之下，謀行政及教育制度之改革，并無政治根本改造之遠謀，僅思以清帝之威權行之，未能滿足一般人民政治之要求，而歸於失敗；而孫中山先生在南方所領導之民主革命運動，則自中日戰爭之後，更日趨於劇烈，在社會上堅築民衆組織之基礎，把握時代之趨向，卒以完成民主政治之目的。

三、民族革命之發動

近代各國之民權運動與民族運動，實有其不可分解之因緣，我國民主政治運動，亦具有此性質。滿洲政府以一族宰割中國，歧視漢族，使種族觀念爲之膨脹，而民族之思想實濫觴於二百六十年前。明室覆亡以後，義士遺民咸抱國亡家破之痛，具紹光恢復之志，而明室遺老如顧亭林、黃梨洲、王船山、孫夏峯、閻古古等更從事於民族主義之著述，爲近代民權革命運動最初之種因。其中如黃梨洲之政治學說，尤兼有此二主義而發揮之者。原君一篇，闡明君臣大義，希望廢除專制政治，實開我國近代民權理論之先河。

清季政治革命運動之發動，實以民族革命爲骨幹。所謂「排滿」在謀興奮民族之情感，造成民族革命前途之新趨勢。由「排滿」之民族意識，接受西方民權主義之思潮，因而痛恨封建的專制政治之腐敗，故同盟會首先標示「驅除韃虜」、「建立民國」爲革命之鵠的。更明白宣言曰：『今者由平等革命以建立民國政府，敢有帝制自爲者，天下共擊之』。當時興中會以至同盟會所努力者，實爲民族革命與民權革命之雙重工作。而我國數千年來君主獨裁之政治，竟隨對內民族革命之成功而歸於覆滅。

第二節　民主革命運動及其論據

近代中國之民主政治運動，以方法言之，可分爲民主革命運動、君主立憲運動及欽定憲法運動三種。民主革命運動以孫中山先生爲始終領導者，其發動實起於民國紀元前二十七年（乙酉）當時適當中、法之役，清室喪師辱國，我民族弱點完全暴露。列強對於我國壓迫，日益加緊，孫先生遂於此時決意革命，以傾覆清廷，創建民國爲志幟。及中日戰爭，我國失敗，高麗割於日本，威海衛、旅順、大連、廣州灣又被英、法、俄、德強迫租去，先生乃組織興中會，實行革命，以軍事革命行動，謀推翻滿洲政府之統治，求建立民主政體。興中會創立之時，發刊宣言及章程，一方面以「民族意識」詔示國人，同時更以「民爲邦本，本固邦寧」之言爲民主政治思想之最初表現。

其後，中國同盟會於民國紀元前七年（乙巳）成立於日本東京，孫先生爲主盟，此會可視爲中國民主革命派之祕密的大結合，亦卽今日中國國民黨之元祖也。當時對於中國民主政治之企想，已有明白之表示。其所標示之主張，具詳於革命方略一書中，而於其所頒布之四大綱領（註一）內有「建立民國」一條，復詳爲解釋曰：

「今者由平等革命，以建立國民政府，凡我國民皆平等，皆有參政權。大總統由國民公舉，議會以國民公舉之代表構成之，制定中華民國憲法，人人共守，敢有帝制自爲者，天下共擊之。」

由此條說明中，民主革命之意志可謂充分顯露，而其主要之中心，仍在「民主立憲」一點上，同盟會同志當日與梁啓超一派保皇黨所爭持最烈者亦在於「民主立憲」之主張，惟當時民主革命派之立憲主張，完全以歐、美一般的民主主義爲立場，此可以證之於孫先生之演辭中，孫先生之言曰：

「民權主義就是政治革命的根本。中國數千年來都是君主專制政體，這種政體不是平等自由的，這由於政體不好的緣故，不是政治革命是斷不能的，……政治革命的結果，是建立民主立憲政體。」（註二）

此種以「民主立憲」爲骨幹之民主革命運動，其意義甚爲簡單。民主革命之對象，僅爲滿洲皇帝；而所藉以表現民意者，僅選舉權一種而已。總之民主革命最初之形式，完全不外歐、美普通所行之間接民主制。此種間接民主政治，直至民國成立之初期，仍極發達。我國國民甫經二千餘年之專制統治，一旦轉入民主政治，此種間接民主制，實爲必然之過程。

（註一）同盟會四綱領：（一）驅除韃虜，（二）恢復中華，（三）建立民國，（四）平均地權。

（註二）見一九〇六年祝民報紀念節演說辭。

同盟會當時對於民主革命等政治理論，陸續刊布於民報上。民報於乙巳年十二月刊行，以振揚革命理論，闡明三民主義爲宗旨。於時君主立憲一派之理論正熾惑一般之民衆，故民報之出版，又以糾正此項理論爲其重大之使命。發行人爲張繼，先後主筆政者有胡漢民、汪精衞、陳天華、朱執信、馬君武、宋教仁、章炳麟等。其紀元用中國開國紀元四千六百零幾年並附西曆若干年，淸光緒若干年，以示不奉淸廷正朔也。孫先生於民報發刊詞中有云：

「余維歐、美之進化，凡三大義曰民族、曰民權、曰民生；羅馬之亡，民族主義興，歐洲各國賴以獨立。洎自帝其國，威行專制，在下者不堪其苦，則民權主義起。十八世紀之末，十九世紀之初，專制仆而立憲政體殖焉。世界開化，人智益增，物質發舒，百年銳於千載。經濟問題繼政治問題之後，則民生主義躍躍然動。二十世紀不得不爲民生主義之濫觴時代也。是三大主義，皆基本於民，遞嬗變易，而歐、美之人種胥治化焉。其他施諸於小己大羣之間，而成爲政說者，皆此三者之充滿發揮而旁及者耳。今年中國以千年專制之毒而不解，異種殘之，外邦逼之，民族主義、民權主義，殆不可以須臾緩。而民生主義，歐、美所慮積重難返者，中國獨受病未深而去之易。是故或於人爲已往之陳迹，或於我爲方來之大患，要爲善吾羣所有事，則不可不并時而弛張之。嗟夫！陟卑者其所視不遠，遊五都之市，見美服而求之，忘其身之未稱也。又但以當前者爲至美；近時志士舌敝脣焦，惟企強中國以比歐、美。然而歐、美強矣，其民實困。觀大同盟罷工與無政府社會黨之日熾，社會革命其將不遠。吾國縱能媲跡於歐、美，猶不能免於第二次之革命，而況逐追於人已然之末軌者之終無成耶。夫歐、美社會之病，伏之數十年，及今而後發見之，又不能使之遽去。吾國治民生主義者，發達最先，睹其禍害之未萌，誠可舉政治革命、社會革命，畢其功於一役。還視歐、美，彼且瞠乎後也。翳我祖國，以最大之民族，聰明強力，超等絕倫，而沈夢不起，萬事墮壞，幸爲風潮所激，醒其渴睡。旦夕之間奮發振強，勵精不已，則半事倍功良非誇嫚。惟夫一羣之中有少數最良之心理，能策其羣而進之，使最宜之治法，適應於吾羣，吾羣之進步，適應於世界，此先知先覺之天職，而吾民報所爲作也。抑非常革新之學說，其理想輸灌於人心，而化爲常識，則其去實行也近，吾於民報之出世覘之。」

此篇所言，足見孫先生所持之三民主義之眞義，而胡漢民氏於民報第三期中更揭示民報六大主義一文闡發當時革命同志具體主張，亦可謂該報最詳確之宣言，其綱目爲：

(一)顚覆現今之惡劣政府。

(二)建設共和政體。

(三)土地國有。

(四)維持世界眞正之平和。

(五)主張中國、日本兩國之國民的聯合。

(六)要求世界列國贊成中國革新之事業。其中「建設共和政體，」對於民主立憲之主張，有明白之論述，其言曰：

「夫君主專制政體之不宜於今世，無待辨者，而覘國者且問其政體之尙含有專制性質與否，以爲其文明程度之高下。然則二十世紀苟創新政體者，必思滌除專制，惟恐不盡。中國前此屢起革命，而卒無大良果，則以政體之不能改造，故有明之勝元，不滿三百年，而漢族復衰，異族之政府去矣，而代之者雖爲同種人，而專制如舊，則必非國民心理之所欲也。……故必革命而後可言立憲，而一度革命，更不可不求至公至良之政體，免留改革之遺憾。專言專制，則無論其爲君權專制、民權專制，皆無道不平之政體也。而言立憲，則君主立憲，其治人者，與治於人者，等差釐然，各殊其愛情，亦從而生階級。民權立權，則幷此無之，而壹是平等，惟我漢族民族思想與民權思想發達充滿，故能排滿，能立國，而旣已能排滿立國，則探乎一般社會之心理，必無有舍至平等之制不用，而猶留治人者與治於人者之階級也。若慮夫革命之際，兵權與民權相抵觸，而無以定之，則孫逸仙先生之言約法精矣。』

民報第一期於乙巳年十一月（一九〇六年）出版，至庚戌年二月（一九一〇年）爲止，共出二十六期，而各期對於民主立憲理論之發揮與君主立憲之抨擊，皆有重要之文字，爲民主革命運動之理論的依據。

第三節　「戊戌變法」之經過與保皇主張

其次，君主立憲運動之發生，實導源於民國紀元前十四年（戊戌）康有爲等所發動之變法維新運動。此種運動之中心人物，爲翁同龢、文廷式、張謇、康有爲、梁啓超等。先是我國自中日戰爭以後，滿清政府統治下之政治思想原分二派：一爲文人派，以北京大學士翁同龢爲首領；一爲實力派，以天津之北洋大臣李鴻章爲首領。隸屬於翁派者悉爲都下名士，多崇拜中國固有之文物制度，隸屬於李派者，爲辦鐵道、輪船、電報、海軍等洋務人才。主張採用西洋軍事、交通制度。在當時前一派屬守舊，後派屬於維新，兩派在思想上、政權上，中日戰前，卽有不少之暗潮。及中、日戰後，維新運動起，兩派思想互變，李派屬於守舊，翁派屬於維新，而暗鬬愈烈，卒以翁派得清帝之助，及時論同情，李遂失政權而入居北京。自康有為入北京上書變法救亡，并設保國會，而翁派勢力大張，翁、康互相利用，結託清帝，遂造成「戊戌變法」局面。

「戊戌變法」運動，其中心之主張，祇求於現政治之下謀行政及教育制度之改革，並不企圖政治之根本改造。於光緒二十四年由康有為、梁啓超所倡導組織之保國會其黨義有云：

(一)保全國家之政權及其土地。

(二)保全民權民族之自主自立。

(三)保全聖教之不墜。

(四)講求內治革新變法之宜。

(五)講求外交之原因結果。

(六)仰體聖意講經濟之學以助有司之治。

由其所揭之黨義觀之，其所謂「變法維新」之方略，專思以清帝之威權行之，並無民衆組織之基礎，故其結果雖由光緒帝發布「廢止八股」、「洞開言路」、「肅清吏治」、「淘汰冗官」等勵行新政之上諭，但卒為包圍清帝之親貴，及袁世凱所襲擊，而一蹶不振。

但此時之康、梁等維新派，對於政治之主張，尚無具體之宣布，直到戊戌政變之後，康、梁亡命日本，復創保皇會謀復光緒帝之政權，擁以施行立憲政治。壬寅六月康有爲亡命南洋，遠渡美洲，會於途中有致南北美洲諸華商書，洋洋萬餘言，對於保皇之主張有詳細之申述，其主要之點舉之於次：

（一）反對排滿主張，擁護滿洲政府，附會漢、滿同一之辭，以難排滿之說，更進而頌揚滿洲政府之聖德。

（二）主張君主立憲。

（三）反對革命——認革命可召亡國之禍。

康氏既揭示其主張，其徒梁啓超輩更於日本發刊新民叢報，以言論之力量闡「開明專制」之說，與民主革命派針鋒相對，爲理論之激戰。當時梁氏之主張，幾可視爲保皇會理論之中心。梁氏當時首揭「開明專制論」主張：「勸告政府開明專制，要求立憲，決不可遽有急激之行動。」梁氏認定共和立憲在中國萬不能行，祇有就現政府之專制事實而導入於開明專制以從事於國民實力之培養，而達到要求立憲之目的。其所以反對實行共和立憲制之理由有四郎（一）未有資格之國民，不能實行共和立憲，（二）今日中國國民實未有共和資格，（三）共和資格非可短期歲月養成，（四）革命軍倥傯騷擾時代，必不能適於養成共和資格。梁氏反對革命，認革命之結果，決非能得共和，而反以得失專制。彼以爲國民對於政府所當行者兩大方針，一曰勸告，二曰要求。所勸告者在開明專制，所要求者在立憲。（註一）

此外梁氏認種族革命乃節外生枝，無益於事，徒礙政治革命之實行。故梁氏於現政府與革命黨一文中力言

（註一）見新民叢報梁氏所著「開明專制論」「種族革命與政治革命之得失」各文中。

「滿漢之同棲而分彼我，實製造革命黨原料之從品也。夫在遠識者觀之，此固不能成爲問題。」故於論種族革命與政治革命之得失文中申言「種族不同，必非不能立憲之原因；不能立憲，必非種族不同之結果」之說。

總之，保皇派在當時始終不外兩種基本之理論（一）保種兼保滿族之說（二）戴滿族爲君，採用開明專制。然以當時排滿思想彌漫宇內，民主革命已爲全國人民多數之要求，康、梁學說，不足以激起一般人士之興奮，遂漸趨於消極。反之，民革命之主張，易入一般人心，突飛前進，終覩辛亥革命之成功。

第四節　革命與君憲之理論的對抗

中國憲政之肇興，既始於清之季世，而中國同盟會與保皇會之論戰，實開近代中國憲政理論之先河。清末之立憲運動，大都以保皇會所倡導之「君主立憲論」爲依歸，而民國開國以後之十數年中，又莫不受民主革命派主張之影響。故開國前兩派理論上之激戰，實給予近代中國立法事業以至大之啓示。

革命與保皇兩黨之主張，原立於絕對之地位，而保皇黨更從而有阻撓革命之進行，其言足爲革命宣傳之障礙，遂造成兩黨理論之爭辯。自壬寅年康有爲發布與南北美洲華商辨革命書，遂成兩黨論戰之導火線。自康氏之書出後，引起革命黨人猛烈之攻擊。其中以上海蘇報所載章炳麟之駁康有爲書，爲最精微。此後在東京則有民報與新民叢報針鋒相對之論戰，而各地兩派言論機關更成對抗之形勢。廣東則有香港之中國報與廣州之嶺海報及香港之商報對抗，檀香山之民生日報與當地保皇會之新中國報相抗；舊金山之大同報與文興報相抗。

兩黨理論鬬爭之焦點，實可以代表初期憲政運動左右兩翼之主張。歸納言之，可分爲兩項說明：

(一)擁滿與排滿之爭——康、梁派以擁護滿洲政府爲其中心之主張。康氏以爲滿洲種族出於夏禹，因倡滿、漢一體，而難排滿之說。其言曰『談革命者開口必滿洲，此爲大惑不可解之事。夫以開闢蒙古、西藏、東三省之大中國，二百年一體相安之政府，無端引起法、美以生內訌，發攘夷別種之論以創大難，是豈不可已乎。』又曰：『若夫政治，專制之不善，全由漢、唐、宋、明之舊，而非滿洲之特製也。』梁氏更於新民叢報上以論理之律則，爲辯論之依據。彼以爲種族問題由政治問題而起，故根據此義，惟有君主立憲可以弭除種族之情感，故梁氏持論反對排滿的種族革命論，認滿洲人在入關前爲中國之臣民，對於舊王統倡內亂，謀篡奪而獲成功，不得謂之滅亡中國，故彼力言種族革命（即排滿運動）爲政治革命之障礙，足以召瓜分之禍。凡此均見於新民叢報由論種族革命與政治革命之得失及最近之非革命論各文中，是爲保皇派之第一種反民主革命派之理論基點。

而在民主革命派一方面堅持排除異人種滿人，建設漢族之共和政府，對於康、梁「漢滿同一」之主張力與駁斥。以章炳麟之駁康有爲書論之最詳。章氏駁反對排滿主義之言曰：

『民族主義自太古原人之世，其根性固已潛在，遠至今日乃始發達，此生民之良知本能也。長素（按即有爲號）亦知種種之必不可破，於是依違遷就，以成其說，援引匈奴列傳，以爲上系淳維，出自禹後。夫滿洲種族，是曰東胡，西方謂之通古斯種，固與匈奴殊類，雖以匈奴言之，彼既大去華夏，永滯不毛，言語政敎，飲食居處，一切自異於域，猶得謂之同種也耶？智果自別輔氏，管氏變族爲陰家，名號不同，譜牒自異，況於戕虐祖國，職爲寇仇，而猶傳以兄弟急難之義，示以周親肺腑之恩，亘謬極戾，莫此爲甚。』

民報第一期汪精衞氏更著「民族的國民」一文，暢論民族主義，並力駁「漢滿同化」之說，而歸結曰：『故吾之言排滿也，非「狹隘的民族復仇主義」也。勸我民族，自審民族同化公例上之位置，以求自處也。梁氏而無以難也，則請塞爾口，無取乎民族主義而詆毀之也。』此外尚有「斥爲滿洲辯護者之無恥」各文，俱對梁氏所著論爲針對之批駁。總之，此問題成爲論戰最激烈之一點。

（二）革命與開明專制之爭——保皇派對於政治之主張，約而言之，（一）擁護滿洲政權，反對民主革命，（二）勸告政府開明專制，要求立憲，不可遽有急激之行動。屬於前者，康有爲氏持之最力，康氏論革命可以亡國，以爲反對革命之論據，康氏之言曰：

『吾中國本爲極大國，而革命之人，號稱救國者，乃必欲分現成之大國，而爲數寸小國，以力追印度，求致弱亡，何其反也。……使印度各省自立，而能保全也，則可法也；印度不數十年而全滅，則是豈不可鑒也。人不分割我，而我自割分之；天不弱亡我，而我自弱亡之；奈之何號稱志士救國者，而出此下策哉。幸於一時之自立，而忘同種之分崩；顧於目前之苟安，而不計百年之必滅，何其無遠慮也。寧攻數百年一體忘懷之滿洲，以糜爛其同胞，而甘分數千年一統大同之中國，以待滅於列強。』

關於第二點，梁氏於新民叢報著開明專制一文，反對共和立憲制，且推滿革命後之不能得共和，反以得專制，於法理上之論據，則一以述波侖哈克之學說，一以駁盧梭國民總意說，與孟德斯鳩之三權分立說；而歸結於開明專制之重要，此爲保皇派政治上之基本理論。

孫先生對於保皇派政治理論，特著論分三段駁之，試分錄如左：

（一）駁革命召瓜分說——孫先生謂『彼又曰「中國之瓜分在於旦夕，外人窺伺，乘間卽發，各國指認之地，照會政府不得讓於別人」云云。曾不知瓜分之原因，政府無振作也，人民不奮發也。政府若有振作，則強橫如俄羅斯，殘暴如土耳其，外人不敢側目也。人民能奮發，則微小如巴拿孖（今譯巴拿馬）激烈如蘇成亞，列強向之承認也。蓋今日國際，惟有勢力強權，不講道德仁義也。滿清政府今日已矣，要害之區盡矣，發祥之地已亡，浸而日削百里，月失數城，終歸於盡而已。倘有一些生機之可望者，惟人民之發奮耳。若人心日醒，發奮爲雄，大舉革命，一起而倒此殘腐將死之滿清政府，則列國方欽我敬我之不暇，尙有何窺伺瓜分之事哉。既識引管子之作內政以寄軍令，何以偏阻漢人行革命復祖邦？今日之作內政，從何下手，必先驅除客帝，復我政權，始能克免其今日簽一約割山東，明日押一款賣兩廣也。彼滿清政府不特簽約款以割我賣我也，且爲外人平靖地方，然後送之；廣東之新安縣、廣州灣已然之事。倘無滿清之政府爲之助桀爲虐，吾民猶得便宜行事，可以拚一死以殉我之桑梓，彼外國知吾民之不易與，不能垂手而得我尺寸之地，則彼雖貪欲無厭，猶有戒心也。今有滿清政府爲之鷹犬，則彼外國者，欲取我土地，有予取予攜之便矣。故欲免瓜分，必非先倒滿清政府，則無挽救之法也。』

（二）主張民主政體——孫先生之言曰：『彼既曰「革命之結果，爲民主政體」也，胡又曰：「有建設者謂之有意識破壞。彼等是否有建設，吾不敢知」云云。夫革命者，破壞也；民主政體者，建設也。說明明於革命之先，定爲民主政體矣。非意識而何？曰政曰體，非建設而何？該主筆以一手之筆，一時之言，其矛盾有如是，斯亦奇矣！彼又嘗謂中國人無自由民權之性質，僕曾力斥其謬，引中國鄉之自治，如自行斷訴，自行保衞，自行教育，自行修理道路等事，雖不及西政之美，然可證中國人稟有民權性質也。又中國之民，向來不受政府之干涉；來往自如，出入不問；婚姻生死，不報於官，戶口門牌，鮮註於册，甚至二鄉械鬭，爲所欲爲，此本於自由性質也。彼不反脣相稽曰：「此野蠻之自由，非文明之自由也。」此又何待彼言。僕既云性質矣；夫天生自然之謂「性」，純樸不文謂之質；有此野蠻之自由，則便有自由性質也，何得謂無？夫性質與事體異，發現於外謂之事體，稟賦於中謂之性質，中國民權自由之事體，未及西國之有條不紊，界限秩然。然何得概謂之無自由民權性質乎。惟中國今日富於如此野蠻之自由，則他日容易變爲文明之自由，倘無此性質，何由而變易。猶琢玉，必其有玉質，乃能琢之成玉器；若無其性質，雖琢無成也。彼又曰：「中國人富於服從權勢之性質，而非富於服從法律之性質」。試問無權勢何以行法律乎？今如檀島，若政府無權勢以拘禁處罰於犯法之人，其法律尙成爲法律乎？夫法律者，治之體也，權勢者，治之用也，體用相因不相判也。今該主筆強別服從法律與服從權勢二事，是可知彼於政治之學毫無所知也。』

（三）立憲問題之答辯——孫先生曰：『彼又曰：「立憲者過渡之時代也，共和者最後之結果也。」此又可見彼不知立憲爲何物，而牽強附會也。夫憲法者，西語曰 Constitution 乃一定不易之常經，非革命不能改也。過渡者，西語曰 Transition 乃變更之謂也。此二名辭皆從西文譯出，中國無此成語也。該主筆強不知以爲知，而忘曰 Constitution Transition 時代，一何可笑也。推彼之語，必當先經立憲君主而後可成立憲民主，乃合進化之次序也。而不知天下事，其爲破天荒者則然耳；若世間已有其事，且行之已收大效者，則我可以取法而爲後來居上也。試觀中國尙未有火車，近日始興建，皆取最新之式者；若照彼之意，則中國今日爲火車萌芽之時代，當用英、美數十年前之舊物，然後漸漸更換新物，至最終之結果，乃可用今日之新式火車，方合進化之次序也。世上有如是之理乎？人間有如是之愚乎？今彼以君主立憲爲過渡之時代，以民主立憲爲最終之結果，是要行二次之破壞，而始得至於民主之域也。以其行二次，如何行一次之爲便耶？夫破壞者非得意之事也，一次已嫌其多矣，又何必故意行二次。夫今日專制之時代也，必先破壞此專制，乃得行君主或民主之立憲也。旣有力以破壞之，則君主或民主隨我所擇，如過渡焉，以其滯乎中流，何不一棹而登彼岸，爲一勞永逸之計也。使該主筆若不知民主爲最終之結果，其倡君主立憲猶可說也。若乃旣知爲美政，而又認爲最終之結果，胡爲如此矯強支離，多端辨難也。得勿以此事雖善，誠爲救中國之良劑，但其始不倡於吾師，其終也不成於吾手，天下上等之事必不讓他人爲之，故必竭力阻之以致不成而後已？是重私心而忘公義也。」

孫先生此文不僅給予保皇派以有力之駁斥，且於此可見當時孫先生對於立憲之主張。在民報方面對於梁啓超氏所倡「開明專制」之說，尤多理論之批評。

兩派理論上爭戰之要點，已如上述。惟就當時論戰之形勢觀之，保皇派不如革命派聲勢之浩大。蓋革命派以滿清政府之罹罄事實爲根據，而主張推翻滿清政府之統治，實行民主革命爲鵠的，甚合當時一般人民之心理，故易引起人民狂熱之信仰。而保皇派則處處掩護滿淸政府之罪惡，而以改良現狀爲主，且附會「漢滿同一」之說，爲一般人士所難了解，卒無多大之發展。

第二章 立憲運動之崛起

第一節 百日維新後之反動政治

清室自定鼎以來，以外族統治中國，勵行君主獨裁政治，其統治垂三世紀之久。迄嘉慶，國勢中衰，貪官汚吏，秉政攬權，政治日趨腐敗。至光緒朝，見國勢之日否，社稷之日危，更目擊中東戰後之失敗，膠州灣之割讓，憂心不能自禁，乃於戊戌六月下詔定國事，明示大小臣工及一般士民，以開國進取之大計。其詔諭有云：

「數年以來，中外臣工之講究時務者，多主變法自強，近來屢降詔書，開特科，裁冗兵，改武科，新設大小學堂，皆經再三審定，籌之至熟，而後施行。然我國風氣尙未大開，國中之議論尙未統一，或託老成憂國之言，以舊章爲必應墨守，以新法爲必當屛斥，衆喙喋喋，往往虛言無補。試問今日時局如此，國勢如此，兵則不練，財則有限，士無實學，工無良師，強弱相形，貧富懸隔，如此，豈眞能制梃以撻堅甲利兵哉？惟國是不定，則號令不行，極其流弊，必至門戶紛爭，互相水火，徒蹈宋、明之積習，毫無裨益，反有大害。抑以中國之大經大法論之，五帝三王，不相沿襲，譬之冬裘夏葛，勢不兩存。茲特明白宣示，嗣後中外大小諸臣，自王公以下，至於士庶，各宜努力向上，發憤爲雄，以聖賢道義之學，植其根本；又須擇西洋學科之切於時務者，實力講求，以救空疏迂闊之弊。尙其專心致志，精益求精，勿襲其皮毛，勿競騰其口舌。總之，化無用爲有用，以造成通經濟變兼備之才。京師大學堂，爲各行省之倡，尤應首先革新，以爲標準。」

發此上諭後，復下詔召見康有爲、梁啟超、譚嗣同、黃遵憲、張元濟諸人。康有爲於召見時，具陳改革意見，大爲稱旨。以特旨任康有爲爲總理衙門章京，康專爲光緒主持譯述歐、美、日本書籍，或編輯等事務。旋卽下詔諭廢止八股，洞開言路，肅清吏治，淘汰冗官，造成卽所謂「百日維新」之新政。光緒與康、梁輩雖不顧當時之環境，毅然變法維新，因此而引起守舊派之激烈反對，卒使百日維新歸諸泡影，成爲歷史上之名詞。

守舊派多爲清室權貴，其中榮祿實爲首領，挾西太后以迫光緒，謀阻新政之施行。是年九月光緒卒被西太后幽禁於北海之瀛臺，西太后復垂簾聽政，捕斬譚嗣同、林旭、楊深秀、劉光第、楊銳、康廣仁六人於市，康、梁等數人走日本得不死，當譚嗣同就戮時，慨然曰：「中國數千年未聞因變法而流血者，有已請自嗣同始。」其言大可玩味，而維新運動，遂成慘敗。

光緒之新政，既已摧毀無餘，守舊派得勢，更專橫跋扈，勵行極端之反動政治，其結果，召致義和團之亂，故自戊戌政變以後，迄於八國聯軍入京之時，實爲清季政治最黑暗最反動時期。一方面排除所謂新黨，除捕拿康、梁，誅戮譚嗣同等六人外，更摘戍張蔭桓，永禁徐致靖，凡與維新有關者一律革黜。同時西太后布置親信剛毅、榮祿、啟秀等以次入軍機，實授裕祿以直隸總督，以鞏固樞府。更將前百日所舉辦之所謂「新政」，於一月內悉行推翻，並嚴厲實行壓制政策。禁止士民上書言事，禁止結社，禁止報館，嚴拿主筆，一時反動氣焰大張，更因而潛伏革命之種子，使全國有志之士由穩健而趨於激烈之途，清社卒以覆亡。

第二節　清廷之預備立憲

八國聯軍入京，西太后及光緒帝蒙塵，至太原、西安，全國鼎沸，清室已成極度衰弱之象，其後辛丑條約完成，結城下盟，西太后與光緒帝始得回鑾。回鑾之後自覺威信掃地，乃再貌行新政，敷衍人心。先是清帝於蒙塵途中下罪己詔，並下詔求眞言及庚子十二月，更於西安下變法之詔，以至乙巳五年之中，其所施行之新政，大抵不出百日維新之範圍，其主要者亦不過「廢科舉，設學校及派游學」三事而已。此種新政，已不能振起已失之人心，而日俄戰爭之後，日本以小國而勝大國，引起全國人民甚深之刺激。一般人士以爲，日本今所以能一戰勝俄者，乃由其立憲之效果，於是清廷立憲之議乃起，全國上下，咸認憲法之頒布與國會之召集，爲刻不容緩者。西太后於此，知大勢所迫，無可如何，乃於光緒三十一年七月，命載澤、戴鴻慈、徐世昌、紹英、端方五人出洋，爲考察政治大臣，預定考察日、英、美、德、法、奧、意、俄、比九國之政治。五大臣由北京出發之日，革命黨投炸彈於車站，傷載澤、紹英二人，出洋考察之舉，爲之中止。後以端方之上奏，乃以李盛鐸、尙其亨二人代徐、紹，而五大臣始出發。

五大臣既出國門，先至日本，即上書清廷，甚稱日本之立憲政治，以爲日本所行之憲法，乃參考歐洲憲政之結晶，至爲緻密，暗示中國立憲須倣日本之意。其時更有清廷駐外各公使復聯名奏請頒行立憲，謂立憲乃君主與人民共利之事，並論地方自治之必要，集會、言論、出版之不可不自由，最後陳述海外各國之大勢與清廷所處之危險，非立憲不足求宗社之安全，與國祚之永固。及五大臣在外洋考察歸來，端方以爲宜效日本維新之例，先宣佈六條之誓文，載澤則以爲欲防革命之危機，舍立憲無他道。於是清廷預備立憲之議遂決。乃於光緒三十二年九月御前會議之結果，決定四大方針(一)十年或十年以後始實行立憲政治(二)大體效法日本，(三)廢現制之督撫，各省新設之督撫其權限僅與日本府縣知事相當，財政軍事權悉收回於中央政府(四)中央政府組織略與日本現制相等。會後卽發布立憲預備之上諭，其文曰：

「我朝開國以來，列聖相承，謨烈昭垂，因時損益，無不爲憲典。現在各國交通，政治法度，皆有彼此相因之勢。而我國之政令，積久相仍，日處阽危，憂患迫切；非廣求知識，更訂法制，則上無以承祖宗締造之心，下無以慰臣庶治平之望。是以前派大臣，分赴各國，考查政治；載澤等回國陳奏，皆謂國勢之不振，實因上下相睽，內外隔閡；官不知所以保民，民不知所以衞國。而各國之所以富強者，實因其遵憲法，取決公論，軍民一體，呼吸相通，博採衆長，明定權限，是以籌備財用，經畫政務，無不公之黎庶；又兼各國相師，變通盡利，政通民和，所以有由來也。時至今日，惟有及時詳晰甄核，仿行憲政，大權統之朝廷，庶政公之輿論，以立國家萬年有道之基耳。但目前規制未備，民智未開，若操切從事，徒飾空文，何以對國民而昭大信？故廓清積弊，明定責成；必自官制入手，亟應先將官制分別議定，次第更張，並將各項法律，詳愼釐定。而又廣興教育，淸理財政，整頓武備，普設巡警，紳民明晰國政，以預備立憲之基礎。內外臣工，切實振興，以力求立憲之成效。待數十年之後，規模粗具，查看情形，參用各國之成法，妥議立憲實行之期限，再行宣布天下；視進步之遲速，定期限之遠近，著各省將軍督撫，曉諭士庶人等，發憤爲學，各明忠君愛國之義，與合羣進化之理；勿以私見害公益，勿以小忿則亂大謀。尊崇秩序，保守和平；以預備立憲國民之資格，有厚望焉，將此通諭知之。」

此論文關係至大，可視為近代中國立法中之重要官書。自此諭頒布後，定改革官制，翌年更派達壽、于式枚、汪大燮往日本、英、德三國考察憲政，設立資政院以為中央議會之基礎，開設諮議局以為地方議會之基礎，憲法之預備，表面上似已略略完成矣。

第三節　國會請願之運動與結果

清廷宣示倣行憲政之後，人民之希望立憲者，各立會社，接踵而起，一時要求立憲之運動，普遍內外。丁未年夏，梁啓超、蔣智由、陳景仁等在日本東京組織政聞社，發布宣言，列舉四大政綱：

（一）實行國會制度，建設責任政府。

（二）釐定法律，鞏固司法權之獨立。

（三）確立地方自治，正中央地方之權限。

（四）愼重外交，保持對等權利。

宣言中除縷過上列四項政綱之外，更歸結而言曰：「政聞社雖未足稱政黨，而固儼然為一政治團體，則亦政黨之椎輪也。……政聞社所執之方法，常以次序的行動為正當之要求，其對皇室絕無干犯尊嚴之心；其對於國家絕無擾紊治安之舉；此今世立憲國國民所常覆之跡匪有異也。今立憲之明詔既屢降而集會結社之自由，則各國所咸認爲國民之公權而規定之於憲法中者也。豈其倏忽反汗對於政治團體而能仇之。若政府官吏不奉詔，悍然敢爲此種反背立憲之行爲則非惟對於國民而不負責任，抑先已對於君主而不負責任，若茲之政府，豈更能一日容其存在以殃國家。是則政聞社之發生愈不容已而吾黨雖洞胸絕脰而不敢息肩者也。」

其宗旨如此，固一完全欽命憲法運動之政團，革命黨視爲大敵。清廷方面卒惑「保皇帝不保太后，保中國不保大清」之傳說，對於梁啓超一派極爲懷疑。其後政聞社散布於國內各地後，清廷便於戊申年六月二十七日令將政聞社員法部主事陳景仁革職看管，七月復嚴諭各省督撫查禁政聞社，着令將該社社員嚴加緝捕，毋任漏網。政聞社卒於清廷禁令下解散。

政聞社雖已消滅，而國內要求立憲之運動，並不爲之少減。人民之希望立憲，請願召開國會者日多。上海士紳既設預備立憲公會，各省士民集合團體，研究政治，議論時事者，所在而有督促憲政實行之文電，幾無日無之。湖北有憲政籌備會，湖南有憲政分會，廣東有自治會，更有華僑聯名請願，求即實行立憲。湘人熊範輿等復請願設立民選國會。一時憲政團體勃興，就中以「預備立憲公會」氣勢較爲浩大，組織亦頗健全。此會係由朱福詵、張謇、孟昭常、鄭孝胥、湯壽潛、許鼎霖、雷奮、陶保廉、周廷弼等於光緒三十二年組織，其地域以江蘇、浙江、福建三省爲中心。而以根據清廷立憲上諭所宣示之旨趣，開發地方紳民之政治知識爲目的。自其思想上之系統觀之，與當時康、梁一派之保皇黨，頗表深厚之同情，但表面上又力避與康、梁之關係，故清廷未便予以壓迫。加以參加之社員多爲江、浙、閩知名之士及實業界及政界之聞人，聲勢頗盛。會長爲朱福詵，副會長張謇、孟昭常，而鄭孝胥、湯壽潛、許鼎霖、雷奮、陶保廉、周廷弼等分任幹事。更結納廣東、湖北、湖南諸省之同情者，以爲聲援，隱然爲君主立憲運動中之一有力團體。

清廷對於立憲始終無實行之誠意，而以遷延爲惟一之方法。丙午雖定仿行憲政之詔，而以戊申爲籌備憲政之開始。清廷及期復恐實行立憲，不利於滿族，欲將預備立憲之詔，藉故取消，全國人士，深致不滿。乃於戊申六月由鄭孝胥發起聯名向政府請願開國會，七月復由預備立憲公會移書湖南憲政公會、湖北憲政籌備會、廣東自治會以及河南、安徽、直隸、山東、山西、四川、貴州等省同志相約，各派代表，齊集北京以請願書呈請都察院代奏，八旗士民，亦與其列，造成一時國會請願大運動，爲康、梁等公車上書後最盛之運動。雖值光緒帝不豫，奏未得達，然已引起清廷甚深之注意。乃於八月二十七日遂定九年公布憲法之上諭，並頒布召集議員之詔，然終無意實行，轟動一時之請願運動，其結果祇此而已。

第四節　革命黨反立憲之表示

清季之立憲運動僅爲一部分士大夫及紳商之妥協的行動，希冀清廷於極端專制之下稍稍容納人民之要求。此固受康、梁等保皇派之影響，而無裨於實際，其主張之帶有妥協性，早爲革命黨人所不滿。蓋清室權貴，始終無實行立憲之誠意，亦爲革命黨人所洞悉。故自興中會以至同盟會，革命黨人在孫中山先生領導之下，專力於民族革命與民主革命之並行，而以軍事行動爲積極排滿之策進。自乙未廣州之役失敗後，更有庚子惠州之役，壬寅廣州之役，甲辰長沙之役，革命志士，謀起義於各省者前仆後繼。乙巳六月，清廷派載澤、戴鴻慈、徐世昌、端方、紹英五人出洋考察憲政。革命黨人吳樾憤清廷藉立憲以欺朦國人，爲革命之障礙，乃謀炸之。遂由東三省來北京，於五大臣出發之日，懷炸彈至車站，阻不得入，適端方後至，登身至花車夾道中，因接駁車輛，車側人衆，彈爲震動，驟然暴發，端方親屬數人均被炸死，紹英受重傷。端方、載澤、戴鴻慈均受微傷，徐世昌距離較遠得無恙。樾本人炸去下半身，血肉分飛，死事最慘。然因此喚醒國人對於清廷僞立憲之迷夢，實爲革命史義烈之偉舉。事後，並得吳樾遺書，洋洋萬言，對於清廷立憲之虛僞，尤痛加駁斥，經民報披露後，影響至大。與梁啓超主張，擁護憲政之論文，尤針鋒相對。吳書中論駁清廷立憲之欺詐，既詳且精。其文中末段立憲決不利於漢人，中有云：

「滿政府負於漢人之罪惡如是矣，而彼主張立憲者，猶以爲專制政體之罪惡，但能立憲，必得剷除，而使漢人享滿足之自由幸福也。惡，是何言。立憲政治焉得如此之神聖。以日本萬世一系之立憲，匈、奧雙立政府之立憲，尙有無限之缺憾。況彼奴乃賤奴視漢民之滿政府耶？計彼族據我華夏以來，人無賢否，罔不抱其抑壓漢人主義。彼爲貴種，漢之說，身至北京，卽入於耳若鐵良、（鐵爲排漢巨魁，彼祖述剛毅人才六等之說，以不識字之旗人爲一等，讀書之旗人爲二等，讀西書之旗人爲三等，不識字之漢人爲四等，讀書之漢人爲五等，讀西書之漢人爲最下，鐵方以練兵制家奴爲急務，他種教育均不贊成。）榮慶、（榮專持漢人學堂日少，旗人學堂日多之政策。）其代表也。彼以數百萬之蠻民，馭四萬萬之民族，反側憂之，毋怪其然。誠爲滿人計，決不可使漢人雄飛獸挺，以成尾大不掉之勢。而我漢人猶懵曰：滿人立憲，必利於我，滿之識者，能毋嗤乎？夫立憲之利於民者，莫過於集會、出版、言論、身體、財產諸自由權利。以彼那拉、奕劻、鐵良、榮慶諸野物，而甘心以是畀我族，誰其信之！謂余不信，請視近年之新政，練兵之權，必操諸奕劻、鐵良之手；袁世凱甘爲傀儡，且猜嫌備至警察之權，滿學生獨攬之；駐防未撤，又練京旗，政府要津罔非滿族，所用漢人獨取夫耳聾目瞶，奴性深錮者，以充其數。至於外疆督撫岑、張二人，僅保殘喘；其目不識丁貪鄙無能之滿員，動任封疆，罔以爲怪。且如斷髮改裝之嚴禁出版言論之干涉，罔司馬昭之心，人人皆知矣。綜諸種之原因，可逆斷將來立憲之效果，地方自治，彼必害之，不甘三權分立，決不成就，滿漢權利，必不平等，如是立憲，於漢何利。且不徒無利，而又假憲政名義，加重吾族納稅之義務，以供其奴隸陸軍，爪牙警察，爲鎮壓家賊之用耳。而彼族固自擁其君主神聖不可侵犯之權利，吾族抑望其立憲所得利害何如。」

吳樾之炸五大臣，雖出於個人之義憤，足以代表革命黨人反對立憲之熱情。民報方面更多揭文以斥駁之。其中如「論滿政府雖欲立憲而不能」、「論支那立憲必先革命」、「滿洲立憲與國民革命」等文對於當時擁護立憲，痛加抨擊。而於革命行動上，更爲加緊。但因清廷僞立憲表面上，足以動搖一部愚昧薄弱之國民故革命運動之進行，較前益爲艱苦。革命黨人在此苦境中，感於僞立憲之足以阻撓革命，乃愈益猛勇進行，卒以推翻清廷僞立憲之局勢。

第三章　憲法大綱公布之前後

第一節　清末官制之改定與演化

清廷於丙午下仿行憲政之詔，而籌備憲政之年限，則託始於戊申。戊申七月經各省人士請願之後，是年八月，始由憲政編查館資政院王大臣奏呈憲法及議員議舉各綱要，暨議院未開以前逐年應行籌備事宜，諭令內外臣工，依限舉辦，於第九年內籌備完竣，即行頒布欽定憲法，並頒布召集議員之詔。是年九月更宣布釐定官制，蓋欲先將官制議定，俟數年後規模粗具，再行宣布實行立憲，此實爲清廷遷延實行立憲之計也。其釐定官制之上諭云：

「前經降旨宣示立憲之預備，飭令先行釐定官制，特派載澤等公同編纂，悉心妥訂，並派慶親王奕劻等總司核定，候旨遵行，茲據該大臣等將所編原案詳核定擬，一並繕單具奏。披覽之餘，權衡裁擇，用特明白宣諭。仰維列聖成憲昭垂，良法美意，設官分職，莫不因時制宜。今昔情形既有不同，自應通盡利。其要旨惟在專責成，清積弊，求實事，去浮文，期於釐百工而熙庶績。軍機處爲行政總匯，雍正年間本由內閣分設，取其接近內廷，每日入值，承旨辦事，較爲密速。相承至今，尙無流弊，自毋庸改變。內閣與軍機處一切規制着照舊行，其各部尙書均着充參預政務大臣，輪班值日，聽候召對。外務部吏部均着照舊。巡警爲民政之一端，着改爲民政部。戶部着改爲度支部，以財政部併入。禮部着以太常光祿鴻臚三寺併入，學部仍舊。兵部着改爲陸軍部，以練兵處太僕寺併入。應行設立之海軍部及軍諮府未設以前，均暫歸陸軍部辦理。刑部着改爲法部，責任司法。大理寺着改爲大理院，專掌審判。工部着併入商部，改爲農工商部。輪船、鐵路、電線、郵政，應設專司，着名爲郵傳部。理藩院着改爲理藩部。除外務部堂官缺照舊外，各部堂官均設尙書一員，侍郎二員，不分滿漢。都察院糾察行政缺失，伸理冤滯，着改爲都御史一員，副都御史二員，六科給事中着改爲給事中，與御史各缺均暫如舊。其應行增設者，資政院爲博採羣言，審計院爲核查經費，均着以次設立。其餘宗人府、內閣、翰林院、欽天監、鑾儀衞、內務府、太醫院、各旗營、侍衞處、步軍統領衙門、順天府、倉場衙門，均毋庸更改。原擬各部院等衙門職掌事宜及員司各缺，仍着該堂官自行核議，悉心妥籌，會同軍機大臣，奏明辦理。」

此次官制之改定，僅於中央政制、地方官制尙未論及。良以地方官制中督撫問題，不易解決。次年（丁未）五月雖發布一種所謂外官制，將各省按察使改爲提法使，增設巡警勸業道，裁撤分巡分守各道。又分設審判廳，增易佐治員，命由東三省先行開辦，直隸、江蘇亦擇地先爲試辦，其餘各省請旨辦理，統限十五年一律通行。但於督撫軍財兩權，實際上一無所動。故地方官制，始終不能徹底改造。

至於此次中央政制之改定，亦僅更換名稱，或稍有分併，不過爲外觀之粉飾，於政制之根本，並無所改變。滿清政制，原仿明制，其間因種族不同之故，略有增損。中央政府組織以淸帝爲行政領袖，總攬政權，就一切之國務，爲最終之裁斷。其下佐以內閣大學士及軍機處大臣。淸初承明代之遺制，內閣爲國家最高之機關，掌審議處理重要之機務。由順治、康熙而雍正，新設軍機處後，內閣之實權，漸移於軍機處，軍機大臣起而代內閣大學士執政，軍機處雖攬有大權，但執行政務之機關仍爲吏、戶、禮、兵、刑、工六部，部設尚書滿、漢各一人，但多兼職，責任頗不分明。自此次官制改定後，擴充爲十一部，卽（一）外務部（原稱總理衙門咸豐十年創設）（二）度支部，（三）禮部，（四）陸軍部，（五）法部，（六）郵傳部，（七）理藩部，（八）民政部，（九）農工商部，（十）學部，（十一）吏部。此外大理寺改爲大理院，太常、光祿、鴻臚三寺併入禮部，政務處改爲會議政務處，都察院改爲都察史，餘如內閣，軍機處無所變動，輿論多非之。蓋清末之內閣實爲一種畸形之組織，軍機處與各部自爲別個之機關，以視各國內閣制，內閣大臣入則參劃國家之機務，出則總轄各部之行政，不可同日而語。今新發表之官制，對此仍無改變，一般希望立憲者，莫不爲之失望。

其後，宣統嗣位，載灃當國，爲敷衍人心計，對於立憲之籌備表面上雖似積極，戊申十一月卽下諭旨，定由軍機大臣署名之制，蓋欲仿行立憲國家由國務總理副署之意。然因責任不明，致施政諸多滯礙。庚戌十月淸廷納請願團之要求，下詔准將立憲籌備期限縮短，於宣統五年召集國會，在國會未召集以前，將官制釐訂，設立內閣。至次年（辛亥）三月乃頒布新內閣官制十九條及內閣屬官官制十五條，倣效近世歐、美各國內閣制，而以慶親王奕劻爲內閣總理。此次官制之改定，裁撤內閣軍機處及會議政務處，集權於內閣總理。內閣之組織，則由國務大臣組織而成，以內閣總理爲首班而秉承宸謨，釐定政治方針，保持行政之統一，並召集內閣會議以議決重要事項。內閣之下置閣臣承總理大臣之命管理機要文件，總理一切庶務，設制誥、敍官、統計、印鑄四局，分司其專管職務，而隸屬於內閣，我國歷史上廢固有之內閣制，採用近代各國通行之內閣制者自此始。

此次官制之改革，雖較前進步，然求之實際，十三內閣大臣中，漢人僅佔四人，而滿人竟居八人之多，八名滿人之中，皇族復佔其五人，蒙古旗人一，造成所謂皇族集權之內閣，仍未能饜當時人民之嶄望。

第二節　資政院之創設及其組織

清廷自頒行預備立憲之後，全國上下要求設立代議機關，至爲迫切。清廷乃於丁未年八月十三日頒布設立資政院之上諭，諭曰：

『朕欽奉慈禧端佑康頤昭豫莊誠壽恭欽獻崇熙皇太后懿旨：立憲政體，取決公論。上下議院，實行政之本。中國上下議院，一時未能成立，亟宜設資政院以立議院基礎。著派溥倫、孫家鼐充該院總裁。所有詳細院章，由該總裁會同軍機大臣妥愼擬訂，請旨施行。』

是年六月由溥倫、孫家鼐奏呈資政院章目。十二月命景星、俞廉三、丁振鐸、曹鴻勛、陸元鼎協同辦理資政院事務。至宣統二年（庚戌）八月下召集資政院之詔，資政院乃於是年八月二十日開第一次常會，九月初一日第二次開會，行資政院開院典禮，資政院至此宣告成立。

資政院之設立，可視爲我國第一次立法機關，其性質本同於各國之國會。然因清廷當時設立之本意，僅在「取決公論，預立上下議院基礎」，並未給以與國會相等之地位。原不過一政府之諮詢機關，而非如近世各國國會之爲監督政府。所以名之爲資政院者，蓋全以有資助政府機關之意也。其組織採一院制，以欽選議員與民選議員聯合組織之。實有別於一般之採用一院制者。設總裁（議長）二人，總理全院事務，以王公大臣著有勛勞通達治體者，由特旨簡充。另設副總裁（副議長）二人或四人，佐理全院事務，以三品以上大員著有才望學識者，由特旨簡充。第一任總裁爲溥倫，副總裁爲沈家本。至資政院之職權，由章程規定，有大綱五項：（一）議定國家歲出入預算之職權。（二）議定國家歲出入決算之職權。（三）議定稅法及公債之職權。（四）議定新法典及嗣後修改之職權。（五）議定奉特旨交議事件之職權。

資政院包括議員二百名，其中分欽選議員與民選議員兩種，欽選議員一百名，其成分分爲七類：（一）宗世王公世爵（十六名）（二）滿漢世爵（十二名）（三）外藩王公世爵（十四名）（四）宗世覺羅（六名）（五）各部院衙門七品以上者（三十二名）（六）碩學通儒（十名）（七）多額納稅者（十名）。民選議員之額數亦爲一百名，依照各省諮議局議員之多寡分之，其比例如左表：

奉天	三人	山東	六人	吉林	二人
河南	五人	黑龍江	二人	山西	五人
順直	九人	陝西	四人	江蘇	七人
甘肅	三人	安徽	五人	新疆	二人
江西	六人	四川	六人	浙江	七人
廣東	五人	福建	四人	廣西	三人

湖北	五人	雲南	四人	湖南	五人
貴州	二人				

議員雖有欽選與民選之分，但其職權，一律平等。惟其選出之方法，則與普通國會議員之產生不同。第一欽選議員各有其特定之選舉法，至七種之多。其主要者（一）王公世爵由軍機處會同宗人府理藩部查明合格人員，繕具名單奏請欽選，以不逾十八爲限。（二）宗世覺羅各部院衙門官吏及多額納稅之業主，由宗人府吏部民政部分別查明合格人員造具名單，咨送資政院，經各該員選定後，由資政院將得票多數者，按照定額多開數員，奏請欽選。（三）碩學通儒之選舉，則由學部通行京師以上各官，及翰林、給事中、御史、各省督撫、提學司、及出使各國大臣，各薦訪一人或二人，開具簡明事實，保送學部。由學部審查屬合格人員，得保較多者，選定三十八人作爲被選人，造具清册咨送資政院。資政院接到被選人清册後，奏請按額欽選。

其次，民選議員之選舉法，則由各省諮議局選出各省諮議局議員，俟互選後，由本省督撫擇其鄉望素優，而得票較多者，按照定額咨送資政院奏明立案。各省諮議局議員，以各省定額總數十分之一，爲選出資政院議員之定額。

資政院選舉之第三特質，即選舉雖大別爲欽選與民選兩種。但欽選議員須有特別身分者，先行互選而後欽選，故非純然之欽選；民選議員由各省諮議局議員中互選，再由督撫核定，而後咨送資政院，故亦非純然之民選，此與各國上下議員之選舉，迥然不同。

資政院議員之產生，既如上述。其結果欽選多爲皇族中人，素無政治經驗，缺乏憲政知識，反之，民選議員來自各省，皆爲各地諮議局之優秀分子，既幹練，復多聯絡，在院中頗占優勢，其後兩種議員漸有政團之形成，著名者有三：

（一）憲友會——由孫洪伊、湯化龍、譚延闓、徐佛蘇、雷奮、蒲殿俊、林長民等所組織，而以國會請願同志會爲其基礎。在資政院中以雷奮、籍忠寅爲其領袖。於宣統三年六月成立於北京。其政綱有六：（一）尊重君主立憲政體，（二）促成責任內閣，（三）整理各省政務，（四）開發社會經濟，（五）講究國民外交，（六）提倡尙武教育；入民國後演化爲民主黨。

（二）憲政實進會——由莊親王、勞乃宣、陳寶琛、趙炳麟、沈林一、喻長霖等所組織，其所包含之分子則多爲資政院中之欽選議員與民選議員中之碩學通儒一類居多數。以勞乃宣、陳寶琛、趙炳麟爲領袖。性質近於保守黨，其政綱有十：（一）尊重君主立憲政體，期上下意思之疏通，（二）發展地方自治，鞏固憲政之基礎，（三）謀政治全體之改善，（四）期法律之完備，（五）定教育之方針，（六）完成移民事業，（七）實行財政整理，（八）開發人民生計，（九）研究外交政策，集中國家權利，（十）謀軍備之充實。民國成立後，此派卽歸消滅。

（三）辛亥俱樂部——世稱爲資政院中之官僚黨，其組織欽選議員與民選議員皆有。其幹部人物爲趙椿平、陳懋鼎、王璟芳、劉道仁（欽選議員）易宗夔、牟琳、羅傑（民選議員）等，其政綱凡八：（一）闡揚立憲帝國之精神。(二)提倡軍國民教育。(三)發展地方自治能力。(四)主張保護政策以振興實業。(五)整理財政以增進富力。(六)酌量公私財力以謀交通發展。(七)整飭軍備以充實國力。(八)體察內外情勢,確定外交方針。

資政院成立為時不久,以其為我國最初之立法機關,其成績亦略有足述者:(一)立法方面,制定新刑律草案、破產律、地方自治章程及修改諮議局章程等。(二)對於政府方面,則有宣統二年奏請速開國會,改變御前會議已定九年立憲之成案,而得宣統五年實行召集國會之准許。更於宣統三年奏請改皇族內閣為責任內閣,是為我國實行責任內閣之始。而所謂十九信條者,亦係由該院產生。辛亥夏開第二次常會,及清室覆亡,資政院之生命亦隨之告終。

第三節 各省諮議局之成立

清末之資政院,可視為中央代議機關,而各省之諮議局則略具地方議會之雛形。諮議局者以遵諭旨採各省之輿論,指陳全省利病,而籌計地方治安為宗旨。各省諮議局設於督撫所駐之一地,蓋代省議會而設立也。光緒三十三年九月十三日清廷以上諭頒布大綱,宣統元年七月舉行覆選,十月十五日各省開會,同時宣告成立。各省諮議局議員以左列數目為定額,用複選舉法選任之,茲列表如左:

奉天	五十名	吉林	三十名	黑龍江	三十名
順直	一百四十名	江寧	五十五名	江蘇	六十六名

安徽	八十三名	江西	九十七名	浙江	一百十四名
福建	七十二名	湖北	八十名	湖南	八十二名
山東	一百名	河南	九十六名	山西	八十六名
陝西	六十三名	甘肅	四十三名	新疆	三十名
四川	一百零五名	廣東	九十一名	廣西	五十七名
雲南	六十八名	貴州	三十九名		

京旗及各省駐防，均以所駐地方爲本籍，但旗制未改以前，京旗得於順直議員定額外，暫設專額十名。各省駐防得於該省議員定額外，每省暫設專額一名，其名至三名數，由各督撫會同將軍都統定之。

各省諮議局議員之選舉人資格，其規定如下：

（一）凡屬本省籍貫之男子年二十五歲以上，具下列資格之一者有選舉諮議局議員之權：（1）曾在本省地方，辦理學務及其他公益事務滿三年以上，著有成績者。（2）曾在本國或外國中學堂及與中學同等或中學以上之學堂畢業，得有文憑者。（3）有舉貢生員以上之出身者。（4）曾任實缺職官六七品或五品以上，未被參革者。（5）在本省地方有五千元以上之營業資本或不動產者。

（二）凡非本省籍貫男子，年滿二十五歲，寄居本省滿十年以上者，在寄居地方有一萬元以上之營業資本，或不動產者，亦得有選舉諮議局議員之權。

至於被選舉之議員僅規定「凡屬本省籍貫或寄居本省滿十年以上男子，年滿三十歲以上者得被選舉爲諮議局議員」。本條所定被選舉資格，除年齡外，雖無何等重要規定，但於被選舉權之限制，則殊嚴密。其規定約有三項：

（一）凡有下列情事之一者不得有選舉權與被選舉權：（1）品行悖謬營私武斷者，（2）曾處監禁以上之刑者，（3）營業不正者，（4）失財產上之信用被人控實未清結者，（5）吸食鴉片者，（6）有心疾者，（7）身家不清白者，（8）不識文義者。

（二）下列人等停止其選舉權及被選舉權：（1）本省官吏或幕友，（2）常備軍人及徵調期間之續備後備軍人，（3）巡警官吏，（4）僧道及其他宗教師，（5）各學堂肄業生。

（三）現充小學堂教員者停止其被選舉權。

各省諮議局各設議長一人，副議長二人，常駐議員若干人，均由議員中互選。常駐議員以該省議員額數十分之二爲額。議長副議長用單記投票法分次互選，常駐議員用連記投票法一次互選，均以得票過半數者爲當選。

至關於諮議局之職權，均取列舉式。凡所列舉均以本省之事爲止，示與資政院所定權限，有中央與地方之分。其職權如下：

（一）議決本省應興應革事件。

（二）議決本省歲出入預算事件。

（三）議決本省歲出入決算事件。

(四)議決本省稅法及公債事件。

(五)議決本省擔任義務之增加事件。

(六)議決本省單行章程規則之增删修改事件。

(七)議決本省權利之存廢事件。

(八)選舉資政院議員事件。

(九)申覆資政院諮詢事件。

(十)申覆督撫諮詢事件。

(十一)公斷和解本省自治會之爭議事件。

(十二)收受本省自治會或人民陳請建議事件。

以上各項中，第一項總括地方庶政而言。二、三、四、五等項爲監察財政事宜。六、七二項爲參與立法事宜。第八項係預立議院之根基。九、十兩項以備京外之顧問。十一、十二兩項以平自治會之紛爭，以通人民之情悃。

諮議局之權限，雖如此，但仍須完全聽命於督撫，督撫對於諮議局實操有最後裁可之權。故諮議局章程第四十六、四十七、四十八條各項，明定督撫於諮議局有監督、裁奪之權。如：

第四十六條各省督撫有監督諮議局選舉及會議之權，並於諮議局之議案有裁奪施行之權。

第四十七條諮議局有左列情事，督撫得令其停會：

（一）議事有踰越權限不受督撫勸告者。

（二）所決事件違背法律者。

（三）議員在議場有狂暴舉動議長不能處理者。

第四十八條諮議局有左列情事，督撫得奏請解散，並將事由咨明資政院：

（一）所決事件有輕蔑朝廷情形者。

（二）所決事件有妨害國家治安者。

（三）不遵停會之命令或屢經停會仍不悛改者。

各省督撫既有裁可諮議局決議之權，故諮議局不啻爲督撫之附屬機關，雖同章程第二十七條有「本省督撫如有侵奪諮議局權限或違背法律等事，諮議局得呈請資政院核辦」之規定，但當時各省督撫權力極大，督撫爲事實上之副王，尤非資政院所能核辦。故清末諮議局之設，全在敷衍人心，直無民意代表之可言。但各省諮議局之議長，不少優秀之政治人才，且曾從事於憲政推進之工作，對於立憲運動亦有相當之努力。各省諮議局成立之後一月（己酉年十一月）江蘇諮議局議長張謇即以「外侮益劇，部臣失策，國勢日危，民不聊生，救亡要舉，惟在速開國會組織責任內閣」等語通電各省諮議局，復派孟昭常、楊廷棟、方還諸人游說各省。不久蘇、浙、皖、贛、湘、鄂、閩、粵、桂、魯、直、晉、奉、黑、吉等十六省諮議局各派代表三人，集於上海，嗣經數次協商，乃組織「國會請願同志會」，並約定須俟國會正式成立，始行解散。宣統二年一月中旬各省代表齊集北京，一面由孫洪伊領銜，連署各省代表三十二名，以請願書託由都察院代奏，一面歷訪各王公大臣，請求贊助，早開國會。旋詔書發出，拒絕請願，代表團乃暫時停止行動，僅留孫洪伊等六人爲國會請願團常駐委員，留住北京，其他代表各回原籍，努力鼓吹，以求再舉，是爲諮議局第一次之請願也。同年四月，各省諮議局代表復聯合各省政團、商會及海外僑商，各舉代表，再度晉京請願，同時託都察院代奏者共十起，卒經兩次御前會議，下詔不准，是爲諮議局第二次之請願。

諮議局兩次請願之結果，均歸失敗，輿論對於清廷益多非難，九月代表團復向資政院，提出請願案，要求設立責任內閣，速開國會，並上書攝政王，徧求各當道大員援助，資政院議員由各省諮議局產生，多數與各省諮議局主張一致，乃通過奏請，同時各省督撫亦聯電軍機處，主張速開國會，建立責任內閣制。清廷乃於十月初明諭天下，准將立憲籌備期限縮短，定於宣統五年召集國會，在國會未召集以前，先將官制釐定，設立內閣，此諮議局第三次請願之結果也。

諮議局請願代表團，於第三次請願得有結果之後，復分爲兩派：一派爲預備立憲公會，以爲請願已有相當結果，認爲滿意，不再進行；一派爲湯化龍（湖北議長）、譚延闓（湖南議長）、蒲殿俊（四川議長）堅持速開國會之議，謀再請願，遂與公會派分離，仍在北京，繼續活動。不久東三省請願代表亦到津。清廷乃嚴厲壓迫各代表，下令民政部步軍統領衙門將東三省代表解回原籍，而在津準備四次請願之温世霖發戍新疆。湯、蒲諸人覺清廷無可爲，乃各回籍，蒲且掀起川路國有風潮，而革命聲勢大盛。人民知向清廷和平請願無效，多參加革命行動，以謀推翻清廷統治。

第四節　憲法大綱與憲法信條

清朝自定鼎以來，向無類似憲法之根本大法。大清會典僅規定中央之官制，不能認爲一代之憲法。自丙午頒布仿行憲政，乃於戊申諭令憲法編查館資政院擬具憲法大綱暨議院選舉各法。乃由奕劻等編就奏呈，經清廷於是年八月二十七日（一）以明令頒布。此項憲法大綱僅視爲起草憲法前之主要原則，而其細目則當俟正式起草憲法時酌定，故祇能稱爲立法原則，且未經公布，尤不能視爲一代之法制，顧此大綱乃爲立憲派請願之結果，雖未能視爲正式文書，但爲吾國最初之憲法草案，極有研究之價值。此項憲法大綱內容分爲兩大部（一）關於君主大權者；（二）關於臣民權利者。玆將憲法大綱及議院法要領全文列左：

憲法大綱（其細目當於憲法起草時酌定）

『君上大權

一　大清皇帝統治大清帝國萬世一系永永尊戴。

一　君上神聖尊嚴不可侵犯。

一　欽定頒行法律及發交議案之權。（凡法律雖經議院議決而未奉詔令批准頒布者不能見諸施行。）

一　召集開閉停展及解散議院之權（解散之時卽令國民重行選舉新議員其被解散之舊議員卽與齊民無異倘有抗違量其情節以相當之法律處治。）

一 設官制祿及黜陟百司之權。（用人之權操之君上而大臣輔弼之議院不得干預。）

一 統率陸海軍及編定軍制之權。（君上調遣全國軍隊制定常備兵額得以全權執行凡一切軍事皆非議院所得干預。）

一 宣戰媾和訂立條約及派遣使臣與認受使臣之權。（國交之事由君上親裁不付議院議決。）

一 宣告戒嚴之權當緊急時得以詔令限制臣民之自由。

一 爵賞及恩赦之權。（恩出自上非臣下所得擅專。）

一 總攬司法權委任審判衙門遵欽定法律行之不以詔令隨時更改。（司法之權操諸君上審判本由君上委任代行司法不以詔令隨時更改者案件關繫至重故必以已經欽定法律爲準免涉紛歧。）

一 發命令及使發命令之權惟已定之法律非交議院協贊奏經欽定時不以命令更改廢止。（法律爲君上實行司法權之用命令爲君上實行行政權之用兩權分立故不以命令改廢法律。）

一 在議院閉會時遇有緊急之事得發代法律之詔令並得以詔令籌措必需之財用惟至次年會期須交議院協議。

一 皇室經費應由君上制定常額自國庫提支議院不得置議。

一 皇室大典應由君上督率皇族及特派大臣議定議院不得干涉。

附臣民權利義務（其細目當於憲法起草時酌定。）

一 臣民中有合於法律命令所定資格者得爲文武官吏及議員。

一 臣民於法律範圍以內所有言論著作出版及集會結社等事均准其自由。

一 臣民非按照法律所定不加以逮捕監禁處罰。

一 臣民可以請法官審判其呈訴之案件。

一 臣民應專受律所定審判衙門之審判。

一 臣民之財產及居住無故不加侵擾。

一 臣民按照法律所定有納稅當兵之義務。

一 臣民現完之賦稅非經新定法律更改悉仍照舊輸納。

一 臣民有遵守國家法律之義務。

附議院法要領（其細目當於釐訂議院法時酌定）

一 議院祇有建議之權並無行政之責所有決議事件應恭候欽定後政府方得奉行。

一 議院提議事件須關乎全國公同利害者不得以一省尋常地方之事提議。

一 君上大權所定及法律上必需之一切歲出非與政府協議議院不得廢除減削（其細目另於會計法內定之。）

一 國家之歲出歲入每年預算應由議院之協贊。

一　行政大臣如有違法情事議院祇可指實彈劾其用舍之權仍操之君上不得干預朝廷黜陟之權。

一　議院所議事件必須上下議院彼此決議後方可奏請欽定施行。

一　議院有上奏事件由議長出名出具奏。

一　議員言論不得對朝廷有不敬之語及誣衊毀辱他人情事違者分別懲罰。

一　議院開會之際議長有指揮警察整飭議場之權如有違議院法律規則者議長得禁止其發言或令退出議場。

一　議院如有不合選舉資格者由議長審查得實隨時立予除名。

一　各省士紳所設研究議會之會社須遵照政治結社集會律辦理不准藉此斂派銀錢擾累地方違者由地方官封禁懲治。

附選舉法要領（其細目於釐訂選舉法時酌定）

一　議院舉行選舉事宜俱由府廳州縣各官實行監督。

一　不合於選舉資格者不得有選舉權及被選舉權（如平行悖謬營私武斷者曾處監禁以上之刑者營業不正者失財產上之信用被人控實尚未清結者吸食鴉片者有心疾者身家不清白者不識文義者等項。違者立即撤銷。）

一　舉行選舉之期應設管理員監察員於投票開票時嚴加省視以防舞弊。

一 違背選舉章程者（如以詐術獲登選舉人名册或變更選舉人名册者等項。）另定罰則分別科以監禁罰金。

一 選舉用投票之法以得票者數而合例者方准當選（向來地方公舉紳董之事名為公舉或由官長授意或由三數有力之紳推薦不免有瞻徇情面不孚衆望之處今用投票法層層節制期於力矯前項情弊。）

一 凡人民於選舉之前非在原籍地方住居滿一年以上者暫停其選舉及被選舉權」。

憲法大綱之編纂，出自憲政編查館，而載澤實為編纂之主要人員，載澤在日本考察憲政時曾由日本伊藤博文比於芝離宮向滿洲皇族如載澤等講演日本憲法。伊藤氏所言祇日本憲法關於君主大權之規定，略舉條文落數語，不意載澤等竟以此為根據而起草憲法大綱，故憲法大綱大半抄自日本憲法，對於君主尤竭力保持其無上之威權，此亦受伊藤氏演講之影響。蓋當伊藤氏演講日本憲法時，將日本天皇大權，言之至為偉大。其言曰：『日本憲法中言君主大權之事共有十七條，貴國為君主國，以上所論種種大權，將來施行憲法之時，必須歸之君主，而不可旁落者』。載澤乃依其所教，於大綱之開端案語即曰：『君主立憲政體，君上有統治國家之大權，凡立法、行政、司法，皆歸總攬』。彼因不知日本憲法尚有其他對於天皇大權之限制，以為日本憲法之精義不過如此，乃據而草成，實可見滿人之無知，而憲法大綱之價值更可知矣。

就該大綱內容言之，幾乎為日本憲法之模仿物。大綱全部文共二十三條，其中與日憲條文相同者達十七條之多，可知此項大綱完全由日憲抄來，自無多大之價值。至全文所載，幾為保障君權之憲法，而非保障民權也。關於君主大權，漫無限制，較日本天皇之權為大。君主大權獨攬，集立法、行政、司法於一身。在立法方面，君主有制定及頒行法律之權，凡法律雖經議院議決，如未經君主批准者不得施行，且君主更有召集及解散議院之全權，解散之時，卽令國民重行選舉新議員，其被解散之舊議員卽與齊民無異，倘有抗違，量其情節以相當之法律處治。至於對內指揮並編制全國軍隊，制定常備兵額，君主得以全權執行，凡一切軍事皆非議院所得干預。對外宣戰媾和及締結條約諸大端，均歸君主親裁，不付議院議決。行政方面，關於內閣之組織，大綱中並無何種規定，然用人之權操之君主，議院不得干涉。君主又總攬司法大權，審判官由君主委任代行司法，不以詔令隨時更改，凡此諸端，足見此項大綱其用意實係滿洲皇族在以此維持君主之威權。當時大綱雖經上諭公布，僅為一種草案，以為將來制定憲法時之準則。在正式憲法未頒布以前，此項大綱不能發生何種法律之效力。

憲法大綱之後，并附有議院法要領及選舉法要領兩種。議院法中，然亦僅揭其大綱，其細目當於釐訂議院法及選舉法時酌定。

清季立憲之第二種重要文書，則為宣統三年九月十三日清廷公布之十九信條，此項文書係清帝與攝政王於太廟中宣告誓與國民永遠遵守者，故可視為有清一代之唯一憲法，亦我國歷史上之第一次憲法也。先是清廷立憲之虛偽，已為全國人民所不滿，革命風潮乃益猛烈。辛亥三月二十九日廣州之役，事雖不成，足使清廷震恐，及同年八月十九日武漢革命爆發，清廷為收拾人心，挽回危局計，一面起用袁世凱，一面召集資政院臨時會議，籌議方法，經該院多數之主張，提出四條上奏：（一）取消親貴內閣，（二）憲法須由人民代表協贊，（三）赦免國事犯，（四）即開國會。清廷對此上奏案，悉以明令批准，然已難遏止方興未艾之革命風潮。其時適駐灤州之陸軍第二十鎮統制張紹曾協統藍天蔚等領銜要求立憲之十二條電奏清廷，清廷立予容納，資政院乃以此草案為基礎制定十九信條，於是年九月十三日由清廷公布，其內容如左：

「第一條　大清帝國之皇統萬世不易。

第二條　皇帝神聖不可侵犯。

第三條　皇帝之權以憲法所規定為限。

第四條　皇帝繼承之順序，於憲法規定之。

第五條　憲法由資政院起草議決，皇帝頒布之。

第六條　憲法改正提案之權屬於國會。

第七條　上院議員，由國民於法定特別資格中公選之。

第八條　總理大臣，由國會公選，皇帝任命之；其他國務大臣由總理大臣推舉，皇帝任命之；皇族不得為總理大臣，其他國務大臣，並各省行政長官。

第九條　總理大臣受國會之彈劾，非解散國會，即內閣總理辭職；但一次內閣不得為兩次國會之解散。

第十條　皇帝直接統率海陸軍，但對內使用時，須依國會議決之特別條件。

第十一條不得以命令代法律；除緊急命令外，以執行法律及法律所委任者爲限。

第十二條國際條約，非經國會之議決，不得締結；但宣戰講和不在國會開會期內，由國會追認之。

第十三條官制官規以法律定之。

第十四條本年度之預算，未經國會議決，不得適用前年度預算；又預算案內規定之歲出，預算案所無者，不得爲非常財政之處分。

第十五條皇室經費之制定及增減，依國會之議決。

第十六條皇室大典不得與憲法相抵觸。

第十七條國務裁判機關，由兩院組織之。

第十八條國會之議決事項，皇帝頒布之。

第十九條第六、第九、第十、第十二、第十三、第十五、第十八各條，國會未開以前，資政院適用之」。

此種信條與憲法大綱相較，不獨性質迥異，卽立法技術與精神，後者實較前者有長足之進步。第一次前大綱純然抄襲日本憲法之內容，毫無立法技術與精神之可言，而信條則採取英國憲法之精神，大致不差。第二、大綱所定君主之權廣大無限，而信條則採「虛君共和」，實行責任內閣制，對於君主之權力，已大加限制。君主雖仍存在，然憲法非君主所欽定，而起草決議之權，歸之於資政院，而修改提案之權，復屬之於國會，非君主所能干涉，蓋純然一議會政治之憲法也。但此種信條因當日立法者起草之疏忽，亦有不少之遺漏與錯誤。如既採責任內閣制，內閣總理應對國會負責，國會對於內閣，祇有彈劾權，而無不信任之議決權，使國會失去監督行政之有力根據，實違反議院內閣制之精神。惟此項信條雖非完全之憲法，但已具憲法之效力。九月二十六日袁世凱之組閣，卽係資政院根據信條第八條之規定，公舉袁氏為內閣總理大臣。然自全國版圖三分之二已入革命勢力範圍，此種信條，已不能為清廷之續命湯矣。

第五節　清室之覆亡

袁世凱既組內閣，各部大臣多不就職，乃以他人輾轉代理，實際清廷大計，皆由總理大臣一人撐柱其間。尋清廷降明詔，監國攝政王退位，用人行政皆由總理大臣擔負責任。此際袁氏發布政見，倡議君主立憲，力抑民論，為清廷辯護。其言曰：

「我國號稱專制，於玆數千年矣。其實專制並不完全，人民不知尊敬政府，以至今日，熟察國人程度，對於共和政治，為時尚早；度今國中除二三首領論共和主義外，一般人民，類不知共和為何物，雖學軍商界各為議論，組織團體，結果分裂必見。現政府為服從人心計，憲法信條，宣誓太廟，國家大權，已歸人民之手；予愛至誠，不敢以共和主義相讓。鞠躬盡力，從事改革，名舉利益，迄不顧及，只欲恢復中國秩序，發揚國威，希望組織鞏固政府，反對分割中國之謀，予志如斯，世人攻擊，在所不計，保全中國，免去分割，乃予最高義務」。

袁氏發表政見之後，並無何等效果，未能阻撓革命之進行，而民心希望共和，固持排滿，日益加甚。袁氏乃密遣楊度組織國是共濟會，論民憲君憲之得失，假託民意，要求清廷召集國民會議，解決國體問題；一面再三召集閣議，討論善後方策。結果議決召集國民會議，解決國體問題，由閣員聯袂入覲，由世續及徐世昌代奏，九月二十八日隆裕太后召集各親貴王公開御前會議，徵求應付方策。會議時皇太后王公皆涕泣，而少壯皇族態度堅決，力主與革命作戰到底，峻拒媾和條件，至老皇族慶親王等早爲袁氏收買，附和袁時主張，終於議決國體問題，仍從閣議，於上海開媾和會議召集國民會議，即日發表上諭，其言曰：

「民軍代表伍廷芳，堅持從人民之志願，樹立共和政體，今次武昌變亂，朝廷俯從資政院之請，頒布憲法信條十九，以孚大信，惟爭迭起，我國今日君憲民憲二者何宜，此固非一部分人所得私；又非朝廷一方所能專，自應召集臨時國會，付諸公決。茲據國務大臣奏請召集皇族會議，開會詢問，皆無異詞，內閣即以此意電令唐紹儀轉告軍民代表，預爲宣示」。

清廷此種辦法，未能得民軍所容納。其後乃由雙方代表會於上海，往返協議，久懸不結。原已議定開臨時會議，解決國體問題，但後因兩軍相持，勢難俟諸選舉繁難之國民會議，於是遜由清帝退位之說日盛，兩方協議漸洽，駐守漢口、漢陽之清軍陸續撤退，表示和平解決之誠意。次年正月二十日伍代表(廷芳)即將優待皇室等條件，提交清內閣總理。及二十二日孫中山先生以民國臨時大總統名義提出最後之協議五項，交伍代表轉告，其內容如左：

「一　清帝退位，由袁同時知照駐京各國公使，請轉知民國政府，現在清帝已經退位，或轉飭旅滬領事轉達亦可。

二　同時袁須宣布政見，絕對贊同共和主義。

三　文接到外交團或領事團通知清帝退位布告後，即行辭職。

四　由參議院舉袁爲臨時總統。

五　袁被舉爲臨時總統後，誓守參議院所定之憲法，乃能授受事權」。

其時清廷已屢開御前會議，以決大計，各親貴王公，尤再三抗拒，迄無結果。適清軍統帶段祺瑞等聯電贊成共和，並有「卽帶全隊入京與各親貴剖陳利害」等語。各王公親貴，皆失措。清廷見北方將領，已有離心，知大勢已去，乃以決定大計之權，授與內閣總理，袁世凱卽與民軍協商清室優待條件。協商條件如左：

「一　清王公世爵概仍其舊。

二　清皇族對於中華民國之公權及其私權，與國民同等。

三　清皇族私產，一律保護。

四　清皇族免兵役之義務」。

上項優待條件經民國參議院通過，清廷乃於二月十二月以攝政王名義下詔宣告退位，自是滿淸二百九十五年之王統，歸於覆滅。其退位詔有云：

「朕欽奉隆裕皇太后懿旨，前因民軍起事，各省響應，九夏沸騰，生靈塗炭。特命袁世凱遣員與民軍討論大局，議開國會，公決政體。兩月以來，尙無確當辦法，南北暌隔，彼此相持，商輟於途，士露於野；以國體一日不決，故民生一日不安。今全國人民心理，多傾向共和，南中各省，旣倡議於前，北方諸將亦主張於後；人心所嚮，天命可知，予亦何忍因一姓之尊榮，拂萬民之好惡。是用外觀大勢，內審輿情，特率皇帝將統治權公諸全國，定爲共和立憲國體，近慰海內厭亂望治之心，遠協古聖天下爲公之義。袁世凱前經資政院選舉爲總理大臣，當茲新舊代謝之際，宜有南北統一之方，卽由袁世凱以全權組織臨時共和政府，與民軍協商統一辦法；總期人民安堵，海內乂安，仍合滿、漢、蒙、回、藏五族完全領土，爲一大中華民國。予與皇帝退處寬閒，優游歲月；長受國民之優禮，見親郅治之告成，豈不懿歟」。

第四章　清季法典編纂之沿革

第一節　清季法典之淵源與制定

我國法制，淵源遠古，唐、虞三代之世，已有成文法之頒布，而公法制度，至周已粲然大備。魏文侯師李悝作法經六篇，蕭何據之作九章律，名刑法之書爲律，實始於此。自是晉、隋、唐、宋、明各朝，編纂成一代法者，通稱律（惟元稱典章）。降至清季，承有明之後，編纂法典，亦復不少。舉其主要者，可分之爲一般法典與特殊法典兩種。而一般法典中屬於行政法典者，則有會典及會典事例。刑法法典則有律例。特殊法典中又有則例、處分則例、中樞政考、八旗通志、學政全書、賦役全書、漕運全書及科場條例等。就其性質言之，特殊法典專屬行政法典，其屬於刑法之律例，則通常附載於一般刑法法典也。光緒以降，新政施行，法典以新章、章程名者，尤不可勝數。故光緒以前，成文法典，以會典與律例兩大法典爲法典之正宗。會典者，規定官吏之職守；律例者，在正官吏與人民之違法，二者相俟，以成國家之大法。會典由唐之六典脫胎而來，律例則由斟酌明律而成。兩者可視爲清季永久不變之根本法典，適用之範圍既廣，不能隨時勢之變遷而更改，故於法典之外，別有種種之成文法，以與時勢相推移。此不獨清代爲然，其他各國法制，莫不如此。

光緒以後，時局改變，世界法治思想輸入我國，舊有法典，不適於用，乃有修訂法律館，着手起草民刑律及商法。計自光緒二十九年以後，先後產生新刑律、民律草案、訴訟法草案及大清商律等新式法典，開我國法制革新之先聲。光緒以前之法典大都淵源於古，例如清律、清會典則沿襲明律及明會典之舊，遡而上之，更遠出自唐律及六典之遺意也。雖間有應時勢之要求而略更改；然其根本形式及法理要無何等之差別，此蓋由於過去法典，從未受外國法之影響，而孤立的發達滋長之結果也。迨海禁大通以後，清室復標榜新政，於是一改沿襲舊日法制之傳統觀念，而多採用外國法。如新刑律則係參酌各國刑法，折衷歷朝舊制而成；而民法草案則純仿德國編制法，實爲近代我國法典採用外國法之開端。

清初成文法之由來，皆出於君主之意思。清廷無特定之立法機關，僅於必要時，由君主特命組織之。其制定之方式可分爲三步：(一)纂修，會典有纂修之必要時，由內閣奏請。律例有纂修之必要時，由刑部奏請。惟因會典與律例之纂修，有關國家之根本法，故正副總裁、提調、總纂、纂修、校對、收掌等職員，多廣選通曉各部院之法律制度者充任。(二)草案之審議，前列之諸職員各分擔纂修事務，必先蒐集新生之事例，據之以查現行法之可廢止變更者，作爲第一草案，逐條審議，以爲確定草案。(三)裁妥，確立草案成立時，繕寫奏呈之，以請君主之裁可。草案奏請時，幷附以總裁官記述纂修之方針、順序、改廢之要領等之進表，是爲常例。

清季之成文法，所謂「典」與「律」，以一成不變爲原則，故在形式上自無變更之理，惟因實質上新生之事例，亦有廢止變更者。此種廢止及變更之方式，有明示者，有默示者。明示之廢止變更，與制定據同一之方式。默示之廢止：如乾隆四年大清律例部頒凡例云：『頒發之後，內外問刑衙門，凡有問擬，悉令遵照辦理，其有從前例款，此次修輯所不登文者，皆經奏准刪除，毋得以曾經通行，仍復援引，違者論如律』。是以舊行條例，不纂入新修條例中者，默示廢止之旨也。又有以新條例改易舊條例，或新舊條例相抵觸之時，均與默示之廢止變更相同，此條例之性質上，所不得不然也。

至於清季成文法之公布，冠以諮勅，此沿歷代之慣例，即所謂御製序者是也。乾隆會典御製序云：『朕其敢不懋諸，敢不與子孫臣民交勗諸』。嘉慶會典御製序云：『著奕禩之法程，爲億齡之典則，後嗣恪遵勿替，永勉旃』。皆以示依公布而生遵由力之意也。若就律例言之，則此意更爲明確。觀初修大清律世祖皇帝御製序云：『乃允刊布，名曰，大清律集解附例。爾內外有司官吏，敬此成憲，勿得任意低昂，務使百官萬民重名義而畏犯法；冀幾刑措之風，以昭我祖宗好生之德。子孫臣民，其世守之』。又雍正所修大清律集解世宗皇帝御製序云：『三年八月編校告竣，刊布內外，永爲遵守……若自通都大邑至僻壤窮鄉，所在州縣，仿周禮布憲讀法之制，時爲解說，令父老子弟遞相告戒，知畏法而重自愛，如此則聽斷明於上，牒訟息於下，風俗可正，禮義可興矣』。是律例者，不僅仿古代立法之例而公布之，使萬民周知而已，且於所在地方，時爲解說，欲人民相警告而無干犯，用意不可謂不周也。法典以外之成文法，非纂修君主之詔勅或勅裁之事例，乃機關以職權所發之法規，如上所述。

成文法公布之後，一切官吏皆有熟讀講解律例之義務，若違反此義務者，須受一定之制裁。據大清律例，吏律公式講讀律令所載：『凡國家律令，參酌事情輕重，而定罪名，頒行天下，永爲遵守。百官務要熟讀講明律意，各從上司官考校，若有不能講解，不曉律意者，官罰俸一月，吏笞四十』。此外對於一般人民亦規定有遵由之義務，吏律公式講讀律令云：『百工技藝諸色人等有能熟讀講解通曉律意者，若犯過失，及因人連累致罪，不問輕重，並免一次，其事於謀反叛逆，不用此律』。由此可知一般人民除謀反叛逆之大罪外，苟通曉律例之規定，或因過失或爲連累，不幸而有犯罪，可不拘其罪之輕重，一切免除刑罰，是一般人民周知國法之目的，實爲清季法制之一特色也。

光緒以後法典之編纂，則由修訂法律館主其事。先是光緒二十九年，由修訂法律大臣派沈家本、伍廷芳主持起草法典事。初僅注重修訂刑律，於私法之編纂，未及着手。直至光緒三十三年憲法編查館以立法應設專官，奏請清廷，遂於是年派沈家本等爲修訂法律大臣，創設修訂法律館，是爲清季起草新法典之機關。

第二節　清季之刑法

世界一般法制之演進，試考其沿革，不論何國，刑法發達最早，而刑法法典之編纂，實爲最先。刑法起源最古者，莫如我國。上漢書「象以典刑，流宥五刑，鞭作官刑，扑作教刑，怙終賊刑，欽哉欽哉，惟刑之恤哉。」等語，實爲千古刑法之起源。春秋魏文侯時，李悝作法經六篇：曰盜法，曰賊法，曰捕法，曰囚法，曰雜法，曰具法。是卽我國刑律系統之鼻祖也。漢律增之爲九章，魏律廣之爲十八篇，歷晉迄南北朝，代有增損。至唐貞觀，踵開皇武德之舊，撰成唐律，分名例、衞禁、職制、戶婚、廐庫、擅興、賊盜、鬭訟、詐僞、雜律、捕亡、斷獄爲十二篇。條例旣密，加以疏義，益見精詳。日本所謂大寶律令，實以此爲模範。自是歷千數百年，宋之刑統，元之典章，明之大明律等，皆未能軼其繩墨之外，故吾國刑律能成獨立系統者，蓋自唐律時始。唐時於律文之外，本別有「令」及格式，宋之編勅，亦在正律之外。自明以大誥、會典、問刑、條例附入律後，於是律例始合而爲一，遂開大清律例之先聲。

清初從刑科給事中孫襄之請，特命刑部尚書吳達海參酌明律，纂輯大清律集解附例頒行天下。是書成於順治三年，悉本唐、明律之舊，分吏、戶、禮、兵、刑、工等總目而爲六，以律爲本，例各隨之。列十惡之條，定八議之典，別公私之罪，分首從之法，律文簡古，順治三年既增小注以明之，正律而外，更附此引律，及嚴緝逃旗之督捕則例，於內外蒙古之刑事，更別定蒙古專例，較普通刑律爲輕，於更罪之審擬，更另定秋朝審制度。亙康熙、雍正兩朝，屢加增訂，及乾隆時，允尚書傅鼐之請，命律例館總裁三泰等，考正成編，五年纂入定例一千四十九條，公布之，自是數年一修，以新定之例分附律後，遂改名大清律爲大清律例。律者定罪也，例者輔律也，亦猶近世之法律條文與裁例也。

大清律例中，計律目一卷，圖一卷，服制一卷，名例二卷，吏律二卷，曰職制，曰公式；戶律八卷，曰戶律，曰田宅，曰婚姻，曰倉庫上下，曰課程，曰錢債，曰市廛；禮律二卷，曰祭祀，曰儀制；兵制五卷，曰官衞，曰軍政，曰關津，曰廐牧，曰郵驛；刑律十五卷，曰盜賊上中下，曰人民，曰鬬毆上下，曰罵詈，曰訴訟，曰受贓，曰詐僞，曰犯姦，曰雜犯，曰捕亡，曰斷獄上下；工律二卷，曰營造，曰河防；總例七卷；比引條例一卷；凡四十七卷，全二百二十六門，其後門數雖有增加，惟大體則仍舊。

至大清律例之纂修，由刑部律例館掌之。律例館創設於順治二年，初爲獨立機關，乾隆七年乃隸屬於刑部。該館非常設之機關，每及纂修之年，由刑部官吏中臨時任命其館員，纂修既終，即廢止之。纂修條例，有大修及小修二種。小修五年一次，大修十年一次，率以此爲定例。自同治九年以後，歷久停修，而例文遂致紛亂無紀。又因大清律承自明制，時代奄久，不能適合社會情事，光緒二十九年乃創設修訂法律館，着手起草刑律。先是光緒二十八年清廷諭令沈家本、伍廷芳修定律例。三十一年三月奏准將律例內凌遲、梟首、戮屍三項及緣坐、刺字諸端廢止，凌遲、斬梟各條，俱改斬決。光緒三十四年修訂法律大臣沈家本等進呈修訂現行刑律。其編制共計三百八十九條，比之乾隆時舊律減少四十七條，除名例律外，廢去吏、戶、禮、兵、刑、工六律。總目流罪改爲工作。軍罪改爲安置，毋容實發。又將律內無關刑名者及奴僕奴婢諸條酌加芟除，蓋以此爲推行新刑律之基礎也。

新刑律爲修訂法律大臣沈家本聘用日本法學博士岡田朝太郎參酌各國刑法，折衷歷朝舊制而成，於我國刑制大加革新。光緒三十三年間奏上發交各部院督撫簽註，復提交資政院審議，該院僅議決總則，因據籌備憲政清單，頒布年限已迫，不及全部議決，遂於宣統二年十二月二十五日將總則分則，同時公布，以備實行。新刑律之編纂，完全採用新立法之旨義，故於舊律改正之處頗多，其特點有足述者。

（一）省約條文。舊律四百三十六條，舊例一千百九十二條，光緒三十一及三十二年，兩次共刪律例三百八十五條，然仍存律文四百十四條，例文及督捕則例一千零六十六條，如絲之棼，仍多掛漏。新律共分兩編，總則分則併計共得五十三章四百八十八條，事增於前，文省於舊，深得執簡馭繁之法。

（二）審別性質。律例仍舊律之三十門目，如戶律婚姻、田宅、錢債、市廛、宮衛、軍政、廄牧、訴訟、斷獄、職制、公式、祭祀、禮制等條律，不獨刑事與民商軍事不分，刑法與訴訟法無別，且一般之刑罰與官吏之懲戒亦無區別，甚有僅定典章儀式並無刑罰性質而亦列入刑律之中者，新律則隨學術之進步，各依其性質爲之分化，凡非科刑定罪者，概不入刑律之範圍。

(三)擴充事項。律例所定罪狀，關於國家公益之侵害，不過宮衛叛逆軍政廐庫等門律，關於個人私益之侵害，亦不外賊盜、人命、鬬毆、詐僞、罵詈、犯姦諸門律，自時勢變遷事物增創非復舊時律例所能包括，新律規定關於國交、選舉及電信、郵政、汽車、電車、汽船等往來通信之犯罪與關於飲料水，及衛生之犯罪，足應現時之情勢。

(四)刑罰簡單。新刑律對於刑罰之規定，最爲簡單，卽死刑、自由刑、罰金三者而已。新刑律章目上刑雖分五種，其實有期徒刑、無期徒刑、拘役皆屬自由刑之一種，名爲五種亦沿用古代五刑之窠臼。至拘役一門，雖似屬多分，而考其實際則此門之分，則大有苦心在焉。因人之犯罪甚輕者若遽處以徒刑，則於犯罪者之名譽上大有所關，故不若暫處以拘役之爲愈也。

(五)總則列罪名於刑名前。我國古律皆列刑名於罪名之前，卽各國亦援拿破崙之例，以刑名列舉於先，罪名列舉於後。而吾新律則罪名居前，刑名居後。第十五條至第三十六條規定罪名，第三十七條至第四十九條規定刑名。蓋必因犯罪而後始加以刑罰也，罪因也，刑果也，刑爲罪之果，罪爲刑之因，因果不倒置，亦爲特色之一。

(六)總則規定緩刑、假釋制度，緩刑者卽猶豫制度，令犯輕罪者於猶豫期間內改過遷善。假釋者，卽徒刑受一定年限之後，若有悔過之實據，可暫行釋放，如在假釋期間內無他事故，則免除其刑罰者，皆刑事政策之一種手段而已。各國刑事統計中緩刑，假釋之人多爲良民，惟以單行法施行，將此制規定於刑律總則中，尙未有也。

(七)關於分則之特色。各國法典關於分則有性則上之區別，如分公益及身體財產爲二部是，然此區別殊未允當，蓋無論何種罪名無有不關於公益者，如殺人一事，對被殺者雖爲身體上之關係，而就社會上言，殺人即爲妨害公益，新刑律則無此種區別，又關於妨害國交罪規定特詳。

新刑律雖有上述各種之特點，但其缺點亦不少。最著者爲規定十二歲爲責任年齡，實屬太過。查最初草案之規定，係依最新之原理，以未滿十六歲者之行爲，爲不爲罪。乃經各省簽註後，改爲十五歲。編查館以此種規定不免有種種之流弊，又改爲十二歲。當時學者力持反對，謂爲不合學理，並著書說明其理由，呈交資政院。資政院依日本、挪威刑法之規定，即更爲十四歲。迨議決後，編查館堅欲維持其原案，直以上諭發布之，此缺點也。又當新刑律由憲政編查館，咨交各省簽註。軍機大臣兼學部長張之洞氏，因刑律草案無姦通無夫之婦治罪條文，認爲蔑棄禮教。各省疆吏亦隨聲附和，奏交法部會同修訂法律大臣修改，奉旨後，法部迄未過問，館員將草稿重加修改，屬稿後送部，尚書廷杰本墨守舊律者，乃附加五條如後，會銜具奏，請作爲暫行章程頒布，實隱寓破壞之意。五條大意即將加害皇室及內亂外患等罪加重，姦通無夫之婦者處刑，對於尊親屬有犯，不得適用正當防衞之類是也。有此暫行章程，而新律之精神盡失矣。

第三節　清季之行政法

我國之有行政法典，始於何時，無可稽考。周禮所傳周公之政典，謂爲我國行政法典編纂之始，似不甚當。蓋周禮雖紀載周代之制度，有後世粉飾之迹，且所紀載，僅稱爲周公之遺制，並非周公自編之法典，故周禮未能稱爲我國最早之行政法典。我國行政法典之編纂，大致起於唐之六典，前迦漢代，於律外有「令」，有「格」，有「式」，雖亦備載施政之準則，然具法典之體裁，足爲後代之模範者，厥惟六典。六典爲唐李林甫等所撰，起草於開元十年，成於二十六年，中經多數學者之研究，歷十六年之歲月，當時編纂者之苦心孤詣，可以想見。全部三十卷，分爲理典、教典、禮典、政典、刑典、事典六部，明、清之會典，實以此爲藍本而編纂者也。

清季行政法規之全部，雖非悉包括於會典之中，而散見於大清律例及其他成文法不成文法者，亦不少。特會典以行政機關之組織、權限及事務之準則等之一般行政爲主，則謂之行政法典，固無不可。故大清會典者，清代之行政法也。大清會典之編纂，始於康熙二十三年，二十九年頒布，稱爲康熙會典。康熙會典，於康熙二十三年五月四日論內閣，自五月十二日開館編纂，至二十九年四月書成頒行，凡百六十二卷。總裁伊桑阿、王熙，副總裁尹泰，別置編修十三人，翻譯十六人。其所依據者，在凡例中曾有說明云：『編輯會典，以各衙門開造文册爲憑，至本朝頒格諸書，如品級考、賦役全書、學政全書、中樞政考、大清律及六科錄疏、六部現行例所載政事有相關者，亦采輯以備參考』。觀此則康熙會典所依據者，固可知矣。又其體裁，悉仿明會典，以事例附諸各條之末。凡例中，於詔勅、論旨、題准、議定、議准，皆有所解說。

嗣後，雍正十年，加以續修，至乾隆二十九年，復爲修正，至嘉慶十八年，已三經釐定，始成定備之法典。康熙至雍正時代之會典，因編纂者之考覈未碻，且成於多數編纂者之手，無所統一，於實施上諸多不便，乃大加修正。至乾隆時，删爲一百卷，其後更删爲八十卷。自乾隆修正之後，始略具法典之體裁，然仍不免脫漏，此後六十餘年之間，新出重要之事例，又復不少。嘉慶年間，復續修之。同治十二年一月，因醇親王之奏請，參酌嘉慶以後之新例，有續修會典之議，以準備事業，命之各部，先調查嘉慶十八年以後一切之事例，將爲則例之一大編修，自是隨時調查，漸成修正草案，以義和團之亂，爲之中止。光緒二十五年復加增修，惟全部襲用嘉慶會典亦不過因時制宜，略事廢改增損而已。然於全體，固無大差別也。

會典所載，限於中央之官制，至於地方自治制度，直至清之末季，始能確立。光緒三十二年頒行城鎮鄉地方自治章程，宣統元年十二月更頒布府廳州縣地方自治章程。故清季之地方自治制度，採兩級制：一曰城鎮鄉，是爲初級自治團體；一曰府廳州縣，是爲上級自治團體。城鎮鄉地方就自治事宜，得公定自治規約，但不得與自治章程及他項律例章程相抵觸。宣統元年又以京師爲首善之區，四方輻輳，戶口殷繁，所有地方區域，與各省不同，關於自治選舉等事，亦自不能無異。乃另頒京師地方自治章程，其性質殆有類於各國之市制也。

第四節　清季之民商法

我國古代法典，多一於刑事，無形式上之民法法典，然實質的民事法，大多包含於刑法之內。故歷來法典，關於刑事之規定獨多，而於民事之規定甚少。李悝之法經六篇，其書久已不傳於世。其雜法篇中有無關於民事之規定，已無可考。漢蕭何定九章律，其書雖亦散失無存，而其所謂戶律，卽今之戶役、婚姻、田宅、等律，可視爲吾國最早關於民事之規定。魏陳羣等採漢律爲魏律十八篇，晉增損漢律爲二十篇，於魏刑名中分爲刑名及法例二者。宋、齊、梁、陳及後魏因而不改。及北齊，併晉律刑名法例為名例，又增戶婚一卷，後復改名例為刑名。周大律二十五篇，復特列婚姻一卷。隋因北齊，更為名例。唐因於隋定為十二卷，即今所謂唐律，其中戶婚、田土、錢債等關於承繼、婚姻、債權、物權之規定，雖仍為處罰之律，然已具有民事法規之實質矣。宋、元因唐律之舊，至明代始多有更改。初為十二篇，旋更定為七律。形式為之一變。清初大清律，分為七律四百三十六門，然於戶役、田宅、婚姻、錢債等民事，亦嘗有規定。而清季第一次民法法典之編纂，實始於光緒二十八年，亦即我國正式民法法典產生之肇端。

光緒二十八年清廷派呂海寰、盛宣懷等在上海修訂各國商約。英、日、美三國均有中國律例與外國一律時，允棄其領事裁判權之議。至是直隸總督袁世凱會同湖廣總督張之洞、兩江總督劉坤一奏保派員修訂法律。光緒二十八年遂派沈家本、伍廷芳為修訂法律大臣。其時專注重修訂刑律，於私法之編纂，尚未計及。迨至光緒三十三年憲政編查館議覆修訂法律辦法，認立法應設專官。遂於是年派沈家本、俞廉三、英端為修定法律大臣，創設修訂法律館，招致歐、美、日本之留學生分科治事。聘日人松岡義正氏擔任起草民律，宣統三年，前三編告成，後三編由法律館會同禮學館訂立，亦是年脫稿，即所謂大清民律草案者，實為我國第一次之民法草案也。

民律草案仿德國潘德克吞編制法(Pandekten System)，計分五編：第一編總則，三二三條。第二編債權，六五四條。第三編物權，三三九條。第四編親屬，一四三條。第五編繼承，一一〇條。前三編為松岡義正氏起草，後二編則由朱獻文、高种和兩氏分任起草。此項草案，採大陸最新立法主義，前三編全以德、日、瑞三國之民法為模範，偏於新學理，於我國舊有習慣，未加參酌。後二編雖採用舊律，但未經多數學者之討論，仍不免有缺漏錯誤。故民律草案就條文形式上觀之，未始不整齊周密，然因草案繼承外國法，對於本國固有法源，不甚措意。如民法債權篇中於通行之「會」，物權篇中關於「老佃」、「典」、「先買」等全無規定，故其內容既未參酌我國習慣，頗多扞格難通之處，不能認爲適宜之法案也。

其次，我國以前關於訴訟法之規定，大抵皆係着眼於刑事訴訟而定，而以之準用於民事訴訟。且實體法與程序法，迄無區別。光緒三十二年修律大臣提出訴訟法草案，由伍廷芳起草。伍爲英、美法派，偏於英、美法之規定，如採用陪審制度是也。自是始有獨立之訴訟法，然民刑未分，規定諸多不備。迨至宣統二年十二月，刑事訴訟法與民事訴訟法草案相繼完成，於是民刑訴訟法始各分立。

我國以前無商法之制定，自海禁大開，中西商業日臻發達，光緒二十九年乃有大清商律之編纂，是爲我國有商法法典之始。大清商律係由清廷於是年三月二十五日命載振、袁世凱、伍廷芳三人起草。旋於七月十六日特設商部，命伍廷芳任起草商法之責。遂先編定商人通例九條，公司律一百三十一條，於同年十二月五日奏准公布。惟此項商律體裁不齊，內容極爲簡略，不適於用。其後光緒三十四年復聘日人志田鉀太郎，起草商律，惟印行於世者僅商總則及商行爲兩編而已。迨至宣統二年農工商部提出大清商律草案於資政院。此項草案係採取各商會所編成之商法調查案，復加修訂而成，內容較爲完備。惟未及議決，即歸廢棄。

第二篇 民國初期之立法

第五章 中華民國臨時政府之組織

第一節 各省代表集會於上海

辛亥八月十九日（卽陽曆十月十日）同盟會會員以軍隊發難，首義武昌，成立中華民國軍政府，全國紛起獨立，革命空氣，彌漫宇內。計一月以內，各省先後響應者有湘、秦、晉、滇、黔、浙、蘇、桂、皖、粵、閩各省，然因革命之目的雖同，機關各異，省自爲制，對內對外均感不便。乃各省革命領袖往返電商，籌議組織聯合機關。鄂軍都督黎元洪首先通電各省，請派員到鄂會議。時浙督湯壽潛、蘇督程德全亦聯電滬督陳其美，倡議各省公舉代表集議於上海，進行聯合機關之組織，其電文如左：

『武漢起義，各省響應，共和政治已爲全國輿論所公認。然事必有敗，則功乃易於觀成。美利堅合衆國之制，當爲吾國他日之模範；美之建國，其最初各部頗起爭端，外揭合衆國之幟，內伏渙散之機，其所以苦戰八年，收最後之成功者，賴十三州會議總機關有統一進行維持秩序之力也。考其第一次第二次之會議，均僅以襄助各州議會爲宗旨，至第三次會議，始能確定國會長治久安，是亦歷史上必經之階級。吾國上海一埠，爲中外耳目所寄，又爲交通便利不受兵禍之地，急宜仿照美國第一次會議方法，於上海設立臨時會議機關，磋商對內對外妥善方法，以期保疆土之統一，復人道之和平，務請各省舉派代表，迅卽蒞滬集議。」

九月二十二日卽以江蘇都督府代表雷奮、沈恩孚，浙江都督府代表姚桐豫、高爾登之名義，通電各省來滬會議，組織臨時政府，於是各省民軍動議組織中央臨時政府之始。九月中旬代表之到滬者已有十省（贛、粵、桂三省則以贛省先有請派之議，逕至武昌。）乃於二十五日代表會開第一次會議，議決定名爲各省都督府代表聯合會。九月二十七日代表會得悉湖北黎都督亦有通電請各省派代表赴武昌，組織臨時政府，議決以上海交通便利，會所仍在上海爲宜，並電武昌卽派代表與會。九月三十日，議決承認武昌爲民國中央軍政府，以鄂軍督軍執行中央政務，並請以中央軍政府名義，委任各代表所推定之伍廷芳、溫宗堯爲民國外交總次長。十月初三日湖北都督代表居正、陶鳳集到會報告。九月十九日湖北都督府通電各省，請各省派全權委員，赴武昌組織臨時政府情形，遂議決各省代表均赴武昌。十月初四日議決各省代表赴武昌，各有一人以上留上海。赴武昌者議組織臨時政府事，留上海者聯絡聲氣，爲通信機關。

第二節　臨時政府組織大綱之制定

各省代表於是年十月初先後到鄂，時漢陽失守，武昌全城陷於龜山礮線之下。乃假漢口英租界順昌洋行爲各省代表會議場。十月初十開第一次會議，到有十四省代表，計二十四人。推譚人鳳爲議長，十二日議決先制定臨時政府組織大綱，並選舉雷奮、馬君武、王正廷爲臨時政府組織大綱起草員（有稱大綱雖名爲雷、馬、王等起草，實出自宋教仁之手）又議決如袁世凱反正，當公舉爲臨時大總統。十三日議決臨時政府組織大綱二十一條，並即日由省代表全體簽名宣布。計簽名於大綱者共二十二人，其代表之省分共十省。直隸、河南兩省當尙在淸廷統治之下。未有革命政府，其代表谷鍾秀（直隸、）黄可權（河南）係以舊諮議局議員代表之資格參加。其他各省之代表，俱爲各省都督之代表，皆非民選，惟此項臨時政府組織大綱實謂爲我中華民國憲法之權輿也。其全文錄後：

第一章　臨時大總統

第一條　臨時大總統，由各省都督府代表選舉之。以得票總數三分之二以上者爲當選。代表投票權，每省以一票爲限。

第二條　臨時大總統有統治全國之權。

第三條　臨時大總統有統率陸海軍之權。

第四條　臨時大總統得參議院之同意，有宣戰、媾和及締結條約之權。

第五條　臨時大總統得參議院之同意，有任用各部長及派遣外交專使之權。

第六條　臨時大總統得參議院之同意，有設立臨時中央審判所之權。

第二章　參議院

第七條　參議院，以各省都督府所派之參議員組織之。

第八條　參議院每省三人爲限，其遣派方法，由各省都督府自定之。

第九條　參議院會議時，每參議員有一表決權。

第十條　參議院之職權如左：

一　議決第四條及第六條事件。

二　承諾第五條事件。

三　議決臨時政府之預算。

四　檢查臨時政府之出納。

五　議決全國統一之稅法、幣制及發行公債事件。

六　議決暫行法律。

七　議決臨時大總統交議事件。

八　答復臨時大總統諮詢事件。

第十一條　參議院會議時，以到會參議員過半數之所決爲準，但關於第四條事件，非有到會參議員三分之二之同意，不得決議。

第十二條　參議院議決事件，由議長具報，經臨時大總統蓋印，發交行政各部執行之。

第十三條　臨時大總統，對於參議院議決事件，如不以爲然，得於具報後十日內，聲明理由，交令覆議，參議院對於覆議事件，如有到會參議員三分之二以上之同意，仍執前議時，應仍照前條辦理。

第十四條　參議院議長，由參議員用記名投票法互選之，以得票滿投票總數之半者爲當選。

第十五條　參議院辦事規則，由參議院議定之。

第十六條　參議院未成立以前，暫由各省都督府代表會代行其職權，但表決權每省以一票爲限。

第三章　行政各部

第十七條　行政各部如左：

一　外交部。

二　內務部。

三　財政部。

四　軍務部。

五　交通部。

第十八條　各部設部長一人。

第十九條　各部所屬職員之編制及其權限，由部長規定，經臨時大總統批准施行。

第四章 附則

第二十條 臨時政府成立後六個月以內，由臨時大總統召集國民議會，召集方法，由參議院議決之。

第二十一條 臨時政府組織大綱施行期限，以中華民國憲法成立之日爲止。

此項大綱祇是一種臨時憲法，大體精神採用美國制度。其主要者如（一）採用總統制，國務院不設總理，各部部長直接對元首負責，受元首之任免。如美行之總統制，若合符節。（二）臨時大總統有統率海陸軍，任免國務員暨外交專使及締結國際條約，參議院議決事件之交令復議等，均與美憲關於總統權限之規定相同。（三）大總統之選舉，由各省代表投票，每省祇限於一票權。此亦與美國革命時代十三州代表大會相同。其產生之方法與十三州代表相似，且每省不論代表人數之多寡，悉以二票爲限，尤與美國同盟會議之「州」爲單位者相似。此外大綱關於立法部之規定，採一院制（參議院）其職權之最重要者，除立約、和戰、任免文官吏之同意權外，尚有議決臨時政府預算，檢查臨時政府出納，決定公債之發行，稅法幣制之統一等權。關於宣戰、講和、締約三大端非有到會議員三分之二之同意，不能通過，此則表示對外事件之重要性也。此大綱之制定，自起草以至議決，距時僅二日，其經過程序，過於簡略，故其缺點亦多。（一）此項大綱之產生，既爲各省都督之代表，而非各省民衆之代表，故其形勢上，已缺乏民主之精神；而內容除採用共和國體爲當然之外，其他更少有民主精神之顯示。其中尤以該大綱對於國民的基本權利與義務，毫無規定，是其最大之缺點。（二）大總統之產生既由各省都督代表組成之參議院選出，則大總統祇是各省軍人所擁戴，而非民意之所崇。（三）行政各部不應規定於有憲法性質之根本法內，致無伸縮之餘地。(四)參議院之會議，雖規定以到會參議員過半數之所決爲準，而於到會之法定人數，反無規定。則據此二三人亦可開會，而二三人之意見亦可決定內政、外交一切重大事件，其危險可想而知矣。(五)又大綱關於修改手續，亦無規定。惟因此項大綱係在兩軍礮火正烈時產生，故草率疏簡，在所難免。且又帶有過渡的性質，非永久憲法可比也。

第三節　南京各省代表會議與總統選舉

十月十二日南京光復，各省代表會決議移設南京，自是各省代表齊集南京，已達十七處之多。按照代表會第四次會議第三款之規定，到會人數有四分之三卽可開議。又依第五次會議第四款之規定，開會日期爲十一月二十日，亦不虞不及開會之結果，預計贊成共和者必居多數，則國體問題解決亦自易。唯時留滬代表已於十月十四日選舉大元帥、副元帥，黃興得十六票當選爲大元帥，黎元洪得十五票當選爲副元帥。翌日議決大元帥職權，主持組織中華民國臨時政府，武昌各省代表及黎元洪均表示反對，並決定十一月二十六日齊集南京，開臨時大總統選舉會。距至二十五日浙江代表陳毅由鄂續到，報告袁世凱代表唐紹儀到漢口晤黎元洪，謂表示主張共和，於是選舉臨時大總統，決議暫緩；並承認上海所舉大元帥副元帥，並議決於臨時政府組織大綱追加一條，臨時大總統未舉定以前，其職權由大元帥暫任之。蓋元帥名義爲臨時行軍聯合之統帥，究與大總統有別，緩舉臨時大總統，固將有待也。其後黃辭大元帥，並推黎任大元帥，復公決改推黎爲大元帥，黃爲副元帥，以黃代行大元帥職權，卽以大元帥名義，暫攝大總統之職。不數日孫中山先生自海外歸來，於十一月初六日抵滬，於是各代表所懸議不決之大元帥副元帥問題，置而不議。乃公決於十一月初十日開臨時大總統選舉會。及九日先開臨時大總統選舉預備會，投票選舉有被選舉資格者，惟未開箱。議決翌日舉行正式選舉會。二十九日上午十時起開正式選舉會。湯爾和主席報告，按臨時政府組織大綱第一條之規定，代表投票權，每省以一票為限。到省代表十七省，共計十七票，以得票滿投票總數三分之二以上者為當選，且此次選舉為五千年歷史上別開生面，衆歡呼鼓掌。及開預選票箱，有被選舉資格者，僅孫先生及黎元洪、黃興三人，即分於十七省代表，由主席按省分票次序逐呼省名，挨次投票，結果孫先生得十六票，滿總數三分之二以上，當選為中華民國臨時大總統。是時各省代表歡呼萬歲，而中華民國臨時政府於焉產生。

第四節　臨時政府組織大綱之修正

臨時政府組織大綱制定於軍事倥偬之際，內容至為空疏。當時因各省代表會以迅速組織臨時政府為任務，故其規定僅限於組織臨時政府範圍，以應一時之需要。但不久情勢變遷，事實、理論兩方面，均有須修改之必要。故修改組織大綱成為當時最重要之問題。湖南代表宋教仁主張修改最力。在選舉臨時大總統之前，宋氏即有修改之提議，應之者人數無多，未成事實。迨至臨時大總統已經選出孫大總統並定於十一月十三日（即中華民國元年正月一日）來寧就職。特於先一日派黃興由滬來寧，向代表會陳述必修改臨時政府組織大綱之理由，時已夜間九時矣，乃由雲南代表呂志伊、湖南代表宋教仁、湖北代表居正即時提出臨時政府修正案。經議決修正各點如左：

一　大綱內容既大體採用美之總統制，但無美制之副總統，當時又適有合副總統資格之人而無其位置。故此修正案第一點即着重於此。原文第一章臨時大總統下，加「臨時副總統」五字。原文第一條修改爲「臨時大總統、副總統皆由各省代表選舉之，代表投票權，以一票爲限。」

二　原爲第五條修改爲「臨時大總統制定官制、官規，並任免文武職員，但任命國務各員，須得參議院之同意。」

三　原文第十七條全刪。

議至此，已至夜半，公議散會。未及議決者尚有：（一）原文第三章行政各部，擬改爲國務各員。（二）第十七條擬改爲國務各員執行政務，臨時大總統發布法律及有關政務之命令時，須副署之。（三）原文第十八條第十九條擬刪除。（四）原文第二十條召集國民議會下擬加入「制定民國憲法」六字。（五）追加關於大元帥、副元帥之職權刪除。後因安徽、江蘇、浙江、福建、廣西五省，對前修正案，提出異議，謂以如斯重大問題，而於夜間行之，應作無效。廣西代表馬君武持之尤激，乃於前日之議決修正案，又提出修正，經衆議爲最後之修改，其要點如左：

一　原文第一條，修改爲「臨時大總統、副總統，皆由各省代表選舉之，以得票滿投票總數三分之二以上爲當選。代表投票權，每省以一票爲限。」

二　原文第五條修改爲「臨時大總統，得制定官制官規，兼任免文武職員，但制定官制官規及任命國務各員及外交專使，須得參議院之同意。」

三　原文第六條後增列一條，爲第七條（原文第七條改爲第八條餘類推）條文爲「臨時副總統於大總統因故去職時，得升任之。如大總統有故障不能視事時，得受大總統之委任，代行其職權。」

此外修正案仍恢復組織大綱第五條原文之規定，而於制定官制官規，亦納入同意之範圍，其結果前日議決第五條之修正案，仍爲無效，餘如議，而問題遂告解決。惟組織大綱爲一時之根本大法，忽而修正，忽而議決之修正之使無效，反覆紛紜，無所底止，恐政府將終無鞏固之一日，於是議決修改組織大綱手續三條，至爲嚴重，後亦不再發生修正之事實。

此次組織大綱之修改，完全由於對人問題。換言之，由反對宋教仁之心理，而更改中央政府之組織，此爲代表會極不健全心理之表現。緣最初組織大綱係採美國總統制，乃爲主張法國內閣制之宋教仁所不滿，遂有主張修改之提議，其後復有宋氏謀爲總理之風說，第一次之修改案中，官制官規臨時大總統，既得自由制定，即隨時可以命令，設總理，宋氏亦可以隨之奪總理之席，因誤會宋氏，前四主張修改組織大綱者乃自爲之地。故一時各省代表乃集矢於宋氏之身。第二次修正案中僅增加副總統及國務員之額數，而不許責任內閣制之出現，其用意已昭然若揭，民國第一次根本法所給予吾人之印象如此，已啓後日立法之糾紛，於法治之尊嚴影響殊大。

第五節 臨時政府正式成立

中華元年一月一日孫先生由滬蒞寧，就任臨時大總統職。是晚十時行大總統就任禮，時海陸軍代表與各省公民齊集歡呼萬歲之聲震動天地。代表會推景帝召報告選舉情形，謂：「今日之舉，爲五千年歷史所未有。我國民所希望者在共和政府之成立，及推倒滿清專制政府，使人民享自由幸福。孫先生爲近世革命創始者，富有政治學識，各省公民選定後，今日任職，願孫先生始終愛護國民，自由毋負國民期望，並請總統宣誓。」於是孫總統大聲宣誓曰：

「傾覆滿洲專制政府，鞏固中華民國，圖謀民生幸福，國民之公意，文實遵之，以忠於國，爲衆服務。至專制政府既倒，國內無變亂，民國卓立於世界，爲列邦公認，文當解臨時大總統之職；謹以此誓。」

宣誓畢，各省代表授以大總統印，復致之詞曰：

「惟漢曾孫失政，東胡內侵，淫虐猾夏，帝制自爲者垂三百年。我皇漢慈孫，呻吟深熱，慕法蘭西、美利堅人平等之制，用是羣謀衆策，仰視俯劃，思所以傾覆虐政，恢復人權，迺斷頭戳胸，羣起號召，流血建議，續演法、美人共和之戰史。今三分天下，克復有二，用是建立民國，期成政府，揀選民主，推置總統，僉意能遵重共和，宣達民意，惟公賢，廓清專制，鞏衞自由，惟公賢，光復禹域，克定河朔，舉漢、滿、蒙、回、藏羣倫，共覆於平等之政，亦惟公賢。用是投匭度情，徵歷紐之信，衆意所屬，羣謀僉同，既協衆符，歡欣擁戴。要知我國民久困鈐制，疾首蹙額，望民主若歲，今當公軒車蒞任，蒼白扶杖子女加額，焚香擁彗，感激涕零者何也，忭舞自由，敦重民權也。用是不吝付四百兆國民之太阿，寄二億里山河之大命國民之委託於公者，亦已重哉。繼自今惟公翼翼，毋違憲法，毋拂輿意，毋任威福，毋崇專斷，毋昵非德，毋任非才。凡我共和國民，有不矢忠矢信至誠愛戴，軒轅金天列祖列宗七十二代之君，實聞斯言代表等受國民委託之重，敢不盡意，謹致大總統璽綬，俾公發號施令，崇為符信欽念哉。」

再由大總統啓印，發布宣言書，其詞曰：

「中華民國締造之始而文以不才，膺臨時大總統之任，夙夜戒懼，慮無以副國民之望，夫中國專制政治之毒，至二百餘年來而滋甚。一旦以國民之力，踣而去之，起事不過數旬，光復已十餘行省。自有歷史以來，成功未有若是之速也。國民以為於內無統一之機關，於外無對待之主體，建設之事刻不容緩，於是以組織臨時政府之責相屬，自推功讓能之觀念以言文所不敢任也；自服務盡職之觀念以言文所不敢辭也。是用黽勉從國民之後，能盡掃專制之流毒，確定共和，普利民生，以達革命之宗旨，完國民之志願，端在今日，敢披肝瀝膽，為國民告。國家之本在於人民，合漢、滿、蒙、回、藏諸地為一國，如合漢、滿、蒙、回、藏諸族為一族，是曰民族之統一。武漢首義，十數行省，先後獨立，所謂獨立者，對於滿清為脫離，對於各省為聯合，蒙古、西藏，意亦同此，行動既一，決無歧趨，樞機成於中央，斯經緯周於四至，是曰領土之統一。血鐘一鳴，義旗四起，擁甲帶戈之士，遍於十餘行省；雖編制或不一，號令或未齊，而目的所在，則無不同，由共同之目的，以為共同之行動，整齊劃一，夫豈甚難，是曰軍權之統一。國家幅員遼闊，各省自有其風氣所宜，前此清廷，強以中央集權之法行之，以遂其偽立憲之術，今者各省聯合，互謀自治，此後行政，期於中央政府與各省之關係，調劑得宜，大綱既挈，條目自舉，是曰內政之統一。滿清時代，藉立憲之名，行歛財之實，雜捐苛細，民不聊生；此後國家經費，取給於民，必期合於理財學理，而尤在改良社會組織，使人民知有生之樂，是曰財政之統一。以上數者為行政之方針，持此進行，庶無大過；若夫革命主義，為吾儕所倡言，萬國所同喻，前次雖屢起屢躓，外人無不鑒其用心。八月以來，義旗飈發，諸友邦對之抱平和之望，持中立之態，而報紙及輿論，尤每表其同情，鄰誼之篤，良足深謝；臨時政府成立以後，當盡文明國應盡之義務，以期享文明國應享之權利。滿清時代辱國之舉措，及排外之心理，務一洗而去之；持平和主義，與我友邦益增親睦，使中國見重於國際社會，且將使世界漸趨於大同，循序以進，不為倖獲，對外方針實在於是。夫民國新建，外交內政，百緒繁生，文顧何人，而克勝此，然而臨時政府，革命時代之政府也，十餘年來以至今日，從事於革命者，皆以誠摯純潔之精神，一往無阻，必使中華民國基礎確立於大地，此後臨時政府之職務始盡，而吾人始可告無罪於國民也。今以與我國民初相見之日，披布腹心，惟我之四萬萬同胞鑒之。」

此次宣言，力斥清廷中央集權之非，而期於中央政府與各省之關係，調劑得宜，以為今後行政之方針。

一月三日代表會依照組織大綱修正案，執行選舉副總統事，開臨時副總統選舉會，到會代表十七省，共十七票。投票結果，黎元洪得十七票，全場一致，當選為臨時副總統。孫總統即於是日提出國務員名單，求同意，原以宋教仁為內務部長，因修改組織大綱招代表會之忌，反對之，改以程德全長內務（原定程長交通），湯壽潛長交通（原定湯長教育），另提蔡元培長教育，全部國務員共九人，計陸軍黃興、海軍黃鍾英、內務程德全、司法伍廷芳、財政陳錦濤、實業張謇、外交王寵惠、教育蔡元培、交通湯壽潛，自是中華民國臨時政府正式宣告成立。

第六章　南京參議院與臨時約法

第一節　參議院誕生之經過

自臨時政府成立後，各省代表會即依臨時政府組織大綱之規定，代行參議院之職權，嗣各省參議員陸續至，已過半數，遂定於正月二十八日開參議院正式成立大會。及至二十七日關於未獨立省分之代表有無表決權，發生問題，引起南北之惡感。先是各省代表集會武昌時，已決議未獨立省分之代表代理參議員者無表決權。後因組織臨時政府之迫切，對此決議並未施行，故布臨時政府組織大綱時，旣已共同簽字，後來臨時大總統副總統之選舉，國務員商權之際，亦皆與投票。蓋不啻事實上已承認未獨立省分之代表有表決權也。乃忽於參議院成立時，又發生此問題。於是引起直隸奉天兩省代表之辭職，其結果承認一律有發言表決權，其事始寢。

翌日（二十八日）參議院正式成立，並公舉林森為議長，王正廷為副議長，李肇甫為全院委員長。本屆議員共四十二人，代表福建、浙江、四川、江西、湖南、湖北、安徽、江蘇、山西、陝西、廣東、廣西、雲南、貴州、山東、河南及奉天十七省。至其分子之成份，不外三種：即（一）由都督府指派者，（二）舊諮議局代表及（三）出於民選者。因分子複雜，以致意見紛歧，衝突時聞。成立未及一月，江蘇參議員陳陶怡、楊廷棟、凌文淵等辭職，湖北參議員劉成禺、張伯烈、時功玖等因借款問題之爭議，亦相繼辭職。湖北臨時省議會以參議員非出自民選爲詞，忽發起另組臨時國會之議，自謂已得十一省回電贊成，乃由參議院通電力駁，其電文云：

「本院之成，根據於臨時政府組織大綱，現公布之臨時約法，亦載明十個月內，由大總統召集國會，當此參議員既成立之後國會成立之先，乃以一省議會名義，輒召集臨時國會，不知何所依據，若不承認臨時政府組織大綱，及臨時約法，則已公布之法律，已選出之總統，已組織之臨時政府，皆將無效，民國基礎，於是動搖，且今日以一省議會，反對參議院，而召集臨時國會，他日又將有一省議會反對臨時國會，而召集第二臨時國會，起覆紛紜，事權不定，民國前途，將何利賴，方今國基初肇，所賴以維持培植者，端在守法，參議院爲法定機關，萬不可任意破壞，至於參議員本應依約法選派，規定選派方法，權在各省，或民選或公派，一惟各省制定，萬不能執民選二字，反對參議員之反對參議院，行動法外，破壞國基。湖北省議會提議實爲不當，應作無效，逾日再通電各省，諄切通告，略謂參議員能否完全代表人民之意，乃參議員之選派方法問題，非參議院可否消滅問題，若謂都督選派之議員，不足代表人民，僅可按照臨時約法第十八條規定選派五人之數，盡由民選，選定後即可陸續來院，與各該省前派之參議員，實行交替，臨時約法規定選派方法，由各省自定之，已將臨時政府組織大綱，規定都督選派一節刪去，是各省如可選派，其權皆在各省，主張民選，應依約法選舉參議院之參議員，方不失爲正當參議員，爲行使立法之機關，既經約法規定，若漫不承認，則根本法破壞，中華民國前途不堪設想，恐非眞正愛國者所宜出此；且國會之召集，約法既規定在十個月內，轉瞬即到，其選舉方法，必須詳細審密，始足以遂完全代表人民之目的。本院現遵約法第五十三條規定，已着手草擬選舉法，不日卽可議決，咨由大總統公布施行，今忽發生一臨時國會，旣無正當之選舉法，何能强稱爲足以代表人民，又安見立法機關名爲臨時國會則可，名爲參議院則不可，此尤大惑不解者也。總之參議員可全體改選，參議院爲立法機關，斷不能改，鄂省之發起臨時國會，實爲法外之舉動，當然無效。」

此說後卽無形打消，惟此事可視爲民國議會糾紛之肇端。是時各省按照臨時政府組織大綱，已派參議員三人者，自臨時約法宣布後，本有加派二人適足五人之議，至是乃盡易民選，迄參議院移於北京後，都督府所派之參議員，殘留者亦不過什之一二而已。

第二節　參議院宣布臨時約法

臨時政府成立後，參議院以臨時政府組織大綱，必須加以修改，其原因有二：（一）臨時政府組織大綱規定國會召集，限期六個月，勢有不及，必須延期。（二）組織大綱僅爲政府之組織法，而人權各條，旣付闕如，應卽加規定。又以組織大綱之名稱，不能納入「人權」各條，復擬改名爲臨時約法，將組織大綱之缺漏者增補之，窒礙者修正之，而中華民國憲法之權輿，形式略備。先是在臨時約法草案未成立時，孫總統卽向參議院提出「中華民國臨時政府組織法草案」，請求討論。參議院當恐受命政府，有損立法獨立之尊嚴，主張自行起草，不肯接受。於元年一月三十一日議決，將原案退回政府。特於元年二月七日起，召集臨時約法起草會議，名爲編輯委員會，起草二次，由宋教仁主稿，會議互三十日至三月八日全案告終。三月三十一日由臨時大總統正式公布。

臨時約法共文凡七章五十六條，其與組織大綱不同之點，最主要者，即組織大綱採總統制，而臨時約法則採內閣制。蓋當各省聯合之始，實有類於美利堅十三州之聯合，因其自然之勢，宜建聯邦國家，故採美之總統制，自臨時政府成立後，感於南北統一之必要，宜建爲單一國家，如法蘭西之集權政府，故採法之總統制。至孫總統提出之組織法草案內容大致與臨時約法相彷彿。全案分七章共五十五條，規定人民權利，採用內閣制度，與臨時約法主要之異點，即（一）臨時政府成立後一年內，須開國民議會制定憲法選舉大總統，（臨時約法則規定自本法施行後，限十個月內由臨時大總統召集國會，制定憲法。）（二）臨時大總統由各地方代表公舉，任期至正式總統選出之日爲止，（臨時約法則規定總統由參議院選出。）（三）行政部雖採責任內閣制，但總統之權限，則較臨時約法爲大。臨時大總統，於緊急時，得以命令代法律，並得單獨宣告大赦及與外國宣戰媾和，不必經參議院之同意。（四）此單案規定「臨時大總統除典試院、察吏院、審計院、平政院之官職及考試懲戒事項外，得制定文武官職官規。」此爲臨時約法所無。

此項草案雖未經參議院接受，而無形取消。然於草案中，可以窺見孫先生五權憲法之主張。蓋於立法、司法、行政之外，尚隱寓考試、監察等權獨立之意，不過僅見其端，並不能加以具體之規定耳。

第三節　臨時約法之內容與批評

臨時約法仍祇是一種臨時憲法之性質，惟因南京參議院在形式上雖非民意代表之機關，但爲當時各省一切革命勢力之總匯，故其權威乃在一切其他憲法之上。故在正式憲法未產生以前，臨時約法固可視爲民國之根本大法也。（約法第五十四條規定：「中華民國之憲法，由國會制定。憲法未施行以前本約法之效力，與憲法等。」）

全文共七章，第一章爲「總綱」。確定領土、國界及主權之所在，與統治權之行使等，而以「主權屬於國民全權」爲基本原則。至於主權之行使，須由參議院、臨時大總統、國務員、法院（第四條。）關於主權在民之原理的說明，即中華民國由中華人民組織之（第一條。）又中華民國領土爲二十二行省、內外蒙古、西藏、青海（第三條。）

第二章爲「人民」。根據主權在民之原則，故列舉人民之權利而規定之：中華民國人民一律平等，無種族、階級、宗教之區別，人民有生命自由財產之權利，非依法律不得使人或搜索；人民有保有財產及營業之自由；人民有言論、著作、刊行及集會結社之自由；人民有書信祕密之自由；人民有居住遷徙之自由；人民有信教之自由；人民有請願於議會之權；人民有陳訴於行政官署之權；人民有訴訟於法院受其審判之權；人民有應任文官考試之權，及人民有選舉及被選舉之權（第五條至第十二條。）雖然，以上所述人民之權利，有認爲增進公益，維持治安，或非常緊急，必要時得依法律限制之（第十五條。）反之，人民依法律有納稅之義務，人民依法律有服兵之義務（第十三條至第十四條。）

第三章「參議院」爲中華民國之立法行使之機關，參議員每行省、內外蒙古、西藏各選派五人，青海選派一人。其選派方法，由各地方自定之（第十六、十八兩條。）參議院之職權如下：議決一切法律案；議決臨時政府之預算決算議決全國之稅法幣制及度量衡之準則；議決公債之募集及國庫有負擔之契約；同意大總統任命國務員，及外交大使公使同意宣戰、媾和大赦、特赦、減刑、復權；答覆臨時政府諮詢事件，受理人民之請願；得以關於法律及其他事件之意見建議於政府，得提出質問書於國務員，並要求其出席答覆；得諮請臨時政府查辦官吏納賄、違法事件（第十九條）參議院對於臨時大總統認爲有謀叛行爲時，得以總員五分四以上之出席，出席員四分三以上之可決彈劾之；對於國務員認爲失職或違法時，得以總員四分三以上之出席，出席員三分二以上之可決彈劾之（第十九條）參議院得自行集會、開會、閉會（第二十條）參議院之會議，須公開之；但有國務員之要求或出席參議員過半數之可決者，得祕密之（第二十一條）參議院議長，由參議員用記名投票法互選之，以得票滿投票總數之半者，爲當選。參議院法由參議院自定之（第二十四條二十七條）參議員於院內之言論及表決，對於院外不負責任（第二十五條）參議院議員除現行犯及關於內亂外患之犯罪外，會期中非得本院許可，不得逮捕（第二十六條）本約法施行後，限十個月內由臨時大總統召集國會；其國會之組織及選舉法，由參議院定之（第五十三條）參議院以國會成立之日解散，其職權由國會行之（第二十八條）

第四章「臨時大總統及副總統」規定行政方面之臨時大總統由參議院選舉之，以總員四分之三以上之出席，得票滿投票總數三分二以上者爲當選（第二十九條）臨時大總統代表政府，總攬政務，公布法律（第三十條）臨時大總統爲執行法律或基於法律之委任得發布命令，並得使發布之。臨時大總統帥全國海陸軍隊，又得制定官制官規，但須提交參議院議決。又任免文武職員，但任命國務員及外交大使、公使，須得參議院之同意。又臨時大總統得參議院之同意得宣戰、媾和、及締結條約，得依法律宣告戒嚴，代表全國接受外國之大使公使，得提出法律案於參議院。得頒給勳章及其他榮典，得宣告大赦、特赦、減刑、復權；但大赦須經參議院之同意（第三十一條至四十條。）臨時大總統有否決定立法之權，但有到會參議員三分二以上仍執前議時，仍須公布施行（第二十三條。）臨時大總統因謀反受參議院彈劾後，由最高法院全院審判官互選九人組織特別法庭審判之。臨時副總統於臨時大總統因故去職，或不能視事時，得代行其職權（第四十一條至四十二條。）

第五章「國務員」國務總理及各總長均稱爲國務員。國務員輔助臨時大總統負其責任。國務員於臨時大總統提出法律案，公布法律及命令時，須副署之。國務員及其委員得於參議院出席及發言。國務員受參議院彈劾案，大總統應免其職，但得交參議員覆議一次（第四十三條至四十七條。）

第六章「法院」由臨時大總統及司法總長分別任命之法官組織之。法院之編制及法官之資格，以法律定之。法院依法律審判民事訴訟及刑事訴訟，但關於行政訴訟及其特別訴訟，別以法律定之。法院之審判須公開之，但有認爲妨害安寗秩序者，得祕密之。法官獨立審判，不受上級官廳之干涉。法官在任中不得減俸或轉職，非依法律受刑罰宣告或應免職之懲戒處分，不得解職（第四十八條至五十二條。）

第七章「附則」臨時約法由參議院議員三分之二以上之出席，出席員四分三以上允准，或臨時大總統之提議經議員五分四以上之出席，出席員四分三以上之可決，得增修之（第五十五條。）

關於臨時約法之內容已加以簡明之敍述。對於全部條文試加以檢討如下：（一）臨時約法已添入「人民」

一章，規定人民之權利與義務，表面上似較臨時政府組織大綱爲完備，然求之實際，約法所規定者極形簡略，故無若何之重要。如該章末條既云：「本章所載人民之權利，有認爲增進公益、維持治安或非常緊急必要時，得依法律限制之。」則該章所列舉之一切權利，至公固亦只能限制行政、司法兩機關，而不能限制立法機關。(二)據約法第三章之規定，參議院議員每省及西藏、內蒙古、外蒙古各派五人，青海一人，其人數已較前大增（臨時政府組織大綱規定每省三人。）數目過多而笨重，議員良莠不齊，致立法前途，諸多滯礙。且其選派方法，亦歸各地方自定；或由民選，或由都督指定，或由省議會舉出，無統一之方法，缺乏民意之精神。(三)臨時約法既採責任內閣制，政權集中於內閣，總統高拱無爲，苟遇出缺，由國務院代理，其事甚順。且選舉總統機關，既由國會議員組織，手續極其簡單，與採取繁重組織者不同，尤無預儲副總統之必要。(四)臨時約法雖具有責任內閣制之精神，但國會監督內閣之不信任案通過權，與內閣抵抗國會之解散國會權，臨時約法均無所規定，使責任內閣制無從體用，且造諸人誤將彈劾權與投不信任票權相混，尤爲可議。(五)約法第三十四條但書之規定爲實開各國未有之例，實爲有害國家之條文，而說者多引美國憲法爲證，不知美爲聯邦國家，其上院爲聯邦代表，爲保持各邦政權均勢起見，凡中央官吏其權重事巨者，其任命時宜使各聯邦稍預其事，故其憲法規定須得上院同意之官吏，詞極渾括；初未指明國務員字樣，是其意別有所在，與吾國約法之專爲制限總統任命國務員者，固有不同；且美國此制，實初謀聯合各邦之規定。現今上院雖有同意權之名，而實際從未有不同意之事，彼國學者近且倡議廢止之。吾國最新之約法，反承襲此等先進國唾棄之舊制，未始非憲法上之缺點也。(六)最後，臨時約法無省制之規定，使中央與省政府之關係，無從確定，此又一缺點也。

第四節　臨時政府之北遷

民國元年二月十二日，清帝退位，袁世凱即電臨時政府，宣布政見，表示絕對贊成共和主義，略謂：『共和爲最良國體，世界所公認今由帝政一躍而躋及之實諸公累年之心血亦民國無窮之幸福。大清皇帝既明詔辭位業經袁世凱署名，則宣布之日爲帝政之終局，即民國之始基從此努力進行，務令達到圓滿地位，永不使君主政體再行於中國。』時孫總統以前有誓言一俟和議告成清廷傾覆，即當辭職引退，另選賢能乃於二月十三日提出辭職書於參議院，並薦袁世凱以自代，蓋履行以前之密約也。孫總統辭職書云：

『本總統以爲我國民之志在建設共和，傾覆專制，義師大起，全國景從，清帝鑒於大勢，知保全君位，必然無效，遂有退位之議，今既宣布退位，贊成共和，承認中華民國。從此帝制永不留存於中國之內，民國目的亦已達到。當締造民國之始，本總統被選爲公僕，宣言誓書，實以傾覆專制，鞏固民國，圖謀民生幸福爲任，誓至專制既倒，國內無變亂，民國卓立於世界，爲列邦公認，本總統即行解職。現在清帝退位，專制已除，南北一心，更無變亂，民國爲各國承認，旦夕可期，本總統當踐誓言，辭職引退。爲此須告貴院，應代表國民之公意，速舉賢能，來南京接事，以便解職。』

又咨云：

『今日本總統提出辭表，要求改選賢能。選舉之事，原國民公權，本總統實無容喙之地，惟前使伍代表電北京有約，清帝實行退位，袁世凱宣布政見，贊成共和，卽當提議推讓，想貴院亦表同情。此次清帝遜位，南北統一，袁君之力實多，其發表政見，更爲絕對贊成共和；擧爲總統，必能盡忠民國。且袁君富於經驗，民國統一，賴有建設之才。故敢以私見貢薦於貴院，請爲民國前途熟計，無失當選之人，大局幸甚。』

孫總統復於十四日親蒞參議院，陳述詳細情形，院議可決，並於十五日參議院開臨時大總統選擧會，到會者有十七省代表，一致選擧袁世凱繼任爲臨時大總統。尋於臨時副總統黎元洪亦電參議院辭職，二月二十日參議院復開副總統選擧會，黎元洪仍當選。

袁世凱既當選，參議院堅請來南就職，袁以種種詭詞難語，電知孫、黃、黎暨各省長官，表示不能立卽南下之苦衷。二月二十一日南京政府特派專使蔡元培、汪兆銘等北上，歡迎袁氏南下就職，及蔡、汪抵京，袁氏雖未拒絕南下，但示意第三鎭在北京譁變，故意造成不能離京之事實，結果參議院於三月六日決議辦法六條，允袁世凱在北京就職：卽(一)參議院電知袁大總統，允其在北京受職。(二)袁大總統接電後，卽電參議院宣誓。(三)參議院接到宣誓之電後，卽覆電認爲受職，並通告全國。(四)袁大總統受職後，卽將擬派國務總理及國務員姓名，電知參議院，求其同意。(五)國務總理及各國務員任定後，卽在南京接收臨時政府交代事宜。(六)孫大總統於交代之日，始行解職。袁世凱遵照參議院議決辦法，在北京就臨時大總統職，並電傳誓詞於參議院，其詞曰：

『民國建設造端，百凡待治，世凱深願竭其能力，發揚共和之精神，滌蕩專制之瑕穢，謹守憲法，依國民之願望，達國家安全強固之域，俾五大民族同臻樂利，凡此志願，率履勿渝，俟召集國會，選定第一期大總統，世凱卽行辭職，謹掬誠悃，誓告同胞。』

袁世凱卽受職，擬派唐紹儀爲國務總理，三月十日經參議院多數之同意。三月三十日唐內閣成立，其閣員列表如左：

國務總理	唐紹儀
財政	熊希齡
司法	王寵惠
外交	陸徵祥
陸軍	段祺瑞
教育	蔡元培
內務	趙秉鈞
交通	唐紹儀兼後改施肇基
海軍	劉冠雄
農林	宋教仁
工商	陳其美

自是內閣正式成立於南京，袁世凱復電促唐總理北上，唐氏乃於四月一日代大總統提出咨文於參議院，促其議決，略謂『現在各國務員已經發表，統一政府完全成立，前承貴院議決允本大總統在北京受職，此後本大總統所發表命令須要國務總理及各總長副署，總理及各總長對於進行事項，亦須隨時商承，若南北暌隔，政務無由執行，請貴院與臨時政府移北京至要。』云云。參議院即開大會議決（一）四月八日起議院休會十五日（二）四月二十一日各議員齊集北京（三）各議員未北上以前，政府須先指定住宿地方（四）政府派員招待議員。四月二十九日參議院於北京資政院舊址舉行開院式；是屆議員到者共一百十三人，代表奉天、吉林、黑龍江、直隸、山東、山西、陝西、甘肅、新疆、河南、湖北、湖南、四川、江西、安徽、江蘇、浙江、福建、廣東、廣西、雲南、貴州、蒙古、青海二十四處。依法改選，吳景濂爲議長，湯化龍爲副議長，谷鍾秀爲全院委員會委員長，張耀曾爲法制委員長，殷汝驪爲行政委員長，鄭萬瞻爲庶務委員，曾彥爲請願委員，彭占元爲懲罰委員長。

第七章 民國初期之法典編纂與各省立法機關

第一節 民國初期之法典編纂事業

民國初期之法典編纂事業，多一仍清代之舊。民國元年三月十一日公布臨時大總統宣告暫行援用前清法律及暫行新刑律令文云：

「現任民國法律未經議定頒布，所有從前施行之法律及新刑律，除與民國國體抵觸各條，應失效力外，餘均暫行援用，以資遵守，此令。」

同年七月附設法典編纂會於法制局，掌理「編纂民法、商法、民事訴訟法、刑事訴訟法，並上列附屬法及其餘各項法典」。內設會長一人，由法制局局長兼任，更設纂修八人。

暫行新刑律頒布於民國元年三月十日，更於同年四月公布附删修新刑律與國體抵觸各章條，大致關於其中有「帝國」字樣者，改爲「中華民國」，「臣民」改爲「人民」，「覆奏」改爲「奏准」，「恩赦」改爲「赦免」等，而從前附加之暫行章程，則呈准撤消，因未經國會通過，故上冠以「暫行」二字。至於關於民事法規，在民國初期，未另行制定，而認清律關於民事部分，爲現行有效之部分，故大理院民國三年上字第三〇四號判決云：「前清現行律關於民事各件除與國體及嗣後頒行成文法相抵觸之部分外，仍應認爲繼續有效。至前清現行律雖名爲現行刑律，而除刑事部分外，關於民商事之規定，仍屬不少，自不能以名稱爲刑律之故，即謂會其已廢。」此項所謂「民事有效部分」即包括服制圖、服制、名例、戶役、田宅、婚姻、犯姦、鬪毆、錢債及戶部則例中之戶口、田賦而言。

第二節 省議會議員選舉法之公布

民國成立之初，臨時約法中關於地方制度，尚無規定，而各省組織地方立法機關之需要至迫，乃相繼召集臨時省議會，自訂規章，故省議員之產生及省議會之組織各行其是，多未劃一。民國元年九月四日臨時大總統令，公布省議會議員選舉法，同年十月二日臨時大總統令公布省議會議員選舉法施行細則，至是各省省議會議員選舉法規，始歸劃一。

省議會議員之選舉年限，以三年爲一屆。每屆選舉年限，以七月一日爲初選日期，八月一日爲覆選日期。（衆議員選舉日期不得與省議會議員選舉日期同時舉行。）至選舉人與被選舉人，採用一種限制選權制；其所設定之特別條件，爲男性、財產、教育、及在選舉區內之居住期間，此與元年衆議院議員選舉法之規定完全相同。茲據省議會議員選舉法第三條及第九條，大要之規定如左：

（一）凡有中華民國國籍之男子，年滿二十一歲以上，於編製選舉人名册以前，在選舉區內住居滿二年以上，具左列資格之一者有選舉省議會議員之權：

(甲)年納直接稅二元以上者。

(乙)有值五百元以上之不動產者。

(丙)在小學校以上畢業者。

(丁)有與小學校以上畢業相當之資格者。

(二)凡有中華民國國籍之男子年滿二十五歲以上者，得被選舉爲省議會議員但有左列情事之一者，不得有選舉權及被選舉權：

(甲)褫奪公權，尙未復權者。

(乙)受破產之宣告，確定後尙未撤消者。

(丙)有精神病者。

(丁)吸食鴉片煙者。

(戊)不識字者。

(三)左列各人停止其選舉權及被選舉權：

(甲)現役陸海軍人及在徵調期間之續備軍人。

(乙)現任司法官吏。

(丙)現任本省行政官吏及巡警。

(丁)僧道及其他宗教師。

(四)左列各人停止其被選舉權：

(甲)小學校教員。

(乙)各學校肄業生。

(丙)辦理選舉人員，於其選舉區內，停止其被選舉權，但監察員不在此限。

(丁)承攬本省工程之人，及承攬本省工程之公司辦事人，停止其被選舉權。

省議會議員之產生，分初選與覆選，初選以縣爲選舉區，各以所轄地方爲境界。（府直隸廳州之直轄地方及廳州，均以縣論。）覆選舉合若干初選區爲選舉區。至各省第一屆省議會議員名額，經參議院議決，至元年九月二十五日公布。其規定如左：

省	名額	省	名額	省	名額
直隸	一八四名	奉天	六四名	吉林	四〇名
黑龍江	四〇名	江蘇	一六〇名	安徽	一〇八名
江西	一四〇名	浙江	一五二名	福建	九六名
湖北	一〇四名	湖南	一〇八名	山東	一三二名
河南	一二八名	山西	一一二名	陝西	八四名
甘肅	五六名	新疆	四〇名	四川	一四〇名

廣東	一二〇名	廣西	七六名	雲南	八八名
貴州	五二名				

第三節　各省省議會之組織與職權

各省省議會之組織，係根據民國二年四月二日所公布之參議院議決之省議會暫行法所規定者。第一、省議會設於省行政長官所駐之地。省議會設議長一人，副議長二人，由議員互選之。選舉時分次用無記名單記法，各以得票過半數者，爲當選。並設祕書一人，由議長任免之。第二、省議員任期以三年爲限，任滿改選，再被選者得連任。省議員不得同時爲國會議員。第三、省議會之職權，最主要者：（一）議決本省單行條例，但以不抵觸法律命令爲限。（二）議決本省預算及決算。（三）議決省稅及使用費規費之徵收，但法律命令有規定者，不在此限。（四）議決省債之募集及省庫有負擔之契約。（五）議決本省財產及營造物之處分並買入。（六）議決本省財產及營造物之管理方法，但法律命令有規定者，不在此限。（七）答覆省行政長官諮詢事件。（八）受理本省人民關於本省行政請願事件。（九）得以關於本省行政及其他事件之意見，建議於省行政長官。（十）其他依法律命令，應由省議會議決事件。第四、省議會對於省行政官吏之彈劾，據省議會暫行法第十七條至第二十條所規定，其大要卽（一）省議會對於本省行政長官認有違法行爲時，得以出席議員三分二以上之可決，提出彈劾案，經由內務總長提交國務會議懲辦之。（二）省議會對於本省行政官吏有違法納賄情事，得咨請省行政長官查辦之。（三）省議會議員對於本省行政事項有疑義時，得以十八以上之連署，提出質問書於省行政長官，限期答覆。(四)省議會議員對於省行政長官之答覆認爲不得要領，得要求省行政長官自行到會或派員到會答辯。第五、省議會分常年會及臨時會二種。常年會每年一次，由省行政長官召集之。臨時會因特別緊要事件發生，由省行政長官或議員半數以上之請求時召集之。常年會會期以六十日爲率，其有必須連續開議者，得延長會期二十日以內，臨時會期至多不得逾三十日。第六、省議會非有議員半數以上出席，不得開議。議員有五人以上之贊同，得提出議案。至議案之表決，以出席議員過半數爲準，可否同數取決於議長。第七、省議會之議決事件，省行政長官應於十日內公布之。省議會之議決，省行政長官如不以爲然時，應於五日內聲明理由咨交覆議。如有出席議員三分二以上仍執前議時，行政長官應依十日公布之規定執行。第八、省議會之議決，省行政長官如認爲違法，得咨省議會撤消之。如省議會不服其撤消時，得提起訴訟於平政院。(平政院未成立之時，最高法院得受理之。)

第三篇 第一屆國會之成立與解散

第八章 第一屆國會之召集

第一節 國會組織法及參衆兩院議員選舉法之制定

參議院既在北京代行國會之職權，但依照臨時約法附則所定，該院實負有制定國會組織法及選舉之重要使命。故北京參議院開院之初，即以起草此項法案爲首務。陸續議定國會組織法、衆議院議員選舉法及參議院議員選舉法三項法規，統於民國元年八月十日經總統公布，翌年四月八日正式成立之國會，即依此三項產生。

國會組織法規定國會之組成，採用兩院制，此與臨時政府組織大綱及臨時約法之採用一院制者不同。兩院之職權完全平等；凡臨時約法所授予國會之職權，俱爲參、衆兩院所公有；凡議會所通過之法律案，俱須兩院一致始能成立。

如該法第三條：『民國議會之議定，以兩院一致成之，一院否決之議案，不得於同會期內，再行提出。』第十四條：『民國憲法未定以前，臨時約法所定參議院之職權，爲民國議會之職權，但左列事項，兩院各得專行之，

一　建設
二　質問
三　查辦官吏納賄違法之請求
四　政府諮詢之答覆
五　人民請求之受理
六　議員逮捕之許可
七　院內法規之制定

預算決算須先經衆議院之議決。」

故在該法之下，卽關於財政案問題，衆議院僅享有優先議決預算決算之權，至於修正與否決權等等固爲兩院所公有，彈劾案亦須參衆兩院之通過，兩院實處於平等與協議之地位，至關於兩院共有之權限如左：

(一)法律案之議決
(二)預算決算之議決
(三)稅法度量衡法及幣制之議決
(四)公債及其他國庫負擔契約之議決
(五)大總統彈劾權

（六）內閣及國務員之彈劾權

（七）大總統於左列事項要求議會同意

甲　國務員及外交官之任命

乙　宣戰、媾和及締結條約

丙　大赦令之宣布

衆議院議員之選舉，據國會組織法及衆議院議員選舉法之規定，對該院選舉權資格，採限制選權制，其所設定之限制條件爲男性、財產、教育及在選舉區內之居住期間，如衆議院議員選舉法第四、第六、第七各條之規定：

第四條　凡有中華民國國籍之男子年滿二十一歲以上於編製選舉人名册以前在選舉區內住居滿二年以上具左列資格之一者，有選舉衆議員之權。

（一）年納直接稅二元以上者

（二）有値五百元以上之不動產者但於蒙藏青海得就動產計算之

（三）在小學校以上畢業者

（四）有與小學校畢業相當資格者

第六條　凡有左列情事之一者不得有選舉及被選舉權

（一）褫奪公權尙未復權者

（二）受破產之宣告確定後尚未撤消者

（三）有精神病者

（四）吸食鴉片煙者

（五）不識文字者

第七條　左列各人停止其選舉權被選舉權

（一）現役陸海軍人及在徵調期間之續備軍人

（二）現任行政司法官吏及巡警

（三）僧道及其他宗教師

至衆議院議員選舉法對於初選及複選俱係採用大選舉制。初選舉以縣爲選舉區，各以所轄地方爲境界（該法第十條。）複選舉合若干初選區爲選舉區，其區劃別表記之（同法第十一條。）又衆議院議員選舉法所採用之祕密投票法，爲無記名投票法；關於封筒，或獨室，該法無規定，惟於該法之施行細則（元年九月十日公布）已有關於投票封筒之規定（第二十四及第二十七條），並有「投票所須有相當設備，使投票人不能互相窺視及交換傳觀，與其他不正行爲」之規定（第十七條。）至衆議院被選舉權據該法第五條之規定，則「凡有中華民國國籍之男子，年滿二十五歲以上者，俱得被選爲衆議院議員」（蒙、藏、青海之衆議院議員尚須通曉蒙語。）

關於參議院之選舉，據國會組織法及參議院議員選舉法之規定，最重要者：（一）參議院之選舉，大致仿效美國一九一三年前之參議院選舉法，亦爲一種間接選舉制，而以地方議會爲選舉團體。據國會組織法之規定，各省參議院由各省議會議員選舉每省十名，其他蒙、藏、青海、華僑等選舉會及中央學會亦各選出若干名。(二)參議院之被選舉權，據參議院議員選舉法第三條之規定「凡有衆議院議員被選舉之資格年滿三十歲以上者，得被選舉爲參議院議員，華僑選舉會選出之參議院議員，除前項規定外，以通曉漢語者爲限。」(三)參議院之選舉，係採無記名之減記投票法。凡選舉人只能投選一人，投票人不書本人姓名，以得票滿投票人總數三分之一者當選。當選人不足額時，應再行投票至足額爲止。

第二節　參衆兩院議員之選舉

參議院既制定國會組織法及參衆兩院議員選舉法，政府遂根據參議院議決案，即着手設立國會籌備局，專司處理關於選舉之事務，各政黨亦即於此時開始活動，從事競選運動。計當時主要之政黨有四，即：

(一)國民黨——係由同盟會合統一共和黨、國民共進會、共和實進會及國民公黨而成者。此黨雖名爲國民黨，然其主張已不如同盟會時代，當時祇圖黨勢之擴張，不求主義之貫徹，甚至將以前之政綱，如國家社會主義、土地國有、男女平權等主張亦加拋棄，於元年八月二十五日正式成立，採兩黨對立主義，故其宣言中主張「一國政黨之興也，祇宜兩黨對峙，不宜小群分立。」因是對於政見相近之各小黨，取聯合主義，以期聯成一體，造成政治上之中心。發布之五大政綱即(一)政治統一，(二)發展地方自治，(三)種族同化，(四)民生政策，(五)維持國際和平。

此項政綱已非同盟會時代之主張，完全在迎合一時之心理。其幹部人物總理雖爲孫先生，協理則爲黃興與黎元洪，而主持黨務實際者爲幹事宋教仁。原國民黨爲同盟會之化身，又爲革命成功之黨，故於第一屆國會之選舉，得到多數之勝利。

（二）統一黨——係由章炳麟之中華民國聯合會與張謇之預備立憲公會合併組織而成。因嫉視同盟會，故此兩派於南京參議院時，每爲建都問題、議院遷移問題等，向同盟會施以攻擊，成爲同盟會之政敵。其政綱採漸進主義，都十一條，即：（一）團結全國領土，釐正行政區域，（二）完成責任內閣制度，（三）融合民族，齊一文化，（四）注重民生，採用社會政策，（五）整理財政，平均人民負擔，（六）整頓金融機關，發達國民經濟，（七）整理海陸軍備，提倡徵兵制度，（八）普及義務教育，振興專門學術，（九）速設鐵路幹線，謀便全國交通，（十）勵行移民、開墾事業，（十一）維持國際平和，保全國家權利。統一黨於元年一月成立，幹部人物爲章炳麟、程德全、張謇、熊希齡諸人。統一黨既因反同盟會之動機而組會，故與同盟會之政敵袁世凱攜手，作成袁世凱之與黨。

（三）共和黨——其後統一黨爲對抗同盟會起見，以本黨爲盟主，與黎元洪之民社、伍廷芳之國民黨、國民協進會、國民共進會、民國公會六政團，組成共和黨，於元年五月五日正式成立。其政綱爲：（一）保持全國統一，採取國家主義，（二）以國家權力扶持國民進步，（三）應世界之大勢而以和平實利立國。其幹部人物爲黎元洪（理事長）及吳景濂、林長民、王印川、張謇、章炳麟、程德全及伍廷芳等。共和黨亦爲袁世凱之與黨，蓋順應袁政府組織極大與黨之要求也。爲時不久，統一黨首領章炳麟辭去理事之職，復發宣言，仍舊維持統一黨。

（四）民主黨——「共和建設討論會」（湯化龍、林長民）及「共和統一黨」（孫洪伊）原爲清代憲友會之化身，久同情於梁啓超氏之主張，及梁氏於元年十月歸國後，謀於「國民」與「共和」之外另組第三黨，乃聯合共和建設討論會、共和統一黨、共和俱進會、共和促進會、國民新政會合爲民主黨。

以上爲國會總選舉時之政黨現勢，而各黨於國會選舉之競選中，國民黨占絕對之多數。國會參、衆兩院之選舉，於民國元年十二月中旬辦理兩院初選，至次年二月初，兩院複選卽告完畢。綜計選舉結果，國民黨竟獲絕對多數。

當時各黨實佔兩院議席人數，表列如左：

黨籍	衆議院名人數	參議院名人數	合計
國民黨	二六九	一二三	三九二
共和黨	一二〇	五五	一七五
統一黨	一八	六	二四
民主黨	一六	八	二四
跨黨者	一四七	三八	一八五
無所屬	二六	四四	七〇
總計	五九六	二七四	八七〇

統觀右表，國民黨合兩院計之共有三九二議席，佔絕對大多數。至於共和、民主、統一三黨，尙不及三分之二。合而言之，僅有議席二二三。時袁世凱以民主領袖某之祕陳，始悟疏忽選舉之失策，乃別圖補救。非國民派鑒於選舉失敗，對於前途頗多憂慮。而當時國民黨志得意滿，宣傳組織國民黨政黨內閣，而宋教仁任總揆。袁世凱深嫉之，一面計劃合共和黨、民主黨、統一黨三政團大聯合，組成進步黨，以爲對抗國民黨之政府黨，一面更使武士英於二年三月二十日刺宋教仁於滬寧車站，是爲民國立法前途波折之肇端。

第三節　第一屆國會宣告成立

民國元年二月十日政府發布正式國會召集令

「正式國會召集之期，依照「約法」以十個月爲限，民國元年八月，業將「國會組織法」及參議院、衆議院議員選舉各法，公布施行在案。民國正式國會，爲共和建設所關，本大總統躬承我國民付託之重，迭經飭由國務總理內務總長督令籌備國會事務局及各該參議院議員選舉監督衆議院議員選舉總監督選舉監督等，分別妥速籌備，並先後制定參議院衆議院議員各選舉日期，令俾各依限進行。」

二月初旬參衆兩院議員選舉告終，政府復公布民國議會開會日期云：

「查國會組織法，載民國議會之開會兩院同時行之……茲定中華民國二年四月八日行民國議會開會禮。」

及期舉行第一屆正式國會開院式。係由參議院與衆議院二院組織而成。

（一）參議院以左列各議員組成

直隸	四六名	奉天	一六名	吉林	一〇名
黑龍江	一〇名	江蘇	四〇名	安徽	二七名
江西	三五名	浙江	三八名	福建	二四名
湖北	二六名	湖南	二七名	山東	三三名
河南	三二名	山西	二八名	陝西	二一名
甘肅	一四名	新疆	一〇名	廣東	三〇名
雲南	二二名	蒙古	二七名	青海	三名
四川	三五名	廣西	一九名	貴州	一三名
西藏	一〇名				
合計	五九六名				

第一屆國會第一次開會禮於二年四月八日上午十一時於北京象坊橋衆議院會場舉行。是日議院門前，懸額結彩，大書「鑄造民國」。議場正面國旗交叉。參衆議員齊集各國務員及政府委員等依次入席。參議員報到者一七七人，衆議員報到者五〇五人，兩院議員共計六八二人。首由籌備國會事務局委員長施愚報告兩院成立經過。次推兩院中年事最長者雲南選出之議院議員楊瓊就臨時議長席，宣讀開會辭曰：

「惟中華民國二年四月八日爲我正式國會第一次開院之辰。參議院衆議院議員集禮堂，舉盛典，謹爲詞以致其忱曰：視聽自天，默定下民。億兆有與於天下，權輿不自於今人。帝制久敝，拂於民意。付託之重，乃及多士。衆好衆惡，多士赴之。衆志衆口，多士表之。張弛斂縱，爲天下鞬。緩急疾徐，爲天下樞。興歟廢歟，安歟危歟，禍福是共，功罪之尸，能無懼哉！多難興邦，惕厲蒙瑕。當玆締造，敢伸吾籲。願我一國，制其中權。願我五族，正其黨偏。大穰暘雨，農首稷先。士樂其業，賈安其廛。無政不舉，無隱不宣。章皇發越，吾言洋洋。遴聽遠慕，四鄰我臧。舊邦新命，悠久無疆。凡百君子，孰敢怠荒！」

於是各議員、國務員及政府特派員，齊向國旗行三鞠躬禮，禮畢散會。

正式國會旣已宣告成立，臨時參議院乃依臨時約法第二十八條「參議院以國會成立之日解散，其職權由國會行之」之規定，同於四月八日下午三時行解散禮。其閉會辭曰：

「中華民國二年四月八日，爲中華民國國會成立之期。臨時政府期內之參議院，即於是解散，遵約法也。景濂等竊維本院自南京移設北京，迄將一載；而更溯元年一月二十八日本院正式開幕於南京之期，則已閱十有四月矣。此十有四月中，本院先後開會，綜二百二十次，經議決者凡二百三十餘案。立國綱要，未始不於此稍植基礎也。

而起視全國，民生凋敝，財政困難，國書之交換，茫乎其無期，邊患之沸騰，紛然其日亟也。益以內地伏莽，時時蠢動，不逞之徒，或更冒犯法紀，冀以遂其破壞之目的。現象若此，誰與負此責者？毋亦國民代表，應盡之天職，固未有饜人望，而重負全國父老子弟之委託者歟？夫世界共和之國，大政方針，規畫而執行之者，在政府。而贊助而敦促之者，則在議會。今幸國會成立，凡一切重要問題，所待維持而解決者，皆將於完全立法機關是賴。語所謂：「失之東隅，收之桑榆」者也。允若茲，景濂等雖未能逭告無罪於國民，而合五族四百兆衆喁喁望治之心，則庶幾可以稍慰。斯又景濂等所馨香頌禱以希望於無窮者也。」

國會成立後，議長選舉手續，發生爭論。國民黨主張記名投票，共和、民主、統一三黨主張無記名投票以反對之。後付投票表決，國民黨主張勝利，反對黨乃相率退出，不足法定人數。自是開會多日，均無結果。直至二十四日參議院選張繼（國民黨）為議長，王正廷（國民黨）為副議長，林森為全院委員長。五月一日衆議院選湯化龍（民主黨）為議長，陳國祥（共和黨）為副議長，張耀曾（國民黨）為全院委員長。此次國民黨於參議院則完全勝利，於衆議院則失敗。

國會成立後，臨時大總統袁世凱欲謀解決憲法問題，以鞏固其地位；而國民黨欲藉憲法之力，以制袁，亦主從速制定憲法，以樹立民國基礎。惟當時袁主總統制，國民黨主採內閣制，兩方相持不下。故民國二年一月頃在國會尚未成立以前，各政團於憲法起草問題，意見頗不一致，歸納言之，可分三派：第一派為梁啓超等所倡，而當時十八省都督暨共和、統一、民主諸黨均表贊成者。此派主張由政府組織憲法起草機關，以現在臨時參議院各省都督各政黨及總統府派之各委員編定憲法，提出國會議決。第二派為國民黨之主張，認定憲法之起草及制定，國家主權攸關，不得不納諸代表人民之國會；而依約法所規定，於國會成立後，宜由國會選出起草員編定，經兩院議決。第三派爲袁側官僚策士之主張，以現時政黨意見不一，政府設法由大總統直頒憲法起草命令，布告全國，以免政爭，此派可謂欽定憲法論者。及國會成立，一、三兩派主張，歸於消滅，國民黨主張成立。

第九章　憲法起草委員會之組織

第一節　憲法起草委員會之成立

國會成立後，依照國會組織法之規定，由國會組織法起草機關依國會組織法第二十條之規定，民國憲法之起草，須由兩院各於議員內選出同數之委員行之，惟該項條文並未明定兩院各選委員之人數，故由參議員先行議定各選委員三十人咨求衆議院同意。人數旣定，乃由兩院分別議定憲法起草委員互選規則，參議院於二年六月二十五日議決互選規則，用無記名三分之二之連記投票法互選起草委員三十人，候補委員十五人。衆議院於同年六月二十七日議決互選規則，用限制連記有記名投票法選出，其人數與參議院相等。當議定起草委員互選規則，各黨對選舉委員競爭至烈。國民黨當時在國會中占大多數，進步黨次之，進步黨係由共和、民主、統一三黨合併組成，故其人數本可與國民黨相等，惟因內部發生分裂，共和黨中之民社一派不願民主、統一合作，乃於進步黨成立時，共和黨退出，以致憲法起草委員選舉時，進步黨已不能與國民黨對峙，其結果六十委員中，國民黨均占最多數。其委員之黨籍表列如左：

院別	黨籍	人數	反對或贊成政府
參議院	國民黨	十四人	反對政府者
	進步黨	十人	贊成政府者
	政友會	四人	反對政府者
	共和黨	二人	贊成政府者
衆議院	國民黨	十四人	反對政府者
	進步黨	九人	贊成政府者
	政友會	一人	反對政府者
	共和黨	一人	贊成政府者

右表中反對政府者共三十四人，贊成政府者二十六人。七月二日選舉參議院十五名與衆議院十八名之候補委員，國民黨籍者又佔半數以上。惟二次革命發生，湖口已舉兵討袁，在南北交戰之間，國民黨之穩健派欲專依憲法，限制袁氏權力，洎各路討袁軍失敗，更欲據憲法起草委員會，謀法律最後之勝利，故憲法起草委員會卒能成立。

同年七月十日憲法起草委員會在參議院議場開預備會，同月十二日在衆議院開憲法起草委員會成立會，制定委員會規則十八條。十九日選出委員會委員長湯漪、蔣舉清、楊銘源、黃雲鵬、夏同龢等為理事，並擇定天壇祈年殿為起草委員會之會所，即世所謂天壇憲法起草案名稱之所由來也。

第二節　憲法起草進行之波折

憲法起草委員會卽經成立，憲法起草之程序，分爲二部：第一步大綱起草由孫鍾（政友、）張耀曾（國民、）李慶芳（公民、）汪榮寶（進步）四人負責；第二步條文起草，則由上述四人及黃雲鵬（共和）五人負責。大綱起草議題分爲：(1)領土問題是否有規定之必要，如規定用列舉方法抑用概括方法。(2)人民權利義務是否用列舉之規定。(3)國會採一院制抑採兩院制，附兩院選舉及權限。(4)行政部之組織，採總統制抑採內閣制。(5)大總統選舉方法及權限。(6)副總統應否設置。(7)國務員之權限。(8)平政院應否設置。(9)審查法律權。(10)解釋法律權。(11)預算決算審計院。(12)憲法修正。此項議題規定後，卽由委員會就各該議題，表示概括之意見，條文起草委員更根據委員會對於上項議題所議決之原則，分別章節，系以條文，製成完整之草案。自二年八月二日開始討論，至九月二十三日議畢。

當憲法起草進行中，袁世凱對於行將制定之正式憲法，最引爲深慮者，卽：(一)大總統任免國務員有無得國會同意之必要。(二)大總統對於國會有無解散權。袁氏表示非此二項決定，無論內閣制或總統制，於實際政治上，不能按步進行。國民黨則對此舉持反對之態度，決定維持臨時約法。國會（臨時參議院）對於大總統及國務員之彈劾權，閣員之任命，須求國會同意。當時憲法起草委員國民黨及政府反對黨佔多數，故爲袁氏所深嫉。惟該會成立不久，卽逢第二次革命，七月十二日李烈鈞據湖口起兵，國民黨人正發動南方各省倒袁軍事，國民黨黨員多南下參與，故憲草會每以不足法定人數流會，憲草未能按步進行。及八月十九日政府以憲法研究會制定之憲法草案大綱二十四條，提出於憲草會，請其參議，其內容如左：

「一、對領土採概括主義。
一、統治權屬之國家。
一、對蒙、藏之治理，基於從來之習慣，得以特別之法律規定之。
一、行政部之組織，採內閣制。
一、大總統對於兩院之議決，有複議權及拒絕權。
一、大總統有發布緊急命令權。
一、大總統有任命國務員及駐外公使權，無得議會同意之必要。
一、大總統有議會停會權，但不得超過二次，每次不得超過十五日。
一、大總統得參議院同意，有衆議院解散權。
一、大總統任期七年，得連任一次。
一、大總統從國會選出。
一、大總統非大逆不道，不負責任。
一、行政最高權委任之於大總統，內閣總理及各部總長輔助之，內閣總理及各部總長皆爲國務員。

一、國會之組織採兩院制。
一、參議院之選舉，加入縣議會。
一、兩院議員在任中，不得兼國務員。
一、國會之召集，於每年一月第二周第一日開會，會期以四個月爲限，但得延長之。
一、衆議院有國務員彈劾權，但須要議員四分三之出席，出席員三分二以上之同意。
一、國務員被衆議院彈劾時，參議院組織特別法庭裁判之。
一、預算案先提出於衆議院。
一、兩院議員之俸給，採日給主義。
一、行政訴訟，設平政院判斷之。
一、義務教育以憲法規定之。」

此項草案提出於憲草會後，引起國民黨派委員猛烈之抨擊，且令政府出席委員退席，各黨委員亦如之，於是委員會與政府發生衝突，而有起草委員被捕殺之事發生。

先是八月中旬，起草委員徐秀鈞首被逮捕，並被解往九江鎗決。八月二十七日政府復捕去國民黨籍之參議員朱念祖、高蔭藻、張我華、趙世鈺、丁象謙等五人，衆議員常恆芳、褚輔成、劉恩格等三人，內中張、趙、褚、劉四人爲憲草委員。其後褚、朱解往宿縣，常恆芳解往安慶，趙世鈺等五人則羈押於天津，至國會解散後，始釋去。褚、朱直至袁死，國會復活，始與常恆芳同時出獄。國會解散後，更有徐鏡心被殺於北京，段世恆死於陝境，統計各委員被殺者三人，被捕者四人，爲袁氏破壞憲法之開端，亦我國立法史上之慘史也。

時二次革命已失敗，國民黨議員之在北京者，處黨勢凋落之餘，已不復堅持其主張，而進步黨員亦起兎死狗烹之感，態度改變，雙方釋嫌，着手起草。依據憲法起草委員會規則，每次會議，非四十人不得開議，非三十人同意不能議決。其後委員會中除被殺及被捕逃亡者計有十餘人外，尚能勉強湊足三分二之法定人數，仍得以開議進行。至十月十四日第二十四次之會議，憲法草案已脫稿，全文計十一章一百十三條，是爲委員會之二讀會。

憲法委員會之工作，雖非完全祕密，但僅許兩院議員旁聽，其他外人一一不許，自二次革命失敗之後，在京議員皆主張速將憲法全部議定，於是憲草委員會幾於日日開會，內部進行甚速。袁氏知之，乃謀設法於草案有所修改，乃於是年十月二十四日飭國務院遣派委員施愚、顧鼇、饒孟任、黎淵、方樞、程樹德、孔昭炎、余棨昌八人前往國會，宣布袁氏對於民國憲法之意見，其手續則用咨文咨達憲法會議，由憲法會議咨達委員會。其咨文略謂：

『查國會組織法，載民國憲法案由民國議會起草及議定，本大總統深維我中華民國開創之苦，對於國家根本組織之憲法案，甚望可以早日告成，以期共和政治之發達；惟查臨時約法，載明大總統有提議增修約法之權。誠以憲法成立，執行之責在大總統，憲法未成立以前，約法效力原與憲法相等，其所以予大總統此項特權者，蓋非是則國權運用，易涉偏倚。且國家治亂興亡，每與根本大法爲消息。大總統既爲代表政府總攬政務之國家元首，於關係國家治亂興亡之大法，若不能有一定之意思表示，使議法者得所折衷，則由國家根本大法所發生之危險，勢必醞釀於無形，甚或補救之無術。是豈國家制定根本大法之本義哉？本大總統前膺臨時大總統之任，一年有餘，行政甘苦，知之較悉；國民疾苦，察之較真。現在既居大總統之職，將來卽負執行民國議會所議憲法之責。苟見有執行困難及影響於國家治亂興亡之處，勢未敢自已於言，況共和成立，本大總統幸得周旋其間，今既承國民推舉，負此重任，而對於民國根本組織之憲法大典，設有所知而不言，或言之而不盡，殊非忠於民國之素志。茲本總統謹以至誠對於民國憲法有所陳述，嗣後貴會開議時，或開憲法起草委員會，或開憲法審議會，均希先期知照國務院，以便該委員等隨時出席陳述』云云。

施愚等抵國會要求出席，憲法會議以該會性質與兩院不同，大總統對於該會，既無提案權，自無特派員出席說明之理由。憲草委員會亦以政府委員出席憲法起草會議，無法律上之根據，拒絕政府委員出席，此際憲法草案二讀會行將終了，僅三讀會尙未開議，其中惟三讀會最關緊要，除字句修正外，大旨鮮有變更也。

第三節　大總統選舉法及議院法之通過

二次革命既歸失敗，袁世凱統一之勢已成，對於國會久已不滿，其所以未及解散者，非不敢冒此大不韙，實欲藉此正式機關，選彼爲正式大總統，以正對內對外之名義。先是國會成立之初，總統選舉與憲法制定孰先孰後，成爲當時爭論之問題。國民黨議員多數主張先定憲法後選總統，袁氏及其羽黨則堅持在憲法未定以前先舉正式大總統。朝野爭論，莫衷一是。迄二次革命失敗，國民黨勢力已衰，袁氏復假手武人，壓制國會，乃有由黎元洪領銜會同直、晉、魯、豫、黑、陝、甘、浙、川、黔、滇、桂、閩及新疆等十四省都督聯電上先舉總統建議書，啓武人干憲之漸。此書發表，議員多屈服，而進步黨議員復紛紛向國會提出先選總統後定憲法之議案，卒於二年九月五日衆議院以二百十三人對一百二十六人之多數爲先選總統之決議，但總統選舉問題，牽涉未來憲法，非一院所能決定，必將此旨交付參議院得其同意後，按照制定憲法會議之規定，開兩院聯合會，始可議及選舉法，嗣參議院於九月八日亦議決表示同意。九月十二日乃依國會組織法關於制憲之規定，開兩院聯合會。更根據臨時約法第五十四條之規定，憲法未施行以前，本約法之效力與憲法等。總統之效力與憲法等。總統選出後，所有職權及各種關係，當依約法之規定，至全部憲法制定時，將總統選舉法移入其中，不過條文數目之移動，不得謂之廢止。即偶有修改，亦必經憲法會議制定之程序四分之三以上多數之表決。其實此項決議，皆國會自相矛盾，既違民憲慣例，復失立法獨立之惟一之尊嚴，此則由於國會當時在袁氏武力控制下，不得不如此，中國立法機關之受制於武力，蓋自此始。此後十餘年間立法機關殆成爲武人之工具，而無絲毫獨立之精神，在中國政治不上軌道，民衆勢力未發成以前，代議機關終不能發揮其權能也。

國會既屈服於袁氏威力之下，乃決定將關於憲法中選舉總統之部分委託憲法起草委員會起草，並限五日完成該項草案。兩院聯合會即自行議定憲法會議規則共五十八條，以爲討論總統選舉法草案之準備。及大總統選舉法草案經憲法起草委員會於九月十五、十六兩日完竣憲法會議（即兩院聯合會）讀會之程序，即於當日以憲法會議名義宣布，不送請總統公布。其全文如左：

「第一條　中華民國人民，完全享有公權，年滿四十歲以上，並居住國內滿十年以上者，得被選爲大總統。

第二條　大總統由國會議員組織總統選舉會選舉之。

前項選舉，以選舉人總數三分之二以上之列席，用無記名投票行之，得票滿投票人數四分之三者爲當選，但兩次投票無人當選時，就第二次得票較多者二名決選之，以得票過投票人數之半者爲當選。

第三條　大總統任期五年，如再被選，得連任一次。

大總統任滿前三個月，國會議員須自行集會，組織總統選舉會，行次任大總統之選舉。

第四條　大總統就職時，須爲左列之宣誓。

「余誓以至誠，遵守憲法，執行大總統之職務，謹誓。」

第五條　大總統缺位時，由副總統繼任，至本任大總統期滿之日止。

大總統因故不能執行職務時，以副總統代理之，副總統同時缺位，由國務院攝行其職務，同時國會議員於三個月內，自行集會，組織總統選舉會，行次任大總統之選舉。

第七條　副總統之選舉，依選舉大總統之規定，與大總統之選舉同時行之，但副總統缺位時，應補選之。

附則

大總統之職權，當憲法制定以前，暫適用臨時約法關於臨時大總統職權之規定。」

大總統選舉法宣布後，卽組織總統選舉會，於十月六日以衆議院爲會場，舉行大總統之選舉。午前八時開會，王家襄主席，到兩院議員共七五九人，兩次投票，袁世凱得票雖多，但均不滿法定人數四分之三，不能當選。第三次投票，就第二次得票較多之袁世凱、黎元洪二人，行決選，袁氏始以得票過半數而當選。是日選舉自晨八時開始選舉，至夜十時始能畢事。有自稱「公民」團者數萬人，整齊嚴肅如軍伍，包圍衆議院選舉場數十匝，迫即日選出袁氏爲總統，否則不令議員出門一步。議員不得不忍饑終日以行選舉。直至袁氏當選之聲傳出，各公民乃高呼大總統萬歲，振旅而退，所謂中華民國第一任大總統，即於武力威嚇下產生。次日選舉副總統，第一次投票黎元洪以得票滿投票人四分之三以上，當選爲副總統。十月十日爲民國第二屆國慶日，袁世凱於是日在北京太和殿就任正式大總統，正式政府成立。

議院法爲國會開會後，首先議定者，於二年九月二十七日公布，此爲兩院議事之規則，共十九章，九十四條。第一章，規定民國議會之集會、開會、休會及延長會期。第二章議員。第三章，議長副議長，其任期參議院二年，衆議院三年（第二十條。）第四章委員會，兩院各設（一）全院委員會，（二）常任委員會，（三）特別委員會（第二十二條。）全院委員會之制，倣自英國，該項委員會由全院議員組成，其性質與全院會議無殊，僅會議時之主席及規則，彼此各異而已。常任委員會，由全院於每次會期之始選舉，分爲法制、財政、內務、外交、軍事、交通、教育等股。特別委員會爲審查特定案件臨時設立之委員會。第五章，議事及提案，依本章各條之規定（一）關於法律財政及重大議案，非經三讀會不得議決，但因財政之要求，議長或議員十人以上之動議，經院議可決者，得省略三讀會之順序（第二十七條。）（二）法律案之提案權，屬於政府及參衆各院之議員，但議員提出法律案須有二十人以上之連署。故議員與政府雖同享有提案權，而政府提出之案，因在參衆兩院議事日程中，俱先於議員之提案，故事實上實占優勢（第二十八——三十條。）第六章，預算案。第七章，彈劾。其重要者：（一）彈劾大總統，各院非有總議員五分之一以上之連署，彈劾國務員案，各院非有總議員十分之一以上之連署，不得提出（第三十四條。）（二）彈劾之表決用無記名投票行之（第三十五條。）（三）彈劾大總統案決後，即日將全案通告最高法院，限五日內組織特別法庭審判之（第三十六條。）第八章，建議。建議案非有十八以上之連署不得提出。提出後經院議決，咨達政府，如政府不能採用，則開會期內，不得重行提出（第三十七條至第三十八條。）第九章，質問：（一）議員質問政府時，得以二十人以上之連署，提出質問書，由各院暫咨政府，限期答覆。政府答覆後，如提出質問者認爲不得要領時，得由各院咨請國務員限期出席答覆（第四十條至第四十一條。）（二）議員對於政治上緊急問題得臨時動議，經院可決，要求國務員出席答覆（第四十三條。）第十章，查辦之咨請，非有議員十八以上之連署，不得提出（第四十四條。）第十一章，請願之受理，據五十條之規定：「請願事件經院議可決後，其應行咨達政府者，由院咨達政府，並要求其報告。」第十二章，兩院議事之關係，據第六十一條之規定：凡甲院通過之法律案，經乙院修正通過，回復甲院時，如甲院對於修正不能同意，得向乙院請求協議，乙院不得拒絕；此項協議由兩院各推定若干委員組織協會行之，協議會之討論以兩院未能一致之事項爲限；凡協議會議決事項，尙須交由各院各自表決，但各院不得再加修改。第十三章，國務員、政府委員出席及發言。第十四章，兩院與人民及官署之關係。第十五章，懲戒。第十六章，祕書廳。第十七章，警衛及紀律。第十八章，經費。第十九章，附則。

第十章　天壇憲法草案之內容與批評

第一節　天壇憲法草案完成

民國二年八月二日憲法起草委員開始工作，至九月已就各議題完成其原則上之討論，乃由條文起草員張耀曾、丁世嶧、黃雲鵬、孫鍾、李慶芳五人根據委員會議決之大綱十二項，起草憲法全案，該委員等在衆議院集議八次，經二十日成草案百十三條。先是九月二十日各委員討論分章起草事件，議定如下：

第一章　國體
第二章　國土
第三章　國民
第四章　民國議會
第五章　大總統
第六章　國務員
第七章　法院

第八章　會計

第九章　附則

並推定張耀曾分任起草第一、二、三章。黃雲鵬分任第四章。孫鍾分任第五章。丁世嶧分任草第六、七章。李慶芳分任草第八、九章。九月二十六日已完成全案全部業已草成。惟該起草員等有以最近學說、法律，多另列專章，於是以五人之同意在「法院」章之後，「會計」章之前添「法律」一章，爲第八章。十月八日會議更議定加入「國會委員會」一章於第四章「國會」之後爲第五章。九日修正草案全文字句至十一日憲法全案條文起草完成。起草員五人黨籍雖各不同，自起草以來，對於憲法皆爲學理上之主張。對於大總統選舉法七條，則不增減一字，以全法嵌入第六章。僅選舉法第一條，在此次草案中爲五十八條，依次列入。第七條爲五十四條，附則云云，當即删去。全案起畢。至十月三十一日全案之三讀會卽已完成。因當時袁氏以武力壓迫國會，其勢已顯，委員爲使其工作有相當之結果起見，急於收束，故全部草案之三讀會，僅於一日成之，而地方制度，亦無暇議及。草案三讀會完成後之三日，袁世凱卽下令撤銷國民黨議員之議員資格，當時國會地位之危迫，已達於極點矣。茲將天壇憲法草案條文列左：

『中華民國憲法會議，爲發揚國光，鞏固國圉，增進社會之福利，擁護人道之尊嚴，制茲憲法，宣布全國，永矢遵，垂之無旣。

第一章　國體

第一條　中華民國永遠爲統一民主國。

第二章　國土

第二條　中華民國國土，依其固有之疆域。國土及其區劃，非以法律不得變更之。

第三章　國民

第三條　凡依法律所定屬中華民國國籍者，爲中華民國人民。

第四條　中華民國人民於法律上無種族階級宗教之別，均爲平等。

第五條　中華民國人民，非依法律不受逮捕監禁審問處罰。人民被羈押時，得依法律以保護狀請求提至法庭審查其理由。

第六條　中華民國人民之住居，非依法律不受侵入或搜索。

第七條　中華民國人民通信之祕密，非依法律不受侵犯。

第八條　中華民國人民有選擇住居及職業之自由，非依法律不受制限。

第九條　中華民國人民有集會結社之自由，非依法律不受制限。

第十條　中華民國人民有言論著作及刊行之自由，非依法律不受制限。

第十一條　中華民國人民有信仰宗教之自由，非依法律不受制限。

第十二條　中華民國人民之財產所有權，不可侵犯，但公益上必要之處分，依法律之所定。

第十三條　中華民國人民，依法律有訴訟於法院之權。

第十四條　中華民國人民，依法律有請願及陳訴之權。

第十五條　中華民國人民，依法律有選舉及被選舉之權。

第十六條　中華民國人民，依法律有從事公職之權。

第十七條　中華民國人民，依法律有納租稅之義務。

第十八條　中華民國人民，依法律有服兵役之義務。

第十九條　中華民國人民，依法律有受初等教育之義務。

國民教育以孔子之道爲修身大本。

第四章　國會

第二十條　中華民國之立法權，由國會行之。

第二十一條　國會以參議院衆議院構成之。

第二十二條　參議院以法定最高級地方議會及其他選舉團體選出之議員組織之。

第二十三條　衆議院以各選舉區比例人口選舉之議員組織之。

第二十四條　兩院議員之選舉，以法律定之。

第二十五條　無論何人不得同時爲兩院議員。

第二十六條　兩院議員不得兼任文武官吏，但國務員不在此限。

第二十七條　兩院議員之資格，各院得自行審定之。

第二十八條　參議院議員任期六年，每二年改選三分之一。

第二十九條　衆議院議員任期三年。

第三十條　兩院各設議長副議長一人，由各院議員互選之。

第三十一條　國會自行集會開會及閉會，但臨時會由大總統牒集之。

第三十二條　國會開會期爲四個月，但得延長之。

第三十三條　國會常會於每年三月一日開會。

第三十四條　國會臨時會之召集，於有左列情事之一時行之。

一、兩院議員各有三分一以上之請求。

二、國會委員會之請求。

三、政府認爲必要時。

第三十五條　國會之開會及閉會，兩院同時行之。

一院停會時，兩院同時休會。

衆議院解散時，參議院同時行之。

第三十六條　國會之議事，兩院各別行之。

同一議案，不得同時提出於兩院。

第三十七條　兩院非各有議員總額過半數之列席，不得開議。

第三十八條　兩院之議事，以列席議員過半數之同意決之，可否同數取決於議長。

第三十九條　國會之議定，以兩院之一致成之。

一院否決之議案，同一會期內不得再行提出。

第四十條　兩院之議事公開之，但得依政府之請或院請祕密之。

第四十一條　衆議院認大總統副總統有謀叛行爲時，得以議員總額三分二以上之列席，列席員三分二以上之同意彈劾之。

第四十二條　衆議院認國務員有違法行爲時，得以列席員三分二以上之同意彈劾之。

第四十三條　衆議院對於國務員得爲不信任之決議。

第四十四條　參議院審判被彈劾之大總統副總統及國務員。

前項決議用投票法，以列席員過半數之同意成之。

前項審判，非以列席員三分二以上之同意，不得判決爲有罪或違法。

判決大總統副總統有罪時，應黜其職，其罪之處刑，由最高法院定之。

判決國務員違法時，應黜其職，並奪其公權，如有餘罪時付法院審判之。

第四十五條　兩院各得建議於政府。

第四十六條　兩院各受理國民之請願。

第四十七條　兩院議員得提出質問書於國務員，或請求其到院質問之。

第四十八條　兩院議員於院內之言論及表決，對於院外不負責任。

第四十九條　兩院議員除行犯外，非得各本院或國會委員會之許可不得逮捕或監視。兩院議員，因現行犯被逮捕時，政府應將理由報告於各本院或國會委員會。

第五十條　兩院議員之公費及其他公費，以法律定之。

第五章　國會委員會

第五十一條　國會委員會，於每年國會常會閉會前，由兩院各於議員內選出二十名之委員組織之。

第五十二條　國會委員會之議事，以會員總額三分二以上之列席列席員三分二以上之同意決之。

第五十三條　國會委員會，於國會閉會期內，除行使各本條所定職權外，得受理請願並建議及質問。

第五十四條　國會委員會，須將經過事由，於國會開會之始報告。

第六章　大總統

第五十五條　中華民國之行政權，由大總統以國務員之贊襄成之。

第五十六條　中華民國人民完全享有公權，年滿四十歲以上並住居國內滿十年以上者，得被選舉爲大總統。

第五十七條　大總統由國會議員組織總統選舉會選舉之。

前項選舉，以選舉人總數三分二以上之列席，用無記名投票行之，得票滿投票人數四分三者爲當選，但兩次投票無人當選時，就第二次得票較多者二名決選之，以得票過投票人數之半者爲當選。

第五十八條　大總統任期五年，如再被選得連任一次。

大總統任滿前三個月，國會議員須自行集會，組織總統選舉會，行次任大總統之選舉。

第五十九條　大總統就職時，須爲左列之宣誓：

「余誓以至誠，遵守憲法，執行大總統之職務，謹誓。」

第六十條　大總統缺位時，由副總統繼任，至本任大總統期滿之日止。

大總統因故不能執行職務時，以副總統代理之。

副總統同時缺位，由國務院攝行其職務。同時國會議員於三個月內，自行集會，組織總統選舉會，行次任大總統之選舉。

第六十一條　大總統應於任滿之日解職，如屆期次任大總統尚未選出，或選出後尚未就職，次任副總統亦不能代理時，由國務院攝行其職務。

第六十二條　副總統之選舉，依選舉大總統之規定，與大總統之選舉同時行之。但副總統缺位時，應補選之。

第六十三條　大總統公布法律，並監督確保其執行。

第六十四條　大總統爲執行法律，或依法律之委任，得發布命令。

第六十五條　大總統爲維持公安或防禦非常災患，時機緊急，不能召集國會時，經國會委員會之議決，得以國務員連帶責任，發布與法律有同等效力之教令。

前項教令，須於次期國會開會後七日內請求追認，國會否認時卽失其效力。

第六十六條　大總統任免文武官吏。但憲法及法律有特別規定者，依其規定。

第六十七條　大總統爲民國陸海軍大元帥，統率陸海軍。陸海軍隊之編制，以法律定之。

第六十八條　大總統對於外國，爲民國之代表。

第六十九條　大總統經國會之同意得宣戰。但防禦外國攻擊時，得於宣戰後請求國會追認。

第七十條　大總統締結條約，但媾和條約及關係立法事項之條約，非經國會同意不生效力。

第七十一條　大總統依法律，得宣告戒嚴。但國會或國會委員會認爲無戒嚴之必要時，應卽爲解嚴之宣告。

第七十二條　大總統頒予榮典。

第七十三條　大總統經最高法院之同意，得宣告免刑、減刑及復權。但對於彈劾事件之判決，非經國會同意，不得爲復權之宣告。

第七十四條　大總統得停止衆議院或參議院之會議。但每一會期，停會不得過二次；每次期間不得過十日。

第七十五條　大總統經參議院列席議員三分二以上之同意，得解散衆議院。但同一會期，不得爲第二次之解散。

大總統解散衆議院時，應即另行選舉，於五個月內定期繼續開會。

第七十六條　大總統除叛逆罪外，非解職後不受刑事上之訴究。

第七十七條　大總統副總統之歲俸，以法律定之。

第七章　國務院

第七十八條　國務院以國務員組織之。

第七十九條　國務總理及各部總長，均爲國務員。

第八十條　國務總理之任命，須經衆議院之同意。

國務總理於國會閉會期內出缺時，大總統經國會委員會之同意，得爲署理之任命。

第八十一條　國務員贊襄大總統，對於衆議院負責任。

大總統所發命令及其他關係國務之文書，非經國務員之副署，不生效力。

第八十二條　國務員受不信任之決議時，大總統非依第七十五條之規定解散衆議院，應卽免國務員之職。

第八十三條　國務員得於兩院列席及發言。但爲說明政府提案時，得以委員代理。

前項委員由大總統任命之。

第八章　法院

第八十四條　中華民國之司法權，由法院行之。

第八十五條　法院之編制及法官之資格，以法律定之。

第八十六條　法院依法律受理民事刑事行政及其他一切訴訟。但憲法及法律有特別規定者，不在此限。

第八十七條　法院之審判公開之。但認爲妨害公安或有關風化者，得祕密之。

第八十八條　法官獨立審判，無論何人不得干涉之。

第八十九條　法官在任中，非依法律不得減俸停職或轉職。

法官在任中，非受刑罰宣告或懲戒處分，不得免職。但改定法院編制及法官資格時不在此限。

法官之懲戒處分，以法律定之。

第九章　法律

第九十條　兩院議員及政府，各得提出法律案。但經一院否決者，於同一會期，不得再行提出。

第九十一條　國會議定之法律案，大總統須於送達後十五日內公布之。

第九十二條　國會議定之法律案，大總統如否認時，得於公布期內聲明理由，請求覆議。如兩院各有議員三分二以上仍執前議時，應卽公布之。

未經請求覆議之法律案，逾公布期限，卽成爲法律。但公布期滿在國會閉會或衆議院解散後者，不在此限。

第九十三條　法律非以法律，不得變更或廢止之。

第九十四條　法律與憲法抵觸者無效。

第十章　會計

第九十五條　新科租稅及變更稅率，以法律定之。

第九十六條　現行租稅未經法律變更者，仍舊徵收。

第九十七條　募集國債及締結增加國庫負擔之契約，須經國會議決。

第九十八條　國家歲出歲入每年由政府編成預算案，修正或否決時，須求衆議院之同意。如不得同意時，原議決案卽成爲預算。

第九十九條　政府因特別事業，得於預算內預定年限，設繼續費。

第一百條　政府爲備預算不足或預算所未及，得於預算內設預備費。

預算費之支出，須求衆議院追認。

第一百零一條　左列各款支出，非經政府同意，國會不得廢除或削減之。

一、法律上屬於國家之義務者。

二、履行條約所必需者。

三、法律之規定所必需者。

四、繼續費。

第一百零二條　國會對於預算案，不得爲歲出之增加。

第一百零三條　會計年度開始，預算未成立時，政府每月依前年度預算十二分之一施行。

第一百零四條　爲對外戰爭或戡定內戰，不能召集國會時，政府經國會委員會之議決，得爲財政緊急處分，但須於國會開會後七日內，請求衆議院追認。

第一百零五條　國家歲出之支付命令，須先經審計院之核准。

第一百零六條　國家歲入歲出之決算案，每年經審計院審定，由政府報告於國會。

衆議院對於決算否認時，國務員應負其責。

第一百零七條　審計院以參議院選舉之審計員組織之。審計員任期九年，每屆三年，改選三分之一。

審計員之選舉及職任，以法律定之。

第一百零八條　審計院設院長一人，由審計員互選之。

審計院院長關於決算報告，得於兩院列席及發言。

第十一章　憲法之修正及解釋

第一百零九條　國會得爲修正憲法之發議。

前項發議，非兩院各有列席員三分二以上之同意，不得成立。

兩院議員非有各本院議員總額四分一以上之連署，不得爲修正憲法之提議。

第一百十條　憲法之修正，由憲法會議行之。

第一百十一條　國體不得爲修正之議題。

第一百十二條　憲法有疑義時，由憲法會議解釋之。

第一百十三條　憲法會議由國會議員組織之。

前項會議，非總員三分二以上之列席，不得開議；非列席員四分三以上之同意，不得議決。」

第二節　草案中之國民權利與義務

憲法草案第三章第三條至第十二條，規定人民之基本權利，而冠以「中華民國人民」者，即在表明憲法所列舉之基本權利，僅對「國民」而言，初非賦予一切人類（如外籍人民等）以該種權利。草案所規定之人民，完全採法律的列舉，即凡人民住居、通信、擇業、言論、集會、信仰宗教等自由，「非依法律，不受限制」或「侵犯」。此項條文，過於空泛，蓋上述各項個人權利，皆由憲法所賦予之權利，在法律上可依制憲者之意志而變更，是憲法上之人權，得受國會任意之剝奪或限制，不能予人民以切實之保障。例如：「言論，著作自由，非依法律不受限制。」則國會隨時均可通過取締報館或他種出版物任何法律。則所謂人權者直等於烏有。

本章第五條云：「中華民國人民，非依法律不受逮捕、監禁、審問或處罰。人民被羈押時，得依法律以保護狀請求至法庭審查其理由。」此條文內之所謂保護狀，即英憲之所謂「出庭狀」(writ of habeas corpus)，此爲保障人民自由惟一之救濟方法。此制仿自英國，美國聯邦憲法亦曾以明文採用此制。凡人民如被任何人監禁，其本人或任何他人，得向法庭請求頒給一種命令，命令監禁者將被監禁之人移交法庭，審查其監禁之理由，此項命令即稱爲出庭狀。惟草案條文中規定「以保護狀請求法院提至法庭審查其理由」者，其意義頗不明瞭。蓋出庭狀制，僅在規定人民得向法院請求出庭狀，而非以斯狀向法庭有任何之請求也。

第三章第十一條與十九條所規定之信仰宗教自由，與孔教問題，引起當時最大之爭論。緣憲法草案起草時，委員會中陳銘鑑提出孔教應否於憲法中定爲國教，當時引起劇烈之辯論。當時提議人陳銘鑑首先發言，大意謂孔教爲文化進步之國教，並非野蠻時代之迷信宗教者可比，應定孔教爲國教。贊成者汪榮寶、向乃祺、王敬芳、黃贊等，在反對方面認爲孔教不能列爲宗教，其理由有四，即：（一）中國非宗教國，（二）孔子非宗教家，（三）信教自由，憲法之通例，如定孔教爲國教，與憲法抵觸(四)五族共和，孔教以外尙有喇嘛、回教種種，如定孔教爲國教，易啓蒙、藏懷忌，反對者發言人爲徐鏡心、伍朝樞、汪彭年、盧天游、谷鍾秀等五人。一時會外輿論蠭起，文電交馳。及十月十三日繼續討論，最後由伍朝樞氏以法理立言，略謂法律之規定，必有效果，孔教以忠恕爲本，苟有民不行忠恕之道者，是否違憲，若認爲違憲，則不勝其擾，若不予以違憲之制裁，則法律歸於無效。後表決結果，贊成以孔教爲國教者居少數，此問題本已撤銷。至二讀會旣畢，汪榮寶又動議於十九條之次加一第二項爲國民教育以孔子之道爲倫理之大本。藍公武主張改爲國民教育以孔子之道不抵觸共和國體者爲大本。陳銘鑑提出國民教育以孔子之道爲倫理之大本。孫潤宇主張倫理之大本改爲修身之大本。朱兆莘提出國民教育以孔子之道爲大本。贊成此項修正者爲陳美、黃雲鵬等。反對者爲張耀曾、吳宗慈、何雯、汪彭年等。表決數次，均無結果。卒以互相疏通讓步，將國民教育以孔子之道爲修身之大本之條文通過。此孔教案在憲法起草委員會中曲折經過之情形，亦即民國憲法史上教爭之發軔也。惟定孔教爲國教，爲多數所反對，其所以通過此項漫無意義之條文，卽在敷衍當時政府與一部分議員，以及孔教會諸人。其實法律僅能消極的懲惡，不能積極的勸善。道德信條，未能入憲，其意至明，且國民教育須隨時代而異，尤不宜訂諸憲法。所謂「孔子之道爲修身之大本」者，詞泛而義晦，誠爲憲法之贅物，亦此次草案之大缺點也。

第三節　草案中之立法機關

憲法草案中之國會，採兩院制。惟兩院之組織，當委員會起草時，對於兩院制及一院制爭論極爲激烈，各有相當理由。反對兩院者，以爲(一)兩院制之發生，本起於階級制度。我國既爲共和國，自無貴族平民之區別，亦卽無設立兩院之必要。(二)每一議案以兩院分議之，徒使事事紛擾，不能敏捷進行，使立法機關失國民信任。(三)兩院互相牽制，每一議事，甲院之主張如此，乙院之主張如彼，此是彼非，永無結果，以致政府所提出之議案，與甲院協商而得其贊同者，乙院又從而否決之，與乙院協商而得其贊同者，甲院又從而否決之，國會衝突，必日見其多。(四)兩院議員同在黨派之漩渦中，苟兩院而同以一派佔多數耶？則甲院所可，乙院否之，乙院所可，甲院否之，永不能一致，卽議案無一能成立，兩弊有一於此，前途何堪設想。而贊成兩院制者之答辯，則爲(一)兩院雖起源於階級，我國本無貴族平民之別，但究有中央與地方之分。一院制之結果，必至極端趨於中央集權或極端趨於地方分權。行兩院制則參議院代表地方，有趨於地方分權之勢；衆議院由人民直接選舉，有趨於中央集權之勢，兩者調和，方有折衷之餘地。(二)兩院分議，遲緩固所難免，殊不知議會雖有遲緩之弊，但有愼重之利。有敏捷之利者，卽不免有草率之弊。故欲愼重立法手續，與其失之草率，毋寧失之遲緩。況大國政治複雜，小國政治單純，以政治問題複雜之大國，採單一之立法制度，甚屬危險。(三)謂兩院互相牽制，衝突日多，殊不知行政部與立法部衝突之際，兩端感情之惡，達於極點。若無其他機關，調和其間，勢必非常危險，卽如彈劾大總統，一院制必自行彈劾，自行審判，當其彈劾之際，感情程度既極膨脹，則審判者不能公平。若兩院制則彈劾之權，歸之衆議院，審判之權，歸之參議院，庶得蹐其平。且參議院距彈劾之風潮既遠，必不蹈於一時感情之弊。(四)謂兩院議員常易爲一派意思所左右，若合爲一院，尤所不免。

至云兩院永不能一致，卽議案無一能成立，以明眼人之觀察，實得其反。蓋甲院多數之一派明知乙院爲少數，必不敢十分伸張其意見，以招乙院之否決。乙院多數之一派，明知甲院爲少數，必不敢十分伸張其意見，以招甲院之否決。兩相退讓，乃得其平。卒以贊成兩院制者多數，遂決議採兩院制。惟因國會組織法所定兩院共同之職權太多，而單獨行使之職權太少，故經衆議，草案中兩院之組織，不必悉採國會組織法之規定。至於兩院議員應如何選舉，該法毫未規定，僅聲明參議院應由「法定最高級地方議會及其他選舉團體選出之議員組織之」（草案第二十二條，）衆議院應以「各選舉區比例人口選出之議員組織之」（草案第二十三條。）實際此種規定，仍與國會組織法之原則一致。惟草案既於第一條規定「中華民國永遠爲統一民主國」，則當然採用單一國制。於單一國中採用兩院制，則草案所規定之參議院，既不能如英制之代表貴族階級，又不能如美制之代表各邦，然則所代表者爲一種對象，其理殊不可通。

草案第五章有設立國會委員會之規定，於國會閉會時期內，代表國會執行代表人民之職務。其組織據草案第五十一條之規定「於每年國會常會閉會前，由兩院各於議員內選出二十名之委員組織之」其職權之重要者，有（一）發布緊急命令之同意（第六十五條。）（二）國會閉會期內任命國務總理之同意（第八十條。）（三）財政緊急處分之同意（第一百零四條。）（四）請求召集臨時會（第三十四條第二款。）此外並有受理人民請願及對於政府建議及質問之權。此項設置國會委員會之制度，各國憲法採用者甚少。蓋此項委員會之弊端頗多，最主要者有二：（一）以少數人同意政府之意見，於追認時，糾紛頗多，使國會自相矛盾，（二）代表人民之機關，以少數人行之，苟有不正，必致議員全體喪失信仰，故各國多不採此制。草案雖曾採此制，後於讀會時，已被否決。

第四節　草案中之行政機關

草案中之行政機關採責任內閣制，其主要之點卽：（一）大總統之命令及其他行爲須經國務員同意——「中華民國之行政權由大總統以國務員之贊襄行之」（第五十五條）又第八十一條第二項，復有「大總統所發命令及其他關係國務之文書，非經國務員之副署，不生效力」之規定。（二）國務員對國會負責——據草案八十一條第一項之規定：「國務員贊襄大總統，對於衆議院負責，」此蓋以法國之憲法爲模範，特不襲用其條文，而欲襲用其習慣耳。（三）國務員之任命——草案第八十條規定「國務總理之任命，須經衆議院之同意。」

草案中關於總統選舉、任期及缺職諸問題，係全依先行公布之大總統選舉法之所定。該法規定大總統由國會議員組織總統選舉會選舉之，蓋採法國、瑞士諸國之間接選舉者也。此總統選舉會之分子，雖與國會同，然其機關則異。故在國會爲議員，在總統選舉會則爲選舉人，二者之性質迥異，固不可以兩機關組織之相同，而併爲一談。但總統若由國會選舉，國會必成爲全國政治之戰場，而爲桀黠者所利用操縱。如此次總統選舉法之被袁氏以武力脅制國會制定，以及後日曹錕以金錢賄買議員，皆得致身總統之地位，卽其明例。故近世各國有主張總統應出自民選，未始無相當之理由也。至草案中關於總統之缺職，兼採副總統代理制及國務員全體代理制。但大總統如不自行辭職或請假，或因其他故障，而不及履行辭職或請假之手續，將由何種機關決定其應否停職或解職，此在他國憲法則有規定由國務會議決定者（如德國一九一九年之憲法）亦有由議會以法律決定者（如捷克一九二〇年之憲法），而在草案中對於此點俱無規定。

草案設置副總統，其理由（一）中國數千年君主國一躍而爲民主國，國家不可一日無元首之觀念，猶深中於人心，一旦總統缺位，驟以國務院代理之，不足以繫社會之視聽，或至釀非常變故，何若預儲副總統，可以消弭反側於無形。（二）選舉機關由國會，固爲簡單，然考不設置副總統之國，如法、如葡，總統出缺，或由各部總長或由國務會議代理時，其憲法必規定兩院卽日會合選舉總統，在吾國土廣大交通梗塞之國，何能卽日會合，不能卽日會合選舉，其危險及於國家何如，孰若於選舉大總統時，卽選定副總統，以備非常之來，轉於國家得一強固之保險。（三）吾國副總統之設，於大總統因故不能執行職務時，則取代理制，於大總統缺位時，則取繼任制。唯因兼取繼任制，而慮如美國大總統與副總統出於異黨，非振作政治之道者，其唯無責任內閣之國家然耳，否則總統且立於政治潮流之外矣，尙何足慮之有。此項理由吾人終覺其薄弱，蓋在責任內閣制中，副總統直等於贅疣，起草委員會當時仍然採用，其或牽於事實，法理上固不可通也。

第五節　草案中立法與行政之關係

草案中關於立法與行政之關係，有數點可資證明：

（一）國會對於行政機關之彈劾。草案中對於彈劾案通過及審判之規定，大體採美制，（甲）對於大總統及副總統之彈劾，據草案四十一條之規定：「衆議院認大總統副總統有謀叛行爲時，得以議員總數三分二以上之列席，列席員三分二以上之同意彈劾之。」又參議院審判被彈劾之大總統副總統，「前項審判，非以列席員三分二以上之同意，不得判決爲有罪或違法。判決大總統副總統有罪時應黜其職。其罪之處刑，由最高法院定之。」（草案第四十四條）由此可知國會彈劾大總統副總統之原因，以謀叛行爲爲限，僅衆議院有彈劾權，對於彈劾之審判權，亦僅屬於參議院。審判之結果，止於黜其現職，不能涉及刑罰，並不能剝奪其將來之資格。且大總統「除叛逆罪外，非解職後，不受刑事上之訴究。」（第七十六條）（乙）對於國務員之彈劾。草案第四十二條規定：「衆議院認國務員有違法行爲時，得以列席員三分之二以上之同意彈劾之。」又參議院審判被彈劾之國務員，判決爲違法時，須經該院列席員三分二以上之同意，參議院「判決國務員違法時，應黜其職，並得奪其公權，如有餘罪時付法院審判之」（第四十四條）由上可知國務院之彈劾機關爲衆議院，審判之機關則爲參議院。彈劾之原因，以違法行爲爲限。

（二）國會對於行政機關之不信任投票權——草案第四十三條規定「衆議院對於國務員得爲不信任之決議。」當時反對此規定者謂：（一）制定憲法，須內閣與國會權限立於平等地位，設發生國會專制之患，則國家非常危險。（二）不信任投票僅以過半數之表決，如輕易行使，必致養成一般敷衍之國務員，國家尙安望其發展。（三）政府之政策如爲不良，國會但不與通過預算，其政策卽不能行，何必更爲不信任之決議。（四）不信任權與解散權相爲表裏，共和國家尊重民權，何必以此種無益事實之不信任決議，徒換得一解散國會之機會。至贊成此規定者謂：(一)法律上之責任，可行使彈劾權，若政治上之責任，則不能彈劾，只能爲不信任之投票。(二)國務員既對於衆議院負責任，衆議院卽應有監督之方法。(三)本草案祇規定衆議院有國務總理之同意權，而國務員之同意權並未規定，則國務員之能否勝任非可逆知，設無不信任投票，果將何法以爲救濟。(四)不信任投票可僅對國務員一部分行之，無礙於全體，確與彈劾不同。(五)不信任國務員既與解散國會有關，此等職權，國會必不輕於行使，儘可於憲法中明爲規定。又草案第八十二條規定：「國務員受不信任之決議時，大總統非依第七十五條之規定，解散衆議院，應卽免國務員之職。」係模仿法國現行憲法。

(三)解散國會權——草案第七十五條規定：「大總統經參議院列席議員三分之二以上之同意，得解散衆議院，但同一會期不得爲第二次之解散。」此一問題，頗引起世人之注意。據反對原案主張不規定解散者之理由：(1)本草案既採責任內閣制，則國會與內閣間同其步調，當不致有解散之事實。(2)規定解散權，則國會之勢減削，政府卽難免無專制之危險。(3)條文中有於五個月內定期召集之規定，無論我國土地遼闊，交通不便，五個月不能齊集，卽使果能依期召集，而此五個月之中，無監督政府機關，豈非予政府以自由行動之機會。(4)以參議院間接選舉之少數人，解散直接選舉之多數人，此項理由根本上不能成立。(5)本草案既規定大總統由國會選出，何大總統又有權可以解散衆議院，是此種條文顯係自相背戾。(6)各國解散衆議院多因預算案不能成立。如預算案不能成立而有救濟辦法，自無解散衆議院之必要。(7)本草案於衆議院議員任期，只定爲三年，任期既短，民意不致十分變動，卽不必待其判決。(8)原案既規定於同一會期內，不得爲第二次之解散，是甲內閣有解散權，而乙內閣無解散權，此理亦不甚通。贊成原案主張規定解散權者所持之理由：（1）立法精義，三權分立，貴得其平。解散權本屬行政部之一種行政策略，不能以自身係立法部之議員，即思將立法部之權預爲加重。（2）國會爲人民代表，設不稱職，自宜訴之於全國國民，待最後之判決。（3）行政部有解散權，則國會之不信任權不致任意行使。（4）如僅許衆議院有不信任投票權，而不許大總統有解散權，則政府終無保障，欲冀政治良善，必不可得。提付表決時，反對贊成均不足法定人數，此案遂無結果。惟草案七十五條所規定者，其弊亦有足言者：第一、大總統解散衆議院須經參議院同意。然衆議院之多數黨，大半爲參議院之多數黨，既爲同黨，必不能同意。且須得參議院列席議員三分之二以上之同意，則雖有過半數之參議員贊成政府之主張者，亦不能同意。同意既若是其難，則解散之目的自不能達，何如不規定之爲愈。第二、同意之權較解散之權爲強有力，使衆議院而顧慮參議院之同意，必事事苟合參議院之主張，甚且政府必欲解散衆議院，則必用種種方法或手段，以求參議院之同意，如賄買一事，即在所不免，如此流弊滋多。參議院之設立，原所以調劑衆議院與行政部之衝突，如此反失其作用矣。

第六節　草案中憲法之修正與解釋

草案規定國會得爲憲法修正之提議，但有下列兩種制限：

（一）憲法修正之發議，非兩院各有列席員三分之二以上之同意，不得成立（一百零九條第一項。）

（二）兩院議員非有各本院議員總額四分之一以上之連署，不得爲修正憲法之提議（一百零九條第二項。）

關於憲法修改之議決機關，爲「憲法會議」（一百十條）惟「國體不得爲修正之議題」（一百十一條）此則對於修改之範圍所設定之限制。造憲者之所以設爲此種規定，乃在維持政治制度之勢力，蓋剛性憲法之原則也。憲法會議既爲修改憲法之機關，乃由國會議員組織，非有議員三分之二以上列席，不得開會。非列席員四分之三以上之同意，不得議決（第一百十三條）惟憲法會議議決之範圍，是否以曾經認爲應行修改者爲限，草案中無明白之規定。

又起草憲法時關於憲法之解釋，頗多爭論，要而言之，約分四說：（一）主張由國會解釋者，（二）主張由憲法會議解釋者。（三）主張由國務審判院解釋者。（四）主張由法院解釋者。王寵惠氏主張第四說最力，草案卒從第二說，而規定：「憲法有疑義時，由憲法會議解釋之。」當時起草委員所持之理由有三：（見草憲便覽第十三頁）

惟考草案規定「憲法會議」爲憲法修正及解釋之機關，而「憲法會議」又爲兩院議員聯合組織而成，實即國會之本身也。又同草案第九十四條規定：「法律與憲法抵觸者無效。」是法律之效力遠不及於憲法，而其是否違憲法須待憲法會議之解決，亦即必待兩院出席總員三分之二之出席及出席員四分之三之同意，然後始能解決。惟一切尋常法律，既經國會之通過，其於兩院自各有過半數議員之擁護，今若欲於該國會任期內，以四分之三之大多數之同意，以自行使用憲法解釋權，以推翻該項法律，事實上自不可能。故以憲法解釋權還諸造法機關，形式上雖似合理，實際上未見完滿。

第十一章　袁世凱解散國會

第一節　袁氏獨裁與國會行政監督權

袁氏就任正式大總統之後，積極發展其獨裁政治之企圖，對於行將制定之正式憲法最深慮者有二（一）大總統任免國務員有無得國會同意之必要。（二）大總統對於國會有無解散權。袁氏表示憲法中非此二項決定，無論內閣制或總統制，於實際政治不能按步進行。考過去民國之立法，皆着重於立法之行政監督權。如臨時政府組織大綱第四條之規定：「臨時大總統得參議院之同意，有宣戰、媾和及締結條約之權。」及第五條：「臨時大總統得參議院之同意，有任命各部部長及派遣外交專使之權。」此雖於大總統權限加以十分之限制，但對大總統彈劾權，並無何等規定。其後，南京參議院所制定之臨時約法，規定臨時參議院對於大總統及國務員有彈劾權（臨時約法第十九條）則臨時大總統對於國會，當然享有解散國會權。實則臨時約法上不獨大總統無解散國會權之規定，而臨時參議院對於大總統監督之規定，尤爲嚴重。如第三十三條「臨時大總統得制定官制、官規，但須提交參議院議決」第三十四條「臨時大總統任免文武職員，但任命國務員及外交大使、公使，須得參議院之同意。」及第三十五條「臨時大總統經參議院之同意，得宣戰、媾和及締結條約。」第四十條「臨時大總統得宣告大赦、特赦、復權，但大赦須經參議院同意。」因此之故，臨時政府時代，內閣會三度解組，每一閣員任命，必求國會同意；議員復多方留難，故袁氏在臨時政府時代，已極感國會牽制之苦，是以今日以全力與國民黨之議員抗，非要求閣員同意權撤廢，及取得國會解散權，誓不達到目的不止。時國民黨及其他反對政府黨，對此二點，尤固執之，不稍讓步。黨中鉅子王寵惠氏且擬依憲法草案，編制國民黨之憲法，其中關於立法之行政監督權者，規定尤爲峻嚴。其主要者有：（一）對於大總統副總統之謀叛行爲彈劾權。（二）對國務總理自由選定之權及大總統提出國務員同意權。（三）彈劾或審判、判決大總統副總統之權（參議院）。（四）高級文官彈劾權。（五）判決高級文官之權（參議院）。（六）彈劾高級文官之罷免及官吏資格永遠褫奪宣告權。依上項各條觀之，國會之權能更大。當時憲法起草委員會中國民黨及反對政府黨又佔多數，遂使袁氏深感不安，寢假而有袁氏以武力干憲之舉動，繼之而有取消國民黨籍議員之命令，更進而解散國會，造成民國立法史上最黑暗之時期。

第二節　袁氏約法增修大綱之提出

民國二年十月袁氏就任大總統後，即於是月十六日提出增修約法案。其咨國會文曰：

查臨時約法，原爲臨時政府而設，自公布施行以來，於茲已二十閱月矣。其於國家之根本組織，固係因約法施行之結果，而粗具規模，然於國家之政治刷新，要亦因約法施行之結果，而橫生障礙。綜計臨時期內，政府左支右絀，於上國民疾首蹙額於下，而關於內治外交諸大問題，利害卒以相懸，得失僅以相等。馴至國勢日削，政務日隳，而我四萬萬同胞之憔悴於水深火熱之中者，且日甚。凡此種種，無一非緣約法之束縛馳驟而來，昨今兩年，各省行政長官之所慷慨建議，各政團之所反復研求，各報紙之所朝夕鼓吹，大率主張以修改約法一端，爲國家救亡之上策。其時本大總統衡量事變，默察現情，非不知輿論集矢約法，幾於異口同聲，顧遲遲未敢附和此議者，誠以民國肇造，大局未寧，設竟猝以增修約法爲請，在熱心改良政治者，固能諒提案之苦衷，而蓄意傾覆國家者，或將以提案爲藉口。是以百方隱忍，無論任用國務員之如何困難，任用外交公使之如何困難，制定官制、官規之如何困難，締結條約之如何困難，以及發布保持公安、防禦災患各命令，暨有緊急之需用，而欲爲臨時財政處分之如何困難，本大總統俱不惜以一身當困難事實之衝；所有竭蹶情形，諒爲國民所共見。夫以吾國幅員之廣漠，人口之衆多，交通之隔絕，革命而還，元氣凋喪，欲持急起直追之策，以謀閭閻一日之安，縱遇事假以便宜，猶恐有所未逮，何況臨時約法限制過苛，因而前參議員干涉太甚，卽無內憂外患之交迫，必且窮年累月莫爲功。此稍知吾國內情者，亦能悉其病根之所以發生，而亟思有以挽救之者也。本年四月，國會成立，方冀憲法之制定，不久可以告成，約法之施行，爲期當屬無幾。本大總統年來棘地荆天之痛苦，或可於臨時政府之將終，隨我國民洪水猛獸之奇災以俱澹。乃國會常會期滿，憲法猝難議行，而先舉總統，後定憲法之議一倡，不旬日間，隨有國民選舉會之出現。本大總統衰朽無能，又承國民推重，謬膺中華民國第一次正式大總統之寄，繼續而爲公僕，揆諸救民之素志，固亦不敢告勞。惟查憲法會議議定之大總統職權，在憲法未制定以前，暫依臨時約法關於臨時大總統之規定等語。推立法者特設此項附則之意，不過以爲大總統之職權，在國法上須有一定。目前憲法尚未產出，暫依約法規定本大總統亦認爲必要，而不敢非難，然而臨時約法之良否，究爲政治良否之所關。本大總統證以二十閱月之經驗，凡從約法上所生障礙，均有種種事實可憑。竊謂正式政府之所以別於臨時政府者，非第有一正式之大總統，遂可爲中華民國國際上之美觀而已也。必其政治刷新，確有以饜足吾民之望，而後可以收拾亂極思治之人心。顧政治之能刷新與否，必自增修約法始。蓋約法上行政首長之職任不完，則事實上總攬政務之統一無望。故本大總統之愚，以爲臨時約法第四章，關於大總統職權各規定，適用於臨時大總統之一人一身，又何難以補苴彌縫之術，相與周旋，無如我國民喁喁望治之殷，且各挾其身命財產之重，以求保障於藐躬。本大總統一人一身之受束縛於約法，直不啻胥吾四萬萬同胞之身命財產之重，同受束縛於約法。本大總統無狀尸位，以至今日，萬萬不敢再博維持約法之虛名，致我國民之哀哀無告者，且身受施行約法之實禍。查臨時約法第五十五條所定，大總統有提議增修約法之權，茲特於受任伊始，將約法內應行增加修正之處，彙提一增修案，並逐條附具理由，俾資討論。除約法公布在前，按照後頒法律，須即酌加修正者，如各條內之臨時字樣，應請刪除，參議院字樣應請改爲國會字樣，暨其餘事實業已變更，應刪除各條各項，由國會併案議決外，相應將提出增修約法案，另繕清單，咨行貴院查照，事關緊急，並希從速議決見覆可也。

至袁氏提出增修約法案之內容，大致分應行修正者三條，應行增加者二條。關於應行修正者：

（一）約法「第三十三條　臨時大總統得制定官制官規，但須提交參議院議決。」

擬修正爲「大總統制定官制官規。」其理由則謂「查官制官規，各國中雖間有許議院參與者，然以專屬於元首職權者居大多數，蓋官制官規有隨時改良之性質，交院議決，反有妨行政之敏活，況吾國版圖較廣，政務復繁交通尤極不便必一一提交院議，頗屬窒礙難行，且亦曠廢時日。況革命而後各省自爲風氣，易轍改弦，動須考求實際，方可見諸施行，而因革損益要非多方試驗，不能衡量財力因地因時，故制定之權宜在總統，若慮政府設官之濫，國會尚可於預算中裁節之，不患無防弊之道也。

(二)約法「第三十四條　臨時大總統得任免文武官職，但任命國務員及外交大使須得參議員之同意」擬修正爲「大總統任免文武職員。」其理由則謂「查國務員同意權，不容於內閣制之國。惟大總統制之美國，始有此規定，然美國元老院本含有二種性質，其一爲國會性質，其一爲參事院性質，元老院乃以參事院之資格同意之，非以國會之資格同意之也。此在稍研究美國憲法者，類能言之，況美國歷史上，絕無不同意之事實，既成一種習慣，是已名存實亡。故中美、南美後起各國，不能如美國之善於運用，必明認國務員之任命，屬於總統特權，而法、葡諸國，無論矣。蓋採此制之弊有二：一、國會既有彈劾權於後，自可不必有同意權於先，苟一一與以同意，反輕國務總理之責任。二、國中上流人物，爲保持名譽，多不願投身政界，蓋一經國會不同意，於其個人之身分不無稍損。然此猶其小者，去歲以來，內閣更迭，俱緣黨見，一切庶政，不能進行，幾使國家常陷於無政府之地位，而閣員進退，爲一黨勢力所把持，未始非同意權階之厲也。若夫外交大使之須得議院同意，其弊亦與國務員同，況外交使節時有須商諸駐劄國者，若經議院同意，則束縛馳驟，未易得人，因而國交之間，難期圓滿。況乎事實上不可能之窒礙，尤莫如國會閉會以後之缺員，召集臨時議會，動需數月，豈能使政府及使節無人懸缺以待同意。要之此二者不政廢除，則賢智者裹足，躁妄者競進，非國家前途之福也。

(三)約法「第三十五條 臨時大總統經參議院之同意，得宣戰、媾和及締結條約。」擬修正爲「大總統宣戰、媾和及締結條約。」其理由則謂「查外交貴祕密，貴神速，苟結約經院議，則祕密固無可守，神速尤不可能，事機一失，悔不可追，甚或因甲乙兩院意思不合，至使外交愈形棘手。徵諸假約之已事，至爲可危，自當依照衛國辦法，事屬總統職權，至宣戰媾和事同一例，決策之期，間不容髮，亦以歸於總統，庶於發展國力，折衝國際，有莫大之利益也。」

此三條修正外，復擬於約法第四十條下增加兩條：

(一)大總統爲保持公安，防御災患，於國會閉會時，得制定與法律同效力之教令。

前項教令，於次期國會開會十日內，須提出於院求其承認。

(二)大總統爲保持公法，防御災患，有緊急之需用，而不及着急國會時，得以教令爲臨時財政處分。

前項處分，至次期國會開會十日內，須提出於議院求其承諾。

同時又咨憲法會議爭憲法公布權，其咨文略謂：大總統選舉法，憲法會議議決之後，即日由會議公布。袁世凱以爲如此辦法，與臨時約法即國會組織法規定不符。咨憲法會議文雲：大總統爲咨行事，查臨時約法第十九條內載參議院之職權，一議決一切法律案，又第五十九條內載中華民國之憲法由國會制定，又第二十二條內載，參議院議決事件咨由臨時大總統公布施行；又第三十條內載，臨時大總統公布法律各等語。凡此規定，均屬前參議院在約法議決法律及制定憲法之職權範圍。民國議會成立以來，依國會組織法第十四條之規定，民國憲法未定以前，臨時約法所定參議院之職權，爲民國議會之職權，則民國議會無論係議決法律事件，抑係制定憲法事件，皆應以臨時約法暨國會組織法所定程序爲準，實無絲毫疑義。乃本年十月五日，准憲法會議咨開，大總統選舉法案，業於十月四日經本會議議決宣布，並公決送登政府公報，爲此鈔錄全案咨達大總統，即希查照飭登等因前來。本大總統當以民國議會前經議決先舉總統，後定憲法，係爲奠定民國國基起見，本月四日憲法會議議決，大總統選舉法案，來咨雖僅止聲明議決宣布，並公決送登政府公報等語，顯與臨時約法暨國會組織法規定不符。然以目前大局情形而論，內變外患紛至沓來，友邦承認問題，又率以正式總統之選舉能否舉行爲斷，是以接准來咨，未便過以臨時約法暨國會組織法相繩。因即查照來咨，命令國務院飭局照登。惟此項咨達飭登之辦法，既與約法上之國家立法程序，大相違反，若長此緘默不言，不惟使民國議會蒙破壞約法之嫌，抑恐令全國國民啓弁髦約法之漸。此則本大總統於憲法會議之來咨，認爲於現行法律及立法先例，俱有未宜，不敢不掬誠以相告者也。查民國立法程序，約法暨國會組織法，定有明文，一爲提案，二爲議決，三爲公布，斷未有但經提案議決，而不經公布可以成爲法律者。大總統選舉法案若爲法律之一種，則依據臨時約法第二十二條、第三十條之規定，當然應由大總統公布。若爲憲法之一部，則依據臨時約法第五十四條之規定，雖應由民國議會制定，然制定權行使之範圍，仍應以國會組織法第二十條、第二十一條所規定者爲標準；斷不能於國會組織法第二十條之起草權，及第二十一條之議定權以外，而侵及於臨時約法第二十二條，及第三十條之公布權。是來咨所稱之宣布既爲臨時約法暨國會組織法規定所無，而又未別經議決公布一種法律賦予憲法會議以此項宣布權，乃竟貿然行使，其蔑視本大總統之職權關係猶小，其故違民國根本之約法影響實鉅。本大總統此次飭局照登，設我國民起而責以放棄職權之咎，雖百喙莫辭，而我最高立法機關乃置現行約法及國會組織法於不顧，竟使本大總統不得不出於放棄職權一途，恐亦非代表國民公意者所應出此也。況民國肇造二年於茲，憲法未施行以前，約法之效力與憲法等。民國元年，前參議院議決臨時約法時，業於是年三月十一日咨送臨時大總統公布有案，而臨時約法第五十六條並定有本約法自公布之日施行各明文。夫與憲法效力相等之約法，既經前參議院議決咨送大總統公布於前，則依照民國立法之先例，無論此次議定之大總統選舉法案或將來議定之憲法案，斷無不經大總統公布而遽可以施行之理。總之，民國議會對於民國憲法案，只有起草權及議定權，實無所謂宣布權，此爲國會組織法所規定，鐵案如山，萬難任意搖動。此項大總統選舉法案，既爲憲法案之一部分，若執臨時約法上之制定爲詞，卽謂制定云者，可包宣布在內，是必國會組織法無第二十條及第二十一條起草及議定之專條而後可，否則憲法會議對大總統選舉法案，除起草議定以外，絕不能踰躐及於臨時約法第二十二條暨第三十條之公布權，然此猶得曰臨時約法與國會組織法先後規定有歧出也。查臨時約法稱制定者凡二：一曰臨時大總統得制定官制官規，一曰中華民國之憲法由國會制定。若謂國會對於憲法案之制定權，兼提案議決宣布三者而有之，則大總統對於官制官規之制定權，亦必兼提案議決宣布三者而後可。顧何以大總統之制定權須受本條但書之拘束，而國會之制定權，不受本法各條條文之拘束乎？可知民國立法程序，約法本有一貫之精神，大總統而侵及國會之議決權，固為約法所不許，國會而侵及大總統之公布權，亦為約法所不容。本月五日准咨大總統咨送法案，本大總統雖經咨覆來咨飭局照登，然不過出於一時委曲求全之苦衷。而國家立法，各有定程；以如此重要之法案，所有公布手續，竟不依與憲法效力相等之臨時約法暨國會組織法辦理。竊恐此端一開，今日民國議會之造權既可以自由軼出於約法規定範圍以外，而獨欲以遵守約法者責政府，服從約法者責國民，固失情理之平，尤非民國前途之福。況覽來咨所稱飭登之大總統選舉法案是否即應依照約法公布施行之規定辦理，將來兩院會合制定憲法案應否依照國會組織法第二十條、第二十一條之規定，以起草議決為限，事關立法權限，應隨時諮詢國會，從速答覆，相應咨行貴會查照，依法辦理可也。此咨憲法會議。

當時國會議員二次革命失敗，離京者日多，不能開會，在京議員有主張速將憲法全部議定，不必增修約法，近於畫蛇添足。且此時憲法草案在委員會中已將次付三讀會，對於此次增修約法案置之不議。對於袁氏爭憲法公布權之咨文，亦不覆。袁氏對於憲法意思上之表示，完全未為國會所容納，而增修約法之事遂無從實現。

第三節　各省地方長官反對憲法草案

袁氏提出增修約法案之條文，即為其對於憲法之意思，既為國會所不容；其後派員出席陳述意見之舉，又遭起草委員會拒絕。袁氏至此，已知國會非用非常手段所能制服。乃於二年十月二十五日通電各省軍民長官，逐條研究，欲以各省軍人為離援，以威迫國會，俾屈服於武力之下。原電列左：

（一）黎副總統各省都督民政長等均鑒：制定憲法，關係民國存亡，應如何審議精詳，力求完善。乃國民黨人，破壞者多，始則託名政黨，為虎作倀，危害國家，顛覆政府，事實具在，無可諱言。此次憲法起草委員會，該黨議員居其多數。閱其所擬憲法草案，妨害國家者甚多，特舉其最要者，先約略言之。立憲精神，以分權為原則，臨時政府一年以內，內閣三易，屢陷於無政府地位，皆誤於議會之有國務員同意權。此必須廢除者。今草案第十一條，國務總理之任命，須經眾議院同意，第四十三條，眾議院對於國務員得為不信任之決議時，須免其職云云；比較臨時約法，弊害尤甚。各部總長雖准自由任命，然彈劾之外，又入不信任投票一條；必使各部行政，事事仰承意旨，否則國務員即不違法，議員喜怒任意，可投不信任之票。眾議院員數五百九十六人，以過半數列席計之，但有一百九十人表決，即應免職，是國務員隨時可以推翻，行政權全在眾議員少數人之手，直成為國會專制矣。自愛有為之士，其孰肯投身政界乎？各部各省行政之事務，範圍甚廣，行政官依其施行之法，均得有適當之處分，今草案第八十七條，法院依法律受理民事刑事行政及其他一切訴訟云云。今不按遵約法另設平政院，使行政訴訟亦隸法院，行政官無行政處分之權，法院得握行政官之肘，立憲政體固如是乎？國會閉會期間，設國會委員會，美國兩院規則內有之，然憲法並無明文。今草案第五章規定，國會委員會由參眾兩院選出四十人共同組織之，會議以委員三分之二以上列席，列席三分之二以上同意決之，而其規定職權：一咨請召集國會臨時會，一閉會期內國務總理出缺時，任命署理須委員同意，一發布緊急命令須經委員議決，一財政緊急處分須經委員議決；此不特侵奪政府應有之特權，而僅僅四十委員但得二十餘人之列席與十八人之同意，使可操縱一切，試問能否代表兩院意見？以少數人專制多數人，此尤蔑侮立法之甚者也。文武官吏大總統有任命之權，今草案第一百八、九兩條，審計院以參議院選舉之，審計院長由審計員互舉之云云，審計員專以議員組織，則政府編制預算之權，亦同虛設，而審計又用事前監督，政府直無運用之餘地。國家歲入歲出，對於國會有預算之提交，決算之報告，既予以監督之權，豈宜干預層層束縛，以掣政府之肘？綜其流弊，將使行政一部，僅爲國會附屬品，直是消滅行政獨立之權。近來各省省議會掣肘行政，已成習慣，倘再令照國會專制辦法，將盡天下文武官吏，皆附屬於百十議員之下，是無政府也。値此建設時代，內亂外患，險象環生，各行政官力負責任，急起直追，猶虞不及，若反消滅行政一部獨立之權，勢非亡國滅種不止。此種草案，以有人主持於前，自必有人構成於後，設非藉此以遂其破壞傾覆之謀，何至於國勢民情，夢夢若是？徵諸人民心理，既不謂然，即各國法律家亦多訾駁。本大總統忝受付託之重，堅持保國救民之宗旨，確見及此等違背共和政體之憲法，影響於國家治亂興亡者極大，何敢緘默不言？臨時約法臨時大總統有提議修改約法之權，又美國議定憲法時，華盛頓充獨立殖民地代表第二聯合會議議長，雖寡所提議，而國民三十萬人出衆議員一人之規定，實華盛頓所主張。法國制定憲法時，馬賽馬洪被選爲正式大總統，命外務大臣布羅利向國民會議提出憲法案，即爲法國現行之原案。此法、美兩國第一任大總統與聞憲法之事，具有先例可援，用特派員前赴國會，陳述意見，以期盡我保國救民之微忱。草案內謬點甚多，一面已約集中外法家公同討論，仍當隨時續告。各該文武長官，同爲國民一分子，且各負保衛治安之責，對於國家根本大法，利害與共，亦未便知而不言。務望逐條研究，共抒讜論，於電到五日內，迅速條陳電復以憑採擇。大總統有印。

(二)武昌黎副總統、各省都督、民政長、並轉將軍、都統、鎮守使：本大總統以制定憲法，關係民國存亡，亟應先就全國文武行政長官廣集意見，以求國家根本大法之獲臻良善，曾於有電將憲法草案中最爲荒謬有害之第四十一、四十三第五章第五十一至五十五第八十三、八十七第一百八、一百九等條電告在案。現查該起草委員會所定憲法草案違背法理國情者尚多，該起草委員等於開二讀三讀會時，不惟不與修正改良，反較初次草案，變本加厲，茲再摘其草案中謬誤條文，爲第二次之通告。如第二十二條參議院以法定最高級地方議會，及其他選舉團體選出之參議員組織之云云；按參議員由最高級地方議會選舉，本爲聯邦國特例，與中國國情相悖，本此以定地方制度，無異以憲法造成聯邦，大足妨害中央統一。又第二十六條兩院議員不得兼任文武官吏，但國務員不在此限云云；按起草員所以規定此條但書者，無非欲以議員專占國務員之職，爲實行國會專攬政權之計，必使國務員盡出於議員而後已。合觀第八十及八十二條可知非議員而受任國務員者，必難安於其位，政府進退，全在一黨人之手，而行政機關之獨立，掃地盡矣。又第四十一條衆議院認大總統副總統有謀叛行爲時，得以議員總額三分二以上之列席，列席員三分二以上之同意彈劾之。第四十二條衆議院認國務員有違法行爲時，得以列席員三分二以上之同意彈劾之。第四十四條參議院審判被彈劾之大總統副總統及國務員，第二項前項審判，非以列席員三分二以上之同意，不得判決爲有罪或違法，第四項判決國務員違法時，應黜其職，並得奪其公權，如有餘罪，付法院審判之云云；按臨時約法於彈劾案之審判權，則委之最高法院，茲則既由議院彈劾，復由議院審判，無異以原告爲問官，列名又由其認定，而其同意人數，比約法則大行減少，凡皆所以達其容易推倒政府之目的，不爲國本定計。其第四十四條第四項同並行政任免及司法審判權檢察權而統行之，是國家惟此立法權一項，爲能獨立無限耳。第六十四條大總統爲執行法律或依法律之委任，得發布命令云云；按約法大總統有制定官制官規之權，此消除之，而於此條文中隱含有官制官規爲普通法律之解，則行政機關之組織及職權之運用，無復敏活之餘地矣。第六十五條大總統爲維持公共治安，防禦非常災患時機緊急不能召集國會時，經國會委員會之議決，得以國務員連帶責任，發布與法律有同等效力之教令，第二項前項教令，須於次期國會開會後七日內，請求追認，國會否認時，即失其效力；按緊急教令權，爲維持國家必不可缺者，今既曰緊急，又待議決，既經議決，又須國務員連帶責任，與事實相違，於法理不貫，名予大總統以此權，而實操諸委員會少數議員之掌握，何取乎憲法有此規定哉？第六十七條第二項海陸軍之編制，以法律定之；按軍事貴祕密，不能隨時宣布，軍學爲專門，勢難盡人通曉，今其編制，必以法律定之，是昧乎軍事性質，將來必不適用。軍事爲國家強弱存亡之大本，豈國會議員所能編定合宜之制典？第七十一條大總統依法律得宣布戒嚴，但國會或國會委員會認爲不必要時，應即解嚴云云；照此規定，是國會有自由解嚴之權，則宣布戒嚴全歸無效，而軍隊進退，亦可操之立法機關矣。第七十六條大總統除叛逆外非解職後不受刑事上之訴究云云；按共和國通例，大總統除叛逆外，不負刑事上責任，今規定解職後可以訴究，其流弊無窮。綜觀全文，比照約法，皆變本加厲，而憲法之提案修正及解釋統納入國會權力範圍之中；行政機關無復裁量之餘地。況責政府以進行而又束縛惟恐其不至，故削大總統及政府之威信，使對內對外均無保其獨立之精神，而爲國會之役使，夫何足以當國民委託之重寄，而維持國家之安全？且一經成立，永無提議改正之希望，前途危險，不可思議。各文武長官同膺行政之任，自當各舉經驗所得，逐條研求，發攄意見，以供參考。茲將重要條文先行電達，其草案全文已經排印，續即分寄。大總統支印。

袁氏通電發出後，各省都督、民政長、鎮守使、護軍使，紛紛覆電響應。二十九日皖督倪嗣沖電首指陳起草委員會所議草案之背謬，原電略謂：

查立憲制度各國通行，西儒稱憲法爲國家根本法，蓋言其重要也。各國通儒碩學，當國家制定憲法時，莫不原本法理，徵考歷史，斟酌損益，適合國情，如法，如美，及其他小共和國之憲法，縱無疑異，而置國家如磐石之安。觀憲法起草委員會所議決之草案，對於行政權一方面，箝制夠務，殆無餘地。甚至於國會閉會後之重要問題，對於國務員之任命，國會委員會十餘人得否決之，是行政一舉一動，操縱於少數人之手，議會專制，至於此極，政務之進行何可言也。國家日陷於無政府地位。夫立憲之尊貴乎立法、司法、行政三權各有權限，各盡職務，不偏不倚，悉協中庸，人民在三權分立之下，得自由活動，如此國家既得保存，又能發達。今不此之圖，皇皇然以束縛政府爲先務，行政權奴隸於立法權、司法權之下，遂惹起一般輿論所謂憲法起草委員會，仍係國民黨人所主持，其破壞行爲，未得志於南方，今又肆毒憲法，又謂得志南方，糜爛一時，肆毒憲法，永遠受害。此種議論，誠爲危險。夫國民黨之破壞主義，足以危害國家，荼毒生靈，前車可鑒，豈非明徵？議院諸公，同是國民分子，同負國家責任，duly 應該度時局，力求挽救，以期消患未萌。以鄙人之見，此次憲法草案，關於行政權各條，務宜殫心研究，詳加修改，政府克盡其力，不至束手束足，寸步難行，乃正當辦法。如仍主張破壞，挾持己見，堅定不移，是以區區數十之起草委員爲違反國家之公意者，國家之蟊賊也。南北未統一，列國未承認以前，大總統對於蟊賊，已以兵力解決之。今南北已統一，列國已承認，以後大總統對於蟊賊，或曲意優容，爲四百兆人民國家前途計，勢必以起草委員之故，激動擧國紛爭，或意外之變，而憲法永無成之日，國家有傾覆之虞，亡國滅種，在於目前。言念及此，痛心至極。國璋等鑒於大局之危迫，痛人心之淪亡，甚願國步平和，勿生禍變，不揣固陋，特進忠言，尙望貴院轉達該會，俯納芻蕘，不勝企禱云云。

三十日更由蘇督張勳領銜，請解散國民黨以定國本。其原電云：

憲法草案，係國民黨人所主持，有賀長雄云，三權分立，行政權剝奪已盡，臨時政府該黨孫、黃等搗亂，未能進行，幸國會成立，喁喁望治，然四月期滿，院法未成，期過始行議決。中外責備爲國會不名譽之詞，歲俸數千元，自由議決法案，不顧國情，國民皆謂何不究其病根。去年選擧時期，國民黨以寧、皖、湘、粵、贛之民脂民膏，分投賄賞，威迫利誘，衆目昭彰，故陳其美、居正、田桐之徒，遂佔多數，卒釀成第二次革命。事起，該黨議員或親臨戰地、或密與陰謀，幸大亂削平，叛徒席捲逋逃，野心未死。國民黨員，四散奔走，復集京師，若不掃除，勢必捲土重來。今憲法草案，該黨主張奇謬，破壞三權鼎立原則，縱大總統含容，國民之痛苦甚大。勳與國鈞受命南來，目擊人民受禍之慘狀，追痛前事，近頃皆謂該黨黨魁既犯內亂罪，該黨議員不明順逆，恃黨爲挾持擧動，當然失去人民代表資格，非從速剷除該黨，以定國本，則顯違人民之心理。應請大總統速發命令，將該黨本支部一律解散，並嚴誡兩院，毋令一黨專橫，以害全局。一面察看該黨國會議員，如迹涉嫌疑者，卽依法究治，以伸國憲，而斷禍根云云。

自張、馮等電發布後，一時各省紛紛覆電，達數十百通。此項電文當然爲袁氏製造輿論之一種手段，意在使國人漸漸惡棄國會，而爲後來解散國會之張本耳。

第四節　解散國民黨與議員資格之褫奪

各省都督、民政長、鎭守使、師長、旅長等既紛紛通電，主張解散國民黨，撤銷國民黨議員，撤銷草案，解散起草委員會，一時形勢險惡，此時政黨已呈日暮途窮之慨。二次革命之後，熊希齡出組內閣，國民黨系之穩健派，胥捐前嫌與進步黨提攜，進步黨亦感兩黨提攜之必要，故遇事頗能和衷共濟。袁氏睹此情形，恐將不利於己之政策，乃囑其祕書長梁士詒別組御用黨以壓抑之。梁氏乃集合與彼自來接近之議員同志會、潛社、集益社諸小政團，於二年九月十八日合組爲公民黨，於十月六日包圍議場，威迫議員投票三次，選舉袁氏爲大總統（見第九章第三節。）同時，國民黨員張耀曾、谷鍾秀、孫潤宇、沈鈞儒等思久隸國民黨恐遭意外，不若及早脫黨，以免後患，遂脫國民黨籍，與進步派之脫黨黨員李國珍、藍公武、丁世嶧、汪彭年、劉崇佑等相結合，組織民憲黨，時在民國二年十月二十一日，距袁氏下解散國民黨令僅十數日耳。當時國民黨中有持解散舊黨，而悉合併於民憲新黨之論者；有主張不忍拋棄有光榮之國民黨名義者，爭論結果，卒依吳景濂、李肇甫諸人之主張，維持舊黨之名而與憲政黨聯絡。際茲末路時期，政黨之分野不外以公民黨與民憲黨之對抗而已。

國民黨與民憲黨合作而完成憲法草案，於二年十月三十日草案三讀會終了，十一月三日提出憲法會議，袁氏至此，已無可奈何，乃取破壞憲草之斷然手段，首先解散國民黨。於十一月四日即下解散國民黨追繳國民黨國會議員證書徽章令，茲述其要言於下：

「查獲亂黨首魁李烈鈞等，與亂黨議員徐秀鈞等，往來稟密、鴻密各電數十件，本大總統逐加披閱，殊駭深。此次內亂，該國民黨本部與國民黨國會議員潛相構煽，李烈鈞、黃興等乃敢據地稱兵，蹂躪及於東南各省，我國民身命財產，橫遭屠掠，種種慘酷情形，事後追思，猶覺心悸，而推原禍始，實屬罪有所歸。綜該逆等往來密電，其爲國民所痛心疾首者，厥有數端：

一　李逆烈鈞聯合江蘇、安徽、江西、廣東、福建、廣西、湖南七省，結攻守同盟，是顯以民國政府爲敵國。

二　中央派兵駐鄂，純爲保護地方起見，乃該各電內稱國民黨本部，對於此舉極爲注意，已派員與黃興接洽，並電李烈鈞速防要塞，以備對待，是顯以民國國軍爲敵兵。

三　該各電既促李逆烈鈞以先發制人機不可失，並稱黃聯寧、皖，孫聯桂、粵，等爲根據，速立政府，是顯欲破壞民國統一而不恤。

四　該各電既謂內訌迭起，外人出而調停，南北分據，指日可定，是顯欲引起列強之干涉而後快。

凡此亂謀，該逆電內均有與該黨本部接洽及該黨議員一致進行，並意見相同各等語。勾結既固，於是李逆烈鈞先後接濟該黨本部鉅款，動輒數萬，復特別津貼該黨國會議員以厚資，是該黨黨員及該黨議員，但知構亂以便其私，早已置國家危亡國民痛苦於度外，亂國殘民，於斯爲極。本大總統受國民付託之重，既據發現該國民黨本部與該黨議員勾結爲亂各種情形，爲挽救國家之危亡，減輕國民之痛苦計，應飭北京警備地域司令官，迅將該國民黨京師本部立予解散。仍通行各戒嚴地域司令官、各省都督民政長，轉飭各該地方警察廳長及該管地方官，凡國民黨所設機關，不拘爲支部、分部、交通部及其他名稱，凡現未解散者限令到三日內，一律勒令解散。嗣後再有以國民黨名義發布印刷物品、公開演說，或秘密集會者，均屬亂黨，應即一體拿辦，毋稍寬縱。至該國民黨國會議員既受李烈鈞等特別津貼之款爲數甚多，原電又有李逆烈鈞一致進行之約。似此陽竊建設國家之高位，陰預傾覆國家之亂謀，實已自行取消其國會組織法上所稱之議員資格，若聽其長此假借名義，誠恐生心好亂者有觸即發，共和前途之危險，寧可勝言！況若輩早不以法律上之合格議員相待，應飭該警備司令官督飭京師警察廳查明自江西湖口地方倡亂之日起，凡國會議員之隸籍該國民黨者，一律追繳議員證書徽章。一面由內務總長從速令各該選舉總監督暨選舉監督，分別查明本屆合法之參議院衆議院議員候補當選人，如額遞補，務使我莊嚴神聖之國會，不再爲助長內亂者所挾持，以期鞏固真正之共和，宣達真正之民意。該黨以外之議員，熱誠愛國者素不乏人，當知去害羣即所以扶持正氣，決不致懷疑觀望，稍爲附和，以自蹈包庇亂黨之嫌。該國民黨議員等回籍以後，但能痛除自新，不與亂黨爲緣，則參政之日月，仍屬甚長，共和之幸福，不難共享也云云。」

同日更宣布取消各省議會國民黨籍議員通令云：

「查各省會議員隸籍國民黨者，本不乏人，前曾由各該省議會分推代表，組織省會聯合會，於五月間，挾衆赴滬，歷次開會，通電中外，反對借款，闘亂黨首魁李烈鈞免官令下，更敢藉詞通電，假借名義，鼓煽風潮，是省會聯合會組織既已違法，舉動尤屬助亂，實為地方人民公議所難容。且國民黨支分各部之勢力，早已潛滋暗長。於國會省會選舉時期，則籍隸該黨之省會議員，當亦與之互相勾結，密預亂謀。查李逆烈鈞等來往逆電，有本黨現處極險地位，省會聯合會宜督促進行，若有人指揮，或可矯正一二等語。統察暴徒等之陰謀，一面利用中央議會，一面復欲利用地方議會，無非為攘權構亂之私。若不及早廓清，誠恐地方高級議事機關，長為亂黨所利用，影響大局，為害實多。除廣東、江西、湖南等省議會附和獨立，業經飭令解散，另行選舉外，仰各都督民政長，迅即查明自江西湖口地方倡亂之日起，所有省議會議員籍隸國民黨者，一律追繳議員證書。一面查明本屆省議會議員之合格候補當選人，如額遞補，以清政本而遏亂萌云云。」

袁氏解散國民黨最大理由在憲法問題。在憲法起草委員會起草之憲法草案，最為袁氏所不滿者，計有：(一)第二十二條參議院之組織。(二)第二十六條議員得兼國務員。(三)第四十一條衆議員之總統副總統彈劾權。(四)第四十二條衆議院之國務員彈劾權。(五)第四十三條衆議院之國務員不信任權。(六)第四十四條參議院之審判權及免黜權。(七)第五十一條至五十四條國會委員會。(八)第六十四條總統之官制官規制定權刪除。(九)第六十五條緊急命令之國會委員會議決權。(十)第六十七條陸海之編制以法律定之。(十一)第七十一條國會或國會委員會解散權。(十二)第七十六條總統解職後之訴追。(十三)第八十條關於國務總理任命衆議院同意權。(十四)第八十六條法院之行政訴訟審判權。(十五)第一百七條審計院之參議院選舉權。(十六)第一百八條審計院之院長互選權。故袁氏先將國民黨議員資格取消，為以武力解散國會之第一步。蓋國會議員被褫奪資格者達百六十餘人，使國會不足法定人數，事實上已無開會之可能。

自此令發表後，國會乃於七日開兩院聯合談話會，議決兩院議長先見大總統，協議國會維持策。兩院議長即日覲見袁氏，袁謂今次之事頗關重大，政府深加調查，然後決行云。並由王、湯兩議長提出三項辦法：(一)江西起亂以前脫離國民黨，曾登報聲明者，恢復其議員資格。(二)其他反對江西之亂，發表書狀電文等證據明瞭者，恢復議員資格。(三)加入他黨，其入黨名簿記載其姓名者，不以國民黨目之。之後由袁氏提交國務會議，國務員以辦法調查困難，卒被否決。於是國會惟有趨於消滅之一途。十一日憲草委員會先自行集會，議決停會，憲法草案歸於流產。十三日國會召集殘餘議員百八十名，擬議結果，終止議事，並議決向政府提出質問書，由丁世嶧、黃雲鵬起草。茲錄兩院質問書如左：

(一)參議院議員提出質問書云：中國以數千年君主專制之國，不旬月而國建共和，政取立憲，揆之國情民度，固未必盡適合也。深識者亦恆竊竊焉之顧憂之，仍皆慎審將事，黽勉維係者，良以建國於列強搶攘之秋，變政於民生凋敝之後，一之為甚，何堪再摘？今之民主立憲，固不盡可以圖存；而不民主不立憲，則其亡可立而待，所以舉國人士矢志一致，勉赴前途，而不敢輕言其他者此也。迺者，政府發號施令，往往逸出法律範圍，與人民以借口。而議員代表國民，督政立法，又未能盡愜於人心，政局蕩搖，百事遲滯，此誠危急存亡之秋，舉棋不定，亂即隨之。所幸邦本奠定，約法猶存，三權分立機關粗備，雖作事未能悉如人意，而國民更事既多，二年以來，忍而安之，舉無異議，此以見民情之向背，而人心之無反對也。佀使政府與國會依法循分，併力建設，則自今以往，國是大定，憲法告成，納民軌物，即不忍謀長治久安之道，顧國利民之日。乃不意事出非常，變生意外，前月四日，政府忽有追繳議員證書徽章之命令，並以暴力禁阻議員到院，其數多至四百餘人，令下之日，舉國惶駭，人心騷動，兩院至因此不足法定人數，一月以來，不得開會。此事與民國國體政體，有莫大關係，大總統令出府中，用意或別有所在，而法有明文，國務員輔弼總統列名副署，於此命令，不能不負責任。玆謹依約法第十九條第九款，議院法第四十條，限政府三日內答覆。立憲國家，立法行政，各有專司，而行政權力，能直接發動，立法機關雖代表人民，恐未必事事悉如政府意旨，即難保不遭行政權之壓迫，以此之故，各國皆於憲法及院法規定保護議員之專條。我國仿此，故於約法第二十五條規定議員院內言論及表決，對院外不負責任，更於議院法第八條規定，惟院內得審查議員資格之合法與否，第七十八條七十九條規定，懲戒事件必付審查，經院議決定，方能除名，非有所私於議員，蓋所以防院外勢力之侵入，保護其言論身體之自由，俾得完全執行其職務也。今約法未廢，院法施行，政府擅以命令取消議員，果依何種法律，此需明白答覆者一也。在政府以為所取消者，係國民黨黨籍之議員，而國民黨則與謀亂有關，不知黨中有少數謀亂之分子，即可牽及於其黨，而既對於機關下處分，則非其個人別有謀亂關係，即不能同時並及黨員，而況其為議員乎？且法貴持平，罪需有證，政府若認該黨議員另有謀亂關係，則依約法第二十六條，本可執行逮捕，送交審判，取證定罪，政府行政之權，固自施行裕如，議院決不曲庇亂黨，自干罪戾。今政府不依法逮捕此項議員，在法不能認為與內亂有關，而乃追繳其證書徽章，以暴力禁阻其到院，政府此種行動，何所取法？有何根據？此項議員究竟為罪之有無？此須明白答覆者二也。尤可怪者，政府以命令取消議員，至使議會不足法定人數，不能開會，乃又令內務總長，從速行令各該選舉總監督、選舉監督，分別查取本屆合法之參衆兩院議員候補當選人，如額遞補，是政府認此項被追繳證書徽章被禁阻到院之議員，其資格爲已消滅。不知議員資格之消滅，除死亡及辭職得許可者外，其他除名一端，無論爲由於院外判決爲有罪之結果，或由於院內之懲戒處分，依議院法第七十八條，皆必要經院議決定，議長宣告，其議員之遞補，又必依議院法第十三條，議員有缺額時，由院通知國務院，依議員選舉法，以各該候補當選人遞補之。今此項被命令取消之議員，既未經院內除名之手續，法律上決難認爲議員出缺，政府未得兩院通知傳來之候補議員，亦決無從爲如額之遞補。議院法，前經大總統公布施行，政府與國會皆應遵守。國會而承認被命令取消之議員爲資格消滅，承認候補議員之可以遞補，加入會議，國會爲違法；政府不經院議決定，以命令除議員之名，並令非法之候補者如額遞補，是否爲合法？此須明白答覆者三也。政府既以命令取消議員，而又不明其爲有罪無罪，且直認爲資格消滅，令候補者遞補，是雖爲對於議員之問題，然此令若可以有效，則今後無論議員犯罪與否，政府皆可隨時隨意以命令取消，又皆可隨時隨意令候補者遞補，則約法、院法，不啻一齊破壞。今兩院因暴力干涉，不足法定人數，不能開會已一月於茲矣。議案山積，不能整理；憲法草成，不得開議；中俄條約簽押，不得與聞；大政方針宣布，不得過問；議員被取消者，被暴力禁阻，不能到院；候補當選人，不合法不能遞補；機關雖在，開會無日。政府如以爲民國猶應有國會也，其速取消前令，彼此猶可相見以法律；若以爲有國會掣政府之肘，不便大政方針之實行，則政體如何，無關存亡，非法之下，無爲不當，政府儘可爲所欲爲，以圖快意，乃計不出此，既以非法使議會永無開會之日，又畏首畏尾，不願居破壞國會之名，究竟奚所取義？是何居心？此需明白答覆者四也。議員等被選舉而來，幸不在取消之列，欲執行職務，而開會不能，欲引咎辭職，而自問無罪，約法猶在，政體未更，誠不知計所從出？又不欲政府之用意，終無以明白表示於全國也，故提出質問書，惟政府其依限答覆。

（二）衆議院議員提出質問書云：民國不能一日無國會，國會議員不能由政府取消，此世界共和國之通義，立憲政治之大經也。近閱報載，大總統十一月四日命令解散國民黨，並追繳隸籍該黨國會議員證書徽章。夫該黨本部，與南方亂黨勾結，政府依法律委任，以行政命令解散不法之結社，凡我國民，無不認爲正當。獨是國民黨與隸籍國民黨之議員，在法律本屬兩事，其處分自不能從同。假令議員而與亂黨通謀，確有證據，勿論隸何黨籍，均得按法懲治，否則確與亂事無涉，即隸國民黨籍，亦不能牽連取消。蓋黨自黨而議員自議員，二者性質不侔，即不能並爲一談。查議院法第八條，議員於國會後發現不合資格之疑義時，各院議員得陳請本院審查，由院議決選舉十三人，組織特別委員會審查之。據此，議員資格之疑義，其審查權屬之兩院，院法規定，彰彰可證。今政府以隸籍國民黨之議員，爲不以法律上合格之議員自居爲理由，豈非以政府而審查議員資格，侵害國會法定之權限乎？至於追繳證書徽章，直以命令取消議員，細按約法，大總統無此特權，不識政府毅然出此，根據何種法律？此不能不懷疑者一也。十一月四日命令之結果，國民黨議員被取消者三百餘人，次日又追加百餘人，遂過議員總額之半，兩院均不能開會。議員中已早脫該黨黨籍，改入他黨，或素稱穩健，曾通電反對贛亂者，亦一同取消。政府確爲懲治內亂嫌疑耶？則應檢查證據，分別提交法院審判，不得以概括辦法，良莠不分，令國會人數不足，使不蒙解散之名，而受解散之實也。近復報紙紛傳，政府將組織行政委員會，修改國會組織法，改組國會。此種傳說，是否屬實，姑不具論，究竟政府方針，對於民國是否有國會之必要？對於國會，是否以法律爲正當之解決？此不能不懷疑者二也。議員等對於國民黨，素深惡絕，當南方無事，政府敷衍偉人之時，於彼破壞主張，無不嚴厲攻擊，及湖口亂起，天下震動，亦曾連名通電，聲罪致討。今政府以去害羣扶正氣爲前題，實與議員等素志符合，惟其去之之方，是否合法？扶之之道，是否誠心？羣懷疑慮，勢難緘默。茲依議院法第四十條，提出質問，應請政府於三日內明白答覆。

此項質問書提出後，直至十二月二十三日始由內閣總理熊希齡覆書云：逕啓者，接准參議院咨開，查議院法第九章質問，第四十條議員質問政府時，得以二十八以上之連署，提出質問書，由各院轉咨政府，限期答覆，茲據本院議員張其密等，依法提出關於政府以命令取消議員資格致兩院不足法定人數，不能開會質問書一件，相應咨達貴院查照，務希於三日內答覆；復准衆議院咨開，議院法第四十條，議員質問政府時，得以二十八以上之連署，提出質問，由各院轉咨政府，限期答覆等語，茲由本院議員鄧鎔怡等一百九十四人，提出關於追繳國民黨議員證書徽章質問書一件，相應咨請大總統查照，卽希政府答覆各等因到院。查議院法第四十條，提出質問書之規定，係根於約法第十九條，暨國會組織法第十四條之規定而來，質而言之，議院質問權之行使，應以約法暨國會組織法爲主，議院法爲從，蓋一則屬於根本法之性質，一則屬於普通法之性質，以普通法之規定，補充根本法之所無則可；以普通法之規定，變更根本法之所本有則不可。依約法第十九條，暨國會組織法第十四條之規定，質問權爲議院職權之一，非議員職權之一，其義甚明。故質問權之行使，無論議院法有如何連署之規定，雖不必經由院議公決，要不能不經由議院提出。是以議員迭次依議院法而提出質問書，均於議院有國會組織法第十五條所定總議員過半數之出席，得以開議時，由議長於開議日期報告文件之際，提出報告。此執行國會組織法暨議院法之通例，實爲兩院現所行爲斷，未有不經此項手續而可濫行質問者也。茲來咨既稱兩院不足法定人數，不能開會，則議院所有之質問權，當然因不能開會之結果，而不能提出。若謂議院法第四十條之規定，僅以二十八以上之連署爲限，此外均屬自由，則必本條無提出由院轉咨之明文，而後可。本條既明明規定提出質問書，應由各院轉咨矣，則議院法所稱之各院，應卽爲國會組織法第二條所稱各議員組織之院，暨第三條所稱各議員組織之院。該兩條所稱之院，欲行使約法第十九條，國會組織法第十四條之質問權，其質問書應於有國會組織法第十五條總議員過半數之出席，得以開議時提出，蓋法稱質問書，係規定提出於各院，非規定提出於各議長也。若不於此時提出，則不能以不足所使議院職權之各院，率行轉咨。此爲約法、國會組織法、議院法相互間之精神所寄，未便以不能開會之少數議員，而可意爲出入於其間也。查兩院議長，業於十一月十三日以兩院議員不足法定人數，不能開議，不得已於十一月十四日起，停發議事日程等語，通告有案。此次質問書之提出，在議院議長通告停發議事日程之後。既已停發議事日程，何能提出質問書？且查當日提出質問書之情形，係發生於兩院現有議員之談話會。以法律規定所無之談話會，而提出屬於法律上議院職權之質問書，實爲約法、國會組織法、議院法規定，明未特許。政府爲尊重國會起見，對於不足法定人數之議員，非法所提出之質問書，應不負法律上答覆之義務，惟查各該質問書於追繳隸籍國民黨議員證書徽章及內務總長分別查取本屆合法候補當選人如額遞補各節，不無所疑，不能不略爲說明，以免誤會。查十一月四日大總統命令，曾聲明此舉係爲挽救國家之危亡，減輕國民之痛苦起見，並將詳細情形，布告國民。蓋以議員多數，而務爲構成內亂之舉，係屬變出非常，不特議院法未規定處理明文，卽各國亦無此先例。大總統於危急存亡之秋，爲拯溺救焚之計，是非心跡昭然天壤，事關國家治亂，何能執常例以相繩？所以令下之日，據東南各省都督民政長來電，均謂市民歡呼，額手相慶；一辦法令行各省依法辦理；議員鄧鎔怡等所稱對於民國是否有國會之必要，尤屬因誤滋疑。總之前奉大總統議員張其密等所稱舉國惶駭，人心騷動，係屬危言聳聽，殊乖情實。且現已由內務總長核定調查候補當選人畫命令，業已鄭重聲明，務使我莊嚴神聖之國會，不再爲助長內亂者所挾持，以期鞏固眞正之共和，宜達眞正之民意等因。各議員果能深體此意，懷疑之點，當能釋然。除函達衆議院議長外，相應函請貴議長轉達貴院現有各議員查照可也。此致參議院議長。中華民國二年十二月二十三日熊希齡。

是日更由參議院議長王家襄，衆議院議長湯化龍，會銜發出停止議事之通告云：敬啓者，因本月四日大總統命令之結果，兩院議員中爲警察收繳證書徽章者多至四百六十餘人，兩院雖欲開會，然不能得法定之議員數，爰定自十一月十三日起，暫行中止議事。自是民國惟一之立法機關，歸於停閉矣。

第五節　政治會議之召集與國會議員停止令

袁氏既解散國民黨，參衆兩院議員資格多被褫奪，國會已無開會之可能。袁氏乃於二年十一月二十六日頒令召集行政會議，後又改爲政治會議，以爲政府惟一之諮詢機關。其召集行政會議之令文云：「共和精意在集衆思，廣衆益，以謀國利民福，期於實事求是。現在正式政府已經成立，本大總統督同國務員，業將大政方針，次第議決，但建設之始，萬端待理，關於根本大計，討論尤爲精詳，前經電令各省舉派人員來京特開行政會議，以免內外隔閡，俾得共濟時艱。現各省所派人員，不得齊集，應再由國務總理舉派二人，各部總長每部舉派一人，法官二人，蒙藏事務局酌量舉派數人，本大總統特派李經義、梁敦彥、樊增祥、蔡鍔、寶熙、馬良、楊度、趙惟熙合組政治會議機關，務各竭所知，共襄郅治，奠邦基於磐石，以慰全國喁喁待治之心，本大總統有厚望焉。」此項行政會議之召集，爲袁氏消滅國會之階梯，進行帝制自爲之初步。行政會議由委員八十人組織之，此項委員之成分，可分爲五：（一）各省代表，每省二人計四十四人。（二）國務總理代表二人。（三）各部代表，每部一人，計十八人。（四）蒙、藏代表各八人，計十六人。（五）總統府代表八人。委員之資格：（一）年齡三十五歲以上。（二）有十年以上之政治經驗。（三）品學兼優，明晰世界大勢。至會議之權限規定有二：（一）關於民國之建設，以議決政治問題爲範圍。（二）關於行政上振興革新事項，應政府之諮詢，得議決之。自是北京各部院即依令選派委員，不久各省長選派人員，亦先後到京，政治會議遂組織成功。惟此會委員多係舊官僚，與前清之資政院實異曲而同工也。

是年十二月十五日各委員先赴總統府覲見，袁世凱在居仁堂當衆宣布訓辭。下午各議員齊集北海團城子之承先殿，舉行開會式。以李經義爲議長，張國淦爲副議長。此會議之性質，可於李氏之答辭中見之。

「政治會議爲一種特別組織，大總統之所以召集本會，在使全國邃於學識，富於經驗之人才，萃於一室，共謀國利民福。本席謬承議長之職，代表本會會員，深願本會遠覽世界之趨勢，近察吾國之國情，懲前毖後，圖謀補救，使政治日趨穩健，無復漂搖之虞。本日大總統訓辭，以共同救國爲言。而救國之道，則以扶植強有力之政府爲歸。茲當本會開幕，特爲宣言。深望本會發攄讜論，圖謀國事，以無負大總統召集本會之盛意焉。」

可知該會自始卽以秉承大總統之意旨議事，自期爲袁氏之御用機關也。

其時粵督龍濟光電請袁氏以政治會議代國會。黎元洪暨各省都督民政長等，以國會開會七閱月，無何等成績爲辭，聯電提議解散殘留之議員，其電文云：

「共和國家，以法治爲歸宿。當破壞之後，亟宜爲建設之謀。所有應行法治，千端萬緒，雖急起直追，猶恐不及。民國初創，以參議院爲立法機關，而成立年餘，制定法案，寥寥無幾，惟以黨爭聞於天下，適爲建議之障礙，決無進行之計劃。中外士庶，乃移易其渴望之心，屬諸國會，以爲國會旣成，必可將各項法治，依次制定。不意開會七閱月，糜帑數百萬，而立法一事，寂然無聞，欲僅如前參議院尙能立東鱗西爪之法而不可得。民國前途，豈堪久待？蓋因各議員被舉之初，別有來由，多非人民公意之所推定，謂爲代表，夫將誰欺？其有愛國思想，固不乏人，而爭權利，徇黨見，置國家存亡，人民死活於不顧者，反佔優勢。且人數過多，賢能自同寒蟬，不肖者如飲狂水，餘皆盲從朋附，烟霧障天。雖有善者，或徒喚奈何，寧與同盡。上下兩院，性質相同，無術調劑。因之立法成績，決無進步。中外援爲詬病，國家日益阽危。上無道揆，下無法守。賴我大總統以救國爲己任，毅然剛斷，將亂黨議員資格一律取銷，令候補當選人以次挨補。顧候補人員與前次人員資格相同，無論一時，斷難如額，即使如額，而八百餘人築室道謀，仍恐議論多而成功少。現在國本初定，重要法案何啻數百件？由今之道，以七閱月而未立一法，雖遲以百年，亦復何濟？而強鄰環伺，破產在即，豈從容高論之秋？成不自謀，必有起而代成者。欲不爲人之牛馬奴隸，何可得耶？元洪等行政人員，亦國民一分子。國固不存，身於何有？苟利於國，遑論其他。用敢聯名切懇大總統，終始以救國爲前提，萬不可拘文牽義，以各國長治久安之成式，施諸水深火熱之中華。歷考中外改革初期，以時勢造法律，不以法律強時勢。美爲共和模範，而開國之始，第一次憲法，即因束縛政府，不能有爲，遂有費拉德費亞會議修改之舉。是役也，全體會員，無不有政治之經驗。其會議之所決，多軼出原有憲法範圍以外，而自操制定憲法之全權。論者不詆爲違法。先例具在，可爲明徵。現在政治會議，已經召集，與美國往事由各洲推舉之例殊同。請大總統飭下國務院，諮詢各員以救國大計。若衆意咸同，則共和政體之精神，即可因茲發軔。即例以南京政府以十四省行政官代表之參議院，其完缺大相懸殊。正與華盛頓修正憲法若合一轍。元洪等承乏地方，深知人民心理，痛惡暴亂之議員。各國論調，亦極公允。我大總統何所顧忌而不爲之所？文明國議員，無論何黨，皆以扶持本國爲宗旨，斷無以破壞阻撓爲能事者。現在國民黨議員，悉經解散。其餘穩健議員，悉知自愛，聞已羞與噲伍，憤欲辭職。雖欲回絕，已屬無從。留此少數之人，既無成立之希望，應請大總統給資回籍，另候召集。各議員皆明達廉潔，決不戀戀於五千元歲俸，而浮沉不生不滅之間，以誤國家大計。狂夫之言，聖人擇焉。伏乞鑒核施行，民國幸甚。副總統兼領湖北都督黎元洪署湖北民政長呂調元。」

袁氏遂根據此電，諮詢政治會議，取決可否，以便實行。十二月二十九日政治會議第一次會議，將袁氏提交議案，次第討論呈覆。其中有所謂「救國大計諮詢案」者，即係關於遣散議員之提案。政治會議對此提案討論多時，卒迎合袁氏意旨，議決停止兩院職務，呈覆政府。袁氏遂據之於民國三年一月十日下令宣布停止國會議員職務，令云：

『本日政治會議呈覆救國大計諮詢一案，據稱前兼領湖北都督黎元洪等原電修正憲法一節，若指「約法」而言，應於諮詢增修「約法」程序案內另行議覆。其對於國會現有議員，給資回籍，另候召集一節，應請宣佈停止兩院現有議員職務，並聲明兩院現有議員，既與現行「國會組織法」第十五條所載總議員過半數之規定不符，應毋庸再爲現行「國會組織法」第二條暨第三條之組織。至如何給資之處，應由政府迅速籌畫施行。是否回籍，可聽其便，政府毋庸問及等語。本大總統詳加披閱，該會議議覆各節，與該前兼領湖北都督黎元洪等救國苦心，深相契合。原呈所陳大要，以爲非速改良國會之組織，無以勉符尊重國會之公心。洵屬度勢審時，正當辦法。查兩院現有議員，既與現行「國會組織法」第十五條所載總議員過半數之規定不符，應即依照政治會議議決，宣佈停止議員職務，毋庸再爲現行「國會組織法」第二條暨第三條之組織。所有民國議會，應候本大總統依照約法，另行召集。此次停止職務各議員，由國務總理財政總長迅將如何給資之處，籌畫施行。餘如該會議所陳辦理。至兩院現有議員，自宣布停止職務之日期，既均毋庸再爲「國會組織法」第二條暨第三條之組織，一應兩院事務，應由內務總長督飭籌備國會事務局分別妥籌辦法，免滋貽誤，以副本大總統尊重國會之初意。

此令。』

自是第一屆正式國會，遂遭解散。計第一屆國會自二年四月八日開幕，未及八月遽遭停閉，今則陷於無形解散，造成民國立法史上之一大汚點。十餘年中我國立法大業終於無成者，袁氏破壞立法，實屬之階也。

第六節 各省省議會之總解散

國會既已解散，自治亦歸停辦，各省省議會亦在動搖之中。袁氏猶慮各省省議會之同情於國會議員，而批判政府，鼓動國會反感，乃復於民國三年以解散各省省議會一案，提交政治會議，其提案原文略謂：

『省議會成立，瞬及一年，於應議政事，不審事機之得失，不究義理之是非，不權利害之輕重，不顧公家之成敗，惟知懷挾私意，一以黨見爲前提。甚至當湖口肇亂之際，創省會聯合會之名，以滬上爲中心，作南風之導火，轉相聯絡，煽動浮言，事實彰明，無可爲諱。有識者潔身遠去，謹願者緘默相安，議論紛紜，物情駭詫，而一省之政治，半破壞於冥冥之中。推求其故，蓋選舉之初，國民黨勢力實佔優勝，他黨與之角逐，一變而演成黨派之競爭。於是博取選民資格者，遂皆出於黨人，而不由於民選。雖其中富於學識，能持大體者固不乏人，而以擴張黨勢，攘奪權利爲宗旨，百計運動而成者，則比比皆是。根本既誤，結果不良。現自國民黨議員奉令取消以來，去者得避害馬敗羣之謗，留者仍蒙薰蕕同器之嫌，議會之聲譽一虧，萬衆之信仰全失。徵論缺額省分，當選遞補，調查備極繁難，卽令本年常會期間，議席均能足額，而推測人民心理，利國福民之希冀全墜空虛。一般輿論，僉謂地方議會非根本解決，收效無期。與其敷衍目前，不如暫行解散。所有各省省議會議員，似應一律停止職務，一面迅將組織方法，詳爲釐定，以便另行召集。請將所陳各節，發交政治委員會議決等語。該都督等所陳各節，自係實情，應如所請，交政治會議公同議決云云。」

政治會議奉文後，卽將原案提出大會，經衆討論結果，迎合袁氏意旨，實行解散，呈覆政府。袁氏據之，於二十八日通令全國，將各省省議會一律解散。令云：

「……僉以爲省會根本上之不應存在，法律事實，均有強固之理由。擬請將各省省議會一律解散，所有一切行政事宜，由各省行政長官力負完全責任，各省地方將來應否組織別種議事機關，應以地方制度如何規定爲衡。請俟制定地方制度時，通盤籌劃，折衷定制，以利推行。目前勿庸釐定組織方法，亦毋庸聲明另行召集，免涉駢枝等語。査該省會成立以來，或因地方事變，牽涉內亂嫌疑，或因黨派分爭，議事鮮有成效，竟有如該會議各省都督民政長之所陳者，應卽依照議決，將各該省省議會一律解散，各省行政長官須知本大總統係以刷新政治爲懷，初非蔑視地方輿論。該長官等責任既萃於一身，卽應免去因循敷衍之習。自是厥後，務於各地方吏治，閭閻疾苦，加意講求，下以救水火深熱之人民，上以扶風雨飄搖之國本。各該議員中不乏深明大義，熱心公益之員，該長官儘可隨時延訪諮詢，尤望桑梓敬恭，共謀樂利，本大總統有厚望焉。」

第十二章　約法會議與新約法

第一節　約法會議之組織及其成立

政治會議成立後，對於袁氏最大之貢獻除議決遣散剩餘議員，使國會無形解散外，即爲產生約法會議以製造新約法，加大大總統之職權，爲袁氏帝制自爲之第二步，進行以實行其中央集權之策略，而達到袁氏個人獨裁之目的。袁氏提出於政治會議之議案，除所謂「救國大計諮詢案」外，尙有「約法增修諮詢案」。袁氏提案之原文云：

「民國成立以來，斬荆披棘，瞬將二載，而建設之業尙處於困難，憔悴之民尙陷於水火，追原禍始，約法實爲厲階。査臨時約法，本爲臨時政府而設，當公布施行之日，本大總統市在臨時任內，明知約法之束縛馳驟於吾國，民情國勢，或有未宜。然默察主持約法者之用心，既欲以國爲孤注，本大總統若不忍辱負重，則煽動者愈有所藉詞，而國內和平，勢必牽擾大局危險，其何忍言。因是種種，故無論如何爲難，均不惜以一身竭蹶撑拄其間，但求於國民之有補。本年四月，國會成立，方冀憲法制定，可告成功，約法施行，爲期無幾。詎意輾轉五月有餘，乃有先舉總統後定憲法之議，本大總統旋承國民推重，被舉爲第一任正式大總統，繼續而爲公僕，揆諸救國素志，故亦未敢告勢。惟正式政府適用臨時約法，究於政治刷新大有妨礙，是以就任越日，卽經依照約法第五十五條提出增修約法案於民國議會，並於原咨聲明臨時約法之良否爲政治良否之所關，本大總統以二十閱月之經驗，凡從約法上所生障礙，均有種種事實可憑，茲特彙案增修，事關緊急，要求速議之件，始終未列入議事日程一次，以致約法上所特予大總統以增修之權，亦被無形蹂躪，嘗爲我國民聞之而痛心者也。現在對於兩院增修約法事件，勢難開議。昨據兼領湖北都督事黎元洪等電稱，歷考中外改革初期，以時勢造法律，不以法律強時勢，美爲共和模範，而開國之始，有費拉德費亞會議，修正憲法之舉，論者不詆爲違法，先例具在，可爲明徵，現在政治會議已經召集，與美國往事由各州縣推舉之例正同。該都督民政長等所請，實爲民國根本計劃起見，卽考諸輿論民意，亦鮮不以增修約法業有明文規定。但國會現狀，一時斷難集議，而建設進行，又屬刻不容緩。如荏苒坐誤，殊非本大總統救國福民之素志；然若權宜應急，尤非本大總統尊重約法之初意。躊躇再四，實乏術以濟其窮。至增修約法程序究應如何？用特諮詢政治會議，討論辦法云云。」

政治會議對此提案，經大會一再討論，以爲政治會議本身之來歷形式，不能負此重責，乃決議別設機關，呈覆政府，略謂：

「查臨時約法，成於南京臨時參議院，該院爲十四省所派代表組織而成。彼時兵事甫息，民意未伸，且起草各員，倉卒竣事，既不暇於中國民情國勢逐細考求，而於國家機關權限之分劃，又不免參以成見，故實行以來，障礙叢生，舉國詬病。大總統本兩年經驗之所得，爲增修約法之請求，而議會遲遲不議，以致凡百政務，均滯進行。今於政治會議開始之日，首舉增修約法程序，以相諮詢，無非爲國家謀久安長治之計。依臨時政府約法第五十五條之規定，大總統有提議增修約法之權。現在國事日棘，非刷新政治，無以救國家之危，非增修約法，無以立刷新政治之本。本會議以爲約法之應行增修，與增修案之得由大總統提出，揆之法理事實，均屬毫無疑義；本會議所當討論者，即係以何種機關議決此項增修案之問題。據臨時約法之規定，增修約法，係參議院之職權，參議院消滅，當然由國會承繼。今國會情形，既難開議，而將來召集，尙需時日。際茲百廢待舉之時，斷無因循坐誤之理。黎元洪原電引美國費拉德費亞會議往事爲證，謂此次政治會議，與美國往事相同，似隱以增修約法之責，屬之本會。查政治會議，由中央政府及各省各地方委員組織而成，雖人數較南京參議院爲多，組織較南京參議院爲備，而既爲政府之諮詢機關，即無參與增修根本法律之職責。本會議依據法理，參之時勢，僉以爲宜於現在諮詢機關及普通之立法機關以外，特設造法機關，以改造民國國家之根本法；既可示天下以尊重約法之意，且與該兼領都督等以時勢造法律之意相符。前此臨時參議院制定約法，即因組織粗疏，以致法行之後流弊茲多。當此千鈞一髮之時，一誤不容再誤。且有此一造法機關，將來約法修定以後，凡附屬於約法之各種重要法案，即可由其制定，庶不致國家要政，因此久懸。反覆思維，有利無害。本會議討論至再，全體議決，並希望此種造法機關，如果設立，應請召集各地方富於學識經驗，聲望素著之員，妥愼組織，以符尊重造法機關之本旨云。」

袁氏披閱覆文後，乃再令政治會議，議定所謂造法機關之組織，名曰約法會議。政治會議乃於三年一月二十四日，制定約法會議組織條例，二十六日，由袁氏公布全國，其主要之點即：

一、約法會議之職權，議決約法增修案，及附屬於約法之重要法案。

二、約法會議之組織，以左列各選舉會選出之議員組織之。

(1)京師選舉會四人（選舉監督內務總長）

(2)各省選舉會每省二人（選舉監督各省民政長）

(3)蒙、藏、青海聯合選舉會八人（選舉監督蒙藏事務局總裁）

(4)全國商會聯合會選舉會四人（選舉監督農商總長）

三、約法會議選舉人資格。(1)中華民國國籍年滿三十歲以上之男子。(2)曾任或現任官吏通達治術者。(3)曾由「舉人」出身，聲望素著者。(4)曾在高等專門以上學校三年以上畢業，科學有研究者。(5)有萬元以上之財產，熱心公益者。此外蒙、藏、青海以在京之王公、世爵、世職及其他殷實會員，通達治術或熱心公益者，有選舉資格。

四、約法會議被選舉人資格。(1)中華民國國籍年滿三十五歲之男子。(2)曾任高等官吏在職五年以上，成績確著者。(3)曾在中外國專門以上學校學習法律政治三年以上者，或兼「舉人」以上出身習學法律政治確有心得者。(4)碩學通儒富於專門著述確於實用者。

五、約法會議設議長副議長各一人，由議員互選之。

自此項組織條例於三年一月二十六日由政府公布後，二十九日公布約法會議議員選舉程序，施行細則，內務部公布後，即設籌備約法會議事務處，將選舉事宜，次第籌備。旋由各選舉監督報告各當選人均依法選出，復經議員資格審定會審定合格，發給證書，計有議員六十名，政府乃頒令，著於本年（即三年）三月十八日舉行約法會議開會式，推議員中之最年長者馬良氏為臨時主席，選舉孫毓筠為正議長，施愚副之。袁氏惟一造法機關之約法會議自是始告成立。

第二節　臨時約法修正之公布

約法會議既宣告成立，袁氏乃於三月二十四日提出增修臨時約法案咨交約法會議，其咨文中有云：『為目前建設國家計，根本法上關係宜有二種時期，蓋增修約法為一時期，質言之，則施行約法為一時期，而施行憲法當別為一時期也。增修約法與施行約法既應別為一時期，則第一要義之所在，當知施行約法為國家開創時代以來之所有事，即與施行憲法為國家守成時代之所有事者截然不同。』至袁氏提議「增修約法大綱」凡七項大要為：

一、外交大權　外交大權，絕對歸統於總統，『臨時約法』第三十五條所謂：『臨時大總統經參議院之同意，得宣戰、媾和及締結條約』之規定，改為不須參議院或國會之同意。

二、官制官規制定權及官吏任命權　『臨時約法』第三十三條：『臨時大總統得制定官制官規但須提交參議院議決』，又第三十四條：『臨時大總統任免文武職官但任命國務員及外交大使、公使須得參議院之同意，』此兩條之但書須削除之。

三、總統制　削除「臨時約法」第四十三條之「國務總理及各總長，均稱國務員」及第四十四條之「國務員輔佐臨時大總統負其責」等規定，不置國務總理，如美國制度大總統親自負責以行國家之重要政治各部總長均直隸於大總統。總長之責任，以各部行政之範圍爲限。

四、憲法改正權　「臨時約法」第五十四條：「中華民國之憲法，由國會制定。憲法未施行以前，本「約法」之效力與憲法等」之規定，改爲：「憲法由國會以外之憲法會議制定，大總統公布之。重要憲法改正權歸於大總統。」

五、人民之權利　關於人民之權利，其褫奪回復等，以得由大總統自由行之程度，制定新法規。

六、緊急命令　國會閉會時，爲保持公安防壓災害得發布與法律有同等效力之教令；但次期國會開會時，須於十日以內提出於國會，得其承認。

七、緊急處分　臨時緊急爲公安維持，災害預防，無暇召集國會時，得以教令爲臨時財政處分；但次期國會開會之際，以得其承認爲必要。

約法會議遂於四月二十三日開審查委員會，對於袁氏提案大綱細加研究，經數度審查至二十二日，審查會具報告書，提出大會，其報告書略謂：

「臨時約法施行二年之久，其最不完備之點，在立法行政兩機關勢力之不平均，換言之，卽國會權限過重，政府被束縛極甚，遂致弊害百出，一切政務不能進行。昨年參議院不通過國務員，一時國家陷於無政府之狀態，卽其一例。夫謀一國之強，必建設強有力之政府，而政府非得自由活動，不能強國，政府得自由，自無陷人民於水火之咎。依臨時約法第五十五條，關於約法增修之規定，政府現有提議修改之必要，國家前途及人民幸福上，修改約法亦目前之急務，原案七項悉要改修，本審查會一致表決贊成。』

於是約法會議卽開會討論，審查報告成立之後，復由議長依照議事規則，指任議員施愚、顧鼇、黎淵、程樹德、鄧鎔、王世澂、夏壽田等七人爲起草員。旋由袁氏又咨開擬將清室優待條件增入約法，確定效力等因，亦經開會討論，決定併案起草。草案提出後，約法會議當將中華民國「約法」增修案提交大會討論，大體決定，仍付審查。經迭次詳細審查，分別修正具書報告，計已議定袁世凱之中華民國約法全文，都十章共六十八條，於四月二十二日一讀會終了，二十五日二讀會終結，二十九日開三讀會，卽於是日全體議決，隨繕具經過情形，約法全文曁修正條文理由書，呈報政府，於五月一日由袁氏公布。茲將全文列左：

第一章　國家

第一條　中華民國由中華人民組織之

第二條　中華民國之主權本於國民之全體

第三條　中華民國之領土依從前帝國所有之疆域

第二章　人民

第四條　中華民國人民無種族階級宗教之區別法律上均爲平等

第五條　人民享有左列各款之自由權

一　人民之身體非依法律不得逮捕拘禁審問處罰

一　人民之家宅非依法律不得侵入或搜索

一　人民於法律範圍內有保有財產及營業之自由

一　人民於法律範圍內有言語著作刊行及集會結社之自由

一　人民於法律範圍內有書信祕密之自由

一　人民於法律範圍內有居住遷徙之自由

一　人民於法律範圍內有信教之自由

第六條　人民依法律所定有請願於立法院之權

第七條　人民依法律所定有訴訟於法院之權

第八條　人民依法律所定有訴願於行政官署及陳訴於平政院之權

第九條　人民依法律所定有應任官考試及從事公務之權

第十條　人民依法律所定有選舉及被選舉權

第十一條　人民依法律所定有納稅之義務

第十二條　人民依法律所定有服兵役之義務

第十三條　本章之規定與陸海軍法令及紀律不相抵觸者軍人適用之

第三章　大總統

第十四條　大總統為國之元首總攬統制權

第十五條　大總統代表中華民國

第十六條　大總統對於國民之全體負責任

第十七條　大總統召集立法院宣告開會閉會停會

大總統經參政院之同意得解散立法院但須自解散之日起六個月以內選舉新議員並召集之

第十八條　大總統提出法律案及預算案於立法院

第十九條　大總統為增進公益或執行法律或基於法律之委任發布命令並得使發布之但不得以命令變更法律

第二十條　大總統為維持公安或防禦非常災害事機緊急不能召集立法院時經參政院之同意得發布與法律有同等效力之教令但須於次期立法院開會之始請求追認前項教令立法院否認時嗣後即失其效力

第二十一條　大總統制定官制官規

大總統任免文武職官

第二十二條　大總統宣戰媾和

第二十三條　大總統為海陸軍大元帥統率全國海陸軍

大總統定海陸軍之編制及兵額

第二十四條　大總統接受外國大使公使

第二十五條　大總統締結條約但變更領土或增加人民負擔之條約須經立法院之同意

第二十六條　大總統依法律宣告戒嚴

第二十七條　大總統頒給爵位勳章及其他榮典

第二十八條　大總統宣告大赦特赦減刑復權但大赦須經立法院之同意

第二十九條　大總統因故去職或不能視事時副總統代行其職權

第四章　立法

第三十條　立法以人民選舉之議員組織立法院行之

立法院之組織及議員選舉方法由約法會議議決之

第三十一條　立法院之職權如左

一、議決法律

二、議決預算

三、議決或承諾關於公債募集及國庫負擔之條件

四、答覆大總統諮詢事件

五、收受人民請願事件

六、提出法律案

七、提出關於法律及其他事件之意見建議於大總統

八、提出關於政治上疑義要求大總統答覆但大總統認爲須祕密者得不答覆之

九、對於大總統有謀叛行爲時以總議員五分四以上之出席出席議員四分三以上之可決提起彈劾之訴訟於大理院

前項第一款至第八款及第二十條第二十五條第二十八條第五十五條第五十七條事件其表決以出席議員過半數之同意行之

第三十二條　立法院每年召集之會期以四個月爲限但大總統認爲必要時得延長其會期並得於閉會期內召集臨時會

第三十三條　立法院之會議須公開之但經大總統之要求或出席議員過半數之可決時得祕密之

第三十四條　立法院議決之法律案由大總統公布施行

立法院議決之法律案大總統否認時得聲明理由交院覆議如立法院出席議員三分二以上仍執前議

而大總統認爲於內治外交有重大危害或執行有重大障礙時經參政院之同意得不公布之

第三十五條　立法院議長副議長由議員互選之以得票過投票總數之半者爲當選

第三十六條　立法院議員於院內之言語及表決對於院外不負責任

第三十七條　立法院議員除現行犯關於內亂外患之犯罪外會期中非經立法院許可不得逮捕

第三十八條　立法院之法由立法院自定之

第五章　行政

第三十九條　行政以大總統爲元首置國務卿一人贊襄之

第四十條　行政事務置外交內務財政陸海軍司法教育農商交通各部分掌之

第四十一條　各部總長依法律命令執行主管行政事務

第四十二條　國務卿各部總長及特派員代表大總統出席立法院發言

第四十三條　國務卿各部總長有違法行爲時受肅政廳之糾彈及平政院之審理

第六章　司法

第四十四條　司法以大總統任命之法官組織法院行之

法院編制及法官之資格以法律定之

第四十五條　法院依法律獨立審判民事訴訟刑事訴訟但關於行政訴訟及其他特別訴訟各依其本法

之規定行之

第四十六條　大理院對於第三十一條第九款之彈劾事件其審判程序別以法律定之

第四十七條　法院之審判須公開之但認爲有妨害安寧秩序或良善風俗者得祕密之

第四十八條　法官在任中不得減俸或轉職非依法律受刑罰之宣告或應免職之懲戒處分不得解職

懲戒條規以法律定之

第七章　參政院

第四十九條　應大總統之諮詢審議重要政務

參政院組織由約法會議議決之

第八章　會計

第五十條　新課租稅及變更稅率以法律定之

現行稅租未經法律變更者仍舊徵收

第五十一條　國家歲出歲入每年度依立法院所議決之預算行之

第五十二條　因特別事件得於預算內預定年限設繼續費

第五十三條　爲備預算不足或於預算以外之支出須於預算內設預備費

第五十四條　左列各項支出非經大總統之同意不得廢除或裁減之

一　法律上屬於國家之義務者

一　法律上之規定所必需者

一　履行條約所必需者

一　海陸軍編制所必需者

第五十五條　爲國際戰爭或戡定內亂及其他非常事變不能召集立法院時大總統經參政院之同意得爲財政緊急處分但須於次期立法院開會之始請求追認

第五十六條　預算不成立時執行前年度預算會計年度既開始預算尚未議定時亦同

第五十七條　國家歲出歲入之決算每年經審計院審定後由大總統提出報告書於立法院請求承認

第五十八條　審計院之編制由約法會議議決之

第九章　制定憲法程序

第五十九條　中華民國憲法案由憲法起草委員會起草憲法起草委員會以參政院所推舉之委員組織之其人數以十名爲限

第六十條　中華民國憲法案經參政院審定之

第六十一條　中華民國憲法案經參政院審定後由大總統提出於國民會議決定之國民會議之組織由約法會議議決之

第六十二條　國民會議由大總統召集並解散之

第六十三條　中華民國憲法由大總統公布之

第十章　附則

第六十四條　中華民國憲法未施行以前本約法之效力與憲法等約法施行前之現行法令與本約法不相抵觸者保有其效力

第六十五條　中華民國元年二月十二日所宣布之大清皇帝辭位後優待條件清皇族待遇條件滿、蒙、回、藏各族待遇條件永不變更其效力

其與待遇條件有關係之蒙古待遇條例仍繼續保有其效力非依法律不得變更之

第六十六條　本約法由立法院議員三分二以上或大總統提議增修經立法院議員五分四以上之出席出席議員四分三以上之可決時由大總統召集約法會議增修之

第六十七條　立法院未成立以前以參政院代行其職權

第六十八條　本約法自公布之日施行民國元年三月十一日公布之臨時約法於本約法施行之日廢止

第三節　新約法主要之點

袁世凱頒行之約法，即世所稱之「新約法，」較舊「約法」增改頗多。此約法內容之規定，無不完全依據前

述大綱，大體皆容納袁氏之提議。自此約法成立，所有民國元年之臨時約法，元年國會組織法，二年衆議院議員選舉法與參議院議員選舉法遂俱被毀滅。新約法之產生，係根據袁氏私人之意旨，毫無民意之表現，在法律上本無存在之價值，惟因實際上此約法自民國三年五月一日由袁氏公布，至民國四年十二月十二日袁氏下令稱帝之時，始行廢止，故在事實上已施行有效期間爲一年又七月，在民國立法史亦占有一頁之事實。其內容有值得吾人檢討者，約有五點：

（一）總統權大肆擴張，立法權及行政監督權極力縮小，此爲新約法惟一之目的，與舊約法之精神完全相反。新約法雜採美國、日本、歐洲大陸各國憲法中最偏重行政之條文，再加以別出心裁獨自創作之集權制度，以實行「一人政治」主義。茲摘錄袁氏顧問古德諾（F. J. Goodnow）氏之言，以見此項極端之元首制用意之所在。古氏謂「凡用內閣制之國，其人民於代議制度已早有數十百年之經驗，而中國固無此也。且用內閣制之國，多係君主國，其用此制者，蓋以世襲之君主常不負責，故必得一負責任之內閣，而中國又非其例也。新約法給予政府之權，有遠過於美國者，惟中國習慣本重行政，不重立法，今在除舊更新之始，人心未定，故不可暫存舊制而偏重行政之權。」

（二）廢責任內閣制，採用總統制，總統之下仿美制設「國務卿」一人，以贊襄總統（新約法第三十九條），國務卿及各部部長，俱由總統自由任免，不依立法機關之信任或不信任爲進退。總統除得自由任免文武職官之外，復有對外宣戰、媾和、及締結條約、及全國海陸軍之統率兵額及編制之規定，皆有莫大之權力（新約法第二十一至二十五條）。對於國會議決之法律案，大總統否認時，得聲明理由，交院覆議，如立法院出席議員三分之二以上仍執前議，而大總統認爲於內治外交有重大危害，或執行有重大障礙時，經參政院之同意，得不公布之（新約法第三十四條。）是總統亦幾有立法之否決權。此外總統得經參政院之同意，隨時解散國會（第十七條。）據新約法第十九條規定「大總統爲增進公益、或執行法律或基於法律之委任發布命令並得使發布之，但不得以命令變更法律」第二十條，「大總統爲維持治安或防禦非常災害事機緊急不能召集立法院時，經參政院之同意，得發布與法律有同等效力之敎令，但須於次期立法院開會之始請求追認。」是大總統已擁有極大之立法權。大總統權限已擴至極大，實卽爲袁氏帝制自爲之階梯也。

(三)新約法上立法機關採一院制，定名爲「立法院。」立法院之職權，採有限主權主義，所謂「有限主權主義」者，卽國會之權力，悉基於憲法，國會之動作，皆以憲法所定爲範圍，採用此制者，以前多爲君主國。反之無限主權主義者，卽國會之權力，無一定之範圍，卽憲法所不明定者，亦其權之所及，並無不可議改之國法，民主國多採用此制，英、比等君主國亦屬之。故君主國採用有限主權主義者則有之，未聞民主國之國會，屬於有限主權者。今立法院之職權，既以新約法第二十條、第二十五條、第三十一條、第五十五條爲限，而增修約法及議決附屬約法之法律，其權屬於約法會議，制定憲法更非其所得預聞，是以民主國而採用有限主權主義。尤爲怪異者，卽新約法所定，立法院之開會無論通常臨時非大總統召集不得行之，此則大總統爲最高之機關，與君主國之君主，而國會之權力，幾微弱而至於無。民主國之最高機關，本在國會，而不在總統，今以民國之總統而握君主之實權，袁氏帝制自爲之心如此更昭然若揭矣。

（四）其尤爲奇特者，則立法院未成立以前以參議院代行其職權也。參政院在新約法上之性質，最耐人尋味。以副總統爲參政院院長，有類於美國之元老院院長副院長參政、悉由總統任命，應總統之諮詢，審議重要政務，有類於日本之樞密院。總統得參政院之同意，可以解散立法院，與法國之元老院相同；爲憲法之起草及審定，又與美國之憲法會議相彷彿。惟美、法元老院及憲法會議，皆爲民選代表，非政府委員。日本樞密院，雖由任命，然不能參與立法。通於彼卽戾於此，行政與立法二者之性質本不相容，故按其實際，又無一能適合。是以參政院之爲物，前無所昉，後無所脊，實民國之特例。質言之，卽總統任命議員組織之立法機關也。前清之籌備立憲也，其資政院之議員，由各省諮議局選出者達於半數，尙許多少民意之參加，而資政院告終，卽爲召集國會之準備。今由參政院遞嬗而立法院，再由立法院遞嬗而國會。彼之階級，不過一級，今則四級；彼之議員半欽命半民選，今則全由任命；是國體雖號共和，而人民之參政權，乃轉有可望不可卽之嘆！則新約法第二條所謂「中華民國之主權本於國民之全體」者，不知應作何解釋矣？

（五）行政與立法之關係，一言以蔽之，曰行政權特別擴大，而立法僅爲大總統之附屬機關。今試分別言之：

（一）新約法規定大總統對全體國民負責（第十六條）此襲用美制，以示行政元首不受國會之監督者也。然對人民負責之總統，必由人民選舉，乃一定不易之理。美之總統，卽由民選之「總統選舉員」選出，如有不稱者，滿任後人民不更選之，此人民唯一之問責方法也。而新約法中之總統，不由國民選舉，國民卽欲問責，將無從實施。（二）美國總統之責任，除由人民直接糾問外，代表人民之國會，亦得行使之。總統犯叛逆罪、收賄罪、及其他重輕罪，由代議院彈劾，元老院審判，元老院出席議員，苟有三分二以上之同意，得爲有罪之判決而褫其職，此美憲所明定者。今新約法第三十一條，立法院亦得彈劾總統，而彈劾事項，則祇限於謀叛行爲，視美之範圍寬廣者，大異。且彈劾之實行，須有總議員五分四以上之出席，出席議員四分三以上之可決（新約法第三十一條第九項）視之美國由下院彈劾，僅如普通議案之議決者更不同。又彈劾之受理爲大理院，屬於訴訟性質，大理院之法官，固受總統之監督，由總統任命而來也。以視美之委於人民選舉之元老院以行審判者又有不同。(三)美國國務員，雖對於總統負責，然必經元老院之同意，始得任命之，新約法廢去此等條件，完全委總統以大權，非立法院所能過問。又美國總統，無解散國會權，而新約法則規定大總統經諮詢機關之參政院同意，得解散立法院。(四)美國總統，不能提出法律案於國會，除以文書往復外，不得直接與國會交通，新約法則規定，總統不但得提出法律案，並能得國務卿各部總長及特派員爲代表出席立法院發言。(五)新約法對於總統之覆議權更爲有力。

凡此皆爲新約法主要之點，袁氏既公布此約法以後，無論在事實上形式上，皆已形成爲中國獨裁之元首。惟此新約法之產生，既於法律上諸多不妥；而其產生尤缺乏法律上之根據。本來修正約法之權，惟臨時參議院有之，參議院既解散，惟繼續參議院之國會有之，舍此以外別無修正之途。今新約法不依法定機關之國會，而由令定機關之約法會議，不以憲法廢止約法，而以新約法廢止舊約法，根本上已不完全。且此次約法之修正，雖由約法會議當其任，而背後指揮操縱者，仍爲袁氏，約法會議不敢稍立異同，則其爲欽定憲法可知。故論民國立法者，往往棄置不談，以示春秋筆削旨也。

第四節　袁氏中央集權政策之完成

自新約法公布後，袁氏積極求完成其久所企想之中央集權政策。其步驟可分爲二：（一）實行總統制，根本改變中央官制。（二）更變地方制度，鞏固中央政府。爲實行新約法所規定之獨裁元首制起見，特着手改革中央行政組織，廢止國務院，創設政事堂。民國三年五月一日令全國，略謂：據約法第三十九條載，行政以大總統爲元首，置國務卿一人贊襄之等語，國務院官制，應自約法公布施行之日廢止。又現在國務院官制業經廢止，依照約法行政以大總統爲元首之規定，特於大總統府設政事堂。除政事堂組織另定外，所有京外各官向來呈報國務總理事件，應自本令發布之日起，一律改呈大總統。三日又公布大總統府政事堂組織令文曰：『大總統府設政事堂，置國務卿一人，左右丞各一人，參議八人，至於一切事務，由下設之法制、機要、詮敍、主計、印鑄五局，及司務所分掌之。各局設局長一人，所設所長一人，各局設參事、僉事若干人，所置僉、主事若干人。』

此次袁氏中央行政組織之改變，論者謂爲袁氏政治復古之表現，政事堂與前清之軍機處相似，而國務卿則同於前清之領班軍機大臣，左右二丞，即軍機上示習行走也。各部總長，忽由政務官變爲事務官，各不相聯屬，各經國務院之階級，對於元首負責任，與前清之尚書無異，其次長當然同前清之侍郎，另改參事爲參議，增其額與前清各部官制務冀毫畢肖。平政院雖無可比附，而平政院之肅政廳，確爲都察院。參政院雖代行立法院職務，然其性質殆與前清之會議政務處相當。惟前清之中央官制，尚有不完不備，立法機關之資政院，今則無之耳。至於政事堂，實爲政治上最高機關，除關於軍務事項外，爲決定政治、財政、外交、及其他一切施政方針之策源機關。至於軍事，則別於總統府內，設陸海軍大元帥統率辦公處爲民國軍事上之最高機關。五月八日，大總統公布大元帥府組織令，其概要卽參謀總長，陸軍總長，海軍總長，皆大元帥特命之高級軍官，並置總務廳長及參議八人，下設第一、第二、第三、三所，分掌事務。其職權議決一切軍事方針，及軍令之發布。自是後，全國軍事大權，集於大總統一人之身，名爲出於軍事之必要，實則中央集權第一步也。

地方官制袁氏亦大有變更。民國三年春，中央法制局，遵照袁氏預定方針改革地方行政制度，分畫國家機關與自治團體權限，劃淸國家行政與自治行政範圍，除去國家機關受自治團體嚴厲監督之束縛。同年五月二十三日，敎令公布「省官制」「道官制」及「縣官制」，改「府」「州」「廳」爲「縣」，地方行政區域遂由四級制變爲省道縣三級制。省置「巡按使」，管轄全省民政，並受政府之特別委任，監督財政及司法行政暨其他特別官署之行政事務。省之下爲「道」，置「道尹」以爲一道行政長官，執行道內行政事務。道之下爲「縣」，置知事以爲一縣行政長官，執行縣內行政事務。至各省軍務，則設將軍行署以督理之（三年七月十八日敎令公布將軍行署編制令）。若「巡按使」奉有大總統命令，加將軍銜督理軍務者，則於巡按使署設軍務廳（三年七月十八日敎令公布巡按使公署附設軍務廳編制令）。此項地方官制之改革，亦帶有濃厚之復古色彩。巡按使握有監督一切行政及司法之大權，儼然前淸之巡撫，直轄巡防隊，其兵權與巡按亦無異，斷然實行軍民分治，使中央政府命令直接行之於地方，以鞏固政府之治權。蓋袁氏中央集權政策之第二步也。

第十三章　袁世凱之帝制運動

第一節　參政院之成立

新約法上之立法機關，既採一院制，定名曰「立法院」；並有一總諮詢機關之參政院。在立法院未成立以前，以參政院代行其職權。立法院與參政院之組織法，皆須由約法會議議決。因此約法會議儘先議決參政院組織法，於民國三年五月二十四日由政府公布。二十六日袁氏任命黎元洪爲院長，汪大燮爲副院長，並委任參政七十人，梁啓超亦列名其中。其中成分一半由政治會議轉任而約法會議議員兼職員者佔多數，均係前清官吏或地方碩士名紳。院內雖無黨派分別，但就其組成之分子而論可分爲六派，卽：（一）法律派如：施愚、鄧鎔、陳國祥、黎淵等是。（二）官僚派如：梁士詒、汪大燮、趙爾巽、趙惟熙等是。（三）政客派如：梁啓超、孫毓筠、王家襄等是。（四）軍人派如：蔡諤、徐紹楨、王揖唐等是。（五）學者派如：王闓運、楊守敬等是。（六）實業派如：馮麟霈、宋煒臣等是。參政院卽於六月二十日宣告成立，政治會議卽行取消。

至參政院之設立，在備大總統之諮詢，審議重要之政務，其議決事項之範圍：（一）約法所定經參政院同意之事項。（二）解釋約法及附屬之各法律疑義之件。（三）關於行政官署與司法官署權限爭議之件，又參政院受大總統之諮詢事件：(甲)關於締結條約事件。(乙)關於行政官署設署事件。(丙)關於整理財政事件。(丁)關於振興教育事件。(戊)關於實業擴充事件。(己)其他大總統特別交付事件。參政院對於以上之(甲)及(戊)條所定事件，得以十名以上之參政連署呈出建議書，而立法院開會閉會均須由大總統命令，至於參政院則得自為之。六月二十九日袁氏又申令參政院代行立法院，至是議政立法之權，乃盡歸參政院。

參政院自三年六月三十日開會至十二月，會議二十餘次，其議案之主要者有：(一)違令懲罰法案。(二)糾彈法案。(三)官吏犯贓治罪條例請求追認案。(四)民國三年內國公債條例請求追認案。(五)增修大總統選舉法建議案。(六)典當業法案。(七)狩獵法案。(八)商會法案。(九)審計法。(十)會計法。(十一)嗎啡治罪條例追認案。(十二)山東問題質問書。(十三)懲治盜匪條例追認案。(十四)山林法案。(十五)出版法案。(十六)導揚中華民國立國精神建議案。(十七)留學日本海軍學生拘留建議案。(十八)證券交易所法案。(十九)印花稅法修正案。(二十)復辟問題建議案。(二十一)復辟建議案。參政院於數月之間，制定民國新法令數十案之多，時人目為袁氏帝制運動之先聲。

第二節　大總統選舉法之修正

民國三年八月十八日，參政院參政梁士詒迎合袁氏意旨，向參政院常會提出修改總統選舉法，經多數參政同意，加入議事日程。程樹德氏起立說明理由，以博全院同意。程氏略謂：「大總統副總統同時缺位時，國務院得攝行其職權之規定，總統制國務院名實俱已消滅，應要求修正者一。附則規定大總統之職權，憲法未制定以前，依臨時約法，今新約法成立，臨時約法當然失其效力，大總統之職權自有與前約法衝突之處，應要求修正者二。」程氏說明後，議長謂該案可否付審查，結果多數贊成修正，遂直呈政府，轉交約法會議修正之。政府據之，直諮請約法會議從事修正。約法會議遂於八月二十六日提出大會討論，指定李盛鐸、王印川、夏壽田等十五人組織委員會，審查該案。至十二月審查會報告該案修正概略，二十八日通過三讀會大體確定。民國四年一月一日，政府公布全國，並由袁氏另以告令布告修正之理由。

此項選舉法，實爲前所未有之文書，自此法頒布之後，袁氏之地位實際上已成爲終身之獨裁元首，與君主國之君主無異。而二年十月四日之大總統選舉法，一時遂完全毀滅。此次修正選舉法之要點：(一)總統任期改爲十年，連任亦無限制。(二)凡屆總統改選之年，參政院參政如「認政治有必要時，」得爲現任總統連任之議決，卽無須改選。(三)總統繼任人應由現任總統推薦於選舉會，其名額以三人爲限，被推薦者之姓名，由現任總統書於嘉禾金簡，藏之金匱石室，臨選時始行取出，交付選舉會，現任總統則當然得以繼續當選。

第三節　帝制運動之鼓吹與籌安會

袁氏事實上既已成爲終身總統，猶不滿足，且欲進而帝制自爲，一嘗帝王滋味，而一般希意承旨攀權附勢之政客官僚，更倡君主立憲主義，以爲袁氏稱帝地步。先是民國三年三月，美傳教師利杜氏在上海尚賢堂之演說，可爲袁氏帝制運動之先聲。其演說要旨，卽「淸廷復辟」與「反淸帝復辟」二說，兩說何者適宜，一任聽者自決。是時袁氏帝制運動，世人既知之，袁復贈以巨額運動費，益爲世人所注目。是年夏，淸室遺老劉廷琛、勞乃宣等，目覩袁氏有帝制自爲之心，曾倡宣統復辟之論，予袁氏以一種打擊。彼等俱勸袁氏奉還大政於淸帝而爲之臣。袁氏對於此種復辟運動，曾於民國三年十一月二十三日，袁氏頒布復辟運動懲治會。復辟運動雖停止，而次年復有以擁袁爲目的之君憲運動出現。袁氏美籍顧問古德諾(F. J. Goodnow)氏，更於政府機關報之亞細亞日報上，發表關於我國國體之論文，不啻直言勸進，其文大意略謂：

「以余個人之意見，在中國之狀態，比較君主政體，實勝於民主政體，認有用君主政體之必要。其原因有二：(一)中國之將來大總統之繼任，堪負全國之責任者，甚屬寥寥，是實爲中國之最困難問題，萬一措置失宜，瓦解之端立見，國家前途不堪憂慮；(二)凡在民主國，其最大難關皆在元首更迭之交，往往全國之形勢，不免動搖，如南美各國可爲殷鑒，卽吾美國當新舊更迭之時，常見紛擾。」此論揭載，輿論大譁，而楊度、孫毓筠、嚴復、劉師培、李燮和、胡瑛等六人，更受袁氏祕命，組設籌安會，奔走帝制，藉以取榮。八月十九日，由楊度領銜發布啟事，略論：

本會宗旨，原以研究君主、民主國體，二者以何適於中國；專以學理之是非與事實之利害，爲討論之範圍。例如中國數千年來，何以有君主而無民主？又如淸末之結果，何以不成君主而成民主？又如共和以後，研究利害孰多？又如世界共和國家，何以有治有亂？諸如此類，皆在應行討論之列，然討論範圍，亦僅以此類爲限，至如範圍以外各事，本會槪不涉及。同日又通告各會員云：

「我國辛亥革命之時，人民激於感情，但除種族障礙，未計政治進行，倉卒制定共和政體，國情適否，不及三思，深識之士，明知隱患方長，而委曲附從，以免一時危亡之禍。故自清室遜位，民國創始，絕續之際，以至臨時政府正式政府遞嬗之交，國家所歷危險，人民所感痛苦，舉國上下，皆能言之，長此不圖，禍將無已。近者，南美、中美二洲共和國，如巴西、阿根廷、祕魯、智利等，莫不始於黨事，終成戰禍，葡萄牙，近改共和，亦釀大亂，墨西哥，自爹亞士遜位，黨魁擁兵互競，勝則據地，敗則焚城，卒至五總統並立，陷國家於無政府之慘象。我國亦東方新造之共和國家，以彼例我，豈非前鑑？古博士以共和國民而談共和政治之得失，自爲深切著明，乃亦謂中美情殊，不可強爲移殖。吾國人士，乃委心任運，不思爲根本解決之謀，甚或明知國勢之危，而以一身毀譽利害所關，憚於發議，將國民義務之謂何？我等身爲中國人民，國家之存亡，卽爲身家之生死，豈忍苟安默視，坐待其亡？本會之立，特以籌一國之治安，研究君主民主國體二者以何適於中國，專以學理是非事實利害爲討論之範圍，將以討論所得，貢之國民云云。」又通電各省，說明該會主義，以博國民同情，楊度又著君憲救國論，上中下三篇，宣傳君主立憲。劉師培著國情論，闡揚君憲制度，與中國之宜行君憲。籌安會一方電各省軍巡、都統、護軍使、商會，暨上海、漢口商會，請派代表來京與會，他方面更函知各部院司長以上各官吏，寄與古德諾論文入會願書暨投票紙，請各員書明贊成與否，並請代募會員。旋得各省軍巡覆電，多數贊成，且派代表到會。其後因時期驟迫，參政院已定九月一日開會，乃組織公民請願團，向參政院請願，由各省旅京人士分頭組織，其中大都爲政界中人，無一純粹公民。蓋假充公民代表，以籌安會爲之操縱，求早日勸進也。其時肅政廳雖上書請予取消，但袁氏則隱庇如故，內務部亦曾三度下令取締，純屬表面文章。未幾籌安會以君主立憲應當採行，復改稱憲政協進會，儼然以主張憲政之政黨自居。此後尚有請願聯合會，繼籌安會而起者。當公民請願團，先後請願於參政院，參政院審查結果，擬建設召集國民會議，解決國體問題，帝制派梁士詒等，嫌其曠日持久，乃由梁士詒發起組織請願聯合會，於九月十九日成立，推沈雲沛爲正會長，那彥圖、張鎭芳爲副會長，是會成立後，卽着手組織各請願機關，爲聯合之總請願。

第四節　國民代表會之國體問題投票

各團體聯合會既向參政院請願，於是帝制運動中心遂有移於參政院之勢，袁氏遂申令該院代行立法院以利進行，其令文云：

「依約法六十七條，立法院未成立以前，以參政院代行其職權，又依立法院組織法第八條，立法院之開幕日期，自每年九月一日，起至十二月末日。本年立法院猶未成立，所有約法規定屬於立法院之職權，參政院應卽按照會期代行之。」參政院代行立法院，於九月一日舉行開院式，是日有自稱爲魯、蘇、滇、桂、湘、甘、新、綏遠等省代表，呈遞變更國體請願書，嗣復陸續投遞，六日該院開談話會，討論變更國體請願事件。袁氏特派楊士琦到院發表宣言書，略謂：「本大總統受國民之付託，居中華民國大總統之地位四年於茲矣。憂患紛乘，戰兢日深，自維衰耗，時虞隕越，深望接替有人，遂我初服，但在現居之地位，卽有救國救民之責，始終貫澈無可諉卸；而維持共和國體，尤爲本大總統當盡之職分。近見各省國民，紛紛向代行立法院請願改革國體，於本大總統現居之地位，似難相容。然大總統之地位，本為國民所公舉，自應仍聽之國民，且代行立法院為獨立機關，而不受外界之牽制。本大總統固不當向國民有所主張，亦不當向立法機關有所表示。惟改革國體，於行政上有甚大之關係，本大總統為行政首領，亦何敢畏避嫌疑，緘默不言。以本大總統所見，改革國體，經緯萬端，極應審慎，如急遽輕舉，公等之倡此議，其不願徒託諸空言甚明也。其必且希望所主張者，能實見施行，更申言之，則希望其所理想之君主國體，一度建設，則基業永固，傳諸無窮也。夫此基業，果遵何道始能永固，以傳諸無窮，其必自國家機關令出惟行，朝野上下，守法如命。今當開國成家伊始，而首假塗於犯法之舉動，以為資，今在共和國體之下，而曰可以明目張膽，集會結合，以圖推翻君主，使其時復有其他之博士，提示別種學說，有其他之團體，希圖別種活動，不知何以待之？詩曰：毋教猱升木，如塗塗附。謀國者，而出於此，其不智不亦甚耶？孟子曰：君子創業垂統，為可繼也。以不可繼者，詔示將來，其不詳不亦甚耶？昔干令升作晉紀總論，推原司馬氏喪亂之由，而歎其創基植本，異於三代。陶淵明之詩，亦曰本不植高原，今日復何悔？嗚呼！吾觀於今茲之事，而隱憂乃無極也！」

當時參政會議，有謂照參政院組織所規定之職權，實不能接受此種團體請願事件，討論結果，交付審查，審查結果，擬向政府建議，將此項問題交由國民會議解決。二十日，該院復開會討論，對於審查報告中「請政府於年內召集國民會議，為根本上之解決」句下加入「抑或另籌徵求民意妥善辦法」一語。卽於是日，咨送政府，是為立法院第一次之建議。本來新約法會規定民國憲法應由參政院推定起草員十人起草，經參政院審定後由國民會議複決。故約法會議，曾議定國民會議組織法，於四年三月十二日公布，六月參政院且已舉定憲法起草員十人（梁啓超亦憲法起草員之一。）此所謂「於年內召集國民會議者，」欲依三月十二日所公布之國民會議組織而行事也。又恐依此組織法進行，猶覺麻煩，故又以「另籌妥善辦法」爲言，其意蓋重在後者。袁氏接到參政院第一次建議書後，卽於二十五日咨復，採用提前召集國民會議之辦法。

惟梁士詒一派，覺國民會議手續繁重，主張速求解決方法。乃主使其所組織之「請願聯合會，」再向參政院投遞第三次請願書，認爲「國民會議開會遲緩，且屬決定憲法之機關，不能代決國體，宜由該院另設徵求民意機關。」立法院遂於二十八日開會討論，決議由國民代表大會解決國體問題，並指定梁士詒等九人起草，擬訂國民代表大會組織法。十月二日開會決議咨請政府，是爲參政院第二次之建議。袁氏乃於十月八日根據參政院之建議，公布國民代表大會組織法。

至於國民代表大會組織法之規定：（一）關於全國國民之變更國體請願事件，由代表國民全體公意之國民代表大會決之。（二）各省及特別區域之國民代表，由國民會議各縣初選當選之覆選選舉人，及有覆選被選舉資格者選舉之其他各項之國民代表，則由國民會議組織法所規定之單選選舉人選舉之。自十月八日組織法公布後，帝制派朱啓鈐、周自齊、梁士詒、張鎭芳、孫毓筠、段芝貴、楊度等，急於成功，於是暗電各省將巡，密示機宜，互相商榷，對於選舉法則講求運用之方，對於選舉人則隱施操縱之術。因此進行極爲神速，自十月二十五日開始選舉，十月二十八日以後，繼續國體投票，全國各區一律告竣，結果一九九三票，完全主張君憲，無一反對票。且各省推戴書之字句，皆有「謹以國民公意，恭戴今大總統袁世凱爲中華帝國皇帝，並以國家最上完全主權，奉之於皇帝，承天建極，傳之萬世」四十五字，亦竟無票不同，其祕密操縱之作用，已可概見矣。

第五節　參政院之推戴與帝制憲法之起草

國民代表大會於國體投票推定皇帝時，又委託參政院爲國民代表大會之總代表，向袁世凱上推戴書。參政院受此委託，乃於十二月十一日開會，卽於是日草定總推戴書，聯同各處寄來之推戴書，一致呈交袁氏。參政院之總推戴書，備極尊崇，其文曰：

「有清失政，我聖主應運而出，將傾之國家，聖主實奠安之，南京政府，舉非其人，民心惶惶，無所託命，聖主實蘇之，民國告成，羣醜竊柄，怙惡不悛，自逃覆載，聖主實撫育安全之，皇天眷命，凡三集於聖主，終不居也。今者天牖民衷，民歸盛德，全國一心，建立帝國，並戴爲皇帝，伏願俯順民情，早登大寶云云。」是爲參政院第一次之推戴書，後卽於次日咨復承認爲帝，並申令全國云：

「天下興亡，匹夫有責，予之愛國，詎在人後？但億兆推戴，責任重大，應如何厚利民生，應如何振興國勢，應如何刷新政治，躋進文明，種種措置，豈予薄德鮮能所克負荷？前次掬誠陳述，本非故爲謙讓，實因惴惕交縈，有不能自已者也。乃國民責備愈嚴，期望愈切，竟使予無以自解，並無可諉避。第創造弘基，事體繁重，洵不可急遽舉行，致涉疏率，應飭各部院就本管事，會同詳細籌備，一俟籌備完竣，再行呈請施行。凡我國民，各宜安心營業，共謀利福，切勿再存疑慮，妨阻職務，各文武官吏，尤當靖共爾位，力保治安，用副本大總統軫念民生之至意云云。」其明日又頒申令謂：「改變國體，出於民意，如有好亂之徒，造謠煽惑，當執法嚴懲。」十二月十四日復任命施愚、楊度、曾彝進、王世澂、李國珍、黎淵、方樞、陳國祥、嚴復、夏壽田十人爲帝制憲法起草委員，以便及早制成新憲。十六日申令謂所有清室優待條件，載在約法，永不變更，將來制定憲法時自應附列，繼續有效。並修正政事堂組織令，其修正主要之點有二：(一)設「國務卿一人」改爲「贊襄大皇帝政務」句中加「負其責任」四字。(二)「大總統發布之命令國務卿副署之」改爲「大皇帝發布之命令，由政事堂奉行鈐記國務員副署。」更於同月三十一日，申令改國號爲中華帝國，改明年爲洪憲元年。

第六節　護國軍與與帝制失敗

袁氏既頒行帝制，雲南首起獨立，於民國四年十二月二十五日，唐繼堯等在雲南宣布討袁，稱「中華民國護國軍，」並檄告全國聲討帝制，其文曰：

「袁氏受國民付託之重，於玆四年，在政治上未嘗示吾儕以一線之光明，而汲汲爲一人一家怙權固位之私計。以陰柔之方略，操縱黨派，以狠鷙之權術，蹂躪國會，以卑劣之手段，誅鋤異己，以誘脅之作用，淆簧輿論，以朋比之利益，驅策宵小，以虛憍之名義，劫制正人。受事以來，新募外債，逾二萬萬，其用途無一能相公布，歐戰發生，外債路絕，則專謀搜括於內，增設惡稅，強迫內債，逼勒苛捐，更懸重賞，以奬勵掊克之吏，不恤民艱，竭澤而漁，以致四海困窮，無所控愬。問其聚歛所入，則惟以供籠絡人士，警防家賊之用，而與國務，絲毫無與。對外曾不聞爲國防之計劃，爲國際經濟競爭之設備，徒弄小智小術，以取侮於友邦，致外交着着失敗。對內則全不顧地方之利害，不恤人民之疾苦，盜賊充斥，未或能治，寃獄塡塞，未或能理，摧殘教育，昌言復古，壟斷實業，私爲官營，師嬴政愚黔首之謀，爲紅羊利出一孔之敎，法令條文，紛如牛毛，朝令夕更，自出自犯，使人民無所適從，而守法觀念，馴至澌滅以盡。用人則以便辟巧佞爲賢，以苛酷險戾爲才，忠黨見疏，英俊召嫉，遵妾婦之道則立躋高明，抱耿介之志或危及生命，以致正氣銷沈，廉恥掃地，國家元氣，斲喪無餘。凡此政象，萬目俱瞻，以較前淸黑闇泯棼，奚啻什倍。我國民旣懲破壞之不祥，復諒建設之匪易，含辛忍痛，冀覯後效，掬誠側望，亦旣數年。方謂當今內難已平，大權獨攬，列強多事，邊患稍紓，正宜奮臥薪嘗膽之精神，拯一髮千鈞之國民，何圖彼昏百事弗恤，惟思覬覦神器，帝號自娛，背棄口宣之誓言，干犯公約之憲典，內罔吾民，外欺列國，授意鷹犬，徧布爪牙，劫持國人，使相附和，良士忠告，充耳弗聞，輿論持正，翻成罪狀，以致怨毒沸騰，物情惶駭，農輟於隴，商閉於廛，旅梗於途，士歎於校，在朝節士，相率引退，伏莽羣戎，伺機思逞，馴至列強干涉，警告再三，有嚴密監視之宣言，作自由行動之準備。夫以一國之內政，乃至勞友邦之容喙，奇恥大辱，寧復堪忍，誰爲爲之，乃使我至於此極也！今猶不悛，包羞怙惡，彼將遂此大慾，饜其禍心，苟非效石晉割地稱兒之故技，必且襲亡淸獎拳排外之覆車，二者有一於此，則我吾永沈九淵，萬劫寧復！先聖不云乎？「亂賊之罪，盡人得而誅之。」況乃受命於民，爲國元首，叛國之事實，旣已昭然，賣國之陰謀，行且暴露，此而不討，則中國其爲無人也已。嗚呼！國之不存，身將焉託？而立國於今，抑何容易？人方合兆衆爲一體，日新月異，以改良其政治，稍一凝滯不進，已岌岌焉爲人魚肉是懼，況乃逆流回棹，欲襲中世式東方式奸雄之伎倆，弋取權位，而謂可以奠國家，安社稷，稍有常識者，當知其無幸也。袁氏對於國家，既瞷然不自知其職責，對於世界，復瞢然不審潮流，事會之所趨，其政法上之效績受試驗於吾國民之前者，亦既有年，所餘者惟纍纍罪污我史乘，他復何有？就令恍於名分，不敢明叛國體，然由彼之道，無變彼之術，亦惟有取國家元氣，旦旦而伐之，終亦醞釀大亂，以底於亡已耳。況當此禍至無日之時，乃更有帝制自為之舉，譬猶熟視父母宛轉屬纊，而復引刀以誅之，別有肺腸，是孰可忍？數月以來，淫威所煽，勸進之辭，所在多有，彼方假借，指為民意，冀以竊譽當時，掩罪後世，實則羣公之權宜承旨，或出於顧全大局，投鼠忌器之苦心，或懷抱沈機觀變，待時而動之遠識，豈其心悅誠服，甘作貳臣，狂走中風，殉茲戎首？堯等或任職中樞，或濫竽專閫，為私計則尊顯逾分，更何所求？與袁氏亦共事有年，豈好違異？徒以勢迫危亡，間不容髮，邦之杌陧，實由一人，亦既屢進痛哭之忠言，力圖最後之補救，奈獨夫更無悔過之心，卽兆衆日在倒懸之域。是用率由國憲，聲罪致討，翦彼叛逆，還我太平，義師之興，誓以四事：一曰與全國民戮力擁護共和國體，使帝制永不發生。二曰劃定中央地方權限，圖各省民力之自由發展。三曰建設名實相副之立憲政治，以適應世界大勢。四曰以誠意鞏固邦交，增國際團體上之資格。此四義者，奉以周旋，以徼福於國民，以祈鑒於天日，至於成敗利鈍，非所逆睹，惟行乎心之所安，由乎義之所在，天相中國，其克有功，敢布腹心，告諸天下。』自後全國反袁輿論，次第擴大，南方各省相繼響應，計自五年一月至四月末止，凡四閱月，以完全獨立聞者，已有貴州、廣西、廣東、浙江等省，以戰捷聞者，有陝西、四川、湖南，起義而未成功者，有山西、湖北、江西、安徽、江蘇、暨內蒙。最後之結果，各省一致主張袁氏退位，際謝國人。袁氏本定民國五年元旦、或二月六日、或二月九日、或二月二十日、舉行登極，屆時均未舉行，至是竟遷延至於無期，並於五年一月二十一日，正式宣布帝制延期，以綏和各方，卒歸無效。其後時勢日非，袁氏於府中疊開會議，商權取消帝制辦法。因前改帝制，既僞託於國民之公意，則取消之舉亦不便由政府逕行，乃於二月二十八日，申令提前召集立法院，以爲轉圜地步，其召集令略謂：

『按立法院組織法，常年會期，每年自九月一日至年末。惟立法院之成立，開會究與常年會期不同，當玆立憲政治勵行之時，自宜先期召集，慰吾民望。本年以五月一日爲立法院議員召集之期，凡一切籌備事宜着內務部及籌備立法院事務局共同遵照法令速辦。』蓋袁氏之意，對外通告延期，希挽列國同情，對內召集立法院，冀民衆歸心，期時局稍見緩和，乘機提議妥協。此外更鼓吹責任內閣制，以延攬南方重要分子，如梁啓超、唐紹儀、伍廷芳、熊希齡等，組織政治研究會，以收納官僚及外國顧問，籠絡名流。無如南北形勢，對於袁氏，依然不利，而三月十五日廣西獨立，又予袁氏以一大致命傷，袁氏不得已乃於三月二十一日在府召集大會，決議撤消承認爲帝案，二十二日乃宣布中外，取消帝制。

第四篇 共和重光與國會復活

第十四章 舊約法之復活

第一節 黎元洪繼續任大總統

民國五年三月二十三日，袁氏雖頒布帝制撤消令，但南方討袁空氣並不因之緩和，四月中旬獨立各省會銜覆黎元洪、徐世昌、段祺瑞之電文措詞更爲嚴厲，中有：「項城違反約法，自召兵戎，若僅削除帝號，復稱總統，廉恥既亡，威信全失，愈與國家之憂，莫慰中外之望，無術可以調停，請轉項城，速行宣告退位。」其時廣東被迫獨立，組織兩廣都司令，繼復組織軍務院，爲獨立各省之統一機關。討袁軍事，仍在積極進行中，袁氏更爲退讓計，復採責任內閣制，任段祺瑞爲總理，改政事堂爲國務院，並公布修正大總統公文程式令。其後江蘇都督馮國璋邀同倪嗣沖、張勳等所發起之南京會議，復無結果，湖南湯薌銘又宣言與袁脫離關係。袁氏疊受打擊，遂於六月六日憤亡於新華宮。

袁氏既歿，遺令稱「本大總統遵照約法宣告，以副總統代行中華民國大總統之職權。」黎元洪於六月七日以副總統代行大總統之職權，是日行就任禮，即日令京外文武官吏仍舊供職，令文曰：

『元洪於六月七日就大總統任，自維德薄，良用兢兢，惟有遵守法律，鞏固共和，期造成法治之國。官吏士庶，尙其共體玆意，協力同心，匡所不逮，有厚望也。現在時局顚危，本大總統驟膺重任，凡百政務，端賚佐理，所有京外文武官吏，應仍舊供職，共濟時艱，勿得稍存諉卸。』復直電南方各派代表唐紹儀、湯化龍、唐繼堯、蔡諤、孫洪伊、柏文蔚、伍廷芳、梁啓超、岑春煊等敍述國難共救之誠意，暨諮詢對於新政局之意見。南方覆電，大致不外(一)恢復舊約法，(二)召集舊國會，(三)段內閣改造，(四)帝制禍首懲罰等項，而孫中山先生及國會議員等各通電聲明尤切。

第二節　舊約法恢復之始末

黎氏就任之後，各方爭執最力者爲新舊約法問題。先是各省獨立之時，孫中山先生首先宣言，以恢復民國約法爲解決政治問題之鵠的。孫先生之言曰：『今獨立諸省通電，皆已揭櫫民國約法以爲前提，而海內有志後援研求國是者，亦皆以約法爲衡量。文殊慶幸此尊重約法之表示，足證義軍之舉，爲出於保衛民國之誠。袁氏破壞民國，自破壞約法始，義軍維持民國，固當自維持約法始，是非順逆，區以別矣。夫約法者，民國開創時，國民眞意之所發表，而實賴前此優秀之士出無量代價以購得之者也。文與袁氏無私人之怨，違反約法則願與國人共棄之；與獨立諸省及反對袁諸君子，均無私人之惠，尊重約法則願與國民共助之』等云云。其後袁死黎繼，南方各省多以恢復舊約法爲言。其時，黎氏之就任大總統，已發生法律上問題。若黎氏之就任大總統，係根據三年五月公布之新約法，則根據新約法而產生之大總統選舉法規定副總統代行職權，僅以三日為限。若根據元年之舊約法，而黎氏又無擁護之表示。且其時北京政府中各人對於約法之主張，約分三派，卽：(一)主張直接恢復者；(二)謂三年公布之新約法，已成為法律，不宜以命令變更，須用法律手續恢復者；(三)主張適用新約法者。三派之中，以主張第二說特佔多數，而國務總理段祺瑞持之尤力。其用意在恐西南要求成功，於本派不利，故作前說以禦之。故段氏於六月二十二日，根據前說，通電各省長官謂：

『恢復元年約法，政府初無成見；惟以命令變更法律，後患不可勝言。三年約法，履行已久，歷經依據以為行政之準；一語抹煞，則一切法令將受動搖，故不能不再三審愼云云。』嗣得各省覆電，多主張以命令恢約舊約法，梁啓超、唐紹儀覆電，辯論尤詳。梁電略謂：『三年約法，絕對不能認為法律，而此次宣言恢復，絕對不能認為變更。此義辨明，則一切可迎刃而解。凡法必有系，元年約法，旣經政府公布，前大總統宣誓遵守，欲修改自有其修改之程序，卽該五十五條所規定是也。修改不依此程序，卽不能冒約法之名。新者不能冒此名，則舊者之效力自在。不過此三年餘有法外之力為之梗，而固有之效力一時中斷。今法外之力旣去，則固有之效力，自然復活。今全國人民急望政府下一明令者，不過欲政府將已然之事實宣布，以釋羣疑，何變更之可言？卽如此次我大總統依法繼任，政府對內對外迭經聲明，所依何法，非根據元年約法規定程序所衍生之大總統選舉法耶？使三年約法而為法也，一法不容二存，則被該法所廢止之原大總統選舉法定當非法，云何能依？果爾，則何於六月九日開所謂石室金匱，以別選元首？夫我大總統正位，而海內外共仰為合法者，無他焉，以三年約法之不成為法也。又如我公今所長之機關爲國務院，國務院者，元年約法之機關，三年約法所未嘗有也。三年約法若爲法，元年約法定非法，公所長之院，何由成立？今公發布院令，而中外共許爲合法者，無他焉，以三年約法之不成爲法也。揆諸法理如彼，徵諸事實如此，則三年約法之非法，確成鐵案，命令變更之嫌疑，何由存在？』駐滬議員亦發電促以明令廢止三年約法及附屬諸法。北京政府當時迭接京外催促恢復約法之函電，日十餘起。六月二十五日駐滬海軍以段內閣態度可疑，乃宣布獨立，公推李鼎新爲總司令，加入護國軍，其致黎元洪等電文云：

『大總統踐位旬餘，對於恢復約法等事，尚未見明令；必有人從中挾持，總統總理，均受牽掣。海軍以擁護大總統，保共和爲職志，舊約法未復，國會未開，正式內閣未成立以前，鼎新當暫以臨時總司令名義，駐滬維持現狀云云。』

海軍獨立消息傳至北京後，政府中人頗驚恐，至是黎元洪乃於六月二十九日下令恢復民國元年三月十一日公布之臨時約法及二年十月五日宣布之大總統選舉法。其申令一文曰：

『共和國體，首重民意；民意所寄，厥惟憲法；憲法之成，專待國會。我中華民國國會自三年一月十日停止以後，時越兩載，迄未召復，以致開會五年，憲法未定，大本不立，庶政無由進行，亟應召集國會，速定憲法，成立爲止。其二年十月五日宣布之大總統選舉法，係憲法之一部，應仍有效。』同日更申令續行召集國會，定於是年八月一日起，繼續開會，幷下令裁撤參政院及行政院所屬之肅政廳，撤銷關於立法院國民會議各法令。

第三節　舊國會之續行召集

民國五年六月二十九日，黎元洪旣申令恢復國會，並令八月一日續行召集國會。同日令改內務部所屬之辦理選舉事務局爲籌備國會事務局，迅速籌備國會事務。至是年八月一日舊國會重新開會於北京，是爲第一屆國會第二次常會。

是日參衆二院議員五百十九人，齊集衆議院行開會式。黎元洪並蒞會補行大總統就任宣誓。九月初復由兩院追認段祺瑞爲國務總理，唐紹儀爲外交總長。（唐因與段不能合作，不到任，至十一月始改任伍廷芳爲外交總長，）陳錦濤爲財政總長，段祺瑞爲陸軍總長，程璧光爲海軍總長，孫洪伊爲內務總長，張耀曾爲司法總長，范源濂爲教育總長，許世英爲交通總長，谷鍾秀爲農商總長。十月三十日又選舉馮國璋爲副總統。

第十五章　憲法草案之續議

第一節　憲法會議之重開

國會復活後，第一着手者，爲制憲事業之繼續進行。當時由吳宗慈等提案，請定期繼續議憲，遂於五年九月五日兩院合組憲法會議，繼續民國二年之制憲工作，而以民國二年憲法起草委員會所議定之中華民國憲法草案（即天壇憲法草案）爲討議之基礎。當日議事日程，爲中華民國憲法案（憲法起草委員會提出）初讀，是即憲法草案續議之開始。其議事日程爲十一號。因第十號以前乃民國二年議大總統選舉法時憲法會議之次數，茲列第十一號者，係表明繼續民國二年之憲法會議也。

自九月五日、八日及十三日共開憲法會議三次，由憲法起草委員會說明草案內容旨趣。蓋依憲法會議規則第九條規定：「開第一讀會時，應由起草委員長或委員先說明全部主旨，再逐條說明之。」故此次憲法草案提出大會時，由委員會委員說明，其說明分爲書面與口述二種。屬於書面之報告者，爲委員長湯漪總說明書一篇，其內容分：(一)憲法之淵源，(二)憲法之精神，(三)憲法之性質，(四)憲法之內容及(五)憲法之解釋等。此外尚有委員蔣舉淸提出之不取行政裁判制之理由說明書，委員易宗夔提出之主張兩院制之理由說明書及委員王用賓提出之大總統及副總統說明書，及委員李慶芳之憲法草案第二章國土說明書。此項書面的說明，乃民國二年時由各委員分別擔任，嗣國會解散，委員中多有未着筆此項說明書者，故闕焉不備。至屬於口述者，則爲此次憲法會議開會時，由委員長暨各委員依次說明，并有各議員隨時質問，迨旨趣先後說明後，是爲草案在憲法會議完成初讀程序。初讀完後，主席卽以全案付審議會審議，付表決，贊成者大多數，乃由憲法會議開始審議。

第二節　審議會及二讀會之經過

同年九月十五日憲法會議開審議會，按照草案所有重大問題，先行討論，然後再將草案未列入之緊要問題，提出討論。計自五年九月十五日至六年一月十日，共開審議會二十四次。在此時期內，大部分問題雖審議已有結果，然亦有一部分問題審議而無結果。綜計審議結果，贊成原案者凡八：（一）國土（二）人民自由權，（三）兩院制，（四）參議院之組織，（五）不信託國務員之決議，（六）國務總理之同意權，（七）法院受理行政訴訟，及（八）財政緊急處分等。刪除原案者，爲「國會委員會」。未解決者凡五：（一）國民教育以孔子之道爲修身大本，（二）議員兼任國務員，（三）緊急教令，（四）解散衆議院，及（五）審計院之組織。此外臨時提出增加之章條，經審議通過者：（一）中華民國主權屬於國民全體，（二）兩院對於官吏違法或失職行爲，得咨請政府查辦，（三）地方制度一章，及（四）憲法非依修正程序，無論經何種事變，永不失其效力等項。

草案審議既竣，乃於六年一月二十六日起，憲法會議開始草案二讀會程序，卽逐條議決之程序。是日首由議長王家襄主席宣告曰：「本日議事日程係中華民國憲法案開第二讀會，總標題本應先付表決。此外條文以前，尚有前文，因係在法律條文以外者，可俟經過三讀會後，再行表決。其總標題亦可俟三讀會後，再行提出表決。今先以內容第一章付討論云云。」王氏報告後，二讀會即行開始。計自一月二十六日至四月二十日止，議決修正案各條，與審議會議決結果，稍有出入。其大要如下：（一）第十一條修正爲中華民國人民有尊重孔子及信仰宗教之自由，非依法律不受限制。（二）刪去第十九條「國民教育以孔子之道爲修身大本」。（三）第二十六條「兩院議員不得兼任文武官吏」，刪去「但國務員不在此限。」（四）第三十一條，修改爲「國會自行集會、開會、閉會，但臨時會於有左列情事之一時行之」：（甲）兩院議員各有三分一以上之聯名通告。（乙）大總統之召集。（五）第三十三條改爲「國會常會會期爲四個月，得延長之，但不得逾常會會期。」（六）第三十四條刪去。（七）第三十五條第二項「衆議院解散時，參議院同時休會」，條公決緩議。（八）第四十九條，改爲「兩院議員除現行犯外，非得各本院許可，不得逮捕或監視。兩院議員因現行犯被逮捕時，政府應即將理由報告於各本院，但本院得以議院要求於會期內暫行停止訴訟之進行，將被捕議員交回各本院。」（九）第七十三條改爲「大總統經最高法院之同意，得宣告免刑、減刑及復權，但對於彈劾事件之判決，非經參議院同意，不得爲復權之宣告。」（十）第八十條第二項改爲「國務總理於國會閉會期內出缺時，大總統得爲署理之任命，但繼任之國務總理於次期國會開會後七日內，提出衆議院同意。」（十一）第八十一條增加但書文曰「但任免國務總理不在此限。」（十二）第八十二條「國務員受不信任之決議時，大總統非依第七十五條之規定解散衆議院，即免國務之職」，條公決緩議。（十三）第八十三條刪去「前項委員由大總統任命之」句(十四)第八十三條增加「最高法院院長之任命須經參議院之同意」(十五)第九十二條改爲「國會議定之法律案大總統如有異議時，得於公布期內聲明理由，請求國會覆議；如兩院仍執前議時，應即公布之。」第二項公決緩議。(十六)第九十七條增加「凡直接有關國民負擔之財政案，衆議院有先議權。」(十七)第一〇四條改爲「爲對外防禦戰爭或戡定內亂，救濟非常災變，時間緊急，不能召集國會時，政府得爲財政緊急處分；但須於次期國會開會後七日內，請求衆議院追認。(十八)第一〇六條增加「衆議院對於決算案或追認案否認時，國務員應負其責。」(十九)第一〇八條增加「國會議定之預算及追認案，大總統應於送達後公布之。」(二十)第十一章改爲「憲法之修正解釋及效力」。本章第一百十三條改爲「前項會議，非總員三分二以上列席，不得開議；非列席四分三以上之同意，不得議決；但關於疑義之解釋，得以列席三分二以上之同意決之。」並於本章增加一條，其條文爲「憲法非依本章所規定修正程序，無論經何種事變，永不失其效力。」

以上爲草案二讀會條文討論之大要。原案一百十三條，除五十六、五十七、五十八、五十九、六十、六十一及六十二條凡七條，關於大總統選舉法，經於民國二年憲法會議議定，於是年十月日公布外，其餘草案條文中，尙有付審議者數條，緩議者數條。其增加之數條及增加主權及地方制度各一章，增加之章條爲審議會議決由憲法起草委員會起草條文，提出二讀會，再按照法定手續所通過者。惟地方制度一章係各黨協商所定，而由憲法起草委員會標明章條次序提出者。此爲民國六年一月二十六日至四月二十日二讀會經過之情形也。

第三節　二讀會中爭訟之問題

憲法草案在審議會及二讀會時代爭議極大，常因辯論起衝突，寖至議員交鬨，醸成利用督軍團干憲之事，爲憲法史留一創痕；更因局勢轉變而有國會第二次被解散之事。顧考其爭訟莫決之問題，可分爲數項說明之。

（一）孔教問題——憲法草案之孔教問題，於民國二年憲法草案起草時，委員會中一時曾引起劇烈之爭辯，結果通過一漫無意義之條文，即規定「國民教育以孔子之道爲修身之大本」（詳見本書第十章第二節。）此次審議會與二讀會中此問題復引起極多之辯論。在審議會中張魯泉、何雯、吳宗慈、張伯烈等主張刪去草案第三章第十九條第二項即「國民教育以孔子之道爲修身大本」。其理由爲：（一）孔子之道，多爲君主說法，此項規定與民國國體相左。（二）草案已規定人民信教自由，若將孔子之道特別規定，是先以憲法條文壓迫他教，恐對內對外必致惹起紛爭。（三）何者爲修身大本，教育方針，應屬行政範圍，訂入憲法上殊未合。（四）孔子非宗教家，有此一項，既不足爲孔子光，刪除此項，乃正所以尊孔子。（五）以倫理問題定入根本法內，性質既屬不合，且既有憲法上之拘束力，恐生出莫大危險。（六）國民教育應養成獨立生活之能力，若一般國民服從孔教，不農不商，無生活之能力，國家必大受其影響。（七）國民教育即強迫教育，五族人民皆當負此義務，如以孔子之道訂入憲法，則五族人民中之奉回教、佛教及天主、耶穌等教者，是否違反憲法，是否應用法律制裁？（八）國家教育方針，本可隨時變遷，例如人民懦弱，即宜提倡軍國民教育；人民貧窮，即宜提倡實業教育；人民道德薄弱，即宜提倡道德教育，今如以此項定入憲法，試問將來如何變更？(九)國家欲尊重孔子，如祀孔典禮，或將孔子學說於大學校中特設專科，及其他種種尊孔方法，均可採用。若徒爭此一項條文，而人民不講道德，似屬無益。而湯松年、蔣義明、章兆鴻、陳銘鑑、張琴、朱兆莘等主張維持原案，其答覆之理由則謂：(一)孔道乃教育上問題，非宗教上問題，此項與草案第十一條並不衝突。(二)孔子天下為公之說，何嘗不是共和真諦。(三)今日全國人民心理，對於孔子非常信仰，欲培養社會道德，必以孔教為基礎。(四)此項既定入草案，無故刪去，恐外界無知，將生誤會。(五)孔子為中國二千餘年以來組織社會之重心，即認為教育方針，照荷蘭憲法先例，教育方針，亦無不可訂入憲法。(六)草案第十一條為普通之規定，此項為特別之規定，按諸普魯士、哥倫比亞、古巴、巴拿馬各國憲法，亦有先例可援。(七)外國教會學堂，俱讀四書，可見孔子之道，即外教之人，無不信仰，定入此項，不致引起他教爭端。表決數次，均無結果。王敬芳、程大璋、李景濂、郭人漳等復提議以孔教定為國教，贊成反對者各持一端，用無記名投票法表決，投票結果，均不足三分二，無結果。最後於二讀會中雙方互讓，廢去草案之規定，而代以承認「中華民國人民有尊崇孔子及信仰宗教之自由，非依法律不受限制」之條文。其漫無意義，顯而易見。蓋既承認「信仰宗教」之自由，復贅以「尊崇孔子」之自由，矛盾支離，較前尤甚。然所以通過此毫無意義之修正條文者，在敷衍當時提倡尊孔者之用意也。

(二)緊急教令問題——憲法草案第六十五條規定：「大總統為維持公共治安，防禦非常災患，時機緊急，不能牒集國會時，經國會委員會之議決，得以國務員連帶責任，發布與法律有同等效力之教令。前項教令須於次期國會開會後七日內，請求追認，國會否認時，即失其效力。」此條係採德、奧、日本等緊急命令主義。於審議會中，劉恩格、呂復、葉夏聲等反對原案，其理由爲：(一)緊急教令，既與法律有同等效力，則已經公布之法律，無論何時，均可假緊急教令作用，以停止或變更。(二)各國憲法有緊急命令之規定者，大半係君主國家，民主國究屬罕有。(三)國家遇有內亂外患發生，本草案已有宣告戒嚴及對內宣戰之規定，亦無發布緊急命令之必要。(四)草案所謂維持公共治安防禦非常災患者，均係抽象的，並非具體的。政府視爲緊急者，人民或未必視爲緊急，界限既不清晰，事件又未列舉，則政府濫發緊急命令權時，於人民權利自由影響實大。(五)草案第二十條及第九十三條已規定：立法權在國會，非依法律，不得變更。若大總統可發布與法律有同等效力之命令，亦與本草案自相抵觸。(六)國會常會期間爲四個月，於全年祇佔三分之一，而閉會期間則佔三分之二，若閉會期內，政府即可發布與法律同等效力之命令，則比較其數量，政府之行使立法權，豈不反較國會之行使立法權爲大？(七)本草案之國會委員會既已删除，此條更無存在之餘地。而孫潤宇、李國珍、林長民等贊成維持原案，其答覆之理由則謂：(一)原案規定此種緊急命令權，權內中已設有許多條件爲之限制。現國會委員會雖已打消，而國務員負責一層，究尙存在。對於此種教令，國務員豈肯輕於副署？(二)英、法憲法上，因不許政府有緊急命令權，每爲時勢所迫，終不免於違憲，我國當引爲前車之鑒。(三)緊急命令所關係之事實，與戒嚴及防禦宣戰各不相涉，不得謂大總統既有戒嚴權及防禦權，即不當有緊急命令權。(四)本條第二項國會否認即失效力之規定，與本草案第四十二條極有關係，可毋庸慮政府之專制。(五)緊急教令與財政緊急處分，亦逈不同。彼爲消極的，此爲積極的，二者並列，不嫌重複。(六)國會委員會之規定，既已删除，斯國務員之責任界限，乃益明瞭。不得謂無國會委員會，大總統即不當有緊急教令權。反決數決，均不足三分二，無結果。及二讀會中，卒以不得出席四分三之贊成，而廢棄。

（三）議員兼任國務員問題——草案第二十二條規定「兩院議員不得兼任文武官吏，但國務員不在此限。」蓋草案既採用責任內閣制，則就理論與實例言，議員之兼任國務員，當然不在禁止之列。惟在審議會中，張國淦、龔玉昆、李有忱主張删去但書，其理由則謂：（一）議員兼任國務員，殊非鞏固三權分立之道。（二）議員兼任國務員，名爲政治上之運用，實際上實足以啓議員運動國務員之門，且恐起黨派無形之衝突，而影響及於議會。（三）草案已規定衆議院有彈劾國務員及爲不信任之決議權，如議員得兼任國務員，則因彈劾或不信任之結果，至議員與政府不能並存時，必發生種種障礙。（四）議員得兼國務員，政府可藉以左右議院。（五）國務員事務繁重，若同時又須列席議院，於職務職權上，亦兩有妨害。（六）閣員而可兼任議員，此時必爲政黨內閣，爲閣員者，必政黨之要人，設有違法行爲，可直接運動本黨議員，又可藉其他閣員之兼任議員者，出席爲之袒庇。（七）議員之在議會，雖錚錚有聲，入閣以後，即難保其不變易初衷。凡假令閣員非盡爲議員，則議會對於議員之兼任者，感情必善，否則，感情必惡，是即政府與議會之隔閡，亦終不能疏通。劉恩格、王玉樹、何雯主張不删但書，其理由爲：（一）本草案所取，非絕對三權分立制度，乃議會制度。政黨內閣，必當出現，既不能限制政黨中人入閣，則又何必限制議員不得兼國務員。（二）選舉運動在立憲國爲不可諱之事實，然此乃黨派關係，於議員兼任國務員無關。（三）議員得兼國務員，可破除立法行政二方面之界限。（四）議會只須過半數之出席，即可開議，議員得兼閣員，與議事進行並無妨礙。（五）我國人民眼光祇知尊重政府，而不尊重議會，如憲法上規定閣員得兼議員，可使人民尊重政府之心移而尊重議會。（六）議員得兼閣員，此制在英、法等國行之已久，毫無弊害。表決時，無結果。及二讀會中，雙方復行辯論，卒以出席六〇六人中，贊成刪去但書者有五一〇人，已占大多數。張國淦之修正案，遂被通過。此外在二讀會中討論無結果之問題，最主要者有二：一爲解散國會權問題；一爲省制問題。關於解散國會一層，草案中雖賦予總統以解散衆議院之權，但設有二大限制，即（一）須經參議院列席議員三分二之同意。（二）同一會期不得爲第二次之解散。審議會中王玉樹、秦廣禮、呂志伊、易宗夔等反對原案；蔣義明、呂復贊成原案；陳光燾、湯漪贊成有解散權，反對參議院三分二同意之限制；孫鐘贊成解散權宜嚴爲制限。各項表決，均無結果。二讀會中章士釗等主張總統有解散衆議院之權，不受參議院同意之限制。秦廣禮等主張七十五條全刪。仇玉珽、李慶芳主張四十三條全刪。駱繼漢主張修正爲大總統過有衆議院否決預算案或不信任決議成立時，得解散之；但同一會期不得爲第二次之解散。更有李兆麐主張第四十三及第七十五二條並存，惟將三分二以上之限制，改爲同意者。議論紛紛，各執一說，以是此項條文在二讀會中，未能得四分三之贊成通過，此問題卒未解決。至於省制問題，爭執尤烈，甚至各相鬬毆，並召致武人干憲，國會之遭受二次解散，此實爲要因也。故另於下節專論之。

第四節　省制問題之爭論

二年二讀會中糾紛最大者，爲省憲問題。先是二年天壇憲法草案起草時，對於地方機關之權限與組織問題，本已有人提出，卒因起草委員會因情勢危殆，急於收束，遂完全不及納入草案，亦未細加討論，僅於草案第一條有

「中華民國永遠爲統一民主國」之規定，以示該草案爲一種單一憲法，而非聯邦憲法。及至此次審議會中，國民黨議員多主省制入憲，而舊進步黨人反對之。其時舊進步黨系已分組兩個新政團：一爲憲法討論會，以湯化龍、劉崇佑、梁善濟、李國珍諸人爲其代表黨員；一爲憲法研究同志會，以梁啓超、王家襄、陳國祥、林長民、藍公武諸人爲其幹部領袖。其主張則與國民黨相反，採取中央集權主義，省制不規定於憲法。二派成對抗之勢。國民黨系議員雖一度結合，組織憲政商榷會，但因分子複雜，團結不堅，未幾，谷鍾秀、張耀曾因身列內閣之關係，表示擁護段祺瑞，乃別組政學會；而反段派之張繼亦復改組政團，稱益友社。於是憲政商榷會遂由分裂而消滅矣。而舊進步黨系之兩派，復合而爲一，稱憲政研究會，其團結頗堅，故爲國民黨系議員之勁敵。對於省制問題，適成相峙之形勢，其後卒釀成極大之鬨毆案。

先是省制加入憲法一案，審議會開始於民國五年十月二十日繼續審議，計是月二十三、二十五、十一月十七、二十九、十二月四、八各日，及六年一月十日，共開會九次，其間辯論至烈。各方爭論之點，不外二大要點，卽：（一）省制應否入憲，（二）省長應否民選。主張省制入憲者之理由：（一）省憲制定入憲法，可使中央與地方有所遵循，跋扈者無從跋扈，專橫者無從專橫。（二）世界各國無論聯邦國，或單一國，所有地方制度，大抵多加入憲法之中。（三）中國歷史上各時代地方制度，皆有規定。（四）省制加入憲法，可使地方人民視國家如家事，無不自行負責，政治可以發生最大效力。反對者則不贊成省制加入憲法，而主張別以單行法律規定省制。其理由則以爲數百年來以至於今，國民對於省制，尚無確定之認識，仍在思潮醞釀之中，無論何人對於省制無實在之把握，規定而不能實行，結果無益於事，或且因此惹起政潮。（二）省制規定於憲法內，中央將受省之拘束，殊於統一有礙。（三）省制加入憲法，非三五月不能議決，如因省制之爭論，至延遲憲法之產生，不能副國民之希望。總括兩方最大之理由仍在當時所謂實際上的障礙。反對省制入憲者，既鑒於當時各省督軍之跋扈，督軍跋扈，即使以憲法規定一種地方制度，彼等未必能就範；果爾，則憲法之權威，將不旋踵而墮地。而主張加入者，其所注重者，亦在矯正此種混亂狀態，而思有所補救。至省長應否民選問題，國民黨議員力主省長民選，而反對者則主張省長由中央任命。

雙方相持，長久不決。初因表決方法，發生爭執，繼則有投票舞弊之大衝突，口舌辯論之窮，乃發生一時之大鬪毆案，雙方通電全國，雙方提出懲戒，雙方向法院起訴，擾攘者一月。各黨爲至再至三之協商，直至六年一月十日始再開關於省制之審議會。及期，通過由各黨磋商合併提出之省制十六條。其大要不外（一）地方區域之規定，（二）省議會之職權，（以不抵觸中央法律者爲限）（三）省長由總統任命，（不加制限，）及（四）省參事會之組織大綱等，卒以各方意見之紛歧，不克於二讀會中通過。

第五節　國會內鬨與無期延會

因地方制度而引起之五年十二月八日審議會中之大鬪毆案，實爲民國立法史上一大污點。事後憲法研究會並通電各省督軍省長，以啓督軍干憲之漸。其電文略謂「本日憲法審議會以省制大綱加入付表決，乃暴亂派議員因主張失敗，竟場喧擾。陳策、葉夏聲、劉成禺、謝良牧、鄧天乙、陳時銓、吳我華、焦易堂等竟至逞凶毆打，本會議員籍忠寅、劉崇佑、陳光燾、張金鑑依法辯論，被毆成傷。自此次表決用投票法，依憲法會議規則審議會表決以出席員三分二同意決之。本日出席人數六百三十八人，三分二票數，應得白票四百二十六，方可通過。投票結果，白票四百二十二，尚差四票，應不得通過。投票數內有二人棄權，一人投票而不投名刺，彼等欲推翻表決，主張再投。查憲法會議規則第四十條，票數與議員數或名刺數不符，其不符之數，與表決結果無關係者，不在另行投票之列。現在白票尚差四張，即令棄權之二票，與未投名刺之一票，統行加入計算，尚不足三分二之數，確與表決結果無關。審議長陳國祥遵照規則，宣布投票有效，彼等遂蜂擁濆臺，擲物打人，秩序大亂。代理憲法會議長湯化龍遵照規則，復席宣告延會，彼等圍困主席，迫令取消表決，湯化龍依法答辯，謂議長只有宣告延會之權，宣告後無論何人，得自由退席。於是陳、湯皆退，彼等肆口謾罵，詆爲審議長違法，實則兩議長所宣言字字皆依法律。彼等遂兇打人，議場上坐椅、墨盒、案權皆成武器，長此紛擾，恐蹂躪我神聖莊嚴之議會。本會同人，痛心國難，曲意維持，尚以表決此項議題，彼雖失敗，主張再投，其票數適與表決結果有關，主席陳國祥立時宣告再行投票，本會議員毫無異議。此次表決，按之規則，實無再投之理。本會議員依法辯論，議長依法宣告，而受此橫逆，個人受傷固不足惜，如國事前途何！先此馳布，惟希公察。憲法研究會國會議員公叩。庚。」同時主張省制入憲之益友社議員，亦通電全國，以相抵抗。其電文曰：

「憲法明定省制，根據歷史國情，至爲正當。詎憲法研究會少數人屢次破壞，相持二月，本社爲速產憲法起見，暫將積年民選省長主張犧牲，贊成庚日審議會標題，以地方制度加入憲法，並規定省長由大總統自由任命付表決。衆議長陳國祥並不依法先點人數，即行發票，當經魏丹文舉發多發某議員票一張，投票結果票數逾名刺一張，顯有一人投二票之事，當然無效。而陳國祥竟宣布有效，及多人質問，劉崇佑等蜂起謾罵，秩序遂亂。張我華等據理辯明，卽遭毆傷。同人等以此係院內問題，應依院法解決，無須瑣瀆清聽，惟研究會揑詞通電，誠恐是非混淆，除將另函通告外，用先聲明，伏祈鑒察。益友社公啟。」

擾攘一月之後，各黨派協商提出之地方制度案十六條，本已於審議會中得大多數之通過。當時原有口頭契約，各黨均不提修正案，以免爭執。但並未聲明在二讀會中爲鐵案，不可移易。且因政黨協商僅能限制有黨籍者，其無黨籍，則不受限制。及開二讀會時，並無人提案。迨地方制度標題通過，湯漪、丁世嶧臨時提出修正案，於是研究會與討論會兩會之議員大譁，謂各黨背約，各黨則以湯、丁兩人於民國五年國會恢復後，未列黨籍，不能負責。結果又將原案及修正案再交審議會審議。其時督軍團干憲之事已發生，所有從前反對地方制度加入憲法之政團，如研究會討論會等之分子，均紛紛提出辭職書，表示其不贊成之意。審議會中已無反對派發言，至五月二十五日審議會且以不足法定人數，不能討論，遂爲無期之延會。

第十六章 國會第二次解散與復辟計劃之失敗

第一節 對德參戰同意案之擱置

民國六年二月對德外交問題，突起極大糾紛，卒引起國會第二次之被解散。先是歐戰發生後，德國於二月一日起宣布以潛艇封鎖海上，美、德巳絕交，我國於接到美通牒後，亦於二月九日提出抗議，此時協約國慫恿中國對德宣戰，朝野上下，對此問題爭訟不決。在國會中研究系皆從其領袖梁啓超之主張，極端贊成加入協約國對德宣戰；國民黨系議員則極端反對加入。然因益友社及政學會兩派議員贊成研究系，故於三月十日國務員全體出席兩院報告外交方針，衆議員卽日投票，以三三一票對八二票表決通過。參議院亦於次日以一五八對七二票投票通過。十日德國駐京公使送到德政府答覆書，十四日卽正式宣布對德絕交。

其時內閣總理段祺瑞固主戰派之領袖也，因解決軍務及對德宣戰問題，特召集各省督軍及各特別區都統在北京舉行軍事會議，於六年四月二十五日開會，督軍都統親自到會者甚衆，關於外交問題一致主張對德宣戰，冀以威脅國會中反對宣戰之民黨，而爲段氏對德政策聲援。五月一日復由內閣會議通過對德宣戰一案。七日黎總統將該案送交國會議決。八日衆議院開祕密會，國務院全體出席報告參戰案，表決交全體委員會審查。十日衆議院開會時，段祺瑞乃祖述民國二年袁氏威迫國會之慣技，由陸軍部人員指揮所謂「公民請願團」「五族請願團」、「北京市民主戰請願團」、「及軍政商界請願團」等約三千人包圍衆議院，毆辱議員多人，幷聲言必俟參戰案通過始散。衆議院因此憤激，停止會議。國務員谷鍾秀、張耀曾、程璧光、伍廷芳等相率提出辭職呈文，其後范源濂亦辭職，內閣中祇餘段氏一人。原來國會中對於參戰持反對態度者，祇國民黨系之丙辰俱樂部一派，其餘多贊成，自是大多數對段氏已不信任。十九日衆議院開會議決：「現內閣僅餘段總理一人，不能舉責任內閣之實，本院對於此等重大外交案件，應俟內閣改組後再議。」參戰一案，遂無形擱置矣。

第二節 督軍團干憲與國會第二次解散

其時督軍團知國會無可挽回，決意實行破毀，更以研究系之乘機構煽，乃假憲法草案議決條文不適國情爲口實，呈請政府解散國會。其呈文云：

「呈爲籲懇改制憲法，以清政紀，而維國本事。竊維國家賴法律以生存，法律以憲法爲根本，故憲法良否，實卽國家存亡之樞。恩遠等到京以來，轉瞬月餘，目覩政象之危，匪言可喩，然猶無難變計圖善。惟日前憲法會議二讀會及審議會通過之憲法數條，內有：衆議院通過不信任國務員之決議時，大總統可免國務院之職，或解散衆議院，惟解散時須得參議院之同意。又大總統任免國務總理，不必經國務員之副署。又二院議決案與法律有同等效力等語。實屬震悚異常。查責任內閣之制，內閣對於國會負責，若政策不得國會同意，或國會提案彈劾，則或令內閣去職，或解散國會，訴之國民，本爲相當之權責，乃得持平之維繫。今竟限於有不信任之決議時，始可解散。夫政策不同意，尙有政策可憑；提案彈劾，尙須罪狀可指，所謂不信任云者，本屬空渺無當，在憲政各國，雖有其例，究無明文。內閣相對之權，應爲無限制之解散，今更限以參議院之同意。我國參議院性實本無區域，迴護自在意中；欲以參議院之同意，解散衆議院，寧有能行之一日？是既限內閣於時時顚危之地，更侵國民裁制之權，憲政精神，澌滅已盡。且內閣對於國會負責，所有國家法令，雖以大總統名義頒行，而無一不由閣員副署，所以舉責任之實際者在此，所以堅閣員之保障者亦在此。任免總理爲國家何等大政，乃云不必經國務員副署，是任命總理時，雖先有二院同意限制，而罷免時，則毫無牽礙，一惟大總統個人意旨，便可去總理如逐廝役。試問爲總理者何以盡其忠國之謀，爲民宣力乎？且以二院鄭重之同意，不惜犧牲於命令之下，將處法律於何等，又將自處於何等乎？至議決案與法律有同等效力一層，議會專制口吻，尤屬顯彰悖逆，肆無忌憚。夫議員議事之權，本法律所賦予，果令議決之案與法律有同等效力，則議員之於法律，無不可起滅自由，與朕開口即爲法律之口吻，更何以異？國家所有行政司法之權，將同歸消滅，而一切官吏之去留，又不容不仰議員之鼻息，如此而欲求國家治理，能乎不能？況憲法會議近日開會情形，尤屬鬼蜮。每一條文出，既恆阻止討論，羣以即付表決相與譁譟；又每不循四分三表決定例，而輒以反證表決爲能事。以神聖之會議，與兒戲相終始，將來宣佈後，謂能有效，眞欺天耳！此等憲法，破壞責任內閣精神，掃地無餘，勢非舉內外行政、司法各官吏，盡數變爲議員僕隸，事事聽彼操縱，以暢遂暴民制之私欲不止。我國本以專制秕政，弊害百端，故人民將士不惜擲頭顱，捐血肉，慘淡經營，以構成此共和局面，彼等乃舞文弄墨，顯攫專制之權，歸其掌握，更復成何國家？以上所舉猶不過犖犖大者，其他鈐束行政，播弄私權，紕繆尚多，不勝枚舉。如認此憲法爲有效，則國家直已淪胥於少數暴民之手。如憲法公佈而羣不認爲有效，則禍變相尋，何堪設想！推原禍始，實由組織憲法之根基不良所致。考之各國制憲成例，不應由國會議定，故我國欲得良妥憲法，非從根本改正，實無以善其後。不於此時急於剗除，恐憲法全部二讀會不日告終，條文已定，三讀會不過修正文字法義，意旨不能改移。三讀既竟，當日卽可提出憲法會議，宣布施行。彼時卽欲補苴，勢將無及，強圖挽救，又必釀成絕大釁端，不蹈違法之行，卽造革命之實。恩遠等觸目驚心，實不忍坐視艱辛締造之局，任令少數之人，倚法爲奸，重召鉅禍。欲作未雨之綢繆，應權利害之輕重。以常事與國會較，固國會重，以國會與國家較，則國家重。今日之國會，既不爲國家計，是已自絕於人民，代表資格，當然不能存在。猶憶天壇草案初成，舉國駭惶，時我大總統在鄂督任內，挈銜通電，力闢其非，至理名言，今猶頌聲盈耳。議憲各員，具有天良，當能記憶，何竟變本加厲？惟有仰懇大總統權宜輕重，毅然獨斷，如其不能改正，卽將參衆二院卽日解散，另行組織，俾議憲之局，得以早日改圖，庶幾共和政體，永得保障，弈世人民，重拜厚賜。恩遠等忝膺疆寄，與國家休戚相關，與亡之責，寧忍自後於匹夫，垂涕之言，伏祈鑒察。無任激切屏營之至。」

當時黎元洪乃召孟恩遠、王占元入總統府，告以約法上總統無解散國會之權，解決時局辦法，惟有請段總理辭職。至是督軍團知黎氏無意解散國會，乃相率出京，於天津、徐州等處會議。同時五月二十三日黎元洪以國務員伍廷芳副署之命令，免段祺瑞國務總理職，卽以伍氏代理之。

段祺瑞既被免職，各省督軍相繼宣布脫離中央。五月二十九日安徽省長倪嗣冲首先通電：「羣小怙權，擾亂政局。國會議會，乘機搆煽。政府幾乎一空。憲法又係議院專制。自本日始，與中央脫離關係。」卽扣留津浦路火車，運兵赴津，以武力威迫黎氏解散國會，另制憲法。其後奉、陝、汴、浙、魯、黑、冀、閩、晉等省督軍省長及各師旅長相繼宣布與中央脫離關係。雖經黎氏發電勸告，並派員分往安慰，亦均無效。皖、魯、奉、汴等省且各派重兵進逼北京，並在天津設立各省軍務總參謀處，分軍事、軍機及軍需等部，以雷震春爲總參謀，於六月二日宣告成立，並由雷震春通電，聲稱出師各省「意在鞏固共和國體，另訂根本大法，設立臨時政府臨時會議」。一時形勢緊張，北京政府陡然危急；同時馮國璋忽向國會辭副總統職，表示不負責之意。黎氏至此覩形勢之危殆，乃用王士珍、李盛鐸之謀，假外援以自保。當時別樹一幟，能與段派相抗者，僅安徽督軍張勳。黎氏乃召張入京，名爲共商國是，實則借以自保。六月七日張由徐州率兵北上，八日入京。先派兵入京，並電陳調停條件，請限日解散國會。黎氏迫不得已，違法下令解散國會。令云：

「上年六月，本大總統申令以憲法之成，專恃國會。開國五年，憲法未定，大本不立，亟應召集國會，速定憲法等因。是本屆國會之召集，專以制憲爲要義。

前據吉林督軍孟恩遠等呈稱：「日前憲法會議及審議會通過之憲法數條，內有『衆議院有不信任國務員之決議時，大總統可免國務員之職，或解散衆議院；惟解散時，須得參議院之同意。』又『大總統任免國務總理，不必經國務員之副署。』又『兩院議決案與法律有同等效力』等語。實屬震悚異常。考之各國制憲成例，不應由國會議定，故我國欲得良妥憲法，非從根本改正，實無以善其後。以常事與國會較，固國會重；以國會與國家較，則國家重。今日之國會，既不爲國家計，惟有仰懇權宜輕重，毅然獨斷，將參衆二院，卽日解散，另行組織，俾議憲之局，得以早日改圖，庶幾共和政體，永得保障等語。」近日全國軍政商學各界函電絡繹，情詞亦復相同。

查參衆二院組織憲法會議，時將一載，迄未告成。現在時局艱難，千鈞一髮，二院議員紛紛辭職，以致迭次開會，均不足法定人數，憲法審議之案，欲修正而無從；自非另籌辦法，無以慰國人憲法期成之喁望。本大總統俯順輿情，深維國本，應卽准如該督軍等所請，將參衆二院，卽日解散，剋期另行選舉，以維法治。此次改組國會本旨，原符速定憲法之成議，並非取銷民國立法之機關，邦人君子，咸喻此意。此令！」

當時段祺瑞已免職，新總理李經羲復未履任，其他國務員如伍廷芳等爲避違法之嫌，俱不願副署於此項命令；乃臨時任命步軍統領江朝宗兼代國務總理，使副署解散令。黎氏於解散令發表之日，又另電各省，述其受迫之情形，與甘冒違法之苦衷。略謂：

「馮副總統、巡閱使、督軍、省長、護軍使、鎮守使、各報館均鑒：元洪自就任以來，首以尊重民意，謹守「約法」爲職志。雖德薄能鮮，未饜餘情，而守法勿渝之素懷，當爲國人所共諒。迺者，國會再開，成績鮮尠。憲法會議，於行政、立法兩院，權力畸輕畸重，未躋於平，致滋口實。皖、奉發難，海內騷然，衆矢所集，皆在國會。請求解散者，呈電絡繹，異口同聲。

元洪以「約法」無解散之明文，未便破壞法律，曲徇衆議，而解紛靖難，智勇俱窮，亟思遜位避賢，還我初服；乃各路兵隊逼近京畿，更於天津設立總參謀處，自由號召，並聞有組織臨時政府與復辟二說，人心浮動，訛言繁與安徽張督軍北來，力主調停，首以解散國會爲請。迭經派員接洽，據該員復述，如不即發明令即行通電卸責，各省軍隊自由行動，勢難約束等語。際此危疑震撼之時，誠恐藐躬驟然引退，立起兵端，匪獨國體，政體根本推翻，抑且攘奪相尋，生靈塗炭，都門首善之地，受害尤烈，外人爲自衞計，勢必至始於干涉，終以保護，亡國之禍，即在目前。元洪籌思再四，法律事實，勢難兼顧，實不忍爲一己博守法之虛名，而使兆民受亡國之慘痛，爲保存共和國體，保全京畿人民，保持南北統一計，迫不得已，始有本日國會改選令，忍辱負重，取濟一時。吞聲茹痛，內疚神明。所望各省長官，其曾經發難者，各有悔禍厭亂之決心，此外各省，亦皆曲諒苦衷，不生異議，庶幾一心一德，同濟艱難。一俟秩序回復，大局粗安，定當引咎辭職，以謝國人。天日在上，誓勿食言。黎元洪文。」

是爲國會遭受第二次解散之經過。此次黎氏逕納張勳之請，廿冒不韙，下解散國會之令，實爲非法之行爲。蓋依臨時約法，以及當時其他任何法律，俱無關於解散議會權之規定也。

第三節　張勳之復辟運動及其失敗

國會既經解散，次日（六月十四日）張勳偕李經羲到京。時張之參謀萬繩栻等，已先密電康有爲等來京。康既入京，即與張勳計劃復辟。六月三十日晚，張勳約集北京軍警長官王士珍（陸軍總長）、江朝宗（步軍統領）、吳炳湘（警察總監）等告以復辟之謀，王等不敢反對，議遂定。七月一日晨三時，張勳偕王士珍、江朝宗、吳炳湘、陳光遠、勞乃宣、劉廷琛等數十人，同入清宮奏請復辟。當經清帝發布上諭云：

「朕不幸以四齡繼承大業，煢煢在疚，未堪多難。辛亥變起，我孝定皇后至深仁愛，不忍生民塗炭，毅然以祖宗創垂之重，億兆生靈之命，付託前閣臣袁世凱，設臨時政府，推讓政權，公諸天下，冀以息政弭亂，民得安居。乃國體自改共和以來，紛爭無已，迭起干戈，豪劫、暴斂，賄賂公行，歲入增至四萬萬，而仍患不足，外債增出十餘萬萬，有加無已。海內囂然，喪其樂生之氣，使我孝定景皇后不得已遜政恤民之舉，轉以重苦吾民。此誠我孝定景皇后初衷所不料，在天之靈惻痛而難安者。而朕深居宮禁，日夜禱天，徬徨飲泣，又不知所出者也。今者復以黨爭，激成兵禍，天下洶洶，久莫能定。共和政體，補救已窮。據張勳、馮國璋、陸榮廷等以國體動搖，人心思舊，合詞奏請復辟，以拯生靈。又據瞿鴻禨等爲國勢阽危，人心渙散，合詞奏請御極聽政，以順天人。又據黎元洪奏請奉還大政，以惠中國，而拯生民各等語。覽奏情詞懇切，實深痛懼。朕不敢以天下存亡之大責，輕任於微渺之躬。又不忍以一姓禍福之嚮言，遂置億兆生靈於不顧。權衡輕重，天人交迫，不得已允如所奏。於宣統九年五月十三日臨朝聽政，收回大權，與民更始。」同日清帝並任命內閣議政大臣、各部尚書、弼德院正副院長、南洋大臣等若干人，復辟之局暫定。

時黎元洪乘間逃入使館區域，祕派丁槐南下，將大小印信送交副總統馮國璋，請其依法代行總統職權。同時並復任段祺瑞爲國務總理，聲明於副總統未能正式代理以前，即由段負責處理一切事宜。當時各省督軍，對於復辟，一律通電聲罪致討。北洋派軍隊時均在北京附近，易於進攻。張紹曾、曹錕、李長泰等曾先發動，段祺瑞自任討逆軍總司令，於七月五日親往馬廠督師，設司令部於天津，得馮玉祥、李長泰等之奮戰，於十二日進逼北京，張勳逃往荷蘭公使館，復辟之亂，遂歸平定。

第五篇　西南之護法運動

第十七章　西南非常會議與護法政府之成立

第一節　西南護法運動之開端

復辟亂平，馮國璋以副總統代理大總統，段祺瑞仍任內閣總理，蔑法自行，聽從研究系梁啓超、湯化龍等之獻策，主張「倣照第一次革命先例召集臨時參院重定國會組織法及選舉法後再行召集新國會」舊國會中民黨議員奮起反對羣聚上海發表宣言作下列五項之主張，即（一）違法解散國會之命令無效其他未按照法律者亦然。江朝宗及其他不合法閣員及其不依法之命令，概不承認（二）優待清室條例，爲民國格外之恩在南京國會議決。今清室旣叛民國應受懲治。然其正當解決俟合法國會成立時，再定之。（三）無論何種立法機關臨時參議院、憲法會議等皆屬違法毀憲一概否認。（四）舊國會應立卽自行召集。（五）帝制餘孽復辟叛徒及違憲之禍首，應按法懲究。此宣言發出後，段氏置若罔聞，國會卒未恢復。舊國會議員因之對馮、段絕望。孫中山先生電段請其擁護約法，段旣已不納，而召集臨時參議院之說，復將實現。孫先生乃於六年七月十七日毅然率領舊國會議員及海軍，南下廣東，作護法之倡導。此次護法之旨趣，可於孫先生在黃埔公園歡迎會席上之演辭中見之。其大意略謂：『鄙人密察大勢，非得強大之海陸軍爲國民爭回眞共和，無以貫徹其救國救民之宗旨。迭次與程總長磋商，得海軍全數效忠共和。惟是海軍必有根據地，上海已爲一般稱兵謀叛者所割據，浙江、福建亦然，祗有以廣東爲海軍策應，然後一切大計劃，可以發展。鄙人今日所望於諸公者，卽日聯電，請海軍全體艦隊來粤，然後卽在粤招集國會，然後請黎大總統來粤執行職務。鄙人前商程總長，已派出艦二艘，在北京護送黎大總統來南方就職。日本公使，以京津一帶，多爲叛軍佈滿，恐黎大總統一出使館門外，來之暴力，難免有些危險，徐圖設萬全之法，乃奉送黎大總統出京。現兩艦仍在秦皇島等候，大約吾人在廣東組織妥善後，黎大總統卽能來矣。此因國家與廢關頭，共和存亡機軸，望諸公同心合力做去，卽日發電，招齊艦隊及議員等，來粤組織政府。共和國家之總樞，全在國會，國會所在之地，卽爲國家政府所在之地云云。』

同月十九日孫先生復電請國會議員擇地開會，其電文曰：『自叛督稱兵，大法蕩然，逆賊張勳乘間復辟，僞主溥儀，因勢竊位。而民心歸嚮，終在共和，僞清敗徵，智愚共見。於是前之倡亂壞法者，又假借反對復辟擁護共和之名，以圖自固。帝制餘孽，亦乘此以邀功。文以爲今日之患，非患眞復辟者之衆，正患僞共和之多。心復辟而僞共和者，不唯不能認爲有誠意之友，且不能認爲有誠意之敵。以叛討叛，以賊滅賊，但當視爲械鬬，不能與以擁護共和之名。且清主溥儀，冒竊大位，豈曰逼脅，實其本情。而此次自稱討逆者，祗罪張勳，於清主不加申討，或且爲之保障優待條件，是乃與張勳爭權攘利，而非擁護共和之明徵。朝秦暮楚，誰能保信？國會諸君，已被叛督稱兵解散，卽與僞共和勢不兩立。今清主既已失敗，正國會自奮之時。文嘗觀時勢，江河流域已爲荆棘之區，惟西南諸省，擁護共和，歡迎國會。諸君宜集會於粵、滇、湘各省，擇其適當之地，以開會議而行民國統治之權。如人數不足，開緊急會議亦可。責任所在，萬勿放棄。文以不材，忝爲民國先驅之役，引領渴望，何日忘之。其權奸狐媚，前既同意於解散，後又委曲而請求者，進退失據，不可與謀，當爲諸君所共曉。尤望愼所自處，勿再受人愚弄。」同時粵省政府及省議會皆致電歡迎。二十二日程璧光與第一艦隊司令林葆懌，由吳淞率領全艦隊赴粵，並發布護法宣言。其時國會議員，自七月下旬起已陸續赴粵，至八月中到粵人數已有一百五十餘人。護法運動，至是開始進行矣。

第二節 國會非常會議集會廣州

自孫先生電請國會擇地開會後，議員至粵者復日多。伍廷芳、章炳麟、唐紹儀等更先後來粵。孫先生乃於六年八月十八日宴議員於黃埔公園，到一百三十餘人。即於是日開談話會，決定在粵開非常會議，次日發布宣言，略謂：「民國不幸，禍患頻仍，倪逆稱兵，國會被毀。張賊復辟，國體動搖。造亂之徒，乘機竊政。託名討賊，推翻約法。擅立政府，易置總統。執法以繩，厥罪爲均。又復疊逞狡謀，圖湘窺蜀，輸兵南下，其勢駸駸。憑藉北洋，壓制全國。充類至盡，吾民寧有噍類之存？所幸諸公，獨持正義，興師討賊，信誓在人；救我黔黎，定茲國難。公等之責，吾民之望也。同人等昔受國民之託，職務未終，今被國賊之軀，責任難棄。用依約法，自集於粵。人數未滿法定，本難遽行開會。唯念時局之危，間不容髮，西南散處，意志輒殊。對外則馮、段宣戰，我將何以處德、奧；對內則黃陂孤陷，我將何以設政府。凡荷重要，亟待討論。

爰繹主權在民之用，師法人國變之例，特決定本月二十五日於廣州開非常會議。以謀統一，以圖應變。區區之意，如斯而已。夙諗公等護法心殷，尙望時賜明教，用匡不逮。果利於國，同人等靡不樂從之也。謹此奉聞。」八月二十九日更議決「國會非常會議組織大綱」十一條，其條文如左：

第一條　國會非常會議，以現任國會議員組織之。

第二條　國會非常會議之議事，以參衆兩院議員會合會行之。

第三條　國會非常會議，至內亂戡定，臨時約法之效力完全恢復時爲止。

第四條　國會非常會議，非有十四省以上之議員列席，不得開議。蒙古、西藏、青海、華僑，各選舉區，以省論。

第五條　國會非常會議之議事，以列席議員過半數決之。

第六條　國會非常會議之正副議長，就現任兩院正副議長內推定之。正副議長均有事故時，得選舉臨時議長。

第七條　國會非常會議，得設各委員會。

第八條　「軍政府組織大綱」，由國會非常會議制定，並宣布之。

第九條　國會非常會議，於軍政府有交議事件，或由六省以上之議員聯合提議時，得隨時開會議決。人民請願事件，經委員會審查後，得提出議決之。

第十條　本大綱有議員四十八以上之連署，得提議修正；以列席三分之二以上議決之。

第十一條　本大綱自宣布日施行。

惟此時議員到粵人數尚少，出席非常會議者僅一百餘人。至次年六月，西南形勢漸固，乃有召集正式國會，自由集會廣州之舉。六月十二日在粵之國會議員，依同年三月十八日兩院議員談話會之決議，宣告繼續第二屆常會，而到粵議員仍不足法定人數，實際上正式會議仍不獲成立。雖思將未到會之議員除名，而以候補議員遞補，然除名亦須經過半數議員之議決，於是除名之規定亦無法適用。卒以急於湊足法定人數，雖一面已經聲明此次集會爲繼續第二屆常會之會期，一面仍借用民國二年議院法第七條「議員於開會後滿一個月，尙未到院者，應解其職；但有不得已故障，報告到院時，得以院議展期至兩個月爲限」之規定，先後解職者，計參衆兩院議員三百二十五人。此項解職議員之遺缺，先後將候補議員遞補，復以王家襄、陳國祥不肯南下，並於九月十六日選舉褚輔成爲衆議院副議長，十月十九日選舉林森爲參議院正議長。至是法定人數已經湊足，正式會議，遂獲成立。

第三節　軍政府組織大綱之制定

國會非常會議於六年八月十八日開會之後，至二十五日卽討論組織政府事，三十日將「軍政府組織大綱」逐條通過，全文十三條，卽於當日宣布施行，其大綱全文如左：

第一條　中華民國爲戡定叛亂，恢復「臨時約法」，特組織中華民國軍政府。

第二條　軍政府設大元帥一人，元帥三人，由國會非常會議分次選舉之；以得票過投票總數之半者爲當選。

第三條　臨時約法之效力未完全恢復以前，中華民國之行政權由大元帥行之。

第四條　大元帥對外代表中華民國。

第五條　大元帥有事故不能視事時，由首次選出之元帥代行其職權。

第六條　元帥協助大元帥籌商政務。元帥得兼任其他職務。

第七條　軍政府設立各部如左：

一、外交部

二、內務部

三、財政部

四、陸軍部

五、海軍部

六、交通部

第八條　各部設總長一人，由國會非常會議分別選出，咨請大元帥特任之。前項選舉，以得票過投票總數之半者爲當選；但遇總長缺位，未經選舉以前，大元帥得爲署理之任命。

第九條　各部總長，輔助大元帥執行職務。

第十條　元帥府及各部之組織，以條例定之。

第十一條　軍政府設都督若干員，以各省督軍贊助軍政府者任之。凡有舉全省兵力宣布與非法政府斷絕關係者，依前條之規定。

第十二條　本大綱至「臨時約法」之效力完全恢復，國會及大總統之職權完全行使時廢止。

第十三條　本大綱自宣布之日施行。

先是孫中山先生及國會議員，均電請黎元洪南下，黎元洪不敢來，至是國會非常會議乃於九月一日依據「軍政府組織大綱」第二條之規定，開會投票選舉大元帥與元帥。議員出席者九十一人，用無記名投票結果，孫中山先生得八十四票，當選為大元帥。次日再選舉元帥，陸榮廷得七十六票，唐繼堯得九十三票，均當選為元帥。非常會議於是致孫中山先生書，請其就職，略謂：「民國不造，倪、張倡逆，國會解散，大法掃地，以啓清廷復辟之變。段祺瑞與張勳同惡相傾，迭為起滅，廢清斯覆，而大總統亦被廢斥，國法圮絕，民無所依。景濂等以為救拯焚溺，不可格以恆軌，用是依準法國前例，開非常會議於廣州。僉謂大盜移國，非武力不能制治，西南各省與海軍第一艦隊，兵力雄厚，士心效順，而部曲散漫，未有統帥，殊不足以取齊一之效，即於六年八月三十日，議決軍政府組織大綱，置海陸軍大元帥一人。九月一日投票選舉前臨時大總統孫先生文，手造民國，內外瞻仰，允當斯任。即日齎致證書，登壇授受，悃忱未盡，復申是言。所願我大元帥總攝師干，殲除羣醜，使民國危而復安，約法廢而復續，不勝鄭重期望之至。」

孫先生接書後，即致誓詞於非常會議，其詞曰：「文以不德，忝為共和先導，民國成立六年於茲，而梟雄蚌換，頻頻不已，文不能救，自念無以對我邦人兄弟。今者叛督倡亂，權奸竊柄，國會解散，元首遷廢，此誠勇夫志士發憤倡義之時也。而遷延數月，大兵未舉，政府未立，內無以攘寇亂，外不足示友邦。文以國會諸君不釋之故，不得不統攝軍政。任職以後，唯當竭股肱之力，攘除奸凶，恢復約法，以竟元年未盡之業，雪數歲無功之恥。責任在躬，不敢有貳，諸所舉措，亦惟國會諸君實匡救之。』

第四節　軍政府之成立與改組

同年九月十日孫先生就大元帥職，於是日由黃埔乘軍艦抵廣州市，至非常會議行就職禮，并布宣言云：『昔胡清失道，人心思漢，文與海內志士合謀征討，武昌倡義，黃陂實爲主帥。江南既定，共和初造，則南都武昌爲中樞嗣以虜運告終，受之袁氏。文雖自甘退讓，而推薦非人，終於反噬，南方塗炭，元勳殺戮，國會解散，恣睢五稔，僭號稱帝。實賴西南豪傑出師致討，兵未渡江，元凶殂殞；黃陂以副貳之位，依法繼任。然後知神器不可以力競，民意不可橫誣也。徒以除惡未盡，權奸當道，帝孽縱而不治，元勳抑而不用；泱泱之威，上凌元首；詐取之謀，南暨吳蜀；侵約法宣戰媾和之權，辱國會神聖立法之地；既被能黜，嗾賊興戎，以肇解散國會之禍。小腆乘之，應機復辟，民國根本，掃地無餘。猶幸共和大義，浹於人心，舉國同聲，誓殲元惡。張紹曾、丁槐等實受黃陂密命，倡義討逆；師期漏洩，爲凶人所掩，乘間攘竊，飾功取威；既覆虜胡，亦以是黜黃陂之命；數遣狙擊，逼迫臥寢，糾合無賴，劫奪印璽，以自成僞政府。嘗如朱棨、高歡輩互爲首尾，盜取國柄，其罪均也。文於是時，身在海隅，兵符不屬；會海軍總長程璧光奉命南來，共商大計，既遣兵輪赴秦皇島歡迎黃陂，亦不能致。猶謂人心思順，必有投袂而起者；遷延旬月，寂然無聞。是用崎嶇奔走，躬赴廣州；所賴海軍守正，維紀扶義，知民權之不可泯沒，元首之不可棄遺，奸回篡竊之不可無對抗，國際交涉之不可無代表也；於是申請國會，集於斯地，間關開議，以文爲海陸軍大元帥，責以戡定內亂，恢復約法，奉迎元首之事。文忝爲首建之人，謬膺澄清之責，敢謂神州之廣，無有豪傑先我而起也哉！徒以身爲與共和死生相係，黃陂爲同建民國之人，於文猶一體也，生命傷而手足折，何痛如之！艱難之際，不敢以謙讓自潔，卽於六年九月十日就職。冀二三君子同德協力，共赴大義，文雖衰老，猶當荷戈援枹，爲士卒先，與天下共擊破壞共和者。」

是日國會並選舉各部總長，計財政唐紹儀、外交伍廷芳、內務孫洪伊、陸軍張開儒、海軍程璧光、交通胡漢民六部，由大元帥特任之。軍政府遂宣告成立，以黃埔公園爲軍政府。十八日軍政府以對德宣戰案諮詢國會，國會議決答覆。軍政府乃於二十六日發出對德宣戰之佈告，其文曰：『中華民國軍政府爲布告事：查我國前因德國宣布潛艇戰略，曾由政府提出抗議。抗議無效，復由政府得國會之贊成，與德斷絕邦交。未幾復以宣戰案提出國會，請求同意，未及議決。不幸倪逆嗣冲等倡亂，國會中絕，致此項重案至今未得合法之解決。迺者，段祺瑞矯託大總統命令，擅組政府，對於德、奧實行宣戰，揆之國法，自屬不合，按之事實，我國之與德、奧實已處於對敵地位。今軍政府成立伊始，關於對外大計，亟宜決定，以利進行。當於本月十八日具文諮詢國會非常會議，應否承認對於德、奧兩國交戰狀態，旋經國會非常會議於本月二十二日開會議決，承認交戰狀態，具文答覆前來。查解決內政與國際戰爭，本屬兩事，既經國會非常會議議決承認交戰狀態，本軍政府自應依議執行。對於德、奧兩國，一切依據戰時國際法規辦理。特此布告中外，咸使聞知。」

軍政府形式上雖已成立，但實際上諸事皆爲陸榮廷、陳炳焜等所把持，全不能有所發展，故各部長多未實行就職任事。蓋陸榮廷、唐繼堯於軍政府成立之初，即不就元帥職。對段祺瑞雖反對，對馮國璋則仍奉爲大總統；屢欲犧牲護法，與馮、段議和，礙於軍政府護法主張之力；另欲組織各省聯合會，以抗軍政府，又苦毫無根據。至是乃由政學會聯結吳景濂，擬以非常國會改組軍政府，將元帥職改爲總裁制。孫先生遂於七年五月四日向非常國會辭大元帥職，並通電歷述南來護法之顛末及辭職之苦衷。十日國會非常會議議決修正「軍政府組織大綱」凡三十八條，其條文列左：

一　中華民國軍政府，以各省各軍之連合，於護法救國事業未完全告成以前，依本大綱之規定，行使中華民國之行政權。

二　中華民國軍政府之行政權，由總裁會議，以政務院贊襄行之。

三　總裁會議，以總裁組織之。

　　總裁由國會兩院聯合會選舉之，以得票過列席員之半數爲當選。

四　總裁以原任軍政府總裁人數爲定額。但應時勢之必要，國會兩院聯合會得增減之。

五　總裁以合議制行使其職權。總裁會議每次以輪推一人爲主席。

六　總裁因事故不能到職時，得派專員爲代理。但代理總裁，不得派代表列席總裁會議。

七　總裁代表軍政，總攬會務。

八　總裁任免文武職員。但任命政務員及對內對外全權代表，須得國會兩院聯合會之同意。

九　總裁得提案交國會兩院聯合會議決。

十　總裁得主國內和戰事宜。但和平條件，非經國會兩院聯合會之同意，不能簽字。

十一　總裁得接受外國全權代表，辦理外交，訂立契約。但關於人民有負擔之契約，須經國會兩院聯合會之同意。

十二　總裁得辦理內外公債之募集；但須經國會兩院聯合會之決議。

十三　總裁得承認護法軍隊，或救國軍隊之加入。

十四　總裁得統籌軍備及計畫作戰。

十五　國會兩院聯合會，得以列席員過半數之可決，彈劾總裁。

十六　軍政府執行約法上之大總統職權時，依約法之規定，但須以代理國務院攝行大總統職務資格行之。

十七　軍政府以代理國務院攝行大總統資格，執行約法上之大總統職權時，須對國會負責任。

十八　政務院以政務員組織之。

十九　政務院長，各部總長，均稱為政務員。

二十　政務院分設各部，依國務院官制之所定；但各部內部之組織，另以條例定之。

二十一　政務員輔助總裁，對國會兩院聯合會負責任。

二十二　凡關於政務之文告，以軍政府名義由總裁連署，政務員副署行之。

二十三　政務員及其委員，得於國會兩院聯合會出席及發言。

二十四　政務院長，由國會兩院聯合會選舉之。以得票過列席員之半數者爲當選，總裁會議任命之。

二十五　國會兩院聯合會，對於政務員，得以列席過半數爲不信任之決議。不信任決議成立時，政務員應即解職；但關於個人或一部時，政務員全體不負連帶責任。

二十六　政務員與總裁意見不同時，得開聯席會議決定之。

二十七　聯席會議以總裁、政務員及各省軍代表會合行之。

二十八　原有軍政府各省軍代表之列席政務會議者，得參加政務會議。

二十九　軍政府設軍事委員會，由各省軍長所派之軍事代表各一人，及經軍政府任命之軍事委員組織之。

三十　軍事委員會建議軍事上之計畫，及備政府之諮詢。但關於各軍之特別事宜，得由該軍委員單獨建議。

三十一　政務院設參事會，由各省省議會選出二人，總裁會議任命組織之。無省議會之區域，由該地法定機關選舉之。

三十二　參事會建議地方行政之計劃，及備政務院之諮詢；但關於各地方之特別政務，得由該省參事單獨建議。

三十三　護法各省政府之職權，一仍其舊；但隸於中央政府之機關，軍政府得直接管轄之。

三十四　參謀總長，得列席政務會議。

三十五　參謀部之組織，依原有之官制。

三十六　法院依原有官制及其法律行之。

三十七　本大綱自宣布之日施行。

三十八　本大綱至中華民國全國統一之日廢止。

此項修正大綱議決後，非常國會復於五月二十日照大綱第三條選舉政務總裁七人。結果孫先生及唐紹儀、伍廷芳、岑春煊、陸榮廷、唐繼堯、林葆懌七人爲軍政府總裁；七月五日始由陸、唐等通告成立。八月二十一日推舉岑春煊爲主席總裁，於是政學系包辦政治大告成功。其時孫先生已洞悉政學系之陰謀，全爲議和而非護法，不自參加，並不發表意見。唐紹儀亦在上海。

第十八章　護法國會之制憲事業

第一節　國會正式開會與三次宣言

國會既於七年六月十二日宣告，繼續正式國會第二屆常會，是爲國會正式開會於廣州，乃於同年八月十九日，發布中華民國國會第一次宣言，否認北京政府之地位及其對內對外一切行爲之效力，其文曰：「民國成立，政變迭起，而以今次所遭之變爲尤烈。始則由於一二民賊，憑藉武力，破壞國家已成之法律；繼乃喪權鬻國，屠戮同胞，假外力以求一逞，雖犧牲國家，亦所不惜。曩者帝制之變，復辟之亂，罪在叛國，固已不赦。而今日實行武力專制之非法政府，則更一意賣國，以遂逆謀，其罪既浮於毀法，而爲禍馴至於亡國。此則一年以還之政變，吾國人所痛心疾首者也。中華民國由於中華人民所組織，其組織之根本信條，載在約法者：一曰、中華民國之憲法，由國會制定；二曰、憲法未制定以前「臨時約法」之效力與憲法等。自其後者言之，孰則敢於毀棄「約法」者，孰爲人民之公敵。自其前者言之，則憲法一日不定，國本一日不固。國會成立以來，兩院議員固當竭忠效愚，從事制憲。乃者民國二年，天壇憲法草案甫經造成，而國會頓遭非法之解散。倒行逆施，亂法亂政，莫茲爲甚。自海軍與西南興護法之師，而國會議員開國會非常會議於廣州，組織中華民國軍政府，以統一護法，號召全國。職權所寄，載在大綱；大義昭然，揭於天下。

凡在國民，皆當援助。設非西南伸護法之大義，國會有集會之自由，則民國主權機關，如憲法會議，總統選舉會，皆將隨民國議會同歸消滅。所謂民國，直將陷於無法律無政府之險地。今者兩院議員依據院法，臨時集會於廣州。凡職權所在，國本所關，若憲法會議之繼續，總統選舉會之組織，固當勉盡職責，次第進行。惟際此存亡絕續之交，尤當求撥亂反正之道。爰於民國七年八月十九日，兩院會合開會，本民意之總積，爲左列之決議：（一）中華民國大總統之職權未能依法行使以前，非法政府所公布之僞法律，及其所發佈關於抵抗護法行爲之僞命令，絕對不生效力。（二）非法政府所締結之條約契約，及其所發布之公債，按照約法，應由國會議決或同意者，在未經議決或同意以前，不得認爲有效。各方陳義，不外回復「約法」，以鞏固共和之基礎；制定憲法，以完成民國之組織；選舉總統，以保持民國之統一。對於毀法賣國之民賊，則與衆共棄；對於親善之友邦，則希望其勿再予非法政府以援助。凡此諸端，悉本全國一致之心理，勉爲切實可行之議決。念之哉！扶危定傾，厥惟護法；多難興邦，是在國民。」

其後北京召集新國會，選舉新總統，廣州舊國會乃於七年九月四日發布第二次宣言，反對新集之國會及將選之總統，其文曰：「前者國會宣言：『中華民國大總統之職權，未能依法行使以前，非法政府所公佈之僞法律，及其所發布關於抵抗護法行爲之僞命令，絕對不生效力。』可知北京僞國會之組織，及一切行動，悉屬僞法律所構成，當然無效。乃聞北京非法國會，尚欲濫竊大權，選舉總統。查「大總統選舉法」第二條：「大總統由國會議員組織總統選舉會選舉之。」是總統之選舉爲國會之特權。故今日除根據約法所產生之國會有此特權外，無論何項機關無參預之餘地。大法昭著，中外咸知。萬一不幸而有非法選舉之事實發生，無論選舉何人，對內對外，絕對不生效力。特此宣言，咸使聞知。」

自國會第二次宣言發出後，馮國璋之總統任期於是年十月十日卽行終了。國會復於十月八日開參衆兩院聯合會議決委託軍政府代行國務院職權，攝行大總統職務，並發表第三次宣言，略謂：「選舉大總統爲國會議員之職責，依大總統選舉法第三條第二項，大總統任滿前三個月，國會委員須自行集會組織總統選舉會，行次任大總統之選舉。惟現値國內非常政變，次任大總統之選舉應暫緩舉行。自民國七年十月十日起，委託軍政府代行國務院職權，依大總統選舉法第六條之規定，攝行大總統職務，至次任大總統選出就職之日止。特此宣言，咸使聞知。」但北京政府此時則處處以民國約法爲護符，且新國會已選舉徐世昌爲大總統，於十月十日就職。至是軍政府乃通電各省，公佈徐世昌罪狀，謂徐氏「以私人自構之議員，竊行選舉，遽冒大位，是紊亂國憲，破壞統一之罪，厥有攸歸。」然在安福系把持下之北京政府，仍置若罔聞也。

第二節　憲法審議會之繼續召集

國會正式成立以後，以繼續議憲，完成國家根本大法爲號召，越時數月，議員聯袂到粵。參衆兩院常會法定人數已足，憲法會議之審議會，卽於是年九月二十八日開議。至十二月二十三日共開會若干次，將北京所審議未完之地方制度，繼續審議竣事。是時議員應召而集者，兩院各有總額三分二以上之人數，乃開正式憲法會議之二讀會，是爲西南護法議憲時代第一次之二讀會議，決以審議完畢之地方制度案，交憲法委員會起草。

時起草委員會委員六十八人，在職者不足半數，乃補選衆院委員二十一人，參院委員十五人。因舊理事李國珍、夏同龢、黄雲鵬解職，舊書記長林子衡不在粤，乃補選謝持、馬驤、陳嘉會爲理事，公推委員吳宗慈兼任書記長。委員會於八年一月九日開會，主席指定孫鍾、吳宗慈、呂復、何畏、韓玉辰五人起草條文，歷時一月，由委員會議決。初本擬一面由委員會起草地方制度條文，一面由憲法會議續開二讀會，以討議以前北京懸而未決之條文；乃因民國八年初南北政府開對等和議，與上海議員又多離粤，故地方制度條文雖經委員會草定，仍不克報告於大會。和議經年，毫無結果。八年冬，乃復有召集議憲之舉，於八年十一月十八日開議，至九年一月十八日開二讀會暨審議會各若干次，卒因各政黨間主張不同，協商無效，會議又致停頓。

第三節　審議中爭執最烈之問題

此次審議會中波折最多，爭執最烈之問題有二：（一）爲國會解散權問題；六年北京議憲第七十五條之解散權，與第四十三條之不信任權，原爲合併討論，嗣不信任權表決通過，解散權未經解決，而國會解散。今繼續討論，葉夏聲主張修改爲「大總統於國務員受不信任決議時，非免國務員之職，即解散衆議院；但解散衆議院須經參議院之同意。原國務員在職中，不得爲第二次之解散。」王玉樹修正爲將原案全删，表決結果，葉、王修正案均否決，原案亦否決。湯漪動議認爲憲法不可廢棄之問題，請付審議，付表決，以五九二人之出席，一六六人之贊成，不過半數否決，遂宣告廢棄。於是主張有解散權者，力圖補救之策，如呂志伊提案主張兩院議員有違憲、受賄、瀆職，爲國民所不信任者，原選舉會及選舉區之選舉人，各得依法投票召還之；郭同提案主張衆議院議員之選舉人，對於本選舉區之議員得爲不信任投票呂復提案主張每省原選民各有十萬人以上之連署，請求大總統解散衆議院等，皆欲補救七十五條之缺憾，於是牽及八十二條之原案又再付審議。（二）爲地方制度章之省長職權問題各政黨主張根本不同者，卽省長民選或任命問題是也。故議至第十一條第一項時，糾紛又起。地方制度第十一條第一項，原案爲「省設省長一人，執行國家行政並監督地方自治。」本條第二項原案爲：「省長由省議會選舉三人，呈請大總統擇一任命之。」十二月三十日張善與等各提修正案俱被否決。呂志伊提議認爲憲法內不可廢棄之問題，再付審議。九月一日、二日審議無結果；三日大會仍無結果；六日大會尹承福等又提修正案，依次付表決，俱被否決；惟張瑞萱之修正案，主張「省設省長一人，執行省政務。國家行政得依法令委任省長執行之。」卒以五九二人之出席，四六四人之贊成，過四分之三可決。徐蘭墅提起疑義，請反證表決，起立者一四三人，不足四分一，證明前次表決確在四分三以上。有人再提疑義，主用投票表決，無結果而散。

第四節　西南制憲事業之頓挫

自地方制度問題發生糾紛，憲潮又起。其時益友社與民友社，意在制定憲法，選舉正副總統，撤銷軍政府，建立正式政府。而政學會則以制憲與其所主張之和會運動不能兩立，對於憲法會議毫無誠意，且假「省長民選問題」，率其少數議員全部缺席，使憲法會議無從開會，流會至八次之多。九年一月二十四日，憲法會議開會，議長林森主席宣告衆議員人數到三百人，已足法定人數，惟參議院人數差十餘人，不足法定人數，改談話會。林議長至是不得不宣告暫時停止議憲，其言至爲沈痛，林氏略謂：『我人來粵護法，於玆數年。救國目的，絲毫未曾達到。今之所希望者，在此憲法能於護法期間，完成大業；不意少數人牽掣，又致功敗垂成。數年來人民困苦流離，絲毫福利未曾得到，卽此百餘條紙上空文之憲法，亦屬望梅不能止渴，殊足令人傷心！』言既，淚披兩頰，不能終其詞。同時在座者多半涕泗汍瀾，不能仰視，年老議員如李文治、樊文耀尤爲哀痛。西南議憲，至是終局。事後並由憲法會議，通電全國，宣布破壞制憲之經過，原電云：

『各省省議會、商會、教育會、農會、工學會、學生聯合會、各報館、各團體；上海商會、教育會、農會、工會、全國學生聯合會、全國各界聯合會、商業工團聯合會、各報館、各團體；北京商會、教育會、農會、工會、學生聯合會、各報館、各團體均鑒：一月六日之憲法會議，議事日程爲地方制度第十一條至第二十二條。議長按照議事日程，第十一條第一項開議討論終局後，議長先表決尹承福、陳家鼎、徐蘭墅、李載賡、童杭時等各修正案，均否決；次表決張瑞萱修正案，議長宣告表決結果，在席人數五百九十二人，起立者四百六十四人，已足四分三以上，可決。徐蘭墅提起疑義，要求反證表決，楊福洲、韓玉辰、宋汝梅等主張用憲法會議規則第三十九條之規定，投票表決；張知本、張我華等以三十九條係獨立條文，現經提起表決疑義，應適用第三十八條，先行反證表決，時已屆法定時間，議長宣告延長半點鐘，以兩種主張交付院議公決，贊成適用三十八條起立者四百十四人，多數可決。後議長宣告張瑞萱案反對者請起立，反證表決結果，議長宣告在席人數五百九十二人，四分一爲一百四十八人，起立者一百四十三八，不足四分一，證明前此表決已足四分三以上可決。時已五時三十分，延長時間已到，議長宣告延會。此是日會議經過之情形也。八日憲法會議議事日程爲地方制度第十一條第二項，至第二十二條，忽有參議員沈鈞儒、金兆棪、楊永泰、秦錫珪、張啓泉、孫光廷、劉新桂、王鑾聲、楊森、札布廷、楊澤、丁文璧、楊天驥、韓玉辰、鄭際平、楊福洲、宋汝梅等十六人，衆議員徐蘭墅、張佩紳、陳鴻鈞、李爲綸、歐陽振聲、裴廷藩、周之翰、朱溥恩、陳祖基、徐紹熙、袁麟閣、劉彥、廖希賢、鍾才宏、王源瀚、魏郁文等十六人，稱六日張案反證表決後，有人再提起疑義，强求重行表決，並以八日議事日程明列第二項，相率不出席以示抵制，冀推翻六日表決。眞日陳鴻鈞等復揑造事實，通電欺罔全國，同人等隱忍至今，不與申辯，經林議長褚審議長先後設宴勸告不聽，伍總裁馳書勸告無效，各分子各政團，復紛紛協商，彼等忽而贊成，忽而反對，種種變幻，摹擬不出。明知院外協商，非法律所賦予，同人等不惜委曲遷就者，實欲完成大法，冀彼等最後之覺悟也。一月十八日晚，由不出席議員代表沈鈞儒、王源瀚提出條件，要求十一條一項下加但書，文曰：「但大總統依官制之規定，得派專員分別管理。」且在協商會鄭重聲明，單獨表決，但書如能辦到，卽可一致出席。十九日協商仍無異議，二十一日各政團一致贊成但書，允連署提出交付審議後，再列議事日程，而沈鈞儒等忽又反覆，不贊成自己提出條件，欲將但書與十一條第一項合併表決，冀貫澈推翻表決主張。同人等自是始識沈等之眞意。計自八日起至於二十四日止，協商已有八次，彼等不出席亦已滿八次，在此時期，同人等心力交瘁，無術挽回。前猶疑爲手續之爭，內容之爭，今始知非手續及內容之爭；前猶疑各報載徐世昌電李純忠告南方停止議憲，及某某分代表主張南京制憲之電，均爲報紙讕言，今欲不信不能；證以不出席議員大半居軍府要職，而章士釗更明目張膽，爲文攻擊國會，不宜制憲。可知彼等決心破壞制憲，醞釀已久，決非口舌所能挽回。嗟乎！世道人心，墮落至此，夫復何言？惟彼等旣甘心破壞制憲，而不願居破壞制憲之名，復飾詞以欺我國人，是不可以不通告我國人：(一)彼等謂六日反證表決後，有人提起異議，認爲表決確定，下次開會須再行反證表決。查民國五年後，隔日不能再行表決之先例甚多，今舉其一；如民國五年十月十六日憲法會議審議會會議錄載，以大總統有解散權付表決，主席報告表決結果，在場四百七十二人，起立者三百十四人，三分二少二人，不足法定人數，湯松年、劉崇佑等起言表決有疑義，董增儒說明有疑義之理由，陳銘鑑請照規則三十八條用點唱表決，附議者三十八人以上。主席宣告應即反證表決，即由祕書長點唱席次。張伯烈反對反證表決，議員有同時發言者，議長王家襄復席。李兆年起言，尙未反證表決，議長何以復席？審議長報告今日第七十五條表決未有結果，下次再行表決，主席宣告延會。下次開審議會，即以其他動議付討論。表決時，李兆年起言，前次表決有疑義，即應先行反證表決，主席宣告李君稍有誤會，蓋今日不能反證前日之表決，因現在出席人數與前日已不相同，不能反證表決。此後遂爲確定之先例。當日民黨與研究系之爭，幾不亞於今日之廣州，即今之不出席諸人，亦主張隔日不能再行表決之卒經幾度疏通，研究會自認隔日反證爲不合理，不願開此惡例，自願犧牲己見，故對於主席宣告一無爭論。豈以研究會能犧牲於北京者，今日彼等乃不能犧牲於廣州乎？豈以彼等與同人等同主張於北京爲合法，今日吾輩單獨主張即爲違法乎？而況此次反證表決後，並無人報明席次，再提起疑義，依照規則第三十八條說明疑義之理由，有反對諸人之函電不能指實爲何人提起異議，說明理由，可以反證，則議長自無從據以諮詢附議。所謂提起疑義者，已完全不能成立。此以再行反證表決欺我國人者一也。(二)謂議長所發議事日程地方制度第十一條第二項至第二十二條爲不合，非變更議事日程，則不出席。查議案之成立，在於表決，表決爲議會神聖不可侵犯者，安有四百六十八人表決成立之案，議長一人有權能徇少數不出席者之請，將表決推翻之理？第十一條第一項既經通過，議長當然列第二項，有何不合之有？即讓一步言之，彼等有正當理由，應出席據法以相爭，何故以不出席爲要挾？再讓一步言之，彼等在議會恐不能得多數之同情，欲以不出席求協商之結果，此亦人情恆有，何以彼等所提出之但書，已經各派容納，擬經審議後列入議事日程，而彼等自身忽又反覆？其非爭議事日程，已可概見。所謂遁辭知其所窮也。此以議長違法欺我國人者二也。(三)謂張案破壞統一，開省長專制之風。查張案爲省設省長一人，執行省政務國家行政，得依法令委任省長執行之。既曰省長，當然執行省政務；既曰國家行政得依法令委任，當然有可不委任者。省政務爲本章第二條規定之省教育、實業、省財政、市政、省警察及保安事項之類，爲省長分內之事；國家行政，除軍事外，爲外交、國稅、司法、郵電、路政之類，爲中央分內之事，中央儘可派員管理，至委任省長執行之事項，其權仍在中央，有何破壞統一之有？況張案以下條文，明定省長爲參事會會長，省政務執行之方法，以省長及參事員之連署行之，對於省議會共同負責，是明明合議制，有何省長專制之有？若照原案規定，使省長統轄一省之軍政、司法、外交、國稅，如前清之督撫然，大有尾大不掉之嫌，適成外重內輕之弊；恐彼等所謂破壞統一者，在此而不在彼也。此以破壞統一等語欺我國人者三也。(四)謂使贊成張案者人數，果在四分三以上，何所憚而不行投票表決；不知起立表決與投票表決，均屬法律所規定，當日韓玉辰等主張用第三十九條投票表決議，長已預備投票而同時張知本等以提起疑義係，根據第三十八條，當然適用同條用，起立表決，兩說既有爭議，議長當然交付院議公決。既經四百餘人大多數贊成適用第三十八條，議長有何權力推翻表決，而徇少數之請？議長縱欲堅持投票，其如法律不許何？若謂憲法會議專憑祕書口說，議長報告，適爲祕書議長之傀儡，然則前此二讀會通過之條文，凡未經投票手續者，均可推翻乎？此以投票表決欺我國人者四也。至謂議長按鈴開門，尤無一辯之價值。以時間既到，議員退席，爲議會慣有之事，議長當然開門，有何違法之有？此外彼等日語人曰，今日所訂憲法，不適於用。不知適用與否，非經試驗不明，今尙未頒佈，何能以少數意見斷定不適於用？同人學識有限，不敢信所訂條文爲盡善，然贊成均本良心，不敢雜一毫私見，要旨以能發揮國輝，保障人權爲依歸。若果將來不適於用，亦可循法定手續修改，今日惡法勝於無法之時，何苦以少數意見，即自行推翻乎？此誠同人不解者也。彼等又曰：此等憲法，北方必不承認。不知吾人制憲是否悉依北方意思，倘屬疑問，況北方並未表示意思，吾人何能知彼欲何條而加贊成；彼不欲何條而當反對？議會通例在於表決，表決結果少數服從多數，即同人自身亦不能自主；若不循此通例，是已將議政根本推翻，有何事可議？且憲法公佈後，即生效力，何待北方之承認，此又同人所不解者也。彼等又曰：此等憲法，南方亦不承認。同人等役粵三年矣，知南事甚悉；就護法團體言之，海陸軍人希望憲法者也；就民意機關言之，各省省議會、商會，希望憲法者也；就社會言之，則制憲促成會、憲法慶祝會，如潮似水，洶湧而起，希望憲法之成較各方爲尤熟。不知彼所指不要憲法之南方，屬於吾國何地，此又同人所不解者也。凡玆所陳，誠如彼等通電所云：「皆我忠愛國家忠愛地方之國民，亦得判其得失。」同人不暇一二言也。尤有進者，民國憲法兩遭摧殘，賴國人犧牲無量生命、財產，始挽回約法賦予同人製訂大法之權。同人雖無狀，然以飽經憂患之身，重念國人膏血之寄，知非此無以報答國民，奠定邦本。七年議憲開會未久，致為和議所破壞，同人深為痛心。八年之夏，同人復感外患之激刺，內政之紛亂，益知非此不足以解決時局，遂由同人再三集議，立大決心，發大宏願，鼓大勇氣，欲於最短期間完成憲法，以博最後之光榮。賴西南諸公多方維持，費盡千辛萬苦，始得於八年十一月十八日開憲法會議於廣州。開議之始，親喪不給假，扶病出席，病在垂危者尚以缺席論，揆諸常理，未免不情，衡以一路哭何如一家哭之義，同人雖節哀奪情，亦甘心忍受也。故開議兩月，已通過若干條文，成績如何，當為海內所共見。所餘者僅地方制度寥寥數條耳。使彼少數人不加破壞，雖謂今日已慶成功可也。而少數陰險反側之徒，以憲法若成，於彼交換條件、盤據地盤私圖不利，遂甘冒不韙，出最堅決最卑劣之手段，以破壞垂成之業；使南方不得竟護法之功，北方不能循法治之軌，國民不能享法治之賜，紛紛擾擾，莫知所極，將來民不堪命，潮流激盪，必釀成全國大破壞之日。事果至此，彼等之肉，其足食乎？同人迫不獲已，敢對父老、兄弟、姊妹之前，鄭重聲明，此次憲法會議，破壞實由於現居軍府要職少數之議員，同人不任其責。現議定自二十四日起，憲法會議實行停頓，以待彼等最後之覺悟。一旦彼等有出席之表示，即應繼續開議，以副國人之期望。同人等誠信未孚，不能感化同儕，致數年慘淡經營之根本大法，又遭頓挫；既負國人之付託，復增時局之糾紛；清夜捫心，咎戾良多。急遽陳詞，不知所云。憲法會議議長林森、副議長吳景濂、代理審議長褚輔成暨出席議員五百××人叩×。」

第十九章　廣州非常會議之選舉總統

第一節　流離轉徙之舊國會議員

西南護法國會之議憲事業旣因政學系議員之存心破壞而中阻，國會無形解散；而桂系軍閥岑春煊、陸榮廷等，又以國會在粤終爲和議梗，乃不發國會經費又派軍警圍搜兩院祕書證。伍廷芳乃與國會議員離去廣州，並通電宣布岑春煊罪狀云『溯自叛督倡亂，「約法」失效國會遭非法解散，總統被迫去職。國會同人不得已乃依據「約法」自行集會於廣州，制定「軍政府組織大綱」，選舉大元帥，後復修改組織大綱選舉總裁七人組織政務會議，依會議制代行國務院職權攝行大總統職務；一再宣言矢志護法救國，爲國人所共聞覩。嗣因頻年戰爭，重苦吾民；歐戰告終國人望治由雙方政府選派全權總代表開對等和議於上海。凡法律、外交、政治、軍事諸問題，應悉由上海和會議決，依據『軍政府組織大綱』請求國會同意。法理炳耀，昭若日星。不意岑總裁春煊自就任後，卽勾通北方，陰謀苟合，以金錢、閣員、督軍、省長、與夫八省鐵路督辦爲私人權利之交換。報紙宣傳，醜聲四播。森等以事未證實，正待詳查。乃岑春煊三月眞日致電唐總裁繼堯，竟以北方數省督軍提出解決時局之辦法五條，徵求同意。其條件：首列解散國會，創造省議會聯合會；次爲西南取消自主，電賀非法總統徐世昌爲大總統；其餘三條亦無非毁法亂國，瓜分權利；至全國民所奔走呼號之外交問題，則付諸北方指派之非法機關審議之；全國民所疾首痛心之武人專橫，則由西南軍閥與北廷直接協商維持之。似此違反民意，貽禍國家，視國會如無法，置全權代表及其他總裁於不顧，目無法紀，尚何護法之有？禍國殃民，又何救國之有？至國會經費，向由鹽款撥支，而岑春煊以勾通北廷之故，唆使莫榮新設計把持歷時三月，竟不照發，計在使國會無形消滅，以便私圖。其用心較袁世凱停止議員職務，督軍團脅迫解散國會，尤爲險毒。森等職任國會議長，受國民寄託之重，護法三載，大義昭然；今竟以數年來重苦吾民之結果，徒供少數人權利之交換，顧念職責，義難容忍；謹先將岑春煊違法禍國之尤者，宣告國人，並即相繼離粵，另擇地點，繼續開會，以貫澈護法救國之初衷。廣州軍政府政務會議自伍總裁離粵後，已不足法定人數，此後一切行爲概不生效力，而森等則惟有矢誠竭力，一本初志，以與我全國國民共勉之。參議院議長林森、衆議院議長吳景濂、副議長褚輔成叩。」又國會議長宣告軍政府中斷電文曰：『軍政府之職權行使，依「軍政府織組大綱」由國會選舉總裁七人，組織合議制之政務會議行之。茲孫總裁文、唐總裁紹儀駐滬，亦無代表出席，唐總裁繼堯於二月已准其列席政務會議之代表趙藩辭職，伍總裁廷芳又於三月二十九日離粵，是自三月二十九日始，政務會議已不足法定人數，所有免伍廷芳外交財政部長等職，及其他一切決議事件，概屬違法行爲，當然不生效力。至軍政府外交、財政兩部祇認伍廷芳爲合法之部長，一切外交財政事宜，仍應由伍總裁兼部長負責，用特宣告中外，以維法紀，而正觀聽。參議院議長林森、副議長王正廷、衆議院議長吳景濂、副議長褚輔成叩。』

九年六月三日，孫中山先生及唐紹儀、伍廷芳、唐繼堯聯名通電，否認岑、陸等私自議和，犧牲護法主張，並決將軍政府，國會移設雲南。同年八月國會兩院在雲南省城復開非常會議。初意欲在雲南組織政府，但因唐繼堯不表贊同，遂又議決移國會及軍政府於重慶。九年九月舊國會議員又抵重慶。復因川省內訌不已，於九年十月又發布宣言告別川省父老。直至桂系軍閥被逐於廣州後，十年一月十二日舊國會議員方得復在廣州開兩院聯合會議。

第二節　國會非常會議再行集會

桂系軍閥既被逐，流離轉徙之舊國會議員，始得於十年一月十二日，復回廣州開兩院聯合會議。時政學系及桂派議員已紛紛離粵，此時議員到粵者，尚有二百二十人，故仍稱國會非常會議。四月七日參衆兩院聯合會議議決中華民國政府組織大綱，依大綱第二條，選舉大總統。孫先生當選爲大總統，取消軍政府，組織正式政府。其組織政府宣言曰：『民國成立，十載於茲；叛亂相尋，迄無寧歲。始則袁世凱稱帝，繼則督軍團毀法，放逐總統，迫散國會，不旋踵而有復辟之亂。自是厥後，我中華民國遂無正式政府之存在。維我國會曁前大總統孫公痛共和之傾覆，大法之陵夷，爰集南中，建設軍政府，與伍、唐諸公共負護法戡亂之大任。不幸岑春煊、陸榮廷背信棄誓，牽制破壞，荏苒數月，正義不伸，大法未復，戡亂救國，迄無成功。而北方奸慝，乘時竊擾，以僞亂眞，舉國徬徨，莫知所措。國會爲民意樞機，本有選舉總統、建設政府之責，曩以播遷於變亂之間，容與合議之制，多方調和，未遑他顧，追惟往昔，良用疚心。洎乎粵軍返粵，岑、莫潛逃，薄海人民，望風鼓舞，皆有根本改造之決心；而內外輿情，尤多改建正式政府之敦促。僉謂民國成立以來，國本飄搖，民生凋弊，武人專制，法紀蕩然，皆由民國元年授權袁氏，付託非人；始基不固，致流毒無盡，旁致材官走卒，固擁封圻；亡清妖孽，僭立大號；欺蒙中外，淆亂觀聽。以聚斂爲內治，以鬻國爲外交，貪墨盈庭，狼虎遍野，教育停課，財政破產。侈言統一，而晚唐藩鎮五代割據之威信不若；信口和平，而蕭牆構兵爭奪相殺之事實不絕。近更外蒙亂作，復辟之說復熾，共和命脈，不絕如縷，人民久困水火；一切內治外交，縱有方策，誰爲設施？蓋彼帝制餘孽滿清廢僚，但知利祿之爭，豈識建設之術？又或標舉自治，託稱聯省，膜視國家，勢同割據；不知國積於省，省屬於國，國旣不存，省於何有？緩急倒置，益兆分崩。今爲根本解決計，非掃除羣逆無以開刷新之機；非選任碩望，不克樹統一之基，建民治之階。秉此意見，請願疊來，同人受民委託，職責所在，詎容諉卸？公同討論，亦以爲民國之事，惟始終愛護民國，了解民治者方足與謀，而非彼帝制餘孽，滿清廢僚，仇視共和者所能爲役也。況總統負公僕之責，未可久虛，政務所出，豈宜常缺？蓋必有正式政府，而後政治上方能行使主權，國際上得以完成人格。前大總統孫公手創民國，首倡三民主義，赤心謀國，中外同歸；徒以事權不屬，建設政策未獲實行；而負責之心終始如一，畀以大柄，必能使國基鞏固，民權發達，民生樂利。爰於民國十年四月七日，依「中華民國政府組織大綱」之規定，票選前大總統孫公文爲中華民國大總統，敦請尅日就職，成立中華民國政府。從此正名定分，凡我國民及各友邦，當益曉然於中華民國正統之所存；發揚民治之精神，滌盡專制之餘穢，排息紛紜，愼固邦交，民國前途實利賴之。特此宣言，咸使聞知。』四月十日，國會更通告全國云：『外交迫切，內亂迭起，北京政府已自承認非法，取消其僞政府資格，中華民國對內對外皆不可不成立正式政府。特於本日在廣州開國會非常會議，議決「中華民國政府組織大綱」，並依大綱第二條規定，大總統由國會非常會議選舉之，以得過投票總數之半者爲當選。於本日舉出孫文爲中華民國大總統，特此奉聞。」

第三節　廣州成立正式政府

同年五月五日，孫先生就大總統職於廣州，並發佈宣言，略謂：「文受國會付託之重，膺中華民國大總統之選，茲當就職，謹佈所懷，以告國人。前清末季，文既憤異族之專政，國權之衰落，乃以民族、民權、民生三主義，提倡革命，賴國人之力，滿清覆亡。文喜共和告成，戰爭可息，慨然辭總統職以政權讓袁世凱，而自盡力於鐵路事業。不圖知人不明，民國遂從此多事；帝制議起，輿論譁然。雖洪憲旋覆，而餘孽尚在，軍閥專擅，道德墜地，政治日窳，四分五裂，不可收拾，以致於今。文既爲致力於創造民國之人，國會代表民意，復責文以戡亂圖治，大義所在，其何敢辭？竊維破壞建設，其事非有先後；政制不良，則政治無術；集權專制，爲自滿清以來之秕政。今欲解決中央與地方永久之糾紛，惟有使各省人民完成自治，自定省憲法，自選省長，中央分權與各省，各省分權於各縣，庶幾分立之民國，復以自治主義相結合，以歸於統一，不必窮兵黷武，徒苦人民。至於重要經濟事業，得由中央積極擔任，發展實業，保護平民；凡我中華民國之人民，不使受生計壓迫之痛苦。對於外交，由中央負責，根本民意，講信修睦，維持國際平等地位，保障遠東永久和平。際此撥亂反治之始，事業萬端，所望全國人才各盡所能，協力合作，共謀國家文化之進步。文誓竭志盡誠，以救民國，破除障礙，促成統一，鞏固共和基礎。凡我國人，幸共鑒之！」

時政府各部人選已定，計外交部長伍廷芳、財政部長伍兼、司法部長徐謙、陸軍部長陳炯明、內務部長兼海軍部長湯廷光、祕書長馬君武（後馬任廣西省長，謝持繼任。）其時國會及護法諸人，積過去之經驗，一意爲政治革命之進行，不談議憲事矣。

第二十章　北方新國會之成立及其制憲之進行

第一節　臨時參議院之產生

在六年八月廣州國會宣佈護法主張時，同年九月段祺瑞在北京召集新國會。先是復辟失敗，馮、段執政之後，北方政府雖未推翻臨時約法，但不召集舊國會。段氏入京時，研究系要人梁啓超、湯化龍獻策，主張改造國會。其理由則謂：『中華民國已爲張勳復辟滅亡，今國家新造，應倣照第一次革命先例，召集臨時參議院，重定國會組織法及選舉法後，再行召集新國會。』適逢此時北洋軍閥視舊國會爲其眼中釘，斷不任其存在，對於研究系此項建議，自然接受。故段祺瑞乃有「根據元年約法召集臨時參議院」之通電。及馮國璋北上履行大總統職務後，乃於九月二十九日通令各省區長官選派參議員入京組織參議院。其通令文曰：『各省督軍省長均鑒：吾國共和成立，以主權屬諸人民全體，豈可一日無立法機關？不幸事故迭乘，國會解散，黎大總統決然去職，國璋不得已而依法代理。任事以來，瞬將兩月，德薄能鮮，百無一成。當世明哲，無不以選舉國會議員爲第一要義；國璋深表同情，而贊成先設約法上參議院者，已居全國之大多數，若遷延不決，叢咎滋多；爰折中於二者之間，一面令內務部籌備國會選舉，一面按照約法由各省選派參議院議員；但參議院僅以修正國會組織法爲限度，而其他職權仍待諸正式國會執行。

如此辦法，在參議院成立期間，既不妨礙國會選舉之時日，亦不侵越正式國會之職權，僅於「國會組織法」求一良好之結果。雙方並進，自謂略盡苦心，冀保各方面之平均，以避意見。但願代表機關早得成立，眞正民意，賴以發揚，毋使最可寶貴之光陰，虛擲於商榷之中，而致政府無人監督，則國璋誤國之罪，或可稍減。諸公愛國之誠，過於國璋，幸各捐棄小嫌，共維大局，前途統一之效，與東亞和平之福，均於此事卜之。敢佈腹心，幸垂察之。國璋印。』

至是各省區除西南各省外，卽分別選派參議員到京。十一月十日參議院遂於北京舉行開會典禮。十四日參議院投票選舉王揖唐爲議長，那彥圖爲副議長。

參議院組織之初，西南各省已由孫先生以大元帥名義，通電反對，斥爲違法，謂：『民國存亡，繫於「約法」，「約法」無效，民國卽亡。查「約法，」政府既無解散國會之職權，更無國會成立後再發生參議院之理；乃北京政府於九月二十九日忽有另組新國會，重開參議院之令，違背「約法，」退化卻步，爲天下笑。前者叛軍迫散國會，係以暴力摧殘，及暴力既消，「約法」猶在，國會當然恢復。北京政府果有尊崇「約法」、擁護共和之誠意，自應以恢復中斷之國會爲先務，其功罪若何，尙可待諸國民公決；今竟繼續叛軍之暴力，遏抑國會之再開，儼然以一己之大權，自造立法機關，修改「國會組織法」及兩院議員選舉法，與袁世凱之以另召國會、欺朦全國，而自造袁氏之參政院，修改約法，如出一轍。試問孰授之權，而敢於恣睢妄行如此？「約法」之根本已遭破壞無餘，而猶曰依「約法」某條，其將誰欺？國會本尙存在，何事另行召集？參議院已經消滅，何得重行發生？此等行爲，諒爲有目所共見。本軍政府以恢復「約法」國會爲職志，除已以通令明正厥罪外，惟恐莠言亂政，淆惑聽聞，尙希諸公一致通電反對，伸正義而詘邪說，民國前途，庶幾有豸。孫文印江。」

第二節　新國會之成立

此次參議院之產生，其職務已明定於馮國璋九月二十九日之通令中，僅限於修改及議定國會組織及選舉法兩種，其他職權，仍待諸正式國會執行。故參議院者，可視爲新國會之過渡也。參議院成立之後，即進行修改民國元年國會組織法、參議院議員選舉法及衆議院議員選舉法。修正國會組織法乃於七年二月十七日由王士珍內閣公佈，其修正最要之點有二：（一）廢去從來由各省省議會選出之規定，各省參議員原定由各省省議會選舉，今則改由「地方選舉會」選舉。「地方選舉會」係由「初選當選人」構成之複選機關，選舉「初選當選人」之選舉人，必須曾受高等教育，或曾充特種官吏之人，或具有高額財產資格之人。衆議院初選當選人資格，亦較元年選舉法提高。（二）減少參衆兩議院議員名額；參議院議員則減定額二百六十四名爲一百六十八名；衆議院議員則減定額五百六十五名（假定以人口八十萬出議員一名）爲三百五十三名（假定以每人口一百萬出議員一名）。

選舉法頒布後，北京政府遂令內政部籌備國會事務局依修正法籌備國會選舉；更由段祺瑞嗾使徐樹錚組織安福俱樂部，以謀操縱選舉。所謂安福俱樂部者，即六年段派御用黨中和俱樂部之後身也，於七年三月七日成立，其領袖人物爲王揖唐、王印川、光雲錦、劉恩格、黃雲鵬、田應璜、克希克圖等。初爲臨時參議院中段之與黨，今則成爲包辦新國會之政團。六年九月二十九日馮國璋下籌備國會選舉令，粵、桂、滇、黔、川五省固一致反對，卽湘、鄂、陝亦以戰亂之故，不能執行選舉實際得以選舉者，僅其他十四行省與由北京政府指派之蒙、藏議員。選舉之初本爲安福俱樂部與研究系之競爭，結果安福系獲得大多數（達三百三十餘人，）舊交通系次之（一百二十人，）而研究系僅能佔最少數（不過二十餘人。）

七年二月十七日公布「修正國會組織法」後，同年七月十二日遂下召集國會之令。各省議員選出後，卽依召集令，限期於八月一日以前陸續來京報到。八月十二日參議院解散，新國會成立。世人因新國會爲安福系包辦而成，故又稱爲「安福國會。」新國會成立後，於八月二十日衆議院選擧安福系首領王揖唐爲議長，劉恩格副之。二十二日參議院選擧舊交通系首領梁士詒爲議長，朱啓鈐副之。其後梁、朱辭職，補選李盛鐸爲議長，田應璜爲副議長。

新國會成立後，以袁世凱二年十月就任正式大總統，法定期限五年，袁死黎繼，黎去馮繼，直至七年十月適滿法定期限；故於九月四日改選徐世昌爲大總統。十月十日徐氏就任，西南軍政府否認其存在；惟徐氏此次之能當選大總統，係高徐、順濟兩路借款收買議員之力。

新國會之產生，本爲非法，故成立以後，卽遭各方之反對。西南各省，既已反對參議院設立於前（見本章第一節，）護法國會，復於七年九月四日發佈第二次宣言，對於新國會及其選擧之總統均加否認（見第十八章第一節。）而各省省議會議員亦通電反對，其文曰：

「天津黎大總統、北京馮代大總統、各省督軍、軍長、商會、教育會、各報館、各團體公鑒：國家以民爲本，以法爲綱。法外非民，民外非法。今民意代表之正式國會業經依法自行召集開會，彼非法選舉之國會，國民執法以衡，不得認爲代表。明知威劫賄成，不容口舌，然國民寧獲愛國之罪，不能長壞法之風。創鉅痛深，瀝忱敬告。各省省議會代表張忠、孔祥柯、何印川、陳嘉言、邱聯芳、胡慶雯、張一氣、王洛、張世華、廖變、譚柄鑑、游如龍、王延壽、沈定一等叩。元。」

此外尚有各人民團體反對者，如八年六月二十四日上海江蘇省教育會等十五團體組織之各公團聯合會，通電各省主張「解散新國會」，而天津、湖南等處各團體亦有同樣反對通電發出。

第三節 新國會之制憲工作

新國會在安福系包辦下成立七年十二月兩院各選三十八合組憲法起草委員會，開始制憲之進行。該委員會十二月二十七日在衆議院開始集會。八年一月六日議決：不適用二年憲法草案，另行起草。是日，指定憲法大綱起草員五人至十三日已議決大綱。五月三十日開始草案討論，至八月十二日全案議決。計自七年十二月二十七日至翌年八月十二日止，委員會共開會二十六次，議決草案全文，共一百零一條。

此次草案雖委員會議決不適用天壇草案；然起草時仍以天壇草案爲基礎，其中條文亦大半相同，如兩院制、內閣制等殆幾如十有七八。惟間亦有相異及特殊之點，茲分述之：

此次草案與天壇草案相異之點約有八項：（一）議員兼職之制限新草案第二十五條規定：「兩院議員不得兼任官吏」而天壇草案則有「國務員不在此限」之但書。（二）國會開會之法定人數新草案第三十一條規定「兩院非各有議員總數三分一以上之列席不得開議；」天壇草案則須「總數過半數之列席」始得開議。（三）新草案删去天壇草案第五章國會委員會各條文全部删去。（四）關於國務員資格之規定新草案第六十七條之規定，仿英制，「國務總理各部總長均爲國務員，大總統於前項外得任命其他人員爲國務員但不得過各部總長總額三分之二；」天壇草案，僅規定國務總理及各部總長爲國務員。（五）關於國會解散權：天壇草案規定，大總統解散衆議院，須經參議院列席三分二以上之同意；而新草案僅有「大總統得解散衆議院，」並無「經參議院之同意」之規定。（六）審計院長之任命新草案第九十六條規定：「審計院長之任命，須經參議院同意；」天壇憲法則無此規定，審計院院長僅由審計員互選之。（七）關於憲法解釋之機關新草案第一〇一條規定：「憲法有疑義時由左列各員組織特別會議解釋之：（一）參議院議長，（二）衆議院議長，（三）大理院院長，（四）平政院院長，（五）審計院院長。前項會議，其列席及議決人數，依第九十九條第二項之規定；」天壇草案則以憲法會議爲解釋之機關。（八）新草案不加入地方制度。

至新草案本體，尚有足述者兩點：（一）新草案第六十七條第二項：「大總統於前項外，得任命其他人員爲國務員。」此種先例，見於英國，英國內閣閣員之組織約有三類：一、各部總長，二、事務大員，及局總裁等，三、曾充各部總長現時無職者。新草案本條文「其他人員」之規定，殆與英閣員第二、第三資格相類，卽此種人員分爲：甲、各部總長外之任他項重要職務者，乙、適當人材之現未任職者。以法理言之，國務員係代大總統對國會負責，但問其能負責與否，不必問其爲總長與否。蓋國務員與各部總長資格各別，各部總長當爲國務員，而國務員不必皆爲各部總長。我國前此因約法限於各部總長爲國務員，而有肩國務員之才者，不能展其懷抱，而國務紛宂之際，又以各有專部，不暇共同詳細討究，人與事交廢。故此點爲新草案之優點。(二)新草案關於憲法之解釋，採特別解釋機關之制，比較優於天壇草案。蓋憲法由憲法會議解釋，而憲法會議又爲國會兩院合組而成，故無寧視爲與規定屬於國會者同調。以國會解釋憲法，常易增其糾紛，良以憲法必因行政立法兩方面爭議，始有解釋之必要，若以解釋權付之國會，或國會兩院所組織之憲法會議，則無異於以原告裁判被告，非獨不平，而借解釋以省糾紛之目的，亦不可得而達矣。故新草案採特別解釋機關，並有組織人員之規定，表決須用單數五人，而其包含則參衆兩院議長，在容納法院方面之意見，大理平政兩院長，在容納法院方面之意見；審計院爲憲法上獨立機關，該院長由參院同意參列其間，亦無戾於平衡之意。其用意固至善也。

第四節　新國會之消滅與新新國會之流產

新國會憲法起草委員會雖議決憲法草案，但因南北和議進行，制憲工作因之停頓。及九年七月十二日曹錕、張作霖聯名通電討段，奉軍已陸續入關，十四日直、皖兩軍開始接觸，由十四至十八日約五日之間，兩軍激戰於京漢線之涿州、高牌店、琉璃河等處，奉軍亦加入前線。結果段派之定國軍大敗，北京政府乃於是年八月三日下解散安福部令，其令文曰：

『政黨爲共和國家之通例，約法許集會結社之自由。安福俱樂部具有政黨性質，自爲法律所不禁。年餘以來，迭據各省地方團體，函電紛陳，歷舉該部營私誤國，請予解散。政府以爲黨見各有不同，自可毋庸深究；乃此次徐樹錚、曾毓雋等稱兵構亂，所有參預密謀、籌濟餉項，皆爲該部主要黨員。觀其輕弄國兵，喋血幾甸，肆行無忌，但徇一黨之私，雖荼毒生靈，貽禍國家，亦若在所不惜。是該部實爲構亂機關，已屬逾越範圍，斷不能容其仍行存在。著京師衛戍司令、步軍統領、京師警察廳即將該部機關，實行解散。除已令拿辦諸人外，其餘黨員苟非確有附亂證據者，概予免究。其各省區，如設有該支部者，並著各該省區地方長官轉飭一律解散。此令。』

安福部解散之後，擬根據元年舊約法，重組新國會。新國會則因各方形勢不利，循例於九年六月屆滿，及至八月三十日平安閉會後，新國會至是消滅。同年十月三十日徐世昌乃以大總統命令，宣佈參衆兩院應從新選舉，並令依照元年國會組織法及元年參衆兩院議員選舉法，辦理選舉。於是六年由段派參議院所修改之國會組織法及參衆兩院議員選舉法，完全失效。嗣後各省遵徐氏命令，舉行選舉者，僅蘇、皖、魯、晉、甘、奉、吉、黑、新、蒙古、青海、西藏等十一省，至八月十一省區之衆議員始選出，卽所謂新新國會議員也。惟因浙督盧永祥、鄂督王占元、贛督陳光遠等先後通電反對於前，至次年（十一年）四月奉、直戰後，直系軍閥又主張恢復舊國會，新新議員乃奮起力爭，以正統自居，卒因徐世昌被迫出京，新新國會議員遂致未及集會而歸於流產。十一年六月黎元洪入京攝行總統職務，而民國六年遭受解散之舊國會，遂於是年八月一日復在北京繼續集會。

第六篇　曇花一現之省憲運動

第二十一章　省憲運動之由來及其發端

第一節　省憲運動之理論的先導

省憲運動之產生，實淵源於民國初期之聯邦論。民元臨時約法，因當時多數參議員恐袁氏威迫各省政府，故於中央政府與各省間關係絲毫未加規定。及民二正式國會所產生之憲法會議起草憲法時，對於中央與各省區間關係發生爭論，而聯邦之說乃應運而生。時國民黨人盛倡聯邦之說，企制止袁氏之專擅，如李烈鈞致徐秀鈞電文中有云：『現値選舉告竣，吾黨（國民黨）既占優勝，如憲法問題、總統問題，擬不日派員赴滬與克強、鈍初、溥泉商議一切。總統如屬之項城（即袁世凱）則鄙意以爲聯邦制。』故當時國民黨主張聯邦制，全在抵制袁氏之獨裁，而袁氏爲保持一系勢力之故，又反對之。如二次革命失敗後，袁氏卽據李烈鈞電文指爲『貌襲聯邦各制，以遂其破壞統一之狡謀，』自後袁嫉聯邦益甚，而取締亦嚴。在他方面，當時政論家之持聯邦論者，亦不乏人；而純憑學理以討論聯邦制者，當推章秋桐氏。彼於民國四年五月曾著學理上之聯邦論一文，首言政制不必求例，以關當時吾國政論家「先邦後國」之成見；次則稱聯邦之各邦，較之單一國之各地方區域，只有權力程序之差，並無根本原則之異，以說明吾國之各省儘可邦而聯之，而無礙於國家之統一；末則謂中國欲採聯邦制，只須輿論成熟，即可實行，不必運用革命手段也。章氏此文引起潘力山之反駁。民國五年張東蓀等發刊之新中華雜誌多闡發聯邦之精義，與章秋桐之甲寅雜誌同為鼓吹聯邦論最力者。其後太平洋雜誌上李劍農發表民國統一問題二篇，對於聯邦制之利害陳說尤詳。至民國十年以後，東方雜誌關於討論聯邦、聯治等問題之論文，更多發表。而胡適之氏於其所主編之努力週報上，發表關於聯省自治之論文，主張『明定中央與各省的權限，使將來的中央政府，確為各省公認為不可少的總機關；使將來的各省，確為一個統一國家的自治省，而不敢侵犯中央的權限。』

至於聯省自治之名，乃創於民國九年。當時倡言聯邦制者，每以聯邦與自治混作一談，以聯邦為自治之手段，而自治即聯邦之目的。「聯省自治」一名詞之構成，即此種思想之結晶。聯省自治之進行程序：第一步各省脫離中央，實行自治。第二步自治各省，共同聯合組織聯省政府。聯省自治之理想，大致可分為二，即：(一)由各省自行制定憲法（或稱省自治法）依照省憲自組省政府，統治本省。(二)由各省選派代表，組織聯省會議，制定一種聯省憲法，完成國家統一。而其終極目的，則在確定中國全部組織為聯邦制。此則為省憲運動之理論的基礎。

第二節　省憲運動之序幕

省憲運動既以「聯省自治」為理論，以聯邦為目的，其產生適在民國九年。其時北京政府為一派北洋軍閥所把持，而西南政府又不能繼續維繫，故西南一二省份之軍人政客，思於不南不北之中，有以自固其立腳地，而聯省自治之說興。此所謂聯省自治者，在聯合各獨立省以抗拒北京之中央政府。且自奉、直戰後，國會第二次恢復議憲之業，依然集於國會議員之身，而各省情況，猶多未能自動的制定省憲。時則有一派議員，欲於國憲之中，畀各省以制定省憲之權，所謂聯省自治者，在使省得制憲而已。但自九年下期至十二三年間，「聯治」之呼聲，雖已普及全國，然其成就，僅限於省憲。

省憲運動由發動而臻於實行者，以湖南為之先導。湖南省長趙恒惕首先通電主張，謂『我國本單一國家，惟地廣民稠，氣殊俗異，加以省區坐大，決非純粹單一組織所能致治。但省區究為國之固有版圖，若強擬於邦州，亦不免削趾適履之嫌，故惟有建築聯邦化之單一國。』又致曹錕、吳佩孚電中有云：『至於吾國之聯邦憲法，應由何道而成，在吾湘於法統中斷之時，已制省憲，但求將來國憲之容納，所謂先省憲而後國憲者，本為事實。若謂必待各省皆有省憲，而後可制國憲，竊恐河清難俟；但當國憲未成立以前，謂各省必不可制省憲，亦未免近於拘泥。何也？無論省憲之或先或後，依聯邦制之通則，省憲必經國憲之容許而後可也。吾人但求省憲須經國憲之容許足矣，有何先後之爭乎？』湖南省憲運動之成果，實在民國九年。是年十一月二日湖南省政府宣言自治，着手於省憲之制定。先是護法戰爭爆發之後，湖南首當軍事之衝，受禍最烈。張敬堯之貪婪及其部下軍隊之殘暴，皆足以促成湖南人民自治之要求。自吳佩孚之軍隊撤去後，湘軍羣起驅張，驅張運動成功，轉變而為樹立自治之運動。於是譚延闓以湘軍總司令名義，於九年七月二十二日發出所謂「禡電」，宣佈湖南自治。旅居北京、上海各處之湖南名流，咸表贊同。熊希齡並請梁啓超代擬一湖南省自治法大綱寄回湖南，督促譚氏實行。是年十一月譚氏以內部軍心不附去職，趙恒惕繼任湘軍總司令。省議會選舉第十二區司令林支宇爲省長，正式宣告自治，由軍民兩署協定一種『制定湖南省自治根本法（卽省憲法）籌備章程，』交省議會議決施行。是爲湖南省自治之開端，亦爲我國省憲運動之序幕也。

第三節　湖南省憲之內容

湖南制定省憲之程序，係經過：（一）起草（由特聘起草委員十三人組織起草委員會擔任）（二）審查（由各縣民選審查委員一百五十餘人所組織之審查會擔任）（三）公民複決，卽交全省公民總投票。通過後，由臨時省長公布。此項程序，係湘省政府提經省議會議決，其議決案稱爲湖南制定省自治根本法籌備章程。籌備章程公布後，依章程所定程序進行。十年三月二十日起草委員會在岳麓書院正式開會，四月中草案完成。四月二十二日審查委員會開談話會，制定審查規則。自此繼續開預備審查會，歷三閱月，無結果，及至援鄂戰爭湘軍敗耗傳至長沙，由自治籌備處主任向審查會百計疏通，始於八月杪將草案修正審查通過。十二月十一日省憲草案經全民投票公決，事實上此種所謂公民複決者，不過一種形式而已。至十一年一月一日湖南省憲法始公布施行。

此次湖南省憲法在我國之法史上，開省自制憲之新紀元。其內容有足爲吾人所注意者：省憲全文計十三章，一百四十有一條。總綱中首標『湖南爲中華民國之自治省』及『省自治權屬於省民全體；』要目可分爲五大部：（一）人民之權利義務；（二）省之事權，（三）省政府機關之組織及省政權之行使，（四）下級地方自治之組織，（五）本法之修正及解釋。此次省憲內容之特點，約分兩項言之：第一、省之事權列舉於憲法之中，其用意在使省權與國權有所劃分。國憲未成立以前，省之事權，先於省憲內特別明白規定之，使將來制定國憲時，卽可以此規定者，爲省固有之事權，由各省固有之事權內，劃去一部分，讓於中央政府列舉之，以爲國之事權。如此則與美、德各聯邦憲法中央政府之事權，採列舉者無異。第二、民權之擴張：此次省憲中可以爲民權擴張之表現者有：男女兩性同享有選舉權。省長之產生，須經由全省公民決選之程序。公民或法團並享有創制權、複決權、及直接罷免權，均可視省憲特別注重民權之意義。惟此次省憲之缺點亦不少，最主要者有二：第一、關於省務院之組織，最令人費解。省行政機關，既分爲七司，而明定之於省憲，已屬不當，而對於省政府與國政府之財源，無明白之劃分，更於省憲上設置「交涉司」，已明明侵犯國政府之外交權，尤爲錯誤。蓋湖南縱主張聯省自治，外交權總不能不歸之於中央政府也。第二、公民投票制之濫用：公民投票本爲民權之表現，但湘省憲中用之過濫，如省議會之解散，省憲之修改，省長之選出，省長之召回，法律之複決等，俱由人民總投票表決之，結果反失其眞實之作用，成爲有名無實之具文。

第二十二章　省憲運動之開展及其寂滅

第一節　南方各省省憲之繼起

自湖南宣布自行制憲以來，南方各省亦先後繼起，以自行制憲相號召。其所採取之制憲程序及其內容，亦多與湘憲制定程序及特點相似。民國十年六月四日浙江省督軍盧永祥通電主張自行制憲，組織省憲法起草委員會，於同月十六日着手起草。旋由省議會選出五十五人及各縣縣議會選出一人，組織省憲法會議，議決全部省憲法條文共一百五十八條，於是年九月九日宣佈，乃名曰九九憲法，同日，並宣佈施行法二十三條；但二法宣佈之後，盧氏始終不願實行。民國十一年浙江省議會以「九九憲法」未經全民投票複決，遂議決再由省民自行提出憲法草案，將「九九憲法」作爲草案之一；草案之審查，即由各草案提案人選舉審查員組織審查委員會行之。旋收受省民提出之草案共計一百種，選出審查員一百十八人，於民國十一年十一月四日開審查會於杭州，於十二年一月二十六日閉會。各憲草歸併審查之結果，議定憲法草案三種，以「紅」、「黃」、「白」三色識別，因名之曰「三色憲法草案」，預定於十二年八月一日將三色憲草交付全省公民複決，由各縣鎮鄉，屆時一同投票。投票人贊成何種顏色，即投何種顏色之複決票，而以得票最多之憲法草案，爲浙江省憲法。但此項複決之程序迄未舉行，而所謂「三色憲法草案」與「九九憲法，」同爲虛文。民國十五年一月一日浙江省自治會議雖議決一種省憲，名爲浙江省自治法，亦未見諸施行。是故浙省省憲醞釀時間較久，而迄未能實現者，實以盧永祥當時僅在借制憲自治，以抗直系，並不欲實行，免受憲法之拘束。此則各省制憲之發生，殆有同一之作用也。

其他南方各省，尚有廣東、四川兩省組織省憲起草委員會，成立省憲草案，而雲南、廣西、貴州、陝西、江蘇、江西、湖北、福建等，或由當局宣言制憲自治，或由人民積極運動制憲；但因主其事之各省當局，無實行之誠意，徒爲一時對付北京政府之運用，以致不崇朝而省憲成爲泡影，良可慨也。

第二節　湖南省憲之修改

湖南自制定省憲法，實行省自治以後，三年中迭經事變。湖南當局原欲藉省憲以安內攘外，但因施行以來，在內則以省憲法事屬創始，其後半部內容頗多未妥，實行諸多困難；於是十二年八月縣議會聯合會曾有修正省憲案之決議。然據湖南省憲法第一百二十六條第二項所規定，修改省憲法須有省議會議員四分之三，及全省縣議會及一等市議會團體三分之二提出修正案，始得召集憲法會議，交公民總投票決定。湖南縣議會雖運動修憲，而省議員不贊助修憲，事件自必擱置。其後幾費疏通，及至十三年九月一日省議會開會時，修憲案已經省議員及縣議會署名足法定人數，省長趙恒惕即向省議會提出憲法會議組織法草案修正案，省議會於九月二十七日將憲法會議組織法十三條經三讀會後，表決成立。省長即於十月一日正式公佈，並宣佈贊成修憲提案議員一百三十人之姓名。十月九日省長下令，定於十日召集憲法會議，又宣佈所聘憲法會議議員四十八之名單。十月十日憲法會議開幕，十一月二十日閉幕，於法定期限四十日中，將修改省憲之事業完成。其修改各點分立法、行政及司法三方面，其大要如下：

（甲）立法方面的修改，其要點爲改行間接選舉與減少議員名額兩項。其規定爲（一）省議會以全省公民間接選出之議員組織之，縣議會以全縣公民間接選出之議員組織之。（二）縣長由省長任命之，如有賄賂或其他違法行爲時，縣議會得依法彈劾，請求省長撤辦之。（三）戶口調查未完竣前……省議員名額暫定一百零八名。……（按舊法有議員一百六十六名）

（乙）司法方面的修改爲：（一）改行四級三審制；國政府未成立前，法官由省長任免，依法應送大理院總檢察廳經審案件，得送國政府之大理院總檢察廳審理。

（丙）行政方面的修改，其要點爲改省務院長制爲省長制，司長改由議會選舉爲省長任免。其規定爲（一）省行政權由省長及省務員行使之。（二）省長當選後得受國政府之任命。（三）省長任期四年……得連任一次。（四）省設省務院及內務、財政、教育、實業各司，以省長及各司長組織之，省長爲省務院長，司長爲省務員。（五）司長任期三年，由省長任免之，有瀆職及其他違法行爲時，由省長罷免之。（六）審計院之「院」字改爲「處」字。（七）全省軍務爲行政之一部，無論平時戰時，其管理統率屬於省長。（八）遇國防必要或對外宣戰時，本省軍隊得受國政府之命令。（九）縣長由縣議會選舉六人，交全縣公民決選二人，呈請省長擇一任命，但在戶口調查未完竣，下級自治未完成以前，由省長任命之。(十)戶口調查未完成前，本法第四十七條及第五十二條規定之全省公民總投票，暫由全省縣議員投票決選及決定之。

以上修改的要旨，其中求合於國憲之處，極爲顯露。蓋此次湖南修改省憲原有求符合國憲之用意。省議員在接洽修憲案署名時，雖有不顧北京憲法之表示，然憲法會議議員中卻有不少之「國憲派」，故此次省憲修改，頗有此種之傾向。

第三節　上海國是會議之聯邦分權主張

在南方各省之省憲運動中，上海國是會議之聯邦分權主張亦爲各方所注意。先是民國十年十月全國商會聯合會及全國教育會聯合會兩個團體，在上海開聯席會議，決議召開「國是會議」，討論國是，制定憲法，其組織則爲各省及各特別區省議會、教育會、農會、工商會、律師公會及報界公會等團體代表，每團體各派三人。其後因第一次奉、直戰爭，歸於停頓。及民國十一年五月，國是會議乃開會成立於上海。到會代表，僅十九人，代表十四省區。結果議決擬定憲法草案一篇，由張嘉森起草，全案十一章，凡百有四條。其時聯邦論盛唱於國內，張氏卽根據聯邦之精神，作爲草案。案成，並著國憲議若干篇公之於世。其後此草雖未爲舊國會所接受，及憲法會議再開於北京，此草案乃幾成爲曹錕憲法之藍本。國是會議憲法草案之特點：第一、在明白表示採用聯邦主義，故其首章第一條卽明定「中華民國爲聯省共和國。」第二、草案仿加拿大聯省制，其分權辦法以中央與各省雙方之權，同時列舉，而於雙方列舉之上冠以總原則，曰：「關於全國之事，由中央主之；關於地方之事，由各省主之。遇有權限問題發生爭執時，可根據此原則以爲之準。」此外，尙有採用一院制，以參議院爲最高立法機關，規定人民有召回議員之方法，以及大總統由各省法團選舉等，均可視爲此次憲草之特異的標幟。惟此憲草雖經國是會議通過，當時並未發生若何影響，殆因其所謂「國是會議」者，並非全國民意之眞正的表現也。

第四節　省憲運動之失敗

省憲運動之內幕的派別與作用，可謂複雜達於極點，雖曾勃興於一時，然不久卽歸消滅。各省軍閥勢力既未因是而衰減，且各省省憲除湘憲外，並不正式施行，其結果省憲運動終成泡影。省憲運動之勃興，其主要關鍵，全在西南軍人與不滿當時北京政府之名流政客相結納。換言之，省憲運動之興起，由於擁有實力者與宣傳此種主義者互爲表裏，互相利用，遂致成功一時之大運動。然而在軍人之所以贊成省憲，乃在希望割據分治，不受北京政府管轄，而實際反足以牽制政府；而名流政客之所以鼓吹省憲，其動機固不一，而其中一部分人欲利用省憲爲公開之活動，以攻擊北京政府，謀攫取政權。二者目光不同，途徑各異，僅因一時之利害關係，互爲呼應，共同活動而已。及至十二年以後，省憲運動已現衰滅之象。學理上之聯省自治論，既不盛唱於前，而以前在各省占有勢力之聯省自治派，或則失去地盤，或則偈促一偶，而毫無發展，南北大局，悉被支配於所謂統一派；省憲運動屏息於此形勢中，岌岌可危。湖南因維持省憲而被迫，已至窘狀畢露，廣東之陳烱明本人雖堅持聯省自治，而其部下將領，則因餉械關係，通電附北，表示贊成統一。省憲運動，丁此厄運，大有日暮途窮之勢。

自十三年國民黨在南方發展，開第一次全國代表大會於廣州，使南方局勢爲之一變，而聯治主義因與國民黨黨綱相背馳，省憲運動更日趨沒落。第一次全國代表大會宣言中，更明白指出聯省派之差誤，其言曰：「此派之擬議以爲造成今日中國之亂象由於中央政府權力過重，故當分其權於各省，各省自治已成，則中央政府權力日削，無所恃以爲惡也。曾不思今日北京政府權力初非法律所賦予，人民所承認，乃由大軍閥攫奪而得之。大軍閥既挾持其暴力，以把持中央政府，復利中央政府，以擴充其暴力。吾人不謀所以毀滅大軍閥之暴力，使不得挾持中央政府以爲惡，乃反籍各省小軍閥之力以謀削減中央政府之權能，是何爲耶？推其結果，不過分裂中國，使小軍閥各佔一省，自謀利益，以與挾持中央政府之大軍閥相安無事而已。何自治之足云！夫眞正自治，誠爲至當，亦誠適合吾民族之需要與精神；然此等眞正的自治，必待中國全體獨立之後，始能有成。中國全體尚未能獲得自由，而欲一部分先能獲得自由，豈可能耶？故知爭回自治之運動，決不能與爭回民族獨立之運動，分道而行。自由之中國以內，始能有自由之省；一省以內，所有經濟問題、政治問題、社會問題，惟有全國之規模中始能解決。則各省眞正自治之實現，必在全國革命勝利之後，亦已顯然，願國人一思之也。」而在北方奉系與執政府之嫡系，爲當時北京政府操有實力者，力主中央集權，反對聯省自治派之省憲運動，尤爲顯著。故自十三年以後，省憲運動由消沈而歸於寂滅。

第七篇　國會第二次恢復與曹錕賄選

第二十三章　舊國會復集會於北京

第一節　黎元洪之復職

民國十一年四月直奉戰爭結果，直勝奉敗。直系軍閥曹錕、吳佩孚以徐世昌爲「安福國會」所選出之大總統，復有接近奉系嫌疑，遂倡「恢復法統」之議。五月二十八日長江上游總司令孫傳芳首先通電，主張「恢復法統促進統一」，此電實可謂代表直系軍人全體意思。至是徐世昌不得不自行宣告解職，遂於六月二日離京。同月冬日復由曹錕、吳佩孚等通電請黎元洪復任大總統，原電云：「頻年內亂，國步艱難，慚對友邦，負疚黎庶。徐大總統天下爲先，毅然於六月二日通電退位下野，凡在國人，同感盛德。黎大總統應即依法復位，以奠邦家。錕等謹率軍民，竭誠翊戴，除公派代表敦請外，特先電聞。」同月十一日黎氏因受直系將領之擁戴，回京執行總統職務。惟黎氏自知個人任期，必成爲法律上問題，故其通電有云：「頃據各方以復任敦迫，並述國家危迫情形，誼無可卻；惟法律問題，應由國會解釋。元洪謹於六月十一日早八時入都，暫行大總統職權，俟國會開會，聽候解決。特此佈聞。元洪蒸印」但國會開會後，對於黎氏任期問題，久擱不議。黎氏入京後，於六月十三日下令撤消六年六月十二日解散國會之令。

第二節 舊國會在京開會

自六年六月國會第二次被非法解散，西南乃有護法之役，南北相持，倏忽數載。自直系軍閥戰勝皖、奉而入據北京以後，一部分議員仍留北京，至此時乃起而作恢復國會之運動，迭次發表宣言，主張非恢復第一屆國會，不足以息紛爭之局，並向直系軍閥游說，恢復國會之利。其時直系軍閥亦以舊國會恢復，既可收束北方非法之局，而西南護法之舉，因此可以終了，於是乃有恢復舊國會之動議。十一年五月二十四日舊國會一部分議員，在天津設立「第一屆國會繼續開會籌備處」，以恢復舊國會相號召。直系將領當即通電表示贊成。籌備處假順直省議會，開臨時會。當時列席者有參議員王家襄等衆議員吳景濂等六十八人，議決通電全國，聲明此次在津集會理由云：「民國議會自六年六月十二日遭非法解散，法系凌夷，六載於茲，亂且滋甚。現同人決議依法自行集會，惟因政治上之障礙，先於天津順直省議會，設立第一屆國會繼續開會籌備處，業於本日成立。一俟籌備就緒，卽行定期開會。」斯時北方各省區自曹錕、吳佩孚以下，皆覆電贊成。六月一日籌備會開第二次會議，列席者參議院議員六十三人，衆議院議員一百三十八人，人數驟增，政局形勢亦陡轉，於是議決通電全國，宣告國會自今日始，繼續行使職權，並宣告非法總統徐世昌應卽無效。

六月十二日在津舊國會議員移北京集會，六月十六日參衆兩院諮達大總統聲明於本年八月一日繼續開會。適於此時廣州陳炯明內叛，護法議員離粵集滬，組「法統維持會」，留滬赴京各行其事，因是而北京國會於八月一日得有半數議員之報到，正式開會，繼續第一屆第二次常會，是爲舊國會之二次恢復。

第三節　列席分子資格問題之紛爭

國會既經恢復，關於列席分子資格問題，發生爭議。先是國會議員因黨派政見上關係，四方散處，其分子可分爲四：（一）留京未參加護法運動者；（二）參加護法而中道退出居留北京者；（三）不贊成再赴粵亦不願居京暫寄居滬上與故鄉者，及（四）留粵繼續護法者。故國會恢復之後，內部各派分子紛爭頗多，其中最大者，卽爲列席分子之資格問題。其時護法議員（卽民國八年出席廣州憲法會議之分子）在滬者主張分爲兩派：（一）主國會既復，其列席分子當以曾在廣東參與護法者爲斷，其未參與護法，經廣東開會時解職者，不得列席。此派以爲國會恢復爲六年以來護法結果，於是在滬有法統維持會之組織。（二）主國會恢復，吾人既不否認，然則當赴京集會，至列席問題，當求法律上正當解決，惟有赴京集會，合力奮鬬，不必在海上多論也。二者主張既不盡同，於是赴京者，留滬者，各行其是。然大勢所趨，北京列席之人，已過半數。逮八月一日留京之一部分舊國會議員（卽民國六年未南下參加護法者）集會北京，號曰法統重光，兩派遂成對立之勢。蓋自民國六年國會解散之後，議員中有南下參與護法，列席於民八廣州國會者，有未南下參與護法而被民八廣州國會除名者，此項除名議院之議席，並經民八廣州國會，以他人補充，以是舊國會集會北京之後，關於列席資格問題，卽發生「民六」「民八」之爭。因此而又發生國會之法統問題，換言之，此次所恢復之國會，究係民六國會，抑係民八國會？如爲民六國會，則民八所傳補之分子，自不能列席；如爲民八國會，彼等自可列席，而民六議員之未經列席於民八國會者，必喪失其列席之資格。故此事在國會中引起激烈辯論與長期爭執。

八月十日第一次審議會徐淸和質問主席王正廷謂：前在廣東時旣已依據法律召集憲法會議，繼續開會，而今日之憲法會議審議會是繼續廣東開會，主席未能置答。衆議員開常會時徐淸和亦以此議質問議長吳景濂亦置不答。蓋王正廷、吳景濂均曾以議長資格召集議員在粵集會者，且均身爲憲法會議及審議會之主席，旣不能否認當日行爲，尤不能抹殺今日事實，法律事實，應付兩窮，祇能嘿然相對。嗣九月五日之審議會中，復有謝持、焦易堂、鄒魯諸人大爭議一次，十二月三十日憲法會議竇應昌質問一次，卒無正當法律解決之道。時議場中之曾經參加護法者，不能不承認護法分子之列席，而未參加護法者，旣不能退席讓人，亦不能謂護法奔走辛苦數年，及其成功，理應擯之門外，故多數人惟有緘口結舌而已。若欲遵循法律正當之解決，必須令民八解職及民八補入之兩類分子，一律退席，再爲正式討論與表決，其結果自不能不遵守；但議員列席者，除去此兩類分子，乃絕對不能足過半之法定人數，以致無法解決，紛擾經年。惟民六復席，已成事實，民八後爭攘，已難有及，卒無列席之機會。

第四節　參衆兩院補選議長之競爭

西南護法時代因衆議院副議長陳國祥病故，曾改褚輔成爲副議長，今因恢復民國六年議員資格之關係，褚輔成副議長資格遂歸消滅，乃於八月二十二日舉行副議長之補選。其時議員徐淸和主張護法法統，贊成護法分子之列席；不贊成恢復民國六年議員資格者，當場反對補選副議長，主張褚輔成之副議長資格當然繼續有效，會場上又起劇烈之爭執，卒以不能得多數贊同，徐遂聲明退席。選舉結果，褚輔成得八十三票，張伯烈得七十五票，餘人各得若干票，均不過半數當選。依規則就得票最多者二人決選。至九月六日衆議院行副議長之決選，張伯烈得二百八十票，褚輔成得一百六十一票，張伯烈得票比較多數，當選爲衆議院議長。

在參議院方面，又因議長與副議長之資格同時取消，遂有重選參議院議長之舉。先是國會第二次恢復之初，係繼續第二期常會，後因民六議員資格事實上已經成立，於是護法時代林森之參議院議長資格取消，而王家襄仍爲議長。王正廷則民六民八均係參議院副議長，故不成問題。至十月國會開第三期常會，參議員第一班任滿，王家襄、王正廷依法應退職。二人於第二班改選時，仍得當選；但僅取得議員資格，而參議院副議長資格，則已取消，故須重選，而競爭乃起。當時競爭議長者，以王家襄、楊永泰兩人爲最有希望；王家襄因有研究系議員爲之助，楊永泰則有政學系議員爲之助，雙方勢均力敵，各不相下。初則彼此以不出席相抵制，繼則以武力相對待，屢開選會，終無結果。卒以行政委員會之組織，代理執行會務，終第三期常會及臨時會，議長迄未選出。

第二十四章　憲法審議會之繼續

第一節　國會組織法之修改

國會二次恢復後，以制憲事業歷十年而未成，故於集會後，仍以制憲爲最重要之職務。開會之初，姚桐豫、姚守先、彭漢遺、羅永紹、杜成鎔、杜師業、李文熙等分別提案，主張速開憲法會議，或暫緩行使他種職權，先議憲法；乃遲之又久，憲法會議終以不足法定人數而常常流會，於是國會議員乃提議修改元年國會組織法，以減少憲法會議出席人數之限制。查國會組織法第二十一條之規定爲：「民國憲法之議定，由兩院會合行之。前項會合時，以參議院議長爲議長，衆議院議長爲副議長，非兩院各有總議員三分二以上之出席，不得開議，非出席議員四分三以上之同意，不得議決。」根據此項條文，凡開憲法會議時，參議員總額二百七十四人，必須有一百八十三人列席，衆議員總額五百九十六人，必須有三百九十八人列席。當時衆議院法定人數不虞不足，參議院則常差數人。於是參衆兩院於十二年三月對於國會組織法第二十一條第二項修正全案，文爲：「前項會合時，以參議院議長爲議長，衆議院議長爲副議長，正副議長均有事故時，以兩院副議長臨時代理，非兩院有總議員五分三以上之出席，不得開議，非出席議員三分二以上之同意，不得議決；但關於議憲程序，以兩院議員總數過半數之出席開議，出席議員過半數之同意議決。」即日送經政府公布。嗣是憲法會議開會，乃稍減少法定人數之困難，兩院議員總數爲八百七十八，出席人數爲五百二十二人，即可開會。

國會組織法既經修改，其結果憲法會議規則，亦不能不隨之修改。查憲法會議規則第三條第二項文爲：「本會議開會以議長爲主席，議長有事故時，以副議長代理之。」此條修正後議員猶以爲未足，更提議增設憲法會議出席費，即議員出席憲法會議者每次得支出席費二十元。兩院議員依民國二年九月二十七日公布之議院法第九十二條之規定，原已享有甚優之歲費（五千元）今復增設出席費，以引誘議員出席憲法會議，當時輿論多非之。

第二節　憲法起草委員會之開會

憲法起草委員會委員原爲六十八人，因種種政治關係，委員缺額頗多。十一年國會二次恢復後，既公認民六議員之資格，於是憲法時代所補選之衆議院副議長暨憲法起草委員均歸無效。又因參議院議員於十一年十月第一班滿期，原委員中因第一班滿期關係，多退職者。於是衆議院於十月二十三日補選陳家鼎、呂復、葉夏聲、呂泮林、林長民、羅家衡、牟琳、胡祖舜、蒲伯英、饒孟任、王源翰、姚桐豫、劉楚湘、王有蘭、徐蘭墅（馬驤當選，因被選爲全院委員長辭職，以徐補入）等十五人，參議院於十一月六日補選趙時欽、辛漢、潘大道、王伊文、金兆棪、宋汝梅、害般、熊正琝、張樹枏、黃元操、沈鈞儒、何畏、高仲和、章兆鴻等十五人。

民國十一年十一月十五日憲法起草委員會繼續開會。是日會議稱爲第三十五次會議，蓋委員會於民國六年開會至第三十四次爲止，今繼續開會，故從第三十五次起計。憲草委員會依憲法會議自十一年八月十日至同年十一月二十日迭次審議會之議決，先後草成地方制度及國權各一章，於十一年十二月提出於憲法會議。嗣後草定生計及教育各一章，其內容大都模擬一九一九年德國新憲法之規定，於十二年四月提出於憲法會議。然地方制度章及國權章提出以後，議員對於省憲問題爭辯甚烈，擾攘竟歷數月之久。

第三節　地方制度之繼續審議

民國六年國會解散時，憲法草案尚有一部分未經二讀會通過，其最重要者，則爲地方制度案。護法時代，雖繼續審議，但因二讀會中發生爭執，致無結果。此次國會二次恢復，審議會開會，乃繼續民國六年之審議會。其第一次開會爲十一年八月十日，議事日程爲第九十二號。是日開議，係審議地方制度一章，是日決定大綱三條：(一)省之地位及權限（省憲問題）；(二)省與中央之關係；(三)縣制度如何規定，以爲繼續審議之標準。

憲法起草委員會根據十一年八月十日至十一月二十五日審議結果，起草地方制度一章，國權一章，於十二月二十三日咨送憲法會議。十二月二十日憲法會議開二讀會，此爲國會二次恢復以來之第一次會議也。議事日程爲中華民國憲法案「地方制度一章暨增加各專章並修正各案」，當由代理審議長張伯烈報告審議經過情形，憲法起草委員長湯漪報告起草經過情形。十二年一月十一、十六、十八、二十等日，皆繼續開會，其議事日程，初僅列國權一章，嗣又增列地方制度修正案，嗣又將兩案位置前後易列。於是籍忠寅質問主席副議長吳景濂：「議事日程，屢次變更，亦屢開會不成，編列議程，究以何者爲標準？」議長答稱：「以本席認定國權一章，經過初讀後，地方制度始能開二讀會；嗣因兩院同人來函謂『應依起草委員會來咨程序排列議程，否則以國權章列首，大家不願出席，』本席希望憲法會議，即日開會，故不惜犧牲支配議事日程之權，容納同人意思。」當時致函要求改列議程，先議地方制度一章者，乃反對省憲派議員，因地方制度一章內，有「省得自制省憲」之規定，故國權規定，採用列舉方式，既反對省憲，則國權一章，依立法程序，必須緩議，此要求之用意也。議長既照辦理，乃得成會，將地方制度案第一條通過，未及議第二條，即已枝節叢生矣。

此次關於地方制度之意見，可分爲兩派：一爲「省憲同志會，」一爲「反省憲同志會。」在地方分權主義上，兩派意見相同，所不同者，即在省憲派偏重於省，認省爲較大之團體，應自省着手，以發展地方分權。反省憲派以爲最初級之地方團體爲縣，如欲地方分權，應分縣爲單位。兩派於憲法會議中爭辯外，又各立機關，各逞筆舌，以求主張之貫徹。各黨派間之藩籬，悉被此問題擊破，蓋雖同一黨派，而對此問題則各有主張也。中立派人爲居間者，請省憲派與反省憲派各委託代表與中立派人三方面爲開誠之協商，歷時數月，至六月十二日深夜始將「地方制度」「國權」兩章全案協商完妥。

第四節　黎元洪離京與憲法會議之流會

十二年六月十三日政變發作，黎元洪離職出京。先是黎氏入京之初，對於個人任期，必成法律上問題，故其通電中有云：「法律問題，應由國會解釋。」國會開會後，對於黎氏任期問題，意見亦不一致：熱心制憲一派，主張延長黎氏任期，俟憲法公布後，再選總統；附和曹錕一派，主張將黎氏任期縮短，以便曹錕早日登極，各不相下，遂致擱而不議。而黎氏羽黨復興言黎氏任期須由袁世凱修改約法，舊約法失效之日起計算，須至十四年九月始滿。因是引起附曹派議員之不滿，於十二年五月初旬由范樵、吳蓮炬等提出解釋任期案，謂「黎元洪此次復職爲補足洪憲改元迄袁世凱死亡之日，其任期爲百六十日；而黎氏自十一年六月十一日復任至今，已三百三十餘日，業超過任期一百七十餘日，應由黎氏自動退位，依法由國務院攝行總統職務，一面速組織總統選舉會，選舉次任大總統。」同時繼之提案者二十餘起，黎知不可久留，乃咨詢兩院查照總統選舉法，準備大選。於是兩院議員四百餘人，發表「制憲、選總同時並進」之主張，決定於十二年八月三十一日以前，完成憲法，於九月三十日以前，舉行選舉。曹錕及津派徒黨，得此消息，認爲黎氏見好議員，爲謀繼當選總統之陰謀，乃令吳毓麟發動，掀起所謂府院衝突，藉口黎氏未將制憲經費案交國務院主辦，有違責任內閣制之精神，迫閣員全體六月六日辭職，相率出京，政務無人負責。京畿一帶軍警官佐於六月七日集合三百餘人到總統府索餉。八日所謂市民請願團者，集會講演，散佈傳單，詆譭黎氏。九日都城內外警察一律罷崗，聲言索餉不得，不能枵腹從公。十日軍警官佐數百人，復到黎氏私邸索餉，手執「驅黎救國」、「促黎下野」等紙旗。十二日京畿衞戍總司令王懷慶、陸軍檢閱使馮玉祥以月餉積欠無法應付，呈請辭職，爲不負責任之表示。黎氏疊電保定曹錕均不應。黎氏乃於十三日通電全國，謂「去年復職，歷經咨催國會，遴選替人，但得憲法早成，於願已足。若謂延長任期，競爭選舉，匪特毫無是跡，抑且毫無是心，何嫌何疑，而相脅迫？個人自由，横被侵奪，更何能執行職務？萬不獲已，權移天津。望邦人君子主持正誼，俾毀法之徒，絕跡吾國。」

黎氏既出京，兩院議員紛紛赴滬。憲法會議於是牽入政治漩渦，流會數十次，不能成會。而到滬議員以上海斜橋湖北會館爲國會移滬集會籌備處，七月十四日下午二時舉行國會移滬集會式，出席議員二百二十餘人，截至二十二日止，報到人數，參議員一百十八人，衆議員二百九十八人，均不足法定人數，不能開會。時適北方大勢已成，曹錕運動議員，又愈形積極，多數北返。故九月二十二日開會不成，移滬運動，歸於泡影；然其主張正氣之精神，於我國立法史上，有不可磨滅之價值。

第二十五章　曹錕賄選與憲法公布

第一節　曹錕賄選之經過

民國十二年十月五日曹錕賄選告成，爲我國立法史上留最大之汚點；議員人格，至此掃地盡矣！黎元洪之離職，本爲曹錕及其黨徒所作成之圈套，其用意卽在逼黎下臺後，由曹錕篡奪大位，以實現其夢想。國會議員在滬集會，不足法定人數，而留京議員受曹系徒黨之威迫利誘，卒以喪失人格，造成選以賄成之怪現象。直系之去黎，原以其障礙選舉。黎既去而障礙除，於是由高凌霨、吳毓麟、王毓芝等積極進行選舉運動，威迫利誘，雙管齊下；一方面以軍警察視議員，不許南下，他方面復用「出席費」、「節敬」、「歲費」、「票價」種種利誘方法，以羈縻議員，每票之價，至五千元之巨。時議員中本有制憲與大選兩派：前者之目的，僅在憲法之完成；後者反是。其後乃有憲選並進之協定。八月二十四日北京議員由吳景濂召開談話會，議定議員每次出席常會者，得支取預備費一百元，以餌議員返京。又以衆議員任期，護法時期之集會除外，至十月十日屆滿，提議延長任期，至下次議員選舉完成始止。於是南下議員，卽陸續返京，人數已無不足之虞，大總統選舉會乃於十月五日開成。

先是九月七日衆議院常會開成後，卽將延長國會任期案通過，一時輿論譁然。至九月二十六日參議院常會亦開成，對延長任期案，卽予可決，咨達攝閣。其後衆議院議長張伯烈主張先行大選，議長吳景濂乃於九月八日開選舉總統預備會，十二日先開總統選舉會一次，惟因出席費僅定五百元，以致到者四百二十餘人，距大總統選舉法規定之五百八十一人，尙差一百五十餘人，出席開成憲法會議。乃由吳景濂以總統選舉會名義，發出通告，訂於十月五日開會選舉。至五日，大總統選舉會於衆議院大議場舉行。是日晨內外城各大街、商鋪卽由警察挨戶勒令懸旗慶祝，順治門內外十步一兵，五步一警，荷槍實彈，如臨大敵，國會街一帶警備尤嚴；衆議院門前有營帳數座，是爲軍警休息之地；制服軍警約有五六百人之多；私服暗探，數亦如之；衆議院圍牆以外，配置軍警偵探之數，亦不亞於門前軍警。當局如王懷慶、聶憲藩、薛之珩、車慶雲等均親自莅場指揮監視，足見其特別愼重。是日因議員簽到者不多，故臨時變更爲不定時開會，以簽到足法定人數爲準，故自上午十時延會至下午一時二十分乃得開會。主席吳景濂報告簽到人數，計參議院議員一百五十二人，衆議院議員四百四十一人，共五百九十三人，已足法定人數，可以開會。報告畢，由祕書長抽定檢票員十六人，檢票員抽定，吳起而說明寫票投票方法，先由檢票員投票，再由檢票員唱議員姓名挨次寫票及投票，祕書散票共發五百九十張，自二時投票至四時始畢。照例將票匭封好，始招呼傍聽人入席，當衆點票唱票，據吳景濂報告票數與人數相符，投票總數爲五百九十票，四分三應爲四百四十三票，曹錕得四百八十票，按照大總統選舉法當選爲中華民國大總統。議員鼓掌如雷，眞可謂賣力到底矣。查當日投票總數爲五百九十票，除曹錕得四百八十票外，其餘孫文得三十二票，唐繼堯二十票，岑春煊八票，段祺瑞七票，吳佩孚五票，王家襄二票，陳炯明二票，陸榮廷二票，吳景濂、陳三立、張紹曾、張作霖、陳遐齡、唐紹儀、汪兆銘、王士珍、李盛鐸、谷鍾秀、譚延闓、盧永祥、李烈鈞、高錫符、龔升、姚桐豫、胡景翼、歐陽武、嚴修各廢票十二票。聞中有孫美瑤一票，「五千元」一票，「三立齋」三票，吳景濂祕不發表。

曹錕賄選告成，中外譁然。國人恨受賄之議員，至擬之曰「豬仔。」浙籍議員邵瑞彭曾取得五千元支票一張，攝影製版公布，用爲證物，向法庭控告高凌霨等選舉納賄。惟因法庭處軍閥積威之下，未能實行偵察。其時旅滬拒賄議員，尚有百餘人，聯名發表宣言「明正賄選之罪，一致聲討。」浙江盧永祥、奉天張作霖、淞滬何豐林、四川熊克武、雲南唐繼堯、廣東楊希閔、廖仲愷均先後通電反對賄選。十月十日上海有國民討曹遊行大會，杭州有救國大會，各省學生亦羣起爲誅議員討曹錕之運動。上海工、商、學各界開省區公民大會，議決將此次應選與受賄之「豬仔」議員，由本省各法團抄沒其財產，幷削除其籍貫，以示與衆共棄。浙、皖各省更有學生搗毀議員住宅，發起鑄像除奸會，將受賄議員一一鑄成鐵像者，亦可見當時人士之痛憤矣。

第二節　賄選憲法之完成

賄選運動正當進行之際，南下議員之返京者，大都以完成制憲事業爲口實。十二年十月四日憲法會議之法定人數已湊足，是日卽將地方制度全章完全通過二讀會。十月六日又將國權一章及他項懸案盡數通過二讀會。同日由主席指定藍公武等三十八人整理憲法全部條文字句。於七月八日開會整理完畢，卽於八日下午二時開第二百〇二次憲法會議，將憲法全文交付三讀，半日而竟，都凡十三章，一百四十條。此外尚有憲法起草委員會提出之「生計」「教育」兩章，及尚未起草之「施行附則」，以時間偪促，致被完全委棄，不及付議。十月十日，憲法會議遂將全案公布。當時輿論，羣稱此憲法爲「賄選憲法」。計此次憲法會議之開會，不過三次，爲時不及七日，遂舉十二年來久孕不產之大法，全部完成，六七載爭論不決之問題，一一解決，進行之速，實可驚人。其最大原因，乃由於「賄選」議員欲急於完成憲法，以圖掩蓋彼等之罪惡耳。

自憲法公布後，關於憲法之反對與討論，盛極一時。反對者唱否認之論調，而承認者謀實際之施行。第一、關於憲法之效力問題，反對派以議員人格既因賄選而喪失，則所制成之憲法，完全失其效力。而承認派則分賄選與制憲爲兩事，以爲憲法既依法由國會制定公布，當然有效。如十二年十二月中旬徐佛蘇所發表之憲法救國與憲法統一一文，詳言「今日救急之策，惟有倡憲法救國憲法統一」之說。此文發見於上海各報後，一時非難者，遂起而商報上更有精闢之反駁文章。其指摘徐文有云：「徐君之誤謬，第一、在過分重視憲法之名義，第二、在忽視蹂躪制憲事業者之罪惡，而尚依然認此表裏俱腐者爲有絕對之權威，第三、在錯認蔑視憲法者，爲徐君目中之『中央』，即不然，亦爲各省『不樂有憲法』之首領。而不知憲法爲物，縱爲萬應靈藥，但經此一番泡製，亦已等諸矢橛。故極端痛惡此憲法者，即爲從前渴望制成憲法之人民。形勢如此，絕非請願『中央』，哀其放棄征誅，假借顏色，開一會議，遂可藉此以達解紛定亂之大願也。」此外於反對與承認兩說之外，另有一種主張者，爲張君勱之國民投票公決說。張氏前固主張承認新憲法者，今則變而主張將新憲付國民投票公決。於十二年十一月二十一日發表北京新憲法與江蘇一文，即主張：「各就本省之法定團體，如縣市、鄉議會，省議會，以及職業團體之會員，爲一種範圍較寬之公民投票，其事非不可行。投票標題，則就憲法全部爲可否之表決。」此文在時事新報登載後，反對與贊成者有意見表示，民國日報與時事新報更有針鋒相對之筆戰。

在反對派議員方面，亦曾屢屢有所表示。十三年一月底，反對新憲法而素以制憲派著稱之湯漪、林長民兩人各發宣言，謀將新憲法前身之憲法草案加以修正或完成，使國民公決，造成一種有效之憲法，從根本上推翻北京之新憲法。湯、林以反直議員主張攻擊賄選憲法，一時自能傾動人心。而湯漪之宣言，題爲完成中華民國憲法案以使國民公決宣言書，係經留滬議員之討論，而用憲法起草委員會發布者，尤爲有力。而在賄選議員一方面對於手制之憲法，不能不有以擁護，同時更進一步發起全國法團行憲會議，以「研究討論實施憲法推行民治之時期及方法，」其意在與反對者抗。但因賄選議員，已爲全國人民所惡棄，結果終無所成。

第三節 憲法內容之檢討

此次憲法原爲民國二年天壇憲法草案演進之結果，惟與民二、民六時代憲法草案不同之點，約有二項，即：(一)此次憲法增加國權與地方制度兩章。國權一章列舉中央與各省所有權限各若干條。其未經列舉事項，性質之關係國家者屬於國家；關係各省者屬之各省。(二)民二、民六時代之憲法草案爲一種單一制之憲法，而此次公布之憲法，雖制定該憲者否認爲聯邦性質之憲法，然從學理上評斷，該憲固確具聯邦憲法之性質。至憲法全部之內容，有足爲吾人所應注意者：第一、此次憲法第一條，明定：「中華民國爲統一民主國，」而第五章又規定國權主屬於國家事項者，依憲法行使，而屬於地方事項者，則依憲法及各省自治法之規定行使，隱然以省與中央處於對等之地位。既列舉中央與省之權限，實具有聯邦之性質，而又居然以統一國家冠其篇，其矛盾模糊，是此次憲法最大之缺點。第二、此次憲法劃分中央與各省之事權，大體須仿加拿大制與歐洲大陸制。就其劃分事權之形式而言，該憲須取雙方列舉主義。對於未經列舉之事項，該憲既不倣效美制以之付諸各省，亦不倣效加制，以之授諸中央；而認爲應依其性質之「關係國家」或「關係各省」付諸中央或各省遇有爭議，並以最高法院爲裁判機關（憲法第二十六條。）此項規定，全不合理。蓋何種事件爲關係國家之事項，何種事件爲僅關係一省之事件，純屬於政治問題。法院爲解釋法律機關，以之處理此種政治性質之爭議，既不相宜，且難免不因是而動搖法院之獨立。第三、此次憲法關於地方制度之規定共十一條，惟其中亦多矛盾之處。如第一百二十六條明白規定：「省自治法，由省議會，縣議會及全省各法定之職業團體選出之代表，組織省自治法會議制定之。」第百二十七條又詳細規定省政府之組織，第一百二十八條並縣自治之各種組織亦詳及之，第一百二十九條至一百三十一條則更將省縣之關係，俱爲之規定。此則與國權章所採之分權原則，顯然發生矛盾。蓋在單一國家，地方自治機關之組織，應由國會立法規定；在聯邦國家，則當歸各邦或各省自行立法規定，而皆不宜於中央憲法，詳細條列也。

總之，此次憲法最大之缺點，在憲法精神內部之不能一貫而發生矛盾。推原其故，由於當時制憲諸人，分爲兩派；一派主張聯邦，一派主張統一。兩方既各不能貫徹其主張，其結果則惟有互相讓步。主張聯邦者則去其聯邦之名稱，而以統一字樣加之於國體；主張統一者則聽其以省權國權之分配，規定於憲法以內。彼以爲如是則既可以免裂統一爲聯邦，又可以防中央凌迫地方之弊，豈知憲法本身既造成前後之矛盾，其精神已不能一貫。在該憲存續之期間內，憲法條文大都未及實施。一方面由於當時直系軍閥雖假借此憲法以相號召，初無實行之誠意；而在他方面該憲公布後國會迄未另頒憲法施行細則，憲法本文復無施行細則之規定，故實際上憲法中一部分條文無從實施，結果徒成具文。

第八篇　臨時執政時期之立法

第二十六章　北京臨時政府之成立

第一節　段祺瑞組織臨時政府

民國十三年直、奉二次戰爭結果，直系勢力爲奉系及馮玉祥所推翻，曹錕亦被馮氏拘禁，北京政局大變。吳佩孚在漢口聯絡所謂黃河上流及長江同志各省組織護憲軍政府，通電與北京政府宣布獨立。於是張作霖、馮玉祥、盧永祥等卽推段祺瑞爲臨時總執政，以謀對付通電獨立之各省。及吳佩孚通電護憲，回河南整軍布防，張作霖、馮玉祥乃促段祺瑞急速入京就職組織臨時政府。至是所謂黃河上流及長江同志各省之護憲形勢日漸寬緩，各該省重要軍人亦先後表示服從段氏。

民國十三年十一月二十一日段氏通電宣布大政方針，二十二日入北京，二十四日實行就職，卽下四令：「(一)公布中華民國臨時政府制六條，並宣告所有從前行政、司法各令，除與臨時政府制抵觸或有明令廢止者外，均仍其舊；(二)令所有京內外文武官吏照常供職；(三)宣告就職；(四)特任唐紹儀長外交，龔心湛長內務，李思浩長財政，吳光新長陸軍，林建章長海軍，章士釗長司法，王九齡長教育，楊庶堪長農商，葉恭綽長交通。」於是臨時政府完全成立。

至於臨時政府之組織，段在未就職以前，原擬將歷來之中央政府組織，略爲改變，廢總理制以臨時執政兼內閣首領，內閣分軍務、政務兩院，政務院設十三部，可添設不管部務總長數人，以便閣員人數增多，可以容納各方人物。但後因顧忌外交上之承認問題，不敢多改舊制。據二十四日所公布之中華民國臨時政府制，其組織大要，約有二端：（一）以臨時執政總攬臨時政府軍民政務，統率海陸軍，並對外代表國家；（二）處理國務仍設國務員，其命令及關於國務之文書，由國務員副署，國務員則仍如舊制分外交、內務、財政、陸軍、海軍、司法、教育、農商、交通等各部，國務會議由臨時執政召集。據此，則臨時政府不設監督機關，其國務會議實具有以前總統、內閣、國會等三機關的權力，可操縱一切國務，故當時有人比之於蘇俄之委員制。

第二節　善後會議之召集

段祺瑞既就任臨時執政之後，其所宣布之大政方針，在「制定國憲、促成省憲、改革軍制、屯墾實邊、整理財政、發展教育、振興實業、開拓交通、救濟民生」諸大端，而其最要者，則爲倡言組織兩種會議：一爲善後會議，以解決時局糾紛，籌備建設方案爲主旨，擬於一個月內集議；二爲國民會議，擬援美國費府會議先例，解決一切根本問題，期以三個月內召集，其集議會章，俟善後會議，議定公布，此會議完成，臨時政府卽行告終。

善後會議條例於十三年十二月三日臨時政府之閣議中已通過其大綱，因向各方疏通修改，直至二十三日始得公布自組織條例公布後，段祺瑞即決定於十四年二月一日以前在北京召集會議。至此項會議之宗旨，在：「解決時局糾紛議籌建設方案」；而其組織則包括：（一）有大勛勞於國家者，（二）討伐賄選制止內亂各軍最高領袖，（三）各省區及蒙、藏、青海軍民長官，（四）有特殊之資望、學術、經驗由臨時執政聘請或派充者。計合於第一項者僅有孫中山先生及黎元洪兩人；合於第二項者有五十七人，第三項者共三十九人，第四項者有三十人。共計被電邀者約有一百三十人左右，其中竟有百分之九十九為擁有實力及與擁有實力者有關係之人物，此項會議根本上完全為一種實力代表會議。故自會議條例公布後，國內輿論多表示不滿，國民黨認此項會議於人民方面未能顧及，尤為憤慨。在條例發表之前數日，廣州方面有數萬人之示威運動，反對善後會議之招集，主張開國民會議。西南各當局且互約不派善後會議出席代表。

善後會議不顧及國民之反對，居然如執政府所預定，於二月一日舉行開幕典禮。當時雖因國民黨方面尚持反對態度，國民黨系會員全體不出席，致一百六十六人中僅有八十六人到會，不能湊足三分之二法定人數。惟此後經政府方面極力拉攏，九日之預備會，即有一百十九人列席，會員已足法定人數，即將議事細則討論完竣。十三日開第一次大會，即通過議事細則，舉出趙爾巽為議長，湯漪為副議長。

善後會議開會以後，對於該會所負最重要之任務，如收束軍事整理財政等所謂解決時局糾紛，既無結果；而國民代表會議條例，直至四月十八日始通過，可稱為該會議開會延久不決以後之第一要案。其他所有重要議案則多擱置。蓋執政府本身，並無法理上之基礎，而由此種政府之意思而產生之善後會議，自無立法及解決何等國家根本問題之權利，無權利之決議，自歸於無效。故善後會議會期本定一月，其後一再延會，終無結果。四月二十一日延長期滿，宣告閉幕，會期中幾無一成就，而糜費達百數十萬，善後問題中應占重要位置之整理軍事、財政兩大綱，全被消滅；所得稱爲成績者，僅以議決可有可無之國民代表會議及軍事、財政兩善後委員會條例而已。

第三節　國民會議與國民代表會議條例

十三年十一月十二日孫中山先生由廣州北上時，發布宣言，主張召集國民會議，以謀中國之統一與建設，而在國民會議召集以前，主張先召集一預備會議，決定國民會議之基礎條件，及召集日期、選舉方法等事。預備會議以現代實業團體、商會、教育會、大學、各省學生聯合會、工會、農會、共同反對曹、吳各軍及政黨九團體代表組織，是爲國民會議提倡之來源。各省人民團體，對於孫先生此種召集國民會議解決時局之主張，極端贊成，各省各縣，先後組織「國民會議促成會」，努力鼓吹，於是「以國民會議解決國家根本問題」，已爲舉國一致之趨向。

段祺瑞既欲取得北京政權，亦不得不表示贊成。故段氏於就職前宣布大政方針，亦主張：「以國民代表會議……解決一切問題，」並標明先以善後會議議定國民代表會議之集議會章。此種主張爲國民黨及人民團體所反對，發生極大之爭執。適孫先生病危，國民黨用力於內部問題，一時雖曾略停止其關於國民會議之進行，然爭端迄未解決。但在段氏方面，不顧國民黨及人民團體之反對，竟由所謂法制院者擬定國民代表會議組織條例七十五條，於十四年二月十九日提交善後會議，經兩次討論，交付審查至四月十八日議決國民代表會議條例凡三十九條。惟條例內容缺點頗多。而最重要者則爲限制國民代表會議之職權，使僅得議決憲法及其施行之附則，而起草權尙須除外。此種規定實足令全國人民同聲驚嘆。蓋段氏心目中之國民代表會議，實一善後會議之變形，與人民之眞意相違，卒無良好之結果。此項條例於四月二十四日公布後，國民黨及輿論皆表示反對，而多數國民意見，認定除由國民自動組織國民會議，解決國家之根本問題外，對於段氏之國民代表會議，始終表示反對。故代表選舉會已定十四年六月三十日，各省多不遵令舉行選舉，代表會終未成立。

第四節　臨時參政院條例之公布

段祺瑞於善後會議之外，又添設一毫無根據之臨時參政院，一方面擬爲異日收容接近政府之善後會議會員之機關；他方面則爲延長臨時政府壽命之工具。本來段祺瑞之臨時政府，其存在本無法理上之根據，欲藉參政院，以裝點「民治」之門面，故段氏以臨時執政名義於十四年四月十三日公布臨時參政院條例。此項條例共九條，其內容無異「變相的善後會議」，段氏且欲以此爲頂替民意之機關。據條例所定參政院之組織，除實力代表之外，加入各省省議會議長及各省區法定團體會長互選之一人。而議事範圍，則採列舉式，甚至予以議決與外國宣戰媾和、締約及募集內外債及加增租稅等權力，固儼然一立法機關也。更規定臨時參政院行政職權時期「至正式政府成立之日止，」使與臨時政府同其壽命。然段氏對於眞正國民的代議機關——國民會議，置而不論，反更設此無所根據之臨時參政院，是其用心全在利用此機關，以延長臨時政府之壽命。且此會議始終不過政府顧官之行政會議，決非代表民意之機關，不能認其與臨時政府在政治責任上有何正當之關係。條例公布後，臨時參政院於七月三十日舉行開會，參政總額共一百九十三人，是日出席參政者一百十四人，已過半數，遂宣告成立。

第二十七章　臨時執政時代之制憲事業

第一節　臨時政府之法統問題

臨時政府成立後，首先檢舉賄選事件，於十三年十一月二十九日由司法總長章士釗提出閣議，經全體議決，即於三十日令飭北京地方檢查廳向議員九十餘人住宅及關係各銀行搜索證據，更下令監視賄主犯曹錕，於是賄選總統變爲階下囚，而賄選事件至此始由法律解決。其次，則臨時政府對於法院之處理。同年十二月十三日臨時政府國務會議本已擬定三條命令：一爲撤消曹錕所公布之憲法，二爲聲明臨時約法失其效力，三爲宣布參衆兩院機關應即消滅。第一條在直系失敗之後，自不成爲問題。惟第二、第三兩條關涉民國之法統，且消滅兩院，尤與議員及政黨有密切關係。故在當時非常國會之在北平者急起力爭，更派代表阻政府下令，與政府中人作劇烈之爭論。當時一般輿論對於否認曹錕憲法與推翻舊國會頗具同心；至關於約法問題，則幾於全國一致反對政府之議定。段氏左右雖聲言：『曹錕憲法革臨時約法的命，執政府革曹錕憲法的命』，以斷定臨時約法應失效力。其理由並不充分。蓋一國不可無根本大法，臨時約法爲民國創立時所制定，歷來爲擁護臨時約法，引起多次戰爭，在民國正式憲法未成立以前，臨時約法實應認爲民國根本大法，其效力斷非臨時政府制所可比擬，故國人對此力持反對。結果由閣員出而調停，臨時政府關於法統之三令，遂決緩下。

第二節 國憲起草委員會之組織

段祺瑞之臨時政府，對於法統問題既無法解決，善後會議之後，乃欲依國民代表會議條例之規定，以憲法起草權畀諸一種國憲起草委員會，以進行其制憲事業，謀產生新憲法。段氏遂決意設立此項委員會。民國十四年五月三日臨時執政公布國憲起草委員會規則九條。其組織依據國民代表會議條例，係由各省區軍民長官及臨時執政指派之委員七十八組成。十四年七月十七日段祺瑞以臨時執政名義，發布召集國憲起草委員會令云：『查國民代表會議條例，國憲起草委員會委員，由臨時執政定期召集。現國民代表會議議員之選舉，業經次第舉行，憲法草案，亟待如期完成。所有國憲起草委員會委員，應於八月三日齊集京師，依法開會。』此委員會於同年八月三日舉行開幕式。同月八日票選林長民爲委員長，並通過議事細則，通電各省區法團速提出對於國憲之意見。該委員會從事於憲法起草之討論者計四閱月；至十四年十二月執政政府勢力將次瓦解，局勢轉變，在即，國憲起草委員會連日急進，匆遽議決中華民國憲法案全文五編十四章一百六十條，於十二月十二日三讀通過，即咨交政府，並通電全國。

第三節 憲法草案之內容

此次憲法草案之內容，大要言之，與十二年十月十日之曹錕憲法頗相似；卽其所增加之生計、教育兩章，大體上文與民國十二年舊國會未及議決之生計、教育兩章相似。至其特異之點，亦有數端：第一、此次草案較之十二年憲法聯邦色彩之傾向更濃。當日起草委員於首章卽申明：『中華民國永遠爲民主共和國。』不用『統一』而用『共和』，卽含『聯合共治』之義，避免『單一』意味，是爲傾向聯邦之表現。第二、此次草案對於國權問題，採列舉主義。列舉屬於國家之事項二十四種，屬於國有立法權之事項共八種；屬於各省區之事項十六種；而於中央與地方分權方法，多採加拿大制。惟草案第九條規定：『凡未經第六、第七、第八各條所列舉之事項，其性質屬於全國者，由國家立法，屬於一省區者，由各省區立法。如發生爭議時，由國事法院裁決之。』此則純採用十二年憲法之規定也。第三、對於衆議院議員選舉，採用直接選舉制，由各選舉區選民直接選舉。各選舉區選民對於衆議院議員，適用直接罷免制。凡選舉區選民十分一以上之連署提議，過半數以上之同意，得撤回該選舉區內之衆議院議員（草案第二十四條。）此爲吾國前此各憲法草案所無，實亦此次草案之一大特點也。草案以立法重心置於衆議院，而不在參議院。故參議院之職權頗有削減。據草案第四十二條之規定：『衆議院議決之法律案，除預算外，參議院如有異議時，得於十日內將否決或修正之理由咨由政府提付於衆議院覆議之。如衆議院有衆議員過半數之同意，仍執前議時，大總統應卽公布之。』是參議院對於衆議院之議決案，僅有一種與大總統否決權(veto power)相同之權，並無絕對制止法律案通過之權。第四、草案規定總統選舉，採用人民間接選舉制，卽『大總統由全國選民於每縣內各選出大總統選舉人一人，集會於國都選舉之』（草案第五十九條。）此條雖仿美制，但有所修正。

然吾國土地廣闊，欲令各地代表齊集首都，反多不便，不若直接採用美制之爲愈也。第五、關於憲法修正問題之採用特殊制憲會議制，即『憲法修正案由國民會議議決之』（草案第一百五十七條）國民會議之組織，以（一）每省地方議會議員互選之十八人及內、外蒙古各五人，前、後藏各三人，（二）由衆議院議員互選之五十八人，（三）由參議院議員互選之三十八人，及（四）衆議院議長等組成。其用意在防止國會對國家根本大法之壟斷，較十二年憲法爲有進步。

此次憲法草案雖已草成，咨送執政政府，但因國民代表會議始終未召集，以致草案亦無從議決。十五年四月二十日段祺瑞因政府勢力瓦解，離京逃津，執政府隨之消滅，此次憲草遂亦流產。

第二十八章 民國十餘年中法典編纂事業

第一節 民國十餘年中法典編纂機關之演化

民國初元，法制未備，設立法典編纂會於法制局，嗣改隸於司法部，更名爲法律編查會，以司法總長兼會長，置副會長一人，編查員若干人。據民國三年一月公布之法律編查會規則：

第一條 法律編查會掌調查、編纂關於民事、刑事等法規。

第二條 法律編查會以司法總長爲會長。

第三條 法律編查會置副會長二人，由會長聘任之。

又據同年五月十四日公布修正法律編查會規則第三條，法律編查會置副會長二人，由會長呈請大總統行之。至民國五年十一月四日復公布修正法律編查會規則第二條，法律編查會置會長一人，副會長二人，由司法總長特聘。民國七年又更名爲修訂法律館。據七月十三日公布之修訂法律館條例第二條規定：『修訂法律館置總裁二人，由大總統特派，副總裁二人，由大總統簡任。』嗣又改爲總裁一人。先後充任會長及館長者，爲章宗祥、梁啓超、董康、王寵惠、江庸、羅文幹、馬德潤及余棨昌。參與修訂事務者，其人甚多，舉其要者，有石志泉、陸鴻儀、羅文幹、余棨昌、黃右昌、朱學曾、吳炳樅、應時、王鳳瀛及李炘諸人。該會組織既屢有修改，後復以經費支絀，職員變遷，僅着手起草民、刑訴訟法，及刑律、公司律等稍有修正，而民律直至民國十四年始能完成。

第二節　第一次刑法與第二次刑法修正案

民國元年之頒行暫行新刑律，原以民國初立，無法律可資遵守，故將前清新刑律，暫行援用。至三年十二月二十四日復頒行新刑律補充條例，模倣暫行章程而加以擴充。蓋是時袁氏漸有帝制自爲之心，思以禮教號召天下，重典脅服人心，故不慊於新刑律，將刑罰分別加重。此條例至民國十一年仍援用之。同時更頒行戒嚴法、懲治盜匪法、治安警察法、陸軍刑事條例及海軍刑事條例等，皆袁氏欲以嚴刑峻法威迫異己之用意也。

民國三年章宗祥、汪有齡、董康等，奉令組織法律編查館，知刑法關係重要，首先提議修正，並因日本岡田朝太郎在前清曾以教習充法律館調查員，乃聘請其參加修正。歷時八月，至民國四年四月已全編告成。其中與原案之異同，大致如下：(一)於『總則』增入親族加重一章，原案分則各條，對於尊親屬亦間有特別外罪之文，而旁系親並不在內。故修正案定爲對於直系尊親屬犯罪者加重本刑二等，對於旁系尊親屬犯罪者加重本刑一等，並規定因親屬而加者，許其加至死刑。此與舊律之精神相似。(二)於直系尊親屬內，加入外祖父母一項。(三)採擇補充條例，纂入限制正當防衛及無夫姦二條。(四)尊長對於卑幼姦非章，增強制賣姦之條，於略誘章著強賣和賣之罪。此外更於『分則』中增侵犯大總統罪一章、私鹽一章，並於死罪或兼及無期徒刑之外，餘概改用一種之刑。（詳見民國四年四月十三日章宗祥、汪有齡、董康等之呈文中。）

此項修正案完全迎合袁世凱意旨，其中所規定者較補充條例爲尤嚴厲。民國五年此項修正案，已提出國務院經法制局酌加整理。

民國七年改設修訂法律館，以董康、王寵惠氏爲總裁。以第一次之修正案修訂時，方處於袁氏專制之下，不免有所顧忌，時勢變遷，則刑事政策亦有更動之必要；於是參考各邦立法，斟酌本國情勢，另爲第二次之修正。名雖爲修正案，其實立法主義，多未因襲暫行新刑律，即體裁亦不無差異。而此次修正案，删改第一次刑法修正案之處頗多。第一、對於侵犯大總統罪，第一次修正案規定者較重，而此次修正案除對大總統予以特別保護者爲生命、身體、自由及名譽，其用意與修正案相同外，其他概不採特別犯罪行爲之制，而以通常犯罪行爲爲標準，加重其刑。第二、删去第一次修正案第二十章私鹽罪一章，故第二次刑法修正案，較以前爲進步完備。其優點，據民國十五年法權委員會之報告書中所稱：

『該案第一編內較合乎科學精神及較準確之條文，第六十二條規定科刑時法官應審酌一切情形之輕重爲法定刑內科刑之標準。第四十二條所規定之刑名，較現行等級制爲便利。本委員會會議時對於暫行新刑律所評論之缺點，在該草案之規定，幾不多見。』

當時司法當局以暫行新刑律之外，既有補充條例，又有各種單行法，使新刑律本體支離破碎，亟思呈請政府作爲條例，早日頒行。後因法制局長王來氏力持不可。王氏以爲民國現未統一，然暫行新刑律則西南已一律採用，若廢暫行新刑律，而頒布一條例以代之，西南政府未必遵從，是法律之適用亦不統一。府院甚韙其說，卒不果行。

第三節　第二次民法草案

民國成立後，關於民法法典之修訂，進行甚緩。民律親屬編第二次草案雖於民國四年由法律編查會修訂，全部民法於民國十四年始先後完成，次第公布。先是法律編查會及修訂法律館着手起草民刑訴訟法，俟民事訴訟條例及刑事訴訟條例於民國十年先後公布施行，始着手編訂民法法典。維時法權調查會議開會在卽，全部民法卽於十四年趕先完成公布，是爲第二次民法草案。本草案亦分五篇，其內容有可得而言者：第一編總則，於民國十四年由修訂法律館改訂，其編目次序，與大清民律總則，稍有變動。共二二三條，較之大清民律總則編少一百條（大清民律計三二三條。）第二編債編，亦於民國十四年由修訂法律館改訂，其中改動較多，共五二一條，間採瑞士債權法。第三編物權，亦是同年改訂，改動之處較少，僅增加第六章「抵押權」，第八章「典權」，並改「動產質權」爲「權利質」，共三一〇條。第四編親屬，於民國四年法律編查會修訂，其篇目大體同「大清民律第四編親屬」；迨後經民國十四年修訂法律館最後改訂，其篇目與大清民律親屬編及第二次修正案，均有變動之處，多取材於現行律民事有效部分及歷年大理院判例，條理比較清晰精密，共一四一條。第五編繼承，於民國十五年修訂法律館將大清民律繼承編之文字與組織加以改動，亦多取材於現行律之民事有效部分及歷年大理院判例，條理亦較清晰，共一二五條。民法全部草案，雖經司法部通令各級法院作爲條理行用，然終未成爲正式之法典。

第四節　民國商事法規之編纂

民國商事法規之編纂，始於民國三年，當時農商部本前清資政院未議決之商律草案，並參以全國商務總會所起草，上於政府之商法調查案，略加修改，呈請大總統公布施行。同年一月十三日教令第五十一號，公布公司條例；三月二日教令第二十七號，公布商人通例，均自九月一日同時施行。商人通例施行細則計十四條，公司條例施行細則十八條。因未經法律制定之程序，故不稱「律」而稱「例」。此項商人通例及公司條例，體裁上雖仿日商法，而內容則有採自德國之新商法也。此外尙有足述者，卽關於票據法之編纂是也。前清律例中，原無所謂票據法。淸宣統三年，聘日人志田鉀太郎起草票據法案。志田氏因依照日本商法與德國票據法，並參酌統一票據法，以從事編訂，都三編十三章，共九十四條，此爲票據法起草之始。民國二年法典編纂會起草修訂，是爲票據法第一次草案。迨後民國十一年修訂法律館因舊案未能適用，新法急待釐訂，乃派員擔任調查及起草事宜。閱數月蕆事，都四章共一〇九條。是爲票據法第二次草案。次年（十二年）修訂法律館外國顧問愛斯加拉氏起草商法，其第二編第二卷第一部定票據條例，都三章共一一五條，是爲票據法第三次草案。本草案與前草案不同者，卽彼爲單行法，此則作成商法法典草案之一部。民國十三年修訂法律館更有票據法第四次草案之產生。至十四年，更有第五次之修訂，此次最後改定之結果，共四章，一百十七條。

第九篇　國民政府之立法事業

第二十九章　國民革命之進行與國民政府之樹立

第一節　中國國民黨之改組

中國政治之演進，至十三年中國國民黨之改組，轉變而成新局勢。一方面受俄、土、埃及、愛爾蘭國民革命成功之影響，他方面國人更感覺十餘年來形式之立法無裨於國家政治之改造。蓋軍閥政治一日不消滅，政治改造便無由成功，立法事業決無良好之結果。故十三年以後，各方對於立法運動之企圖，多已無形消滅，而全注意於國民革命之進行，企圖於政治上求根本之改造。適於此時孫中山先生為勵行國民革命，樹立革命中心勢力起見，特於民國十三年改組中國國民黨，使我國政治造成一新的階段。先是十二年九月孫先生察知社會心理之要求及政治潮流之趨勢，確定國民黨改進之計劃。至十三年一月，改組後之國民黨在廣州開全國代表大會，通過新政綱、新黨章及宣言，並決定組織國民政府，謀根本上以國民黨之主義為中心，實行以黨建國與以黨治國。自是中國之政治路線，已全置於國民革命之進程中，而以建國大綱所定軍政、訓政、憲政三時期，為逐漸改造政治之步驟。國民黨一方面在勵行國民革命，以推翻軍閥之統治，脫除帝國主義之羈絆，他方面又在企圖徹底的革命的建設，使政權統集於一個精密廣博的黨治之下。蓋自辛亥革命建立民國以來，約法上雖規定『主權在民』，但求之實際，所謂人民代表之國會、省議會、縣議會，久已成爲軍閥、官僚、貪官汚吏之爪牙。凡近代代議制所有之弊端，我國過去立法機關幾於無一不具。故在當前之局勢下，需要一有歷史有主義之革命集團，以領導國民革命之羣衆的勢力。此十三年國民黨改組之所由來也。

國民黨改組之後，在政治上並不專圖苟安，完全在以三民主義確保民權。故於十三年一月一日國民黨宣言中，除說明『依三民五權之原則，對國家建設計劃，及現所採用之政策』之宗旨外，第二項關於立法之主張，尤加以具體之決定。其言曰『現行代議制制度已成民權之弩末，階級選舉易爲少數所操縱。欲踐民權之眞義，爰有下列之主張：

甲、實行普選制度，廢除以資產階級爲標準之階級選舉。

乙、以人民集會或總投票之方式，直接行使創制、複決、罷免各權。

丙、確定人民有集會、結社、言論、出版、居住、信仰之絕對自由權。

一月三十日國民黨第一次全國代表大會閉會，更發布大會議決之宣言及章程，詔告全世界，是爲近代中國政治史上最重要之文書，而爲國民黨以黨治國之大經也。宣言中對於當時北方立憲派加以抨擊，其言曰：『此派之擬議以爲今日中國之大患，在於無法，苟能藉憲法以謀統一，則分崩離析之局，庶可收拾；曾不思憲法之所以能有效力，全恃民衆之擁護。假使祇有白紙黑字之憲法，決不能保證民權，俾不受軍閥之摧殘。元年以來，嘗有約法矣！然專制餘孽軍閥官僚僭竊擅權，無惡不作，此輩一日不去，憲法即一日不生效力，無異廢紙，何補民權。昔者曹錕以非法行賄，尸位北京，亦嘗藉所謂憲法以爲文飾之具矣，而其所爲，乃與憲法若不相及，故推行憲法之先決問題，首在民衆之能擁護憲法與否，舍本求末，無有是處。不特此也，民衆果無組織，雖有憲法，即民衆自身亦不能運用之，縱無軍閥之摧殘，其爲具文自若也。故立憲派祇知要求憲法，而絕不顧及將何以擁護憲法，何以運用憲法，即可知其無組織、無方法、無勇氣，而眞爲憲法而奮鬭。憲法之成立，唯在列強及軍閥之勢力顚覆之後耳。』而於民權主義中更顯明標示國民黨對於立法之主張曰：『國民黨之民權主義，於間接民權之外，復行直接民權，即爲國民者，不但有選舉權，且兼有創制、複決、罷官諸權也。民權運動之方式，規定於憲法，以孫先生所創之五權分立爲之原則，即立法、司法、行政、考試、監察五權分立是已。凡此既以濟代議政治之窮，亦以矯選舉制度之弊。近世各國所謂民權制度，往往爲資產階級所專有，適成爲壓迫平民的工具。若國民黨之民權主義，則爲一般平民所共有，非少數者所得而私也。於此有當知者，國民黨之民權主義，與所謂「天賦人權」者殊科，而惟求所以適合現在中國革命之需要。蓋民國之民權，惟民國之國民乃能享之，必不輕授此權於反對民國之人，使得藉以破壞民國。詳言之，則凡眞正反對帝國主義之個人及團體，均得享有一切自由及權利；而凡賣國國民以效忠於帝國主義及軍閥者，無論其爲團體或個人，皆不得享有此等自由及權利。』

第二節 中央政治會議之產生及其地位

自國民黨改組以後，全國代表大會爲全國政治最高權力機關。大會閉會期間中央執行委員會實爲指揮與監督之最高機關，而其動力仍在中央政治會議。此會議之產生，遠在國民政府成立之前，而其權力亦超於國民政府之上。政治會議，或稱政治委員會，其第一次會議在十三年七月十一日舉行。當時孫中山先生以軍、政、黨務須分工辦理，故政治委員會先成立，而軍事委員會繼之。七月十四日胡委員漢民在第一屆中央執行委員會第四十三次會議，提出政治委員會對中央執行委員會之權限案，經會議議決：(一)關於黨事，對中央執行委員會負責，按照性質由事前報告或事後請求追認。(二)關於政治及外交問題，由總理或大元帥決定辦理。惟政治委員會議決案關於黨務之議決案甚少，其關於政治及外交上之事項議決後，仍俟孫先生爲最終決定，始能辦理。故初期政治委員會由孫先生直接負其責任。孫先生逝世後三月，十四年六月十四日，政治委員會開第十四次會議於大本營，決定建立國民政府。其時有關於政治委員會重要之議決案兩條，一切大事皆準是以行，卽：(一)在中國國民黨中央執行委員會內設政治委員會，以指導國民革命之進行。(二)關於政治之方針，由政治委員會決定，以政府之名義執行之。是時之政治委員無定額，最初由孫先生指派者，計胡漢民、汪精衛、廖仲愷、伍朝樞、邵元冲、戴傳賢、譚平山，而以伍朝樞爲祕書，其後更加派譚延闓、許崇智、孫科、蔣中正爲委員。至十五年一月，第二次全國代表大會國民黨中央黨務總報告一項，規定設立政治委員會，並得在各重要地點，分設政治指導機關，其全文曰：「除國民政府所在地設置政治委員會外各重要地點，遇必要時，經中央執行委員會常務委員之核准，得分設政治指導機關。」故中央委員選定之後，一月二十三日開第二屆中央執行委員第一次全體會議，常務委員即提出中央執行委員會政治委員會組織條例七條，經會議通過。其條文之重要者如下：(三)政治委員會認爲必要時，得推任同志在某地方組織分會，其權限由政治委員會定之。(四)政治委員會設委員若干人，候補委員若干人，政治委員有缺席時，由出席之候補委員依次遞補，有臨時表決權，餘祇有發言權。其後幾經變更，至十六年特別委員會時代，決議取消政治會議及其各地分會，所有政治上重要事務，皆由特別委員會或國民政府裁決，爲時共歷三月。至第四次中央全體會議又議決恢復，並由中央常務委員會議決修正中央執行委員會政治會議及分會暫行條例，其重要條文列左：

第一條　中央政治會議，爲中央執行委員會特設之政治指導機關，對中央執行委員會負責。

第二條　委員由中央執行委員會推定。

第三條　法律問題，經中央政治會議議決，由中央執行委員會交國民政府執行。

第四條　凡重要政務須經中央政治會議議決，交國民政府執行。

第五條　中央政治會議由委員互推一人爲主席。

是項條例頒行以後，閱時數月，政治會議均遵守無異。及第五次中央全體會議於十七年八月十四日關於中央政治會議案復議決，修正中央執行委員會政治會議暫行條例如左：

第一條　中央政治會議爲中央執行委員會特設之政治指導機關，對於中央執行委員負其責任。

第二條　中央政治會議委員由中央執行委員會推定之。

第三條　凡政治會議決議案應由中央執行委員交國民政府執行。

第四條　中央政治會議得設專門委員會，以備諮詢。

第五條　中央政治會議由委員互推一人爲主席。

第六條　中央政治會議設祕書長一人，祕書、辦事員、書記若干人，由主席任命並指揮之。

迨是年九月二十日，中央執行委員會第一六八次常務會議又議決，凡中央執監委員均爲中央政治會議委員，候補中央委員得列席政治會議。所有執監委員應補推爲政治會議委員及得列席委員之名單，亦經第一六九次常務會議通過。

十七年十月二十五日，中央執行委員會第一七九次常務會議復准譚委員延闓、胡委員漢民提出修正中央執行委員會政治會議暫行條例案，當經議決修正通過。全條例凡十三條，卽政治會議現行有效之條例。其規定頗稱完善，綜其要點有五：(一)以中央執監委員爲政治會議當然委員，其他委員人數，則不得超過當然委員名額之半。(二)政治會議委員須爲黨服務十年以上，富有政治經驗，或其地位在特任官以上者，始能充任。(三)政治會議討論及決議之事項採列舉規定。(四)委員除特別緊急事件經許可者外，平時不得派代表出席。(五)決議案直接交國民政府執行。茲錄其全文如下：

中央執行委員會政治會議暫行條例：

第一條　政治會議爲全國實行訓政之最高指導機關，對於中央委員會負其責任。

第二條　中央執行委員、監察委員爲政治會議當然委員。

第三條　中央執行委員會得推定其他政治會議委員，其人數不得超過前條當然委員名額之半數。

前項委員須具有左列資格之一者：

一　爲黨服務十年以上，富有政治經驗者。

二　負黨國之重任，其地位在特任官以上者。

第四條　國民政府委員亦爲政治會議當然委員。

第五條　政治會議討論及決議之事項，以左列者爲限：

甲　建國綱領；

乙　立法原則；

丙　施政方針；

丁　軍事大計；

戊　國民政府委員、各院院長副院長及委員、各部部長、各委員會委員、各省省政府委員、主席及廳長、各特別市市長、駐外大使、特使、公使及特任、特派官吏之人選。

第六條　政治會議不直接發布命令及處理政務。

第七條　政治會議由委員互推一人爲主席。

第八條　候補中央執行委員、監察委員得列席政治會議。

第九條　政治會議委員除特別緊急重要事件，經本會議之許可，得派人代表列席報告外，平時不得派代表出席。

第十條　政治會議之決議，直接交國民政府執行。

第十一條　政治會議之決議，有提交國民政府及各院各軍事最高機關討論決定執行者，由各該長官負責辦理。

第十二條　政治會議設祕書長一人，祕書三人，辦事員若干人，由主席任命並指揮之。

第十三條　政治會議議事規則另定之。

第三節　國民政府之成立與發展

國民黨第一次全國代表會中，林森提出組織國民政府案，擬將大元帥府改爲國民政府，經一致贊成通過；但遲至十四年七月一日始能實現。先是孫先生於十三年十一月十三日離粵北上，胡漢民留粵代行大元帥職權。十四年三月孫先生逝世於北京。同年七月一日國民政府始宣告成立，發布宣言曰：

『今大元帥逝世之後，全國政治上、軍事上喪失唯一之統率指導者。中國國民黨旣以至誠接受先大元帥之遺囑，以繼續努力於國民革命，同時復於政治上、軍事上謀適宜之組織，期於集中同志之心力，以共同負荷先大元帥所付託，而貫澈國民革命之志事，爰有國民政府之組織。

國民政府於成立之始，敢敬謹昭告於吾同志暨吾國民：國民政府之唯一職責，卽在履行先大元帥之遺囑；凡遺囑所丁寧告語者，卽國民政府所悉力以赴而期其實現者。國民革命之最大目的，在致中國於獨立平等自由，故其最先著手卽在廢除不平等條約。先大元帥以畢生心力盡瘁於此，無論所遇若何困難，曾不少撓其志。而凡倚賴帝國主義以齮齕國民革命者，雖暫得跳梁於一時，終必爲國民革命之勢力所摧鋤以去。民國以來，自袁世凱以至曹錕，其失敗之跡，如出一轍。先大元帥去歲北上之際，欲自此以後永無倚賴帝國主義以齮齕國民革命之人，故主張以廢除不平等條約爲統一之條件。蓋惟廢除不平等條約，然後可以言統一，非是則無統一之可能也。先大元帥雖齎志以沒，而其所主張則無時不顯其效力，凡違背此主張者，終必爲國民所唾棄。證之近事，陳烱明、楊希閔、劉震寰之徒，其始皆嘗隸於先大元帥旗幟之下，及中道畔去，欲脫離國民革命而依附帝國主義以自存，則皆不旋踵而敗亡。而自五月三十日以來，上海、漢口等處反抗帝國主義之運動，日以劇烈。帝國主義者雖求欲用其暴力抑國民革命方新之氣，而自保其殘喘，曾不知適足以自暴其罪惡，而促其滅亡。六月二十三日廣州沙面慘殺事件，尤足使此等徵象更爲明顯。故中國國民黨六月二十二日及二十八日關於立卽廢除不平等條約之宣言，實爲仰體先大元帥之遺志而激勵國民革命之進行；國民政府之對外方針，必受成於此而不少變。

先大元帥既提倡廢除不平等條約，同時復發起國民會議，以爲議決執行之樞機。蓋中國之主權久已操於帝國主義及依附帝國主義以求生存之軍閥之手，開國民會議卽欲自帝國主義及軍閥之手中，收已失之主權，而還之國民，以符主權在民之旨。且帝國主義及軍閥所加於國民之苦痛，惟國民知之最深，去之之念亦最切；故廢除不平等條約之實行，不能不有所望於國民會議也。國民會議雖爲北京臨時執政者所阻撓；然國民若能以自動的集會而行使其職權，則國民政府必盡其力所能至，以爲種種之保障。此則中國國民黨旣有宣言於前，國民政府必將履行之而不敢辭者也。

於此尙有言者：比年以來，喪亂頻仍，中國國民黨之黨綱及政策，往往受環境之挾制，而不能實施。目擊人民之痛苦顚連，而不能救；驕兵悍將，横行跋扈，而不能去；貪官汚吏，因緣爲姦利，而不能懲：此皆同志所引爲深疚者，故夙夜黽勉，思所以掃除障礙，俾得著手於建設。最近東江及近郊兩役，肘腋之患，稍得淸除，決當乘此時會，以從事於政治軍事之整理。然國民革命前途之障礙，往往伴國民革命之進步而發生；惟建設之念愈切，則從事於掃除愈不容懈，終必舉一切障礙摧陷廓淸之，使國民革命之進行，得以活潑而無所濡滯。願我國民深念今日孰爲能代表國民利益者，孰爲能爲國民利益而奮鬬者，對於國民政府務有以督責而維護之，是所望也。國民政府委員汪兆銘、胡漢民、譚延闓、許崇智、林森、廖仲愷、伍朝樞、古應芬、朱培德、孫科、程潛。中華民國十四年七月一日。」

同日更由中國國民黨中央執行委員會議決中華民國國民政府組織法而公布之，全文共十條，列左：

第一條　國民政府受中國國民黨之指導及監督，掌理全國政務。

第二條　國民政府以委員若干人組織之，並於委員中推定一人爲主席。

第三條　國民政府設置常務委員五人，處理日常政務；常務委員於委員中推定之。

第四條　公布法令及其他關於國務之文書由主席及主管部部長署名，其不屬於各部者由常務委員多數署名，以國民政府名義行之。

第五條　國務由委員會議執行之。委員會議出席委員不足半數時，由常務委員行之。

國民政府委員會議，於國民政府所在地行之。

第六條　國民政府設置軍事、外交、財政各部，每部設部長一人，以委員兼任之，有添部之必要時，經委員會議議決行之。

第七條　各部長依其職權，得發部令。

第八條　國民政府所屬各機關官制另定之。

第九條　國民政府設祕書處，受常務委員之指揮，其規制另定之。

第十條　本法自公布日施行。

組織法採行政會議制，由中央執行委員會選任汪精衞、胡漢民、孫科、許崇智、伍朝樞、徐謙、張繼、譚延闓、戴季陶、林森、張靜江、程潛、廖仲愷、古應芬、朱培德、于右任等十六人爲委員，主持政務，並推定汪精衞爲主席委員，許崇智爲軍事部長，胡漢民爲外交部長，廖仲愷爲財政部長。同日制定省政府組織法由國民政府以命令公布之。其原文如左：

第一條　省政府於中國國民黨指導監督之下，受國民政府之命令，處理全省政務。

第二條　省政府以民政、財政、教育、建設、商務、農工、軍事各廳組成之。

第三條　省政府各廳各設廳長一人，聯合組省務會議，併舉一人爲主席。各廳長至少每月一次以書面報告其職務經過於省務會議。

第四條　關於省行政之命令，經省務會議決定之後，由主席及主管廳長署名，以省政府名義公布之。

第五條　省政府於不抵觸國民政府命令之範圍內，得發布省單行規程。

第六條　省政府得任免薦任官吏，各廳長得任免委任官吏。

第七條　省政府設祕書處，承省政府命令，掌理祕書事務。

省政府認省內官吏之命令爲違背法令，踰越權限，或妨害公益時，得停止或撤消之。

第八條　省政府之各廳官制另定之。

第九條　省務會議規則另定之。

第十條　本法自公布日施行。

三日廣東省政府依照省政府組織法改組成立。是爲國民政府誕生之經過情形也。

國民政府成立六個月後，民國十五年一月一日國民黨全國代表大會開會於廣州，遵奉孫先生遺囑，實行國民革命，付治權於國民政府。唯時反側已安，東江再定。國民政府一方從事於整軍練武，準備北伐；一方注意於修明政治鞏固國基因是有一月十四日統一財政之明令，一月二十四日之省縣政府之組織法案，二十一日之行政、司法兩權分立案及六月五日，國民政府特任蔣中正爲國民革命軍總司令，統率在粤軍隊，籌備北伐。八月間革命軍已越湘趨鄂，克漢口萍鄉，深入赣境。九月七日國民政府再發表爲出師北伐告全國人民書。其中最重要者，有「本政府根據其昔日政策，謹鄭重向吾民宣告：願努力爲全國國民解放奮鬬，尤深願農民得脫離其因擔負苛稅所生之痛苦；爲使吾國經濟——尤其是農業——得以發展，本政府謹提出修改徵稅法，及取消額外徵收二事，俾得實行，以蘇民困。同時本政府亦願擔任保護佃農免受地主之壓迫。關於改善農民政治狀況一事，本政府將設法消除鬻賣官職陋習，改良各法院組織，並予農民以組織團體及購置軍械，以自衛及防盜之自由。至於工人方面，本政府特提出保護勞工、改良勞工生活及勞工應得組織自由權各口號。至其他各界如商人經營大企業者，本政府亦擔任謀彼等之經濟發展，使國家財富，亦得因而加增焉。欲達此目的，則調劑金融、實行統一各種幣制、改良交通、取消釐金、保護商業各事，爲首要之舉矣。若吾人能戰勝軍閥，而組織全國統一國民政府之後，將召集國民會議，以鞏固革命并決定吾國之需要焉。」

十月十日革命軍攻克武昌，十一月七日再克南昌，福建大部亦爲革命軍佔領。北伐進行之速，爲北洋軍閥所不及料。國民政府乃遵照十一月十一日聯席會議之決議，實行北遷武漢。時國民政府所在地，陷於共產黨包圍之中，一切政治無從設施，革命大計，幾於中斷。迨閩、浙克復，海軍加入革命；全皖底定，革命軍乃長驅抵滬，繼克南京。共產黨更乘機倡亂，危害黨國。國民黨中央監察委員，乃有淸黨救國之決議。至十六年四月十八日國民政府始得定南京爲首都，繼續執行職權。

第四節　國民政府最初之立法機關

在國民黨軍政與訓政之兩大時期中，國家權力完全屬於國民黨。國民黨之最高權力機關，亦卽爲國家「法律主權」之所寄，而黨治下裁可法律之權，遂屬於中央執行委員會所附設之政治會議。建議法律之權，亦操之於政治會議本身及其委員，故國民政府之立法權，在廣東及武漢時，均由中央執行委員會所任命之政務委員會行使。政治會議在軍政與訓政兩時期中，可視爲黨治下最高立法機關。但中央政治會議僅爲議決法律之權力機關，而法律條文之起草，不得不另付諸一專門機關。此類專門機關，國民政府最初設立者，稱爲「法制委員會」。據民國十四年九月二十九日國民政府所公布之法制委員會組織法，其組織直隸於國民政府，由委員七人組成，其職務在「掌理擬訂或審定一切法制事宜」。次年六月一日更頒布法制編審委員會組織法，其職務在「掌理編訂及審定一切法制事宜」，置委員若干人，由政府派充之，並互選一人爲主席。審定委員會內更附設法律討論會，其會員由法制編審委員會函聘法學專家充任。但兩委員會組織法雖公布，迄未行使職權。十六年國府定都南京，設立中央法制委員會。據同年五月七日公布之中央法制委員會組織條例，其委員人數共九人，由中央政治會議決定，咨國民政府任命之。中央法制委員會之職權，在「秉承中央政治會議及國民政府之命，草擬並審查一切法制；並得『自行草擬並審查各項法制，建議於中央政治會議及國民政府』」。五月十一日並任命胡漢民、丁惟汾、伍朝樞、戴傳賢、鈕永建、陳肇燊、吳倚滄、羅家倫、戴修駿九人，爲法制委員會委員。其後更改爲法制局，以王世杰爲局長，其任務僅在答覆國民政府關於法律問題之諮詢，及編輯現行法律，使國民有所適從。直至五院制度確立，立法院產生，國民政府始有正式永久之獨立的立法機關。

第三十章　訓政時期五院制度之創立

第一節　五院制度創立之經過

五權憲法之制度，建國大綱已略規定，但制成國家根本大法，開吾國實行五院制之先河者，則實由於民國十八年四月正式公布之中華民國國民政府組織法。本法係根據孫中山先生所定五權憲法之原則，經幾許討論，一再易稿始付審查通過公布，是爲吾國有五院制之開端，亦開世界立法之新局也。先是北伐告成以後，胡漢民、孫科兩氏歐遊中在巴黎電達國民政府，提議促成立五權制度，主張（一）以黨統一，以黨訓政，培植憲政深厚之基。（二）黨之重心，必求完固，應有發動訓政之全權，政府應負實行訓政之全責。（三）以五權制度作訓政之規模，期五權憲政最後之完成。並根據此原則，擬定政治會議綱領及國民政府綱領，繫以訓政大綱提案說明書，對於五權制度，爲原則上與制度上最具體之說明。後日產生之國民政府組織法，卽以此爲基本，故可視爲最重要之文件。提案說明書原文列左：

「（一）原則上之說明

凡一民族的政治新生命，一須因應世界之環境，二須適合國民之需要，始能期其樹立與發展。總理數十年前，以時間上之預見確定革命方略，以求三民主義之實現，至於今日，世界形勢之轉變，國內情形之進展，空間上乃益證明此種預見實爲中國民族建造新生命必由之途徑。從前國內反革命之勢力與國外帝國主義，憑藉北方軍閥，得以逞其阻礙中國國民革命之陰謀，今北方軍閥既倒，一切反革命勢力及帝國主義皆已失其憑藉，而環列於本黨之周圍者，內則有喁喁屬望之民心，外則有舉世同情之輿論，然後確知中國革命事業，非經長期重大之犧牲與忍耐，不能獲得眞實之進展也。此一進展，實爲本黨革命武力所獲之勝利，凡我同志，當不辭鄭重言之。然革命的武力之勝利，必當以革命的建設保障之，庶可垂久遠。今後本黨能否保持內外人心一致付與之信仰，完全以能否實行建設爲判斷。本黨主義之完善，及掃平軍閥之能力，卽帝國主義者亦不能不公認之，惟本黨今後主義之實施，建設國家之能力，則雖非帝國主義者亦欲伺隙而加之以譏評。是故今日中國國民革命之友與敵，咸集其視線於本黨，而欲一瞻其軍政告終、訓政開始時期之舉措爲何若。吾人能舉訓政之大任，以適應國民之需要，一新世界之耳目，則黨與國俱興。不然，則昔日凡爲中國革命之敵者，必將捲土重來，今日凡國民革命之友者，必將助敵以臨我，則黨必敗，國必亡。今日非株守當前軍事所獲勝利之時期，乃領導同志、提挈國民、進而企求國家遠大目的之時期，須從此種偉大之使命上，證實本黨建國之能力，樹立中國民族未來之丕基。此本大綱所據以爲出發點者一。

自政治一方面言之：革命實爲一政權移易之問題，本黨於此問題所定之原則，始終靳求以軍政之程序，奪取政權於帝制軍閥之手，經訓政之程序，而付諸國民。誠以積數千年來專制之餘，大多數人民於政治意識與經驗兩皆缺乏，驟欲畀之以政權，其勢必至復爲強暴所劫取。總理在日，追懷往事，每以十餘年來軍閥劫持政權之肆惡流毒，實皆民國元年黨員不遵訓政程序之過，故生平於其所定革命方略，持之最堅。且本黨之以建國大綱，明示三民主義實現之步驟，而猶慮國人之不易喻其精義也，更從而標其旨曰，以黨建國，以黨治國，期能喻於全國民衆。夫以黨建國者，本黨爲民衆奪取政權，創立民國一切規模之謂也。以黨治國者，本黨以此規模策訓政之效能，使人民自身能確實用政權之謂也。於建國治國之過程中，本黨始終以政權之褓母自任，其精神與目的，完全歸宿於三民主義之具體的實現。不明斯義者，往往以本黨訓政之義，比附於一黨專政與階級專政之論，此大謬也。一黨專政與階級專政，其精神與目的，皆以政權專於一黨或一階級爲歸宿，本黨訓政，則其精神與目的，實以政權付諸國民爲歸宿。前者爲專制的，而後者爲民主的，其趣旨蓋正相反也。數年前歐、美學者，亦嘗以一黨專制之流弊，質疑於總理。但一聞訓政之說，即翕然嘆服其所謀之遠與所慮之周，而無可復難矣。且今之革命後新興諸國家，莫不恃有賢明之政府領導一切，故其政治之進步甚速，惟不知闡明訓政之眞義，其精神遂不免與民主主義背道而馳。本黨獨能標明斯旨，誠實的與全國民衆，共期底於憲政之完成，此則其他革命新興諸國所莫能及者。況自事實上言之，吾人既以黨的力量掃除革命之障礙，則當以黨的力量造成眞實之統一，且必以黨的力量負起訓政之全責，促進全國民衆，使人人有管理政事之能力，然後統一始有充實之生命，將來憲政始有深厚之基礎。此本大綱所據以爲原則者二。

本黨訓政之責任，第一種政治的褓母之責任，前既言之矣，惟欲問眞能盡褓母之職責，同時必求褓母本身之健全，爲欲此種理論之實行，則必確定實行之方法。於此所當斟酌盡善者，則有三方面之關係。就黨與政府之關係言，黨必求其完固之重心，政府必求其有適宜之組織。就權與能之關係言，黨爲訓政之發動者，須有發動訓政之全權。政府爲訓政之執行者，須有執行訓政之全責。就黨與政府二者在訓政時期中與人民之關係言，則黨之目的，在以政權逐步授諸全國之民衆，政府之目的，在於逐步受國民全體直接之指揮與監督。此三者爲訓政時期建設制度上所必須周顧之根本原則，缺一不可爲。欲企求三者之見諸實施，故於訓政大綱中，分別規定政治會議與國民政府之綱領。而其要旨，則不外明示黨與政府之關係，與其嚮向訓政目的所必經之途徑而已。此本大綱所持以爲原則者三。

抑從革命程度言之，訓政之目的，在於憲政之完成。總理三民主義必與五權憲法並舉，此二者之關係，國人至今尚鮮有知之者。再切近言之，三民主義，乃救國的宗旨，五權憲法，乃建國的制度。若以總理之用語說明之，即三民主義，乃五權憲法之目的，五權憲法，乃三民主義之實行。不經由五權憲法之制度，三民主義即無由而整個的實現。顧憲政必恃訓政爲階梯，猶諸訓政必經軍政爲開創，非可一蹴而成也。故欲由訓政時期以達憲政時期之行程中，本黨責任在於培植五權憲法之基礎，而期其最後完成。訓政大綱，於國民政府組織綱紀，完全以此爲原則，按以中國目前實際政治情形，施行五權制度，同時亦復予以多量之機會，使以後實際政治情況，得與五權制度而並通，以底於憲政完成之域。蓋捨五權制度，則訓政無目標，離現在之實際政治情況，則訓政爲空言。兩者兼備，然後訓政乃可期與國民共覩其實效。此本大綱所取爲原則者四。

（二）制度上之說明

訓政大綱，於制度上具有要點五項，前已提明，今分釋之：

（一）政治會議，爲全國訓政之發動與指導機關，此其性質已首先標明於大綱之中。因此之故，政治會議，對於黨爲其隸屬機關，但非處理黨務之機關，對於政府，爲其根本大計與政策方案所發源之機關，但非政府本身機關之一。換言之，政治會議，實際上總握訓政時期一切根本方針之決擇權，爲黨與政府間唯一之連鎖。黨於政府建國大綱計，及其對內對外政策有新發動，必須經此連鎖而達於政府，始能期其必行。如是在黨一方面一切政治的思想及主張，自有其醞釀迴翔之餘地，迨其成熟結晶，爲具體的政綱與政策，然後由政治會議之發動，正式輸與於政府，置之於實施。在政府一方面，則凡所接受之政策與方案，皆有負責執行之義務，有政必施，有令必行。兩方之權能分工，黨國之系體有別，其間連鎖之責任，亦復整然有序，不致無可捉摸。簡括言之，政治會議，在發動政治根本方案上，對黨負責，而非在黨以外也。國民政府，在執行政治方案上，對政治會議負責，但法理上，仍爲國家最高機關，而非隸屬政治會議之下也。明乎此，則政治會議綱領所具之精神，不待煩言而解矣。

（二）國民政府組織綱領之全部精神，基於五權制度之原則，前已述明。惟茲所當銓解者，卽爲國民政府與政治會議及五院間連鎖相通之關係。自其與政治會議之關係言之，國民政府常務委員，爲政治會議之當然委員，則國民政府事實上爲參與政治會議之機關，而非隸屬政治會議之機關。此種規定，其要旨在於保持國家應有之尊嚴，與政府必具之獨立系統。自其五院分立之機關言之，國民政府須有其五院匯集之總樞紐，否則五院不相連屬，勢且引起事權上之衝突，此非立國者所宜有也。爲此之故，本大綱之所規定，係以五院委員爲政府委員，以政府常務委員五人分任五院之主席，合五院之組織，而總稱之國民政府。常務委員五人中指定一人爲政府主席，政府主席除對外爲國家代表外，其權力地位莫不與其他常務委員同。蓋此制之特點，於職掌則求其因才分功，於精神則求其遇事合轍，庶幾國政自歸於統一，而建設始能進行一貫也。

（三）立法院與其他各院，應有相互的密切關係，此於國家統一上爲必要之原則，惟在三權制度之國家，祇有立法院與行政院之關係爲比較密切，今本大綱之所規定，係取近世國家立法院、行政院關係密切之優點，擴而充之於本院。同時亦復權宜五院事權之要繁與輕重而爲之斟酌適當。故各院與立法院之關係，因有政府常務委員爲立法院當然委員之規定，而得平衡的聯結。同時因國家行政計劃與政策之必須立法、行政兩院交互決議與執行，故於立法院則設置分組委員會，於行政院各部，則予以出席立法院及其分組委員會之權。此制特點，完全適應於五權統一而分工發達之原則上的要求，且亦由此確立將來五權憲法逐步發展之根基。此於運用上所宜注意者也。

（四）總理五權憲法原則上，司法權之獨立，與考試、監察各權同。惟於司法行政與司法審判二者制度上，應如何組織，未嘗多所指示。但建國大綱中，司法院之外，仍有司法部之設置，是已有司法行政與司法審判之劃分明甚。蓋就五權制度言，司法權如其行政可與審判合，其弊將使二法權傾落於政府整個系體之外，而事實上司法行政一部分，轉足以侵司法審判之獨立。此不特失司法獨立之本旨，且非國家創造之大經。因此，本大綱仍以司法部掌司法行政事務，以從建國大綱之所規定，而以司法院掌理獨立審判之全責。如是則數年來司法獨立方面所已得之改革，亦能保持其循序之發展矣。

（五）最後所當提明者，爲考試、監察二院之職權。本大綱於此明示政府各院、各部事務員必經考試銓敍，始得任用保障。而於行政院各部，及立法院分組委員，俱有任用專門人才之規定，以立革新吏治之楷模。至若全國公職人員之監察，財務出納之審計，其需要亦人盡能言之，不俟贅辭。

今爲總合全部之詮義言，卽本大綱之根本原則，完全本於總理建國之旨，在向於憲政時期進行的程途中，所有軍政、訓政，皆爲本黨建國時期之工作，一切權力皆由黨集中，由黨發施。政府由黨負其褓母之責，故由黨指導，由黨擁護。在人民未經政治訓練及未完全了解實行三民主義以前，唯有黨能代表全國人民負建國之大任，亦唯有黨能領導全國人民向三民主義實現之目標而前進。蓋國家在革命時期，非此不足以完成其使命也。吾人非迷信傳統的國家論，但爲創造三民主義的新國家，必須以黨鞏固國家統一之新基礎，以黨創造民族充實之新生命，故依總理遺教樹五權憲法之始基，於國家則確定主權之統一，於政府則確定功能之分配，與體制之合一，不致因功能之劃分而損害政府之整個性，亦不致因體制之合一而引起權限之衝突性。凡此皆爲本大綱全案所以由之而定之總原則。至於實際上能否悉如吾人之所期望，與實現總理之遺志，則視能否本此原有之精神與力行之程度，及運用之當否三者以爲衡。此則本大綱實施時所冀吾黨同志共相策勵者也。」

胡、孫兩氏旣向中央提出訓政大綱之提案，經於十七年九月十九日由蔣中正邀集中央各要人開談話會。公推胡漢民、戴傳賢及王寵惠三人共同研究。二十日三人細加討論，成初稿，付油印，計共四十九條。油印後，復經討論，又略有增減，二十三日成第二次草案。此稿擬成後，經由張人傑、李煜瀛、戴傳賢三人，於二十六日提出中央執行委員會政治會議，經一度之討論，議決推審查員蔣中正、胡漢民、孫科、王寵惠、張人傑、李煜瀛、戴傳賢、李濟琛、蔡元培、吳敬恆、譚延闓、李烈鈞、何應欽、王正廷等公共審查，並聲明政治會議各委員如有意見，於三日內函送蔣委員處。旋於十月二日由蔣委員中正召開審查會，各委員亦有送到意見書者。原提案人遂因各委員之意見，於開審查會時另提出修正案，並於條文之前加入導言數語。其時照油印本共爲五十三條，暨審查時雖尙有討論，而大體無甚修改，條文上則審定爲四十八條。翌日（卽十月三日）上午將審定案報告於政治會議，復經一度之討論，修改之處甚少，只是字句斟酌而已。遂將審定案議決通過，同時並議決關於解釋及修改問題，不另立專條，但加一議決案，其文云：『關於中華民國國民政府組織法之修正及解釋，由中國國民黨中央執行委員會政治會議議決行之』云云。同日下午全案由執行委員會常務會議照原文議決，於明日公布，卽十七年十月四日公布之中華民國國民政府組織法是也。

第二節　訓政綱領及國府組織法之公布

訓政綱領與國民政府組織法，可視爲訓政時期之根本大法。此種大法乃基於孫中山先生之遺教，本以黨建國與以黨治國之精神，代表國民行使政權，而以國民黨之權力機關——中央政治會議——作爲代表國民行使政權之機關，亦爲全國訓政之發動與指導機關。訓政綱領全文六條，於民國十七年十月三日中央常會通過，原文列左：

『中國國民黨實施總理三民主義，依照建國大綱之訓政時期，訓練國民使用政權，至憲政開始完成全民政治，制定如左之綱領：

第一條　中華民國於訓政時期開始，由中國國民黨全國代表大會，代表國民大會，領導國民行使政權。

第二條　中國國民黨全國代表大會閉會時，以政權付託中國國民黨中央執行委員會執行之。

第三條　依照總理建國大綱所定選舉、罷免、創制、複決四種政權，應訓練國民逐漸行使，以立憲政之基礎。

第四條　治權之行政、立法、司法、考試、監察五項，付託於國民政府總攬而執行之，以立憲政時期民選政府之基礎。

第五條　指導監督國民政府重大國務之施行，由中國國民黨中央執行委員會政治會議行之。

第六條　中華民國國民政府組織法之修正及解釋，由中國國民黨中央執行委員會政治會議議決行之。』

訓政綱領六條所規定者係由黨授與國民政府以五項治權，督率政府執行，以訓練全國國民，期逐漸推行選舉、罷免、創制、複決四種政權，以樹立憲政時期民選政府之基礎。故訓政綱領可謂爲中華民國根本大法之一部，與英美各國政黨之黨綱完全不同。其主要之任務，卽在規定人民與黨及政府之關係，而爲訓政時期治權與政權行使之根本法律。

國民政府組織法亦係於同日經中央政治會議通過，全文列左：

「中國國民黨本革命之三民主義、五權憲法建設中華民國，既用兵力掃除障礙，由軍政時期入於訓政時期，允宜建立五權之規模訓練人民行使政權之能力以促進憲政奉政權於國民。茲謹本歷史上所授予本黨指導監督政府之職責制定國民政府組織法頒布之如左：

第一章 國民政府

第一條 國民政府總攬中華民國之治權。

第二條 國民政府統率陸海空軍。

第三條 國民政府行使宣戰媾和及締結條約之權。

第四條 國民政府行使大赦特赦、及減刑、復權。

第五條 國民政府以行政院、立法院、司法院、考試院、監察院五院組織之。

第六條 國民政府設主席委員一人，委員十二人至十六人。

第七條 國民政府五院院長副院長，由國民政府委員任之。

第八條 國民政府主席代表國民政府接見外使，並舉行或參與國際典禮。

第九條 國民政府主席，兼中華民國陸海空軍總司令。

第十條 國民政府主席，因事故不能執行職務時，由行政院院長代理之。

第十一條　國民政府以國務會議處理國務，國務會議由國民政府委員組織之。國民政府主席爲國務會議之主席。

第十二條　院與院間不能解決之事項，由國務會議議決之。

第十三條　公布法律、發布命令，經國務會議議決，由國民政府主席及五院院長署名行之。

第十四條　各院得依據法律發布命令。

第二章　行政院

第十五條　行政院爲國民政府最高行政機關。

第十六條　行政院設院長副院長各一人，院長因事故不能執行職務時，由副院長代理之。

第十七條　行政院設各部，分掌行政之職權，關於特定之行政事宜，得設委員會掌理之。

第十八條　行政院各部，設部長一人政務次長、常任次長各一人，各委員會設委員長、副委員長各一人，均由行政院院長提請國民政府分別任免之。

第十九條　行政院各部部長、各委員會委員長，於必要時，得列席國務會議及立法院會議。

第二十條　行政院關於主管事項，得提出議案於立法院。

第二十一條　行政院會議，由行政院院長、副院長及各部部長、各委員會委員長組織之，以行政院院長爲主席。

第二十二條　左列事項，應經行政院會議議決：（一）提出於立法院之法律案，（二）提出於立法院之預算案，（三）提出於立法院之大赦案，（四）提出於立法院之宣戰案、媾和案、條約案及其他重要國際事項，（五）薦任以上行政官吏之任免，（六）行政院各部及各委員會間，不能解決之事項，（七）其他依法律或行政院院長認爲應付行政院會議議決事項。

第二十三條　行政院各部及各委員會，得依據法律，發布命令。

第二十四條　行政院及各部各委員會之組織，以法律定之。

第三章　立法院

第二十五條　立法院爲國民政府最高立法機關，立法院有議決法律案、預算案、大赦案、宣戰案、媾和案、條約案及其他重要國際事項之職權。

第二十六條　立法院設院長、副院長各一人，院長因事故不能執行職務時，由副院長代理之。

第二十七條　立法院設委員四十九人至九十九人，由立法院院長提請國民政府任免之。

第二十八條　立法院委員任期二年。

第二十九條　立法院委員不得兼任中央政府、地方政府各機關之事務官。

第三十條　立法院會議，以院長爲主席。

第三十一條　立法院之決議，由國務會議議決公布之。

第三十二條　立法院之組織，以法律定之。

第四章　司法院

第三十三條　司法院爲國民政府最高司法機關，掌理司法審判、司法行政、官吏懲戒及行政審判之職權，關於特赦、減刑及復權事項，由司法院提請國民政府核准施行。

第三十四條　司法院設院長、副院長各一人，院長因事故不能執行職務時，由副院長代理之。

第三十五條　司法院關於主管事項，得提出議案於立法院。

第三十六條　司法院之組織，以法律定之。

第五章　考試院

第三十七條　考試院爲國民政府最高考試機關，掌理考選銓敍事宜，所有公務員，均須依法律經考試院考選銓敍，方得任用。

第三十八條　考試院設院長、副院長各一人，院長因事故不能執行職務時，由副院長代理之。

第三十九條　考試院關於主管事項，得提出議案於立法院。

第四十條　考試院之組織，以法律定之。

第六章　監察院

第四十一條　監察院爲國民政府最高監察機關，依法律行使左列職權：（一）彈劾，（二）審計。

第四十二條　監察院設院長、副院長各一人，院長因事故不能執行職務時，由副院長代理之。

第四十三條　監察院設監察委員十九人至二十九人，由監察院院長提請國民政府任命之，監察院監察委員之保障，以法律定之。

第四十四條　監察院會議以監察委員組織之，監察院院長爲監察院會議之主席。

第四十五條　監察院監察委員不得兼任中央政府及地方政府各機關之職務。

第四十六條　監察院關於主管事項，得提出議案於立法院。

第四十七條　監察院之組織，以法律定之。

第七章　附則

第四十八條　本法自公布日施行。

國民政府組織法原爲根據五權憲法之精神而制定，其最大之特點，即是確定訓政時期之五院制度。孫中山先生雖於學理與經驗上創制五權憲法之原理，但僅能提示大綱，對於實施方面，並無具體之說明，而此次頒布之國民政府組織法，對於五院之職權，規劃極爲周詳。五院各別之組織，係根據職權之需要而規定適宜之制度，由各部處組成五院，更由五院組成國民政府，而以國務會議爲其總樞紐。此種因時制宜之制度，實兼合議制與獨任制之所長。

此次頒布之國民政府組織法，其特質可由兩方面觀察：第一、國民政府組織法是訓政時期中一種成文的剛性憲法。近代所謂憲法乃是規定一國政府之組織及其國權作用之大原則。此次頒布之國府組織法在以前既無習慣可以遵循，完全以一種文書的方式規定，而且黨既是訓政時期最高權力機關，修改之權又歸之於中央政治會議，故可稱爲訓政時期之現行憲法。其次、國府組織法之第二種特質，即中央政治會議爲全國實行訓政之最高指導機關，實際上握有訓政時期一切根本方針之最後處決權，而爲黨與政府間唯一之連鎖。蓋訓政時期中國民大會既無從召集，而由中央政治會議代行其職權，舉凡一切政治上具體之方案與政策，均可由中央政治會議之發動，正式交付於政府，而在政府方面，凡所接受的方案與政策，應有負責執行之義務，如此有政必施，有會必行，雙方權能分工，而黨與政府之範圍，亦自有顯明之區別。

至於政府組織一方面，以五院作基礎，合五院院長作成國民政府之總樞紐——國務會議。故國民政府之組織，可就兩方面言之。從橫的方面言之，各院以立法機關關係，規定其相互之職能。從縱的方面言之，則以國務會議爲連結之中心。近代行責任內閣制之國家，國務會議不僅爲重要機關，且爲極必要之機關。其性質一方面謀國務員全體對元首或對議會能取一致之行動與態度，使國務員間之政策得因共同商議而歸於一貫；他方面則使各國務員對於任何其他國務員之政策負聯帶之責任，以期任何國務員對於其他國務員之政策，有互相了解互相磋商之機會。國民政府組織法中國務會議賦有極大之權力。據國府組織法第一條規定：「國民政府以國務會議處理國務。」又第十二條規定：「院與院間不能解決之事項，由國務會議議決之。」又第十三條規定：「公布法律，發布命令，經國務會議議決，由國民政府主席及五院院長署名行之。」凡此在形式上國務會議之權限已超過現代各國之國務會議矣。英、法等國之國務會議，僅就關於全內閣政策之事件，或涉及數部之事務，例須提經國務會議議決，但國務會議之職權，初無明文爲具體之規定。即就法國制度言之，亦僅對於若干種特殊事件，曾經憲法或法律明定須提交「國務員會議」討論者，實際上提交此項會議之事件，並不以曾經明白規定者爲限。惟德國一九一九年憲法對於國務會議之職權，則規定爲(1)各種法律草案，(2)各部部長爭執事件，(3)其他經由憲法或法律規定必須提交國務會議之事件。國府組織法中之國務會議，其性質與上述各國國務會議之職權有別：(一)國府組織法中國務會議爲整個國家之代表，行使統率海陸軍、宣戰、媾和、締結條約、大赦、特赦及減刑、復權等特定名譽權。根據組織法「以國務會議處理國務」，則國務會議在法律上已與行政機關分離，不相統屬，等於代表國家之元首，但又與各國代表國家之元首同時爲行政機關首領之制度，大不相同。(二)國務會議雖具有一國元首之特定名譽權，但不能在行政院與立法院之上，有決策與造法之職權。蓋國務會議若賦有決策與造法之職權，則與五院分權制，大相矛盾。故國府組織法有第十五條、第二十五條、第三十三條、第三十七條及第四十一條之規定。在上述條文中，均聲明行政院爲國民政府最高行政機關，立法院爲國民政府最高立法機關，考試院爲國民政府最高考試機關，監察院爲國民政府最高監察機關。由此可知國務會議雖有處理國務之形式上特權，但不能干涉行政、立法、司法、考試及監察各院之事務，更不能因此而變更取消其決議或處分。國務會議既非立於五院之上，五院亦並不失其獨立之權能，在其相互關係上，仍自有其相互牽制之作用。

第三節 五院組織法及五院政府之成立

十七年十月三日中華民國國民政府組織法經中央政治會議通過後，卽由中央執行委員會常務會議議決公布施行，中央常務會議並通過訓政綱領六項。此項綱領更於次年（十八年）三月十九日由第三次全國代表大會追認。中央政治會議通過國民政府組織法時，並議決該法之修正及解釋，由中國國民黨中央執行委員會政治會議議決行之。又推蔣中正、胡漢民、孫科、戴傳賢、李煜瀛、張人傑、蔡元培、李濟琛、吳敬恆、譚延闓等召集，法制局長王世杰等得列席參與。十七年十月八日中央常務會議通過選任蔣中正、譚延闓、胡漢民、蔡元培、戴傳賢、王寵惠、馮玉祥、孫科、陳果夫、何應欽、李宗仁、楊樹莊、閻錫山、李濟琛、林森、張學良爲中華民國國民政府委員。蔣中正爲國民政府主席，譚延闓爲行政院長，王寵惠爲司法院長，戴傳賢爲考試院長，蔡元培爲監察院長。同日中央政治會議臨時會議，將國民政府行政、立法、司法三院組織法修正通過，十二日復通過考試與監察兩院組織法。國民政府改組後，第一次國務會議於同月十六日舉行，並議決公布行政、立法、司法、考試及監察五院組織法。

五院組織法中行政院之規模最爲宏大。舉凡內政、外交、軍政、財政、農礦、工商、教育、交通、鐵道、衞生各部，及建設、蒙藏、僑務、勞工、禁煙各委員會，均隸屬於行政院。立法院有法律、預算、大赦、宣戰、媾和、條約等案之議決權，而中央政治會議復於十七年十一月決議「立法院爲全國立法之總匯機關，舉凡立法事項，均應歸其釐訂。嗣後關於立法原則，應先經政治會議議決，而法規之條文，則由立法院依據原則起草訂定。」是立法院之職權，應受中央政治會議直接之裁制，而彈劾權移歸監察院，故五院制度下之立法院，實較異於歐、美各國之國會。立法院設委員四十九人至九十九人，任期二年，委員之產生，由院長提請國府任命。司法院內設司法行政部、最高法院、行政法院及官吏懲戒委員會四機關。除司法行政部及最高法院爲原有機關改隸外，行政法院直至二十一年十一月始將組織法公布，二十二年六月始規定經費組織完成，而官吏懲戒委員會，後改爲公務員懲戒委員會，至二十一年一月始行成立。司法行政部至二十年末又改隸行政院，二十三年十月仍歸司法院。行政、立法、司法三院，自本法公布後，即行成立。

至於考試、監察兩院成立較後。考試院自十七年十月院長戴傳賢就職後，直至十九年一月始正式成立。二十年七月始舉行第一屆高等考試。考試院設考選委員會，掌理官吏、公務員及專門技術人員之考選及考試之舉行等事。銓敍部掌理公務員資格審查，成績考核，及升降任免之登記各事。監察院組織法頒布後，以人選迭更，迄未組織成立，直至十九年第三屆四中全會選任于右任爲院長後，始逐期組織，至二十年二月二日始正式宣告成立。監察院設監察委員十九人至二十九人。依照監察院組織法第五條之規定：「監察委員得單獨提出彈劾案。」又第六條規定：「彈劾提出時由院長另指定監察委員三人審查，經多數認爲應付懲戒時，監察院應卽將被彈劾人移付懲戒。前項彈劾案，經官吏懲戒委員會議決不應受處分時，原彈劾人不負責任。」至監察委員之任期未有規定，惟依同組織法第十一條之規定：「監察委員不盡職時，立法院得向監察院提出質問。」同時第十條規定監察委員亦可互相彈劾。監察院於設置監察委員之外另設審計部，係由原有之審計院，依法改部，而隸屬於該院，以掌理

（一）關於國民政府及各省、各特別市政府歲出歲入之決算，（二）關於國民政府所屬各機關每月之收支計算，（三）關於特別會計之收支計算等事項。

各院相互間之權限，曾經民國十八年六月，第三屆二中全會通過之治權行使規律案明定各院職權。第一、一切法律案、財政案、條約案或其他國際協定案，非經立法院議決，不得成立。其有未經該院議決，而公布施行者，公布施行機關以越權論。倘立法院不提出質問，以廢職論。第二、人民生命、身體、財產之自由皆受法律保障，倘有未經合法程序，而剝奪之者，以越權論。司法院不提出質詢，以廢職論。第三、在考試院、監察院成立以後，一切公務人員之考試權及彈劾權，均屬各該院。其有不遵考試院所定辦法而行使考試權，或不經監察院而攻訐公務人員，或受理此項攻訐者，以越權論，考試院及監察院不提出質詢者，以廢職論。自此項決議案通過，各院相互間之權限，可以判明，不致於事權上發生衝突也。

第三十一章　國民會議與訓政時期約法

第一節　國民會議之召集

國民會議爲孫中山先生於民國十三年主張解決時局之重要方策。是年曹、吳敗倒，孫先生以爲中國有和平統一之希望，乃於十一月十日發表「北上宣言」欲使武力與國民深相結納，對於時局主張召開國民會議，以謀中國之統一與建設（詳情見第八編第二十六章第三節）。嗣因孫先生病危，國民黨復致力於內部問題，國民會議之主張終未實現。其後國民政府定都南京，雖時有召集國民會議之呼聲，十七年二月二日第二屆第四次中央執監全體會議，即有一部分領袖提倡促開國民會議，但當局以伏莽未芟，泯淆堪虞，未便召集國民會議，授反動者以利用之隙。及民國十九年七月十三日汪精衛在北平組織之中國國民黨第二屆中央執行委員會擴大會議宣告成立。八月七日開第一次正式會議於北平懷仁堂，由汪等署名發布宣言，其重要之主張：（一）根據中山先生北上宣言及遺囑，召集國民會議。（二）制定訓政時期之約法。（三）召集第三次全國代表大會。於是國民會議問題，又引起世人之注意。九月九日北平另成立一國民政府，後因軍事失利，遷往太原，銳意於約法之起草，十月二十七日草案公布，是爲太原約法草案。此項草案全部分八章二百一十一條。擴大會議隨之宣告結束。

是年十月三日國民政府主席蔣介石氏於開封軍次，電呈中央，請召集國民會議，並制定訓政時期之約法。原電云：「中央執行委員會鈞鑒：此次討逆之戰，實爲國內永久和平之張本，亦爲全國眞正統一之基礎。中央於討逆軍事進行之中，深得全國人民之贊助，亟當於討逆軍事結束之際，謀副全國人民之期望。中正以爲目前第一要務，爲提前召集第四次全國代表大會，確定召集國民會議之議案，頒布憲法之時期，及制定在憲法頒布以前訓政時期適用之約法。謹就管見所及，爲鈞會陳之。本黨遵奉總理遺教，實施建國程序，暫定一黨專政之制，期成天下爲公之志，而速開國民會議，尤爲總理遺囑所明示，早應切實奉行。惟以統一甫告成功，軍閥割據之惡習尙未完全打破，深慮國民會議召集之際，不免有依恃兵力，劫持選舉，收買政客，僞造民意者，轉將引起糾紛，妨礙建設，故先從事於編遣會議，以謀軍閥之實際消滅。不意因此激起假革命眞軍閥之叛亂，中央亦不得已而興師討逆。然此戰之後，軍閥既經掃除淨盡，則一切政客、官僚、叛徒、敗類與腐化惡化分子皆無所憑藉以爲其禍黨亂國之工具。紀綱既振，風尙一新，思想已有統一之望，社會亦得安定之機，於是國民會議乃有召集之可能與必要。且此戰之中，逆軍集全國各派反動勢力之大成，而終不免於覆滅，則此戰之後，決不至再有軍閥復敢破壞統一與叛亂黨國。故本黨於此乃可徵詢全國國民之公意，準備以國家政權奉還於全國國民，使國民共同負責，以建設我三民主義之國家。其頒布憲法日期，前已規定於訓政綱領，玆宜再提請國民會議正式議決，並請其共同擔負籌備憲法起草會議之責。而憲法未頒布以前，如需先制定一種訓政時期適用之約法，使訓政綱領所規定與第一次全國代表大會宣言中之政綱，益能爲全國國民所了解，亦可由國民會議討論決定之。惟玆事體大，所有決定召集國民會議，及準備對國民會議提出之議案，皆應由本黨全國代表大會行之，方足以示鄭重。茲特提議本黨第四次全國代表大會於三個月後提早開會。如鈞會不以爲謬，並請於最短期間召集本屆中央執行委員會第四次全體會議，以便決定此重要之問題，俾慰全國人民之期望。謹此提議，伏候公決。蔣中正叩江印。」

此有名之江電，實爲國民會議召集之原動力。同年十一月蔣氏更於中央第三屆第四次全體大會開會時，提出召集國民會議之議案。略謂：「此次討逆之戰，實爲全國永久和平與眞正統一之基礎，亟當於討逆軍事結束之際，確定召集國民會議之時期，以副全國人民之期望。本黨遵奉總理遺教，負民國建國之重任。民國人民應行使之政權，由本黨代理而行使之，以期保育民國之健全發育，不爲專制餘孽之所害毒。在訓政開始之時，一切建國根本問題，應與國民共約，乃得齊一全國國民之心志，集中全國國民之能力，以立民有、民治、民享之基，而明本黨執政時期之責。」會議結果，決定於二十年五月五日召開國民會議。二十年三月二日中央常務會議第一三〇次常務會議，通過國民會議應確立本黨與全國人民共同遵守之約法案，並推定吳敬恒、李煜瀛、于右任、丁惟汾、王寵惠、蔡元培、葉楚傖、邵元冲、劉蘆隱、孔祥熙、邵力子十一人爲約法起草委員。經審愼之研究，於同年四月下旬草成中華民國訓政時期約法草案，提出於第一三七次常會，經兩日之鄭重討論，始決議修正通過，仍提出於中央全體會議決定。嗣於五月一日臨時全體會議提出詳加討論，決議修正通過，送國民政府提出國民會議。

至關於國民會議之籌備，中常會曾於十九年十二月二十九日通過國民會議代表選舉法。二十一年一月一日由國民政府公布。該法共十三條，規定代表總額爲五百二十名，由各省市按照定額從左列團體選出之：一、農會，

二、工會，三、商會及實業團體，四、教育會，國立大學，教育部立案之大學及自由職業團體，五、中國國民黨。此蓋根據孫中山先生北上宣言中所列舉之團體而加以變通者。一月二十日國民政府公布國民會議代表選舉法施行法五十四條暨各省市各團體應選出國民會議代表數額分配表。一月二十九日中央常務會議通過中國國民黨出席國民會議代表選舉法施行程序二十條。二月十三日國民政府公布選舉總事務所條例九條，並任戴傳賢、孫科爲事務所總副主任，籌備選舉事宜，於十七日宣告成立。二十一日國府公布國民會議代表選舉各省市事務所組織條例十二條，並任各省民政廳長、各市市長爲選舉監督。四月二十四日國府公布國民會議組織法二十八條。二十八日公布國民會議祕書處組織條例十一條，並派葉楚傖籌備國民會議祕書處。至四月杪各省市紛紛選竣，至京報到。五月一日臨時中央全體會議開幕，通過約法草案，確定教育設施之趨向案，及實業建設程序案，備提國民會議。至五月五日國民會議宣告開幕。

國民會議開幕禮，於五日上午九時在南京國立中央大學新建之禮堂舉行。出席者除國民黨中央委員國民政府委員外，到國民會議代表四百五十餘人。國民政府主席蔣中正致長篇之開會辭，大致根據孫中山先生遺教，極言在訓政時期約法及實業建設之重要。自八日起至十六日止，討論議案共開大會八次，十七日閉幕，發布宣言，其要旨：（一）接受中山先生全部遺教，以全力促其實現。（二）擁護訓政時期約法。（三）廢除不平等條約。（四）決心撲滅赤匪。（五）擁護和平統一。（六）注重建設事業。而此次會議最大之成績，則在通過訓政時期約法，而爲訓政時期黨與人民共守之信約焉。

第二節　訓政時期約法之公布

國民會議於五月八日第一次會議，即討論國民政府送議之約法草案，由主席于右任宣讀約法草案全文後，由國府主席蔣中正作正式之提議。國府委員戴傳賢復加以說明。大會討論後，即交付約法審查委員會吳敬恆等審查。該委員會於九日、十一日先後開會二次，各代表用書面陳述意見者共六十九件，經分別採納，將國府送議之草案，加以修正。十二日開第四次會議，討論事項第一案，國民政府剿滅赤匪報告，交付審查後，主席戴傳賢即將本案提出，由審委會召集人吳敬恆說明後，主席將全文宣讀一遍，並諮詢會衆，若無重大問題，即開始二讀會，衆無異議，二讀會遂即開始。及二讀會完畢，時間已到，主席宣告延長時間，開三讀會，衆均鼓掌贊成。三讀會時，主席再逐條宣讀，雖有提議文字修改者，均未成立。於是此國家之根本大法，遂於兩小時內，全部通過。主席復起立領導三呼中華民國萬歲，三民主義萬歲口號，會衆一致高呼，聲震遐邇，呼畢，會衆又一致鼓掌，聲若雷動。綜計會議中對審查修正者四條，增加一條。約法於同年六月一日由國府明令公布（約法全文見附錄中）。

此次訓政時期約法之頒布，可謂爲奠定國民革命成功之初基，既係政府與國民間之一種公約，不啻爲黨治、法治間過渡之工具。約法全部共八章。第一章，規定主權屬於國民，國體爲「統一共和」及南京爲國都等。第二章，爲人民權利及義務，列舉共二十餘條，人民各種自由，除信仰外，皆附以「非依法律不得停止或限制之」之條件，而其繼承財產、訴訟、請願、考試、服公務等各項權利，則皆冠以「依法律」之限制或停止。然法律內容，則約法未曾載明，是以本章之適用如何，尚在各項法律之良否。而約法雖爲國民會議代表所制定，至一般法律之立法權，則屬於黨與政府。至約法所定關於人民之義務各條，除服從官署一條有「依然執行職權之行爲」之限制外，納稅及服兵役、工役，則僅規定有此義務，而如何使人民納稅及服兵役、工役，則政府可自由規定。是故約法關於民權之實際保障，殊不充分。第三章爲訓政綱領，規定依建國大綱爲訓政時期之政治綱領，由「國民黨全國代表大會，代表國民大會行使中央統治權，」國民黨代表大會閉會時，其職權由中央執行委員會行使，此爲約法全部精神之所寄託，以確定黨治之基礎。第四章爲「國民生計」，第五章爲「國民教育，」多爲原則之規定，而如何實行，全在政府。「國民生計」凡十四條，規定獎勵生產事業，發展農村經濟之大綱，並詳及婦孺、勞工、殘廢軍人及工人等之保護與救濟，對於勞資雙方，則採取「協調互利原則。」此外更規定人民得自由「選擇職業及營業，」並有締結契約之自由。而於「國民教育方面」則規定：「三民主義爲中華民國教育之根本原則，」「全國公私立之教育機關，一律受國家之監督，」「已達學齡兒童一律受義務教育。」第六章爲「中央與地方之權限，」依建國大綱第十七條之規定，採均權制度。但除第六十三條工商業之專利、專賣特許權，明定屬於中央者外，何者爲中央之權，何者爲地方之權，並無列舉，是其缺憾。第七章「政府之組織，」國府仍設五院，設主席一人，委員若干人，由中國國民黨中央執行委員會選任。約法中國民政府主席雖無兼任陸海空軍總司令一條，但各院院長及各部會長，以國民政府主席之提請，由國民政府依法任免之。國府主席無形中已高出於各院院長，似已改用總統制矣。至於地方制度，則規定凡省縣政府組織法，均以法律定之。第八章「附則，」規定凡法律與本約法抵觸者無效，「約法之解釋權，由中國國民黨執行委員會行使。」約法之大旨已如上述，惟因全部條文，以半日之力舉行二讀、三讀會，進行既速，內容方面自不無若干缺憾也。

第三節　國民政府組織法之修正

國民會議閉幕之後，中委唐紹儀、汪精衛等十六人，於二十年五月二十七日在廣州成立中央執監委員會非常會議，推舉國民政府委員十六人正式成立政府。及九月十八日日軍陷瀋陽，不二日間凡南滿沿線之重要城市，悉入日人掌握，東北三省已非我有，國難嚴重，寧、粵兩方乃於十月二十七日開和平統一會議於上海。會議雖有波折，卒於十一月七日決議「京粵雙方以合作精神，各於所在地尅期開四全代會」「開會時雙方發表通電，表示本黨統一。」至於黨統問題，除共黨外，各屆中委治於一爐，及四全大會選舉之中委為四屆中委。十二月十五日國民政府主席蔣介石辭職，所謂團結合作，暗流仍在醞釀中。四屆一中全會十二月二十四日開會，二十六日通過中央政治改革案，其要點：（一）國民政府主席為中華民國元首，對內對外代表國家，但不負實際政治責任，並不兼任其他官職，任期二年，得連任一次，但於憲法頒佈時，應依法改選之。（二）國民政府委員會，設委員若干人。（三）在憲法未頒佈以前，行政、立法、司法、監察、考試各院，各對中央執行委員會負其責任。（四）行政院院長負實際行政責任。（五）司法行政，改隸行政院設部管理。（六）國民政府主席及委員、五院院長，由中央執行委員會選任之。

第三十二章 國民政府之法典編纂事業

第一節 國民政府立法之基本原則

自國民政府定都南京後，我國立法事業已有新發展。過去我國之立法事業，多缺乏一貫的獨立的立法政策作基礎，大都重模倣而少創造，無一定立法原則可尋，故於我國立法前途，無多貢獻。國民政府秉承三民主義，以黨建國，所有立法政策與立法精神，應以三民主義爲最高原則。蓋一時代法典之編成，以適應社會環境爲第一要義，而環境之適合，又在以造法者之能否以一貫的立法政策與精神爲衡量，觀察社會之環境，以決定人民對於法律之需要。否則法典自法典，與人民不能有若何密切之關係。三民主義之立法精神，其目的在求整個民族、民權及民生問題之總解決。故三民主義之立法，可謂爲謀解決整個民族、民權及民生問題而立法。其立法之根本精神，既迥異於我國往昔之法律思想，尤與歐、美之法律觀念有別。就我國方面言之，歷代制禮立法，完全立於家族制度基礎之上，公法與私法常易相混，私法每納於公法之中。而三民主義之立法，則以保障民族精神，發揮民權思想與企求民生幸福爲中心，不獨嚴於公法、私法之辨，且將法的基礎，置於全民族之上。而在他方面，三民主義之立法，又與歐、美之法律思想各殊。近代歐、美各國立法之基礎，俱以個人爲本位，根本上認個人爲法律之對象。雖至二十世紀之初，立法趨向轉變，法律對象由個人移至社會，然多數仍因襲舊日以個人爲社會本位之舊觀念，認天賦人權爲立法之基礎。縱使蘇俄新憲法已將社會爲本位之觀念代替個人爲單位之思想，但又誤認社會生存關係爲階級對立之關係，俱與三民主義之立法精神，不相吻合。三民主義之立法，以整個社會爲單位，認定社會之生存關係爲連帶關係，既不偏重於個人之自由，忽視社會全體之利益，尤不能分化社會以任何階級爲單位。故三民主義之立法原則，實爲社會進化之極則，而以適應於生存之目的爲基礎。自來一切社會現象，皆爲人類生存之狀態，一切社會之關係，皆爲人類生存之關係。社會生活既演進不已，則生存狀態亦繼續推移，維持生存之條件既生變更，則要求生存之方式，亦不得不爲之轉換。然其生存方式之轉換，實大有關於法律意識之確定。故社會立法乃隨各時代生存方式之不同，而有變遷。因之三民主義之立法，以適應社會生存關係爲其基本原則，其目的在謀整個社會問題之解決，非僅爲社會中之個人，或部分，或階級，主張其絕對權，使整個社會益陷於不可收拾之地步。三民主義立法之主要精神，卽在求整個社會之民族、民權、民生三大問題之總解決，以求適應人類社會之生存關係。

其次，三民主義之立法精神，又建築於權利與義務新觀念之上。今日之法律，乃權利本位之法律，權利義務之觀念，完全爲個人主義之產物。孫中山先生以爲個人離開社會，便無自由與權利。個人之地位，乃因社會承認其爲一份子而來。但人之權利義務，皆由於社會之承認，方能存在，否則便無權利義務之可言。因此之故，孫先生對於「民」之觀念，則限於有團體有組織之衆人，對於「權」之觀念，則必言「民權」，而不泛言「人權」。蓋民與民權，胥由社會生活，民族生存，與國家存在而確立，個人若離開社會，便無權利義務之可言。良以個人對於社會之目的相同，個人因社會而存在，惟有互相認識權利義務之存在，社會始承認對於個人權利義務之保障。是知社會生活與社會生存實法律產生之源泉。故三民主義之權利義務新觀念，根本上乃由認定社會生活民族生存及國家存在之關係而生，無社會、無國家、無民族則一切法律便不能存在，亦自無權利義務之可言。

綜合言之，三民主義之立法原則，以社會共同福利爲目標，以達到中國自由平等爲效用，於暢遂民族生存、國民生計、社會生活、民衆生命各種錯雜關係中，而企圖國民人格權、生存權、勞動權之確實保障。故第一方針應謀社會之安定，第二方針應謀經濟事業之保養與發展，第三方針應求社會各種實際利益之調節平衡。除建國大綱第十條、第十一條、第十二條、第二十二條各條之規定，所詔示於我人，於訓政時期應行制定之法規外，即本上列方針，鑑別社會需要之緩急，而定立法先後之程序，一本三民主義之方針與政策，而制定法律，此則三民主義立法原則之大較也。

第二節　新民法法典之編纂與頒布

國民政府關於民法法典之制定，始於民國十七年。是年夏間由法制局着手起草親屬及繼承兩編。燕樹棠擔任起草親屬法，羅鼎擔任起草繼承法。歷時五月，草案完成，計親屬法八十二條，繼承法六十四條，未及呈請公佈施行，該局卽奉命結束。其後中央政治會議於十七年十二月第一六八次會議議決民法總則編立法原則共十九條，原文列左：

一　民法所未規定者，依習慣，無習慣或雖有習慣而法官認爲不良者，依法理。原案無「或雖有習慣而法官認爲不良者」十三字，審查案增入。

（說明）法律無明文規定者從習慣，各國民法大都相同。所謂習慣者，專指善良之習慣而言，以補法律之所未規定者。但各國判例，法院承認習慣之效力有數條件，其中尤以合於情理者爲最要。我國自民國成立以來，亦有此判例。玆爲喚起法官注意起見，擬將此要件定爲明文，故於原案無習慣三字之下增如上文。

二　民法各條應分別爲兩大種類：（一）必須遵守之強制條文，（二）可遵守可不遵守之任意條文（同原案）。

凡任意條文所規定之事項，如當事人另有契約或能證明另有習慣者，得不依條文而依契約或習慣，但法官認爲不良之習慣不適用之。

凡任意條文於各本條明定之。

原案第二項，或習慣三字之下，無「但法官認爲不良之習慣不適用之」十四字，審查案增入。

（說明）見前條。

三　失蹤人，失蹤滿十年以上者，法院得爲死亡之宣告（同原案）

失蹤人爲七十歲以上者，得於失蹤滿五年後爲死亡之宣告。

失蹤人爲遭特別災難者，得於失蹤滿三年後爲死亡之宣告（同原案。）

四　二人以上同時遇難而死，無證據足以證明其死亡之先後時，卽推定其爲同時死亡（同原案，）

五　足二十歲爲成年（同原案。）

六　未滿七歲之未成年人，無行爲能力，七歲至二十歲爲有限制之行爲能力人（同原案。）

七　對於心神喪失及精神耗弱之人，法院得宣告禁治產（同原案。）

八　姓名權受侵害者，被害人得請求法院禁止之（同原案。）

九　同時不得有二處以上之住所（同原案。）

十　外國法人之認可，依法律之規定。

原案依法律三字之下有「及條約」三字，審查案擬删。

（說明）凡條約經雙方批准公布後，兩國家間當然有約束力，但對於一般國民，有認爲同時直接發生效力者，有認爲仍須經立法手續方能直接發生效力者，茲擬採用第一種手續，故擬删如上文。

在中國境內，外國法人之設立營業及分設支店，應受中國法律及規章之支配（同原案。）

經認可之外國法人，與同種類之中國法人，有同等之權利能力及行爲能力，但法令另有規定者不在此限。

原案「但法令」三字之下有「或條約」三字。審查案擬删。

（說明）見本條第一項。

外國法人受中國法院之監督及管轄（同原案。）

十一　法律行爲必須依方式者，宜定其方式但種類不宜過多，所定方式亦不宜繁瑣（同原案。）

十二　法律行爲雖依法定條件應認爲有效者，如乘他人之危急或其他特定情形顯失公平者，法院得撤銷之（同原案。）

十三　以侵害他人爲主要目的而行使權利者，其權利之行使爲不法。

原案作「唯一目的」審查案擬改爲「主要目的。」

（說明）濫用權利之行爲，雖其唯一目的在侵害他人，但恐有以其他目的爲口實，輾轉致辯，希圖卸責者，故審查案擬改如上文。

十四　因避免不法侵害所爲之行爲，不得認爲不法，但以不超越相當程度者爲限（同原案。）

因避免緊急危險而損害或毀滅他人之物者，其行爲不得認爲不法，但以不超越相當程度者爲限（同原案。）

十五　爲保護自己權利起見，對於他人之自由或財產施以相當制裁之行爲，不得認爲不法，但以舍此以外無他方法、並事後卽請求司法之援助者爲限（同原案。）

十六　享受權利之能力不得放棄。

原案作「拋棄，」審查案擬改「放棄。」

十七　自由不得拋棄（同原案。）

契約上自由之限制，不得違背公共秩序或善良風化。

原案作「自由之限制，以不違背公共秩序或善良風化者爲限，」審查案擬改如上文。

（說明）擬改語意似較明顯。

十八　不於法定期間行使權利者，其權利因時效而消滅。

原案「期間」二字之下有「內」字，審查案擬刪。

十九　最長時效期限，擬定爲十五年，定期給付之債權，擬定爲五年，關於日常交易之債權，擬定爲二年。法定時效期限，不得以契約延長及減短之，並不得預先拋棄時效之利益（同原案。）

（同原案。）

十八年一月二十九日立法院第十次會議，組織民法起草委員會，指定傅秉常、焦易堂、史尙寬、林彬、王用賓（原爲鄭毓秀，鄭辭王繼）五人爲委員，由傅委員召集開會。並聘司法院院長王寵惠考試院院長戴傳賢及法人寶道（Padoux）爲顧問。該會自組織成立，對於民法之編訂進行極力，依照中央政治會議所議決之民法總則編立法原則，於是年二月一日開始起草，歷時三月，開會三十餘次，民法總則全編告成，成功之速，遠在前修訂法律館及其他法典起草委員會之上。全編計七章，一五二條，於同年四月二十日經該院第二十次會議決議通過，呈經同年五月二十三日國民政府明令公布，以是年十月十日爲施行期。同法之施行法，計十九條，亦於同年九月二十四日公布，與總則編同時施行。

新民法總則編公布後，立法院院長胡漢民、副院長林森，鑒於世界潮流所趨，咸實行民商統一，特向中央政治會議提議，請將民商訂爲統一法典；其不能合併者則分別訂立單行法規（如公司法、票據法、海商法、保險法等）以免法典條文揉雜，而符本黨全民精神。經中政會議決交胡漢民、戴傳賢、王寵惠三委員審查。胡漢民等認爲應訂民商統一法典，並縷陳八項理由，提請公決。經中政會第一八三次會議討論，並經議決照審查意見由立法院編訂民商統一法典。同日並議決民法債權編立法原則十五項。立法院民法起草委員會乃遵照上項兩立法原則，於民國十八年着手起草民法債權編。經先後開會一百五十餘次，歷時五閱月，始於同年十一月五日會議全部通過，呈請國民政府，於同年十一月二十二日公布，並於十九年五月五日施行，計分二章，凡六百零四條。同法之施行法計十五條，亦於同年二月十日公布，與債權編同時施行。起草委員會更於債權編脫稿後，即遵照中央政治會議第二〇二次會議決議之民法物權編立法原則，於十八年八月二十一日開始起草民法物權，先後開會凡四十餘次，於同年十一月完成。全編計十章，二百十一條，於同年十一月十九日經立法院第六一次會議決議通過，呈經國民政府明令公布，以十九年五月五日爲施行期。同法之施行法，計十六條，亦於十九年二月十日公布，與物權編同時施行。

至關於親屬、繼承兩編，胡、林兩院長因關係本黨黨綱及各地習慣甚大，非詳加審愼，誠恐多所扞格，提請由中央政治會議制定原則。嗣經中政會第二二〇次會議討論，並經決議交法律組審查。第二三六次會議決議親屬編立法原則，於十九年七月二十六日發交立法院遵照起草。該院民法起草委員會爲愼重起見，特先商同院統計處，製定調查表多種，發交各地徵求習慣，復就前北京司法部之習慣調查報告書妥爲整理，並將各種重要問題分別交付該會各委員、顧問、祕書、編修等，比較各國法制詳加研究。始於十九年秋初着手起草，兩法先後於是年冬間完成。親屬編計七章，一百七十一條，經同年十二月三日該院第一二〇次會議全部通過，呈由國民政府於同月二十六日公布，以二十年五月五日爲施行期。同法之施行法，計十五條，於二十年一月二十四日公布，與親屬編同時施行。繼承編計三章，八十八條，與親屬編同日於該院第一二〇次會議決議通過，呈經同年十二月二十六日國民政府明令公布，以二十年五月五日爲施行期。同法之施行法計十一條，亦於二十年一月二十四日公布，與繼承法同時施行。

此次國府頒布之新民法總則，較之以前第一次草案（大清民律草案總則）及第二次草案（民律草案總則）頗多進步。第一次草案之缺點，在煩而無當，第二次草案雖似删減，然損益之間，仍有未當，故以此次新民法爲較勝。新民法之主要精神，在民商合一。晚近各國法制，如蘇俄民法，暹羅民法，均實行民商合一，潮流所趨，幾成定論。我國自漢初弛商賈之律後，四民同受治於一法，買賣錢債，並無民商之分。清末雖有分訂民法法典及商法法典之議，民國成立以來，亦沿其說，而實則商人本無特殊之階級，不應加以歧視。此次新民法能考察社會之實際狀況，訂爲民商統一法典，實合現代立法之潮流。其次，新民法所以異於以前各草案者，則在能注重社會之利益，其中最著者爲：（一）妻之限制能力之撤廢。我國歷次民法，對於妻之能力行爲，加以限制。新民法總則，毅然撤廢男女間一切不平等之規定，凡行爲能力之有無限制，男女之間毫無軒輊（第十三條、第十五條。）（二）法人設立之限制。新民法第三十條規定，法人非向主管官署登記，不得成立。第四六條規定，以公益爲目的之社團，於登記前應得主管官署之許可。又第五九條規定，財團於登記前應得主管官署之許可，以資取締而重公益。

第三節　新刑法與刑法修正案

民國十六年四月國民政府奠都南京，於是年十二月卽命司法部長王寵惠改訂刑律，依據第二次修正案，略加損益。脫稿後，由本黨第二屆中央執行委員會第四次全體會議於十七年二月六日議決交由中央常務委員會迅予審查通過。中央常會卽交由譚延闓、于右任、徐元誥、魏道明、王世杰等審查刑法草案，並將伍朝樞、徐元誥、王寵惠三氏審查刑法草案意見書及王世杰氏所提出之修正刑法草案意見書一併審查。譚延闓等將審查結果報告於第一二〇次中央常務會議，中央常會對刑法草案，遂加修正通過。國民政府乃於是年三月十日公布，並定七月一日施行。嗣最高法院及司法部對於草案內第十條第四款及第十六條第二項之決定，均有意見提出，經國民政府函送中央執行委員會核議。三月十五日中央開一二二次常會，復有一新決議。六月十九日國府第七五次會議以中華民國刑法，前經中央議決於七月一日施行，茲據司法部呈稱因審查未竟，提由國府議決至九月一日施行，令司法部通令各省法院遵照，並請中央補予追認。七月五日中央第一五二次會議，決議追認。

此次頒布之新刑法，係根據最新學理，採擇各國法規，於吾國之現情，斟酌損益，折衷至當。以前暫行刑律，成於晚清，施行以來，頗多疑義，且多違反各國法例，不切我國國情。此次新刑法之精神，迥異於前，其特點有足多者。茲特摘取新刑法之要點，縷陳如左：

第一、採用最新法例。有如適用法律原則從新法，若新法重於舊法，則以刑輕者爲准；犯罪有因果關係，至犯人有無責任，則以能預見結果者爲准；累犯有普通、特別之別；殺人有謀殺、故殺之分；內亂罪只已着手實行，即爲成立；僞造文書罪只足損害他人，即爲成立；故意及過失之範圍，有確定解釋；防衞及救護急難行爲之範圍，有明文限制是也。第二、審酌國內民情。親等之計算法，與服制圖大致適合，亦爲舊日習慣所公認；至第二百八十三條、第二百八十九條殺旁系尊親屬者處死刑、無期徒刑，同謀者處五年以上十二年以下有期徒刑，第二百八十四條凡預謀殺人及有殘忍之行爲者，皆處死刑，既爲大多數通行立法例，就吾國民衆心理言之，尤有規定之必要。第三、實行本黨政綱。男女平等之義，本黨不僅抽象的主張，且於第二次全國代表大會所議決之婦女運動案中，加以具體的說明。是以黨政府下之立法，對於偏重男系家族之制度，應力事糾正，以符平等之原則，徹底打破數千年相傳之宗法觀念。第十六條之規定，即表明此義。暫刑律第二百二十條有從事同一業務之工人同盟罷工處罰之規定，與本黨黨綱保護農工之意不符，本法概行删去。又如妨害農工商業，於民生主義頗有關係，本法特設專章，以示注意民生之意。第四、參照犯罪事實。社會進步，犯罪方法亦不同，例如搶奪罪與強盜不同，海洋行刦比強盜罪尤應加重，本法則特設專章。恐嚇罪內，近以擄人勒贖者爲最多，鴉片罪外，有嗎啡、高根、安洛因，皆爲毒物，本法則特設專條，以應時勢之需要。第五、適合刑事政策。本法廢過失加重之例，增專科罰金之條，改易科罰金之數，其應併科罰金者，不問其曾否得利，以及緩刑年限之縮短，責任年齡之改定，皆視犯人之個性資力以爲區別，均與刑事政策大有裨益。第六、力求罪刑相應。暫刑律最滋人口實者，爲有期徒刑採等級制，以五等爲標準，而法定刑期又極廣漠，法官援用時無一定標準，遂得自由裁量，任意出入，致有畸輕畸重之嫌。本法廢去等級，於分則各條，明定年月，而加減則以若干分之幾爲準，既無定刑失當之虞，並免加減相懸之失。至科刑之輕重與加減，則仿德、瑞最新法例，臚舉司法官應行注意事項，以爲科刑標準，即本法第七十六條所定是也。

但現行刑法，自民國十七年施行以來，因條文複雜，不易解釋，故各地法院請司法當局解釋條例者，紛至沓來，函電往復，頗費時日。且其中尚有最重要之一條，應急於修改者，即舊刑法有輕犯可「贖罪」之一條，而新刑法則付闕如，以致一年來各地監獄輕犯擁塞，其有關監獄生活與清潔至鉅。且大赦條例內有三年以下徒刑者均得釋免，各獄輕犯得藉此一清。但大赦係特殊情形，非每年舉辦，如赦後刑法仍不修改，不數月間各監獄勢必又告人滿之患。故立法院擬將現行刑法重加審核，如有不明晰不通行之處，即着手修改。該院於二十年十二月間派劉克雋、郗朝俊、羅鼎、史尚寬、蔡瑄等五委員負責修改現行刑法及刑事訴訟法。劉等當即一面搜集世界最新法典，從事研究，一面更由立法院咨請司法院，司法行政部，最高法院，擬具修改意見，幷咨請司法行政部轉令各省各級法院及各省律師公會，對於我國現行刑法及刑事訴訟法實施上有何種窒礙難行之處，發表意見，限期寄會參考。祇以國難發生，各方意見，延至二十一年九月間始陸續送到，計三十餘份。旋即着手修改刑法，至是年年底，業將刑法總則編修改完竣。二十二年一月立法院長孫科以刑法爲國家制裁犯罪之根本大法，特於院內設立刑法委員會，並重新指派劉克雋、郗朝俊、羅鼎、盛振爲、趙琛、史尚寬、林彬、蔡瑄、瞿曾澤等爲刑法委員會委員。同年三月又加派徐元詰爲刑法委員。該委員會成立後，卽將刑法總則編重行審查。至四月審查完畢，該委員會委員復先後赴天津、濟南、北平、洛陽、西安、蘇州、無錫、上海、杭州等處調查各地司法狀況及監獄情形，以作修改刑法之參考。並於七月乘立法院休會之暇，赴青島開會一月，將全部刑法修改完竣。復經審查一次，於十二月間完成刑法修正案初稿，計三百四十五條，並經刊於册，分别咨送司法行政部轉發各省各級法院，並由立法院逕送各地律師公會、各大學法學院及各法學雜誌社，徵求意見。至本年（二十三）四月已先後收到各項意見書。旋卽參酌各方意見，修正初稿，於四月二十六日將刑法修正案完成後，復經司法行政部部長羅文幹、次長石志泉及所長董康、顧問寶道、頓班亞等陳述意見後，再將修正案加以整理。嗣就羅、董及兩顧問意見再將修正案加以整理，計成總則編十二章九十七條，分則編三十五章二百五十三條，都三百五十條，較現行法增四十條，删去條文七十三條，修改條文二百六十九條，未改條文四十五條。稿凡四易，先後開會共計一百四十八次。至此次修正刑法内容最要點，據委員劉克儁之報告，約有十五項：（一）現行法總則編「文例」章，關於親屬民法已有規定，所餘條文均屬解釋文義，總則一條附於「法例」章内，「時例」有於民法規定者，有於監獄規則規定者，餘刑期計算一條併入「刑章」；故將「文例」「時例」兩章删去。「刑之酌科」章及「加減例」章二章併作一章，名「刑之酌科及加減」，較爲簡明。另加「保安處分」一章。現行法分則編選舉罪範圍太狹，故本案改爲妨害投票罪。關於僞造公債票、股票、郵票及其他有價證券均規定於「僞造文書」章，似嫌不類，故本案分爲二章。盤剝重利，情形可惡，以明文規定處罰於詐欺及背信章，而名曰「詐欺背信及重利罪」。（二）第二條但書以下，與現第二條但書以下所採主義不同。現行法僅處以較輕之刑，本案則改爲有利於犯人之法律，此其一。現行法僅以行爲時及裁判時兩種法律作比較，本案則行爲後裁判前之法律，均須比較而適用其最有利者，蓋既兼取從輕主義，應顧及中間法，徹底從輕，不應以行爲時較輕之刑爲限也。至新法認爲舊法中某一種行爲無處罰之必要，而依舊法判決在未執行或執行未完畢者免其刑之執行。（三）設「保安處分」章之理由。現行法雖有感化教育或監督品行、監禁處分及假釋管束規則種種規定，但範圍太狹，如因嗜鴉片、嗜酒、或懶惰成習、或以犯罪爲常業種種原因而犯罪者，僅處以刑，不足以達改善犯人之目的，故最近各國立法例，均有保安處分之規定，吾國似應仿效。如保安處分中禁煙所，如青島、上海法界亦已有設置之者。此卽斟酌國情，適應世界潮流，由報應主義趨於防衛社會主義。（四）責任年齡擬提高至未滿十四歲，因我國教育不普及，少年不幸而犯罪，應注重教育，不應以刑期爲改善之方法，故仿多數立法例，提高責任年齡，一方面以保安處分救濟之。（五）教唆犯惡性甚大，獨立處罰，由客觀主義側重於主觀主義。（六）刑名章關於執行刑罰之規定，擬定於刑訴執行篇或監獄法，故盡刪去。（七）現行法五四條關於褫奪公權有五：一、公務員，二、選舉及被選舉，三、入軍籍，四、官立公立校教員，五、律師。本法僅規定公務員，其他歸諸其他法規。且本院討論兵役法時，曾多數主張不加限制。（八）短期自由刑易科罰金，爲暫行律所採取，依理不應有此種條文，但事實上往往有困難，往往因家庭職業種種關係，執行徒刑於犯人非常不利，不如易科罰金，現行法刪去，各法庭多有主張恢復之者，故本案有四條之規定，以宣告六月以下有期徒刑者爲限，並加以嚴格之限制。（九）羈押折抵，現行法規定得以二日抵一日，其理甚是，惟實際考察各看守所，大半較監獄爲苦，故本案改爲一日抵一日。（十）罰金最多額，現行法規定至五千，本案可至一萬，但有時往往因犯罪所得利益往往超過罰金若干倍者，處以少數之罰金不關痛癢，故本案予法官以在所得利益範圍內酌量加重之權。（十一）刑事訴訟法初級管轄案件，檢察官可以不起訴之範圍擴大，原則已經政治會議決定，則凡被害人均可向法院自訴，自訴後法院認爲情節顯可憫恕者，似無處罰之必要，故本案增入六十條之規定。（十二）公務員貪污之習，一般均認爲有急於矯正之必要，中央亦屢有關於懲治貪污之決議，故本案對於公務員受賄各條特別加重，其他關於公務員者亦均加重，並加入公務員不負責委棄土地、或越權收理民刑訴訟、或管獄員及解送者對於犯人虐待、或弛廢職務釀成災害，均另加規定，從嚴處罰。（十三）考試爲五權之一，極關重要，刑法自應有相當規定以防止弊端，考試院方面亦有意見送來，故本案增加一三五條及一三〇條第二項之規定。（十四）商業信用極應維護，我國市場往往發生一種欺騙情形，貨物上冒載某國貨，此種行爲固須處罰，販賣此種貨物者亦屬無恥，並須處罰。（十五）鴉片等物理應嚴禁，故於鴉片罪章各條，處罰均酌量加重，嗎啡等毒品較鴉片尤烈，故更加重處罰。

立法院於本年十月十九日第七十五次開始審議刑法修正案，繼續討論，直至十一月一日，全部刑法修正案始經三讀通過，全文共計三百五十七條。大會中爭論最烈者，厥爲第十七章妨害婚姻及家庭罪第二百三十四條，該條在現刑法爲第二百五十六條「有夫之婦與人通姦者處二年以下有期徒刑其相姦者亦同」。在第一次修正案爲第二百三十四條「有配偶而與人通姦者處二年以下有期徒刑其相姦者亦同」。現刑法因僅適用於女子一面，刑法委會應各界之要求，乃在第一次修正案加以修改，以示男女平等，應互守貞操，而保障中國之家庭基礎。不料在二讀會時，修正案竟被否決，根本删除。其時京市婦女界深爲驚異，同時一部分立委如黃右昌、史尚寬等因覺此條之删影響於家庭幸福至鉅，乃各提新案以資補救。當經孫院長交刑委會重行審查，刑委會遂採用史尚寬所提修正案，列爲重行審議後之刑法第二百三十九條，以代替之。後各委爭議最烈，卒以焦易堂的提案主張，維持現刑法第二百五十六條，卽「有夫之婦與人通姦者處二年以下有期徒刑，其相姦者亦同。」但須將二年以下有期徒刑減爲一年，焦案卒以多數通過。於是中華民國刑法修正案中關係家庭制度至重且大之條文，由删除而增補矣。

刑法修正案旣經立法院三讀通過，而修正案二三九條復引起京、滬婦女界激烈反對，推舉代表向中央政治會議請願。嗣經中政會於十一月十四日第四三三次會議決議，關於立法院通過之刑法第二三九條，應依男女平等原則，交立法院復議。立法院乃於同月二十三日由院長交付刑委會及法制委員會會同審查。審查結果提出於二十九日該院大會，各委紛紛發言，大體歸納爲三種：一、主張根本不規定通姦處罰條文，二、主張有夫之婦通姦處罰之字樣，三、主張「有配偶者與人通姦處以一年以下有期徒刑。」最後決議，照第三種規定通過，卽送呈中政會。

第四節　勞工立法之經過

我國勞工立法產生最遲，全國統一勞動法典之編纂，實肇始於國民政府成立以後。在以前北京政府時代，關於規定一般結社權之法規，僅有治安警察條例。此項條例在積極方面旣未明認勞動者得以成立任何結社，而在消極方面復對於一切勞動者「聚集」之具有煽惑擾亂安寧秩序、或煽惑「妨害善良風俗」或煽惑「强索報酬」等等性質者，明示禁止，在此項條文下，勞動者自難成立任何團體。民國十二年四月，北京政府雖經繼續頒行修正工商同業公會規則，但此項規則似亦祇僅於歷來行會與公所之類，可以成立團體，所謂眞正之工會，仍非該項規則之所承認。就勞動團體之動作而言，則同盟罷工，久經暫行新刑律認爲犯罪行爲。治安警察條例對於一切以煽惑「同盟罷業」或「同盟解雇」爲目的之工人「聚集」，亦設有禁止之明文。民國八年第一次國際勞工會議開會，北京政府受該會之督促，於民國十二年三月，頒布暫行工廠通則。該通則對於成年工、童年工、女工之每日工作時間，童工、女工之作工年齡及衞生設備等問題，大致採納國際勞工會對於我國之建議，但雖頒布，迄未實行。

民國十六年國民政府奠都南京，着手編纂全國一致之勞動法令，初設勞工法起草委員會，嗣併入勞工局內辦理。十七年三月，勞工局合併於工商部，設置之勞工司，勞動立法亦隨之移歸該部執掌。是年六月九日，國民政府頒布勞資爭議處理法，是爲統一全國勞動法之始。勞資爭議處理法本由法制局擬定，呈送中央政治會議。此項法案經各方討論審查，參酌各國勞資爭議處理法以爲藍本，大致尙能適合時代之需要。自十七年六月九日公布後，以一年爲試行期間，十八年七月十二日，國民政府訓令展期六個月，同年十二月二十四日，又展期三個月，同時由立法院修正，凡涉於強制仲裁之條款，概行删去，十九年三月十七日國民政府公布此項勞資爭議處理法，計分總則、調解及仲裁機關、調解及仲裁程序、爭議當事人行爲之限制、罰則、及附則等六章，凡四十條，爲現行勞工法中施行時期較久之法典。

其次，工會法係於十八年十月二十一日頒布，而由同年十一月一日施行。本來國民黨對於勞動立法，以勞動組織立法爲最先。民國十三年十一月孫中山先生以大元帥名義頒布工會條例，凡二十一條，對於勞工組織，賦予覓大之自由與權利，承認工會有罷工權、協約權、言論出版及辦理教育事業之自由，更特別聲明對於刑律及警律所禁止之聚衆集會等條文不適用於本法。

國民政府成立後，立法院於民國十八年一月二十九日第十次會議議決，勞動法由委員邵元冲、王葆眞、史尚寬、羅鼎、盧奕農等起草，經會議採用單行法，先起草工會法，以應社會需要。經勞動法起草委員會於同年九月四日將工會法原則草案審查完竣，提交政治會議，經中政會第一九五次會議議決交法律組審查，並經該會議一九六次會議議決工會法原則十六條，交由立法院勞動法起草委員會查照工會法原則起草工會法，當於十八年九月二十八日該院第五十一次會議議決修正通過，同年十月二十二日國民政府明令公布，並定十一月一日爲施行日期。十九年立法院第八十次會議議決工會法施行細則草案，付勞工法起草委員會審查，該會於三月二十六日開會審查完竣，同年四月五日該院第八十三次會議再付審查，業經同年五月二十四日該院第九十二次會議全部修正通過，同年六月六日國民政府明令公布。

工會法計分設立、任務、監督、保護、解散、聯合、罰則及附則等八節，共五十三條，其中特點可言者：(一)自第三十一條至三十六條之規定，均含有保護性質。僱主既不得拒絕僱用、解僱，或以不利待遇工會會員及職員，不得以引誘工人脫離工會關係爲僱用條件，又不得在勞資糾紛之調解仲裁期間內以解僱工人。僱主違反此項規定者，均處以相當罰金。工會之財產權的保護，亦甚周到。(二)其次關於工會活動之範圍者，第十五條之規定，對於工會活動之方向，完全採用列舉式。依該條各款之規定，工會之主要職務，不在政治權之獲得，而在求工人生活經濟之改簪。而於工會組織程序之規定，有第五、第六、第七、第八及第九各條，對於組織前與組織後之程序，均有詳細之規定。(三)關於工人團結之範圍，採限制主義。工會之團結，祇以同一產業或同一職業者爲限。凡同一產業或職業之聯合會，祇以增進會員知識、技能，發達生產，及辦理互助事業爲目的。而第三條禁止公務、公用等類人員援用工會法以組織工會。第二十三條，復有「勞資間之糾紛……不得宣言罷工。」其他第二十七條禁止封鎖商店或工廠，擅取或毀損商店、工廠之貨物、器具，逮捕或毆擊工人與僱主，命令怠工等項規定，以及第三十七條，主管官署解散工會之規定，皆充滿干涉主義。此項工會法最主要之旨趣，在維護產業之發展，立法純採干涉主義，故於工會之創立不採特許制，而規定一定呈報手續。蓋工會既取得「法人」資格，自必依法向官廳登記，以便取得若干特許之權利。而對於工會之團體締約權及罷工權，雖予承認，但須得主管官廳之認可或調停。國民政府之勞動立法，既根源於本黨一貫之勞動政策，故始終以勞資調協爲原則。政府在勞資兩方間，實立於仲裁之地位，以求和平解決。誠恐因勞資兩方長此相持，各走極端，國家社會反受其害，不得不先由政府調停入手，此爲工會法主要之精神。

工廠法原則於民國十八年經中央政治會議第二〇一次會議決議通過，十八年十月二十六日立法院第五十六次會議交勞工起草委員會查照原則起草工廠法，業於同年十一月一日將草案審查完竣後，於十一月二日第五十七次會議再付審查，經勞工法起草委員會會同法制委員會審查，於十二月二十一日提出於該院第六十七次會議議決修正通過，由國民政府於十八年十二月三十日明令公布。工廠法計分總則，童工、女工，工作時間，休息及休假，工資，工作契約之終止，工人福利，工廠安全與衞生設備，工人津貼及撫卹，工廠會議，學徒，罰則及附則等十三章，共七七條。其主要之特點：(一)對於女工及童工之保護。本法第五條規定：『凡未滿十四歲之男女，工廠不得僱用爲工廠工人。』第六條規定：『男女工在十四歲以上，未滿十六歲者爲童工，童工祇准從事輕便工作。』其餘如第七條、第十一條、第十二條、第十三條、第十四條、第三十六條、第三十七條，對於童工之保護規定尤詳。此外第五十七條至六十七條，完全爲關於學徒之規定。其中第六十三條限制學徒人數不得超過普通工人三分之一，違者重罰。根據此條之制限，僱主不得以招收學徒爲排斥普通工人之護符。同時更規定學徒最低年齡，傳受技藝方針，以及習藝期間之待遇辦法，僱主始不致任意虐待學徒。而童工及女工所不准從事之工作，學徒亦同樣禁止，使學徒之康健與人格不致受其損害。(二)關於工資原則，第二十條規定：『工人最低工資率之規定，應以各廠所在地之工人生活狀況爲標準。』而工作時間，則第八條規定：『成年工人每日實在工作時間以八小時爲原則……』這兩原則，實爲本黨勞動立法精神之所在。吾國工人之工資，既較各國工人之工資爲低，而吾國生活程度又逐年增加，勞動者生活非常貧苦。在此情形之下，工人生活，自無由改善。且近年以來，物價增高，與日俱進，而勞動者之生活，更爲艱苦。故工廠法對於勞動者之工資問題，首先規定最低之工資數。惟最低工資之規定，應以何者爲標準，應如何始能滿足勞動者之生活，此實一困難問題。故各國因工資而引起之勞資糾紛頗多。工廠法規定最低工資之決定，以工人生活狀況爲標準，並規定工資付給之方法，最爲確當。至於每日工作八小時之規定，已成世界公認之標準時間，工廠法規定以八小時爲勞動之標準時間，而以十小時爲成年工人最大限度時間，可謂適合於一般勞動原則。(三)工廠會議之提倡，據該法第四十九條規定『工廠會議由工廠代表及全廠工人選舉之同數代表組織之前項工廠代表應選派熟習工廠或勞工情形者充之工人代表選舉時，應呈請主管官署派員監督。」又工廠會議之職務，據第五十條之規定爲(一)研究工作效率之增進；(二)改善工廠與工人之關係並調解其糾紛；(三)協助團體協約勞動契約及工廠規則之實行；(四)協商延長工作時間之辦法；(五)改進廠中安全與衞生之設備；(六)建議工廠或工場之改良；(七)籌劃工人福利事項。此種工廠會議在最近十年間德、法、美、英諸國之業務會議，即爲工廠會議，其目的在謀一廠或一業之勞資協調而防止勞資之衝突，在吾國尚屬創舉，實有推行之必要，以謀消滅勞資衝突於無形，此爲工廠法最大之特點。

第五節　土地法規之頒布

我國土地法規之編制，始於民國十一年，是年孫中山先生開府廣州，設立土地局，掌理土地行政事宜。旋並頒布土地稅法，於申報地價與地價稅率，略有規定。卒以時多故未及實行。然以根據黨綱，定爲土地法規，且經大元帥明令公布，該法實爲嚆矢。民國十二年間，中山先生復延聘土地問題專家德人沙覃維廉博士爲顧問，從事實地調查，擬具意見書，爲土地法起草之參考資料。沙覃博士居粵二年，因病身故，其所擬定之土地登記徵稅法共三十餘條。當時由土地法審查委員會復加審核，以廣東省政府名義公布施行。該法僅爲大體之規定，簡而未詳。現廣州市之辦理土地行政者，則於引用該法以爲根據，雖有補充，亦屬不多。前此二法，均限於地價稅一項，且專以適用於都市爲準，條文簡略，實有擴充之必要。

民國十七年中央政治會議胡委員漢民、林委員森根據中山先生平均地權之旨，酌用廖仲愷在廣州與單惟廉博士等討論土地稅法之結果並參考膠州、加拿大、德國、英國等之法案，草擬土地法原則，提出中政會，當經該會第一六九次會議討論後，議決指定胡漢民、戴傳賢、閻錫山、王寵惠、孔祥熙、馮玉祥、蔣中正、孫科、宋子文、趙戴文共同審查。由蔣委員中正報告稱：土地法原則經於十七年十二月三十一日審查完竣，經中政會第一七一次會議將土地法原則決議通過。十八年一月二十九日立法院第十次會議決議根據中央政治會議議決原則起草土地法。由土地法起草委員會吳尙鷹、王用賓、鄧召蔭、陳肇英、黃昌穀等着手起草，草成土地法草案凡五編共四百〇五條，並由該院胡院長召集該院顧問，民法起草委員會，財政委員與土地起草委員會先後開會審查修正。十九年六月十四日立法院第九十五次會議議決土地法三讀會修正通過。同年六月三十日國民政府明令公布。

此次國民政府公佈之土地法，其內容分爲五編，計有總則、土地登記、土地使用、土地稅及土地徵收，共三百九十七條。若依國民黨政綱第十四條之規定，關於各種土地法規名稱，應列爲土地法、土地使用法、土地徵收法及地價稅法四種，分別爲各種單行法規之制定。但因討論結果，僉以各種法規，既已同時起草，且彼此有相互之關係，故編爲整個系統，爲法典式之制定，分列各編，總稱爲土地法。而於政綱所舉四種法規之外，加入土地登記一編。至此次土地法之編纂，係本孫中山先生平均地權之精意。玆將土地法之特點略爲言之：(一)徵收土地稅以地値爲根據。土地法第四編，關於徵稅各條，規定地價稅之徵收以估定地價爲主，按年徵收之。土地增値稅之徵收，則於土地之轉移或經十五年屆滿無移轉時徵收之，其計算則以申報地價爲根據（土地法第三〇五條。）而關於地價之估計，除根據市價外，仍可參用申報地價爲計算之標準（土地法第二四一條、二四二條。）依此種規定，可使申報地價無過高過低之虞。(二)土地稅率採漸進辦法，是以從最低稅率舉辦，從百分一至百分十止，分市地與鄉地兩大類，且因其改良情形爲稅率高低之伸縮。如已依法改良至完滿程度之土地，徵稅應最輕，改良情形較次者，徵稅應略重。若依法爲全未改良之荒地，應徵最重之稅，即其稅率達至中山先生所主張百分十之數，亦無不可。(三)關於土地增値稅，中山先生主張，將土地之漲價全部歸公。而土地法第三百零九條所規定者，祇徵收其一部分，蓋亦取漸進之意也。更有關於所謂不在地主稅之規定（土地法第十章各條之規定）其意在防止大地主之發生，蓋爲達地盡其用之目的，必使土地所有者對於所有土地之使用情形有相當之注意。若有棄置其土地，不爲相當之改良，其或變爲荒地者，固應重其稅徵收之。且我國都市逐漸發達，地價之增漲，隨都市進步而增高，彼擁有資財而遠居他方者，若於國內將近發展之都市中，廣占土地，反致需用土地者，受其壓迫，實爲社會公益所不容。今有此土地稅之規定，罰以重稅，乃爲避免此不良之結果也。(四)土地改良物之輕稅，改良物者，爲資本勞力之結果，於原則上不應徵稅，而土地法第七編有改良物徵稅之規定，本爲原則所不許，祇以近年各地舉辦市政，經費多出自房租稅之徵收，若一旦完全豁免，而新辦之土地稅，即時恐難相抵，在此青黃不接期間，於市政進行，或生窒礙，爲權宜之計，仍准改良物徵稅之存在，但其稅率已減至極低程度。依土地法第三百一十一條之規定，『市地改良物，得照其估定價値，按年徵稅，其最高稅率以不超過千分之五爲限。』至於鄉地之改良物，則完全不徵稅，以示限制。此外土地法第六條規定：『本法各編之施行日期及區域分別以命令定之。』此因我國幅員廣大，欲以一法同時推行全國，勢所不能。故土地法雖已公布，仍非於公布日施行，此正所以予政府以隨時參酌地方情形，為相機施行之機會也。

土地法於十九年六月公布後，其施行法原擬由立法院土地法委員會會同中央地政機關籌備處擔任起草，但該籌備處成立祇數月，即因故撤裁。該院旋於二十一年六月咨請行政院在中央地政機關未成立前，由主管土地機關酌斟各地實情，擬具草案送院審議，乃由行政院令知內政部負責起草。該院第三屆開始時，曾由土地法委員會與內政部商洽，請將草案早日送該院審議，而內部尚未起草完竣。延至二十三年五月，始由行政院將土地法施行草案、估計專員任用條例草案、契據專員任用條例草案一併咨送立法院審議。當經該院於二十三年五月十八日第三屆第五十九次會議議決付土地法委員會會同法制委員會審查。兩會乃於同年六月三十日舉行聯席會議，討論結果，僉以該施行法等案，關係重大，應經初步審查，以期縝密。當指定委員姚傳法、史尚寬、陳長蘅、趙迺傳、黃右昌等五人先為初步審查，由姚委員傳法召集。旋又發見該草案條文次序數目多誤，須由原起草機關加以更正，方能繼續審查。候至九月二十六日再由行政院將更正草案交到立法院。其時距該院第三屆委員任滿祇二月有餘，即由初步審查各委員趕緊審議，期速竣事。但以去年暑假後各委員忙於審議憲法草案及刑法與刑事訴訟法之修正案，雖經先後開會審查有十五次之多，仍未能於上屆內審查完竣。自四屆立法委員就職後，再行連續開審查會七次，並函請行政院內政部土地委員會派代表列席陳述意見，經初步審查完竣，報告大會。該院於二十四年三月八日四屆第八次大會修正通過，並由國民政府通令公布。

土地法施行法計五編，共九十一條，其要旨約有三點：(一)就土地法所未明定之事項，應為規定者加以規定，

(二)因各地方在土地法施行前已經舉辦之土地行政事項，於土地法施行後有改正之必要，須於施行法中有適當規定爲之救濟者。(三)關於土地法條文有爲補充規定之必要者。原草案共有條文一百五十九條，經審查後加以删改，結果爲九十一條。其所爲删改之理由：一因原草案條文與土地法條文重覆，在施行法中無再爲規定之必要者；一因原草案條文涉及技術範圍，須由中央土地行政機關經技術上之研究，根據實際情形，方能擬定者。計原草案條文經審查結果，完全採用原文者，祇有數條，修正採用者，約四十餘條，此外各條文均由審查會從新草擬者。

行政院除咨送土地法施行法草案於立法院外，尚有與土地法有關係之各法案先後咨送該院，一併交付審查者，計有估計專員任用條例草案、契據專員任用條例草案及公有土地處理條例草案各案，當經該院四屆第八次大會議決，結果以土地法第二百三十七條第二項規定「估計專員之任用資格由中央地政機關定之，」又現擬之土地法施行法草案第三十二條規定「契據專員之任用資格及任用辦法，由中央地政機關定之，」似無再行制定單行條例之必要。至關於公有土地之處理辦法，查土地法第十三條規定「地方政府對於管轄區內公有土地，除法令別有規定外，有使用及收益之權，前項土地非經國民政府核准不得處分，或設定負擔，或爲超過十年期間之租賃；」又現擬之土地法施行法草案第五條規定「各級政府機關需要公有土地時，應商得該公地保管機關之同意，予以租用或無償撥用，並呈請國民政府備案。凡國營事業需要公有土地時，應由該事業最高級主管機關核定其範圍，向該公地保管機關無償撥用，但應呈請國民政府核准。前二項土地無償撥用者，以未經確定用途者爲限。」是則「公有土地處理條例」之要旨已容納於土地法及施行法之內，似亦無另定單行條例之必要。

第三十三章　國民政府之制憲事業

第一節　中華民國憲法之起草

國民政府之制憲事業，根源於二十一年十二月在南京召開之四屆三中全會，當時由中委孫科等二十七人，提出「集中國力，以救危亡」案，經全會決定：「最近期間積極遵行建國大綱所規定之地方自治工作，以繼續進行憲政開始之籌備。」又決定「於民國二十四年三月，開國民大會議決憲法，」並「飭立法院從速起草憲法草案發表，以備國民之研討。」在全會閉會宣言中更重申「國民黨責任爲訓政完成以後實現憲政以歸政權於全民。」國民政府之制憲事業於焉肇興。

翌年一月立法院長孫科蒞京就職，於立法院第三屆第一次大會時，卽派定張知本、吳經熊爲憲法草案起草委員會副委員長，孫氏自兼該會委員長，更派傅秉常、焦易堂等三十六人爲起草委員，着手擬定起草委員會組織條例，呈由國民政府於二月十八日公佈。更呈請國府「分別函飭各省市黨政機關，會同組織憲法草案研究會，俾廣徵集，以資編纂，」復登報徵求各界意見，函電國內名流學者，發表意見，聘戴傳賢、伍朝樞、王世杰等爲顧問，隨時列席，陳述意見。

憲法起草委員會於是年二月九日開第一次會議，嗣後每周開會一次。第一次會議時，委員長孫科提出首先應研究之問題三點：即（一）分組研究，（二）進行程序與期間，（三）例會。除（一）（三）兩點歸納於起草委員會組織條例外，其第二點則以張知本所提出之起草憲法草案程序案，交付吳經熊等審查，仍由張知本召集，限第二次會議提出討論。旋於二月十六日開第二次會議，決定起草程序如左：

（一）研究時期——由本年二月二十二日至八月二十一日。

（二）初稿時期——由本年八月二十二月至十一月二十一日。

（三）評論時期——由本年十一月二十二日至明年二月二十一日。

（四）再稿及討論時期——由明年二月二十二日至明年四月二十一日。

六月三十日該會第十三次會議，復變更起草程序如左：

（一）初稿審查時期——由本年八月二十一日至十月二十日。

（二）初稿討論時期——由本年十一月一日至十一月三十日。

（三）公開評論時期——由本年十二月一日至十二月三十日。

（四）再稿時期——由明年一月一日至一月十五日。

（五）本院大會討論時期——由明年二月一日至二月十五日。

關於憲法草案初稿主稿人之推定，經第二、第九兩次會議，由委員長指定張副委員長知本、吳副委員長經熊、傅委員秉常、焦委員易堂、陳委員肇英、馬委員寅初、吳委員尙鷹爲初稿主稿人。

憲法起草委員會於起草程序決定後，復於第三次會議時通過憲法草案研究程序表，決定分四組研究，卽：第一組研究問題爲領土、國體、主權、旗色，第二組研究問題爲人民權利問題、人民義務問題、國民生計問題、憲法解釋權及違憲制裁問題、國民教育問題，第三組研究問題爲國民大會問題、四權行使問題、中央與地方均權問題、軍制問題、國家會計問題，第四組研究問題爲中央政府制度問題、省制問題、縣制問題。研究結果報告全體會議，由全體會議決定原則後，彙交初稿主稿委員根據起稿委員會所決定之原則，最要者爲：

(一)關於總綱者；

一、中華民國爲三民主義共和國，主權屬於國民全體。

二、領土採概括式，又領土非經國民大會議決不得變更。

三、中華民國國民有依法行使選舉、罷免、創制、複決之權。

(二)關於人民權利義務者；

四、國民無男女、種族、宗教、階級、職業之區別，在法律上一律平等。

五、人民身體、遷徙、居住、言論、著作、結社、集會等自由權利之保障。

六、人民有納稅、服兵役、服公務之義務。

(三)關於國民大會者；

七、國民大會由每縣或其同等區域選出一代表組織之。其代表之選舉，應以普通、平等、直接方法行之。凡國民年滿二十歲者有選舉權，二十五歲者有被選舉權。

八、國民大會每三年開會一次，會期一個月，必要時，召集臨時會議。

九、國民大會之職權爲選舉及罷免中央重要官員，複決創制法律，修改憲法。

十、中央事權取列舉式，地方事權取概括式。

(四)關於中央政府之組織者；

十一、設總統及副總統，由國民大會選出，軍人非退職後，不得當選總統。

十二、總統爲國家元首，不直接負行政責任。

十三、行政院長由總統經立法院同意任免，立法委員及監察委員、考試院長、司法院長由國民大會選舉。立法院長及監察院長由各該院委員互選。

十四、總統任期六年，不得連任。考試院長、司法院長、立法委員、監察委員任期均三年。立委名額不得過二百。監委不得過五十。

(五)關於省制者；

十五、省無須制定省憲，採省長制，省長民選，但在縣未完成自治之前，省長暫由中央任命。

十六、省設參議會。省政府、省代表會及省參議會之組織以法律定之。

十七關於縣制問題，總理遺教規定綦詳，足資依據，不另擬原則。

至關於土地教育及國計民生諸問題，因有提出召集國民大會之議，憲法草案卽須完成，無暇議及，悉交主稿人斟酌加入，俟稿成再提出討論。上述各原則雖經立委會大體通過，然其中亦多劇烈之爭辯，卒以初稿提出後，仍有斟酌餘地，不欲以此空閒原則爭持也。

第二節　憲法初稿之內容

是年六月吳經熊氏所擬就之憲法草案初稿完成，得孫院長之許可，以私人名義發表，徵求各界批評。全案計二百一十四條。初稿發布後，一時各報章雜誌紛載批評文字，起草委員會得各方面貢獻意見頗多。旋於八月三十一日，由孫兼委員長召集主稿人第一次會議，首決定審查程序，次討論條文。第一次會議出席者有吳經熊、陳肇英、傅秉常、吳尙鷹、焦易堂等，並有林彬、衛挺生等列席，仍由孫氏主席，首決定審查程序，次討論條文。截至二十三年二月二十二日，共開會凡二十次，始將全部殺清。茲將審查會議中所修正吳氏初稿各要點摘錄如下，以資比較：

(一)原案關於領土概括主義，修正爲採列舉主義。

(二)原案關於民族之維護各條，除第二十二條保留外，概行刪除。

(三)於原案國民大會章端始增加一條，爲：「中華民國國民大會，爲代表人民之最高權力機關。」

(四)原案關於國民大會代表之選舉，加入海外華僑，應受同等待遇，另以法律規定之。

（五）修正國民大會每三年召集一次，其會期以一個月爲限。

（六）原案國民大會代表之職務以次屆開會之前一日爲止，修正爲「國民大會代表之職權，於閉會之日終了。」

（七）增入國民委員會各條。

（八）原案關於國務會議之規定取銷。

（九）原案有總統選舉之規定，修正爲「另以法律定之。」

（十）原案總統不得連任，修正爲「任期六年，連選得連任一次。」

（十一）原案總統有統率海陸空軍及代表國民政府對外宣戰、媾和或締結條約等權，修正爲「均由國民政府統率或行使。」

（十二）原案行政院長由總統提交國民政府任命，修正爲「由國民大會選舉。」

（十三）關於省制增加一條，爲「省爲中央直接管轄之地方區域。」

（十四）原案省代表制取消。

（十五）關於省長之人選增加一項，「軍人非解除軍職三年後不得爲省長候選人。」

（十六）原案國民生計章依照總理遺教修正。

（十七）原案憲法之保障一章删去。

（十八）關於編制，不採用三民主義名稱編入。

上列各要點，爲主稿人會議審查吳氏初稿所得之結果，卽一面整理條文，分列章次，提交憲法起草委員討論。

第三節　憲法草案之完成

憲法草案初稿於二十二年十一月三十日續開第十四次憲委會會議開始討論初稿條文，以後每星期加開會議一次，截至二十三年二月二十三日止，前後共舉行會議二十四次，議決條文共一百六十條，分爲十章，並於三月一日以憲委會名義公表，徵求各方意見，憲委會卽於二十三年二月底結束。

修正稿與原稿間不同之點甚多，章目既多更動，內容亦有修改，最要者可分爲三點：第一、關於國民大會者，原稿中之國民大會代表今改稱國民代表。國民代表依原稿應以縣（及市等）各一人爲原則，修正稿中除仍以縣市爲選舉區外，並以人口爲標準。又原稿中關於國民大會之職權頗大，而修正案中復對於國民大會之複決權爲廣大之規定。第二、關於國民大會委員會者，修正案中國民大會委員會卽原案中之國民委員會，國民委員會之職權在原稿中本限於彈劾要員之權及不信任行政院長之權，照修正案則委員會更有複決權，且因改內閣制爲總統制之故，對於總統更有質詢及試行罷免之權。第三、關於行政機關之體制者，修正案中最重要之修正，卽內閣制變爲總統制。原案採內閣制，而修正案則採總統制。除上述三點外，修正案中其餘修正雖不甚重要，但較原案爲進步，如立法委員及監察委員之產生方法，在修正案中俱較原案爲佳，而國民政府不再有實權，亦爲一種進步。

旋於同年三月二十二日令派委員傅秉常等三十六人爲憲法草案初稿審查委員，將各方對於憲法草案初稿意見，分別整理。計先後開初步審查會議八次，開全體審查會議九次，將憲法草案初稿，逐條詳加討論修正通過，定名爲『中華民國憲法草案初稿審查修正案，』呈請提交大會審議。當於二十三年九月十四日立法院第三屆第六六次會議議決：(一)憲法草案意見書付委員傅秉常、陶履謙、林彬審查，(二)於九月二十日繼續討論。嗣經審查完畢，於二十三年九月二十一日立法院第三屆第六八次會議議決：『中華民國憲法草案第一條至第二十六條條文二讀會修正通過。』二十三年九月二十八日及二十九日立法院第三屆第六九次會議議決『中華民國憲法草案第二十七條至三十一條條文二讀會修正通過。』二十三年十月二日、三日及四日立法院第三屆第七〇次會議議決：『中華民國憲法草案第三十二條至五十四條條文二讀會修正通過。』二十三年十月五、六兩日及八日立法院第三屆第七一次會議議決：『中華民國憲法草案第五十五條至第八十六條條文二讀會修正通過。』二十三年十月九日及十一日立法院第三屆第七二次會議議決『中華民國憲法草案第八十七條至第一〇九條，除第九十九條、第一百條、第一百零一條付委員張志韓、史尙寬、史維煥、李仲公、谷正綱審查外，餘經二讀會通過。』旋據審畢具報，於二十三年十月十二日及十三日立法院第三屆第七三次會議議決『中華民國憲法草案第九十九條至第一百七十八條條文二讀會修正通過。』復於二十三年十月十六日立法院第三屆第七四次會議議決：『中華民國憲法草案三讀會修正文字通過。』並錄案繕具條文，呈經國民政府轉送中央政治會議。

此次經過立法院三讀通過之草案，爲立法院最後之憲法草案。其中與初稿及修正案不同之處，略爲下列各項：第一關於國民大會及國民大會委員會者。二讀案與初稿修正案間最大不同之點厥爲國民大會委員會之取消。照初稿修正案國民大會之權，由國民大會本身及其所選之委員會分掌。而立法院二讀及三讀通過之草案，國民大會委員會業經取消，以前分屬於大會本身及委員會之權限，今大部分歸於大會本身，小部分則移於總統，立法院及監察院，又一小部分則取消無存。計屬於國民大會者：（一）選舉並罷免總統、副總統、立法院長、監察院長、立法委員、監察委員，並罷免司法、考試兩院院長。（二）創制及複決法律。（三）修改憲法。初稿修正案國民大會原有（四）項受理總統、立法、司法、考試及監察四院提請解決的事項之權，三讀案已將其删去。第二、三讀案取消國民委員會，擴充立法院及監察院之權力。初稿修正案第四十八條之規定立法院重要議決案，如預算案、宣戰案等等，須經國民大會或其委員會之複決，三讀案將此條取消，同時三讀案更增加，立法院有參與司法及考試兩院院長產生之權。至於監察院之權力，亦有相當增加。即對於總統、副總統及各院（除行政院）院長之彈劾案，本須由國民大會委員會受理，始能召集臨時國民大會，以決定罷免與否。但三讀案則祗須彈劾案經過全體監委半數以上之審查決定，便可提出於國民大會，在閉會期間，則得請國民代表召集國民大會，以決定罷免與否。第三、三讀案於司法院組織中，取消最高法院，司法院祗有公務員懲戒委員會、司法行政部及各級法院。又五院院長照初稿修正案除行政院長由總統自由進退外，其餘四院院長俱由國民大會選舉，任期四年，連選連任。照三讀通過之草案，則行政、立法及監察三院院長仍舊，而司法及考試兩院院長則改由總統得立法院的同意而任命，但任期仍爲四年。第四、憲法草案初稿規定修正案由國民代表三分之一以上之提議，三分之二以上之出席，出席代表四分之三以上多數之通過，始能成立。初稿修正案改四分三爲三分二，但又規定修改提議應由提議人於國民大會一年前公告大衆。三讀案提議人雖減爲四分之一，但出席人數仍爲四分之三，故修憲極不易。

憲法草案經二十三年十月十六日立法院第三屆第七十四次會議通過後，復經提出五中全會討論，交中常會核議。二十四年十月十七日經第一九二次中常會決議原則五項，再交立法院重加修正。當由孫院長派立委傅秉常、吳經熊、林彬、馬寅初、吳尙鷹、何遂、梁寒操七人審查。傅等卽於十八、十九兩日開會審查，遵照中常會所通過之修正憲法草案原則，將全部草案加以修正，並邀陶委員履謙列席。當經議決第五章「省」、第六章「縣」、第七章「市」，合併爲「地方制度」一章，分「省」「縣」「市」三節；「財政」一章刪去，其有須規定之條文，則併入「國民經濟」章內；軍事一章完全刪去；其他各章條文亦經分別增删或修正。結果計成修正案八章九節都一百四十九條，經二十四年十月二十五日立法院第四屆第三五次會議三讀通過。

修正中華民國憲法草案共分八章九節一百四十九條，第一章「總綱」，第二章「人民權利義務」，第三章「國民大會」，第四章「中央政府」，分六節，第一節「總統」，第二節「行政院」，第三節「立法院」，第四節「司法院」，第五節「考試院」，第六節「監察院」，第五章「地方制度」，分三節，第一節「省」，第二節「縣」，第三節「市」，第六章「國民經濟」，第七章「教育」，第八章附則。其第一至第三章照原案；第四章第一節「總統」删去四十七條「軍人非解職不得當選統總或副總統」，第三節「立法院」第七十一條改七十條，第二項加「但書」，文爲「但對於法律案條約案得提請國民大會複決之」，原案第七十九、八十八、八十九、九十九、一〇一至一〇三各條均删去第五章「省」改爲地方制度第一節「省」，第六章「縣」改爲第二節「縣」，第七章「市」改爲第三節「市」其中原案第一一〇、一一二、一一九、一二〇各條均删除第八章「國民經濟」改第六章條文無修改；第九章「教育」改爲第七章條文無修改第十章「財政」删去將原案該章後三條併入修正案第七章；第十一章「軍事」全删去十二章「附則」改第八章，增「憲法規定事項，有另定實施程序之必要者以法律定之」一條。

憲法草案經本年十一月二日召開之中國國民黨六中全會第一次大會決組憲法草案審查委員會，於五日末次大會決議送請五全大會先行決定宣布憲法草案及召集國民大會日期，並對於本草案加以大體審查，提請國民大會議決頒布之。同月十二日中國國民黨第五次全國代表大會開幕後，於十八日第三次大會決議組織國民大會及憲法草案提案審查委員會，經二十一日第五次大會照審查意見決定兩點：(一)宣布憲法草案及召集國民大會日期由大會授權於第五屆中央執行委員會決定之，惟須於二十五年內施行。(二)憲法草案由大會接受之，但應由中央執行委員會據大會通過之重要憲法各提案，加以修正。

第三十四章　立法院成立以來立法工作概述

第一節　立法院之職權及其組織

立法院為國民政府最高立法機關，依國民政府組織法第二十五條第二項之規定，為「議決法律案、預算案、大赦案、宣戰案、媾和案、條約案及其他重要國際事項」。分別言之：(一)立法院主要之職權，為議決法律案，而關於法律之提出，分別規定於國民政府組織法第二十條、第三十五條、第三十九條、第四十六條，立法院組織法第二十二條，及最近修正立法程序綱領第一條，即中央政治會議、國民政府、行政、司法、考試、監察四院、立法委員，均得提出法律案於立法院。立法院有議決法律案之權，但不得以立法院名義公布法律。立法院議決之法律，均須呈請國民政府公布之。惟法律案於議決後公布前，中央政治會議得發回復議。依二十二年四月二十日中央第六十七次常務會議通過修正之立法程序綱領第十五條規定：「立法院會議通過之法律案，在國民政府未公布以前，中央政治會議有修正之必要時，得以議決案發交立法院，依據修正之。」又依立法院議事規則第六十五條、第六十六條規定：「本院會議或否決或廢棄之議案，院長認為有復議之必要時，得具意見提交中央政治會議議決，再發院開會議之前條之復決，院會不得再否決之。」是立法院院長亦有發還復議之特權。(二)立法院有議決預算案之職權，惟預算案之編成與提出，依預算法第四十條、第四十一條、第四十三條之規定，分屬於主計處與行政院。又依同法第九條第二項之規定，會計年度每年七月一日開始，次年六月三十日終了。故擬定總預算書，應由主計處於每年三月以前，編造齊全，並由行政院於三月十五日以前核定，四月一日以前提出立法院，即應於五月三十一日以前審議完竣。立法院審議預算案，先歲出案，次歲入案，最後以全案付表決，議決後送國民政府公布，成為法定預算案。其程序詳於預算法第五章各條，茲不具述。預算法於二十一年九月二十四日公布，規定施行細則施行日期以命令定之。(三)立法院除有議決法律案預算案之職權外，其餘大赦案、宣戰案、媾和案、條約案及其他重要國際事項，亦應經立法院議決。依十七年十月四日國民政府組織法第二十二條第三款、第四款之規定，此等法案均由行政院提出，並經行政院會議議決。又依同法第三條、第四條、第十一條，此等權之行使，屬之於國民政府。

二十二年二月三十日國民政府組織法第二十七條第二項規定：『立法院有議決法律案、預算案、大赦案、宣戰案、媾和案及其他重要國際事項之職權，』並無「條約案」字樣，是或「條約案」包括於「其他重要國際事項」之內，故不列舉。但同法第二十四條第一款至第四款所規定提出於立法院之各條，亦無「條約案」，更無「其他重要國際事項，」究竟其他重要國際事項能否包括「條約案，」應經立法院議決之「其他重要國際事項，」或「條約案」究由何機關提出，均為疑問。又依同法第四條、第六條，國民政府行使大赦、宣戰、媾和及締結條約之權，惟依第八條及第十五條，國民政府以五院獨立行使五種治權，並各自對中央執行委員會負責，是此等權應由行政院單獨負責，以國民政府名義行使之，而立法院之議決此等案，即相當於立憲國會之同意權。(四)立法院除上述職權外尙有所謂「質詢權。」立法院組織法第十六條載：『立法院關於本院議決案之執行，得向各院及行政院各部各委員會提出質詢，前項質詢須經本院議決行之。』其提出質詢之範圍限於該院議決案之執行，且須經議決，立法院長個人或立法委員聯署不能提出。被質詢之機關雖以行政院各部爲主，但以事實上之類推，亦可對於其他三院之各部會提出。立法院之提出質詢不發生政治上責任問題，卽使立法院認質詢之答復爲不滿意時，亦祇能提請中央執行委員制裁之。(五)立法院除質詢權外，尙有質問權。依監察院組織法第十一條『監察委員不盡職時，立法院得向監察院提出質問。』此種質問之提出，第一限於向監察院提出，第二限於監察委員之不盡職。蓋監察院爲最高之監察機關，可以監督全國大小各機關，至監察院本身亦不可無機關以監督之，故監察委員不盡職，除其他監察委員可以彈劾外，立法院亦得提出質問，卽隱寓監督之意。至監察委員是否盡職，應否提出質問，自應由立法院提經會議決定；惟按之實例，立法院成立以來，對於此權並未有所行使。

依國民政府組織法第二十六條、第二十七條所規定，立法院由院長與委員組織而成。立法院副院長應如何產生，在當時之國民政府組織法，並未訂有明文，惟按諸事實，均由中央執行委員會選任，至二十年十二月三十日公布之國民政府組織法，乃於第十條詳定之。按國民政府組織法第三十條載：『立法院會議以院長爲主席。』又立法院組織法第十三條載：『院長指揮全院院務，及其所屬機關。』第二十四條載：『院長維持院內秩序，整理議事程序。』是院長一方面爲立法院之長官，一方面爲立法院會議之主席。又國民政府組織法第二十六條第二項明定立法院院長因事故不能執行職務時，由副院長代理之，是副院長僅爲預備院長不能執行職務時之代理人員，並非院長之輔弼者，亦無其他職務可言。

立法委員額數，國民政府組織法第二十七條規定爲四十九人至九十九人，但按諸事實，胡院長時爲四十九人，邵、覃兩副院長時爲六十餘人，孫院長時爲九十八人。立法委員以立法爲專責，出席立法院及各委員會會議，有提案討論表決之權；依國民政府組織法第二十九條及立法院議事規則第六條之規定，不得缺席會議及兼其他事務官。關於立法委員之產生，本由立法院院長提請依法任命，二十年十二月二十六日，第四屆中央執行委員會第一次全體會議通過之修正國民政府組織法，於三十條明定立法委員之半數由法定人民團體選舉，其選舉法另定之；因之委員額數亦改爲五十人至一百人。惟人民團體選舉立法委員法迄未制定頒布，此項規定亦迄未實行。至第三次全體會議又決議修改該條條文，仍回復原案。

民國十七年十月八日，中央常務會議第一七三次議決，選任胡漢民爲立法院院長，林森爲立法院副院長。中央政治會議於同月召集臨時會議，通過立法院組織法，於十七年十月二十日公布施行。至關於立法委員人選，經中央政治會議決定人選標準，以其人曾爲黨國效忠，在革命過程未嘗有違背黨義言論行動，而對法律、政治、經濟有相當之學識經驗者爲合格；隨決議任命王用賓等四十八人爲立法院委員，並經由國民政府於十七年十一月七日明令發表。十一月十四日，國民政府又任命鈕永建爲立法委員。十二月五日，立法院院長胡漢民、副院長林森偕同各立法委員宣誓就職，黨治下之正式立法機關，即於是日宣告成立。

立法院成立後，院長胡氏卽依立法院組織法第一條之規定，指定各委員分組法制、外交、財政、經濟四委員會；

旋於十二月八日召集第一次會議，議決依組織法第二條之規定，增置軍事委員會，並以立法委員焦易堂爲法制委員會委員長，傅秉常爲外交委員會委員長，鄧召蔭爲財政委員會委員長，邵元冲爲經濟委員會委員長，鈕永建爲軍事委員會委員長。立法院於十二月十五日開第二次會議，依立法院組織法第五條之規定，議決各委員會組織法，呈由國民政府於十二月二十六日公布施行；復先後制定議事規則，呈奉國民政府公布，制定旁聽規則，呈准國民政府備案。

立法委員之任期，國民政府組織法第二十八條規定爲二年，至立法院長有無一定任期，則無明文規定。第一屆立法委員，於十七年十二月五日宣誓就職，至十九年十二月，任期屆滿。所有次屆立法委員自應依國民政府組織法第二十七條之規定，由立法院院長另行遴選，提請國民政府任命，但必經中央政治會議決議通過。十九年十二月十六日國民政府明令任命呂志伊等四十九人爲立法委員，呂委員志伊等即於十二月二十日宣誓就職。本屆委員多由前屆委員蟬聯，各委員會委員長亦由原委員兼任，名雖改組，實仍舊貫。

二十年三月中央執行委員會第一三〇次常會議決准立法院院長胡漢民辭職，選任林森爲立法院院長，邵元冲爲立法院副院長。在林院長未到任以前，由邵副院長代理。三月五日，邵元冲蒞院視事，三月二十三日宣誓就職，實行代理院務。邵元冲代理期間，蕭規曹隨，無大更張，惟對於立法委員略有補充，先後任命張維翰等十四人爲立法委員，均於十月十二日經國府明令發表，並同於十月十九日宣誓就職。

二十年十一月十二日國民黨召集第四次全國代表大會於首都，第四屆中央執行委員會隨開第一次全體會議於十二月二十八日，選任張繼爲立法院院長，覃振爲副院長。覃副院長於二十一年元旦宣誓就職，一月十一日到院視事，並代理院長職務。旋中央執行委員會於第六次常會議決，選任孫科爲立法院院長；但未到院就職，仍由覃副院長代理。二十一年五月十四日中央執行委員會第一九次常會決議，選任覃振爲司法院副院長，遞遺立法院副院長，選任邵元冲繼任，在院長孫科未到任以前，代理院長職務。邵元冲即於五月十九日到院接事，並代行院長職務。三中全會後，孫科於二十二年一月蒞京視事，邵氏解除代理院長職務。

第二屆立法委員任期應於二十一年十二月屆滿，立法院院長孫科乃依二十一年十二月二十六日公布之修正國民政府組織法第三十條所規定，提出第三屆立法委員人選，經中央政治會議之決議，於二十二年一月十二日由國民政府明令任命馬寅初等九十八爲立法委員，大致舊任委員與新選委員各居半數。一月十六日孫院長偕同第三屆全體立法委員，在國民政府大禮堂宣誓就職；隨召集談話會，指派各立法委員分任各委員會委員，並以焦易堂爲法制委員會委員長，傅秉常爲外交委員會委員長，馬寅初爲財政委員會委員長，吳尙鷹爲經濟委員會委員長，陳肇英爲軍事委員會委員長。立法院遵四屆三中全會之決議，起草憲法草案，又於一月二十四日，組織憲法草案起草委員會，以委員張知本等四十餘人任起草委員，由孫院長自兼委員長，指定張知本、吳經熊分任副委員長，並於二月十日通過該委員會組織條例，呈由國民政府於民國二十二年二月十八日公布施行。

民國二十三年十二月二十六日，中央政治會議通過立法院第四屆立法委員焦易堂等八十六人。內有六十七人，均係三屆委員連任。四屆立委於二十四年一月十四日宣誓就職。至各委員會委員長仍由三屆蟬聯。同年六月，軍事委員會委員長陳肇英辭職，由何遂繼任，八月，法制委員會委員長焦易堂辭職，由吳經熊繼任。

立法院以會議行使職權，關於議事之重要規定，已分別訂於立法院組織法，至議事之詳細程序，依立法院組織法第二十五條之規定，另以議事規則定之。立法院於成立之後，卽制定議事規則六十九條，呈由國民政府於十七年十一月十三日公布施行。立法院依據議事規則第二十七條至二十九條及立法院各委員會組織法第四條，立法院會議每週間至少一次，日期由院長指定。關於向各院及行政院各部會提出質詢，或向監察院提出質問之事項，立法委員三分之一以上聯署，得申請召集會議，應否召集由院長核定。立法院各委員會之會議，由委員長隨時召集，經委員三分之一以上之請求，亦得召集。是立法院之會期有定，立法院各委員會之會期無定。立法院會議之召集，無明文規定，惟院長指定日期，自應由院長召集；立法委員不得請求召集會議，更不得自動集會，卽當特殊情形，合於法律條件申請召集時，而應否召集，仍由院長決定。立法院會議之出席法定人數，限額甚低，依立法院組織法第十八條，爲委員總數三分之一；至立法院各委員會之會議，依組織法第六條「須有委員過半數之出席方得開議。」立法院與立法院各委員會會議之法定表決人數，依各該組織法第十九條及第七條，均爲出席委員之過半數，可否同數時取決於主席。惟各委員會「遇有少數委員對於議案堅決不同意時，得另備意見書附帶報告」，至立法院之議事，取決於多數，少數委員雖堅不同意，亦無其他效力；蓋委員會審查法案，尙待大會之公決，討論不厭求詳，而立法院通過法案，爲最後之決定，意見不容稍有歧異。於此亦略有例外，依議事規則第六十五條、第六十六條，立法院會議否決或廢棄之議案，院長得具意見，提交中央政治會議議決發交復議，立法院不得再否決之，此

立法院五週年通過法規分類圖

（民國十七年十二月至二十二年十一月）

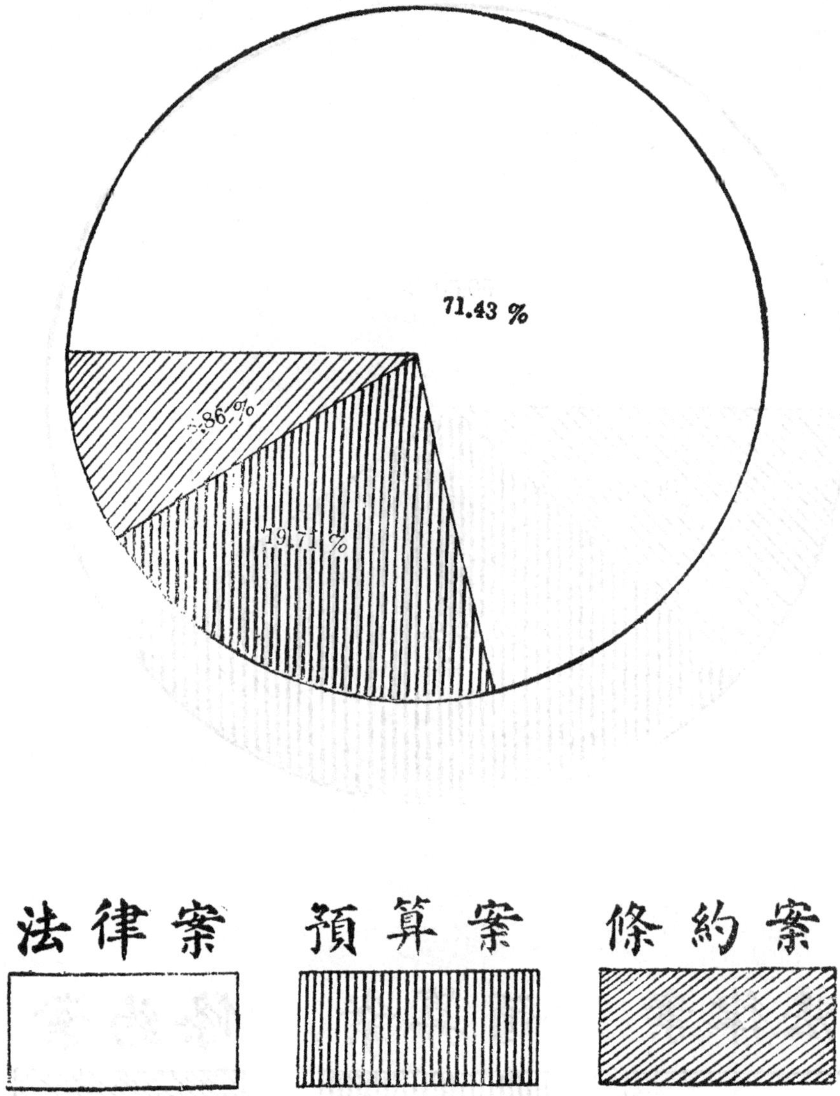

立法院第六週年議決法案分類統計表

（民國二十二年十二月至二十三年十一月）

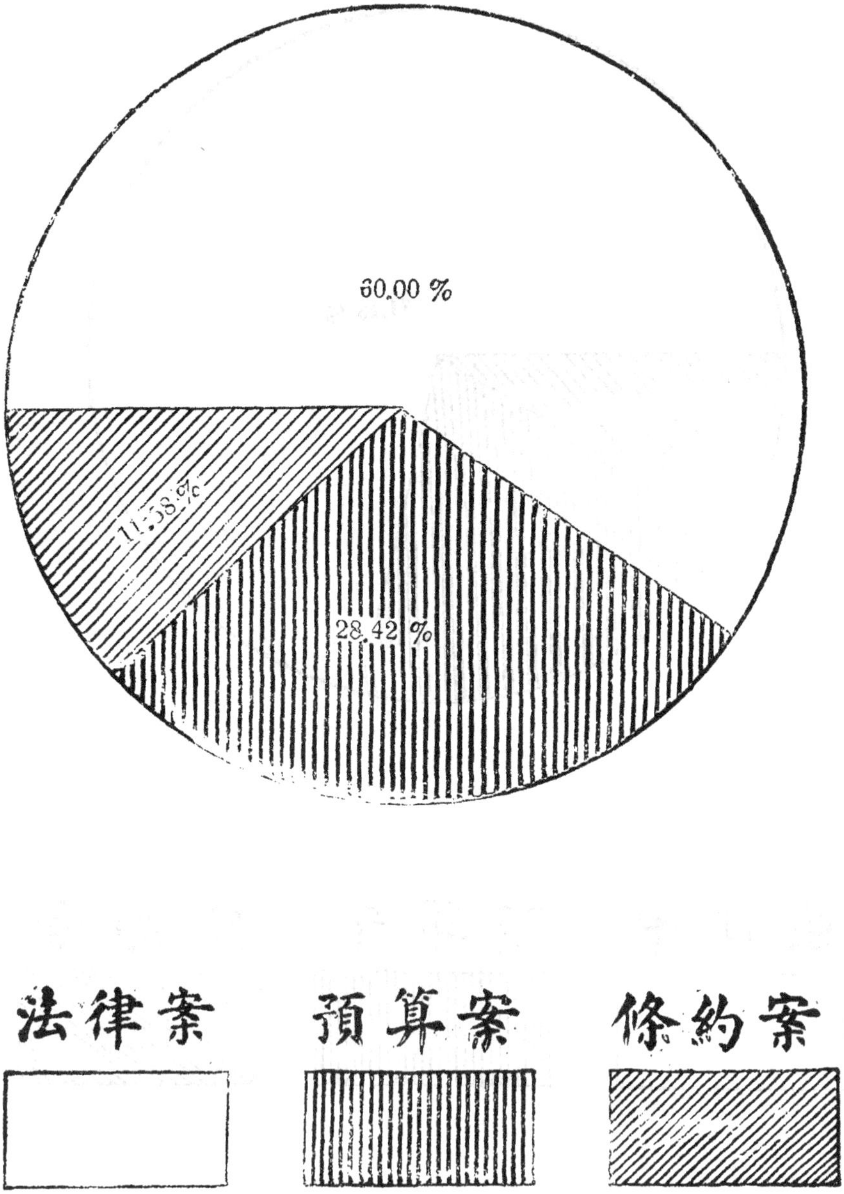

爲院長之特權，且必經中央政治會議爲最後之決定。立法院會議，依國民政府組織法第三十條及第二十六條第二項之規定，由院長主席，院長因事不能出席時，由副院長代理主席。立法院各委員會會議，依各委員會組織法第五條：「以委員長爲當然主席，委員長有故障時，由院長指定一人爲代理主席。」是知立法院會議與立法院各委員會會議之主席由中央執行委員會所選任，立法院院長所指定，如主席缺席，在未經選任或指定以前，祇有停止會議，不能由委員推定主席。

立法院審議各案必經三讀會之程序，此爲法規制定標準法第一條、第二條所明定。凡法律案提出後，第一讀會討論其大體，議決應否付委員會審查，如不付審查，或逕開二讀會，或即廢棄議案。第二讀會就審查報告之結果，逐件詳加討論，依次付表決，但亦有不開二讀會而否決者。第三讀會，討論法律全體之當否，只得爲文字上之修正，但亦有省略三讀會者。按諸立法院實例，有最緊急或極簡單之議案，逕由院長直接交付審查，而略去一讀程序者；亦有議案經二讀會通過後，不付三讀，即行議決者；又有繁難或重要之議案，於提出二讀會時再付審查，或經過數次審查，乃開二讀會者。大致普通各法案，多由主席宣告省略三讀，而最重要之法典，乃開三讀會議決全案，以期詳愼。

第二節　立法院議決之重要法律案

立法院自十七年十二月五日成立以來，本其職權爲新法典之製訂，新國家所應有之重要法典，俱已先後完成。其已完成之重要法典業於第三十二章『國民政府之法典編纂事業』內，有詳細之論述。今所敍述者，乃爲該院六年來關於重要法律案之議決，特爲系統的說明：

一、組織類　關於根本組織方面，將各院組織法之修正。計

（一）關於行政院組織法者　行政院組織法，共分十一條，其要點有三：第一條規定組織行政院之各部會，第二條規定院長之職權，自第四條至第八條規定行政院內部之組織與員額，及其所掌之事項。民國十八年，行政院院長譚延闓以組織法第七條第二款規定『參事四人至六人，其中四人簡任，餘薦任』，與司法院組織法第十一條，考試院組織法第九條，監察院組織法第十九條均定爲『參事處置參事四人至六人，簡任，』未能一律，且與體制不符，再行政院所屬各部會之組織，參事均爲簡任；應將組織法第七條第二款修正爲『參事四人至六人簡任』。經該院決議呈請政府修正，呈由國民政府函送中央政治會議議決交立法院照修改，立法院於十八年七月十六日第三四次會議議決：『行政院組織法第七條第二款修正爲參事四人至六人，簡任。』呈由國民政府於同年七月三十日公布。

行政院組織法第一條，原定設置十部，五委員會。旋增設海軍部，並將僑務委員會改隸中央黨部，應修改組織法，將第一條第十三款之僑務委員會删去，並將海軍部列爲第四款，原第四款之財政部列爲第五款以下各款，依次遞改，庶與事實相符。經行政院議決呈請政府修正，由國民政府決議送政治會議，復由中央政治會議於十九年三月十九日函送立法院核議，立法院於三月二十二日第八一次會議議決付法制委員會審查。又行政院以事務

日繁，復因國民政府公布訴願法，驟增訴願案件，原組織法規定『設科員十八至二十八，委任，』第七條規定『設科員八人至十六人委任，』員缺既少俸給亦薄難羅致相當人才，且考績優異者無進升之階，擬按照國府文官處修正組織條例成案將組織法第五條及第七條之第三款，均修正爲『科員十八至二十八，委任或薦任。』經會議決議照修正，呈政府送立法院併前案審議，當呈由國府批交文官處函送政治會議議決，『准照行政院所請修正交立法院；』復由中央政治會議函送立法院查照辦理。立法院於五月三日第八七次會議議決付法制委員會照案修正。法制委員會於第六一、六七、六八三次會議先後提出，併案討論，通過行政院組織法修正案，將海軍部列入第一條第四款，自財政部以下各部會依次遞降一款，删去僑務委員會，勞工、禁煙兩委員會仍爲第十四款，第十五款，於第五條第三款定爲『科員十八至二十八委任，但其中四人得爲薦任，』第七條第三款定爲『科員十八至二十八委任，但其中六人得爲薦任，』並於第八條加入『關於訴願事項，』列第四款，原第四款改爲第五款。法制委員會繕具修正案呈經立法院於十九年五月三十一日第九三次會議議決，照審查修正案通過，由立法院呈請國民政府於同年六月十日公布。

二十一年六月行政院以組織法第一、第五、第七各條，有修改之必要，咨請立法院審議通過。立法院准咨前案，即提出第一八九次會議議決付法制委員會審查，復奉國府洛字第一一五號訓令，當併交法制委員會查照。法制委員會於第一五八次及一五九次先後提出討論，除行政院組織法第一條照案修正外，第五、第七兩條，認爲在國難厲行緊縮之時，實無修正之必要，呈報立法院，於二十一年七月十六日第一九三次會議議決：『行政院組織法

第一條、第五條、第七條條文，修正通過；』是由國民政府於同年八月三日公布。各條修正內容，即『農礦、工商兩部併爲實業部、衞生部及建設委員會刪除，增置司法行政部及僑務委員會，祕書增至八人至十四人，八人簡任，餘薦任，參事增至六人至十人』完全照三屆四中全會四屆一中全會及中央政治會議第二十一次及三一二次會議各議決案通過。

（二）關於立法院組織法者　立法院組織法全文共二十六條，自第一條至十二條規定院內之組織，第十五條至第二十三條規定會議之規範，第十三條及第二十四條規定院長之職權。

十七年十二月八日立法院第一次會議，主席臨時提議，略云：『關於軍事非常重要，應否按照本院組織法第二條得增置裁併各委員之規定，增置軍事委員會，請公決，』當經多數可決通過。原立法院組織法第一條規定設法制、外交、財政、經濟四委員會，現議決增置軍事委員會，並未依照立法程序修改組織法。十九年六月，中央政治會議第二二九次會議，胡漢民、林森、李文範三委員提案稱『立法院組織法第十一條第四項，原規定編譯處科員十人至二十八人委任，施行以來頗感窒礙，其原因由於原條文第三項所規定之編修，均屬簡任，與第四項規定之委任科員其薪額等級相差太遠，而實際上科員與編修之資格與能力非相仲伯者不能勝任。現經一年以來之甄別任用，所有科員，皆屬與編修之學力相差不遠，而所給薪金，則相懸過甚，非惟與情理不甚適當，抑且難以提高工作之效能。爲此擬將立法院組織法第十一條第四項之原文修正爲科員十八至二十八人，薦任或委任，是否有當，請公決，』當經決議通過交立法院，立法院提出第九六次會議議決付法制委員會照案修正。該會於七九次會議提付討論，僉以立法院組織法第十一條並無第四項，想係該條第三款之誤，當修正爲「科員至二十八委任或薦任，」繕呈立法院，於同年六月二十八日立法院第九八次會議議決照審查報告通過；呈由國府於十九年七月七日公布。二十年國府成立主計處，立法院遂於第一九次國府會議提出將院內所設之統計處歸併於主計處，以收劃一工作統一事權之效，至特殊之各項立法統計事務於院內祕書處設科辦理，當經議決照辦，國府卽令立法院遵辦，立法院於四月五日第一四一次會議議決付法制委員會照案修正。

未幾，第二七六次中央政治會議准戴傳賢、陳立夫、丁惟汾三委員提議：「查約法旣已制定，國民政府組織法亦經公布，各院部會組織法及省政府組織法亟應根據約法及國民政府組織法，重加整理；擬請指定委員草擬原則，提由下次會議核定後，再交立法院分別依據修正。」當經決議推葉楚傖、戴傳賢、吳敬恆、于右任等十一委員起草原則，嗣准于委員右任等報告：「認爲立法、司法、考試、監察各院組織法，應由各該院依照約法及國民政府組織法，關於其應行補充及修改之點，擬具意見，彙送政治會議決定。至行政院及其所屬部會組織法，依照約法及國民政府組織法，應行修改或補充之點，應由各部會擬具意見，呈由行政院連同修正行政院組織法意見，送政治會議決定，並限於七月十日以前呈報。」復經中央政治會議第二七七次會議通過，於六月二十五日函由國民政府送達各院查照辦理。立法院因卽擬具修正立法院組織法草案，於六月二十九日呈國民政府轉中央政治會議核定。此修正草案，於第一條增加軍事委員會一款，第六條删去統計處一款，並删去原第九條、第十條關於統計處職員職掌之規定，於第八條加入關於統計及圖書管理事項一款。惟送去後中央政治會議迄未核議，故組織法亦迄未修正。二十二年，立法院院長孫科，向中央政治會議提出修正立法院組織法案，略以立法院組織法自十七年十月二十日公布施行，迄今時逾五年，事實多已變更，如本院軍事委員會設立已滿四年，原法尚未列入，又本院統計處已於二十年四月歸併國民政府主計處，其特殊立法統計工作於祕書處設科辦理，原法亦未修改。茲爲綜核名實起見，擬具修正草案，其所增刪各條款，均係根據已成之事實，爲適合實際之需要，是否可行，提請公決。中央政治會議於第三五二次會議通過提案後，即函由國民政府令立法院依照立法程序辦理。立法院即於四月二十八日第三屆第十五次會議議決修正，呈由國民政府於五月十一日公布。全文凡二十四條，其內容與二十年六月二十九日擬呈之修正草案大致相同，惟以統計調查事項附之祕書處，圖書管理事項屬之編譯處，又祕書處職掌增加關於本院任用專門人員及雇員事項一款，且增科長二人至四人，速記長一人，速記員四人，書記官八人至十二人，科員原爲十八人至二十八人，改爲二十八人至三十八人，其中十八人得爲薦任。

立法院除法制、外交、財政、經濟、軍事五委員會爲固定者外，尚有民刑法、自治法、勞工法、商法、土地法各委員會，二十二年春起草憲法，又設憲法起草委員會，惟皆爲暫時性質，事過即行結束，故不列在組織法內。

(三)關於修正考試院組織法者　考試院組織法共十七條，第一條至第四條規定組織考試院之各機關及各機關之長官與職掌，第六條至第十條，規定院內之組織與員額及其所掌之事項，第十一條規定院長之職權，第十五條規定考試院對於不合法定資格公務員之任用有請降免之特權。二十二年二月，考試院以銓敍部組織法經中政會決議交立法院修正，所有與本案有連帶關係之本院組織法第四條條文自應一併修正，咨立法院審議，經法制委員會審查將第四條銓敍部副部長一人改爲政務次長、常務次長各一人，提交第三屆第五次大會通過，於同年二月二十四日公布。

（四）關於修正監察院組織法者　監察院未成立前，其組織法曾公布兩次。第一次爲十五年政治委員會第二十五次會議決議令鮑羅庭起草，復經政治會修正，全文十四條，規定職權六項，置監察委員五人，審判委員三人，內組四科一祕書處，置祕書長一人，科長四人，祕書處及各科各設科員若干人，必要時置監察員若干人，於同年十月由國民政府公布。第二次爲十六年國民政府奠都南京以後，政治會議第一〇九次會議決定將審計部分職權併入監察院，並令中央法制委員會從速起草監察院條例，旋中央法制委員會擬具草案三十六條，甫經交付審查，適時局變化，迄未通過。至十一月始另行制立監察院組織法十三條，規定職權五項，置監察委員七人，內設一祕書處，一、二、三三司，職員則祕書長一人，祕書五人，司長三人，祕書處及各司設科長科員若干人，於同年十一月五日由國民政府公布。十八年三月，監察院將審計部組織法、彈劾法各草案及監察院組織法第十三條修正草案，提交中央政治會議第一七八次會議決議交立法院，立法院財政委員會當將修正監察院組織法第十三條條文，一再討論，擬具草案，送請中央政治會議核議。至八月中政會第一九二次會議，始將草案修正，規定審計部職掌四項，特予審計機關以事前監督之權，咨由國民政府第三九次國務會議決議再送經立法院第四四次大會照原案通過，於九月十七日公布。二十一年一月，監察院以國民政府組織法業經修正，關於監察委員名額及其產生方法，與原有之監察院組織法顯有變更，自應從新修改，方足以符法令，因特擬具修正監察組織法草案，咨送立法院，請予審議。

經法制委員會審查照原案修正全文十四條，如原文之監察委員對於其他之監察委員得彈劾之，監察委員不盡職時，立法院得向監察院提出質詢等各條文均刪去，提交一八七次大會通過，六月二十四日公布。二十一年九月，監察院以本院所有彈劾案件及人民告發事項，爲求詳密確實起見，事前查察關係綦重，擬於院內特設薦任調查專員十八人，以利院務進行，咨請立法院審議。經法制委員會審查，將該院組織法第十一條後，加『監察院於必要時得置調查專員四人至六人，薦任』一項，提交第二〇四次大會通過，十月十七日公布。二十二年二月，監察院以本院組織法第四條規定，審計部設部長一人，副部長一人，審計部成立後，推進頗感未便，擬照行政院各部及考試院銓敍部辦法，設政務次長、常務次長各一人，擬具修正草案，咨請立法院審議。經法制委員會審查，照原案修正，提交第三屆第十次大會通過，四月二十四日公布。本年（二十四年）監察院以該院組織法尚無薦任科員之規定，擬將該法第十一條酌加修正，咨請立法院審議。經該院於三月一日第四屆第七次會議議決照案通過，同月九日國府明令公布。以上皆爲根本組織欄之各項組織法之修正情形，其關於機關組織欄者計：

(二)國民政府主計處組織法　十八年八月中央政治會議委員胡漢民提議設置主計總監，經第一八二次會議決議，指定譚延闓等五委員審查，當以際此軍事尚未結束，地方未盡安定時期，此項計劃，能否即見諸實行，尚須斟酌，擬暫將此案交立法院擬定一具體方案，呈候核奪。旋立法院擬定主計總監部組織案，函送中政會議，經第二一八次會議決議，交經濟組、財政組、政治報告組審查，認此案可以成立，惟在開始之時，範圍可略縮小，先由中央各機關辦起，逐漸推行於各省，其機關應屬於國民政府，與文官處、參軍處並列。另推李文範、邵元冲、劉蘆隱起草國民政府主計處組織方案，復經第二三八次會議決議通過，交立法院錄案送國民政府，經第八八次國務會議決議，飭立法院辦理，經財政委員會起草，提交第一一六次會議決議，再付原委員會會同委員焦易堂、孫鏡亞審查，提交第一一七次會議。全文十八條，內設歲計、會計、統計三局，主計長一人，特任，主計官六人，簡任，祕書二人至四人，其中一人簡任，餘薦任，科員六人至十二人委任，各局置局長、副局長各一人，由主計長呈請於主計官中派充，每局置科長三人至五人，薦任，每科科員十人至二十人，委任。民國十九年十一月二十一日公布，二十年三月二十八日明令定自本年四月一日起爲施行日期。同年六月主計處擬將該條例第五、第九兩條，援照文官、參軍兩處成例，酌設薦任科員以歸一律，經第二二次國務會議照准，由文官處函請立法院修正，經財政委員會審查照案修正，提出第一四七次會議通過，六月二十九日公布。二十三年立法院第三屆第五八次會議通過修正主計處組織法第十二條、第十三條條文，經於同年五月二十二日公布。

（二）參謀本部組織法　十七年北伐軍事完成，中央政治會議決議將中央軍事機關，如軍事委員會、國民革命軍總司令部、海軍總司令部，改組爲參謀部、訓練總監部、軍政部、軍事參議院等機關，同年先後成立。至二十年三月，立法院軍事委員會委員長鈕永建，以軍事立法原則，對於各種軍事法規應及早完成，俾軍制組織有統一之標準，凡已成之各部現行法規未經立法程序者，應送院審議，特呈院長，請函各部及其所屬機關組織法送會審議，經立法院呈國民政府轉令各部，遵照辦理。旋參謀本部以該部職掌國防事關機密，組織法與其他部署性質不同，似可免予審議。至二十一年二月十日，立法院第二〇一次會議，將參謀本部組織法八條通過，部內設總務、第一、第二共三廳，必要時得組織各委員會，職務爲掌理國防及用兵事宜，統轄全國參謀人員，海陸空軍大學校，測量總局，及駐外武官，於同年九月二十六日由國民政府公布。

(三)陸軍大學組織法　十七年十二月參謀本部制定陸軍大學校條例，呈國民政府於二十一日公布。至十八年六月，該校以前頒布之條例，其中有與現狀未能吻合，在事實上不無窒礙者，特簽呈意見請予修正。由國民政府送經立法院軍事委員會審查，照原案修正條例改爲組織法，全文十六條，校內職員，有校長、副校長、教育長、教務主任、聘任兵學教官、兵學教官、教官、編譯主任、編譯官、副官、軍需、軍醫、獸醫、文官各名目；並附職員階級、人數、薪餉表，提出立法院第三七次大會通過，八月二十三日公布。

十九年十月，參謀本部以中央陸軍軍官學校已增設航空班，而軍政部又有航空學校之設，爲謀各項教育之貫通起見，陸軍大學校學員中亦應增加空軍人員，然後航空參謀方有所出，擬將該校組織法重行修正，於第六條學員入學資格內，增添「曾畢業於國內外航空學校之航空軍官」一項。經第九八次國務會議決議交立法院，經軍事委員會審查，認爲應即增加，提出一八次大會通過，十二月四日公布。

二十一年一月，陸大校長楊杰，以該校組織法尙有加以修正之點，如校長總理校務尙在校負責，副校長可不設置，教育長及各教官均負有相當訓育責任，訓育處可不設置，此其可減者。聘任外國兵學校官，須附補助教官一員，爲培養將來代替外國教官之用，於原定各教官之外，另設航空主任教官各一員，此其應添置者。特附具說明，呈參謀本部轉呈國民政府送經立法院軍事委員會審查，認爲適當，將第四條删去副校長、增兵學補助教官一項，第五條之副校長字樣均删去，校長有事故時由教育長代理之，並另增校本部教務處、編譯處、騎術處及學兵研究會之組織，依附表之規定之一條，提出立法院第一八〇次大會通過，四月二十日公布。

二十三年六月，國民政府發交陸軍大學校附設兵學研究會改稱兵學研究院，及其組織條例草案到立法院，經軍事委員會審查，以與是案有連帶關係之陸軍大學組織法第十六條條文及編制表，應一併加以修正，因將第十六條兵學研究會數字删去，另添本校附設研究院，其組織條例另定之一項，提出立法院第三屆第六五次大會通過，七月十九日公布。

（四）訓練總監部組織法　該部於十七年十二月一日成立，至二十年該部函送現行條例及編制表各一份到立法院，並稱該部所屬一廳五兵監三處一所，係遵照國民政府第九五號密令頒發之條例及編制表組成之。是項條例編制，於十七年十二月曾修正一次，立法院即付軍事委員會審查，嗣以國難擱置。至二十二年一月，軍事委員會委員長於接管卷內查出，請提交大會審議，經第三屆第三次會議議決，仍付軍事委員會審查，並由訓練總監部派總務廳長列席，說明意旨，遂照原案修正，條例改爲組織法，全文十六條，規定該部直隸國民政府，內設總務廳、步、騎、礮、工、輜五種兵監，及國民軍事教育、軍學編譯兩處，於必要時得增設特種兵監及海空各兵監，並政治訓練處；職員則總監一人，副監二人，參事六人，廳長一人，各種兵監五人，處長二人，其餘職員詳編制表內，表從略。經第三屆第六次大會通過，於同年三月七日由國民政府公布。

（五）修正軍事參議院組織法　軍事參議院與訓練總監部等機關同年先後成立。十八年八月何委員應欽將軍事參議院條例修正，呈國民政府經第三九次國務會議決議，送立法院經軍事委員會、法制委員會會同審查結果，將條例改爲組織法，餘照原案修正；全文十二條，規定該院直隸國民政府，爲軍事最高諮詢機關，內設總務、軍事兩廳，軍事、政治兩研究會，置院長、副院長各一人，參議三十八至六十人，諮議二十八至四十人，其餘職員均詳編制系統表內表從略；提出立法院第四六次大會通過，於九月十八日由國民政府公布。此法公布後，國府主席以參議、諮議名額應予增加，特諭文官處函立法院將該法第四條修正，經立法院軍事委員會審查，認爲第四條參議、諮議額數變更，不無牽及其他條文，除第四條修正爲參議二十八至九十人，諮議二十八至六十八人外，增上將參議不得過二十八，中將參議不得過二十四人一項，復增軍事參議院之編制，參照附表一條，全文爲十三條，交第五三次大會通過，於十月二十二日公布。十九年十二月，海陸空軍總司令部第六次軍事整理會議決將軍事參議院編制縮小，並擬就軍事參議院編制修正草案及組織法呈國民政府交立法院，經立法院法制、軍事兩委員會審查照原案修正，將總務、軍事兩廳取消，改設一辦公廳，於二十年二月二十一日提交立法院第一三二次大會通過，同月二十八日公布。二十一年一月軍事參議院院長唐生智以該院自十八年後，黨軍分裂，任用囿於一方，範圍因而縮小；近者武裝同志失所者多，人才不能集中，軍事所由不振，擬根據十八年舊章，略加釐訂，在國家支出所增無多，而在軍事方面收效實宏，特擬訂軍事參議院組織法及組織表呈國民政府提交立法院。經立法院法制委員會審議，照原案修正，參議增爲九十人至一百八十人，諮議六十八至一百五十人，上將參議不得過二十五人，中將參議不得過五十人，院內得設各種軍事研究會，各置主任委員一人，由院長在委員中指定，辦公廳取消，仍恢復總務、軍事兩處編制表亦改正，提交立法院第一八〇次大會通過，於同年四月十八日由國民政府公布。

（十六）首都衛戍司令部組織條例　十八年六月，軍政部將武漢衛戍司令部暫行條例加以修正，呈請行政院轉呈國民政府公布經行政院第二七次會議決議修正並咨送立法院。立法院付軍事委員會審查，以首都、平津、淞滬等處，均設有衛戍或警備機關，雖各地情形不一，然法規不便參差，特先用首都及各處衛戍或警備司令部暫行條例參考，則各條例皆係依據各地特殊情形，純屬軍行條例性質，不易訂立通法；因呈準本院，將此案會同法規整理委員會審查，咸認爲衛戍司令部，祇能設於首都，由立法院制定首都衛戍司令部組織法，各地於必要時得設警備司令部；復經院議決議，仍付軍事委員會、整理法規委員會起草首都衛戍司令部組織法，至十九年二月起草完竣。全文十八條，規定司令部直隸國民政府，內設參謀、副官、稽查、軍法、經理、軍醫、政治訓練七處，及衛戍團特務隊、偵緝隊、通訊排，必要時得設鐵甲車隊，及郵電檢查所；並規定衛戍司令部除首都外不得設立。職員則司令一人，副司令一人，參謀長一人，祕書二人，政治訓練處主任一人，其餘六處各置處長一人，各處職員均詳編制表內（表從略）。提交立法院第七六次大會通過，呈國民政府復經國府第六五次國務會議決議將組織法改爲組織條例，發回立法院，再經該院第七九次大會通過，於三月十七日由國民政府公布。（此條例現已失效。）

（十七）全國經濟委員會組織條例　二十年四月，中央政治會議委員蔣中正等十八提請設立全國經濟委員會，並擬具組織條例草案，經第二七〇次會議決議，原則通過，函國府交立法院法制、經濟、財政三委員會審查。結果除請本院呈國民政府將國民會議設立國民經濟委員會案交院合併討論外，先將該會組織條例照原案修正通過。全文十條，規定該委員會直隸行政院，以該院正副院長及內政、財政、鐵道、實業、交通、教育各部部長及其他有關經濟建設之中央各機關主管長官爲當然委員，由國府任命；除當然委員外，其餘委員至多不得過十一人，由當然委員推選，呈請國府任命；內設委員長副委員長各一人，以行政院正副院長充任；會內並得組織各種專門委員會；職員方面則祕書長一人，祕書二人至四人，技正四人至八人。提出立法院一四四次大會通過，六月六日由國民政府公布。二十二年九月，中央政治會議第三七四次會議決議，全國經濟委員會應直隸於國民政府，取消委員長制，改設常務委員三人，由中央執行委員會祕書處商承常務委員，擬具修正全國經濟委員會組織條例草案。復經第三七五次政治會議討論，除以上兩點外，其職掌亦有變更；至於委員既係不支俸薪，不必限定名額，決議通過。全文仍十條，取消委員長制及當然委員，改設常務委員三人，委員若干人，由國府特派；職員方面，則增祕書四人至六人；九月二十三日由國府公布。二十二年十一月，中央政治會議以經濟委員會事務日益繁重，爲謀增進其進行效率起見，經第三八五次會議決議，該會常務委員人數改爲五人，函國府轉令立法院審議，經立法院第三屆第四一次會議照案通過，十二月八日公布。

（八）修正建設委員會組織法　十七年二月中央政治會議第一二七次會議決定設立中華民國建設委員會，專辦一切建設事宜，當制定中華民國建設委員會組織法十二條，由中央政治會議遴選若干人爲委員，由委員互推一人爲主席，七人至十一人爲常務委員，各省建設廳長爲會中當然委員，主席並得出席國民政府會議，對於各省建設廳有指導監督之責，凡國內外專家，得聘爲專門委員或顧問，內設一祕書處，置祕書長一人，由常務委員中推一人兼任，三月二十九日公布。同月二十三日復公布建設委員會與各部之權限二項，凡國營事業如交通、水利、農林、漁牧、鑛冶、墾殖、開闢商港、商埠及其他生產事業之設計開創者，屬於建設委員會，上項事業之已成者，其管理、監督、保護、改良，屬於中央主管機關。十七年十月，國民政府改組，建設委員會改隸行政院。其組織法經政治會議審查，提出第一六五次會議通過，都十一條，名爲國民政府建設委員會，規定職權五項，其委員由國府聘請若干人，就中任命委員長、副委員長各一人，行政院各部部長及各省建設廳長均爲當然委員，每年開大會一次，內設祕書處，置處長一人，祕書若干人，十二月八日公布。十八年十二月建設委員會將該會組織法，擬具修正草案及說明書，由行政院轉呈國民政府，經第五七次國務會議決議交立法院，經立法院法制委員會審查，照原案修正，全文十二條，內設總務、水利、電氣三處，規定各處職權；職員則委員長副委員長外，設祕書長一人，祕書四人，參事二人至四人，處長三人，科長八人至十二人，科員四十八人至六十八人，技監一人，技正八人至十六人，技士十二人至二十八人，技佐十六人至二十四人。提出立法院第七五次大會通過，十九年二月十九日由國民政府公布。十九年十二月中央執行委員會第四次會議，通過刷新中央政治改善制度一案，關於中央制度組織之更革第四款第三項，建設委員會應注重指導國民建設，不必列於行政機關，當直隸於國民政府。建設委員會以系統職權既均變更，組織自應重行修正，因特擬具修正組織法草案，呈國民政府轉交立法院審議，經立法院法制、經濟兩委員會審查，照原案修正，全文仍爲二十條，當然委員中刪去各省建設廳廳長，內部三處，總務處仍舊，水利、電氣兩處取消，改爲設計、事業兩處，職員方面則減去技監、技佐，減爲十二人至二十人；提出立法院第一三〇次大會通過，二十年二月十七日由國府公布。

（九）修正導淮委員會組織法　十八年中央政治會議第一六七次會議決議設立導淮委員會，交國府文官處妥議辦法，送呈國府核奪。旋由文官處擬就國民政府導淮委員會組織條例十七條，規定直隸國民政府，由國府特任委員長副委員長各一人、委員若干人組織之，就中指定常務委員七人主持會務，每星期開常務會一次，每月開大會一次或二次；會內設總務、工務、財務三處，職員除委員長外，處長三人、科長、科員、辦事人若干人；一月八日公布。

十八年七月，中央政治會議委員胡漢民、孫科、古應芬提出國民政府廣東治河委員會組織條例，經一八四次會議決議原則通過，惟該條例第二條條文詞句覺有未妥，與黃河水利委員會及導淮委員會組織條例之第二條亦屬類似，函請政府於核議此案時加以整理。旋導淮委員會呈擬修正該會組織條例，全文十八條，內設三處，處長以下均增簡任祕書一人或二人，工務處另增總工程師、副總工程師各一人，工程師、副工程師、助理工程師、工務員各若干人，經國府第三七次國務會議修正，八月二日公布令立法院查照追認；經立法院整理法規委員會審查，認爲妥善，提出第四五次大會追認通過。十九年七月該會以導淮一切籌備及查勘測繪工作，次第告竣，內部組織亟應注重工程方面，其他事務部分組織應稍示簡單，以免虛糜；擬將總務、財務兩處歸併，改爲祕書處，另設工程處，專司實施工作，餘如職員之設置亦略有變更；特組織修正條例，呈國民政府經第八三次國務會議決議交由立法院法制委員會審查，照原案修正。全文十四條，組織條例改爲組織法，規定對於因導治淮河而涸出之地畝，通知地政

立法院五週年通過法規分類圖

（民國十七年十二月至二十二年十二月）

法　律　案

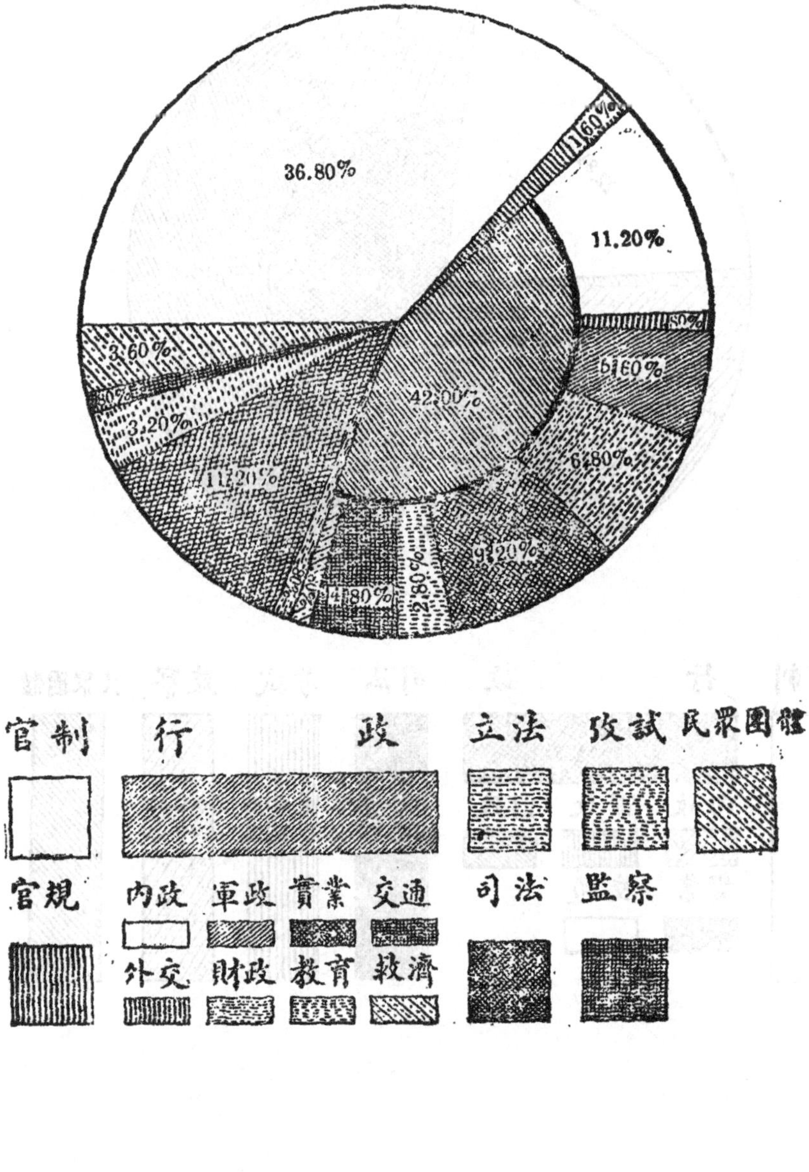

立法院第六週年議決之法律案分類統計表

（民國二十二年十二月至二十三年十一月）

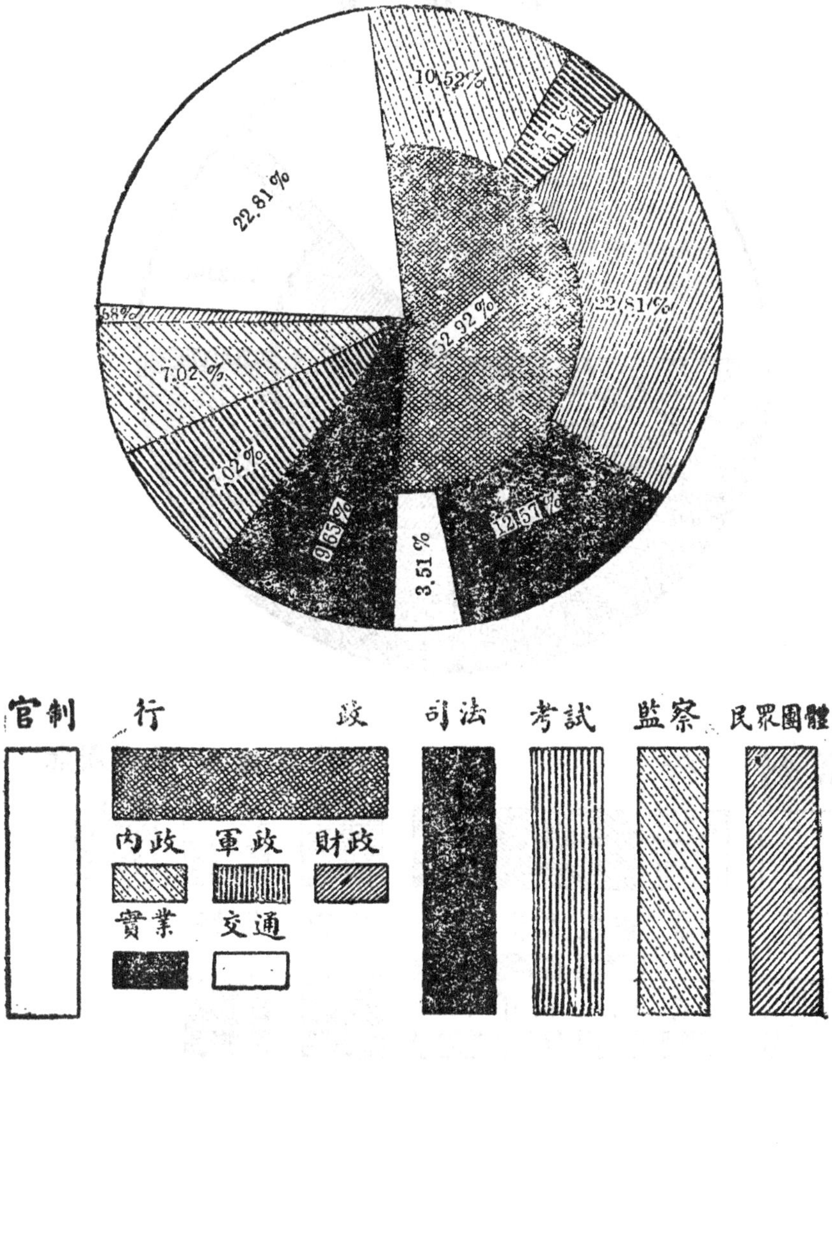

機關處理委員長副委員長委員若干人，由國府特派，就委員中指定常務委員五人，每月開常務委員會一次，每三月開全體委員會一次，內設工程、祕書兩處，工程處置總工程師一人，副總工程師一人或二人，由會中聘任，主任工程師四人至六人，工程師、副工程師、助理工程師、管理員、工務員各若干人，由會中遴用；祕書處設祕書長一人，科長三人或四人，科員二十八人至二十四人。提交立法院第一六次大會通過，二十年一月三十一日公布，二十一年八月，該會以現行組織法規定分設工程、祕書二處，於事業進展，窒礙殊多，擬請修正於正副委員長之下置祕書長一人，再分設總務、工務、地政三處，使會內外事業得如期並進，經中政會第三二二次會議決議准設總務、工務、地政三處，不設祕書長，交由立法院法制委員會審查。旋該會以中政會通過准予增設地政處，復擬訂地政處職權：淮河流域所有公地及工程實施後之新涸地畝及受益之地，其清丈、登記、徵用、整理等事項，在導淮工作期內，暫由導淮委員會處理之；經第三二四次政治會議決議通過，交由立法院法制委員會并案審查，照原案修正。全文十七條，每三月開全體委員會一次，改為每半年開大會一次；職員方面則總務、地政兩處各設處長一人，副處長一人，科長三人或四人，科員十八人至二十四人；工務處設總工程師、副總工程師各一人，主任工程師四人或五人，工程師、副工程師、助理工程師、工務員各若干人；另增製圖員、測量員各若干人，並得組織測勘隊及工程隊。提出立法院第二〇四次大會通過，十月二十五日公布。二十三年三月，該會以組織法第十三條規定工程處技術人員由會中分別聘委，與各部會技術人員之分為簡、薦任者，待遇似不相同，因之銓敘甄別，均感困難；第十五條規定設立附屬機關，而所列舉者僅測勘隊及工程隊，名義有定，包括難周，事實上時有伸縮，並請酌加修正；擬具修正條文，呈國民政府批交立法院。經該院法制委員會審查，照原案修正第十三條，工程處設技正十一人至十三人，五人簡任，餘爲薦任，技士十二人至十六人，四人薦任，餘委任，技佐若干人，委任，總工程師、副總工程師各一人，以簡任技正兼任，工程師九人至十一人，三人以簡任技正兼任，餘以薦任技正兼任，副工程師十二人至十六人，四人以薦任技士兼任，餘以委任技士兼任，助理工程師、工務員、製圖員、測量員以技佐兼；第十五條改爲於必要時得呈准設立測勘隊、工程隊、工程管理局及土地整理處。提交立法院第三屆第一五次大會通過，五月八日公布。二十四年更由全國經濟委員會擬具修正導淮委員會組織法，呈經國民政府轉送中央政治會議發交立法院審議，於二十四年六月十四日該院第二一次會議議決照修正案通過，七月一日公布。

（一〇）修正黃河水利會組織法　該會組織條例共十五條，十八年一月二十六日公布。同年八月，中央第一八四次政治會議委員胡漢民、孫科、古應芬提出國民政府，廣東治河委員會組織條例請核議一案，認爲該條例第二條條文詞句未妥，而黃河水利委員會組織條例第二條條文亦屬類似，因請於核議此案時加以整理。經國府第三四次國務會議決議將第二條修正，與本會主管事務有關係之地方軍民長官所發布之命令或處分，認爲有妨礙本會之決議案者，得呈請國民政府停止或撤消之。於七月二十四日公布，並送立法院追認。經立法院法規整理委員會審查，認爲妥善，提出於九月三日第四五次大會通過。二十年十二月國府第二十一次常會，主席提案飭文官處擬呈修正黃河水利委員會組織條例草案十九條，經決議交立法院審議；旋行政院據黃河水利委員會籌備處呈送黃河水利委員會組織條例修正草案十八條，呈國府併送立法院。經該院法制委員會併案審查，以本會討論揚子江水道整理會組織章程時，曾議決由本院建議國民政府令行政院擬具全國水利行政主管機關之組織法案，似應俟該案解決時再行併案審查。至二十二年四月中央政治會議第三五三次會議，委員汪兆銘等提議，以黃河水利重要，委員會應從速設立，第組織法應由立法院參照導淮委員會組織法擬定，因函國府令立法院辦理；旋中央政治會議第三五九次會議決議，以黃河水利委員會前經決議設於洛陽，復經決議改設於西京，又函立法院知照。至同年六月，黃河水利委員會復呈送組織法草案二十二條，經國民政府核轉立法院提前審議，經法制委員會審查，照原案修正。條例改爲組織法，都十五條，由國府特派委員長一人，副委員長一人，派委員十一人至十九人組織之；內設總務、工務二處，於必要時得設立測勘隊、工程隊、工程管理局，每三個月開大會一次。職員方面除正副委員長委員外，總務處處長一人簡任，科長三人或四人薦任，科員十八人至二十四人委任，工務處置技正十一人至十三人，五人簡任，技士十二人至十六人，四人薦任，技佐若干人委任，總工程師、副總工程師各一人，以簡任技正兼任，工程師九人至十一人，三人以簡任技正兼任，副工程師十二人至十六人，四人以薦任技士兼任，助理工程師、工務員、製圖員、測量員各若干人，以技佐兼任，均由委員長指定之。提出立法院第三屆第二三次大會通過，六月二十八日公布。二十四年由全國經濟委員會擬具修正案，呈請國民政府轉送中央政治會議發交立法院審議，經該院於六月十四日院會通過，七月一日公布。

(一一)修正內政部組織法　內政部初成立時，直隸國民政府。其組織法凡二十一條，於十七年五月二十五日公布。部內設祕書、總務兩處，民政、土地、警政、衛生四司。同年，行政院成立，內政部改隸行政院。其組織法經中央修正，全文二十三條，删除祕書處、衞生司，改總務處爲總務司，增置統計、禮俗二司；職員則增常任次長一人，技監一人，祕書改爲四人至六人，並明定部內官等；於十七年十二月八日，由國民政府公布。

十九年行政院提議將衞生部併入於內政部，經第三屆中央執行委員會第四次全體會議議決通過。復經中央政治會議第二五二次會議議決於內政部內添設衞生署。同年十二月行政院咨請立法院，修訂內政部組織法，及內政部衞生署組織法，並附內政部組織法草案及衞生署組織條例各一份，用資參考；經立法院交法制委員會審查，將原案予以修正，提出立法院第一三四次大會通過。全文二十五條，增入衞生署，原有之六司照舊，改常任次長爲常務次長，明定科長十八人至二十四人，科員七十二人至九十六人，技正六人，技士十人，編審八人，視察十人至十六人，呈國民政府於二十年四月四日公布。

二十一年，內政部以中央地政機關籌備處組織規程已經廢止，所有該處一切職掌自應由本部土地司接管，經行政院決議通過，函由中央政治會議第三二二次會議議決，交國民政府轉令立法院核議。立法院交法制委員會審查，將內政部組織法第十條修正，於土地司職掌五項之後，增加在中央地政機關未成立前，關於土地行政及土地調查、測量、登記、估價之籌備事項，暫由土地司掌理之一項，提出立法院第二零四次大會通過，呈由國民政府於二十一年十月十三日公布。

(二)內政部衞生署組織法　衞生初本獨立成部，直隸行政院。其組織法於十七年十一月二十四日由國民政府公布，凡二十二條，內設總務、醫政、保健、防疫、統計五司。至十九年行政院提議將衞生部併入於內政部，但於內政部內設衛生署，迭經中央通過。同年十二月行政院根據前議，擬具衛生署組織條例，咨請立法院核議，立法院交法制委員會將原案修正全文十二條，內設總務、醫政、保健三科，職員則署長一人，祕書一人或二人，科長三人，科員二十八人至三十八人，技正四人至八人，技士八人至十六人，技佐十八人至二十八人，並規定職權等級，經立法院第一三四次會議通過，呈由國民政府於二十年四月四日公布。二十四年行政院以衛生署組織法亟待修正，飭內政部擬具修正案咨立法院審議，於二十四年八月二十日會議通過，九月九日公布。

(1)中央衛生試驗所　中央衛生試驗所之成立，尚在衛生署以前，初直隸於內政部，曾由部令公布組織條例十二條。自衛生署成立，卽改隸衛生署，由衛生署呈內政部轉呈行政院，於二十年十月咨立法院，請予制定組織條例，並附草案一份，以資參考。二十一年三月三十日立法院第一百七十八次會議，將原案修正通過，計十三條，所內設總務、病理、化學、藥物、細菌五科，職員則所長一人，技正二人至四人，技士四人至六人，事務員二人至四人，技佐四人至六人，並規定職權官等，呈准國民政府於二十一年四月十六日公布。

(2)海港檢疫管理處　民國二十年八月，內政部擬定海港檢疫管理處暫行組織章程，呈行政院，經第三十六次國務會議決議，咨請立法院審議，久之未議。旋內政部以十九年夏季已將上海海港檢疫事務收回，其他海港亦將次第收回，海港檢疫管理處亦籌備成立，而組織條例，尙未公布，特呈行政院，請將該組織條例，提前審議。二十一年二月行政院據呈再咨立法院，經立法院法制委員會會議將原案修正，提出第一八五次大會通過。全文凡七條，規定職權六項，職員則處長一人，總檢疫醫官一人，檢疫醫官六人，技士、祕書各一人，處員二人至六人，呈准國民政府於二十一年五月三十一日公布。

（二三）修正省政府組織法　國民政府成立後，關於地方制度，省曰省政府。十五年中央制定省政府組織法十三條，規定省政府於中國國民黨中央執行委員會指導監督之下，受國民政府之命令，管理全省政務，由國民政府任命委員七人至十一人組織省政府委員會行使職權；省政府委員會設常務委員三人至五人，由委員中推選，並由常務委員互推一人為主席；省政府下設民政、財政、建設、教育、司法、軍事各廳，必要時得增設農工、實業、土地、公益等廳；各廳廳長由政府任命委員兼任；內設祕書處，由省政府任命祕書三人組織之；十五年十一月公布。十六年南京國民政府成立，第一百零九次中央政治會議將省政府組織法提出修正一次，全文仍十三條，委員增為九人至十五人，並規定省政府有彈劾省屬各機關簡任官吏之權，增一祕書處，置祕書長一人，祕書若干人，十六年七月八日公布。同年十月復經國民政府修正一次，全文十七條，委員改為九人至十三人，省政府主席改為由政府指定，刪除常務委員，省政府下只設民政、財政、建設各廳，必要時得增設教育、農工、實業、土地等廳，十月二十五日公布。十七年中央政治會議第一三七次會議又提出修正一次，全文二十五條，內設祕書處，民政、財政、建設三廳，必要時得增設農鑛、工商兩廳，如非在大學區制之省區，並設教育廳；省政府委員會集會時，委員不得派代表出席，各廳長之任免，由各主管部院及委員會呈請國民政府核准行之，各廳處間關於職權發生爭議時，由省政府呈國府裁決，另規定主席職權三項；職員則除主席及委員、廳長、祕書長外，各廳處各設祕書一人至三人，各廳處分科辦事，科置科長一人，科員若干人，並得酌設技正、技士及視察員；四月二十七日公布。十八年十一月中央以省政府組織法頒行以來，已逾一載，體察各省情形，尚有應行修改之處，特分電各省徵詢意見，彙集交古委員應芬審查，擬具修正案，經第二零三次政治會議決議原則通過，交立法院經法制委員會審查照原案修正。全文二十二條，規定委員七人至九人，並限制現任軍職者，不得兼省政府主席或委員，省政府委員會議職權十一項，主席職權四項，省政府下設祕書處，民政、財政、教育、建設四廳，必要時得增設農鑛廳、工商廳，各廳間發生職權爭議時，由省政府呈請行政院裁決之，各廳處分科辦事，科置科長一人，科員四人至十二人，提出第七二次會議通過，十九年二月三日公布。二十年一月，實業部部長孔祥熙以上年四中全會於刷新中央政治，改善制度，整飭紀綱，確立最短期內施政中心，以提高行政效率案內，議決變更行政院組織，農鑛、工商兩部合併為實業部，本部成立伊始，對於前項省政府組織法認為建設農鑛、工商設立三廳，實於中央統率殊多不便，擬請將省政府組織法重加修正，經行政院第十次國務會議決議，送立法院經法制委員會審查，以建設廳似應仍舊，至農鑛、工商兩廳則應合併為實業廳，以收行政系統劃一之效，特將第八條修正，於「必要時得增設實業廳」，第十四、十五兩條規定之農鑛、工商兩廳職掌，合併為第十四條實業廳之職掌，餘無變動。全文縮為二十一條，提交第一三四次會議通過，三月二十三日公布。

（一四）海軍部組織法　十八年海軍署由軍政部分出獨立成部後，即擬具組織法草案及編制系統各表，呈行政院，行政院以海軍部與軍政部有連帶關係，雖據呈咨請立法院，而中間又復經交通、衛生各部以航政及海港檢疫等權限之劃分遷延多日，至十八年十二月，始由立法院法制、軍事兩委員會聯席會議將原案修正，於十九年一月二十五日提出第七十三次大會議決通過。全文二十三條，內設總務、軍衡、軍務、艦政、軍學、軍械、海政七司，一經理處，總務司分文書、交際、管理、統計四科，軍衡司分銓敍、典制、卹賞、軍法四科，軍務司分軍事、醫務、軍港、運輸四科，艦政司分修造、機務、材料、電務四科，軍學司分航海、輪機、製造、士兵四科，軍械司分兵器、設備、保管、檢驗四科，海政司分設計、測繪、警備、海事四科；所屬機關有各艦隊司令部、各地要港司令部、海軍駐滬辦事處、海軍陸戰隊、各地造船所、海軍飛機工程處、各地海軍學校、各地海軍練營及水魚雷營、海軍編譯處、航空處、測量局、軍醫處、交通處、執法處、修械處、海岸巡防處；十九年二月四日由國民政府公布。

二十年二月行政院咨請立法院改各部常任次長爲常務次長，經立法院第一三一次會議修正海軍部組織法第十四條，於二十年二月二十一日由國民政府公布。

二十二年六月行政院據海軍部呈請將組織法系統表修械處改爲海軍軍械處，咨立法院審議，經立法院第三屆第二十三次會議通過，呈國民政府令行政院轉飭遵照。二十四年中央政治會議，據行政院函送修正海軍部組織法草案及編製系統表，經第四五〇次會議決議，「交立法院審議」，函經國民政府交立法院於二十四年五月三十一日議決「修正通過」，六月二十九日公布。十月四日復經立法院議決修正海軍部組織法第九條第七款及第十六條條文，十月十六日公布。

（一五）實業部組織法　自行政院成立規定設農鑛部、工商部兩部，組織法皆於十七年十二月八日公布。農鑛部內置總務、農政、林政、鑛政四司，並得置農事試驗場、地質調查所。工商部內置總務、工業、商業、勞工四司。十九年六月農鑛部組織法，曾修正一次。至十九年十一月第三屆中央執行委員會第四次全體會議議決，農鑛、工商兩部，合併爲實業部，行政院卽令兩部合併，並令實業部草擬組織法，提出第四次國務會議通過，咨請立法院審議。立法院交法制、經濟兩委員會審查，照原案修正，於二十年一月十日第一二五次大會通過。全文二十四條，部內置林墾署及總務、農業、工業、商業、漁牧、鑛業、勞工七司，部大事繁，故規定設祕書六人至十人，參事四人至六人，科長二十四人至三十二人，科員一百二十人至一百六十人，技監一人或二人，技正二十四人，技士三十二人，技佐二十人至三十人，又規定職權、官等，呈由國民政府於二十年一月十七日公布。

二十年二月行政院咨請立法院改各部常任次長爲常務次長，經立法院第一三一次會議修正實業部組織法第十五條，於同年二月二十一日由國民政府公布。二十四年實業部以增設合作司，由立法院於五月九日院會通過實業部組織法修正案，六月一日公布。

（一六）修正教育部組織法　國民政府在廣州時設立教育行政委員會，掌管中央教育機關，並指導監督地方教育行政，其組織法九條，於十五年二月二十日公布，規定本委員會以國民政府所委教育行政委員爲幹部。幹部會由幹部委員中推舉常務委員二人處理常務，其下設行政事務廳，以祕書、參事、督學三處構成之。十六年政府遷武漢，修正國民政府組織法中有設教育部之明文，但時方多故，迄未能設。及定都南京，乃設大學院，爲全國最高學術教育機關。至十七年杪，行政院成立，始改大學院制設教育部，隸行政院。其組織法二十一條，於十七年十二月八日公布，內置總務、高等教育、普通教育、社會教育四司及編審處，另設大學委員會。職員則部長一人，次長二人，祕書四人至六人，參事二人至四人，司長四人，科長、科員各若干人，並規定職掌及官等。

十八年八月教育部以第三屆中央執行委員會第二次全體會議議決，在教育部內特設專管蒙、藏教育之司科，因即擬定修正該部組織法草案，呈行政院轉呈國民政府令由立法院交法制委員會審查，照原案修正，於第四條內增一蒙、藏教育司，改司長四人爲五人，同時法制委員會以華僑教育並屬重要，似亦應在教育部內增設一委員會專司其事，爰於修正案內添列教育部置華僑教育設計委員會掌理華僑教育設計事項一條，全文增爲二十三條，提出第四十九次大會通過，於同年十月一日由國民政府公布。

二十年二月行政院咨請立法院改各部常任次長爲常務次長，經立法院第一三一次會議，修正教育部組織法，第十六條，於同年十二月二十一日由國民政府公布。

二十年四月教育部以對於國內教育設施及各地教育行政，均有派員視察指導之必要，本部各司處人員職有專司，未便指派，擬請增設督學四人至六人，經行政院第二十二次國務會議議決，咨由立法院交法制委員會審查，照原案修正，增教育部設督學四人至六人，視察及指導全國教育事宜一條，並規定設科長十四人至十八人，科員八十八至一百一十八人，全文增爲二十四條，提出第一四八次大會通過，於同年七月六日由國民政府公布。

二十一年六月教育部提議裁併編審處，另設國立編譯館，並擬具修正該部組織法，及國立編譯館組織規程草案，經行政院會議議決，呈請國民政府將編審處組織條例，明令廢止。至國立編譯館組織規程先以部令公布，一面咨立法院審議，經立法院法制委員會審查，認爲教育部組織法，無修正之必要。至附設國立編譯館，實即編審處之變相的擴大，且未經立法程序之先，遽以部令施行，侵越立法職權，應依治權行使之規律，提出質詢，經大會通過質詢行政院。行政院卽將本案關係文件幷說明理由函送中央政治會議，經中央政治會議第三三三次會議議決三點：一、國立編譯館組織法草案，應依立法程序交立法院審議，由本會議說明經過。二、教育部編審處，應卽裁撤，教育部組織法，交立法院審議修正。三、編譯館得受教育部之委託，審查教育圖書。於是由中央政治會議將修正教育部組織法草案，函達立法院及國民政府。二十一年十二月國民政府根據中央政治會議函述上列理由令立法院遵辦。立法院交法制委員會審查，照原草案修正，提出第三屆第十三次大會通過，於二十二年四月二十二日由國民政府公布。二十四年五月九日立法院第四屆第一六次會議議決，修正教育部組織法第二十條、第二十一條、第二十二條條文修正通過，五月十八日公布。

（一七）交通部組織法　交通部於十五年國民政府遷武漢時成立，幷制定組織法十五條，內設祕書、鐵路、郵電、航政、無線電管理四處，職員則部長一人，祕書長一人，祕書二人，處長三人，科長、技正、技士、視察、科員各若干人，於同年十一月公布。

十六年政府還南京，交通部組織法修正三次。第一次修正，舊有各處取消，改設總務廳及路政、電政、郵政三司，幷設技術委員會。職員則祕書四人，參事四人，司長四人，技術委員會主任一人，委員至多二十人。又規定交通部得設置電政總局、郵政總局，管理電政、郵政事務。全文十七條，於七月四日公布。第二次修正，增交通部因事務上之必要時，得設立委員會一條，共十八條，於八月八日公布。第三次修正，取消總務廳，恢復祕書處，增一航政司，職員則增置次長一人，參事減爲二人，祕書改爲四人至八人，仍設祕書長，刪去技術委員會，但設技監一人，技正四人至八人，技士若干人。又規定於郵、電兩總局外，得設航政署，及各鐵路局，全文二十二條，於十一月十一日公布。

十七年交通部組織法修正兩次。第一次恢復總務處，以舊祕書處職掌分屬之，改祕書處，但掌理部長委辦事務，參事改爲二人至四人。全文二十三條，於五月二十五日公布。第二次修正，因行政院成立中央議決關於鐵道部分劃出另立鐵道部。故交通部組織法內，删去路政司，又總務處亦改爲司，祕書處亦删去，不設祕書長。又於第五條規定，但得置郵政、航政兩總局，删去電政總局及各鐵路局職員。則次長改爲二人，一爲政務，一爲常任，技正改爲若干人，添設技佐若干人，又規定因事務上之必要時，得聘用顧問及專門人員，取消視察員名目，幷規定官等。全文二十一條，於十二月八日公布。

十八年行政院根據二中全會關於確定行政事項之統屬案，決議航空事業統歸軍政部主管，航空、郵運及其經費，歸交通部主管，海政、歸海軍部管理，航政、歸交通部管理。因飭軍政、海軍、交通三部，劃淸權限，各將組織法，擬具修正草案。交通部卽遵令修正，呈行政院咨立法院審議，立法院交法制、軍事兩委員會審查，照原案修正。第五條改爲交通部得置郵政總局、無線電管理局、郵運航空處及各航政局；第九條郵政司職掌內，添關於管理、經營、郵政、航空事項，及關於監督民營航空承運郵件事項兩則；第十條航政司職掌內，第一則海政專項，改爲航政事項，第二則删去，改爲關於監督民營航業事項，第四則關於船舶、飛機、發照註册事項删去飛機二字，幷規定設科長十六人至二十八人，科員一百二十八人至二百人，技正八人，技士八人至十二人，技佐六人至八人。全文仍爲二十一條，提出第七十三次大會通過，於十九年二月三日由國民政府公布。

二十年一月行政院咨請立法院改各部常任次長爲常務次長經立法院第一三一次會議，修正交通部組織法第十二條，於同年二月二十一日由國民政府公布。

（一八）修正鐵道部組織法　十七年十月行政院成立，始設鐵道部，其組織法經中央政治會議第一六一次會議通過。全文二十一條，內設總務、理財、管理、建設四司，於必要時得置各委員會，又經行政院會議議決得聘用各國專門技術人員，職員則部長一人，次長二人，祕書四人至八人，參事二人至四人，司長四人，技監一人，科長、科員、技正、技士、技佐各若干人，幷規定職權、官等，十七年十一月七日由國民政府公布。

十八年十月，鐵道部以部中主管之範圍，各司職掌之權限，多所變更，前此公布之組織法，按照實情，似應酌予修正，特擬定修正草案由行政院呈國民政府經第四十五次國務會議決議，交由立法院法制委員會審查，照修正草案修正，提出第五十九次大會通過，仍設四司，除總務司外，其餘三司，則改爲業務、財政、工務，幷規定設科長十二人至十六人，科員一百二十八人至一百六十八人，技正十六人至二十八人，技士二十八人至三十八人，技佐二十八人至二十四人，十八年十一月十八日由國民政府公布。

二十年一月行政院咨請立法院改各部常任次長爲常務次長，經立法院第一三一次會議修正鐵道部組織法第十二條，於二十年二月二十一日由國民政府公布。

（一九）修正蒙藏委員會組織法　蒙藏委員會在政府初定南京，即行設置。其組織法由中央政治會議第一三三次會議通過，係採用主席制。十七年中央政治會議第一四一次會議議決，改用常務委員制，其組織法經一四二次會議修正通過，規定蒙藏委員會直隸國民政府。內設祕書、蒙事、藏事三處，委員七人或九人，由國民政府任命，并由委員中指定三人爲常務委員，每兩星期開會一次，職員則祕書長一人，祕書一人或二人，處長二人，得由委員兼任，各處酌量分科辦事，其科長、科員員額，由蒙藏委員會，呈國民政府核定。於必要時得委派或聘任專門人才或精通蒙藏情形，或語言文字者，爲專門委員、編譯員或調查員。全文十五條，同年六月八日，由國民政府公布。

十七年十月行政院成立，十二月中央政治會議將各部會組織法，交委員孫科、譚延闓、王寵惠審查修正，以各部組織法，需要較爲迫切，已先期審定，送由政治會議通過，交國民政府公布。其餘各委員會組織法，正在斟酌修正，時適立法院已經成立，所有法規條文，應送立法院審定，特將蒙藏委員會組織法草案，送立法院審議，立法院正將草案審查中，中央政治會議第一六八次會議決議，蒙藏委員會之委員額數，改爲九人至十三人，并改爲委員長制，交國民政府送立法院併案審查。十八年一月，蒙藏委員會委員長閻錫山以蒙藏僻處西北，昔日朝貢年班各王公往來北平，已覺裹足不前，今會址設在都城，梯山航海，更苦於道途之迢遞，加以水土異宜，言語隔閡，望而却步，無怪其然；蒙古代表團吳鶴齡等請在北平設置分會，故擬在北平設置辦事處，又請將該組織法予以修正，經中央政治會議第一七一次會議，決議交立法院併案審查，結果照原案修正，提出第九次大會通過，規定蒙藏委員會隸行政院。內部仍爲三處，職員則委員長、副委員長各一人，委員九人至十五人，參事二人，祕書二人至四人，不設祕書長，又規定得在北平設辦事處，置處長、副處長各一人。全文十七條，於十八年二月七日由國民政府公布。

二十年二月，蒙藏委員會委員長馬福祥以該會組織與蒙藏情形尙有未盡適合之處，將應行修改者，擬具草案，經行政院第十一次國務會議決議，送立法院法制委員會正在審查中乃該會委員恩克巴圖、石青陽等多人以馬福祥僅憑一己意見自行起草殊欠周密因另擬修正草案一份，逕呈立法院法制委員會仍併案審查。同年三月馬福祥復以前擬修正草案，尚有應行增減之處，由行政院咨請撤回。其時法制委員會已將該組織法審議完竣，立法院長以該案既經撤回應俟行政院再次提案送院再行審議，方合程序，此蒙藏委員會組織法修正案，遂爾擱置。

二十一年一月白雲梯等提議，以蒙、藏環境危急萬狀，非蒙、藏、回各方面共同負責和衷共濟不能挽回，請於蒙、藏委員會內增加常務委員六人，經第四屆中央執行委員會第一次全體會議決議，送國民政府辦理，經國民政府委員會議決議，交立法院。同年四月行政院再咨送蒙、藏委員會修改組織法草案，請予審議，經法制委員會將先後各案合併審查，結果照原案及彙集各方意見修正，提交第一九二次大會通過。其修正要點，增常務委員六人，委員增爲十五人至二十一人。前者委員資格並無限制，此則規定選擇熟諳蒙、藏政教情形者任命之。又規定各委員應每年輪流分往蒙、藏各地視察。前者僅規定在北平設辦事處，此則規定必要時於蒙、藏或其他適當地方，得設辦事處。並明定科長九人至十二人，科員五十人至七十人，參事改爲二人至四人。全文二十二條，於二十一年七月二十五日，由國民政府公布。

(二〇)僑務委員會組織法　僑務委員會於十五年由第六次中央政治會議通過組織法，規定直隸於國民政府，設祕書處及移民、組織、交際、調查四科，由政府任命委員五人，並指定一人爲主席委員，各科主任，由委員分任。又設名譽顧問、名譽諮議若干人，於必要時得增設駐外僑務特派員及調查員，全文十四條，於同年八月二十一日公布。

十六年十二月特別委員會時代，改設僑務局，隸屬外交部，但於局內設僑務委員會，其委員由外交部長聘請歸國華僑及熟悉僑務人員若干人充任之，組織條例十六條，於同年十二月五日公布。

十七年中央政治會議第一三八次會議議決僑務委員會復直隸於國民政府，並制定組織法十四條，規定職權五項，內設祕書處，及第一、第二兩科，由國民政府任命委員若干人，就委員中指定三人至五人爲常務委員，由常務委員中指定一人爲主席，任期一年。職員則祕書長一人，祕書一人或二人，科主任二人，由委員兼任，科員二人或三人。又規定因事務上之必要，得向海外重要商埠選派僑務視察員，於必要時，得設名譽顧問，由委員會聘請熟諳僑務，名譽素著者任之。此組織法同年五月四日，由國民政府公布。旋中央政治會議第一五五次會議，據僑務委員會之請，稍加修正，增設第三科，祕書處置處員四人至八人，祕書增爲二人至四人，科員增爲四人至八人，全文亦增爲十五條。

十七年十月行政院成立，僑務委員會又改隸行政院，由行政院將該會組織法草案，咨送立法院，經法制委員會審查，照原案修正，提交第七次大會通過。全文十五條，改主席制爲委員長制，置委員長、副委員長各一人，取消常務委員，內設祕書處、普通僑務處、文化事業處三處。職員祕書處設簡任祕書一人，薦任祕書二人至四人，科員五人至十人，普通僑務、文化事業兩處，各設處長一人，科長二人或三人，科員八人至十二人。此組織法十八年二月五日由國民政府公布。

十八年三月第三屆一中全會議決，將僑務委員會收歸中央黨部辦理。至二十年八月中央執行委員會第一五四次常會委員于右任等提議，又請將僑務委員會改隸國民政府，中央黨部另行組織一海外黨務設計委員會，經會議通過，並議決僑務委員會委員人選，由中央執行委員會提出，復經政治會議第二八六次會議議決送由國民政府第十次常會議決照辦，令立法院依據原則起草組織法。同時該會副委員長周啓剛擬具意見數則，仍請於隸屬國民政府下加入「行政院」三字，以該會事務與行政院各部會有關也。立法院亦酌予採納，擬就組織法十五條，提出第一百七十次大會通過，規定僑務委員會隸行政院，內設祕書處、僑務管理處、僑民教育處三處。委員若干人，由國民政府任命，指定常務委員七人至九人，就常務委員中指定委員長、副委員長各一人，關於主管事項得指揮駐外領事。職員則處長三人，科長六人，科員十二人至二十八人。此組織法，二十年十二月七日由國民政府公布。

二十一年七月僑務委員會委員長陳樹人，以該會組織法第二條第二項，規定委員除常務委員外，均爲名譽職，待遇上殊欠平允，第三條規定大會每年或二年開會一次，時間太長，並請於各重要海口設立辦事處，請將組織法予以修正。經中央政治會議第三一七次會議議決，函國民政府轉由立法院法制委員會審查。結果將第二條修正，明定委員長及委員官等，並定除常務委員支俸外，其餘委員在京供職者得支公費，其餘不改。經立法院第一九五次大會通過，同年八月十三日由國民政府公布。

（二二）禁煙委員會組織法　國民政府在廣東時，曾設立一禁煙督辦署，管理一切禁煙事宜，嗣又將該署歸併財政部禁煙總處辦理。十七年始設置禁烟委員會，由國民政府制定組織條例八條，規定委員九人至十三人，除政府由國民政府委員、軍事委員會委員、禁煙團體代表中選派外，內政、外交、司法各部部長爲當然委員，並於委員中指定一人爲主席委員，二人至四人爲常務委員，設一祕書處，置祕書長一人，祕書二人至四人，幹事若干人。此條例於同年七月十八日公布，並同時公布禁煙會議組織條例十三條。

十七年九月，第一六六次政治會議，以國民政府改組各機關均有變更，本條例第二條第二項修正，當然委員除內政、外交、司法各部部長外，加入財政、交通、衛生各部部長，同年九月十五日公布。

十七年十月，行政院成立，禁煙委員會改隸行政院，其組織法草案呈行政院咨由立法院法制委員會審查，以該草案對於職權規定，殊嫌簡略，擬搜集材料，妥爲釐訂。旋該會主席張之江亦以該會職權規定欠詳，將原草案修正，再行呈轉立法院；乃參酌修正，提出第十二次大會通過。全文十六條，取消主席委員及常務委員，改爲委員長制，以內政、軍政、外交、交通、財政、鐵道、衛生各部部長及司法行政部部長爲當然委員，內設總務、查驗二處，職員則處長二人，科長四人，科員八人至十六人。此組織法十八年二月二十七日由國民政府公布。該會於二十四年六月撤消，改爲禁煙總監。

(二二)修正賑務委員會組織法　十七年設立賑務處，直隸國民政府，內置總務、調查、賑濟三科，置處長、副處長各一人，處長由內政部長兼任。又於處內設一賑款委員會，由國民政府特派委員若干人組織之，以賑務處長爲當然主席。其組織條例十三條，於同年七月二十七日公布。其年八月，又將第三條修正，改爲賑款委員會，就委員中指定常務委員五人，以其中一人爲主席。修正後於八月三日公布。

十八年國民政府爲統一全國賑災事宜，特設賑災委員會委員若干人，由國民政府特派，指定常務委員九人至十一人，以其中一人爲主席。會內設執行、監察、設計三委員會及祕書處。執行委員會內分籌款、保管、賑濟三組；監察委員會內分審核、視察兩組。各委員會長及各組主任，由常務委員兼任。祕書長一人，祕書二人至四人，科員、書記若干人。此組織法凡十二條，於二月二十七日公布。同年四月修正一次，改隸行政院，以內政、外交、財政、交通、農鑛、工商、鐵道、衞生各部部長爲當然委員。但設總務、籌賑、保管、賑濟、審計、設計六組，各組設主任、副主任各一人，由常務委員會議推定委員兼任。又各組因事務之繁簡，得酌設幹事二人至四人。全文十一條，於四月二十二日公布。

十九年一月，賑災委員會又改組爲賑務委員會，仍隸行政院，由政府特派委員十一人組織之，指定常務委員五人，以其中一人爲主席，當然委員如故。內設總務、籌賑、審核三組，遇必要時得設設計委員會，各組置總副幹事各一人。此組織條例凡十條，於同年一月二十五日公布。

二十年賑務委員會以各職員名稱階級未照官制規定，與公務員甄別審查條例未能適合，其組織條例有急待修改之必要，特擬修正草案一份，呈行政院咨由立法院法制委員會審查，照原案修正。全文十四條，主席改爲委員長，內政、外交、財政、交通、鐵道、實業各部長爲當然委員，三組改爲三科，職員則祕書一人至三人，科長三人，科員九人至十二人，提交第一四七次大會通過，於六月二十九日由國民政府公布。

（三三）司法行政部組織法　國民政府在廣東時，主管司法行政事務者，爲司法行政委員會，至十五年第四十五次政治會議，始通過司法部組織法，內設祕書處及第一、二、三三處，職員則祕書長一人，祕書二人，處長三人，並規定各處職掌，全文十條，於同年十一月十五日公布。

十六年南京國民政府成立，又制定司法部組織法，內置總務、民事、刑事、監獄四司，職員則增次長一人，參事二人至四人，各司司長一人，惟總務司司長得由次長兼任，祕書二人至四人，各司分科辦事，各科置科長一人，科員若干人，因事務上之必要，得設立委員會，全文十八條，於八月九日公布。同年十一月修正一次，增一祕書處，置祕書長一人，祕書增為四人至六人，於十一月五日公布。

十七年兼代司法部長蔡元培提議，請加祕書處職掌，並刪除總務司司長得由次長兼任字樣，經中央政治會議第一三八次議決准改，並決議各部院應設總務處，原設之祕書處仍存在，並交法制局照此原則修正各部院組織法，經第百四十次中央政治會議通過，全文增加一條，於同年五月二十五日公布。

十七年十月，國民政府改組，五院分立，將司法部改稱司法行政部，隸司法院，其組織法由司法院長王寵惠提出，經第一六二次政治會議議決，暫照原案通過，內置總務、民事、刑事、監獄四司，設部長一人，政務次長、常任次長各一人，祕書四人至六人，參事二人至四人，司長四人，技正一人或二人，技士三人至五人，科長、科員各若干人。全文二十條，於同年十一月十九日公布。前項組織法公布後，同時中央政治會議復函送立法院審查，結果僅將第十五條中科長、科員各若干人改為科長十六人至二十四人，科員六十八人至一百人，餘僅略為文字上之修正，於十八年四月十七日公布。

二十年十二月，第四屆中央執行委員會議決，司法行政部改隸行政院，設部管理，於是司法行政部乃轉隸行政院，但組織法並未修正。至二十三年十月三日第四二八次中央政治會議議決，司法行政部仍回隸司法院。

（二四）法院組織法　十七年八月司法部提出法院組織法草案於國民政府，送中央政治會議交法制局爲初步審查。該局以本草案均與未來司法院之組織及權限有密切之關係，在司法院未成立前，似難得審查之標準。至十月各院組織法頒行時，法制局卽奉令結束，因將法院組織法草案繳還由中政會交立法院斟酌辦理。十二月十五日，立法院第二次會議，將本案列入議程，函司法院派員列席。司法院以該案歷時數月，各省對於縣長兼理司法制度，頗多異議，亟待從長計議，俟於原組織法補充條文，再行提出，請暫緩審議。至十九年六月，中央政治會議第二三一次會議議決，法院組織法立原則十二項，交立法院；並函司法院依據該原則，將原擬法院組織法草案整理，送立法院審議。二十年二月，司法院整理就緒，交由立法院法制委員會審查，並函司法行政部派員列席。司法行政部以其時該部改隸行政院，其與司法院相互間之權限，已有變更，請暫緩討論。至二十一年七月，行政院將司法行政部所擬法院組織法立法原則修正案，並說明理由，送中政會，經該會第三一六次會議通過，由國民政府令立法院再經法制委員會審查，提出第二百零五次大會通過。全文九十一條，分十五章。第一章「總則」，定法院「地方」「高等」、「最高」三級，凡審判案件，地方法院以推事一人獨任之，但重大者得以三人合議行之，高等法院以推事三人合議行之，最高法院以推事五人或三人之合議行之。第二章「地方法院」，規定地方法院設於縣或市及其所管轄事件，置院長一人，由推事兼任，推事在六人以上者，得分置「民事」「刑事」兩處，各置庭長一人，院長並得派本院推事兼行分院推事，分院亦置院長一人，如推事只有一人時，則不置院長。第三章「高等法院」，限設於省或特別區，規定管轄事件三項，置院長一人，由簡任推事兼任，內設「民事」「刑事」兩庭，各置庭長一人，均由推事兼任，其庭數之多寡，視事之繁簡而定，其分院所管轄之事務，與高等法院同。第四章「最高法院」管轄事件四項，僅限設於國民政府所在地，亦設民事、刑事兩庭，院長一人，特任。第五章規定「檢察署」及「檢察官」之配置，最高法院檢察官若干人，以一人爲檢察長，其他法院亦置檢察官若干人，以一人爲首席檢察官，另規定檢察官職權二項，檢察官對於法院得獨立行其職權。第六章「推事、檢察官之任用」及「待遇」規定推、檢之資格五項。等級則最高法院推事及檢察官，均簡任，高等法院推事一人，簡任，其餘推、檢薦任，分院推、檢亦同，地方法院之推、檢，均薦任，初任推、檢，爲試署，試署期限一年。又規定薦任推、檢資格三項，簡任推、檢資格四項，最高法院院長資格二項，實任推、檢非有法定原因不得停職、免職、轉調或減俸，任薦任推、檢在十年以上者，得以簡任職待遇，十五年以上因積勞不能服務而辭職者，應給退養金。第七章規定「書記官」及「通譯」，各級法院均置書記官長一人，書記官若干人，最高法院之書記官長，薦任或簡任，書記官委任或薦任，高等法院書記官長薦任，餘均委任，通譯委任。第八章規定「檢驗員」、「執達員」、「庭丁」及「司法警察」。第九章規定「司法年度」及「事務分配」。第十章規定「法庭之開閉」及「秩序」。第十一章規定「法定之用語」。第十二章規定「裁判之評議」。第十三章規定「法律上之協助」。第十四章規定「司法行政之監督」。第十五章「附則」。國民政府於二十一年十月二十八日公布。司法院以法院組織法對於最高法院院長之任用資格限制太嚴，擬請修正，提經中央政治會議第四六五次會議議決，「交立法院審議」。經該院於二十四年七月十二日會議議決，「法院組織法第三十七條、第三十八條條文修正通過，」七日二十二日公布。

（二五）修正最高法院組織法　在法院組織法未公布以前，十七年十一月，司法院提出最高法院組織法草案於中央政治會議，經第一六二次會議決議，暫照原案通過，全文十五條，內設民事、刑事兩庭，庭數視事之繁簡，以司法院院令定之，每庭設推事五人，以一人為庭長，審判為合議制，院內配置檢察署，職員則院長一人，推事以庭數多寡為定，檢察署檢察長一人，檢察官若干人，最高法院及檢察署各設書記官長一人，書記官若干人，並規定等級及用人職權，交由國民政府於十一月十七日公布。並同時由中政會函交立法院經法制委員會審查，照原案修正，惟將原第六條規定檢察官若干人改為三人至五人，原第八條推事簡任或薦任，原第九條檢察官簡任或薦任，均改為簡任，原第十三條預算、決算由司法院院長核定，刪去，全文十四條，十八年八月三日，提交第三八次大會通過，經國民政府將第六條改為檢察官七人至九人，於同月十四日公布，並令立法院審查追認。

二十一年七月，最高法院以書記官長職司重要，與中央各部署之總務司長首席祕書初無軒輊，獨於最高法院之書記官長列諸薦任，未免失衡，呈司法院轉咨立法院，請將該院組織法第十條「最高法院書記官長」改為簡任職，經法制委員會審查，以其時正在審查法院組織法，遂於法院組織法第七章第四十五條規定，最高法院書記官長薦任或簡任，認為最高法院組織法無修正之必要。

（二六）行政法院組織法　二十年一月，司法院以組織法第一條第三款規定，設立行政法院，特擬具行政法院組織法草案，呈國民政府令立法院審議，經法制委員會審查，照原案修正，提交第一四二次大會通過，全文十二條，內分兩庭或三庭，庭置庭長一人，評事五人，庭長除由院長兼任者外，餘就評事中遴充之，每庭評事應有曾充法官者二人，審判以評事五人合議行之，規定評事資格三項，職員院長一人，特任，評事簡任，書記官長一人，薦任，書記官十八至十八人，二十一年十一月十七日公布。

(二七)修正考試院銓敍部組織法第二條、第九條及第十條條文　考試院根據十七年十月八日所公布之國民政府組織法第五條之規定，及第五章所賦予之職權而組織之，爲國民政府最高考試機關，其組織法經十月十二日第一五八次中央政治會議通過，交由國民政府於十月二十日公布，全文十七條，內設祕書、參事兩處，置祕書長一人，祕書六人至十人，科員十八人至二十人，參事處參事四人至六人，直轄考選委員會及銓敍部，關於舉行考試事項，得調用各機關人員，並得依法律於各省組織典試委員會。

二十二年二月，考試院以銓敍部組織法經中政會決議交立法院修正，所有與本案有連帶關係之本院組織法第四條條文，自應一併修正，咨立法院審議，經法制委員會審查，將第四條銓敍部副部長一人，改爲政務次長、常務次長各一人，提交第三屆第五次大會通過，於同年二月二十四日公布。

銓敍部組織法十七年中央政治會議第一六七次會議通過，全文十二條，內設一祕書處，登記、甄核、育才三司，一銓敍審查委員會，銓敍審查委員會以副部長、祕書長、各司長及有關係之各科長組織之，職員則部長一人，副部長一人，祕書長一人，祕書六人，司長三人，科長、科員若干人，十二月十七日公布。

二十二年一月，銓敍部以該部組織與行政院各部，名稱略有不同，精神則無二致，徒以條文規定祕書長未列贊襄部務明文責任僅限於一處致權職不能及於各司擬照行政院各部辦法設置政務次長常務次長各一人擬將原組織法第二第九第十各條略加修改由考試院提請中央政治會議核定原則依法交立法院審議經法制委員會審查照原案修正將第二條副部長一人改爲政務次長常務次長各一人第九條科長科員若干人改爲科長十二人至十六人科員六十八人至九十八人第十條銓敍審查委員會副部長改爲次長並規定以政務次長爲主席副部長祕書長均取消提交第三屆第五次大會通過二月二十四日公布。

(二八)修正考選委員會組織法　十八年六月考試院擬具考選委員會組織法呈由中央政治會議第一八三次會議決議交立法院經指定委員焦易堂等六人審查旋復加派王世杰等九人共同審查照原案修正全文七條以委員長一人副委員長一人委員五人至七人組織之內置祕書長一人祕書四人科長四人至六人每科科員四人至八人提出第三四次大會通過八月一日由國民政府公布。

十九年二月考選委員會以中央第二零九次政治會議決議考選委員會於考選委員之外設專門委員十六人至三十二人並擬於必要時酌設編纂十二人至二十四人襄助專門委員辦理編譯事務似應在組織法中補充條文由考試院呈國民政府轉令立法院經法制委員會審查以與十七年十一月八日所頒布考試院編譯局條例有駢枝之嫌編譯局應明令廢止將考選委員會補充條文照原案修正增加兩條合共爲九條提交第七八次大會通過三月十七日由國民政府公布。

(二九)修正審計部組織法　審計部分職權十六年四月中央政治會議第一零九次會議曾議決併入監察

院，惟其時監察院組織法雖制定公布，事實上並未成立，故十七年中央政治會議第一四六次會議通過，設立審計院，直屬國民政府，內設祕書、總務兩處及一、二兩廳，職權略與今之審計部相似，其組織法十七條於同年七月十二日公布。

十八年監察院成立，特訂定審計部組織法草案，呈由中央政治會議第一七八次會議決議，交立法院經法制委員會審查，照原案修正，提出第五四次大會通過，部內設祕書處及一、二、三、三廳，職員則部長一人，副部長一人，祕書長一人，祕書二人至四人，廳長三人，審計九人至十二人，協審十二人至十六人，稽察八人至十人，每廳下分科辦事，每科設科長一人，以協審、稽察兼任，每科科員三人至六人，祕書處分科辦事，每科設科長一人，由祕書兼任，每科科員二人至四人，並規定各省得設審計處，全文十七條，於同年十月二十九日公布。

審計部組織法公布後，於二十年三月始由前審計院改組成立，至二十二年二月，監察院以審計部組織法，規定以副部長襄理部務，以祕書長執行常務，於推進諸事，頗感未便，擬照行政院各部設政務次長、常務次長各一人，請將該部組織法第三、第四、第七各條條文修正，咨請立法院審議，經法制委員會審查，照原案修正，提交第三屆第十次大會決議，再付法制委員會會同財政委員會審查，結果全部修正，全文十九條，內設一、二、三三廳及總務處，將祕書處及祕書長名目取消，次長改爲政務次長、常務次長各一人，廳長三人，由部長指定審計兼任，每廳設三科，其科長由部長指定協理稽察兼任，每科科員四人至八人，總務處處長一人，由部長指定簡任祕書兼任，總務處設科長四人，每科科員二人至四人，並規定審計部於各省及直隸行政院之市設審計處，其他不能依行政區域劃分之機關，經國民政府核准，得設審計辦事處，提出立法院第三屆第十三次大會通過，於同年四月二十四日，由國民政府公布。

（三〇）審計處組織法　審計部組織法中規定各省得設審計處，十八年監察院擬具審計處組織條例草案，呈送中央政治會議第一八五次會議，決議交立法院，經法制、財政兩委員會審查，時以各省審計處並未成立，此案遂暫擱置。二十年四月、七月、十一月，審計部以新審計法迄未制定，各省送來之收支計算書受拒兩難，由監察院轉呈國民政府令催立法院，從速訂定各省審計處組織法，以資遵辦，經法制委員會會同財政委員會將審計處組織法草案整理完竣，提交第一八七次大會通過，全文十一條，規定各省政府及直隸行政院所在地設審計處，中央及各省公務機關，公有營業機關，其組織非依行政區域劃分者，經國民政府之核准，得由審計部設審計辦事處，審計處內設總務組及一、二、三組，職員則處長一人，由審計兼任，一、二兩組主任由協審兼任，第三組主任由稽察兼任，總務組主任，由祕書兼任，審計辦事處，則按事務之繁簡，分甲、乙二種，甲種辦事處之組織，與審計處同，乙種則設協審一人兼任處主任，並設佐理員，分股辦事，二十一年六月十七日，由國民政府公布。

（三一）總理陵園管理委員會組織條例　民國十四年三月十二日中國國民黨　總理孫文卒於北京，時中央執行委員之在北京者，於四月四日推定張人傑、汪兆銘等十二人為葬事籌備委員，十八日在上海正式成立葬事籌備處，推孫科爲家屬代表，負責辦理葬事，遵　總理遺言，勘定首都紫金山爲陵墓地點。十八年葬事籌備委員會以少數人員未能負此重任，呈請國民政府明令組織奉安委員會，定六月一日爲　總理奉安日期，至六月三十日國民政府明令組織　總理陵園管理委員會，繼續辦理陵墓工程葬事委員會即於是日撤消，移交陵園管理委員會接收。十九年十一月　總理陵園管理委員會以該會為政府直轄機關，所有職員似應與其他政府機關職員同等待遇，而原有之組織章程所有職員並無簡、薦、委任之別，以致未能甄別，特擬定修正該會組織章程呈國民政府鑒核，經第一百次國務會議決議，送由立法院法制委員會審查，照原案修正。全文十三條，章程改為條例，規定職責五項，由國民政府特派委員若干人組織之，就委員中指定常務委員五人，執行會務。常務委員會之下設陵園設計委員會及總務、警衛兩處，總務處下設文牘、會計、事務三課及工程、園林兩組，園林組下復設森林、園藝兩股，警衛處下設總務、管理兩課，一警衛大隊。職員則處長二人，各課、組、股各設主任一人及職員若干人，警衛大隊長、副隊長各一人，小隊長分隊長各若干人，工程師、技師若干人，並規定等級，提出立法院第一二二次會議通過，十二月三十日公布。

二、官規官等類　(一)宣誓令，十四年十一月一日，廣東國民政府公布。(二)宣誓條例，十九年五月十七日，立法院第九十一次會議通過，十九年五月二十七日，由國民政府公布。查本案係國民政府交議，原名宣誓令應否加入公民誓詞及修正文武官員誓詞，並有無規定施行細則之必要案。經立法院於十八年十月二十六日第五十六次會議議決，付法制委員會審查。嗣據報告稱審查結果另行擬具宣誓條例草案十一條，至施行細則似毋庸規定，並議決本案審查報告，俟市組織法議決修正通過後，再行呈報等語。及市組織法通過，立法院根據審查報告，於第九十一次會議，將宣誓條例修正通過，呈復國民政府鑒核公布。(三)修正宣誓條例第六條條文案，立法院第三屆第四十五次會議議決，付法制委員會審查。查本案由內政部前擬之文官就職宣誓草案久未審定，以宣誓條例第六條條文之規定，其命意正復相同，因將該條文修正擴充爲十一項，呈經行政院轉送立法院審議。

（二）考績法，十八年十月二十六日，立法院第五十六次會議通過，十八年十一月四日，由國民政府公布。查本案係國民政府交議原名官吏考績法草案。經立法院於十八年八月十七日第四十次會議議決，付法制委員會審查，將原名修正爲公務員考績法，旋於第五十六次會議議決修正通過，呈復國民政府鑒核公布。其後考試院據銓敍部呈擬公務員考績法草案及該法原則草案，轉呈經中央政治會議第四一九次會議議決四條，旋由銓敍部依照中央政治會議核定原則加以修正，呈經考試院咨請立法院審議，經該院於二十四年六月二十八日院會通過，七月十六日公布。

（三）公務員懲戒法，二十年三月二十八日，立法院第一三七次會議通過，二十年六月八日，由國民政府公布。查本案初由國民政府將官吏懲戒委員會組織法草案提交立法院審議，經立法院於十八年十月十二日，第五十四次會議議決，付法制委員會審查。嗣據報告，採納司法、監察兩院意見，另行擬就公務員懲戒委員會組織法及公務員懲戒法兩草案，提出第一三七次會議議決，公務員懲戒法修正通過，呈復國民政府鑒核公布。（二）修正公務員懲戒法第十條條文，二十二年六月二十三日，立法院第三屆第二十三次會議通過，二十二年六月二十七日，由國民政府公布。查本案係由中央公務員懲戒委員會呈經司法院咨送立法院審議，以一案之中往往牽連數人，因懲戒機關不同，進行不無窒礙，擬在本條增加第二項，同一懲戒事件，被彈劾者不止一人，而不屬於同一懲戒機關者，應依其官職之較高者定之由該懲戒機關併案審議云云。經立法院于二十二年六月九日第三屆第二十一次會議交付審查，復于第三屆第二十三次會議議決修正通過，呈請國民政府公布。(三)修正公務員懲戒法第三條條文，二十二年十一月二十四日，立法院第三屆第四十次會議通過，二十二年十二月一日由國民政府公布。查本案係由政務官懲戒委員會擬具呈經國民政府批送中央政治會議通過後，令交立法院審議。蓋以懲戒法第三條第二項政務官字樣範圍過狹，擬修正為前項第二款至第四款處分，於選任時政務官不適用之。經立法院於二十二年八月二十五日第三屆第二十七次會議議決交付審查，復於第三屆第四十次會議議決，照審查修正案通過，呈復國民政府公布。

(一)公務員卹金條例，二十三年三月九日，立法院第三屆第五十次會議通過，二十三年三月二十六日，由國民政府公布。查本案係由考試院銓敍部呈請，轉呈國民政府，批交立法院審議，原名修正官吏卹金條例草案。經立法院於二十二年六月十三日第三屆第二十四次會議議決，付法制委員會審查。旋據報告審查結果，復於二十二年十月六日第三屆第三十三次會議議決，再付法制委員會會同財政委員會審查，改為公務員卹金條例，提出第五十次會議修正通過，呈請國民政府公布施行。(二)修正公務員卹金條例第十八條條文，二十三年五月十八日，立法院第三屆第五十九次會議通過，二十三年五月二十六日，由國民政府公布。查本案係考試院提議修正，經立法院付原條例審查委員會審查，復提出第三屆第五十九次會議議決通過，呈請國民政府公布。

(一)文官官等條例，并附表，十四年廣東國民政府公布。(二)各部官等表，十六年十一月十日，國民政府公布。

(三)縣長官等暫照市組織法規定爲薦任案十八年九月二十一日立法院第五十次會議通過，查本案係行政院送議，經立法院是次會議提出討論，僉以縣市地位相埒，市組織法第十條第二項既規定市長爲薦任職，自可比照辦理，當即議決縣長官等暫比照市組織法第十條第二項之規定爲薦任職於九月三十日咨復行政院查照。(四)外交官領事官官等表十九年一月二十五日立法院第七十三次會議通過十九年二月三日，由國民政府公布。查本案由行政院送議，經立法院於十八年八月二十七日第四十三次會議暨十八年八月三十日第四十四次會議，議決付外交委員會會同法制委員會審查，復提出第七十三次會議議決通過，呈請國民政府公布施行。

三、行政類　關於內政者——行政法之範圍甚廣，關於內政者尤繁，前參議院及國會所通過之內政法甚少，有時以行政元首或行政機關之命令代之，至國民政府立法院成立，始將內政法分別議決，次第頒行，茲分述於次。

(一)國籍法及其施行條例　我國素號廣土衆民，以聲教四暨、懷柔遠人爲郅治，對於人民，政尚寬大，來者不拒，去者不追，既不加以查察，更無所用其稽考，故無所謂國籍法。至有清末季，海禁大開，堂奧洞闢，中外互市，文軌交通，外人或居留內地，國民或遠渡重洋，於是國籍問題發生，但尚未有國籍法之制定。民國成立，百度維新，參議院乃議定國籍法二十二條，咨由大總統於民國元年十一月十八日公布施行。旋於三年修正一次，至二年大總統又制定國籍法施行細則，於十一月二十四日以教令公布。

國民政府成立，仍適用舊國籍法，惟以施行已久，不無窒礙之處。十七年中央政治會議第一三五次會議，外交部長黃郛乃提議請由內政外交司法三部派員會同修訂國籍法及施行細則，當經議決照辦。旋該三部派定部員，迭次開會，重新起草國籍法及國籍法施行條例，於同年五月二十六日，會呈國民政府轉由立法院付外交法制兩委員會審查，復經立法院第十次大會修正通過，呈由國民政府於十八年二月五日公布。

此國籍法全文共二十條，大致沿襲民國元年之國籍法而加以變更。依此法所規定屬中華民國國籍之人凡四：(一)生時父爲中國人者。(二)生於父死後其父死時爲中國人者。(三)父無可考或無國籍其母爲中國人者。(四)生於中國地，父母均無可考或均無國籍者。至外國人或無國籍人，須具備一定之條件，始取得中華民國國籍，或許可得歸化，但不得任中華民國政務官及全權大使、公使、海陸軍將與各級地方自治職員。中國人如發生法定之事實，卽喪失中華民國國籍，並喪失非中國人不能享有之權利，但得經內政部之許可，回復中華民國國籍。

國籍法施行條例全文共十二條，規定在國籍法及本條例施行前，已依法取得或喪失或回復中華民國國籍者，一律有效。又依國籍法取得或願取得中華民國國籍者，喪失或願喪失中華民國國籍者，並回復中華民國國籍者，均應具備一定之手續。其已依法取得或喪失中華民國國籍者，及已取得或喪失並回復中華民國國籍不合法者，內政部均應分別予以適當之處置。國籍法施行前已取得外國國籍尙未呈明者，應補具手續，其已取得外國國籍仍任中華民國公職者，應撤銷其公職。

(三)戶籍法　我國號稱四萬萬人，究無精密之統計，以未制定戶籍法從事調查登記，致自治、教育、選舉、徵兵等項均無從舉辦。民國四年政府曾公布一縣治戶口編查規則，由內務部通咨各省遵辦，一再寬限期間，仍未編查完竣。旋國家多故，政變迭起，各省遂完全停辦。

民國十七年，內政部長薛篤弼呈請國民政府令飭各省市辦理戶口調查，國民政府卽交由行政院轉飭內政部遵辦。內政部卽將籌辦戶口調查經過呈復行政院鑒核並請咨行立法院提前擬訂戶籍法，及戶籍登記條例呈准頒行。行政院卽於十七年十二月一日咨請立法院查照辦理。十八年九月二十一日，立法院第五十次會議，委員陳長蘅等二十一人提議提前起草戶籍法，案經議決付自治法委員會起草。十九年十二月十九日行政院據內政部呈，轉咨立法院迅予起草戶籍法以資依據。立法院卽於同年十二月二十七日，提出第一二三次會議議決，付自治法委員會會同委員史尙寬林彬起草。二十年一月七日，立法院又加派委員陳長蘅，會同起草，同年三月十三日行政院復據內政部呈，再行咨催立法院，卽交由自治法起草委員會，召集各起草委員迅速辦理。

立法院以戶籍法歷久未能草擬完竣，乃於二十年十月十七日，第一六八次會議議決，再加派委員黃右昌、董修甲、王伯秋會同起草。至同年十月二十九日，復令各起草委員，限於二十年十一月十五日前草擬具報。同月二十六日，自治法委員會及各起草委員始將戶籍法起草完畢，提交第一七二次大會逐條通過，呈由國民政府，於同年十二月十二日公布。

戶籍法全文共分八章，一百三十二條，大別爲人事登記與戶籍登記。戶籍分本籍、客籍、寄留地三項，人事分出生、認領、收養、結婚、離婚、監護、死亡、死亡宣告、繼承九項。凡登記之聲請與變更或更正，均應以書面爲之，並記載一定之事項。每戶籍管轄區域，設戶籍主任一人，戶籍員若干人，掌理戶籍及人事登記事務。以縣市政府爲直接監督官署。關於戶籍或人事登記事件，如認爲戶籍主任之處分不當或違法，得向該管監督官署訴願，如不服得再訴願，或提行政訴訟。凡戶籍或人事，於法定期內應聲請登記而不聲請者，經催告而仍不聲請者，聲請不實或詐僞者，均應分別處以罰鍰，罰金或徒刑。至戶籍主任不受理聲請，怠於登記，不爲呈報或轉送，不按期編送統計季報或年報，拒絕閱覽登記簿，不交付登記謄本或證明書，亦均應分別處以罰鍰。本法施行細則由內政部定之，並由國民政府明令規定，自二十三年七月一日起施行。

二十二年九月七日，行政院據內政部呈，咨請立法院修改戶籍法第十七條及其關係條文以便施行。立法院即提出第三屆第三十一次會議議決，付自治法委員會會同法制委員會及委員陳長蘅、林彬、史尚寬審查，認爲應修正第十七條、第二十三條、第二十四條及第二十五條各條條文。復於第三屆第五十一次大會議決修正通過，並呈請國民政府明令公布。此修正各條條文爲關於戶籍登記簿可以分訂成册，無須蓋用騎縫印，便於實施時有伸縮餘地。

(三)土地法　十八年一月，胡漢民、林森根據總理平均地權之旨，酌用廖仲愷在廣州與沙尾博士等討論土地稅法之結論，並參考膠州、加拿大、德國、英國之法案，草擬土地法原則，提請中央政治會議，經第一六九次會議決議，指定胡委員漢民等審查，審查完竣，復經第一七一次政治會議決議通過，並函交立法院查照審議。

十八年十月，行政院據內政部呈，轉咨立法院將各項土地法規從速制定頒布，俾有遵循。立法院即交土地法起草委員會查照。國民政府據上海特別市政府呈請提前釐訂土地法規，俾資依據，亦令立法院遵照辦理。至十九年五月，立法院土地法起草委員吳尙鷹等，根據中央政治會議核定之立法原則，草成土地法草案凡五編，共四百零五條。提出立法院第九十五次大會，就原草案分別刪併爲三百九十七條，開二讀會逐條討論通過，繼續開三讀會全案通過，並呈由國民政府於十九年六月三十日公布。

土地法草案條文繁密，其內容之可得而言者有四。第一、逐漸使土地由私有變爲公有，由不均變爲平均，以符民生主義平均地權之旨。如第四編規定之土地稅，地價分爲申報與估計，並得請求公斷，土地稅分地價稅與土地增值稅，稅率則依地價之高低與增益之多寡以爲斷，地價愈高增益愈多者稅率亦愈重。如是行之數年或數十年，則土地之分配必漸趨於平均。第二、整理土地使合於經濟原則，以啓發天然之富源。如第一編第三章規定土地重劃，主管地政機關因一定區域內之土地，其分段面積不合經濟使用者，得重行劃分分配於原所有人。第四章規定土地測量，中央地政機關定測量地籍、探驗地質之方法，交由主管地政機關執行。第三、土地之使用應就國家經濟政策及地方需要情形，不得專圖私人之利益。如第三編第二章規定市地分限制使用區及自由使用區，市內房屋應以總數百分之二爲準備房屋，耕地租用不得隨意終止契約，荒地應定期招墾，並由地政機關勘測分劃，規定溝渠道路。第四、國家得徵收私有土地，以應公共事業之需要。如第五編所規定公共事業，爲一、實施國家經濟政策，二、調劑耕地，三、國防軍備，四、交通事業，五、公共衞生，六、改善市鄉，七、公用事業，八、公安事業，九、國營事業，十、政府機關、地方自治機關及其他公共建築，十一、教育、學術及慈善事業等。但被徵收人如認爲征收不當或違法，得提起訴願，或請求公斷。再本法依第六條之規定，各編之施行日期及區域，分別以命令定之。

十九年八月行政院復咨立法院，從速制定土地法施行法。立法院於第一百零六次會議議決，付土地法起草委員會起草。該委員會旋報告此項施行法，應由土地主管機關斟酌情形，擬具草案，送院審議。立法院即據情咨由行政院轉飭遵辦，由內政部擬具土地法施行法草案，經行政院會議修正通過，咨請立法院審議，經該院三月一日第四屆第七次會議議決，「土地法施行法第一條至第二十三條除第九條條文保留外，餘二讀會修正通過。」復於三月八日第八次會議修正通過。

(四)出版法　現代各國憲法，對於人民之權利義務，均定有人民有言論、著作、出版之自由。但此種自由有絕對相對之分，在各國亦不一其例。所謂相對自由，即得以法律停止或限制之，在法律之內，人民得自由言論、著作、出版。如逾乎法律或非法律所許可，則仍得加以限制或竟全被停止。所謂絕對自由，即人民之言論、著作、出版，國家予以完全保障。不獨行政機關不得加以蹂躪，即立法機關亦不得訂定法律以限制或停止之。

中華民國訓政時期約法第十五條規定，『人民有發表言論及刊行著作之自由，非依法律不得停止或限制之。』依此規定，人民雖得自由發表言論，刊行著作，國家仍得立法以停止或限制之。此國民政府所以有出版法之頒布也。惟出版法係於十八年八月由中央黨部宣傳部擬定原則，經中央第二十九次常務會議議決，送中央政治會議，復經第一九一次政治會議將原則修正通過，交立法院查照。立法院於第四十一次會議提出報告後，即交法制委員會審查。十九年六月二十日，中央宣傳部以吾國出版事業，如雨後春筍，日增月盛，純駁互見，爲便於審查起見，特函請立法院從速制定出版條例，俾於辦理出版品登記審查各事項有所遵循。立法院即交由法制委員會從事起草草案，提經立法院第一一九次會議開二讀會逐條討論通過，並省略三讀程序，全案通過後，呈由國民政府於十九年十二月十六日公布施行。而其時訓政約法尙未制定。至二十年五月十二日，約法頒布，其第八十四條規定凡法律與本約法抵觸者無效。出版法與約法第十五條之規定既不抵觸，故至今仍應繼續施行。

出版法全文分四章共四十四條，規定出版品有三：一、新聞紙，二、雜誌，三、書籍及其他出版品。新聞紙或雜誌之發行，應於首次發行期十五日前，呈由發行所所在地所屬省政府或隸屬於行政院之市政府，轉內政部聲請登記。其應載明之事項爲：一、新聞紙或雜誌之名稱，二、有無關於黨義黨務或政治事項之登載，三、刊期，四、首次發行之年月日，五、發行所及印刷所之名稱及所在地，六、發行人及編輯人之姓名、年齡及住所，其各版之編輯人互異者，並各該版編輯人之姓名、年齡及住所，新聞紙或雜誌應記載發行人及編輯人之姓名，發行年月日，發行所及印刷所之名稱及所在地。新聞紙或雜誌之發行人，應於發行時以二分寄送內政部，一分寄送省政府或市政府，一分寄送檢察署，其有關黨義或黨之事務者，並應以一分寄送省黨部，一分寄送中央宣傳部。至書籍或其他出版品之發行，毋須登記，亦毋須寄送省市政府或檢察署，只以二分寄送內政部。其內容涉及黨義或黨務者，並以一分寄送中央黨部宣傳部。出版品之發行，未聲請登記，或登記之事項不實，或不寄送內政部、省市政府、中央黨部宣傳部者，應停止發行，或分別處以罰金、拘役、徒刑。嗣內政部擬具修正出版法草案，呈經行政院轉請中央政治會議核定，旋經中央政治會議第四六五次會議議決「原則通過，交立法院審議」，錄案函交立法院辦理，經該院於二十四年七月十二日照修正案通過。

（五）行政執行法　人民之違反民法，或觸犯刑法，則由法院判定其是非勝負或罪之大小輕重。俟判決確定後，由司法機關依據民刑關係法令執行之。至人民之對於行政機關所頒布之命令，如有違背或延不遵行情事，究應如何制裁，則有行政執行法以規定之。

國民政府成立，本暫行援用前行政執行法，惟以情勢變遷，殊多窒礙。行政院乃於二十二年四月二十九日，咨請立法院另行制定，以便施行。立法院提經第一八五次會議議決，付法制委員會審查。法制委員會先後討論多次，卽擬定行政執行法草案，經立法院於第二百零九次大會議決，再付委員王用賓、呂志伊、羅鼎、史尚寬、劉克儁、劉盥訓、郗朝俊審查，將原草案酌加修改，提出第二百十二次大會修正通過。並呈由國民政府於二十一年十二月二十八日，公布施行。

此法全文共十二條，規定行政官署於必要時，得行直接或間接強制處分。間接強制處分有二：一、代執行，二、罰鍰。代執行之費用由義務人負擔，罰鍰之數額，中央各部會為三十圓以下，省市政府及各廳局為二十圓以下，縣市政府為十圓以下，其他行政官署為五元以下。直接強制處分有三：一、對於人之管束，二、對於物之扣留使用或處分或限制其使用，三、對於家宅或其他處所之侵入。惟以上各直接強制處分，均有法定之條件與限度，行政官署不得任意為之。再行政官署非認為不能行間接強制處分，或認為緊急時，不得行直接強制處分。

(六)縣市參議員選舉法　二十年四月，行政院第二十四次會議，通過市參議會議員選舉法草案，咨送立法院審議。同年五月，內政部復擬具縣參議會議員選舉法草案，提經行政院於第二十七次會議修正通過，咨送立法院併案審議。立法院於第一八五次會議議決，付自治法起草委員會審查。旋中央政治會議，於第三百十次會議議決議，市參議會議員應由全市公民選舉，政府不必指派，市參議會議員任期應規定爲一年，縣參議會議員任期規定爲二年，函由國民政府令交立法院轉交自治法起草委員會併案審查。自治法委員會先後開會將原草案縣市參議會議員選舉法草案標題刪去議會二字，修正爲市參議員選舉法，縣參議員選舉法，並將各草案條文詳加審核，頗有增刪。立法院於第一百九十次會議議決再付法制委員會會同自治法起草委員會審查審查完竣，復提經第一九四次大會修正通過，呈由國民政府於二十一年八月十日公布。嗣後立法院以縣參議會組織法亟應修正，當經交自治法委員會辦理，復據報告審查結果，並附修正案，於二十四年二月一日經院會通過。

縣參議員選舉法與市參議員選舉法，均爲五十八條。大致規定凡依法爲縣公民或市公民者，有選舉縣參議員或市參議員之權；凡有選舉權之公民年滿二十五歲，具有下列資格之一者得被選爲參議員：（一）曾在初級中學以上學校畢業，（二）經自治訓練及格領有證書者，（三）曾任職業團體職員一年以上者，（四）曾辦地方公益事務著有成績者。惟現任小學教職員，現在學校之肄業生及僧道，並其他宗教，均停止其被選舉權。凡褫奪公權者，禁治產者，吸用鴉片或其代用品者，不得有選舉權及被選舉權。現任本縣市區域內之公務員，或現役軍警，均停止其選舉權及被選舉權。縣參議員之選舉，以民政廳廳長爲監督，縣選舉委員會，以縣長爲委員長，分設投票所於各鄉鎮公所，以鄉鎮長爲投票所事務員。市參議員之選舉，以內政部長或民政廳長爲監督，市選舉委員會，以市長爲委員長，分設投票所於各坊公所，以坊長爲投票所事務員，以各該選舉區得票較多數者爲當選人，票數相同者，抽籤定之，次多數者，爲候補當選人。

（七）鄉鎮自治施行法　十八年八月，立法院自治法起草委員會擬具鄉鎮自治施行法草案，提經第四十二次大會議決一部分修正通過，一部分付自治法起草委員會及委員蔡瑄、王葆真、林彬、陳長蘅、樓桐孫、黃居素、戴修駿、吳尚鷹、傅秉常審查，由自治法起草委員邵元冲召集。邵委員等審查完竣，立法院復於第四十四次大會修正通過，呈由國民政府於十八年九月十八日公布。

此法全文共八十五條，大致規定中華民國人民，在本鄉鎮區域內居住一年或有住所達二年以上，年滿二十歲，經宣誓登記後，爲鄉鎮公民，有出席鄉民大會或鎮民大會及行使選舉、罷免、創制、複決之權。其年滿二十五歲，具有相當資格者，得爲鄉長、副鄉長、鎮長、副鎮長及鄉鎮監察委員之候選人。鄉鎮大會之職權有六：（一）行使選舉權、罷免權、創制權、複決權，（二）制定或修正自治公約，（三）審核預算，（四）審議上級機關交議事項，（五）審議本鄉公所或鎮公所及鄉務會議或鎮務會議交議事項，（六）審議所屬各閭鄰或公民提議事項。鄉鎮公所應辦之事項，凡二十一：（一）戶口調查及人事登記事項，（二）土地調查事項，（三）道路、橋樑、公園及一切公共土木工程建築修理事項，（四）教育及其他文化事項，（五）保衛事項，（六）國民體育事項，（七）衛生療養事項，（八）水利事項，（九）森林培植及保護事項，（十）農、工、商業改良及保護事項，（十一）糧食儲備及調節事項，（十二）墾牧、漁獵、保護及取締事項，（十三）合作社組織及指導事項，（十四）風俗改良事項，（十五）育幼、養老、濟貧、救災等設備事項，（十六）公營業事項，（十七）自治公約擬定事項，（十八）財政收支及公款公產管理事項，（十九）預算決算編造事項，（二十）縣政府及區公所委辦事項，（二十一）其他依法賦予該鄉鎮應辦事項。鄉鎮公所應附設調解委員會及各教育機關。鄉鎮之收入有五：(一)公產及公款之孳息，(二)公營業之純利，(三)依法賦與自治之款項，(四)縣區補助金，(五)特別捐。閭鄰各設居民會議，由閭長或鄰長召集，但其期間不得過一日。

十九年六月，自治法委員會委員孫鏡亞、陳肇英、張鳳九、衞挺生先後提議，以鄉鎮自治施行法關於鄉民大會或鎮民大會之職權規定，均有直接立法性質，又依據縣組織法之規定，行使創制權、複決權，其界限實欠明晰，玆擬於鄉民大會或鎮民大會，以直接選舉、罷免及直接立法爲原則，擬具鄉鎮自治法修正草案，提經自治法委員會第十八次會議議決，交付起草四權行使程序法委員王用賓、孫鏡亞、陳肇英，會同陳長蘅、衞挺生、二委員初步審查。自治法委員會復提出逐條討論修正通過，立法院復於十九年六月十七日第九十六次大會議決通過，呈由國民政府於十九年七月七日公布。

(八)區自治施行法　十八年九月，立法院自治法起草委員會擬具區自治施行法草案，提經第四十九次會議議決修正通過，呈由國民政府於十八年十月二日公布。

此法全文共六十七條，大致規定鄉鎮公民即爲區公民，有出席區民大會及行使選舉、罷免、創制、複決之權。年滿二十五歲，具有相當資格者，得爲區長及區監察委員之候選人。區民大會之職權有六：(一)行使選舉權、罷免權、創制權、複決權，(二)制定或修正區自治公約，(三)審核預算決算，(四)審議縣政府交議事項，(五)審議區公所或區務會議交議事項，(六)審議所屬各鄉鎮公所或區公民提議事項。區公所應辦之事項凡二十一，大致與鄉鎮公所所應辦之事項相同。區公所應附設調解委員會及教育機關。區之收入凡四：(一)公產及公款之孳息，(二)公營業之純利，(三)依法賦與之自治款項，(四)省縣補助金。

十九年六月，自治法起草委員會提議修正鄉鎮自治施行法時，並以同樣之理由，將區自治施行法爲同一之修正，並於十九年六月十七日立法院第九十六次會議通過，呈由國民政府於十九年七月七日公布。

此修正案，爲第十七條、第十九條、第二十條、第三十八條、第六十四條、第六十五條。原第十七條爲列舉之規定，修正案改爲概括之規定。原第十九條分爲三項，修正案刪除第一、三兩項，只保留第二項。原第二十條規定區民大會得開預備會，修正案改爲計算各會場投票總數，宣布投票結果。原第三十八條區長提出上年度決算及次年度預算於區民大會之規定，修正案刪去。原第六十四條第六十五條，區預算、決算須經區民大會決議，及遇緊急支出，須提交區民大會追認之規定，修正案刪去。

(九)鄉鎮坊自治職員選舉及罷免法　十九年四月，內政部以區自治施行法，鄉鎮自治施行法，業經先後公布；關於人民行使選舉、罷免、創制、複決各權事項，在區自治施行法第九條、第十條、第十四條、第十七條及鄉鎮自治施行法，第十四條、第十八條、第二十一條均已明白規定；惟查縣組織法，第三十條第二項及第四十三條第二項，分別定明區鄉鎮大會行使罷免、創制、複決等程序另以法律定之；所有區鄉鎮公民行使以上各權程序之法規，似應早日頒行，爰呈由行政院咨請立法院提前制定。

立法院自治法起草委員會，亦以區鄉鎮各自治施行法中，各級公民應行使選舉、罷免、創制、複決四權，其程序非詳細規定，無所遵循；且此項草案，非提前制定，不足以收促成自治之效；曾於十八年十一月，由該會推定委員王用賓、孫鏡亞、陳肇英爲初步起草委員。旋立法院適得行政院咨，因即付該會起草。該會初步起草委員報告起草經過，略謂：查縣組織法、區自治施行法、鄉鎮自治施行法，最近均有修正，其內容係區公民行使選舉、罷免、創制、複決四權，與市組織法關於區之規定相同；鄉鎮公民除行使選舉、罷免權外，採直接立法制，無須創制、複決，自不必有行使創制、複決權程序之法規，與市組織法關於坊之規定相同；再四研究，似應合縣市之區鄉鎮坊分別制定二法，一爲區民行使四權程序法，一爲鄉鎮坊自治職員選舉及罷免法，謹先將鄉鎮坊自治職員選舉及罷免法草案提請公決。該會乃再提出逐條討論修正。復經立法院第九十九次大會議決通過，呈由國民政府，於十九年七月十九日公布。

此法全文共五十四條，規定鄉民大會先選舉鄉長，次鄉監察委員，鎮民大會先選舉鎮長，次鎮監察委員，坊民大會先選舉坊長，次坊監察委員，次多數者爲副鄉長或副鎮長。選舉日期於大會之議事日程中定之。區公所應於選舉前五日內派定選舉監理員一人，投票及開票管理員各若干人。選舉用無記名投票，按照應選出之名額於候選人姓名上加圈。自治職員如有違法失職情事，全體公民百分之三十以上人數親自簽名，得提出罷免案。鄉長、鎮長、坊長之罷免案由鄉鎮坊監察委員審查，鄉鎮坊監察委員由區監察委員審查，罷免案經投票公民過半數贊成時，始爲確定。

關於軍政者——（一）軍機防護法　二十一年，軍事委員會以洩漏軍機，情節重大，應即嚴加懲治，以資儆惕，爰擬具洩漏軍機治罪法草案，交由軍政部依照立法程序辦理。軍政部即轉呈行政院，提出第五十九次會議議決送政治會議。中央政治會議第三二四次會議提出討論，當決議交立法院，即函由國民政府於二十一年九月三十日令交立法院遵照審議。

立法院提經第二百零五次會議議決，付軍事委員會會同法制委員會審查。該會等於第二十三次及第二十五次聯席會議先後提出討論，結果，將標題改爲軍機防護法草案，並將條文修正通過，都十四條，即呈由立法院第二百一十一次會議議決修正通過，並呈由國民政府於二十一年十二月十七日公布施行。

此法全文共十三條，凡犯本法各條之罪，最重爲死刑，最輕爲一年以上有期徒刑。且罰未遂罪，並得褫奪公權。凡犯本法所定各犯，由犯罪地或犯罪地最近之最高機關審判，但須附具理由，遞級呈報中央最高軍事機關，經核准後，方得執行。中央最高軍事機關，如認爲有疑誤者，應令再審或派員會審。

(二)要塞堡壘地帶法　參謀本部於十九年擬具要塞堡壘地帶法，經與軍政部會商分條釐訂就緒，呈奉國民政府批交立法院，由文官處於十九年七月二十四日函達立法院查照。

立法院於第一百零三次會議議決，付軍事委員會審查。軍事委員會於第四十次、第四十一次會議詳加審議，結果改標題爲要塞區域法草案，並將全部條文修正通過。立法院於第一百十次會議議決，再付原審查委員會會同羅委員鼎審查。軍事委員會等復開第四十二次及第四十三次會議繼續審議，由參謀本部代表林自新，軍政部代表孔繁經列席說明，略謂要塞爲國防之重要設備，在國防會議未開，是項大計未決之前，法雖訂成，實行則尚有待，然爲目前之要塞礮臺等計，似不能不訂定法律，以資適用。究應一法兩用？抑或分別釐定？當俟各委員公決。各委員會經詳細討論，僉以沿海要塞與沿江要塞及各地礮臺，不僅性質有異，即區域廣狹亦殊，一法兩用，事難通行，似應分別審訂，以免削足適履之嫌。結果議決要塞區域法另提修正案，並補訂保壘法，均交由參謀本部會同軍政部起草，再送本院核議。

立法院於第一百一十三次會議議決照審查報告通過，並呈請國民政府分令參謀本部、軍政部會同起草要塞區域法及堡壘法，再送本院核議。

旋軍政部、參謀本部會同核辦，將要塞地帶法草案，詳細研究，增加二條，列爲第二十五及第二十六條，並修正第十六條，俾沿海沿江要塞現狀之下亦得適用，擬具修正條文，呈請國民政府於二十年一月二十一日令交立法院審議。

立法院卽轉令軍事委員會及委員羅鼎會同審查。該會等復於第四十三次會議提出討論，僉意要塞構成，以堡壘爲要素，各地堡壘甚多，應增入關於堡壘各條文，以臻完善。茲將原修正條文修正通過，都二十四條，呈請提會公決。立法院於第一百五十九次會議議決修正通過，並呈由國民政府於二十年九月十八日公布施行。

此法全文共二十四條，分四章。第一章釋明要塞堡壘地帶之區域，並規定要塞堡壘地帶分爲第一第二兩區。第二章規定在要塞堡壘地帶第一區或第二區內限制及禁止新設之事項。第三章規定違背本法所規定之禁止及限制事項，處以徒刑、拘役或罰金，但受處分而不服者，得於三十日內上訴於軍政部。第四章規定本法所禁止及限制事項，軍政部部長得就某區域內解除其全部或一部。適用本法之要塞堡壘，由軍政部會商參謀本部或海軍部後以命令定之。

(三)國軍剿匪暫行條例　十八年六月十五日，第三屆中央執行委員會第二次全體會議討論分區剿匪案，決議全國剿匪事宜由國民政府責成編遣委員會分劃區域，指定陸海空軍於最短期內各區分別嚴定期限，一列肅清。其辦法如左：(一)剿匪條例，由編遣委員會會同軍政部內政部擬定。(二)剿匪經費由編遣委員會規定，交由地方政府負擔。(三)地方警衞部隊，由地方政府切實整理，協同國軍同時舉行清鄉事宜，其清鄉條例由內政部定之。二中全會議決後，即函由國民政府轉令國軍編遣委員會遵辦。該會遵即函請軍政、內政兩部指派代表，根據編遣進行程序大綱，會同釐定國軍剿匪暫行條例十九條，提經該會第二十三次常會議決，呈由國民政府於十八年九月六日令交立法院審議。

立法院於第四十九次會議議決付軍事委員會審查，該會於第九次常會提出討論，認爲大致妥善，將全部條文修正通過。立法院復於第五十三次會議議決，照審查修正案通過，並呈由國民政府於十八年十月十五日公布施行。

此條例全文共十八條，規定各省政府應速將各該省之治安情形及土匪淵藪，先行詳報編遣委員會，以憑劃分區域，酌派駐軍清剿。編遣委員會劃定各編遣區或直轄分區爲剿匪區，並劃分若干綏靖區或分區。各剿匪區域，自奉發條例之日起，務於六個月內，將區內匪患肅清，並將詳情詳報編遣委員會。各軍隊剿匪出力人員，分爲異常出力與尋常出力，分別請獎。凡軍隊如有剿匪不力，或縱匪、通匪及騷擾地方情事，應分別懲處。凡匪徒自願繳械者准其自新，但嚴禁收編。凡關於剿匪進行事宜，與地方有關者由各該區與省市政府會商辦理。各部隊除切實奉行剿匪任務外，仍應勤加訓練，整飭軍紀、風紀。

（四）陸、海、空軍審判法　十七年陸、海、空軍總司令部，在南昌軍事善後會議時，釐訂陸軍審判條例草案，呈經國民政府修正，於十七年二月十日公布施行。旋以此項條例與前國民革命軍陸軍刑律係屬同時訂定，相輔而行，內容諸多關聯。現陸軍刑律已蒙國府提交立法院修正為陸海空軍刑法，於本年九月二十五日公布頒行，則此項條例，不特名稱不符，抑且條款內容亦未盡合，若不同時修訂，將來適用，窒礙實多。特函由國民政府文官處轉呈主席核准，即將國民革命軍陸軍審判條例，提交立法院重行修正頒布，俾資適用，於十八年十二月十八日令仰立法院核議。

立法院於第六十九次會議議決，付法制委員會會同軍事委員會審查。該會等於第十次第十一次、聯席會議，先後提出討論，結果認為陸、海、空軍刑法，既經公布，關於此項審判條例，似宜準照該法訂定，以免分歧，當將標題改為陸、海、空軍審判法草案，並將條文修正通過。立法院於第七十七次會議議決，再付原審查委員會審查，該會等復於第十二次聯席會議提出討論，結果修正通過。立法院旋於第七十九次會議議決照審查修正案通過，並呈由國民政府於十九年三月二十四日公布施行。

此法全文共五十六條，分八章：第一章為總則，第二章規定軍法會審之組織，第三章規定軍法會審之權限，第四章規定軍事檢察，第五章規定審問，第六章規定審判，第七章規定復審，第八章規定本法施行日期。

（五）陸、海、空軍懲罰法　十九年四月，立法院軍事委員會以我國歷年戰亂，法制蕩然，軍事章典尤多缺漏，現陸海空軍刑法與陸海空軍審判法已次第公布，獨軍人違反軍紀風紀之適用條例，尚未完成，爰擬草訂陸、海、空軍懲罰法，以為軍人犯輕微犯行者有所警戒。此與違警罰法之適用於非軍人犯輕微罪者旨趣相同。即於第二十四次會議討論議決推定委員朱和中、張志韓起草。旋起草委員參據舊有之陸、海軍懲罰令，擬就草案送會，復經第二十七次至第三十一次會議詳細審查，全部修正通過，繕具草案，呈請立法院依本院組織法第二十二條之規定，提交大會公決。

立法院於第八十四次會議議決，付法制委員會會同軍事委員會審查。該會等於第十三次聯席會議提出討論，認為大致妥善，修正通過。立法院於第一百一十一次會議議決照審查案修正通過，並於十九年十月十七日呈由國民政府公布施行。

此法全文共四十九條，分七章。第一章為總則，規定適用本法共通之原則。第二章規定犯行凡三十六。第三章規定罰則有二：（一）官佐應受之懲罰為（1）停止進級，（2）重檢束，（3）輕檢束，（4）申誡；（二）學生士兵兵工匠夫役應受之懲罰為（1）降等，（2）重禁閉，（3）輕禁閉，（4）禁足，（5）罰役，（6）立正。第四章為罰權，以陸、海、空軍長官之階級，定懲罰之權限。第五章規定懲罰後之報告及通報。第六章規定受罰者如有理由得以申訴。第七章規定本法施行日期。

（六）兵役法　十八年七月十六日立法院第三十四次會議，軍事委員會提議擬具兵役法原則八條，當經議決付法制、外交、軍事、財政、經濟五委員會審查。該會等於第三次聯席會議提出討論，認爲大致妥善，修正通過。立法院復於第三十八次會議提出討論，當議決兵役法原則草案修正通過，並於十八年八月五日呈請國民政府轉送中央政治會議採擇。

旋立法院委員黃右昌等提議，請指定法制委員會、軍事委員會、自治法起草委員會會同起草徵兵法草案，經立法院第一百六十七次會議議決付該會等擬具意見，提請轉送政治會議採擇。該會等於二十年十月二十日開第一次聯席會議，提出討論，僉以原草案尙有應行修正之點，當推陳肇英等九委員初步審查。旋據報告審查完竣，開第二、第三、第四次聯席會議逐條修正通過，都十八條，呈請立法院提會公決。立法院又准國民政府文官處函送軍政部所擬之陸軍暫行兵役法草案，立法院卽提出第一百七十七次會議議決，付該三會倂案審查。該會等審查結果，以兵役法原則，應由最高政治機關決定，軍政部擬定之陸軍兵役法，純爲募兵性質，與黨綱不合，本會等所擬之兵役法原則，應卽建議中央，俟核准後，再行起草。復經立法院第一百七十九次會議議決兵役法原則修正通過，並呈由國民政府轉送中央政治會議察核施行。

中央政治會議卽將立法院議定之兵役法原則，交由軍事委員會審議，嗣據該會函送審查意見表及所擬兵役法草案，附進行意見及說明書，經交軍事法制兩組審查後，復提出第三四二次政治會議議決兵役法原則五項，函由國民政府於二十二年二月十六日令立法院轉交軍事委員會依據起草兵役法。旋起草完竣。立法院提出第三屆第十四次會議議決付法制委員會會同軍事委員會審查。該會等於第三屆第五次第六次第七次聯席會議，繼續提出討論，結果依據原則修正通過，都十三條。立法院復於二十二年六月九日第三屆第二十一次會議議決修正通過，並呈由國民政府於二十二年六月十七日公布施行。

此法全文共十二條，規定兵役分爲（一）國民兵役，（二）常備兵役，常備兵役分爲現役、正役、續役，凡男子不服常備兵役時即服國民兵役。關於兵役事務及在鄉軍人各種事項，由軍政部協同管理，關於國民軍事教育事項，由軍政部教育部協同管理。爲準備及實施各種事務，應就全國劃定師區團區，設置必要機關掌理之。至兵役之免役、緩役、及海軍之兵役，均另定之。

關於實業者——（一）度量衡法　前工商部擬具權度法草案，呈由國民政府轉送中央政治會議核議。中央政治會議於十七年九月提出第一百五十五次會議決議交法制局作初步審查。旋該局審查結果，以權度法草案，係根據國民政府公布之權度標準方案所擬訂，核其內容，尙屬妥協，當將各條文字逐條加以修正，復由第一百五十八次政治會議決議交立法院，於十七年十月十八日，函達立法院查照。

立法院於第二次會議議決，付法制委員會審查。該會於第六次例會，提出討論，認爲此案之最大改革在第五條，舊制營造尺（即現案之市用尺）等於公尺百分之三二，庫平一兩（即市兩）等於原器百萬分之三七三〇一，其小數之繁複，於市用甚感不便，現案所定似甚適宜。惟名稱一節，應改作度量衡，以期與刑法上所定名稱一律。又市用制重量項下，既名一斤爲十六兩，而斤又爲權重之單位，是一兩應作〇·〇六二五斤，故重量表應加以修改。至承製度量衡，必須由工商部特許，事實上不勝其擾，亦應略加修正。其餘內容，尙屬妥協，惟字句上間有修改之處，特擬具修正案，呈請立法院提會公決。

立法院於第十一次會議提出討論，當議決度量衡法修正通過，並呈由國民政府提出第二十次國務會議決議公布，並分飭查照。

此法全文共二十一條，規定度量衡以萬國權度公會所制定鉑銥公尺公斤原器為標準。標準制長度以公尺為單位，重量以公斤為單位，容量以公升為單位。市用制長度以公尺三分之一為市尺，重量以公斤二分之一為市斤，容量即以公升為市升。一斤分為十六兩，一千五百尺定為一里，六千平方尺定為一畝，其餘均以十進。度量衡原器由工商部保管，工商部並制副原器，分存國民政府各院部會及各特別市政府，又製地方標準器，經由各省市頒發各縣市為檢定或製造之用。副原器每十年檢定一次，地方標準器每五年檢定一次。本法施行細則另定，施行日期由工商部以部令定之。

（二）獎勵工業技術暫行條例　二十一年中央政治會議委員兼實業部長孔祥熙提議，以實業部所訂獎勵工業技術暫行條例，曾呈送行政院提經第四次及第二十一次國務會議議決通過，由部令公布，並經行政院呈報國民政府備案。惟此項條例第二十七條至二十九條，對於僞造發明、竊用他人發明方法及販賣僞造或仿造之物品等有科刑規定，擬請將此項條例中之各科刑條文予以決議通過，轉飭司法院遵辦。當經中央政治會議第三零八次會議決議交法制經濟兩組審查。旋據報告稱：「為獎勵工業技術起見，對於損害專利權之處罰原則，可予通過。唯該暫行條例第二十七條至第二十九條各條條文與其他法規有無抵觸或關聯之處，應交立法院提前審議。」復經提出本會議第三百十次會議討論，並經議決照審查意見通過，函由國民政府於二十一年五月二十七日令立法院遵照。

立法院於第一百八十八次會議議決，付法制委員會會同經濟委員會審查。該會等於第二十八次及第二十九次聯席會議先後提出討論，結果將獎勵工業技術暫行條例，修正爲二十九條，繕呈提會公決。立法院於第二百零二次會議議決，修正通過，呈由國民政府於二十一年九月三十日公布施行。

此條例全文共二十九條，規定依本條例受獎勵者，得享有專利權十年或五年。凡發明於軍事上應祕密者不予專利權，但政府應給以相當之報酬。呈請獎勵應向實業部爲之，經審查確定後，發給證明書，其專利權自發給證書之日起算。專利權期滿，得呈請延展，並加給證書，以一次爲限。僞造發明品損害他人之專利權者，或仿造發明品或竊用其方法以損害他人之專利權者，或販賣或意圖販賣而陳列僞造品仿造品者，均分別處以罰金、拘役或三年以下有期徒刑。本條例施行細則，由實業部定之。

（三）特種工業獎勵法　十八年二月，工商部擬具特種工業保障條例草案，送由行政院議決送政治會議。中央政治會議兼委員孫科亦提出對於工商部所擬特種工業保障條例草案之意見書，經提出第一百七十四次政治會議併案討論，當議決指定孔祥熙、趙戴文、易培基、薛篤弼、孫科、胡漢民六委員審查，由孔委員召集開會。孔委員等遵即召集會議，公同討論，僉以我國工業不振，亟應制定條例，妥予保障，俾期發榮滋長。爰就草案大體，公同議定要點三項：（一）第一條基本工業定義空泛，應將各項急需興辦之工業列舉規定，（二）保障方法中專賣與運輸免費兩項均取銷，(三)保障時期，應定一最高年限。復將草案文字，加以討論，除第一條至第三條，依照議定要點，逐一修正外，其他各條悉仍原文。中央政治會議第一百七十八次會議復提出討論，併經議決，特種工業保障條例改稱特種工業保障法，交立法院核議。

立法院於第十七次會議議決，付經濟委員會會同法制委員會審查。該會等審查結果，認爲大致妥善，應予通過。立法院復於第三十四次會議議決修正通過，並呈由國民政府於十八年七月三十一日公布施行。

此法全文共七條，規定應受獎勵之工業有四：(一)基本化學工業，紡織工業，建築材料工業，製造機器工業，電料工業，及其他重要工業，(二)製品能大宗行銷國外之工業，(三)自已發明或輸入外國新發明首先在一定區域內製造之工業，(四)應用機器或改良手工製造洋貨之代用品之工業。獎勵之方法有四：(一)准在一定區域內有若干年專利權，(二)准免若干年國營交通事業運輸費，(三)准免或核減若干年材料稅，(四)准免或核減若干年出品稅。但各種方法得間用一二種或併用之。呈請獎勵者，應具呈請書由工商部核准給予執照並呈報國民政府備案。（民國二十三年四月二十日國民政府復頒行工業獎勵法，此法因而廢止。）

(四)工廠法　中央政治會議第一七七次會議議決工廠法原則十二條，於十八年二月二十八日函送立法院依據起草。旋胡委員漢民、戴委員傳賢以工廠法原則中尙有應請解釋者，計有工廠工人數標準、工人最低年齡，及最低工資之規定等三點，提請明白解釋，俾資依據。當經提出第一九九次會議議決交法律組審查，旋審查完竣，復提出第二零一次會議，決議修正通過，於十八年十月二十三日函達立法院查照。

立法院於第五十六次會議提出報告，並交勞工法委員會查照。該會遵即推定委員從事起草，並開會討論通過，即繕具工廠法草案，呈請立法院提交大會公決。立法院於第五十七次會議議決，付勞工法委員會會同法制委員會審查。該會等遵即先後開會三次繼續討論修正通過。立法院復於第六十七次會議議決修正通過，並呈奉國民政府於十八年十二月三十日公布。

（五）工廠法施行條例　十九年工商部以工廠法業經明令公布，爰依第七十六條之規定，擬具工廠法施行條例草案凡六十一條，呈請行政院咨送立法院核辦。

立法院即交由勞工法起草委員會審查。旋該會討論修正通過，呈報立法院提會公決。立法院復於第一百二十一次會議議決修正通過，並呈由國民政府於十九年十二月十六日公布，定自民國二十年二月一日起為工廠法及工廠法施行條例施行日期。

此條例全文共三十八條，規定主管官署執行工廠法及本條例規定事項，應受最高主管機關之指導監督。工廠應將每日開工、停工、用膳及休息時間，連同全年休假日期公布之。童工、女工及年滿五十歲之工人，其工作之分配，應於健康檢查後定之。工廠應設相當數目之太平門或太平梯。工場門戶應向外開，工作時間不得下鎖。工廠會議應派員紀錄下列事項：（一）開會日期及地點，（二）出席代表、主席及紀錄員之姓名，（三）討論及議決事項，（四）其他報告及建議事項。

工廠法及工廠法施行條例施行後，各地工廠均甚感困難，分別呈轉行政院咨請立法院核議。立法院併交法制委員會會同勞工法起草委員會核議。該兩會迭經開會審查，並函准實業部抄送各地意見，及修正工廠法草案，修正工廠法施行條例草案，復開聯席會議，共同討論，並函請實業部派代表列席陳述意見，當經斟酌各地實在情形，參照該部所陳意見，將工廠法及工廠法施行條例，酌量加以修正，繕具草案兩分，呈請立法院提會公決。

立法院於第二百十一次會議一併提出討論，當分別修正通過，呈由國民政府於二十一年十二月三十日公布施行。

修正工廠法所修正之條文，爲第一、第三十四、第三、第四各條，但均爲文字上之修正。又第十條原定延長工作時間不得超過三十六小時，改爲四十六小時。第三十七條原定女工分娩停止工作，工資照給，改爲在廠工作六個月以上者工資照給，未滿六個月者減半發給。第五十二條第五十三條原定工人滿十八歲者，有選舉代表權，滿二十四歲者，有被選舉權，修正案改爲工人年滿十六歲者，有選舉權，滿二十歲者，有被選舉權。又第五十五條增定工廠會議出席及表決之人數。其餘大致與原條文無甚差異。

修正工廠法施行條例所修正者爲第一條解釋工人之定義，第五條、第八條爲文字修正，第九條增加一勞動紀念日，第二十條增定一「哺乳室」，其餘各條均未修改。

(六)工廠檢查法　十九年工商部擬定工廠檢查法草案，呈由行政院咨送立法院核辦。立法院一再交由勞工法起草委員審查。該會迭次召集會議，共同討論，修正通過。立法院復於第一百二十九次會議議決修正通過，呈由國民政府於二十年二月十日公布。

此法全文共二十條，規定工廠應檢查之事項有九：(一)工人工作時間，(二)工人休息及休假，(三)工人年齡及工作種類，(四)女工分娩假期，(五)工廠安全及衛生設備，(六)工廠災變工人死傷，(七)學徒年齡、工作人數及一切待遇，(八)簿册及登記，(九)其他事項。工廠得爲定期及不定期之檢查。工廠檢查員每三個月應呈報主管官署一次，其事項有十：(一)各業工廠統計，(二)各業工人統計，(三)各業童工狀況，(四)各廠工人流動狀況，(五)各廠災變統計，(六)各廠工作時間實況，(七)各廠工人傷病統計，(八)各廠安全狀況，(九)各廠工人休假狀況，(十)各廠衛生狀況。工廠及工廠人員或工會職員拒絕檢查、檢閱或詢問者，分別處以一百元或二百元以下之罰金。

(七)商品檢驗法　工商部辦理商品檢驗，於十七年十二月頒布暫行規則，俾資適用。十九年二月，工商部召集各商品檢驗局局長會議，僉以前頒之暫行規則，頗覺不敷應用，亟應補充，以臻完善。爰就以往事實斟酌損益，將商品檢驗暫行規則修改爲商品檢驗條例二十三條，並爲應付事實起見，將前項條例加暫行二字，由部公布，復呈由行政院提出第六十六次會議議決送立法院審議。

立法院於第八十六次會議議決，付法制委員會，經濟委員會，商法起草委員會審查。

二十一年實業部以前項暫行條例施行已久，其中條文應酌爲修正，特改爲商品檢驗法，以昭鄭重，擬具草案三十三條，呈由行政院提出第六十二次會議議決通過，於二十一年九月十四日咨送立法院查照審議。立法院即令交原審查委員會查照辦理。該會等迭開會議，共同討論，並函請實業部派代表列席說明，卽將商品檢驗法草案修正通過。此審查修正案與實業都原草案立意不同，其適用之處，限於輸出輸入之商品。至於國內商品，如杜絕毒質攙加，防止病害之傳染，依審查意見，亦可施行檢驗，以重民食，惟應由實業部妥議檢驗法，務期不病商，不擾民，方可推行盡利。

立法院復於第二百十三次會議議決商品檢驗法修正通過，並呈由國民政府於二十一年十二月十四日公布施行。

此法全文共十九條，規定檢驗商品由實業部呈准行政院，設立商品檢驗局，於輸出國外或由國外輸入之地點執行之，並酌收檢驗費。應施檢驗之商品，由商人於輸出、輸入前報請檢驗，否則科以五百元以下之罰鍰。商品檢驗合格，由局發給執照，方可輸入或輸出，如不合格，即通知原報驗人。應施檢驗之商品種類，檢驗合格之標準，本法施行之細則，均由實業部定之。

（八）商標法　民國十四年九月十二日，廣東國民政府公布修正商標條例，並由主管機關制定施行細則，俾資適用。十七年工商部設立全國註册局，適用舊商標法，並將全文登載第一期商標公報，通告中外商人，以資根據，而修正商標條例，事實上失其適用之效力。十八年工商部以舊商標法適用以來，業經一年，依據處理之商標案件甚多，已有積久難返之勢，在行政方面查核事實，亦無窒礙難行之處，爲鄭重法律效用，及免除適用疑義起見，特呈請行政院轉呈國民政府備案。

國民政府第五十四次國務會議提出討論，僉以民國十六年八月曾有明令，凡從前施行之各種實體法，訴訟法，及其他一切法令，除與黨綱或主義或國民政府法令抵觸各條外，一律暫准援用，商標法之適用自無不合。且該法內容亦尚平允，沿用既久，一旦概予更易，或恐中外商人，有所不便。此時應經立法程序，將商標條例加以修正，經即決議，將商標條例交立法院修正，由文官處於十八年十二月七日函達查照。

立法院於第六十五次會議議決，付商法起草委員會審查。該會遵即開會，並函請工商部派員列席陳述意見，參照成規，斟酌損益，修正條文計四十四條，並擬定標題爲商標法。立法院復於第八十六次會議提出討論，僉以國民政府於十四年九月十二日公布施行之修正商標條例，事實上既確有修改之必要，其名稱並應改爲商標法，當即議決修正通過，並呈由國民政府於十九年五月六日公布。

此法全文共四十條，規定凡商品欲專用商標者，應呈請註册。商標之註册日起，即取得專用權，以二十年爲限，呈請展期，仍以二十年爲限。商標局應備置商標簿册，註錄商標專用權。商標局應刊行商標公報，登載註册商標，及關於商標之必要事項。凡非營利事業之商品，有欲專用商標者，須呈請註册。本法施行細則，由工商部訂定，商標註册費及其他公費，均於細則中定之。

立法院於議決商標法後，復呈請國民政府規定海商法商標法。施行日期經第一百次國務會議議決自民國二十年一月一日施行。二十四年實業部擬具修正商標法條文草案，呈經行政院咨請立法院審議，經於二十四年十月三十一日議決「照審查修正案修正通過」，十一月二十三日公布。

（九）森林法　民國三年十一月，前北京政府公布森林法三十二條。十八年一月，農鑛部以該法規定，實欠周妥，當重加修訂，擬成草案，呈由行政院提出第十四次行政會議議決，交財政、內政、農鑛、軍政、教育五部長審查，由內政部長召集。內政部旋召集審查會，出席者內政部長趙戴文，財政部代表賈士毅，農鑛部代表陳郁，軍政部代表張羣，教育部代表吳震春，當即審查完竣，呈請行政院於十八年三月二十一日咨送立法院審議。

立法院於第十八次會議議決付法制委員會會同經濟委員會審查。該會等於第六次、第十四次、第十五次及第二十二次聯席會議，先後提出詳加討論，認爲大致尙妥，逐條修正通過。

立法院於第一百三十九次會議議決再付委員羅鼎、莊崧甫、史尙寬、孫鏡亞、黃右昌審查，由羅委員召集。羅委員等審查結果，將原案修正爲七十八條。立法院復於第一百九十八次會議議決修正通過，呈由國民政府於二十一年九月十五日公布。

此法全文共七十七條，分爲十章。第一章爲總則，規定森林分爲國有、公有、私有，及森林用地之編定。第二章爲國有林及公有林，規定國有林由主管部經管，公有林由各該地方主管官署或自治團體經管。公有林於特別情形，得收歸國有，私有林於必要時得依法徵收之。第三章爲保安林，國有林、公有林、私有林，於必要時應編爲保安林，但不必繼續存在時，得經主管部之核准解除其一部或全部。第四章爲林業合作社，規定經營林業者，得於必要時，組織林業合作社，但應訂定章程，受地方主管官署之許可，並監督之。第五章爲土地之使用及徵收，規定土地之使用，繼續至三年以上，或變更土地之形質者，土地所有權人得請求徵收其土地，其所有權於徵收時歸需用土地者取得之，其他權利概歸消滅。第六章監督，規定經營林業者，應將森林所在地之名稱，林地面積，竹木種類，林場地圖，及施業計畫，呈由地方主管官署，彙報主管部。第七章保護，規定主管官署得爲必要之命令或處分。森林保護區內，不得有引火之行爲，森林發生害蟲，應驅逐之。第八章獎勵，森林用地得減稅或免稅。經營林業著有成績，或與國際貿易有重大關係者，得分別獎勵之。國有荒山、荒地，編爲森林用地者，中華民國人民願承造林者，得無償給與之，但應繳相當之保證金，俟查明確有成績，再行發還。第九章罰則，規定森林竊盜，放火燒燬他人之森林，於他人森林內擅自開墾或牧放牲畜者，分別處以徒刑、拘役、罰金。第十章附則，規定本法施行細則由主管部定之，施行日期以命令定之。

（一〇）鑛業法　十八年中央執行委員會第二次全體會議決議關於鑛產開採案之說明及方案，由中央常會函由政府轉令農鑛部遵照辦理。該部當卽限令鑛法起草委員按照方案意旨從速編訂完竣，都爲十章一百三十二條，呈由行政院，提交第五十二次會議決議通過，於十九年一月九日咨送立法院審議。

立法院於第七十一次會議議決，付經濟委員會會同財政委員會審查。該會等先後開聯席會議三次，共同討論，並函請農鑛部派員列席說明，當卽詳加審查，逐條修正通過。

立法院復於第八十七次會議提出討論，當以鑛業法審查修正案第七十四條、第七十八條保留，原草案第七十五條、第八十三條、第八十五條有斟酌採用之必要，關於以上各點及條文之次序與文字之整理，一併交委員林彬、孫鏡亞、衞挺生、史尙寬、陳長蘅審查，由林委員召集。卽經議決：（一）鑛業法第二讀會修正通過，（二）依議事規則第十條及第四十九條之規定，於第八十八次會議開第三讀會。旋於第八十八次開第三讀會修正通過，呈由國民政府十九年五月二十六日公布。

此法全文共一百二十一條，分爲九章。第一章總則，規定中華民國領域內之礦爲國有，及礦之種類並礦業與礦業權之範圍。第二章礦業權，規定礦業權之性質與效用，礦業權之設定，礦業權之變更與移轉，礦業權之消滅，礦業權之抵押等。第三章國營礦業，規定國營礦業之管理，國營礦業之出租，國營礦業之探採等。第四章小礦業，規定小礦業權之設定，小礦業權之期限，呈請設立小礦業權之手續等。第五章用地，規定礦業實在使用地面爲用地，礦業權者於必要時，得使用他人土地，但應經主管官署許可，並應給予以相當之償金。第六章礦稅，規定礦稅分礦產稅與礦區稅，及各稅之稅率。第七章礦業監督，規定礦業監督官署爲農礦部或省主管官署，並得於礦業繁盛區域或重要礦場設置礦業監察員。第八章罰則，規定違反本法強行規定各條文，分別處以徒刑、拘役、罰金。第九章附則，規定本法施行細則，由農礦部定之，施行日期以命令定之。

旋財政部以礦產稅向係歸該部管理，擬具礦產稅條例及修改礦業法意見，呈由行政院提經第二十五次國務會議議決，交財政、實業兩部會同審查。該部等審查結果，將礦產稅條例草案及原擬修改礦業法意見，分別加以修正，復經提出第三十三次國務會議決議，送立法院。

立法院於第一百五十六次會議議決，礦產稅條例草案及修正礦業法第九十三條第九十四條條文，付經濟委員會會同財政委員會及委員羅鼎、林彬、史尙寬審查。該會等迭開聯席會議，詳加討論，將礦產稅條例草案並礦業法第九十三條條文修正通過，第九十四條毋庸修正。並以礦業法第二條未列錳礦，而第十條列有錳礦，即一併修正，於該法第二條鎢礦之下，將錳礦列入。又該法內所稱農礦部，亦修正爲實業部。

立法院於第一百七十次會議提出討論，當議決礦產稅條例修正通過，礦業法第二條、第九十三條、第一百十六條條文修正通過，並呈由國民政府於二十一年一月二十三日公布施行。

（一二）漁業法　十八年國民政府第三次臨時國務會議，譚委員延闓、陳委員果夫、胡委員漢民、蔡委員元培、提議，應由立法院制定漁業漁會法以資整理經議決照辦。立法院於第十九次會議議決，付委員林彬、馬寅初、莊崧甫、陳肇英起草，由林委員召集。旋十八年五月二十日，立法院又加派蔡委員瑄起草漁會法、漁業法，並改為蔡委員召集。該委員等當卽召集開會，決定漁業法由蔡委員瑄、馬委員寅初先行起草，漁會法由莊委員崧甫、陳委員肇英先行起草。中間因翻譯外國漁業法典，及調查各省漁業材料，輾轉需時，以致未能迅速脫稿。旋起草委員先後提出草案，迭次開會，詳加討論。僉以吾國漁業，向極放任，政府不加注意，漁民亦無力改良，加以近來捐稅煩苛，盜匪充斥，外人越界撈捕，賤價輸入，致漁業日就不振，漁民日就困窮，自非予以充分之保育不可，故本法對於保護及獎勵特定專章以資改進。至漁業行政，除漁業繁盛地方另設漁業局外，概歸縣公署掌理。中央以農礦部，各省以農礦廳或建設廳為主管監督官署，不另設機關以免滋擾。漁民渙散，再制定漁會法以組織之，俾得同力合作，挽回利權等語。當卽議決修正通過。

立法院復於第五十六次會議議決，修正通過，呈由國民政府於十八年十一月十一日公布。

此法全文共四十九條，分六章。第一章總綱，解釋漁業、漁業人、行政官署，及適用本法之範圍。第二章漁業權及入漁權，規定漁業權、入漁權視為物權，存續期間不得逾二十年。第三章行政及管理，凡欲設定漁具以經營採捕業，或區劃水面以經營養殖業者，應呈請該管行政官署轉報主管廳部備案，但行政官署得加以限制，或附以限制。第四章保護及獎勵，政府爲獎勵漁業之改良發達，應於預算內特設漁業獎勵金及漁業銀行基金。第五章罰則，侵害漁業之權利，遷移汚損或毁壞漁場之標識，及其他各種特別情事者，分別處以徒刑、罰金。第六章附則，規定本法施行細則，由農礦部定之，施行日期以命令定之。

十九年一月十七日，立法院漁業法起草委員蔡瑄呈請轉呈國民政府迅定漁業法、漁會法施行日期，以示政府注意漁業、體恤漁民之至意。國民政府第六十一次國務會議議決交由行政院擬定施行日期。

二十一年五月，立法院法制委員會第一百五十三次會議討論行政院咨請解釋特別市區能否設置漁會一案，僉以與其勉強解釋意義，與立法本意不符，不如修正法文，較爲妥善。當經議決將漁會法、漁業法有關係之條文加以修正。旋復於第一百五十八次會議提出討論，將漁業法有關係各條文分別修正通過，呈由立法院提出第一百九十三次會議議決，照法制委員會修正案通過。

此修正案爲第二條、第三條、第十八條、第十九條、第三十四條、第三十八條、第三十九條及第四十七條條文，大致均爲關於行政官署之規定。

（一二）交易所法　十八年工商部以交易所爲調劑供求、平準物價之商業機關，實握貿易之樞紐，與社會經濟關係甚大，爰擬定交易所法草案五十八條及交易所法施行細則草案二十七條，於四月二十一日提出行政院第二十一次會議決議通過，送立法院。

立法院於第二十二次會議議決，付經濟委員會會同商法委員會審查。該會等於六月十四日開會審查，將交易所法詳加討論，逐條修正通過，並以交易所法施行細則，可由工商部自行訂定，毋庸經本院審議。立法院於九月十二日第四十八次會議開二讀會修正通過，又於九月十四日第四十九次會議開三讀會議決通過，並呈由國民政府於十八年十月三日公布。

此法全文共五十八條，分爲八章。第一章設立，規定商業繁盛區域得由商人呈請工商部核准設立交易所，以滿十年爲存立年限，但得呈准續展。第二章組織，規定交易所得用股份有限公司組織，或同業會員組織。第三章經紀人及會員，規定有中華民國國籍人民或法人，乃得爲經紀人或會員，並須呈請工商部核准註册，繳註册費及保證金。第四章職員，交易所職員設理事長一人，理事二人以上，監察人若干人，任期三年，由股東或會員選任之。第五章買賣，交易所應決定公定市價並公告之，其買賣期限有價證券不得逾三個月，棉花等類不得逾六個月。第六章監督，交易所有違背法令、妨害公益或擾亂公安之行爲，工商部得爲必要之處分，並得於必要時派員檢查。第七章罰則，違背本法各條所規定，或其他不正當之行爲，得處以徒刑、罰金、罰鍰。第八章附則，規定本法施行細則，由工商部定之，施行日期以命令定之。嗣於二十四年四月，立法院委員史維煥等提請修正交易所法條文，經於四月五日院會通過修正，於四月二十七日公布。

（一三）勞資爭議處理法　十九年，立法院勞工法起草委員會以勞資爭議處理法施行期間，前經再行展期，現復瞬將屆滿，亟應重加修正，以便處理勞資爭議時有所根據。當於二月二十七日開會提出共同討論，參照舊法，斟酌現情，擬具草案四十條並更定名稱爲勞資爭議法，呈由立法院提出第七十九次會議議決修正通過，呈奉國民政府於十九年三月十七日公布施行。

此法全文共四十條，分爲六章。第一章總則，規定勞資爭議發生時，應召集調解委員會調解，調解不成立，應付仲裁委員會仲裁。第二章勞資爭議處理之機關，規定調解委員會置委員五人至七人，仲裁委員會置委員五人。第三章勞資爭議處理之程序，規定調解委員會應於召集後二日內開始調查，其期間不得逾七日，仲裁委員會之仲裁，以全體委員之會議行之，取決於多數。第四章爭議當事人行爲之限制，規定在調解及仲裁期內，雇主不得停業或開除工人，工人或工人團體不得罷工或封閉商店或工廠。第五章罰則，規定違反本法強行之規定者，分別處以罰金，或依刑法處斷。第六章附則，規定省市政府得擬具本法施行細則，呈請國民政府核定。

二十一年七月，中央政治會議第三百十九次會議，吳委員鐵城提議，略稱勞資爭議處理法拋棄強制仲裁，改用自願仲裁，致使勞資發生爭執時，當事人不請仲裁，政府即不得仲裁，且在交付仲裁之手續上，政府不得採用強制手段，遂令勞資雙方得恣意欲爲，各走極端。用特縷述其種種事實及理由，擬請重行改修勞資爭議處理法，恢復強制仲裁，否則請准由上海制定單行法規，採用強制仲裁以弭隱患。當經決議恢復強制仲裁辦法，交立法院審議。

立法院於第一百九十六次會議議決，付勞工法起草委員會審查。該會遵於八月十八日開會共同討論，當經遵照中央政治會議決議，恢復強制仲裁辦法，將勞資爭議處理法加以修正。並以工會法第二十三條，與強制仲裁有相互關係，並經提會加以修正。立法院復於第一百九十九次會議議決，再付勞工法起草委員會會同經濟委員會軍事委員會審查。該會等迭開會議共同審查，並函請軍政、實業、交通、鐵道各部，建設委員會，南京上海兩市政府，各派代表列席，陳述意見。當經將原案第四條、第十五條、第十六條、第二十條、第四十四條各條條文重加修正通過。再修正工會法第二十三條條文，僉以毋庸再加修正。立法院復於第二百零一次會議議決修正通過，呈由國民政府於二十一年九月公布施行。

此修正案所修正各條，即將原案關於自願仲裁各條，改爲強制仲裁，其餘大致與原案相同。

（一四）會計師條例　十八年十二月十四日，立法院於第六十五次會議，委員衞挺生等五人提議略稱：「考會計師在現今社會關係公共秩序，及經濟事業之發展至鉅，在各國法律，均嚴限其資格。乃查本年十一月二十六日，工商部修正公布之會計師章程，竟許中學畢業者爲會計師，過於寬濫，勢必使商業社會之良好保障，破壞無餘，似宜亟予糾正。可否比照技師登記辦法，速由本院起草條例公布，以貫澈本黨獎進經濟事業與保障民衆利益之精神。是否有當？敬請公決。」當議決付財政委員會起草。該會即起草會計師條例草案三十條，並提出第二十四次常會討論，逐條通過。呈由立法院第七十一次會議議決，付原起草委員會審查。旋審查完竣，提經第七十二次會議議決修正通過，呈由國民政府於十九年一月二十五日公布。

本條例全文共二十五條，規定會計師受工商部之監督。凡中華民國人民在國立或國內外經教育部立案或認可之公私立大學、獨立學院或專科學校之商科或經濟科畢業，並曾在專科以上學校教授主要科目二年以上，或任會計主要職員二年以上，經工商部審查合格，發給證書，始得爲會計師。工商部置會計師登記簿，省市之工商行政官署置會計師登錄簿，會計師登錄後，不得兼營工商業及其他特殊情事。會計師公會置執行委員三人至七人，監察委員一人至五人。會計師公會應將會務及會員職務概況向所在地工商行政官署每半年呈報一次。會計師有違反本條例及會計師公會章程者，得呈請工商行政官署交付懲戒，分為訓誡、停職、除名三種。

（一五）團體協約法　十九年五月二十二日勞工法起草委員會擬具團體協約法草案三十一條，呈立法院，略云：「竊職會起草勞動法規，前經決定採用單行法形式，除工會法、工廠法業經先後呈報提交大會通過在案，茲復擬就團體協約法草案，並於五月二十日開會逐條討論完竣，理合繕具草案，呈請提會公決。」

立法院於第九十二次會議議決，付法制委員會會同勞工法起草委員會審查。該會等遂開聯席會議，提出討論，結果修正通過。立法院復於第一百一十三次會議議決修正通過，呈由國民政府於十九年十月二十八日公布。

此法全文共三十一條，分五節：第一節總則，解釋團體協約之意義，勞動關係之範圍，並規定團體協約應由當事雙方或一方呈請主管官署認可。第二節限制，團體協約得規定僱主僱用工人限於一定工人團體之團員，並得規定應由工人團體介紹，及工人團體職員因辦理會務請假之時間。第三節效力，規定團體協約所定勞動條件，為勞動契約之內容，團體協約已屆期新協約尚未訂立時，仍繼續為其內容，如違反此規定時，得分別科以罰金。第四節存續期間，團體協約期限不得過三年，其未定期者，得於一年後終止之，但須於三個月前通知。第五節附則，規定本法施行日期，以命令定之。

關於教育者——（一）中學法、小學法　十七年大學院先後公布中學暫行條例，及小學暫行條例。惟閱時既久，施行頗有難期適合之處。二十一年六月教育部特另行擬具中小學組織法草案，呈由行政院提出第四十次會議決議通過，並咨立法院及函中央政治會議。

中央政治會議第三百十四次會議，提出討論，當決議交教育組審查。旋審查完竣，認爲大體已臻完善。僅中學組織法第二條第二項「初級中學或高級中學得單獨設立之，」改爲「初級中學及高級中學得混合設立之。」以單獨設立爲原則，其規模較大者，不妨混合設立。此外中小學校長，皆應兼任本校教課，直接與學生接觸，則訓練較易。復經第三百十八次政治會議決議，照審查意見通過。

立法院於第一百九十八次會議議決，付法制委員會審查。該會遵於第一百六十四次及第一百七十二次會議，先後提出討論，結果將中學組織法及小學組織法兩草案修正通過。立法院復於第二百十次會議議決修正通過，呈由國民政府於二十一年十二月二十四日公布。

中學法全文共十四條，大致規定中學以發展青年身心，培養健全國民，並爲研究高深學術，及從事各種職業之預備。中學分爲初級、高級，由省市設立，縣市亦得設立之。中學科目及課程標準，並中學規程，均由教育部定之。中學設校長一人，教員由校長聘任。中學修業期滿，成績及格，由學校給予畢業證書。

小學法全文共十八條，大致規定小學以發展兒童身心，培養國民道德基礎，及生活所必需之基本知識技能爲宗旨。小學修業六年，前四年爲初級，後兩年爲高級。小學由市縣或區坊鄉鎭設立，私人或團體亦得設立。小學設校長一人，教員由校長聘請合格人員充任。小學科目及課程標準，並小學規程，均由教育部定之。

(二)師範學校法、職業學校法　二十一年六月，教育部既擬具中小學校組織法草案後，復擬定師範學校及職業學校組織法各草案，呈由行政院提出第四十九次會議決議修正通過，送中央政治會議。中央政治會議提出三百十八次會議討論，並經決議交教育組審查。該組審查結果，認爲師範學校組織法草案之精神爲(一)高中或初中畢業生，均以一年之訓練養成其師資，(二)設簡易師範訓練簡易小學之師資，(三)高中與師範分立，俾高中得專事升學之準備，而師範專事師資之養成。職業學校組織法草案之精神爲，(一)以單科爲原則，(二)高級與初級職業學校分別設立，均極可取，並將條文略加修正。復提經第三百十九次政治會議決議照審查意見通過，交立法院。

立法院於第一百九十八次會議議決，付法制委員會審查。該會於第一百七十四次會議提出討論，結果次第修正通過。立法院復經提出第二百一十四次會議議決修正通過，並呈由國民政府於二十一年十二月十七日公布施行。

師範學校法全文共十七條，大致規定師範學校在以嚴格之身心訓練，養成小學之健全師資。師範學校得附設特別師範科、幼稚師範科、修業期限分爲三年、二年或一年、三種。師範學校由省市或縣設立，設校長一人，教員若干人。師範學校均不收學費，學生修業期滿，實習完竣，成績及格，由學校給予畢業證書。師範學校科目，課程標準，實習規程，校長教員之任用規程，師範畢業生服務規程，均由教育部定之。

職業學校法全文共六十條，大致規定職業學校在培養青年生活之知識與生產之技能。職業學校分爲初級、高級，以設立單科爲原則，但有特別情形得設立數科。職業學校由省市設立之，但縣市私人或團體亦得設立。學生修業期滿，實習完竣成績及格，由學校給予畢業證書。職業學校規程，職業學校之教學科目，設備標準，課程標準，實習規程，校長教員之任用規程，均由教育部定之。

（三）電影檢查法　十九年三月二十七日，中央執行委員會第八十二次常會，據中央宣傳部呈擬電影檢查條例草案，請公決施行，當經決議送政治會議交立法院按左列原則，制爲法律，由政府頒布施行：（一）電影檢查事宜，由各特別市政府負責辦理，但特別市黨部應派員參加指導；（二）甲地檢查後，乙地等免檢查；（三）檢查手續應力求簡單與迅速；（四）國產影片免收檢查費。

立法院於第八十四次會議議決付法制委員會審查。該會於第七十九次及第九十二次會議，先後提出討論，結果擬具電影檢查法草案都十四條，呈由立法院提出第一百一十三次會議議決修正通過，並呈報國民政府於十九年十一月三日公布施行。

此法全文共十四條，規定影片有下列情形之一者，不得核准：（一）有損中華民族之尊嚴者，（二）違反三民主義者，（三）妨害善良風俗或公共秩序者，（四）提倡迷信邪說者。電影檢查由教育部派四人，內政部派三人組織之。凡影片均應由持有人聲請檢查，經核准後發給執照，以三年爲有效期間。違反本法規定得處以三百元以下之罰鍰。民國二十三年國府復將此法第三條加以修正，並令飭施行。

（四）國民體育法　十八年一月，國民政府訓練總監樓陳國民體育及軍事教育之重要，呈請國民政府飭立法院規定國民體育法，主席諭交立法院核議。

立法院提出第十二次會議議決付軍事委員會審查，並於起草時，依本院組織法第十七條之規定，請原提議人及教育部部長列席。

軍事委員會於第五次常會議決，指定陳委員肇英起草；旋起草完竣，復開第三次臨時會議討論，當將國民體育法草案十五條，國民體育法施行法草案五條，一併審查修正通過。

立法院復於第十七次會議提出討論，當議決國民體育法修正通過，施行法於必要時另行擬定，呈復國民政府鑒核。國民體育法經國務會議議決通過，由國民政府於十八年四月十六日公布施行。

此法全文共十三條，規定中華民國男女有受體育之義務，父母或監護人應督促之；實施體育之方法，由訓練總監部會同教育部定之；高中或高中相當以上之學校，均以體育爲必修科，體育教員須有合格證書，其服務三年以上，確有成績者，訓練總監部須予以相當獎勵；各自治之鄉鎭市，必設公共體育場，各縣市設有體育會者，應受該地方政府之監督。

關於交通者——(一)國道條例　十八年七月，鐵道部擬具國道暫行條例草案，呈由行政院咨送立法院審議。立法院於第三十七次會議議決，付經濟委員會會同財政委員會、土地法起草委員會審查。該會等於第一次、第二次聯席會議共同討論，將標題修正爲國道條例，草案並將條文逐條修正通過，呈由立法院於第一百四十四次會議議決通過，呈報國民政府於二十年六月六日公布。

此條例全文共十三條，規定凡兩省區以上，及有關國防之要塞、港灣、商埠之路皆爲國道，由鐵道部權衡緩急，指定與築程序。各省區境內國道，由建設廳或主管機關限期築成。國道邊防線，由鐵道部直接辦理，關於國道事宜，各省區如發生爭執，由鐵道部處理之。

（二）船舶法、船舶登記法　十九年三月，交通部擬具船舶法、船舶登記法草案各一份，呈經行政院提出第六十二次會議議決，送立法院審議。立法院於第八十三次會議議決，付法制委員會會同軍事委員會、商法起草委員會審查。旋審查完竣，復提出立法院第一百一十次會議議決，再付原審查委員會會同起草海商法委員審查。該會等遵開聯席會議共同討論，由起草海商法委員樓桐孫詳細說明，結果，將船舶法草案修正案第一條、第三條修正，並將第四條删除，以下各條依次遞改，至船舶登記法草案仍照原審查修正案。

立法院復於第一百十七次會議議決，船舶法修正通過，呈由國民政府於十九年十二月四日明令公布。又於第一百十八次會議議決船舶登記法修正通過，呈由國民政府於十九年十二月五日明令公布。

船舶法全文共四十三條，分六章。第一章通則，規定船舶非中國者不得懸掛中華民國國旗，不得停泊中華民國港灣口岸。船舶應備之標誌有五，應備之文書凡十。第二章船舶檢查，規定船舶應於初次航行前，航行期滿時及遇必要時施行檢查，由主管航政官署，派員於船舶所在地施行之。第三章船舶丈量，規定船舶所有人應向船舶所在地之主管航政官署聲請丈量，發給船舶噸位證書。第四章船舶國籍證書，規定船舶所有人應依法爲船舶所有權之登記，並呈請交通部發給國籍證書。第五章罰則，規定違反本法所規定，分別處船長以罰金。第六章附則，規定關於船舶之各項章程及證書，由交通部定之。本法施行日期，以命令定之。

船舶登記法全文共六十八條，分六章。第一章總則，規定船舶登記應具聲請書，並由聲請人簽名，呈送各項文件，由主管航政官署發給證明書。第二章所有權登記程序，規定初次登記所有權者，應取具證明爲所有人之文據，並連同各項證書、聲明書一併呈送。第三章抵押權及租賃權登記程序，規定因抵押權之設定，而聲請登記者，應記明債權數額，因租賃權之設定而登記時，聲請書內應載明租金數額。第四章註銷登記程序，規定登記權利，而登記義務人死亡時，由登記權利人聲請註銷登記，但應加具死亡證明書。第五章登記費，規定聲請船舶登記，應分別繳納登記費。第六章附則，規定本法施行細則，由交通部定之，施行日期及區域，以命令定之。

（三）郵政儲金郵政國內匯兌法　十九年九月，中央政治會議第二四三次會議，委員兼立法院院長胡漢民、副院長林森提議稱：「關於郵政儲金匯兌問題，關係國民經濟國家財政，乃至一切實業建設，至爲重大。各國關於此項制度規章極其嚴密，現立法院正討論本案，惟立法原則，應請先行決定，俾得着手起草。」當經決議交王伯羣委員擬具原則草案，送法律、經濟、財政三組審查，由戴委員召集。旋該三組審查完結，認爲王委員所擬郵政儲金法及郵政匯兌法原則草案，應交立法院參考，復經第二四六次政治會議決議交立法院。

立法院於第一百二十六次會議議決，交法制委員會會同經濟委員會起草，旋起草完畢，繕具草案，提經立法院第一百四十七次會議議決修正通過，呈由國民政府於二十年六月三十日公布施行。

郵政儲金法全文共十九條，規定郵政儲金分爲四種：（一）存簿儲金，（二）支票儲金，（三）定期儲金，（四）劃撥儲金。每人或每一團體，僅得爲一存戶，每戶以三千元爲限。存戶如五年內並無存入支出，郵政儲金機關應速通知取回存款，並停止給息。郵政儲金本息，以郵政財產擔保之。

郵政國內匯兌法全文共十五條，郵政匯兌分爲三種：（一）普通匯兌，（二）電報匯兌，（三）小款匯兌。匯款及費用，以國幣或通用銀幣爲限。匯票有效期間，至少不得在三月以下，逾期，由郵局通知匯款人領還，如不領還，滿三年後，匯票作廢，款卽入公。

（四）電信條例　十七年五月，交通部擬具電信條例草案，呈請國民政府諭交立法院核議。立法院於第四次會議議決付經濟委員會會同軍事委員會審查。旋審查完竣，擬具修正案，呈由立法院提經第七次會議議決修正通過，呈復國民政府於十八年八日六日明令公布。

此條例共二十二條，規定電話、電報，不論有線、無線，均爲電信，由交通部管理。電信機器，及其附件，須有交通部之護照，方准進口。國營電信事業所用之機器及材料，概免課稅。政府因維持公安，得指定區域，停止或限制電信之傳遞。違反本法各條強制之規定，得分別處以罰金。

（五）鐵道法　我國自有鐵道以來，垂五十年餘，迄無根本法之頒行。各路自爲風氣，辦事無所依據。二十年一月，鐵道部遵照中央政治會議通過之建設大綱原則，擬具鐵道法草案，呈經行政院飭據政務處審查簽註意見，提出第九次國務會議議決，照簽註修正，送立法院。

立法院於第一百二十九次會議議決，付經濟委員會會同法制委員會、財政委員會審查。該會等迭次開會討論，當將鐵道法草案逐條修正通過。立法院復於第一百九十二次會議議決修正通過，呈由立法院於二十一年七月二十一日公布施行。

此法全文共二十二條，規定鐵道分為國營鐵道、公營鐵道、民營鐵道、專用鐵道。國營鐵道由鐵道部管轄，並得借用外資。公營鐵道由地方政府經營。民營鐵道由人民經營。均由鐵道部監督。公營鐵道、民營鐵道均得由國民政府收買之。

三、立法類——（一）立法程序綱領　民國十七年三月一日國民政府公布立法程序法，共十條。當時立法院尚未成立，故本法規定中央政治會議得議決一切法律，由中央執行委員會交國民政府公布之。蓋中央政治會議本身即為最高立法機關也。有提案之權者為國民政府直屬各機關及各省、各特別市政府。而中央政治會議得命法制局起草法律案，並得示以定法原則。嗣法制局撤銷，立法院成立，此立法程序法初猶適用。

代立法程序法而起者，有立法程序綱領，於二十一年六月二十三日，第四屆中央執行委員會第二十五次常務會議通過，復於二十一年七月十四日，第四屆中央執行委員會第二十八次常務會議，及二十二年四月二十日，第六十七次常務會議，兩度修正，規定得提出法律案於立法院者，為中央政治會議，國民政府、行政院、司法院、考試院、監察院及立法委員。其他各機關關於主管事項，得呈請其主管院提出。五院以外之國民政府直轄機關，應呈請國民政府核定交議。一切法律案除政治會議交議者自定原則外，餘均應擬定法案原則草案，送請政治會議決定。立法院不得變更政治會議決定之原則，但得陳述意見。各種法律案之原則，除祕密法案外，政治會議得先交立法院審議後，再爲最後之決定。立法院通過之法律案，中央政治會議認爲有修正之必要時，得於公布前，交立法院修正之。此其大要也。

（二）法規制定之標準　同屬法規而有稱法、稱律、稱條例或章程、規則之異。民國以來關於根本大法，皆稱之曰法，如約法、憲法是。其餘司法類重要之法規，率稱之曰律。如暫行新刑律，民事訴訟律是。律之未經立法程序而公布者，多稱之曰條例，如民刑訴訟條例是。但無明文規定劃一之標準。自立法程序法公布後，規定凡中央政治會議議決之法律，概稱曰法。國民政府制定施行法律之規則，概稱條例。

立法院成立，從事整理現行法規。委員邵元冲等提議整理現行法規，宜定審查程序及標準。委員王世杰等提議，關於立法院依立法程序成立之法案，應一律定名爲法。同時行政院亦因軍政部之呈請釐定法規標題，並頒行程序，經立法院付法制委員會合併審查，由法制委員會擬具法規制定標準法，暨整理現行法規之標準草案。提經十八年五月四日，立法院第二十二次會議通過。法規制定標準法共六條，規定凡法律案，由立法院三讀會之程序通過，經國民政府公布者爲法；條例、章程、規則之制定，應根據法律，不得與法律牴觸。由國民政府於十八年五月十四日公布，公布日施行。至整理現行法規之標準，爲立法院對於現行法規整理之手續，共三則：對於立法程序法公布前，經大元帥或國民政府公布涉及國家機關組織，人民權利義務者，認爲法律；立法程序法公布後至立法院成立止，經國民政府以法之名稱公布者，及立法院成立後以法之名稱議決，經國民政府公布者，皆爲法律。

四、司法類——關於民事者——民事法規，爲民法、民事訴訟法及其他民事關係法令。現行民法係仿德國式編制法，復分總則、債權、物權、親屬、繼承五編，各編及民事訴訟法，均經立法院另訂施行法以爲施行準則，皆屬於民事法規之範圍。此外民事法規關係法令尤繁且賾，但經立法院依立法程序制定者，僅民事調解法一種，故其餘置不論。

（一）民法總則及其施行法　國民政府初設法制局，編訂各種法典，至十七年十二月始撤消法制局，設立法院。十八年一月，立法委員傅秉常、呂志伊、林彬、焦易堂等以我國法制多未頒行，既無以應國人之需要，且貽外人以維持領事裁判權之口實，提議分別緩急，從速擬訂應先草擬之各種法典，經立法院會議議交各委員會委員長審議，咸認爲民法、商法、自治法、勞工法等應卽先行編訂，並請指定委員若干人分組起草。同年一月二十九日，復提經立法院第十次會議決議，照審查報告先行起草民、商等法。民法總則由委員傅秉常、史尚寬、焦易堂、林彬、鄭毓秀起草，並聘司法院長王寵惠、考試院長戴傳賢及法人寶道（Padoux）爲顧問，成立民法起草委員會。該會委員傅秉常等奉命草擬民法總則，先後開會三十餘次，於民國十八年四月脫稿，提交大會公決，經同年四月十三日立法院第十九次會議及四月二十日第二〇次會議修正通過。

立法院通過之民法總則，共分七章，都一百五十二條，章目爲法例、人物、法律行爲、期日及期間、消滅時效、權利之行使之各種規定，更由立法院呈經國民政府，於十八年五月二十三日明令公布，並定同年十月十日爲施行日期，卽現行之民法總則也。

民法總則既經制定公布，民法起草委員會卽着手草擬民法總則編施行法，於十八年九月擬就，經同年九月十日立法院第四十七次會議議決修正通過，計十九條，大體爲規定民法總則對於施行前所發生之事項，應如何適用，並對於總則未明白規定者加以補充。通過後由國民政府於十八年九月二十四日明令公布，與民法總則同日施行。

（二）民法債權編及其施行法　民法債權編之立法原則，經立法院交民法起草委員會遵照起草。該委員會復參酌中國國民黨之政策、政綱及總則編中貫通民法全部之四大原則，先後開會百五十餘次，歷時五閱月之久，於十八年十一月，擬就民法債權編草案，提交十八年十一月五日至八日立法院連續舉行四日之第五十八次會議修正通過。

民法債權編計分二章，共六百〇四條。第一章爲通則，乃各個之債均能通用之法則也。第二章則列舉各種之債而規定其特有之事項焉。立法院通過後，呈由國民政府於十八年十一月二十二日明令公布，並定十九年五月五日爲施行日期。

先是國民政府外交部，於十七年會同內政、司法兩部，擬定內地外國教會租用土地房屋暫行章程，呈准國民政府由該部公布施行。十八年八月，內政部因准甘肅省政府咨請頒發此項租用之契約式樣，會同外交、司法行政兩部，擬具外國教會租用土地房屋契約內必須載明之四項辦法，以爲暫行章程之補充，呈由行政院轉呈國民政府令交立法院辦理，經外交委員會會同委員吳尚鷹、史尚寬審查。審查後，更提經十八年十月五日立法院第五十二次會議通過。是爲外國教會租用土地必要事項案，規定租用契約應載明租用期間，土地房屋之面積大小及用述，教會之國籍等項。此亦有關於民法債權編之特別法案也。

民法起草委員會於債權編制定公布之後，隨於十九年一月，擬就民法債權編施行法草案，提交同年二月一日立法院第七十四次大會通過，計十五條，規定債權編施行前發生之債能否適用及如何適用債權編之法則，經國民政府於十九年二月十日公布，與民法債權編同日施行。

(三)民法物權編及其施行法　民法物權編由中央委員胡漢民，於十八年擬具原則十四項，提經中央政治會議，議交該會議法律組審查，修正爲十五項，復經中央政治會議第二〇二次會議決議，照修正案通過，交立法院查照辦理。此項原則所規定者，爲任意創設物權之禁止，物權之登記，所有權之限制，及其取得公同共有之設定，佃權與租賃之區別，及其保護典權之意義，期間讓與及找價，取得時效之規定，動產受讓之占有等項。

上述之立法原則，經立法院交由民法起草委員會遵照起草，於民國十八年十一月擬成民法物權編草案，提經十八年十一月十九日至二十日之立法院第六十一次會議修正通過。

現行民法物權編，計分十章，以通則爲全編之冠，爲各種物權通用之法則，更以所有權、地上權、永佃權、地役權、抵押權、質權、典權、留置權各列一章，而因占有係一種事實，以之爲全編之殿，都二百〇九條，經立法院於通過後，呈由國民政府於十八年十一月三十日明令公布，並於十九年五月五日施行。

民法物權編施行法，係由民法起草委員會，於十九年一月與民法債權編施行法同時擬就，共十六條，亦不外規定施行後關於物權登記及時效等問題之適用辦法，經國民政府於十九年二月十日公布，同年五月五日與物權編一並施行。

（四）民法親屬編及其施行法　十九年三月，立法院民法起草委員會委員傅秉常、焦易堂、史尙寬、林彬、王用賓等，以民法前三編均經國民政府次第公布，第四編親屬，第五編繼承，亟待起草以資適用。惟此兩編對於中國國民黨黨綱及我國固有習慣，關係尤鉅，特將應行先決各點，呈請中央委員並立法院院長胡漢民、副院長林森提請中央政治會議，先行制定親屬、繼承兩法原則，俾便遵照起草。關於親屬法上應先行決定者大致可分六項：（一）親屬之分類及其範圍如何，（二）成婚之年齡如何，（三）親屬之結婚限制如何，（四）夫妻財產應如何規定，（五）妾之問題可否以單行法解決，（六）家制如須規定應如何規定等各問題。

中央委員胡漢民等，將上述應先解決之各要點，提交中央政治會議討論，經議交法律組審查，法律組審查完竣後，復繕具意見書，提經中央政治會議第二三六次會議修正通過，交立法院辦理。此項原則，認為親屬之範圍可不加規定，而規定親屬之定義及親等之計算方法，至於親屬之分類，夫妻及子女之姓氏，成婚之年齡，親屬結婚之限制，夫妻財產之制度，均明示其軌範，並認家制應設專章，而以妾之問題為無庸規定。嗣立法院於討論親屬法時主張應擴張旁系血親，限制結婚之限界，亦經中央政治會議決議照准。

民法起草委員會於十九年七月着手起草民法親屬編草案，同年十一月脫稿，提經十九年十二月二日至三日立法院第一百二十次會議決議修正通過。

立法院既通過民法親屬編，即呈送國民政府，於十九年十二月二十六日公布，並定二十年五月五日為施行日期。此項現行親屬法共分七章，都一百七十一條，以通則爲第一章，而婚姻、父母子女、監護、扶養、家、親屬會議、各列爲一章，以次分別規定焉。

民法親屬編施行法，於民國二十年一月，由民法起草委員會擬成草案，提交同年一月二十日立法院第一百二十七次會議決議通過，由國民政府於民國二十年一月二十四日公布，與親屬法同日施行。大體對於已完成之消滅時效或法定期間，施行前之婚約暨嗣子等事件，爲實用上之具體規定。

(五)民法繼承編及其施行法　立法院之編訂民法繼承編，亦係由民法起草委員傅秉常等擬具應行先決各點，呈由中央委員兼立法院院長胡漢民等提交中央政治會議訂立原則，既如前述。關於繼承法應先解決之點，爲(一)宗祧繼承應否規定，遺產繼承是否以宗祧繼承爲前提，(二)繼承人之範圍、次序及其應繼分如何規定，(三)配偶應否承繼財產，如得繼承，其次序及應繼分如何，(四)繼承人在繼承開始前，已由所繼人受有財產之一部者，繼承時應如何計算，(五)同有繼承權之人對於所繼財產有無貢獻之別，繼承時如何分配，(六)特留財產如須規定，應如何規定。

繼承法上應先決之各要點，經中央政治會議，交法律組審查後，提出第二三六次中央政治會議通過，交立法院查照辦理。其審查意見認爲毋庸規定宗祧繼承，對於遺產有貢獻之繼承人之報酬亦同，此外之各要點，則均明示其範圍及次序。

民法起草委員會起草民法繼承編草案，與親屬編同時完成，一併於立法院第一百二十次會議通過。

民法繼承編共三章八十八條，第一章爲遺產繼承人，第二章爲遺產之繼承，第三章則爲遺囑，其公布及施行之日期悉與親屬編同。

繼承編施行法共十一條，規定繼承編施行前子女之繼承辦法，及嗣子女對於施行後開始之繼承權利等各項，其通過於立法院之日期、會次及國民政府公布與施行之日期，亦均與親屬編施行法相同。

(六)民事訴訟法及其施行法　立法院成立，院長胡漢民即將以前法制局所擬民事訴訟法草案等法案，交法制委員會從事研究。經委員林彬提議，將該草案交付審查，以應急需，即由法制委員會付委員羅鼎、劉克儁共同審查。審查完竣，又加整理，復提出法制委員會討論，先後開會十二次，將第一編至第五編第三章加以修正。其第五編人事訴訟程序因當時民法親屬、繼承兩編尙未制定，擬俟制定後再行審查，或將來另定爲單行法，以資適用，提請立法院大會公決。經大會迭次討論後，於十九年九月三日第一百〇九次會議決議，分兩部分辦理：(一)民事訴訟法第一編至第五編第三章三讀會修正通過。(二)民事訴訟法中關於人事訴訟程序部分及其編別章次，俟民法親屬、繼承兩編制定後，再行審議。於是此已修正者，再經國民政府第九十六次國務會議決議通過，並於十九年十二月二十六日明令公布。後司法行政部以現行民事訴訟法關於訴訟程序之規定，有過於繁雜者，亦尙有嫌疏漏者，亟宜改訂，爰擬具修正案，呈經行政院咨請立法院審議，經於二十三年十二月十七、十八及十九日院會通過，二十四年二月一日公布。

及乎民法親屬、繼承兩編制定公布後，立法院乃令派立法委員林彬、羅鼎、劉克儁起草人事訴訟法。林彬等以人事訴訟程序，爲民事訴訟程序之一部，且十九年十二月二十六日國民政府公布之命令，亦有茲制定民事訴訟法第一編至第五編第三章之字樣，顯有以人事訴訟程序條文列於第五編第三章後之意旨。用將人事訴訟程序一章，定爲民事訴訟法第五編第四章，於二十年一月草擬告成，提出二十年一月三十一日立法院第一二九次會議決議修正通過，呈由國民政府於二十年二月十三日公布。全部民事訴訟法至是遂告完成。

民事訴訟法，全部共五編，都六百條。第一編總則，爲關於法院當事人訴訟標的訴訟程序等之共通規定。第一審及上訴審程序次之，再審程序又次之。末編爲各種特別訴訟程序之規定。經國民政府明令自二十一年五月二十日起施行。

民事訴訟法施行法，由立法委員羅鼎、劉克儁、朱履龢起草，經二十一年一月二十九日立法院第一七七次會議決議通過，計十三條，規定民事訴訟法施行前繫屬之訴訟事件，應分別適用新法，或舊時民事訴訟條例與民事訴訟律之各種情形及其辦法。經國民政府於二十一年五月十四日公布，施行日期與民事訴訟法同。

民事訴訟法施行以後，司法行政部依據法院之經驗，人民之批評，認爲本法對於訴訟程序各規定，有過於繁雜者，亦有尙嫌疏陋者，於訴訟人既多不便，而法院結案亦不免因之遲滯，實有改訂之必要。爰於民國二十三年四月，擬定修正案九編，都六百三十九條，呈由行政院加簽意見，送請立法院審議。經立法院第三屆第五十五次會議議決，付委員羅鼎、劉克儁、林彬、史尙寬、瞿曾澤審查。同年七月初羅鼎等開始審查，八月修正案初稿完成，十一月整理完畢，計九編，十二章，都六百三十六條，提出二十三年十二月十七日立法院第三屆第八十五次會議議決，中華民國民事訴訟法修正通過。

（七）民事調解法　民事調解條例原則，由中央政治會議於十八年第二〇八次會議，決定原則七項。十八年十二月十四日第六十五次會議決議，付法制委員會遵照起草民事調解條例。十九年一月法制委員會擬就草案，提經同月十一日立法院第七十次會議修正爲民事調解法，予以通過。共十六條，依據原則，除調解主任外，並得由當事人推舉調解人，其調解人之消極與積極的資格，調解之期限程序，當事人無故不到場之罰則，皆明爲規定焉。此民事調解法，由國民政府於十九年一月二十日明令公布，至施行規則由司法院制定公布，於二十年一月一日與民事調解法一併施行。

關於刑事者——刑事法規，除刑法、刑事訴訟法外，尙有多種之刑事特別法令及刑事關係法令。茲就曾經中央政治會議及立法院通過者述之，其中雖有數種法規業經廢止，亦略述其經過，以示國民政府刑事立法之一般。

（一）刑法及其施行條例　國民政府於十七年九月一日施行之中華民國新刑法及施行條例，經立法院於二十三年十月三十一日至十一月一日第三屆第七十八次會議加以修正（詳情見本書第九編第三十二章）。

（二）刑事訴訟法及其施行條例　民國十六年國民政府第二十九次委員會議決議，刑事訴訟程序應由司法部從速提出適用法規。司法部卽着手起草刑事訴訟法草案，甫經脫稿，適中華民國刑法經國民政府公布，該部復將該草案從新編訂，連同施行法提經國民政府第六十五次委員會議議決，交法制局審議。旋經法制局擬具意見，呈由中央政治會議於第一四六次會議，指定委員李烈均、薛篤弼、葉楚傖、最高法院及法制局合併審查，由司法部長蔡元培召集開會。會議結果，擬具審查報告書，提經中央政治會議第一四九次會議，將全部刑事訴訟法及施行條例修正通過。本法凡九編，共五百十三條，施行條例凡十七條，由國民政府於十七年七月二十八日公布，並於同年九月一日施行，卽現行刑事訴訟法也。

刑事訴訟法之制定，爲時旣甚倉卒，審級制度又與法院組織法不符，而民國十九年第二三一次中央政治會議議決之法院組織法立法原則，復經定明擴張自訴之範圍，則再加修正，自屬切要之圖。立法院刑法刑事訴訟法委員會，旣咨請司法行政部貢獻意見於先，二十二年六月司法行政部，遂參酌世界立法趨勢及二十年來法院辦理刑事之經驗，擬具修正刑事訴訟法草案，計九編，凡五百三十八條，呈由行政院咨送立法院審議。經立法院第三屆第二十五次會議決議，交刑法委員會審查。是年十二月刑法委員會開始審查，就該草案詳加研究，參酌各方意見，並本考察所得，從事修正。二十三年九月修正案初稿完成，同年十一月整理完畢，成中華民國刑事訴訟法修正案，計九編，二十五章，都五百十六條，提出二十三年十一月二十七日第三屆第八十四次會議修正通過。新刑事訴訟法由國民政府於二十四年一月一日公布。刑事訴訟法施行法於二十四年四月二十六日立法院第四屆第一四次會議議決通過，二十四年五月十日公布。

刑法施行法：立法院刑法委員會以新刑法業已公布，爰擬具刑法施行法，呈請提交大會審議。經於二十四年三月十五日該院第四屆第九次會議議決通過，並錄案繕具條文，呈奉國民政府於二十四年四月一日公布。

(三)刑事特別法令及刑事關係法令　(1)危害民國緊急治罪法　國民政府統一全國之初，對於一般革命者，自非另訂特別法不足以懲治之。中央法制委員會乃擬具反革命治罪條例，經中央政治會議第一三〇次會議改爲暫行反革命治罪法，凡十二條，規定背叛國民黨及中華民國之罪刑，於十七年三月七日公布施行。迨十九年八月，中央委員胡漢民、王寵惠以各地反動份子益行蠢動，更應謀嚴厲處置，以遏亂萌，向中央政治會議提出危害黨國緊急治罪法原則。旋因該法關係重大，復將草案全文提出中央政治會議議交法律組審查，結果除略加修正外，認爲該法應改稱危害民國緊急治罪法；更經中央政治會議第二四七次會議併交立法院辦理。經立法院發交法制委員會審查修正後，並認爲本法如經施行，暫行反革命治罪法應卽廢止，提經二十年一月二十四日立法院第一二八次會議決議修正通過，更將暫行反革命治罪法之廢止著爲條文。全文計十條，大體規定以危害民國爲目的之各種行爲應如何治罪，並及其管轄之審判機關，由國民政府於二十年二月二日公布，同年三月一日施行。

（2）黨員犯罪加重處刑暫行法　國民黨以黨治國，則黨員對於國家所負之責任，自較常人爲重，故以黨員而違背誓詞，致有不法行爲者，不可不加重處罰。中央政治會議第五次會議，遂通過黨員背誓罪條例凡八條，規定黨員犯罪分別加重處罰之辦法，於十五年九月二十五日由國民政府公布，同日施行。十八年中央政治會議，因中央法規編審委員會請將該條例加以修正或廢止，於第四一次會議決議，另訂新律，凡黨員除死刑、無期徒刑外，應照法定本刑，加重三分之一或二分之一，並交立法院查照。經十八年十一月二日立法院第五七次會議議交法制委員會辦理。旋由法制委員會擬具黨員犯罪加重處罰暫行條例，提交十九年二月二十二日立法院第七七次會議決議修正通過，定名爲黨員犯罪加重處刑暫行法，凡六條。嗣因中央執行委員會第一六二次常務會議決議，此項法案暫從緩議，致未能公布施行，惟黨員背誓罪條例，至今適用。

(3)反革命案件陪審暫行法　民國十八年七月，中央執行委員會以法院處理共產黨案件，事實甚難明瞭，議決試行簡單陪審制度，由司法院擬具反革命案，呈中央政治會議轉送立法院審議。經該院交付法制委員會審查修正後，提交十八年七月二十七日第三七次大會修正通過，定名爲反革命案件陪審暫行法，凡二十八條，關於陪審之程序，陪審員之資格，陪審團之組織，悉加規定，由國民政府於十八年八月十七日明令公布，並自公布日施行。該項法令公布後，中央執行委員會復因浙江鄞縣執行委員會呈以該法對於陪審員之資格限制過嚴，各級黨部執行委員及監察委員，均不得爲陪審員，請加修正。法規編審委員會亦認爲有修正之必要，送由中央政治會議轉交立法院辦理。經立法院交法制委員會審查，認爲可將該法第五條第三款删去，提出十八年十二月二十一日立法院第六七次會議議決，照審查修正案通過，於十八年十二月三十一日由國民政府公布。

(4)共產黨人自首法　共產黨人自首法，係由中央組織部提出共產黨自首條例，經中央政治會議第一五八次會議決議，將條例改稱爲法，由國民政府於十七年十月公布，凡九條，自公布之日施行，規定共產黨人自首者，免除或減輕其刑，以開犯者自新之路。迨十九年，中央執行委員會更因青島特別市之呈請，議將該法第七條所規定自首應向法院或其他官署爲之，修正爲自首份子應經高級黨部核准，然後向法院爲之，以示愼重，送由中央政治會議第二二一次會議議決交立法院辦理。經該院付法制委員會審查後，再提經十九年四月十九日立法院第八十五次會議議決，共產黨人自首法第七條，應修正爲自首應經所在地高級黨部允許，向法院或其他官署爲之，由國民政府於十九年四月二十六日公布施行。

（5）禁烟法　十四年七月二十一日，國民政府爲厲行烟禁，頒布禁烟條例共十三條，規定自本條例公布施行之日起，限四年內將鴉片完全禁絕，設禁烟督辦署管理一切禁烟事宜，人民須請領烟照方准吸食，純係限期戒絕之辦法，凡違犯者處以刑罰。但此條例頒行後，復將禁烟事宜移歸財政部禁烟處辦理，此條例又經修正公布，共二十條，規定自民國十七年起，限三年內將鴉片完全禁絕，內容較原條例爲詳密。

十七年，中央政治會議第一五三次會議又通過禁烟法七條，同年九月十七日由國民政府公布，規定犯鴉片罪者概以刑法各條治罪，但就特殊情形如公務員吸食或販賣製造者，依刑法所定最高度之刑處斷；蓋不採限期禁絕，寓禁於征之方策也。

十八年，禁烟委員會議決議修正禁烟法暨施行條例，將修正草案呈由行政院咨立法院核議。經立法院法制委員會審查，認爲年來厲行烟禁，而流毒迄未肅清，未始非刑法過寬有以致之，爲正本清源計，一面似應修正刑法第十九章各條規定之未完善者，一面關於公務員有包縱鴉片等麻醉品之輸運、栽種、吸用及強迫人民栽種等情事，仍應起草特別法加重治罪。提出立法院第二二次大會，決議付法制委員會起草禁烟法及施行細則，至刑法第十九章鴉片罪毋庸修正。該會旋將禁烟法草案擬就，更經十八年七月六日立法院第三二次大會修正，都四章，二十二條，同年七月二十五日由國民政府公布施行。

(6)懲治土豪劣紳條例　土豪劣紳，本爲封建制度下之產物，中國國民黨主張徹底剷除，以維民衆利益。第二次全國代表大會宣言特揭其要旨。第一一八次中央政治會議，遂制定懲治土豪劣紳條例，凡九條，規定土豪劣紳之不法行爲，及其罰則，於十六年八月十八日經國民政府公布施行。但本條例所規定多見於刑法侵占、詐欺、恐嚇各章，而施行以後，流弊頗多。至二十一年四月二日，中央政治會第二十八次會議議決廢止，遂於同年四月十五日由國民政府明令廢止。

(7)暫行特種刑事誣告治罪法　暫行特種刑事誣告治罪法，係第一四八次政治會議通過，凡八條，規定意圖使他人受暫行反革命治罪法或懲治土豪劣紳條例之處罰，向黨務、軍事、行政及審判機關，爲虛僞之告訴或爲證人而爲虛僞之陳述時之各種罰則。經國民政府於十七年七月二十四日公布，自公布日施行。惟刑法第十章既有誣告罪之規定，本無特設專法之必要。至二十一年四月十五日遂與懲治土豪劣紳條例一併廢止。

(8)懲治盜匪暫行條例　民國三年十一月二十七日，政府曾有懲治盜匪法之頒行，共十四條，爲懲治強盜及匪徒之特別法，原定施行期爲五年，嗣經延長後由廣東政府明令廢止。旋各省因匪氛不靖，自行公布懲治盜匪條例。至十六年國民政府成立，司法部乃擬具懲治盜匪暫行條例，呈准國民政府，於十六年十一月十八日公布，共十二條，列舉盜匪之不法行爲，原則均處死刑，但於犯罪情形確有可原者，減本刑一等或二等，並規定審判機關，審判程序等事項，明令其施行期間爲六個月，自公布日施行。但滿期後，因盜匪未能肅清，迭次延長六個月，迄今尚未廢止。

（9）政治犯大赦條例　民國十九年第三屆中央執行委員會第四次全體會議，通過刷新中央政治、改善制度、整飭綱紀、確立最短期內施政中心以提高行政效率一案內乙項，關於肅正綱紀與刷新政治之方案第一款，爲國民政府於民國二十年元旦頒布大赦。除背叛黨國之元惡及怙惡不悛之共產黨，及有實國行爲者外，其他政治犯應予赦免，以示寬大，由司法院、行政院議具範圍，交由立法院議決，呈請國民政府執行之。此項議決案，經國民政府令行司法、行政兩院會同擬訂政治犯大赦條例草案，咨送立法院審議，更由立法院法制委員會審查修正後，提出十九年十二月三十一日以前之政治犯均赦免之。但背叛黨國之元惡怙惡不悛之共產黨人，或有實國行爲者，不在此限。並分別詮釋政治犯，及不予赦免之各種犯人之意義，以及已獲各政治犯開釋之手續等事項。十九年十二月三十日，由國民政府公布，二十年一月一日施行。

（10）大赦條例　民國二十一年第四屆中央執行委員會第二次全體會議，因委員于右任等之提議，議決頒行大赦案，交國民政府轉飭立法、司法、行政三院，迅即擬定辦法。當由行政院令行司法行政部擬具大赦條例草案十條，呈經行政院會同司法院咨送立法院審議。經立法院法制、軍事兩委員會審查修改爲八條，提出二十一年六月十三日立法院第一八三次大會通過。規定犯罪在中華民國二十一年三月五日以前，其最重本刑爲三年以下有期徒刑或專科罰金者均赦免之。其他罪之最重如本刑爲死刑、無期徒刑或七年以上有期徒刑者，減刑三分之一，七年未滿者，減刑二分之一。並列舉不予減免之各種罪犯。此外爲關於赦免反革命人犯之處置，及其他人犯再犯之預防等事項。於二十一年六月二十五日由國民政府公布，自公布日施行。

關於商事者——（一）公司法及其施行法　清光緒二十九年，派戴振、袁世凱編訂商律，戴振等首將公司律擬就，凡一百三十一條，而於卷首冠以商人通例九條奏上，是年十二月五日奉旨依議。此爲我國公司法之創始。民國三年農商部以公司律係屬草創，內容簡率，不適於用，制就公司條例，於是年一月十三日由大總統以教令公布，凡六章二百五十一條，分公司爲四種：一、無限公司，二、兩合公司，三、股分有限公司，四、股分兩合公司。同年七月十九日又以教令公布公司條例施行細則十八條，規定公司條例及施行細則，自民國三年九月一日同時施行。現行公司法施行前皆適用焉。民國五年，法律編查會亦曾草擬公司法草案一編，而未克頒行。

國民政府立法院成立，派馬寅初、戴修駿、衛挺生、樓桐孫、羅鼎等爲商法起草委員會委員，從事編訂商法。維時工商部工商法規討論委員會已擬公司法草案一編，呈由中央政治會議，轉送立法院審議。該草案計八章，共二百五十六條，分公司爲五種，除公司條例所列四種外，另設分擔無限公司一種。但商法委員會並未用爲依據。

商法委員會對於公司法，推衛挺生初步起草，迭次開會集議，議定公司法原則，呈請院長兼中央委員胡漢民，轉送中央政治會議。經中政會交孔祥熙、李文範審查，提出審查報告，於第一百九十一次中央政治會議修正通過，仍送立法院，交由原起草委員起草。此項原則，於舊有之四種外，添設保證有限公司一種，共三十六條，對於總則及各種公司之特殊性質，均明爲規定。惟經商法委員會再度討論之後，認爲保證有限公司制爲新創，多主暫行保留。復經院長胡漢民提送中央政治會議，於第二百零六次會議決議，將公司法原則中關於保證有限公司一章暫行保留，由立法院另立單行法，故仍存原有之四種公司焉。

經商法委員開會十餘次討論之結果，公司法草案，遂於十八年十二月完成，提交十八年十二月七日立法院第六十四次會議修正通過，都六章二百三十三條。第一章通則，而無限公司、兩合公司、股份有限公司、股份兩合公司各列一章，第六章爲罰則。較之公司條例頗多改正之處。玆就最重要之股分有限公司述之。一、股款繳足二分之一，始舉行創立會，以免名實不符，欺圖公衆之弊。二、無記名股票限於三分之一，記名股票須用同姓名，以免匿名操縱之弊。三、限制持有多數股分之股東之表決權，使大小股東機會均等而無所偏重。四、改定董事會董事至少人數有五人。五、提高監察權，使股東得控告董事，並得控告監察人，以期監督之周至。此公司法由國民政府於民國十八年十二月二十日公布，並於二十年七月一日施行。

公司法施行法，由商法起草委員會於十九年二月擬就草案，提經同年二月十四日立法院第一百三十一次會議修正通過，凡三十二條，規定公司法施行前成立之公司，應依公司法改正之期限等事項，由國民政府於二十年二月二十一日公布，與公司法同日施行。

（二）海商法及其施行法　我國古時閉關自守，海禁森嚴，故鮮有關於海商之規定。清季環海交通，航運日興，前清法律館遂於宣統元年編成海船法草案，凡六編，共二百六十三條，但未能頒行。

海商法關係海上商業甚鉅。海船法草案既未公布，尙無法律效力，故我國之海上船舶，迄無可資遵循之法規。立法院商法起草委員會有鑑於此，即於民國十八年從事於海商法之草擬，但以我國海商法尙屬創舉，故博採他邦成規，廣徵本國習慣，並徵求有關係各機關之意見。迭經開會討論，始於是年十二月擬成草案。經同年十二月十七日立法院第六十六次會議議交商法起草委員會會同民法起草委員會審查審查既竣，復於同年十二月二十四日、二十六日立法院第六十八次會議修正通過本法凡八章一百七十四條第一章通則，規定本法所稱之船舶，以在海上航行及在與海相通能供海船行駛之水上航行之船舶爲限，及應認爲中國船舶之各種條件等事項。第二章爲船舶所有權與優先權及抵押權。第三章爲船長、船員之職責。第四章爲各種運送契約。第五章爲船舶碰撞後應負之損害賠償責任及其訴訟之管轄。第六章爲船舶救助之義務及撈救之報償。第七章爲共同海損之負擔。第八章爲海上保險之各種特殊規定。此海商法由國民政府於十八年十二月三十日公布並於二十年一月一日施行。

海商法既經公布，交通部即將施行法擬就，送經立法院商法起草委員會審查修正後，提經十九年十一月八日立法院第一百一十七次會議通過共九條，規定海商事件發生在海商法施行以前，若者應適用海商法之規定，若者則不能適用焉。海商法施行法，於民國十九年十一月二十五日由國民政府公布，與海商法同日施行。

(三)票據法及其施行法　我國商業習慣上早有票據行使，以爲流通金融之工具但未制定關於票據之單行法規。民國二年，法典編纂會始編纂票據法草案，是爲第一次草案，分票據爲匯票、期票二種。十一年，修訂法律館草成票據法第二次草案，分票據爲匯票、支票、本票三種。十二年，該館有第三次草案之草擬。十三年更編有第四次草案，復分票據爲匯票、期票、支票。至十四年之第五次草案，仍分票據爲匯票、本票、支票。先後所編草案雖有五次之多，均未能公布施行。

民國十八年，工商部以我國票據習慣簡陋，不適於用，宜早日制定成文法規，以資遵守，交由工商法規討論委員會起草成案，復經該部審查後，呈經行政院轉送立法院交商法委員會審查。旋中央委員兼立法院長胡漢民、副院長林森，將票據法原則草案十九項，送經中央政治會議交委員戴傳賢、宋子文審查，以原則草案尚屬精密，至其有無缺陷，非至施行以後不能發現，提經中央政治會第一九三次會議照原草案通過。該原則分票據爲匯票、本票及支票三種，而票據之要件、性質、責任限制，皆明爲規定焉。

立法院商法起草委員會擬訂票據法草案，於十八年九月告竣，提交大會討論。經第五十次會議認爲該草案第十九條，關於時效之規定，第五十八條，關於保證責任之規定，意義均未完足，加派委員史尙寬、林彬會同商法起草委員重行審查。在第十九條及第五十八條之後，各加一項，以資補充。復經十八年九月二十八日立法院第五十一次會議，修正通過。

票據法共五章，一百三十九條。第一章爲總則，匯票、本票、支票各列章，第五章爲附則。由國民政府於民國十八年十月三十日明令公布，並於同日施行焉。

票據法施行法，係由工商部擬具草案，呈經行政院發交財政部審查後，轉送立法院審議。立法院商法委員會加以修正，提經十九年六月二十一日立法院第九十七次會議決議通過。都二十條，大體關於票據法施行前與匯票、本票、支票性質相同票據之了結期限，以及票據法之補充規定。於十九年七月一日由國民政府公布，與票據法同日施行。

司法類之各項法規，有能歸納於民事、刑事、商事三項中者，如行政訴訟法、行政訴訟費條例及法律施行日期條例等，爲事既少，難以別名，故皆併入本節。

(1)行政訴訟法　國民政府成立，採五權並立制度，以行政法院隸屬於司法院，爲審理行政訴訟之惟一機關。司法院遂將行政訴訟法於二十年起草完竣，共計七章四十七條，提出於國民政府第二十次會議，決議交立法院辦理。經立法院第一四二次會議，交法制委員會審查修正後，更經立法院第一八八次會議議決，再付法制委員會會同委員陳長蘅審查，更經修正，始於二十一年十月二十二日，立法院第二百〇七次會議修正通過。凡二十七條，規定人民因中央或地方官署之違法處分，致損害其權利，幷曾依訴願法提起再訴願而不服其決定，或提起再訴願而三十日內不爲決定者，得向行政法院提起行政訴訟。至於訴事之迴避、當事人之委任、代理起訴之期間、書狀必須記載之事項、證據之調查、再審之要件、判決之執行等項，亦均明爲規定。此行政訴訟法由國民政府於二十一年十一月十七日明令公布，二十二年六月二十三日施行。

(2)行政訴訟費條例　行政訴訟法既經公布，司法院乃擬訂行政訴訟費條例草案八條，咨送立法院審議。經立法院第三屆第三次會議付法制委員會審查後，提經立法院第三屆第十五次會議修正通過。共六條，規定訴訟狀紙、送達文件及抄錄、繙譯之各項費用，經國民政府於民國二十二年五月六日公布，與行政訴訟法同日施行。

(3)法律施行日期條例　國家公布法律，大率刊登公報，或行文飭知。但幅員既廣，到達各地之時日互異，而法律發生效力之時間，因之每滋糾紛。司法行政部有鑒於此，乃擬訂法令施行辦法草案，呈由行政院轉呈國民政府交立法院辦理。經立法院法制委員會審查修正，改爲法律施行日期條例草案，提經二十一年八月二十七日立法院第一九九次大會修正通過。凡七條，以刊登之公報或公布之命令到達各地之時間，定法律發生效力之日期。此條例於二十一年十二月二十三日，由國民政府公布，自公布日施行。

六、考試類——關於考試者(一)考選　(1)考試法，於十八年七月十三日經立法院第三十三次會議通過，同年八月一日由國民政府公布。(2)典試委員會組織法，於十八年七月十六日經立法院第三十四次會議通過，同年八月二日由國民政府公布。查以上二案，係由中央政治會議連同考選委員會組織法、省區銓敘委員會組織條例、官吏任用資格暫行條例三案，送立法院審議。經立法院於十八年六月十五日第二十八次會議議決，指定委員焦易堂、呂志伊、羅鼎、衞挺生、林彬、孫鏡亞審查，嗣復加派王世杰、王用賓、邵元冲、馬寅初、戴修駿、陳長蘅、王葆眞、劉克儁、劉盥訓爲考試院各種法院審查委員，限於七月十三日提出會議。旋據報告考試法審查結果，遂於是次會議先將考試法修正通過，呈請國民政府公布。續據報告考選委員會組織法草案暨典試委員會組織條例草案，修正通過，其省區銓敘委員會組織條例草案擬俟銓敘法制定後再行審查；又官吏任用資格暫行條例草案，亦擬俟甄別現任官吏辦法決定後，再行審查。因復於第三十四次會議議決，照審查意見，將考選委員會組織條例及典試委員會組織條例一律改爲組織法，先行通過，呈請國民政府公布。中央政治會議據考試法意見四項，經第四四八次會議決議交立法院審議，函經國民政府交立法院辦理。該院於二十四年七月十二日本院第四屆第二五次會議議決照審查修正案通過，七月三十一日公布。(3)襄試法、(4)監試法二案，均於十九年一月八日立法院第一一七次會議通過同年十一月二十五日由國民政府公布以上二案係考試院擬具呈由國民政府國務會議議決，連同考試法施行細則、典試規程、襄理考試條例、監試條例等草案令交立法院審議。經該院於十九年八月二日第一〇三次會議議決，付法制委員會審查。嗣據報告，除考試法施行細則及典試規程不必由立法院審議外，襄理考試條例改爲襄試法，監試條例改爲監試法。乃於十九年十月十八日第一一四次會議議決，考試法施行細則草案暨典試規程草案兩案，照審查報告通過，呈請國民政府令行考試院知照；至襄理考試條例草案暨監試條例草案兩案，再付原審查委員會審查。續據報告審查結果，又於一一七次會議議決照審查意見，襄理考試條例改爲襄試法通過，監試條例改爲監試法修正通過，呈請國民政府公布施行。(5)特種考試法二十年三月七日，立法院第一三四次會議通過，二十年三月二十一日由國民政府公布。查本案係考試院送議，該院據考選委員會呈，以考試法第十六條載：『候選人員之考試及其他特種考試另以法律定之』等語，因擬具草案，呈由該院轉送立法院審議。經立法院於二十年二月二十八日第一三三次會議議決，付法制委員會審查，復於第一三四次會議議決通過，呈請國民政府公布。(6)修正襄試法，二十年六月六日立法院第一四五次會議通過，同年六月十三日由國民政府公布。查本案係由考試院擬具。緣該院以高等考試定期舉行，所有襄試處應辦事宜正積極籌備，前所頒之襄試法，實施上有應行修正之處，將該法第二條第二項及第三、第四、第五三條，略加修訂，並於第五條增訂第六、第七兩條，咨交立法院審議，經立法院於第一四五次會議議決修正通過，呈請國民政府公布施行。(7)修正考試法、(8)修正監試法、(9)修正典試委員會組織法、(10)廢止特種考試法、(11)廢止襄試法五案，均於二十二年二月十七日立法院第三屆第五次會議通過，同年二月二十三日由國民政府公布。查以上五案係考試院提經中央政治會議議決，函國民政府轉令立法院辦理。緣考試院以自舉行第一次高考以來，深覺現行法規應行改善之處甚多，務使手續簡便、經濟節省；考試法等三法應予修正，而特種考試法無特殊規定，襄試法徒滋窒礙及糜費，均應廢止。經立法院於同年一月二十七日第三屆第二次會議議決付法制委員會審查，審查修正後，提出第三屆第五次會議議決通過，呈請國民政府明令公布，分別修正及廢止。

關於銓敍者——(1)現任公務員甄別審查條例，十八年十月十二日立法院第五十四次會議通過，同年同月三十日由國民政府公布。查本案由國民政府交議，經十八年八月十七日第四十次會議議決付法制委員會審查，然後由第五四次會議議決修正通過，呈復國民政府鑒核，公布施行。（民國二十三年四月一日，國府明令施行公務員任用法及其施行條例，本條例於是失效。）(2)公務員任用條例，十八年十月十九日立法院第五五次會議通過，十八年十月二十九日由國民政府公布。查本案係由國民政府交議，原名官吏任用暫行條例草案，經立法院於十八年八月十七日第四十次會議議決，付法制委員會審查。嗣據報告，認爲大致妥善，惟擬將原名改爲公務員任用條例草案，因提出第五五次會議議決將原名修正通過，呈復國民政府鑒核公布。(3)解釋最低級委任官經甄別審查成績列在丙等無級可降者，應否改爲試用或予免職案，二十年一月十日立法院第一二五次會議通過。查本案係考試院據銓敍部呈轉國民政府第一次會議議決交立法院解釋。立法院先付法制委員會審查，認爲年一月二十九日第一七七次會議議決，付法制委員會審查，嗣據報告並附修正案，復於第一九三次會議議決，改政部以縣長負訓政工作之責，一般任用法又未及施行，不能不制定此種條例爲遴員之標準。經立法院於二十一原名縣長任用暫行條例，呈經行政院轉咨考試院令據銓敍部開具修正條文意見書，會同咨送立法院審議。緣內一年七月十六日立法院第一九三次會議通過，二十一年七月三十日由國民政府公布。查本案係由內政部擬具，嗣據報告審查結果，並附修正案，於二十四年十月二十五日院會通過，十一月十三日公布。(5)縣長任用法，二十銓敍部呈擬轉請中央政治會議核定，旋經中央政治會議轉函國民政府令交立法院審議，經交法制委員會審查，任用法修正通過，(二)公務員任用法之施行，應由銓敍部擬訂條例，當即錄案呈復國民政府鑒核。嗣後考試院據法院當於二十年一月十日第一二五次會議議決，付法制委員會提前審查，復於一四一次會議議決：(一)公務員之施行，展期至民國二十年六月底截止，公務員任用條例，展至民國二十年七月一日施行，令立法院查照辦理。立將公務員任用條例撤回，交立法院詳細審定，改爲任用法，連同施行法一併公布。當經議決，公務員甄別審查條例規之整理，非俟行政制度籌備妥善，不易決定，擬一面將現任公務員甄別審查條例之施行，展期六個月截止，一面員傅賢、胡委員漢民提議，公務員任用條例，業經國民政府明令施行，惟公務員任用方法及程序，事關各種官制官展期，至二十二年三月十一日始由國民政府公布，於同年四月一日實行。查本案係由國民政府第四次會議戴委國民政府鑒核。(4)公務員任用法，二十年四月二十五日立法院第一四一次會議通過，以公務員甄別審查迭次委任官經甄別審查後成績列在丙等而無級可降者，應予免職。當經第一二五次會議議決，照審查意見通過，呈復為縣長任用法修正通過，呈請國民政府公布施行。(6)修正縣長任用法，二十二年五月二十六日立法院第三屆第一九次會議通過，二十二年六月三日由國民政府公布。查本案係內政部會同銓敍部擬具，呈經行政院會議議決修正，復會同考試院函送立法院審議。緣內政、銓敍兩部，以縣長任用法與縣長考試法有關，而縣長考試法又與高等考試及格者有關，而高等考試方在舉行，縣長考試法又未制定，為厲行訓政，整飭吏治計，自不能無過渡法規，以資依據，因將縣長任用法重加修正，以期早日見諸實行。經立法院於二十二年四月十四日第三屆第十三次會議交付審查，復於第三屆第十九次會議議決修正通過，呈請國民政府公布。(7)公務員登記條例，二十三年四月十三日，立法院第三屆第五四次會議通過，同年四月二十三日由國民政府公布。查本案係銓敍部擬具，呈由考試院轉呈國民政府咨交中政會議議決交立法院審議。經立法院於二十三年二月九日第三屆第四十六次會議議決，付法制委員會審查，復提出第五十四次會議議決通過，呈請國民政府公布。

七、監察類——(一)彈劾　(1)彈劾法，本法於十八年五月十八日經立法院第二十五次會議通過，同年五月二十九日由國民政府公布。查本案由中央政治會議交議，經立法院於十八年三月三十日第十七次會議議決，付法制委員會審查，復提出第二十次會議議決通過，呈請國民政府公布施行。(2)修正彈劾法，二十一年六月四日立法院第一八七次會議通過，同年六月二十四日由國民政府公布。查本案由監察院送議。該院以國民政府組織法業經修正，彈劾法亦有修正之必要，連帶提出修正草案。經立法院決議付法制委員會審查，結果加以修正，然後提交第一八七次會議議決通過，咨復監察院查照，並呈請國民政府公布。

（二）審計　（1）審計法，本法經中央政治會議議決，十七年四月十九日由國民政府公布。（2）修正審計法，本法係監察院擬訂呈由中央政治會議議決交立法院於十八年三月三十日第十七次會議議決，付法制委員會會同財政委員會審查。查審計院自改爲審計部，歸監察院管轄後，該院以機關名稱已變，審計亦不能不予以修正。經審查結果，以現行審計制度根本變更，原修正案已不適用，與其他審計各法案一律取消，另行起草。（3）審計院委託審查規則查本案係由行政院審議，經立法院於十八年五月四日第二二次會議議決，本案與審計部組織法草案暨修正審計法草案，付法制委員會會同財政委員會審查。後經審查結果，以原草案與現行審計制度不符，毋庸審議，另行起草審計法，當提出二十三年九月十四日立法院第三屆第六六次會議議決，照審查意見通過。

第三節　立法院議決之重要條約案

國民政府立法院依法有議決條約案及其他重要國際事項之職權，歷年議決之條約、協定及其他關於外務各法，爲數甚夥，茲分述於下：

（一）管轄在華外國人實施條例　凡統治權完整之國家，其僑居之外國人民，應與本國人民同受本國法律之支配，及司法機關之管轄，此係獨立國家固有之要素，亦爲國際公法確定不易之原則。吾國自受領事裁判權束縛以後，已屆八十餘年，國家法權，不能及於外人，其弊害之深，無庸贅述。國民政府自誓師北代，完成統一，乃明令宣示，自十九年一月一日起，凡僑居之外國人民，現時享有領事裁判權者，應一律遵守中國中央政府及地方政府依

立法院五週年通過法律分類圖

（民國十七年十二月至二十二年十二月）

條約案

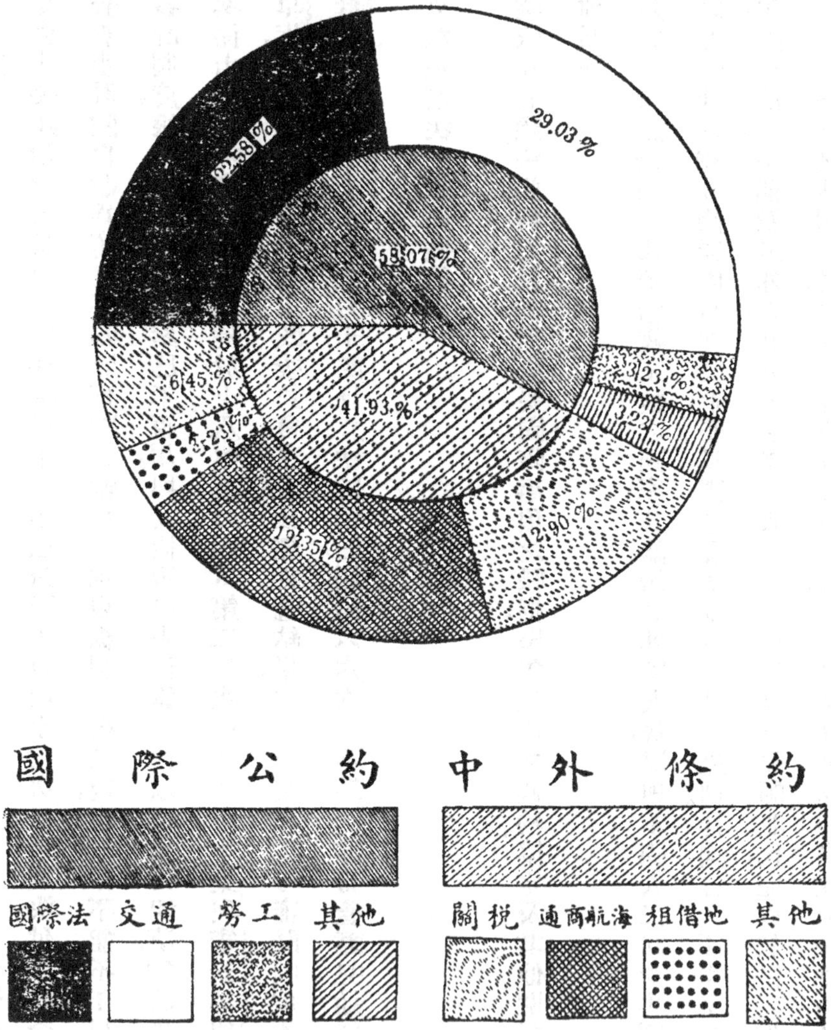

立法院第六週年議決之條約案分類統計表

（民國二十二年十二月至二十三年十一月）

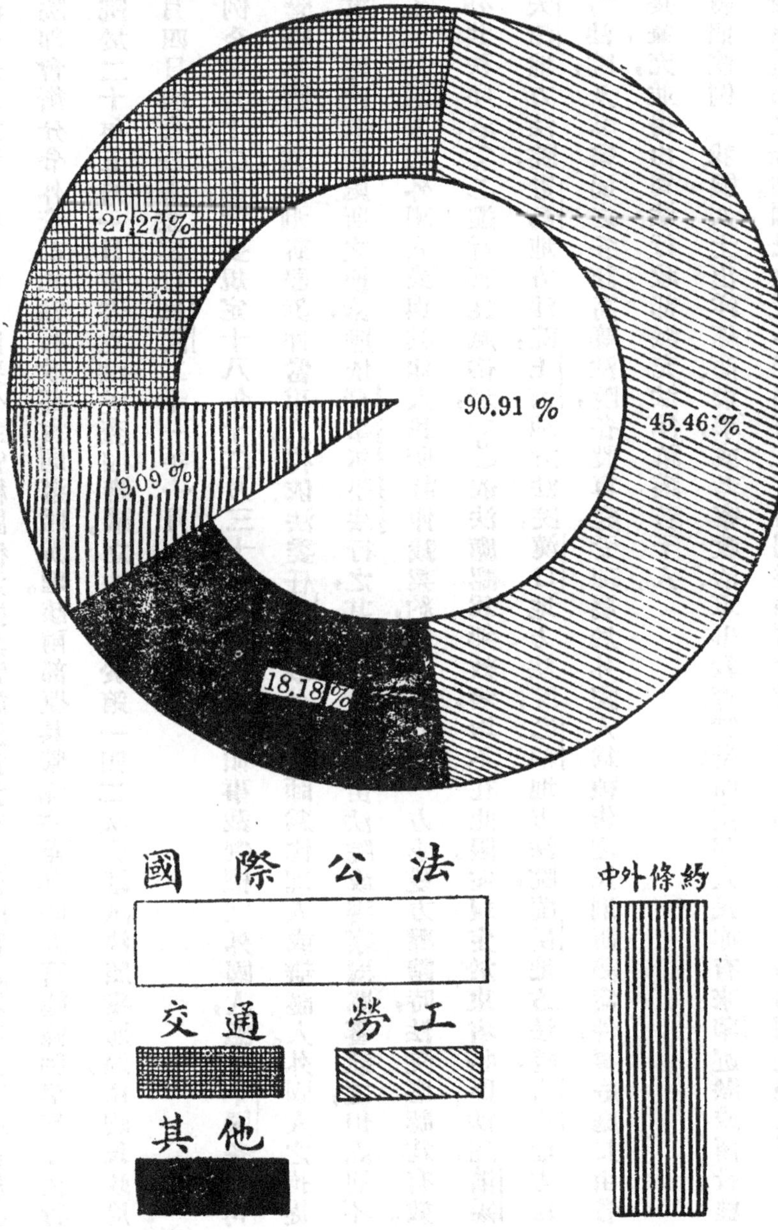

法須行之法令規章，並着行政、司法兩院轉令主管機關從速擬具實施辦法，送交立法院審議，以便公布施行。旋行政院、司法院即會銜分令外交部、司法行政部會同遵照辦理。該兩部擬具管轄在華外國人實施條例草案，呈由行政、司法兩院於二十年五月一日會咨立法院查照審議。立法院即於第一四二次會議議決照案通過，由國民政府於同年五月四日明令公布，並定自民國二十一年一月一日施行。

本條例全文共十二條，大要規定十八年十二月三十一日在華享有領事裁判權之外國人，應受中國各級司法法院之管轄。外國人爲民刑訴訟案件當事人，得依法委任中國或外國律師爲代理人或辯護人。外國人之拘提或羈押，及其住宅或其他處所之搜索，應依刑事訴訟法行之。其犯違禁罰者，由法院或警察機關審訊之，但處罰不得超過十五元。外國人與外國人或與其他人民所訂仲裁契約，經當事人之一方或雙方聲請時，法院應認爲有效。（1）違背公共秩序者，（2）違背善良風俗者，（3）依法應認爲無效者，均不在此限。並規定於東省特區法院，瀋陽地方法院，天津地方法院，青島地方法院，上海地方法院，漢口地方法院，巴縣地方法院，閩侯地方法院，廣州地方法院，昆明地方法院，及其繫屬之各該高等法院，各設專庭，受理屬於外國人爲被告之民刑訴訟案件，專庭庭長由各該法院院長兼充，並得由司法行政部派充法律諮議若干人。

（二）護照條例　我國人士出洋經商、求學或考察政治、軍事、教育、實業；而友邦人民亦有來華遊歷或傳教、經商，乃須有發給護照之條例。國民政府外交部前訂定出國護照暫行辦法，暨駐外使領館發給回國護照及簽證外國人來華護照辦法，惟以係暫時施行性質，經參合各方意見，認爲有修改之必要，爰於十九年七月二十八日呈請行政院鑒核並擬具護照條例草案，請轉呈國府交立法院查照審議，以便頒布施行。立法院即於是年十一月二十九日令外交委員會審查具報。該會於第十四、十五、十六三次會議先後提出討論，並函僑務委員會派員列席陳述意見，當將該草案修正通過，並呈請立法院提會公決。立法院復於二十年一月二十日第一二七次會議議決，護照條例修正通過，呈由國民政府於二十年二月二日公布施行。

此條例全文共十八條，規定護照由外交部製定頒發，共有三種：（一）外交護照，（二）官員護照，（三）普通護照。外交護照與官員護照向外交部領取；普通護照向外交部或外交部指定之地方政府或駐外使領館領取。請領護照者應先塡具請領護照事項表，並繳照費、印花稅及相片；其請領普通護照者，並應出具保證文件。外交護照、官員護照有效期爲一年，普通護照有效期爲三年，並得呈請延長。領照人到達目的地時，應向當地或附近本國使領館呈驗護照，免費登記。駐外使館對於外人請求簽證護照，應令其塡寫請求簽證護照事項表，以備查考。

（三）中德、中英、中法、中和、中瑞、中挪各國關稅條約　十八年一月，國民政府據外交部呈送繕正中德、中英、中法、中和、中瑞、中挪條約批准書，請批准蓋用國璽以備互換等情，經即函轉中央政治會議核議，當提出第一七〇次政治會議討論，併經議決，中德、中英、中法、中和、中瑞、中挪各關稅條約通過批准，提交立法院追認。立法院於第七次會議議決，付法制、外交、經濟、財政四委員會審查。該委員會等審查結果，認爲此項條約，既經中政會議議決，復經國府批准，已無修正之餘地，應照案通過，並附帶申明三事。立法院即提交大會通過，並分呈國民政府、中央政治會議察核轉飭遵辦。此各關稅條約，大致爲約定兩締約國現行條約內所有限制中國任意訂定關稅稅則權之各條款，及關於中國進出口貨物之稅率、存票、子口稅以及船鈔等項之各條款，應即撤銷作廢，適用國家關稅完全自主之原則。此締約國在本國領土內，不得有何藉口向彼締約國人民所運輸進出口之貨物，徵收較高於或異於本國人民或任何他國人民所完納之關稅、內地稅或任何稅項。立法院議決之申明書略云：

「依國民政府組織法第二十五條之規定，本院有議決條約案之職權，非僅負追認之責。國民政府組織法係經政治會議議決，是此項職權，實爲政治會議所授與，所以期黨治與法治有健全一致之進步也。」

至申明三事，第一爲立法院應依據國民政府組織法第二十五條之規定，請由國民政府轉咨中央政治會議，嗣後關於外交條約，概照立法程序，交立法院議決。第二應請國民政府轉令外交部將中西、中葡、中丹各條約迭交審議。第三應建議國民政府，嗣後凡中國與外國締結條約，對於文字上將來如有疑義時，除定約以第三國文字爲標準者外，宜約定以中國文字爲解釋之標準。

（四）中日關稅協定　十九年五月外交部呈送繕具中日關稅協定及附件會議錄，連同批准書一份，請鑒核批准並蓋用國璽發還，國民政府即批交立法院迅速議復，由文官處函達立法院查照辦理。先是立法院於十九年五月十日開第八十八次會議，委員衞挺生、王用賓、羅鼎、劉克儁、陳長蘅、馬寅初、邵元冲等臨時提出質詢中日協定案，略謂：

「查近日各報均載有中日關稅協定一案，協定第五條，『本協定應自簽訂之日後第十日起發生效力』；顯與現行國民政府組織法第二十五條所規定立法院有議決條約案及其他重要國際事項之職權不合，且此案亦未經國民政府批准，何得指日發生效力，遵照治權行使之規律案，本院有質詢責任。」

當經出席各委員發表意見並經外交部次長李錦綸列席陳述報載中日關稅協定第五條文字，與原文相同。卽一致議決：「（一）應請行政院迅將中日關稅協定一案送院討論，（二）於本月十二日上午九時特開第八十九次會議討論中日關稅協定案，並請外交部長列席。」並錄案咨請行政院查照辦理。行政院卽將中日關稅協定咨送立法院查照審議。立法院卽開第八十九次會議討論，由外交部長王正廷列席陳述意見，當經議決交法制、外交、經濟、財政、軍事五委員會審查，由法制委員會召集。隨卽審查完畢，提經第九十次會議議決，認爲該協定第五條，係指呈奉國民政府批准後，其效力發生之期間，雖用語過於省略，尙無違礙，稅率各點，在相當期間內，亦屬可行，應予通過。惟對於第五條用語，應鄭重聲明，此後不得有同樣之疏忽，以杜流弊。又請令主管機關，此後應注意國民政府組織法第二十五條第二項之規定，以明責任。再該協定之附件四，整理無擔保或擔保不足之債款，於召集債權人代表會議時，尤應注意本黨對外政策第四、第六兩條之規定。並經錄案呈請國民政府鑒核施行。國民政府並提出第四次國務會議，決議三項，完全採納立法院之決議案。該協定全文共五條，第一條至第三條爲關於實質之規定，第四條爲關於文字及文字之標準，第五條爲發生效力期間之規定。其內容大致訂定中、日兩國境內關於貨物進出口之稅率、存票、通過稅、船鈔等一切事項，完全由中、日兩國彼此國內法令規定之。中、日境內之出產品、製造品輸入或輸出，其出口稅、進口稅、存票、通過稅及其他一切相似之內國稅捐，並中、日船隻關於船鈔以及與上述各項有關一切事項所受之待遇，應不較次於現在或將來給予任何他國出產品、製造品、船隻所受之待遇。上開各條款，應載於中日兩國於最短期內卽將商訂之通商航海條約內，並爲其一部分。

（五）中義、中比、中葡、中西、中丹各友好通商條約　民國十七年十二月十五日，立法院第二次會議，委員呂志伊等臨時提議，略稱：據國民政府組織法第三章第二十五條第二項『立法院有議決法律案、預算案、宣戰案、大赦案、媾和案、條約案及其他重要國際事項之職權。』是則本國與他國訂定條約，必須經過本院之議決，方能正式簽字，發生效力。故特動議，請國民政府將最近行政院外交部簽定之中義等草約送交本院議決，以合法定手續。當經議決照辦，並呈奉國民政府第四〇六號指令「准予照辦令行外交部遵照。」十八年一月，中央政治會議准國民政府函送外交部呈繕中義、中比、中葡、中西、中丹各條約批准書，請批准蓋用國璽以備互換等情，經第一六六次及第一七〇次會議議決交外交委員會審查。旋據復稱：「遵卽召集會議，將各該條約合併詳加討論，當經一致通過」復經第一七二次政治會議討論，並決議照外交委員會審查意見通過，於同年一月二十三日函達立法院查照。立法院於十八年一月二十六日第九次會議議決，付外交、法制、財政、經濟、軍事各委員會審查。該委員會等審查結果，認爲應照政治會議交議案完全通過，並附帶申明一事。復經立法院大會議決：「（一）依國民政府組織法第二十五條之規定，通過中義、中比、中葡、中西、中丹各條約並其附件，及對於中比條約附件四、中義、中葡、中西、中丹各條約附件三之聲明書。（二）照外交、法制、財政、經濟、軍事各委員會審查結果，附帶申明。」並錄案呈國民政府鑒核，並分函中央政治會議查照。中央政治會議復提出第一百七十三次會議討論，並經議決不加附帶申明書，中義、中比、中葡、中西、中丹各條約，交由國民政府批准。

以上各條約均爲五條，大致約定締約國關於關稅及其關係事項，完全以各本國國內法規定之。此締約國在彼締約國領土內應享受之待遇，不得次於任何他國享受之待遇，幷不得有何藉口，對於彼締約國人民貨物之進口或出口徵收較高或異於本國人民或任何他國人民所完納之關稅、內地稅或任何稅款。此締約國人民在彼締約國領土內，應受彼締約國法律及法院之管轄，並於最短期內，根據完全平等、互尊主權及兩國商業上無歧視之各原則，議訂一通商航海條約。

（六）中波友好通商航海條約　十八年九月二十八日，國民政府據外交部呈送中國、波蘭簽定友好通商航海條約及換文批准書，請批准蓋用國璽發還，經提奉國民政府第四四次國務會議交立法院。該院於十八年九月二十八日第五十一次會議議決，付外交委員會審查。旋審查完畢，復提出第五十二次會議議決照案通過。旋該項條約復附加議定書，由外交部呈經行政院轉呈國民政府，提出第八六次國務會議議決交立法院。立法院提經第一〇三次會議議決，付外交委員會審查。該會於第八、十三、十七三次會議提出討論，僉以中波友好通商航海條約，已由本院第五二次會議通過，並於十八年十月十八日經國民政府批准，今該附加議定書，係就原條約第四條、第六條、第八條、第十條、第十一條、第十三條及第十八條範圍內加以補充解釋，大致妥善，擬照原文批准。復經立法院第一四三次會議議決照案通過，並呈國民政府施行。此條約全文共二十二條，大致約定兩締約國有互相遣派正式外交代表及總領事、領事、副領事、代理領事之權。兩締約國人民，有彼此入境之自由，在彼此境內，其身體及財產應享受所在國充分之保護，並不服對方兵役及代替兵役之稅捐。兩締約國人民在彼此領土內，所有刑、民訴訟案件，受所在國法律之支配，及其法院之管轄。兩締約國關於關稅及其關係事項，各以本國國內法規定之。兩締約國人民所用商標圖樣，曾向主管官廳註册者，兩國政府應依法保護。兩締約國之商船，得彼此自由駛入商港，至軍艦非經特許，不得駛入領海港灣及口岸以內。本條約以三年爲期，滿期前六個月，得彼此通知修改或廢止。本約以中文、波蘭文、法文三國文字合繕兩份，由兩締約國按照本國法律批准。

（七）中美公斷條約　十九年九月，外交部呈爲中美公斷條約簽訂完竣，檢同條約影本並備具批准文件，請由行政院轉呈國民政府批准，俾便訂期互換。國民政府提出第九三次國務會議，決議交立法院。立法院於十九年九月二十日第一一〇次會議議決，付外交委員會審查。該會於二十一年八月二十六日呈報審查完竣，議決照原文通過。於該院第一九九次會議議決通過，呈請國民政府鑒核施行。

（八）收回威海衛租借地專約及協定　威海衛於清光緒二十四年即西曆一八九八年租與英國，定期爲二十五年，應至民國十二年屆滿。當民國十年十二月華盛頓會議時，英代表白爾福宣稱，願照適當條件，交還中國，復於十一年二月致函我國代表施肇基，聲稱有若干事項，須互相解決，方能實行交還。旋於十一年十月，由前北京政府派梁如浩爲代表，英亦派瞿爾士爲代表，至十二年五月議定接收意見書二十四條，及附件四件。當時因各界對此意見書表示不滿，復由前北京外交部與英使重開談判，將原意見書未妥之處重行修正，議定專約草案二十九條，及附件，經於十三年十月提交北京政府國務會議議決通過，並由中、英雙方約定於十一月二十八日正式簽字。嗣以政變發生，遂致擱置。

國民政府建都南京，外交部部長王正廷續向英使提議收回，並擬將原草案予以修正。英使以此案業於民國十三年議定，堅持須照原草案簽字，並謂上次修正梁如浩所訂意見書已屬特別通融，若將十三年草案重行修改，寧作懸案繼續擱置。惟我方以形勢變遷，認爲應行修正之點甚多，對於英使主張不予同意。復經王部長一再磋商，英始讓步，允卽開議，惟無論爲文字上之修改，或爲實質上之變更，英使必多方爲難，談判在若斷若續之間者復經半載有餘。至十九年二月十二日，始將草案議定，分訂專約二十餘條，協定六條及附件等，卽於是日提交中央政治會議外交組審查通過。國民政府復特派王部長爲議定收回威海衛租借地專約及協定全權代表，與英全權代表藍普森於十九年四月十八日正式簽定。外交部長王正廷簽字後，卽繕具專約批准文件及協定批准文件各二份呈請行政院轉呈國民政府批准，並蓋用國璽發還，以便互換。國民政府提出第七五次國務會議議決，送立法院審查，經該院第九十次會議議決，付外交委員會審查。外交委員會於第六、第十、第十一次常會提出討論，僉以該專約及協定內容大致尙屬妥善，擬照原文予以批准。立法院復於第一一〇次會議議決，照審查報告通過，呈國民政府鑒核施行。此條約全文二十條，大致約定英國將所租之威海衛全灣沿岸十英里地方，及劉公島與威海衛灣內之羣島，交還中華民國，一八九八年七月一日所訂租借威海衛專條，卽行取銷，所有駐在威海衛及劉公島兩處之英兵，應在本專約發生效力之日起一個月內，一律撤退。英國政府允移交或贈與中國政府之物品，計有：（一）與接收或管理威海衛有關之檔案、登記簿、契約及其他文卷等項；（二）在威海衛區域內之官產、地畝及房屋；（三）煙臺、威海衛間海線，及所存儲公有物品；（四）愛德華埠及温泉湯兩處民醫院，包括土地、房屋及其設備器具；（五）劉公島上中國政府原有官產地畝及地上房屋，及英政府後購之地畝，並租出地畝之租契，及租地上將來期滿應收歸官有房屋之產業權利；（六）所有現存航海各項設備，如燈塔、浮標、風雨信號等。惟移交威海衛地域之行政權，及該地域之公產，並其他應行移交等件，應於本專約發生效力之日實行。中華民國國民政府接收威海衛地域之行政後，當維持現時規章內包括地產房屋稅則、衛生及建築章程，及警政等項。所有威海衛英國各級法院判決之案件，於收回後應認爲中國法院之判決，有同一之效力。中國政府在決定將威海衛口岸關閉，並完全作海軍根據地以前，當將該區域內房地數處無償租於英政府爲英領事館及居留民公益之用。

（九）非戰公約　十八年外交部呈國民政府，以非戰公約業於上年八月二十七日在巴黎簽字，曾電駐美公使施肇基、駐法代辦齊致，就近探詢接洽。施肇基等先後電復該約初次簽字祇限於美國及與洛加諾公約有關係諸國，俟以上各該國簽字後，再邀請其他各國加入，中國自在被邀請之列。玆准美代辦函送該約條文，希望中國加入簽字，呈請鑒核示遵。國民政府函送中央政治會議提出第一五三次會議討論，併經議決加入。復於第一五四次政治會議推王委員正廷提出簽復美使書，經議決指定李烈鈞、葉楚傖、于右任、王世杰、王正廷等審查。旋外交部長王正廷呈國民政府略云：「查非戰公約，前經呈准簡派駐美公使施肇基爲全權代表，在美簽字，並已將加入聲明書送往美外部。此項加入聲明書，與簽字於公約相等。惟按照訂約成規，凡已簽之約，欲其發生效力，尙須經過批准手續。現美政府業將前項公約批准，我國自應批准，以完手續。」國民政府復函中政會提出一七四次會議議決，交立法院，並於十八年二月八日函達查照審議。該院於十四次會議議決，照案通過。此公約全文共三條，經立法院議決後，卽於一九二八年在巴黎簽字，大致約定各締約國以各該國人民之名，宣告依賴戰爭以解決國際糾紛之罪責，並排斥以戰爭爲施行國家政策之工具。各締約國互允各國間設有爭端，不論如何性質、如何發端，均當用和平方法解決之。本約應由各締約國依照己國憲法批准，俟各該國咸將批准文件送往華盛頓存案後，卽發生效力。

（十）國際無線電公約　民國十六年，華盛頓國際無線電會議，訂立無線電公約，我國代表當時亦隨同簽字，惟未經政府批准。十八年，建設委員會以近來我國無線電事業日形發達，必須與各國政府聯絡一致，始免扞格之虞，且對於技術、事務方面，亦得有所遵循。國際無線電公約，各國批准者業已不少，我國未便再緩，特咨請外交部查照辦理。外交部亦以該公約有批准之必要，特呈請國府提出第二十六次國務會議議決，交立法院審查。該院提經第二十二次會議議決，付外交委員會審查。該會卽開會討論，並經函由建設委員會、外交部、交通部各派代表列席陳述意見，僉以此項公約，與吾國無線電事業之發展關係甚大，該約內容尙屬妥善，應予批准。惟於批准時，應附帶聲明，否認任何外國或其人民在中國領土界內，有安設或使用無線電臺之權，俾吾國之領土權不致因之而受影響。立法院於二十六次會議議決通過，呈請國民政府鑒核。此公約全文共二十四條，大致約定公約範圍、有限業務、通信祕密、特別機件、特約辦法、業務之停止、公約之加入、法規之交換、公約之施行期間及失效等等。

（一一）國際郵政公約及各協定　十八年，國際郵政協會在英之倫敦開第九屆大會，國府明令簡派駐英公使施肇基、交通部長劉書蕃前往參與會議，經議定公約一、協定六，我國代表所簽字者，爲國際郵政公約、國際郵政互換保險信函及箱匣協定、國際郵政互換包裹協定、國際郵政匯兌協定共四種。十八年十一月，英政府將前項公約、協定簽證本，飭由駐華英使館遞寄到京。當卽由交通部迻譯國文，並由外交部擬具批准書，呈國民政府批准，以便早日發生效力。旋國民政府批交立法院。該院於第九七次會議議決，付外交委員會審查。經該會於第七次常會提出討論，僉以該公約及協定大致妥善，擬照原文予以批准。立法院復於第一〇四次會議議決，照審查報告通過，呈報國民政府提經第八九次國務會議議決，照案批准，並令行政院飭外交部辦理。

國際郵政公約，全文分三編，共八十一條。第一編爲國際聯郵，又分四章，共二十四條，大致約定聯郵之建設，公約及協定聯郵之範圍，博議大會之組織，提議之方法，核准之條件，決定之實行，國際郵政公署之經費等。第二編爲普通章程，只一章，規定轉運之自由，暫時停辦郵務之情形，錢幣成色之標準，郵政認知證等。第三編爲關於郵件之規定，分四章，規定郵件之意義，應納關稅之物品，禁寄物品之種類，預付郵費之方法，責成之範圍，賠償之期限，保證所收之貨款，所收郵費之指定，付款及結算帳目之辦法，本公約發生效力及其有效之時期等。

國際郵政保險信函及箱匣協定，全文共三十二條，計分五章。第一章爲總則，規定本協定之宗旨，保險價值之最高額數，資費之種類，關稅及不屬於郵政之資費，郵費之豁免，及改寄與無法投遞等。第二章爲責成，規定責成之範圍，責成之例外，責成之完畢，責成之指定，責成之限度等。第三章爲代收貨價之件，規定代收貨價款數之減少或取消，遺失損壞或抽竊之責成。第四章爲所收郵費之指定，及轉運費並落棧費等。第五章爲各項規定，卽規定本協定施行之日期及有效之期限。

國際郵政互換包裹協定，分八章，共五十二條。第一章爲本協定之宗旨。第二章爲各項包裹適用之規定，卽郵費之預付及資例，陸路轉運費，海路轉運費，海關手續費，存棧費，向寄件人補索資費等。第三章爲代收貨價之包裹，卽各項資費淸結之辦法，代收貨價匯票及撥款單等。第四章爲保險包裹，規定資例及條規，揑造保險之數等。第五章爲緊要包裹。第六章爲責成規定責成之範圍，賠款之期限等。第七章爲郵費之攤派，規定運寄包裹應付之費，代收貨價資費之分派等。第八章爲各項規定，規定本協定實行之期及有效之期限。

國際郵政匯兌協定，全文共三十七條，分七章。第一章爲緖例，規定互換匯票之辦法。第二章爲匯票之開發，規定匯票及收據資費、電匯、發銀回帖等。第三章爲匯票之兌付，規定兌付之最高額數，匯票之有效期間，簽字轉讓之辦法。第四章爲撤回及更換姓名、住址暨改寄以及無法投遞或聲請查訊等項。第五章爲責成，規定責成之範圍，賠付之期限等。第六章爲會計及作廢之匯票，規定資費之分配及帳目之結算等。第七章爲各項規定，最要者卽本協定施行之日期及有效之期限。

第四節　立法院議決之重要預算案

財政法規，除各種普通法規外，中央及地方歲出歲入之預算均須經過立法程序始克成立。玆將預算法、統計法以及國家與地方歲出歲入之總預算，分述於后：

(一)預算法　我國自淸季預備立憲，試辦各省預算，於宣統二年，由度支部擬定預算式册及例言凡二十一條，附以比較表，都爲一册，通行京內外，依式塡註。是年秋，彙編三年總預算册，送交資政院議決頒行，是爲我國辦理預算之始。然僅有册式例言，是斯時尙無正式之預算法可言也。逮民國三年十月二日公布會計法，其第二章卽爲預算，對於歲入歲出之標準、總預算之區分、及其參照書類、預算之塡補與議決等項，規定綦詳，是爲我國預算法之嚆矢。自國民政府成立，財政部爲實施預算制度起見，擬訂編製十六年度預算編案例言凡十一條，於十六年七月十三日經國民政府令准，規定各機關凡有經徵及直接徵收之款，均應悉數查編歲入預算，軍費、政費凡屬應支之款，均應編造歲出預算，送部核辦，並附表以爲模楷。至十九年二月二十六日，國民政府公布中華民國十九年試辦預算章程共四章五十條，關於會計年度編製及計算方法國家地方預算之編審程序、時期、預備金及其預算之執行等事項皆加規定，並附劃分國家收入與地方收入標準，以爲國家地方分列預算之標準。但當時國府主計處尙未成立，故審核第二級預算書，重編正確預算書之權，皆屬之財政部。

國民政府主計處成立，國民政府乃於二十年十一月二日公布預算章程，及辦理預算收支分類標準。預算章程共四章六十四條，自公布日施行，較之十九年試辦預算章程尤爲詳密，並將預算未成立以前，各機關所編製之各級預算，改稱爲各級槪算，審查槪算及編製總預算之權則屬之主計處辦理。預算分類標準則列舉國家及地方收入支出屬於普通會計或營業會計之各種類別。

二十一年，中央委員邵元冲提出預算法原則草案於中央政治會議，經交財政、法制、經濟三組審查修改後，提經中央政治會議第三一八次會議決議，照審查意見通過，送立法院辦理。此項原則計十二條，所有關於預算之年度分類，議決辦理預算之機關及辦理之期限、預備費之限制等，莫不詳加規定焉。初立法院財政委員會擬具主計

立法院五週年來通過法規分類圖

（民國十七年十二月至二十二年十二月）

預算案

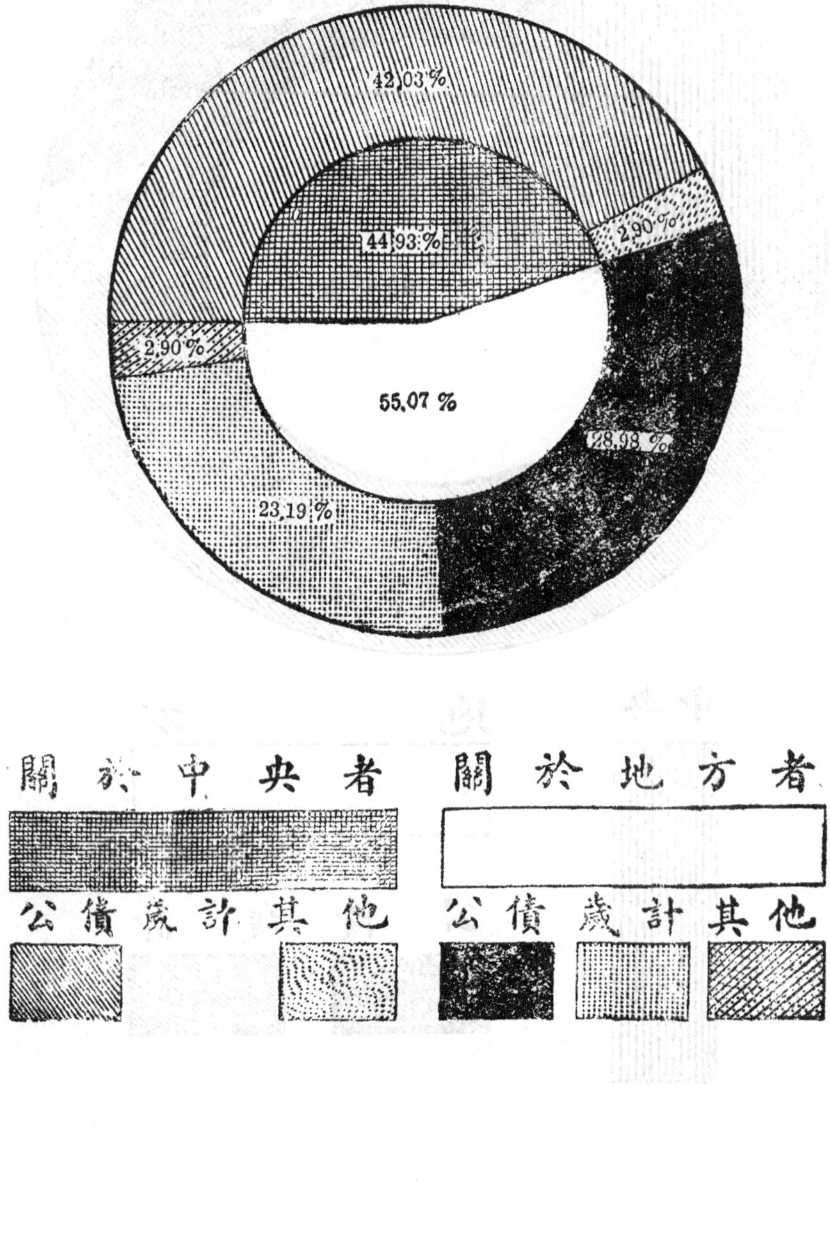

立法院第六週年議決之預算案分類統計表

（民國二十二年十二月至二十三年十一月）

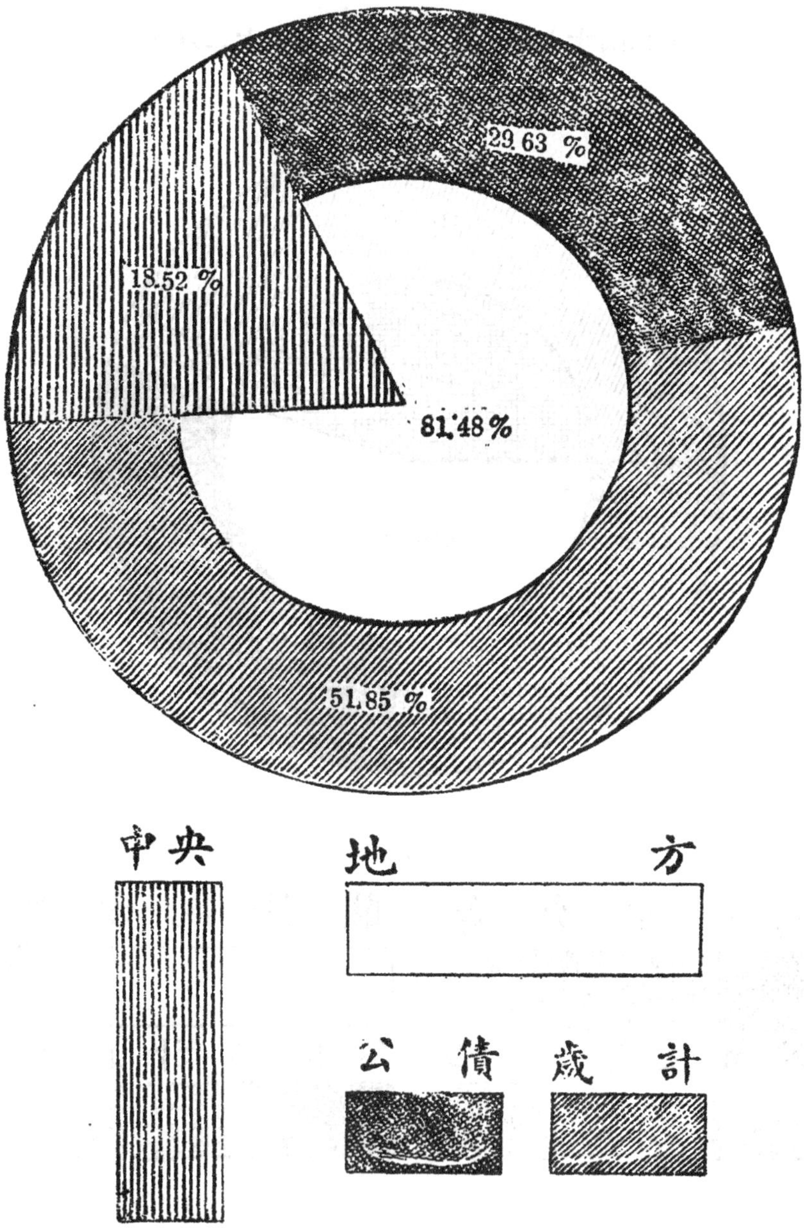

法草案第一編預算，提交立法院第一八三次會議決議，付財政委員會會同委員羅鼎、史尚寬等審查。多數審查委員主張將主計法第一編改稱預算法，並主張以後各編各成一單行法，繕具預算法草案九十六條，並附表十種，提請大會公決。至是，立法院更將預算法原則令交該會審查。該會即根據中政會議決議各點，將預算法草案加以修正，其餘有不周密之處亦分別整理，提交二十一年八月十三日立法院第一九七次會議修正通過，正式之預算法，於以制定。

預算法凡九章九十六條。第一章首規定預算法之各種用語及其意義，會計年度之開始及終了之日期，以及預算之類別，收支系統等共通之事項。第二章預算之籌劃，規定國民政府應於每年七月內決定次年會計年度之施行方針，令行全國各機關遵照編製概算。第三章概算之擬編及核定，規定中央政府概算之擬編，自最低級單位開始，依次遞至最高級機關單位；總概算書由主計處編造，中央政治會議核定概數。第四章預算之擬定及核定，規定擬定總預算書，由主計處編造，送行政院會議核定。第五章預算之審議，規定審議時先歲出案，次歲入案；歲出案之審議，以歲定經費及擬設定經費爲限；歲入案則以擬變更或設定之收入爲限。第六章預算之執行，規定各機關應依法定預算分月編造行政預算，經費之動用、流用均分別予以限制。第七章追加預算及非常預算，規定追加預算及非常預算之要件。第八章地方預算，規定省及直隸行政院之市政府之總概算書由主計處及財政部簽註意見，送立法院審議，仍由省市政府自行制定預算公布施行；縣市政府之總概算由省政府核定之。第九章附則，規定本法施行細則，由國民政府主計處定之。其附件爲各種圖表，以示中央歲入來源、歲出用途之分別科目，總概算書之內容，概算之機關單位、分級系統，總分預算表之各種格式等範則。由國民政府於二十一年九月二十四日公布。

（二）統計法　統計法本屬主計法之一種。立法院既決定主計法各編各成爲一單行法，立法委員陳長衡、衛挺生等乃擬具統計法草案，提請立法院大會公決。同時中委兼立法院代院長邵元冲，亦將統計法草案提出中政會第三二三次會議修正通過，交立法院辦理。該原則凡九項，明示各級政府辦理統計事務、權限之如何劃分，及統計之公開程度等事項。經立法院一併提出於第二百次會議議決，付財政委員會會同委員羅鼎、史尙寬等依據原則，將草案審查修正後；更提經二十一年十月一日立法院第二〇四次會議修正通過。凡四章三十二條。第一章通則，規定政府應辦理之統計，與統計範圍之劃分及其方案等項。第二章統計之編製及報告，規定統計年度及程序等項。第三章地方統計。第四章附則。本法由國民政府於二十一年十月十九日明令公布。

（三）國民政府監督地方財政暫行法　十八年，財政部鑒於過去之財政紛亂，國家與地方之收支不分，預算及決算之制度不行，省自爲政，中央政府徒負監督之名，而無監督之法，自應銳意整頓。該部首先召集財政會議，議決實行監督地方財政，由部擬具國民政府行政院財政部監督地方財政條例，由國府轉送中政會議第一七二次會議，決議原則通過，交立法院辦理。經立法院第十一次會議議決，交財政、經濟兩委員會審查修正後，提出十八年三月九日立法院第十六次會議議決，改稱國民政府監督地方財政暫行法。共六條，規定省市財政應編定預算、決算，如有增稅、募債等情事，均應歸財政部審核，立法院議決，或並由監察院查核之。由國民政府於十八年四月八日公布施行。二十一年九月，財政部因國民政府主計部成立，依法全國預算、決算，均歸審核，與國民政府監督地方財政暫行法顯有抵觸，而約法復經頒布，所有約法上對於地方課稅列舉之六項限制，此項暫行法亦未列有專條，實有修正之必要。因擬具修正草案，呈由行政院轉送中央政治會議交付審查，並制原則五項，以財政部爲各級地方財政之監督機關，地方政府徵收捐稅、發行公債，均應依約法及法令之規定，其財政情形並須報請財政部查核。此項原則經中政會議第三二八次會議通過，連同修正草案交立法院辦理，更經立法院財政、經濟兩委員會之審議，提出於二十一年十一月十九月立法院第二一一次會議修正通過，是爲修正國民政府監督地方財政暫行法。共十條，除原則之所規定外，並限制地方政府不得有預徵租稅等情事。由國民政府於二十一年十二月十三日公布，由公布日施行。

（四）國家預算　國民政府成立以來，國家預算之曾經立法院通過者，現只有中華民國二十年度國家普通歲入歲出總預算。此項總預算，係由主計處先就各機關所送交概算加以審查，編爲二十年度國家普通歲入歲出總概算書，送請中央政治會議核定後，更由主計處依據核定之概數，編成預算，呈由國民政府交立法院核議。經立法院付財政委員會審查之結果，認爲本年度預算爲國民政府成立以來初次試辦之國家正式預算，且依據中央政治會議核定之總概算，故對預算內容不多修改。惟各機關編送之初步經費概算，大部失之過鉅，軍務費及財務行政費太多，國有財產、國有事業收入，所列太微，間有重複收支之情形，將來編造下年度預算時，應予注意。並爲使本預算得以切實施行起見，擬具中華民國二十年度歲入歲出總預算施行條例，一併提出二十一年四月九日立法院第一八〇次會議，均予以修正通過，由國民政府於同年四月二十八日公布。本預算分歲入經常、臨時、及歲出經常、臨時、四門。歲入經常總數爲七〇八、三五二、八六五元，歲入臨時總數爲一八四、九八二、二〇八元。歲出經常總數爲八六八、九一九、四九二元，歲出臨時總數爲二四、四一五、五八一元。歲出入總數均爲八九三、三三五、〇七三元。歲入以關稅、鹽稅爲最多，而國家公債收入之數額亦甚鉅大。歲出以債務費爲最多，而軍務費、財務費亦頗足以驚人焉。其施行條例共十七條，規定本預算之預算年度及中央各機關實施本預算時應遵之法則，自公布日施行。

（五）地方預算　地方預算之編製，依法應由各省、市財政廳或財政局依據省政府之核定概算，編成各該省、市歲入歲出總概算書，送國民政府主計處就總概算書簽注意見，呈由國民政府送中央政治會議核定後，再送由國民政府發交主計處將核定之總概算書編成各省市擬定總預算書，呈請國民政府交行政院咨請立法院審議，立法院將各省市總預算議決後，呈請國民政府公布：此其經過之程序也。關於二十年度各省市地方歲入歲出總預算，分列如后：

山東省　山東省二十年度地方歲入歲出總預算之概算書，由中央政治會議第二八七次會議核定，其擬定總預算書則經立法院二十年十月三日第一六五次會議審查通過，計分歲入經常、歲出經常、臨時、三門。歲入與歲出經臨總數，各爲二四、五七五、一三〇元。收入以田賦爲最多，營業稅次之，地方行政收入又次之。支出以公安費爲最鉅，行政費次之，教育文化費又次之。本預算經國民政府於二十年十月十三日令准。

上海市　上海市二十年度地方歲入歲出總預算之概算書，經中央政治會議第二八七次會議核定，其由主計處所編擬定總預算書則經立法院二十年十月十七日第一六七次會議審查通過，計分歲入經常、歲出經常、臨時三門。歲出入總數各爲八、一九八、二〇四元。收入以房捐爲最多，地方行政收入次之，支出以公安費爲最鉅，建設費次之，教育文化費又次之。本預算書經國民政府二十年十月二十六日令准。

南京市　南京市二十年度地方歲入歲出總預算之概算書，經中央政治會議第三二二次會議核定，其擬定預算書則經立法院二十一年十一月十九日第二一一次會議審查通過，計分歲入經常、臨時，歲出經常、臨時四門。歲入經臨與歲出經臨總數各爲二一、八五七、六七六元。歲入經常以補助款爲最多，歲入臨時以地方財產收入爲大宗。歲出經臨以建設費爲最鉅，行政費支出次之，教育文化費又次之。本預算經國民政府於二十一年十二月二十一日令准。

察哈爾省　該省二十年度地方歲入歲出總預算之概算書，經中央政治會議第三二二次會議核定，其擬定總預算書，經立法院二十一年十一月十九日第二一一次會議通過，計分歲入經常，歲出經常、臨時三門。歲入經常與歲出經臨總數，各爲二、三四八、一五四元。歲入以田賦爲最多，牙稅、屠宰稅次之。歲出以行政費爲最多，公安、教育文化次之。本預算經國民政府於二十一年十月二十六日令准。

安徽省　該省二十年度地方歲入歲出總預算之概算書，經中央政治會議第三二一次會議核定，其擬定總預算書，經立法院二十一年十一月二十六日第二一四次會議審查通過，計分歲入經常、臨時，歲出經常、臨時四門。歲出入總數，各爲一五、五八五、八五〇元。收入以財務收入爲最多，支出以教育費爲最鉅。本預算經國民政府於二十年十月二十六日令准。

其二十一年度各省、市普通歲入、歲出之總預算，列述如左：

山東省　該省二十一年度地方普通歲入、歲出總預算之概算書，經中央政治會議第三三九次會議核定，其擬定總預算書，經立法院二十二年三月十日第三屆第八次會議審查通過，計歲入、歲出二四、五三一、三〇一元，較上年核定數比減四三、八二九元。收入仍以田賦、營業稅爲最多，支出亦仍以公安行政費爲最鉅。國府於二十一年三月二十四日令准。嗣主計處以本預算歲出臨時門關於長途電話建設費一目，應改列官營業費者爲二十九萬六千〇四十一元，該處擬編總預算時，誤繕爲三十萬〇五千一百五十九元，計多列九千一百一十八元，此項多列之數，仍應劃歸建設費項下，以符原案；呈請國府轉行政院查照修正，經二十二年六月二十三日立法院第三屆第二十三次會議予以修正，同年七月一日由國民政府令准。

河南省　該省二十一年度地方普通歲入、歲出總預算之概算書，經中央政治會議第三六四次會議核定，其擬定總預算書，經立法院二十二年十月六日第三屆第三三次會議審查通過，計分歲入經常、歲出經常，歲出入總數，均爲一〇、一二六、六五八元。歲入以田賦爲最多，契稅次之，支出以行政費爲最鉅，教育文化費次之。由國府於同年三十一日令准。

安徽省　該省二十一年度地方普通歲入、歲出總預算之概算書，經中央政治會議第三六四次會議核定，其擬定總預算書，經立法院第三屆第三三次會議審查通過，計分歲入經常、臨時、歲出經常、臨時四門，歲出入總數，均爲九、八三九、一三九元。因上年度預算未按收支分類標準編列，致與本年度無從比較。其收入以田賦爲最多，補助款及營業稅次之。支出以教育文化費爲最鉅，行政費、公安費次之。由國民政府於同年十月三十日令准。

湖北省　該省二十一年度地方普通歲入、歲出總預算之概算書，經中央政治會議第三六四次會議核定，其擬定總預算書，經立法院第三屆第三三次會議審查通過，計分歲入經常、臨時、歲出經常臨時四門，歲出入總數爲一七、〇二三、五二一元。收入以雜項收入爲最多，補助費收入及營業稅次之。支出以公安費爲最鉅，教育、文化、黨務三項次之。於二十二年十月三十一日由國民政府令准。

廣西省　該省二十一年度地方普通歲入、歲出總預算之概算書，經中央政治會議第三六四次會議核定，其擬定總預算書，經立法院第三屆第三三次會議審查通過，計分歲入經常、歲出經常臨時三門，歲出入總數，均爲一千三百二十四萬三千二百九十五元二角六分。歲入以地方行政收入爲最多，田賦次之。歲出以公安費爲最多，教育、文化費次之。由國民政府於二十二年十月三十一日令准。

河北省　該省二十一年度地方普通歲入、歲出總預算之概算書，由中央政治會議第三六四次會議核定，其擬定總預算書，經立法院第三屆第三三次會議審查通過，計分歲入經常、臨時，歲出經常臨時四門，歲出入總數，均爲二三、二二四、七七八元。歲入以田賦、營業稅爲最多，歲出以教育文化費、行政費爲最鉅。由國民政府於二十二年十月三十一日令准。

南京市　該市二十一年度地方普通歲入、歲出總預算之概算書，經中央政治會議第三六四次會議核定，其擬定預算書，經立法院第三屆第三三次會議審查通過，計分歲入經常、臨時、歲出經常、臨時四門，歲出入總數，爲一一、七七四、二二五元，歲入較之二十年度核減少甚多，各類之多寡比較，仍與二十年度無大差異，由國民政府於二十二年十月三十一日令准。

上海市　該市二十一年度地方普通歲入歲出總預算之概算書，經中央政治會議第三六四次會議核定，其擬定預算書，經立法院第三屆第三三次會議審查通過，計分歲入經常、歲出經常臨時三門，歲出入總數，均爲九、八一九、〇八四元，較上年度核定數目略有增加。歲入以房捐爲最多，營業稅、車捐次之，歲出以公安費爲最鉅，教育文化費、行政費次之，由國民政府於二十二年十月三十一日令准。

北平市　該市二十一年度地方普通歲入歲出總預算之概算書，經中央政治會議第三六四次會議核定，其擬定預算書，經立法院第三屆第三三次會議審查通過，計分歲入經常、歲出經常臨時三門，歲出入爲四、五七〇、〇四二元。歲入以房捐爲最多，營業稅次之，歲出以公安費最鉅，教育文化費次之，由國民政府於二十二年十月三十一日令准。

青島市　該市二十一年度地方普通歲入、歲出總預算之概算書，經中央政治會議第三六四次會議核定，其擬定預算書，經立法院於第三屆第三三次會議審查通過，計分歲入經常、臨時、歲出經常、臨時四門，歲出入均爲五、四三六、八一八元。歲入以地方事業收入爲最大，營業稅、田賦次之，歲出以協助費爲最多，教育文化費、交通費次之，由國民政府於二十二年十月三十一日令准。

威海衞管理公署　其二十一年度地方普通歲入歲出總預算概算書，經中央政治會議核定，其擬定之預算書，經立法院第三屆第三三次會議審查通過，計分歲入經常歲出經常二門，而歲出入之總數，爲四六六、五一二元。歲入以補助費爲最多，契稅、田賦次之，歲出以行政費爲最鉅，公安費、建設費次之，由國民政府於二十二年十月三十一日令准。

關於公債者——國民政府自成立以來，軍事與建設，在在需款，中央及地方政府發行公債不一而足，然無共通之公債法以資遵循，而示限制。會十八年春，財政部爲預算不敷，擬請續發捲烟稅國庫券，維時以待用孔亟，先由政府提前公布，仍送立法院追認，經立法院十八年四月六日第十八次會議決議，除原案通過外，另由立法院財政委員會起草公債法原則，以爲準則。旋經草成原則十二條，提出十八年四月二十日立法院第二十次大會修正爲十一條，呈請國民政府交由中央政治會議第一八一次會議，付委員譚延闓等審查，再經中央政治會議第一八四次會議通過，是爲公債法原則。凡公債期限滿一年以上者，均應依照本原則之規定。中央政府募集內外公債，應將其性質、用途等事項編擬條例，經財政部審查後，由行政院提交立法院議決通過，呈請國民政府公布，始發生效力。各級地方政府，非經立法院核議通過，不得募集外債，又規定公債應充生產事業、國家重要設備、非常緊急需要及整理債務之用途，不得充經常政費，蓋所以示限制也。

又，凡公債條例，大率附有還本付息表，其內容卽根據條例中所規定還本付息之時期、辦法，而製爲顯明之表格，亦與公債條例同時審議通過。至條例之經修正者，若涉及還本付息之事項，則還本付息表亦同時修正，故本目但述各種公債條例之經過，表則從略。

(一)民國十四年至十五年　民國十四年，國民政府成立於廣東，至十五年出師北伐，軍用浩繁，不無寬籌軍費之時。但當時收入有限，又恐濫發紙幣，搖動銀行基礎，故先後發行有獎公債兩次，總額一千五百萬元。

(二)民國十六年　(1)整理湖北金融公債條例　民國十六年春，國民政府移設武漢時，湖北因官錢局濫發紙幣，金融紊亂已極，特發行公債二千萬，爲收回官錢局舊票，償還政府所借新債，及籌設中央銀行之用。十六年三月十日由前武漢國民政府公布整理湖北金融公債條例，共十四條，規定本公債年息七釐，指定湖北官錢局全部財產爲第一擔保，湖北省出產運銷二五特稅爲第二擔保，先儘第一擔保品之財產，於三年內分期標賣償還，如有不敷，則於第四年起，將第二擔保之稅收，用抽籤法分三年還淸，自公布日施行。

(2)國民政府財政部國庫劵條例　武漢國民政府爲補助國庫、調劑金融起見，發行國庫劵九百萬圓，於十六年四月十七日公布國庫劵條例，共六條，規定此項庫劵分三個月發行三百萬元，自發行日起滿足六個月，由國庫照付，自財政部命令公布日施行。

(3)國民政府財政部有獎公債條例　國民政府爲補助國庫，指撥教育儲蓄銀行基金，及與辦實業起見，由財政部發行有獎公債五百萬元，於十六年十二月五日公布有獎公債條例十六條，規定此項公債前兩年爲月息一分，即以兩年月息全數撥充奬金，兩年以後每三個月抽籤還本一次，於兩年內還淸，指定江海關二五附稅之奢侈稅全部，及江蘇省郵包稅全部，爲還本基金。本條例自公布日施行。

（4）江海關二五附稅國庫券　國民政府於四月十八日奠都南京，一面組織政府，一面籌備北伐，財政困難異於尋常。司財政者為江蘇兼上海財政委員會，以需款緊急，遂於五月一日發行江海關二五國券庫三千萬元，以充臨時軍費之用。此項庫券，月息七釐，以江海關二五附稅全部作抵，至十八年十二月本息償清。

（5）國民政府續發江海關二五附稅國庫券　續發江海關二五附稅國庫券發行於十六年十月一日，原定票額為二千四百萬，其條例業經公布施行。嗣財政部擬加發一千六百萬元，合成四千萬元。十七年一月十七日國民政府遂公布修正續發江海關二五附稅國庫券條例，共十五條，規定本公債充國民政府本年軍需、政費預算不敷，及歸還短期債款之用，月息八釐，其應付本息分別以江海關二五附稅、郵包稅及關稅增加收入項下為擔保，自十九年一月起，按月平均付還本銀四十分之一，至二十二年四月底還清。

（三）民國十七年　（1）國民政府捲烟稅國庫券條例　該條例係十七年四月二十一日國民政府所公布，規定此項庫券定額一千六百萬元，於十七年四月二日發行，以充國民政府預算不敷之用，月息八釐，其應付本息係以捲烟收入全部為擔保，自發行之月起，每月付還本銀三十二分之一，至二十二年九月底還清。本條例自公布日施行。

（2）國民政府財政部軍需公債條例　國民政府財政部為補充軍需不足起見，特發行軍需公債一千萬元。此項公債條例，共十五條，於十七年四月二十八日由國民政府公布，規定本公債分兩期發行，第一期發行六百萬元，以十七年五月一日為發行期，其第二期四百萬元，另行訂期發行之，週息八釐，以印花稅收入為擔保，自民國十八年起，用抽籤法分十年還清。本條例自公布日施行。

（3）國民政府財政部善後短期公債條例　國民政府財政部善後短期公債條例，原名煤油特稅短期公債條例，經國民政府於十七年六月十一日公布，同年七月二日改定今名，重行公布，共十六條，規定本公債定額爲四千萬元，以充完成統一全國軍政各費之用，其應付本息，係分別以煤油特稅、關稅徵收項下之款爲擔保，自發行之日起，每六個月抽籤還本一次，平均抽還十分之一。本條例自公布日施行。

（4）國民政府財政部津海關二五附稅國庫劵條例　民國十七年七月一日，國民政府財政部因本年度預算不足及籌付臨時需要，發行津海關二五附稅國庫劵九百萬元。此項公債條例，於是年六月二十七日由國民政府公布，共十八條，規定本公債月息八釐，基金以津海關二五附稅全部收入作抵，自十七年十月份起，每月月底還本三十分之一，至二十三年三月底還清。本條例自公布日施行。

（5）金融短期公債條例　國民政府財政部爲建設金融事業，特於十七年十月發行短期公債三千萬元，其條例於同年十月五日經國民政府公布，共十二條，規定本公債週息八釐，由財政部指定以關稅內德國退還賠款餘款項下爲擔保品，每年分三月、九月還本兩次，至二十四年九月底，分別還清。本條例自公布日施行。

（四）民國十八年　（1）賑災公債條例　國民政府爲拯救各省災黎起見，特發行公債一千萬元，定名爲：「國民政府民國十八年賑災公債。」其條例於十八年一月由國民政府公布，共十二條，規定此項公債年息八釐，應還本息由財政部指定在關稅收入項下照撥，自十八年六月起，由抽籤法分十年還清。本條例自公布日施行。

(2)裁兵公債條例　國民政府爲實行裁兵及抵補編遣期內預算不敷起見，特發行民國十八年裁兵公債五千萬元。此項公債條例經十八年二月二日立法院第十一次會議通過，同年二月七日由國民政府公布，凡十二條，規定本公債之利率爲週息八釐，於十八年二月發行，其應還本息由財政部指定在關稅增加收入項下照撥，分十年以抽籤法淸償之。本條例自公布日施行。

(3)國民政府續發捲烟稅國庫券條例　國民政府爲預算不敷，於十八年續發捲烟稅國庫券二千四百萬元，其條例經同年四月六日立法院第十八次會議通過，三月二十七日國民政府公布，凡十三條，規定本庫券月息八釐，於十八年三月發行，以財政部所收捲烟統稅爲基金，分三十四個月還淸本息。本條例自公布日施行。

(4)鐵道部收回廣東粵漢鐵路公債條例　鐵道部爲收換廣東粵漢鐵路民有股票，擬發行二釐公債二千萬元，經十八年十一月九日立法院第五十九次會議通過，定名爲「鐵道部收回廣東粵漢鐵路公債條例，」凡十二條，規定本公債年息二釐，於十九年一月一日發行，以該路餘利爲基金，自發行後之第六年起每年還本一百萬元，還淸爲止。由國民政府於十八年十一月十八日公布，自公布日施行。

(5)疏濬河北省海河工程短期公債條例　該項公債係由財政部發行，交由河北省海河整理委員會募集，專充疏濬海河工程及收用土地等費用。此項公債條例於十八年四月十三日立法院第十九次會議通過，凡十七條，規定本公債月息八釐，自十八年四月二十一日發行，至二十八年四月二十一日全數償淸，其基金以津海關值百抽五稅收項下附徵八分之八之收入作抵，由國民政府於十八年五月十五日公布，公布日施行。

右項公債條例第十一條，係規定公債本息基金，由津海關二五附稅國庫劵基金保管委員會代爲保管。嗣因津海關二五附稅國庫劵於十九年三月底償清，其基金保管委員會應卽定期結束，財政部乃呈請行政院轉呈國民政府交立法院修正，改由基金保管委員會交承募本公債各銀行分別存儲，以專責成。經二十年六月二十七日立法院第一四八次會議，將第十一條條文予以修正，規定本公債由基金保管委員會備付，指定北平、天津中央、中國、交通三銀行經理還本付息事宜，並將基金保管委員會之組織明白規定，增列爲第二項。此項修正第十一條條文，於二十年七月六日，由國民政府公布。此項修正之條例第十一條第二項，規定前項基金保管委員會由財政部、河北省政府、天津市政府各派員一人，海河工程局派代表一人，天津商會及北平、天津銀行公會各推出代表一人組織之，其保管條例由財政部定之。公布後，財政部以此次發行海河公債，係專爲海河治標之用，整理海河委員會乃爲海河治標而設立，與發行公債及基金保管均有直接關係，應在基金保管委員會推代表一人，以便接洽，至海河工程局與海河工程及此項公債絲毫無關，應予修正，呈由行政院送立法院審議。經二十年九月十七日立法院第一六四次會議，將本公債條例第十一條第二項內原規定之海河工程局派代表一人改爲海河整理委員會派員一人；更於二十年十月三日由國民政府公布。

(6)關稅庫劵條例　民國十八年，財政部因財政支絀，歷經將各項稅款抵押借款，爲數頗鉅，擬發行關稅庫劵，以爲整理稅款，收回抵押稅，及抵補整理稅款期內不敷之用，額定四千萬元，其應付本息基金，指定在關稅增加收入項下指撥。此項公債條例經十八年五月二十二日立法院第二十六次會議通過，同年五月二十一日由國民政府公布凡十四條，規定月息七釐，自十八年六月發行後，分六十二個月償還本息。本條例自公布日施行。

（7）編遣庫劵條例　民國十八年，中央爲編遣軍隊需鉅大之編遣費，而編遣期間尚有不敷之軍費，特發編遣庫劵七千萬元。其條例凡十四條，於十八年八月二十日立法院第四十一次會議通過，規定本庫劵月息七釐，自十八年九月發行後，分一百個月償還本息，由關税增加收入項下撥付。本條例於同年八月二十三日由國民政府公布，自公布日施行。

（8）交通部電政公債條例　交通部因積欠大東、大北公司債款，亟須清償，以期挽回利權，並爲整理擴充電報、電話、無線電起見，特於十八年發行電政公債一千萬元。此項公債條例，於同年十月十二日立法院第五十四次會議通過，十月二十六日國民政府公布，凡十四條，規定本公債年息七釐，於十八年十一月發行，以交通部國際電報費全部收入爲還本付息基金，分十年還清本息。本條例自公布日施行。

民國十八年交通部電政公債條例既經公布，該部卽向上海銀行接洽推銷，因條例第三條週年七釐之利息，較各機關最近發行之各項債劵爲低，以致推銷困難，請求將條例內關於利率折扣及發行日期之三、四、五三條酌予修正，呈由行政院咨請立法院審議。經十九年三月八日立法院第七十九次會議加以修正，改稱民國十九年交通部電政公債條例，將第三條規定之年息七釐改爲年息八釐；第四條原規定於十八年十一月一日發行，改爲於十九年四月一日發行；第五條原定按票面九八發行，改爲按票面九六發行；第八條所規定之付息日期，由每年六月三十日及十二月三十一日，改爲每年九月三十日及三月三十一日；第九條自民國十九年起至民國二十八年止，抽還原本則改爲自民國二十年起至民國二十九年止。又還本以每年十二月三十一日爲開始付款日期，改爲每年三月三十一日爲開始付款日期。餘與原條例無異。此項修正條例於十九年三月十七日經國民政府公布，自公布日施行。

(9)上海特別市市政公債條例　上海特別市爲建築本市幹道及市中心區域，創辦市立銀行，並整理舊公債，特發行公債三百萬元，於十八年八月二十四日經立法院第四二次會議通過，定名爲上海特別市市政公債條例，凡十六條，規定本公債年息八釐，以本市房捐收入爲擔保，十八年十月一日發行，自二十年三月三十一日起至二十六年九月三十日止，分十四期還清全本。十八年九月九日由國民政府公布，公布日施行。

右項公債條例第八條，規定分十四期償還，前十二期每期還本二十萬元，後二期每期還本三十萬元。上海市財政局以抽籤籤數難以適合，擬請將本條及還本付息表修正，改爲前十二期每期還本二十一萬元，後二期每期還本二十四萬元，以便按籤計算；兼以上海特別市業經改稱上海市，所有原列上海特別市及本特別市字樣，均請改爲上海市及本市；同時擬具修正草案，呈由上海市政府轉呈行政院送立法院審議。經二十年三月二十一日立法院第一三六次大會決議，照上海市政府所提修正案通過，同年三月二十八日由國民政府公布。

(10)遼寧省整理金融公債條例　遼寧省因奉票低落，金融紊亂，爲整理起見，經財政部之核定，以中央在該省之捲烟特稅收入爲擔保品，發行整理金融公債，定額二千萬元。此項公債條例於十八年十月五日立法院第五二次會議通過，同年十月十五日國民政府公布，凡十二條，規定月息八釐，每公債一元，核收奉大洋票五十元以內，自十九年四月起，用抽籤法分年償還，至三十一年四月完全償淸。本條例自公布日施行。

(11)南京特別市特種公債條例　該市初爲推行市政起見，擬發行市政公債三百萬元，條例業經公布。旋因市民請求，乃將利息、期限、基金加以修正，呈請國民政府交立法院審議。經十八年十月五日立法院第五二次會議議決，改稱南京特別市特種建設公債條例，指定此項公債爲興辦首都自來水工程及建築市民住宅之用，利率年息八釐，以該市車捐及市產收入爲還本付息基金，自二十年起分十年還淸。本條例於十九年十月二十九日由國民政府公布，自公布日施行。

(12)浙江建設公債條例　該省省政府爲興築杭江鐵路，杭徽公路及擴充電氣事業，修治錢江水利，於十八年發行浙江省建設公債一千萬元。此項公債條例於同年十月八日立法院第五三次會議通過，十月二十二日由國民政府公布，凡十八條，規定本公債年息爲八釐，以該省田賦項下原有之附加建設特捐爲還本付息基金，並定於十八年十一月一日發行，自十九年四月份起，分九年還淸。本條例自公布日施行。

(13)山西省賑災短期公債條例　十八年，山西大旱成災，省政府特發行公債三百萬元，以資賑濟，是爲山西省賑災短期公債。其條例規定本公債年息七釐，指定以該省所徵田賦附加賑款爲還本付息基金，自二十年起至二十六年止，分期全數償淸。本條例自公布日施行，其在立法院通過及國民政府公布之日期，與十八年浙江省建設公債條例同。

(14)漢口特別市市政公債條例　當公債法原則尙未制定時，武漢特別市發行市政公債一百五十萬元，其條例業經公布施行矣。旋公債法原則制定，武漢特別市又改名漢口特別市，且原條例亦有應加修正之處，經財政部呈由行政院轉呈國民政府交立法院審議。十八年十一月二日立法院第五七次會議通過，改名漢口特別市市政公債條例，全文十五條，規定本公債爲改良本市建築工程所需各費之用，定額一百五十萬元，週息八釐，於十八年一月一日發行，以漢口特別市土地稅爲還本基金，自發行之第四年起，分五年還淸。其就原條例修正者，爲原第二條規定除原定一百五十萬元外，得繼續發行一百五十萬元；茲經立法院認爲繼續發行部分，應依公債法原則，另擬詳細條例，轉送審議，故只有一百五十萬元之數額。又原第十三條，規定本公債到期息票及應還債票得以完納湖北省租稅，茲則修正爲得以完納本市各項稅捐。

（五）民國十九年　（1）捲烟庫劵條例　民國十九年，國民政府擬發行公債二千四百萬元，以充國府周轉之用，於是年一月十四日提出立法院第七一次會議通過，定名爲民國十九年捲烟庫劵條例，指定以財政部所收捲烟統稅爲還本付息基金，利率爲月息八釐，自十九年四月一日發行後，分三十六個月償還本息，由國民政府於十九年三月三十一日公布，自公布日施行。

（2）關稅公債條例　民國十九年，財政部爲換回十六年整理湖北金融債票起見，發行公債二千萬元，以關稅收入爲擔保，經十九年一月九日中央政治會議臨時會議核准，同年一月二十四日立法院第七一次會議通過，定名爲關稅公債條例，同年一月二十日由國民政府公布，凡十二條，規定本公債月息八釐，於十九年一月發行，是年六月起，用抽籤方法分年償還本息，自公布日施行。

(3)關稅短期庫券條例　民國十九年，爲金價暴漲，金融財政同受影響，擬發行短期庫券五千萬元，所訂條例，業經十九年八月二日立法院第一〇三次會議通過，並以公布施行。而財政部以當時需款孔亟，額數有不敷之虞，復請修正，照原定條例增發庫券三千萬元，共八千萬元，更經十九年十月四日立法院第一一二次會議通過，是爲修正十九年關稅庫券條例，凡十二條，規定本庫券月息八釐，於十九年八月發行，自發行時起，分五十八個月還清，經國民政府於同年十月七日公布，自公布日施行。

(4)善後短期庫券條例　該項庫券，定額五千萬元，以充軍事結束善後之用，其條例於十九年十月二十五日立法院第一一五次會議通過，同年十月三十一日由國民政府公布，凡十四條，規定本庫券月息八釐，自十九年十一月一日發行後，分十六個月還清本息，指定關稅增加收入項下撥付，本條例自公布日施行。

(5)建設委員會電氣事業長期及短期公債條例　該會爲收買戚墅堰電廠及擴充首都電廠事業，擬於十九年發行公債五百萬元，內分長期公債四百萬元，短期公債一百萬元，即以該兩廠爲擔保品，擬具電氣事業長短期公債條例草案各一份，呈由國民政府交立法院審議。經立法院財政委員會審查，認爲有先決之問題二點：(一)第三屆中央執行委員會第二次全體會議第四日決議案乙項五款，各市之公用事業如電燈、電話、電車、自來水等歸各市政府監理。監理之意義若何，現在解釋未明，監理職權固無從行使；且將來兩廠如必須劃分時，則將因隸屬不同，對於所發公債之還本付息，牽混不清，應請中央政治會議明白解釋。(二)收辦戚墅堰電廠尚未經國府核准，建設委員會有無此項職權；且與立法院正在擬訂中之民營企業保障法有無影響？應請公決。提出十八年八月三日立法院第三八次會議議決：（一）申請中政會議議復。旋中政會議以「監理」二字，業經該會議第一九二次會議解釋爲監督管理之省文，不能同時並用。其已經市政府管理之事業，自無須再用監督字樣；所謂監督者，指監督民辦或其他機關經辦之事業，未經市政府管理之事業而言。且據建設委員會報告，應認收辦已有根據。咨復國民政府仍交立法院再付財政委員會審查，該會修正長期公債之定額爲一百五十萬元，短期公債之定額爲二百五十萬元，共四百萬元。兩種條例一並提出於十八年十二月十四日會議決議，照審查案修正通過，各十二條，均以首都及戚墅堰兩電廠爲擔保品；惟長期公債年息六釐，分十五年還淸本息，短期公債年息八釐，分八年還淸，及每次償還之數目不同耳。均於十八年十二月二十三日由國民政府公布自公布日施行。但民國二十三年五月九日，國府對此二條例，又令飭變更之。

（6）浙江省賑災公債條例　浙省政府爲賑濟本省災荒起見，特於十九年發行賑災公債一百萬元。此項公債條例於十九年五月三十一日經立法院第九三次會議通過，同年六月九日國民政府公布，凡十五條，規定本公債年息八釐，由該省牙稅項下年提十六萬爲償還基金，自十九年七月一日發行後，分九年還淸。本條例自公布日施行。

（7）廣東省整理金融庫券章程　粵省政府爲十八年短期軍需金庫券及維持紙幣起見，爰以省庫收入爲擔保，發行公債廣東毫洋一千五百萬元，利息週年一分，於十九年八月發行，自發行六個月後，由立法院於二十年四月十八日第一四〇次會議予以追認。

(8)北寧路機車設備短期公債條例　民國十九年，鐵道部因據北寧路管理局呈報該路機車缺乏，擬分兩批發行短期公債五百萬元專充北寧鐵路購辦機車之用，呈由行政院轉咨立法院審議。其條例，於十九年十一月二十九日立法院第一一九次會議通過，凡十三條，規定本公債月息八釐，計分兩批發行，第一批一百八十萬元，定爲十一個月還清，第二批三百二十萬元，定爲二十四個月還清，每三個月還本付息一次，以北寧路新購之機車爲抵押品，自公布日施行。本條例並經中央政治會議第二五次會議議決核准原則，指定由鐵道部與財政部先行商定發行手續，更經國民政府會議議決交行政院公布，並飭鐵道、財政兩部協商發行手續焉。

(9)江蘇省建設公債條例　民國十九年，江蘇省政府爲興辦各種建設事業，發行江蘇省建設公債七百萬元，其條例於十九年七月二十六日立法院第一〇二次會議通過，凡十四條，列舉各該興辦之建設工程及分配之數額，並定年息爲八釐，指定以本省各縣典賣田房契稅收入全部爲還本付息基金，於十九年八月一日及二十年八月一日分兩期發行，自發行之日起分作十年全數還清。本條例於十九年八月四日經國民政府公布，公布日施行。

(10)浙江省杭州市自來水公債條例　杭州市因建設自來水廠，發行公債二百五十萬元。財政部因此項公債，雖係普通市所發行，得由省政府核辦，但定額既鉅，仍交由行政院提送立法院審議。其條例於十九年五月十七日由立法院第九一次會議通過，凡十二條，規定本公債年息八釐，於十九年七月一日發行，以該市土地稅收入及自來水廠營業盈餘爲還本付息基金，自二十二年十二月三十一日開始還本，至三十九年六月三十日全數償清，本條例經國民政府於十九年五月二十八日公布，自公布日施行。

（六）民國二十年 （1）賑災公債條例 民國二十年，洪水爲災，國民政府擬發行公債以資賑濟，由財政部擬具條例，經立法院第一五八次會議，予以修正通過。旋因救濟水災委員會委員長宋子文提議，購運美麥賑濟水災，請咨立法院仍照原案通過，由行政院呈經國民政府轉送中央政治會議第二八七次會議議決，補定民國二十年賑災公債條例原則三條，確定公債額爲八千萬元，本息由財政部於國稅項下指定基金撥充本公債收支及基金擔保方法，仍由財政部依照向例辦理，連同宋子文所擬賑災條例草案，函送國民政府交立法院辦理。二十年九月十日，立法院第一六二次會議，遂照宋子文所擬之國民政府民國二十年賑災公債條例通過，同年九月十一日國民政府公布，凡十條，規定本公債專作急賑、工賑及購買賑糧之用，年息八釐，自發行之日起，分十年還淸本息。本條例自公布日施行。

（2）捲烟庫劵條例 民國二十年捲烟庫劵，因辦理善後周轉國庫而發，定額六千萬元。此項庫劵條例，經中央政治會議第二五五次會議核准，於十九年十二月三十日立法院第一二四次會議通過，同年十二月三十日由國民政府公布，凡十四條，規定本公債月息七釐，於二十一年一月一日發行，分七十八個月償還，仍以財政部所收捲烟統稅爲基金。本條例自公布日施行。

（3）關稅短期庫劵條例 民國二十年關稅短期庫劵定額八千萬元，爲周轉國庫之用，其條例原則，經中央政治會議第二六六次會議通過，再經立法院於二十年三月二十一日第一三六次會議通過，同年三月二十八日由國民政府公布，凡十四條，規定本庫券月息八釐，自二十年四月一日發行起，分一百個月還清本息，由財政部指定在關稅增加收入項下撥付。本條例自公布日施行。

（4）統稅短期庫券條例　民國二十年統稅庫券爲補助國庫而發，定額八千萬元。此項庫券條例原則，經中央政治會議第二七三次會議通過，條例則於二十年四月十八日立法院第一四〇次會議通過，同年六月六日由國民政府公布，凡十四條，規定本庫券月息八釐，自二十年六月一日發行時起，分七十八個月償還本息，並指定財政部統稅署徵收捲烟稅餘款及棉紗、麥粉等稅爲基金。本條例自公布日施行。

（5）鹽稅短期庫券條例　此項庫券之用途、數額、利率，悉與同年之統稅短期庫券同，所異者係指定以國庫徵求之鹽稅爲基金，而非統稅耳。此項條例原則，經中央政治會議第二八一次會議通過，其條例於二十年七月二十七日由立法院第一五三次會議通過，同年七月二十九日國民政府公布，凡十四條，自公布日施行。

（6）金融短期公債條例　國民政府爲調劑金融起見，特由財政部發行公債八千萬，定名爲二十年金融短期公債。此項公債條例，經二十一年十月十三日立法院第一六六次會議通過，十月十六日國民政府公布，凡十三條，規定利率爲週息八釐，自二十一年十月十六日發行之日起，用抽籤法分七年償還本息，由財政部指定在庚子賠款德國部分項下照撥。本條例自公布日施行。

（7）湖北省善後公債條例　湖北省政府爲辦理剿匪、清鄉，需款甚急，特於二十年發行公債三百萬元，定名爲民國二十年湖北省善後公債。其條例經二十年一月三十一日立法院第一二九次會議通過，同年二月九日由國民政府公布凡十三條，定年息爲八釐，於二十年二月十五日發行，以本省象鼻山鐵礦砂收入及絲、蔴、紗、布四局租金爲基金，自二十一年六月起每六個月還本一次，至三十年十二月底全數還清。本條例自公布日施行。

民國二十一年，湖北省政府因該省善後公債基金保管委員會章程第十二條，業經修正，該章程原案訂有漢口錢業公會，因變更攤消辦法，已修正爲漢口房產公益會。又原案只有武昌、漢口兩總商會，修正時增加漢陽總商會。惟該章程第二條，係根據湖北省善後公債條例第八條第二項之規定，該章程既有變更，此項條文亦有修正之必要。遂呈由行政院轉呈國民政府交立法院辦理。二十一年六月四日立法院第一八七次會議修正通過，就原條例第八條第二項基金委員會之組織，增漢口房產公益會及漢陽總商會代表各一人。此項修正條文於二十一年六月十七日由國民政府公布。

（8）財政部整理山西省金融公債條例　民國十八年冬，山西省以省銀行所發紙幣過多，擬發行公債二千四百萬元，以便收回紙幣，整理金融，擬具民國十八年山西省整理金融公債條例。規定本公債本息，指定由本省烟酒稅費、印花稅、捲烟特稅、河東鹽稅、晉北鹽稅各收入項下撥付，由國民政府交立法院核議。該院財政委員會，因此項公債擬於十九年一月一日發行，乃改稱民國十九年山西省政府整理金融公債條例。但立法院院長胡漢民以此項公債案，將山西省内中央稅收最大部分，劃充地方之用，顯有不合，提經十八年十二月二十一日立法院第六七次會議議決，申請中央政治會議決定。更經中央政治會議決議，該省之金融應由財政部負責辦理，將條例名稱改爲財政部整理山西金融公債條例，交財政部修正後，呈請行政院交立法院審議。財政部擬訂之民國十九年財政部整理山西金融公債條例，於十九年一月十四日立法院第七一次會議修正通過，同年一月二十日經國民政府公布施行。旋因第三屆中央執行委員會第三次全體會議第二九一次會議，據劉文島等提議，以山西方面採取現金集中辦法，濫發大宗紙幣，金融益形紊亂，與中央核准發行此項公債以資整理金融之本意相違背；決議撤消，由國民政府明令廢止。二十年七月，財政部復因山西省政府之請求，另擬民國二十年財政部整理山西金融公債條例，呈經國民政府第六次常會會議議決，交由立法院財政委員會審議，認爲十九年整理山西省金融公債條例業經明令廢止，本案應作新案審議。由該院函達財政部提出整理山西省金融詳細具體計劃，重將民國二十年財政部整理山西金融公債條例討論修正，提出二十年十二月一日立法院第一七二次會議修正通過，共十五條，規定年息六釐，自二十年一月一日發行，分十年償還，指定由該省烟酒等稅收入項下撥付，自公布日施行。

(9)江浙絲業公債條例　財政、實業兩部，因江、浙絲業衰落，爲改良蠶桑及絲廠機器，並獎勵生絲出口起見，擬發行江、浙絲業公債八百萬元，繕具江浙絲業公債條例草案，由行政院咨立法院審議。經該院財政委員會審查修正，改定額爲六百萬元，提出立法院第一三三次會議通過。凡十四條，規定本公債年息八釐，自二十年三月十日發行後於七年零六個月內還清本息，以海關所徵黃、白絲出口特稅爲基金。二十年三月十一日由國民政府公布，自公布日施行。

民國二十年江浙絲業公債條例甫經公布，財政、實業兩部因上海市絲廠業同業公會委員會呈，以定額六百萬元，照條例規定分配成數，以三分之一獎勵生絲出口，實屬不敷救濟，請准追加債額二百萬元，明定四百萬元救濟絲商等情，擬具修正條例，呈由行政院轉咨立法院審議。經二十年四月十八日立法院第一四〇次會議，加以全部修正，數額爲八百萬元，以四分之二爲奬勵生絲出口救濟絲業之用。修正條例由國民政府於二十年五月二十五日公布，自公布日施行。

修正民國二十年江、浙絲業公債條例第九條，規定本公債本息，由財政部令江海關於江、浙兩省黃、白絲出口時，每擔徵收國幣三十元，爲償還本息基金。財政、實業兩部因當時特種消費稅業經明令停止舉辦，呈請行政院轉咨立法院將徵收特稅字樣，改爲附徵二字。經二十年六月二十日立法院第一四七次會議，如擬修正，於同年六月二十九日由國民政府公布。

(10)浙江清理舊欠公債條例　浙江省政府爲清理該省各項舊欠債款起見，特於二十年發行清理舊欠公債八百萬元，其條例於二十年六月二十日立法院第一四七次會議通過，同年六月二十九日由國民政府公布；規定本公債年息八釐，於二十年七月一日發行，是年十二月起用抽籤法分十年償還，由該省契稅及營業稅項下每年提撥一百二十萬元爲償還基金。本條例自公布日施行。

(11)四川省善後公債條例　民國二十年四川省善後公債，係川省當局因連年不靖，善後須款，擬請以國稅抵補基金，由中央募集公債二千萬元，以充辦理川省軍事善後之用，繕具條例，經財政部審查，准予通融，指定於川省印花稅項下每月撥付三十萬元，以充償還的款，惟此項公債，仍應由川省發行，呈由行政院轉呈國民政府交立法院審議。經立法院財政委員會審查，認爲軍事善後，關係全國統一，應由中央主持，將該項公債條例加以修正，提出二十年七月十九日立法院第一五一次會議通過，同年七月二十五日由國民政府公布，凡十四條，規定本公債年息八釐，於二十年八月發行，自發行之日起六個月還本一次，至三十年還清本息，由財政部於該省中央稅收項下之印花、烟酒稅中按月撥付三十萬元爲償還基金。本條例自公布日施行。

(12)河南省善後公債條例　該省爲實行裁釐償還預徵田賦，豁免煤油特稅，以致收入減少，而建設、賑匪諸政，百端待舉，乃於民國二十年發行公債三百萬元。此項公債條例於二十年八月一日立法院一五四次會議通過，同年八月八日由國民政府公布，凡十四條，規定本公債年息八釐，應付本息基金，指定在本省營業稅項下撥付，自二十年八月十日發行後，於第二年起，分十年還清。本條例自公布日施行。

(13)江蘇省運河工程短期公債條例　民國二十年秋，江蘇省運河潰決，該省政府爲修復運河隄岸及下河出海水道工程，發行公債五百萬元，經中央政治會議第九〇次會議准予發行，復於二十年二月三日立法院一六五次會議將條例通過，定名爲江蘇省運河工程短期公債條例，凡十條，規定本公債月息八釐，以該省帶徵之治港、治運、畝捐收入全部爲還本付息基金，自二十年十一月一日發行後分五年還清，由國民政府於二十年十月十二日公布施行。

(七)民國二十一年　(1)上海災區復興公債條例　中日淞滬之戰，上海受災甚重，上海市政府爲整理災區道路、橋樑、溝渠及辦理其他建設救濟事宜，擬發行公債六百萬元，經中央政治會議第三三〇次會議議決原則，准予發行。二十一年十一月十二日由立法院第二一〇次會議通過，定名爲上海市災區復興公債條例，凡十四條，規定本公債年息七釐，以該市之碼頭捐收入爲還本付息之基金，於二十一年十一月發行，自二十二年四月起，分二十年償還本息。二十一年十一月二十五日由國民政府公布施行。

（2）江浙絲業短期公債條例　此項公債係由江、浙兩省政府發行，專充該兩省絲繭業之用，其條例經中央政治會議第三二二次會議決定原則，准予發行，指定以財政部撥付江、浙兩省裁釐協款爲基金，二十一年九月三日經立法院第三〇〇次會議通過，同月十五日由國民政府公布，凡十四條，規定本公債數額爲三百萬元，年息六釐，於二十一年十月一日發行，同年十二月三十一日開始還本，至二十五年月底本息全部還淸。本條例自公布日施行。

自該項公債條例施行後，浙江省政府因該條例第十條規定，本公債指定中央、中國、交通、中國實業、江蘇及浙江地方實業等銀行爲經付本息機關，而第九條所規定撥交基金之中國國貨銀行轉爲列入爲經付本息機關，在事實上中國實業銀行並未經付本息，國貨銀行實已擔任，咨請財政、實業兩部，呈由行政院轉送立法院修正。更由立法院財政委員會於審查時發現本條所稱浙江地方實業銀行之誤，提出二十二年六月九日立法院第三屆第二一次會議，修正第十條，將原有經付本息機關中之中國實業銀行及浙江地方實業銀行，改爲中國國貨銀行及浙江地方銀行，更於二十二年六月十九日由國民政府公布。

（3）浙江省金庫券條例　浙江省政府爲調劑省金庫收支起見，特於二十一年發行金庫券六百萬元，月息六釐，於二十一年七月一日發行。自二十二年五月一日起，每四個月還本百分之四，以浙省指充還債基金之各項收入，鹽附稅、建設特捐、建設附捐外，專以普通營業稅之餘額爲本庫劵還本付息基金。此項庫劵發行之時，因該省政府需款孔亟，又因墊支軍餉、籌辦海防，期限迫促，未及專案呈報，即先發行。嗣經中央政治會議第三七一次會議決議追認，交立法院辦理，更經二十二年九月十五日立法院第三屆第三〇次會議通過，將其條例准予追認，凡十二條，同年九月七日由國民政府公布施行。

（4）湖北善後公債條例　民國二十一年，湖北省政府爲辦理綏靖善後起見，發行善後公債三百萬元。此項公債條例，於二十一年九月二十四日立法院第二〇二次會議通過，同年十月一日由國民政府公布，凡十三條，定年息八釐，於二十一年十月一日發行，自二十二年十二月三十一日第一次還本之日起，至二十八年六月底還清，以本省營業稅收入爲基金。本條例自公布日施行。

凡公債以抽籤法償還原本，向係按照百分數計算，始便辦理。依照二十一年湖北省善後公債條例第六條第一項之規定，本公債自第一次還本之日起，每六個月還本一次，平均還本十二分之一，每年還本五十萬元，債票之還本以抽籤定之；則按定額三百萬元，以十二分之一平均，每次抽還二十五萬元，實非百分數所能盡。經湖北省政府呈請行政院轉送立法院予以修正。二十三年二月九日，立法院第三屆第四十六次會議通過，修正第六條條文仍爲每六個月抽籤還本一次，惟第一、三、四、六、七、九、十、十二、各次，每次還本二十四萬元，第二、五、八、十一、各次，每次還本二十七萬元，以便於百分數之計算。修正條文，於二十三年二月十七日由國民政府公布施行。

（八）民國二十二年　（1）湖南省公債條例　湖南省黨部執行委員會，因該省抗日剿共最高幹部會議議決湖南救國借款募集章程及湖南救國捐辦法，呈報中央執行委員會，移送中央政治會議第三五四次會議交由常務委員會決定發行湖南救國庫券五百萬元，制定原則，送國民政府交立法院辦理。經立法院財政委員會審查修正，定名爲民國二十二年湖南省公債條例，提出二十二年六月十六日立法院第三屆第二二次會議通過，同年七月三日國民政府公布，凡十二條，規定本公債爲綏靖地方之用，年息四釐，以全省田賦爲還本付息基金，自二十四年起分二十年平均攤還。本條例自公布日施行。

(2)建設委員會續發電氣事業公債條例　民國二十二年建設委員會續發電氣事業公債，係爲擴充首都及戚墅堰等電廠及建設淮南電廠而發，定額六百萬元。此項公債條例經中央政治會議第三六五次會議決定原則，於二十二年九月十五日立法院第三屆第三〇次會議通過，同年九月二十六日由國民政府公布，凡十二條，規定本公債年息六釐，以首都及戚墅堰電廠及完成後之淮南電廠爲擔保，於二十二年七月一日發行，限十五年還淸本息。本條例自公布日施行。

(3)華北救濟戰區短期公債條例　民國二十二年，華北淪爲戰區，人民流離失所，國民政府爲籌辦救濟事宜，發行短期公債四百萬元，經中央政治會議第三六八次會議決定公債原則四項，二十二年十月二十七日立法院第三屆第三六次會議通過，定名爲華北救濟戰區短期公債條例，凡十三條，規定本公債用途限於辦理賑濟及補助農村，年息六釐，以展限續徵之長蘆鹽稅項下附加之農田水利基金全部爲還本基金，自二十二年十一月發行時起，每三個月還本一次，至二十七年七月末日全數還淸。本條例自公布日施行。

(4)關稅庫劵條例　民國二十二年關稅庫劵，爲財政部償還各銀行墊付華北臨時軍費之用，定額一萬萬元，經中央政治會議第三七七次會議議決原則六項，其條例於二十二年十月二十七日立法院第三屆第三十六次會議通過，同年十一月四日國民政府公布，凡十二條，規定本庫劵月息五釐，自二十二年十月一日起發行後分五十八個月還清本息，由關稅增加收入項下指撥。本條例自公布日施行。

(5)浙江省整理債務條例　浙江省政府因比年財政支絀，議決緊縮二十一年度下半年年度預算經費及擬整理辦法方案，由財政廳提擬整理債務辦法，修正各種公債還本付息表及各項借款表，經省政府會議決議通過，呈由行政院提交立法院審議，經二十二年四月二十一日立法院第三屆第一四次會議通過，定名爲浙江省整理債務條例，凡十二條，並附甲、乙二表，規定浙江省歷年發行之各種公債，及指定以稅收作爲擔保，向省內外銀錢業抵借之各種款項，均依本條例整理之。關於公債部分，除利息依原率外，其各期還本數額，依附表甲之規定，延期償還之，其指定稅收作爲擔保之各種借款，依附表乙所列項目，於四年內平均償還之。指定在本省田賦、建設特捐、建設附捐、普通營業稅及中央撥給本省之鹽附加稅四種收入項下，每年指撥四百四十萬元，作爲償還本息基金。二十二年五月二日由國民政府公布，自公布日施行。

(九)民國二十三年　(1)湖南省建設公債條例　二十二年冬，湖南省政府擬於次年發行公債一千萬元，以爲該省寶慶、洪江路改建輕便鐵道及抵還積欠銀行舊欠之用，是年十二月八日經立法院第四二次會議將該項公債條例通過，規定至少以該公債三分之二爲修築寶、洪鐵路之用，年息六釐，於二十三年一月一日發行，是年十二月三十一日起分十年償還，以該省契稅、營業稅收入及寶洪路營業收入爲擔保。本條例於二十二年十二月十九日由國民政府公布施行，旋於民國二十三年加以修正。

（2）關稅庫劵條例　該庫劵爲財政部償還銀行借款及安定金融而發，經中央政治會議第三九一次會議議定原則，於二十三年一月十二日立法院第三屆第四四次會議通過。本公債條例凡十三條，定額一萬萬元，月息五釐，於二十三年一月發行。自發行之日起，分七年還清，應付本息基金，由財政部指定在關稅收入項下照撥。本條例經國民政府於二十三年一月十三日公布施行。

（3）湖北省整理金融公債條例　湖北省政府爲整理地方舊債，擬收回本省官票，清理舊欠銀錢等業債務，及收回前經抵押義品銀行之生成里房產，特於二十三年發行公債四百萬元，是爲民國二十三年湖北省整理金融公債，經中央政治會議第三屆第四六次會議議定此項公債原則；其條例則於二十三年二月二十三日立法院第三屆第四八次會議通過，共十二條，規定本公債年息八釐，於二十三年三月一日發行，同年六月三十日第一次還本，嗣後每六個月還本一次，至三十四年十二月三十一日還清，應還之本息，以本省公產租金收入及省銀行股利爲基金，二十三年三月二日由國民政府公布施行。

右公債條例第九條，規定債票分萬元、千元、百元、十元四種，均爲無記名式。公布以後，持有舊債之債權人，以萬元票不能作債權團之分配，請免發萬元大票，替以千元以下之小票。湖北省政府亦以此項公債將來勸募時，非五元票不足以資周轉，請求將本條修正。經二十三年六月二十九日立法院第三屆第六十五次會議通過，修正第九條條文爲本公債分千元、百元、十元、五元四種，均無記名式，同年七月十日由國府公布施行。

（4）玉萍鐵路公債條例　江西省政府爲修築玉山至萍鄉之鐵路起見，擬發行江西、玉萍鐵路公債。此項公債原則，經中央政治會議第三八一次會議議決，交立法院辦理經該院財政、經濟兩委員會之審查，認爲江西地方，久受共匪蹂躪，人民不堪負擔，建議中央政治會議，改由中央政府直接發行，復經中央政治會議第四〇四次會議報可，將原則改訂，仍交立法院於二十三年五月十八日第三屆第五九次會議，將條例通過，共十三條，規定本公債由財政部會同鐵道部發行，定額一千二百萬元，於二十三年六月一日發行，年息六釐，指定以中央撥充江西地方鹽附捐項下每年一百九十二萬元爲還本付息基金，自二十四年十一月底起，開始還本，分八年還淸。本條例於二十三年五月二十五日經立法院公布，自公布日施行。

（5）第一期鐵路建設公債條例　鐵道部因玉萍鐵路公債之債額，不敷修築該路之用，擬發行第一期鐵路建設公債，予以補助，以期早日完成，經中央政治會議第三九六次會議通過原則，復於二十三年三月二十日立法院第五五次會議通過條例，共十三條，定名爲民國二十三年第一期鐵路建設公債條例，年息六釐，於二十三年五月一日發行，自發行之次年六月三十日起，分八年十六次還淸，應還本息，以鐵道部直轄國有鐵道爲基金，二十三年四月三十日經國民政府公布施行。

（6）六釐英金庚款公債條例　鐵道部以粵漢鐵路株韶段工程完成須款，曾向管理中英庚款董事會撥借中英庚款四百七十萬鎊。但國內每年到期庚款只十九萬餘鎊，與該路國內用欵所預算之三千五百五十一萬餘元相差甚鉅，因是撥借庚款訂立契約之際，卽議定指撥將來國內到期庚款，鐵道部可借三分之二，移作基金，發行公債以資挹注。二十三年，遂由財政、鐵道兩部會同發行公債一百五十萬鎊，經中政會議第四〇四次會議議定條例原則，復於是年五月十八日立法院第三屆第五十九次會議通過，定名爲民國二十三年六釐英金庚款公債條例，共十五條，規定本公債於二十三年六月一日發行，年息六釐，以二十四年一月一日爲第一次還本之期，嗣後每屆六個月還本一次，分二十五期還淸，指定鐵道部借得英國退還庚子賠款爲基金。本條例於二十三年五月二十八日由國民政府公布施行。

（7）上海市市政公債條例　該項公債係上海市政府爲改善閘北道路、橋樑，建設公共體育場、博物院、圖書館、醫院、屠宰場及發展市中心區其他事業而發行，經中央政治會議第四一二次會議議決此項公債條例原則六項，其條例則於二十三年六月二十九日立法院第三屆第六十五次會議通過，共十五條，規定本公債定額三百五十萬元，年息七釐，於二十三年七月十五日發行，自二十四年六月起，用抽籤法分十二年償還，每年還本一次，經國民政府於二十三年七月六日將條例公布，自公布日施行。

附錄

參考書籍

本書所搜集關於近三十年來立法史之資料至夥，其中足爲著者參考之用者，約爲下列之六十餘種。至於由各時代報章、雜誌所採擷者，因過於繁賾，未能一一記出，幸讀者諒之！

（1）法典及法案

一　大清會典及事例

二　大清現行刑律

三　大清新刑律

四　大清光緒新法令

五　大清宣統新法令

六　資政院院章

七　諮議局章程

八　中華民國憲法
九　中華民國法令大全及補編
一〇　中華六法
一一　立法專刊
一二　現行中華六法大全
一三　中華民國訓政時期約法
一四　工商法規輯覽

(2)官書

一　東華續錄（光緒年間二百二十篇）
二　資政院會議速記錄（宣統二年刊行報告）
三　法律草案彙編（法律編查館編）
四　參議院公報（二年四月起至八年八月止）
五　衆議院公報（二年四月起至八年十一月止）
六　湖南省憲報告書（湖南省憲籌備處編印）
七　省憲輯覽（自治學會編印）

八　中華民國國民政府公報（自一至最近）
九　立法院公報（自一至最近）
一〇　國民會議實錄
一一　中國國民黨現行黨務法規輯要（中央執行委員會編印）
一二　十八年三月中央政治會議總報告
一三　二十年十月政治會議工作報告

（3）論著

一　清鑑輯要
二　清朝全史（日本稲葉君山著）
三　惺存遺著（陶保霖）
四　九年籌備憲政一覽表（高鳳謙著）
五　清國行政法（日本織田萬著）
六　支那ニ於ケル法典編纂，沿革（日本淺井虎夫著）
七　支那政治組織の研究
八　中華民國開國史（谷鍾秀著）

九　辛壬春秋大事紀（尙秉和）
一〇　中華民國憲法史前編及續編（吳宗慈）
一一　中華民國憲法史案（李根源）
一二　中國選舉史略（王道編）
一三　中華民國法統遞嬗史（王景濂著）
一四　帝制運動始末記（高勞著）
一五　護國軍紀事（曾彥著）
一六　民國政黨史（謝彬著）
一七　比較憲法（王世杰著）
一八　國憲議（張君勱著）
一九　總理全集（胡漢民編）
二〇　癸亥政變記略（劉楚湘）
二一　中國近百年史料（左舜生編）
二二　中國年鑑（阮湘等編）
二三　民國憲法及政治史

二四　中國議會史（顧敦鍒）
二五　中國國民黨史稿（鄒魯編）
二六　中國歷代黨爭史（王桐齡著）
二七　民國十週紀事本末（許指嚴著）
二八　飲冰室文集（梁啓超）
二九　最近之五十年（黃炎培）
三〇　最近三十年中國政治史（李劍農）
三一　中國約法新論（侯暍蒼著）
三二　民國十一周全史（俞印民）
三三　浙江制憲史（泰東書局）
三四　湖南聯省自治運動史（泰東書局）
三五　甲子內亂始末紀實（古𣗳蓀著）
三六　善後會議史（費保彥著）
三七　中山出世後中國六十年大事紀（半粟編著）

敬 啟

『民國專題史』叢書，乃民國時期出版的著名學者、專家在某一專題領域的學術成果。所收圖書絕大部分著作權已進入公有領域，但仍有極少圖書著作權還在保護期内，需按相關要求支付著作權人或繼承人報酬。因未能全部聯系到相關著作權人，請見到此説明者及時與河南人民出版社聯系。

聯系人 楊光
聯系電話 0371-65788063
2016年3月28日